엉터리 재무제표 읽는 비법

엉터리 재무제표 읽는 비법

2022년 3월 17일 인쇄
2022년 3월 27일 발행

저자 / 김　건
발행인 / 고우용
발행처 / 우용출판사
등록일 / 1997년 11월 25일
출판등록 / 제313-1997-139호
주소 / 서울특별시 은평구 갈현로 47가길 22
전화번호 / 02)324-6577
팩시밀리 / 02)324-6177

정가 / 32,000원

ISBN / 978-6249-049-7

엉터리 재무제표 읽는 비법

우용출판사
1997
www.choolpansa.com

| 차 례 |

제1부 분식회계의 개요

제2부 분식회계의 유형

제3부 분식회계를 시도하는 이유

제5부 분식회계 근절 대책

제6부 엉터리 재무제표 읽는 법

제7부 개미투자자들의 가치투자 묵시록

부록 1

부록 2

부록 3

| 프롤로그 |

영웅들의 감동 드라마, 허수가 낳은 성공 신화

아직 끝나지 않은 현재진행형

엉터리 숫자가 빚어낸 분식회계의 역사, 장부조작이 만든 비자금 풍속도, 고속 질주 성장에 따른 브레이크 고장, 거짓말의 확대 재생산은 우리나라 재벌의 흥망성쇠와 밀접하게 연결되어 있다. 수많은 대기업 집단들이 장부조작을 통해 창업(創業)했고, 장부조작으로 수성(守成)했고, 장부조작의 여파로 멸망(滅亡)했다. 장밋빛 허수(虛數)가 부추긴 우리나라 부실 대기업들의 허장성세(虛張聲勢)는 한마디로 말해 거품의 역사였다.

비록 그 분식회계 역사의 대단원은 비극적 결말로 막을 내리고 있지만, 기업 경영에 직접 참여하지 못한 아웃사이더 관객들의 입장에서는 시종일관 드라마틱한 사건 전개에 환호했다. 주식투자자들을 비롯한 재무제표 이용자들은 거품과 허수가 쏟아낸 각종 '쓰레기 정보'들 앞에서 저마다 울고 웃었다. 영웅들의 감동 드라마인 줄 착각하고 앞 다퉈 모여들었던 서민들은 치밀한 각본의 거품 드라마가 막을 내리자마자 땅을 치며 통곡했다.

그렇다면…, 그토록 여러 차례 당했다면 말이다! 앞으로는 분식회계와 비자금의 어두운 역사가 더 이상 되풀이되지 않을 것인가? 가짜 영웅들의 엉터리 성공 신화가 더 이상 덧칠되지 않을 것인가? 내일부터는 장부조작으로 쌓은 모래성이 어느 날 갑자기 무너져 피해자들이 아우성치는 일은 더 이상 없을 것인가?

아니다. 장부조작의 역사는 아직 끝나지 않았다. 여전히 물밑에서 벌어지는 현재진행형이다. 장담하건대 분식회계는 쉼 없이 되풀이될 것이다. 가짜 성공 신화들도 비슷한 얼굴과 유사한 각본을 만들어 다시 출현할 것이고, 수많은 피해자들이 통곡하는 사태도 씻은 듯 없어지지 않을 것이다. 참으로 부끄럽고 불행한 일이지만, 허장성세와 시행착오와 사기꾼들의 장부조작 드라마는 끊임없이 반복될 것이다. 투명경영의 선진국이라는 미국, 회계부정의 청정 지대라는 유럽 여러 나라와 일본에서조차 분식회계의 역사가 꼬리를 감추지 못하고 있으니 말이다.

반사회적 범죄를 묵인한 사람들

경영부실의 규모를 남몰래 키워가던 대우그룹의 누적 손실은 무려 21조 원…. 분식회계의 대표 주자가 공중분해 직전에 우리 소시민들의 뒷덜미를 잡아챘다. 대우그룹의 기막힌 반전과 전락이 외환위기로 고생하던 소시민들의 뒤통수를 때렸다. 어느 대기업 집단보다 먼저 '세계를 경영하겠다.' 고 나선 희망의 깃발 대우가 사실은 천문학적 규모의 부실을 숨겨 왔던 것이다.

필자 역시 대우그룹 계열사 두 곳에서 재무관리 책임자로 일했으니 1999년 그 때처럼 침통하게 일그러진 적이 없었다. 대우그룹이 분식회계 역사상 세계 기록을 경신했다는 자조의 목소리도 '대우맨' 들 사이에서 들려왔다. 검찰의 수사 발표에 따르면 일부 중복된 분식 규모까지 합쳐 자그마치 41조 원이었으니 그럴 만도 했다.

필자의 옛 친정이나 다름없는 그 집안의 현주소가 그토록 참혹했다. 한때나마 욱일승천(旭日昇天)의 기세를 자랑하던 대우그룹이 마침내 역사의 뒤안길로 쓸쓸히 사라지자 필자는 고개를 들 수 없었다. 너무 부끄럽고 고통스러웠다.

필자가 대우그룹과 인연을 맺게 된 것은 순전히 학연과 지연 때문이었다. L그룹에 공채로 합격하자마자 운명처럼 조우한 기획조정실 C상무님은 필자의 중고교 은사이자 대학 선배였다. C상무님은 필자의 고교 시절에 한때나마 '상업부기(商業簿記)' 를 가르치시던 훈장이기도 했다. 마침내 그 분이 J그룹으로 자리를 옮겨 전무이사가 될 때부터 필자는 그 분의 꽁무니를 졸졸 따라다녔다. 아니 엄격히 말해서 C전무님이 필자를 애완견처럼 데리고 다니는 바람에 걸핏하면 근무지가 바뀌곤 했다.

또 다시 대우그룹으로 자리를 옮긴 C전무님은 비서실장 출신인 K사장님을 만났고 두 분은 동향(同鄕)이라는 이유 등으로 가깝게 어울렸다. C전무님의 추천으로 대우그룹에 들어간 필자도 은사이자 선배인 C전무님과 동향 출신인 K사장님 사이에서 물불 안 가리고 참 열심히 일했다. 그 결과 남보다 일찍 승진했고 7개월 만에 한 계단을 뛰어오르는 등 겉보기에는 일취월장의 세월을 살았다.

1993년 그 해 연말 4년 동안의 대우그룹 근무를 무사히(?) 마치고 물러나 다른 회사로 자리를 옮겼을 때, 필자는 월간 신동아(1994년 2월호)에 르포 형식의 글 '회사 돈 이렇게 빼돌린다' 200매를 기고했다. 필자의 '고해성사'는 특종처럼 커버스토리로 취급되었고 '전직 재벌기업 경리부장의 충격 고백!'이란 붉은 글씨가 서점 부착용으로 배포한 광고지의 절반 가량을 차지할 정도로 화제를 불러 모았다. 물론 대우그룹 관련 에피소드만 모은 것은 아니고, 필자의 경제비평서 〈거꾸로 가는 경제이야기〉 출간 직전에 일부 내용을 발췌 소개한 수준이어도 사회적 파장을 일으키기에 충분했다.

"제가 알기로 D사는 창립 때부터 단 한 차례도 단 백만 원의 흑자를 내지 못했을 겁니다. 참 안타깝고 불행한 일이지요."

1994년 2월, 필자는 몇몇 기자들에게 분식회계와 관련하여 충격적인 비밀을 털어놓았다. 필자가 분식회계, 비자금, 돈세탁, 탈세, 사채 시장, 뇌물 수수 등 지하경제 분야에서 '고해성사'의 주인공으로 떠오르던 시기였다. 대한민국의 다국적기업 D사가 창립한 이래 25년이 되도록 단 1회계연도도 순이익을 낸 적이 없을 것이라는 뜻으로 그렇게 언급했던 것이다.

솔직히 말해 보도를 전제로 꺼낸 고백은 아니었지만 대부분의 기자들은 도저히 믿을 수 없다는 반응을 보였다. 설사 필자의 주장에 거짓이 없더라도 현실적으로 취재 보도가 어렵다고 말했다. 그처럼 어두운 진상을 공개할 경우 뒷감당이 불가능할 정도로 국가 경제 전체에 큰 혼란이 온다면서 너도나도 허겁지겁 덮어 버렸다.

약 5년 뒤인 1999년에도 '대우그룹의 누적 손실이 20조 원을 넘어섰다'는 대우그룹 임원들의 진지한 자백이 관계 당국과 집권당 실력자에게 전해졌지만 또 한 번 묵살되었다. 그 이유가 무엇이든 우리 모두 투자자와 국민들을 배신하는 반사회적 범죄를 묵인한 셈이다.

재무분석이 불필요한 허수

필자가 근무하던 그 시절만 해도 대우그룹 전체의 분식회계 규모는 짐작컨대 10조 원을 넘어서지 않았을 것이다. 그러던 중에 부실의 골이 깊어지다가 외환위기 이후 1999년에 이르러 마침내 20조 원을 넘어선 것으로 추정된다. 그렇다고 20조 원의 누적 손실이 정확하게 파악된 규모라는 뜻은 결코 아니다. 대우그룹의 재무제표는 이미 분식회계에 함몰되어 결산의 의미를 상실한 지 오래였다. 재무제표와 각종 지표로 나타난 숫자는 재무분석이 불가능하거나 불필요한 허수(虛數)에 불과했기 때문이다.

그 동안 정도의 차이만 있었을 뿐 수많은 기업들이 뿌리 깊은 관행처럼 회계부정을 저질렀다. 일반 소시민들은 그처럼 어두운 속사정을 제대로 이해할 수 없었지만, 공인회계사와 기업 회계 책임자 등 재무관리 전문가들 사이에선 막대한 규모의 분식회계가 공공연한 비밀로 알려져 왔다.

금융감독원의 조사 결과에서도 지난 1990년부터 우리나라 전체

기업의 30%, 상장법인은 20% 이상이 분식회계를 해온 것으로 밝혀졌다. 그만큼 분식회계가 보편화되어 왔다는 사실을 입증한다.

하지만 그 검은 속살을 속속들이 들추어 보면 다분히 현실과 동떨어진 통계가 아니었나 싶기도 하다. 필자의 25년 현장 체험으로 미루어보건대, 대부분의 기업들은 금액이 크든 작든 장부를 조작해 왔다. 필자가 근무하거나 직간접으로 간여했던 5개 재벌 그룹 20여 개 계열사 중에서 분식회계를 하지 않은 기업은 단 한 군데도 없었으니까….

숫자를 주무르는 분야에서 허수는 분명히 존재한다. 맨주먹으로 시작하는 초보 사업가에게 어느 정도의 허수는 필요하다. 기발한 사업 아이디어와 의욕 넘치는 사업계획도 사실은 가공의 수치에서 출발한다. 엄밀히 말해 몇 년간의 추정 재무제표 수치는 허수와 다름없을 수도 있다는 얘기다. 하지만 그 허수가 창립 단계에서는 용인되어도 결산 과정에서는 엄격히 금지돼야 한다. 기업의 탄생 시기에 만든 허수는 차곡차곡 메워 가면 그만이지만 결산 재무제표에 기록된 허수는 범죄의 결과물이기 때문이다.

대우그룹만 꺼져 가는 불씨를 살리기 위해 허수 놀음으로 몸집을 부풀린 게 아니었다. 우리에게 IMF 구제금융의 단초를 제공한 기아자동차도 설립 이후 1997년까지 무려 34년 동안 단 1년만 흑자를 냈을 뿐이다. 그럼에도 불구하고 줄곧 흑자가 난 것처럼 그토록 긴 세월에 걸쳐 장부를 조작해 왔다. 1997년에는 실제 적자가 3조 3,000억 원이었으나 재무제표에 나타난 적자는 3,800억 원에 불과했다.

기아자동차도 자그마치 3조 원 가량을 분식했던 것이다.

그 동안 '참 운수 사납게' 빙산의 일각처럼 드러난 몇몇 대기업들의 분식회계 규모도 만만치 않았다. SK글로벌 1조 9,000억 원, 옛 현대전자인 하이닉스반도체 2조 원, 아시아자동차 1조 5,000억 원, 한보철강 7,000억 원, 동아건설 7,000억 원, 해태제과 5,700억 원, SK네트웍스 2조 원, 대한항공 1,600억 원, 현대상선 6,000억 원, 두산산업개발 2,800억 원…. 그나마 검찰 수사, 금융감독원 감리, 회사 측의 '고해 성사'에 의해 최소한으로 돌출한 것만 그렇다는 얘기다.

그뿐이 아니다. 국내 건설업계에서 가장 재무구조가 튼튼하다고 알려져 있던 현대건설마저 부실 규모가 엄청난 것으로 드러났다. 2000년 회계감사 결과 당기순손실 3조 원, 자본 조정에 따른 자기자본 감소 6,000억 원 등 자기자본 2조 7,000억 원을 전액 잠식하고 부채가 자산을 약 9,000억 원 초과한 것으로 확인되었다. 이 회사도 수년간 분식회계를 했다는 소문에서 자유롭지 못했으며 여러 경로를 통해 일시적 당기 손실이라고 몇 차례 해명했지만 의혹을 완전히 해소하지는 못했다.

그랬다. 장부조작과 장밋빛 허수에 관한 한 거의 예외가 없었다. 우리나라에서 내로라하는 다른 재벌 총수들도 너나없이 엉터리 장부를 끌어안고 진흙탕을 뒹굴었다. 하지만 우리 서민들과 주식시장의 '개미'들은 재무분석이 사실상 불가능하거나 전혀 불필요한 허수에 현혹되었던 나머지, 가짜 영웅들의 성공 신화를 노래하며 찬사를 아끼지 않았다.

그만큼 우리는 순진했고 어리석었다. 쿠데타 정권의 후계자 노태우 씨가 대권을 쥐기 위해 '나를 믿어 주세요!' 라고 외쳤을 때 적지 않은 사람들이 말려든 것처럼, 우리는 그 허수로 채워진 엉터리 재무제표를 믿어 볼 수밖에 없었다. 그 믿음 때문에 우리는 더 완벽하게 당했던 것이다.

어느 못난 경리쟁이의 고해성사

필자는 '책상물림' 답지 않게 무척이나 다양한 업종을 경험했고 참으로 많은 회사를 옮겨다녔다. 능력을 인정받지 못하고 찍혔다는 이유로 소위 '고문관' 처럼 이곳저곳을 떠돈 것은 아니다. 스스로 직장을 옮긴 때도 있지만 부실기업 인수 팀에 참여하는 등 윗사람의 명령에 따라 계열기업에 잠시 파견 근무한 것까지 포함해서 그렇다는 뜻이다. 약간 구체적으로 말한다면 건설, 철강, 컨테이너, 알루미늄, 전선, 조선, 신용금고(저축은행), 보험, 증권, 골프장, 호텔, 가구, 유통, 피혁, 정보통신 등 대충 15개 업종을 두루 체험했다.

하지만 행복한 세월은 아니었다. 그 때 그 시절의 일취월장은 '빛 좋은 개살구' 였다. 필자가 '경리쟁이' 로서 좌충우돌하던 세월은 '부끄러운 경리' '빌어먹을 경리' 의 변칙적인 연대(年代)였다. 필자는 적지 않은 재벌기업군의 계열사를 전전하며 감추어진 회계부정과 경제 범죄의 역사를 갖가지 모습으로 체험하거나 목격했다.

필자는 경영학이나 회계학을 전공한 사람이 아니다. 단지 1970년 상업고등학교를 졸업했고 주산 부기 능력이 인정되고 약간의 경리 업무 경력이 있다는 이유로, 대학에 진학하여 법학을 전공했으면서도 세 번째 직장에서 경리부로 배치되었다. 경리 분야를 벗어나려 해도 여의치 못했다. 결국 그게 운명이 되어 약 25년 동안 대부분 재무관리 분야에서 일했다.

법대 출신 경리 책임자…. 성취감이란 측면에서 때때로 즐거웠지만 정의감이란 측면에서는 매우 고통스러운 23년의 세월이었다. 우리 사회의 어두운 이면사와 지하경제의 탐욕스런 모습을 평범한 일상생활에서처럼 목격했고, 하수인 월급쟁이로서 기득권자들의 음모에 운명적으로 가담했기 때문이다. 그 와중에서 경제 경영 관련 서적을 가리지 않고 섭렵하며 독학하듯 탐독했다.

나중에 '지하경제계'를 '은퇴'하고 나서 시사 월 · 주간지 〈시사저널〉〈뉴스피플〉〈이코노미스트〉〈월간 신동아〉〈월간 중앙〉〈문화일보〉 등에 기고하거나 연재할 때는 '경제칼럼니스트' '경영평론가' '여행칼럼니스트'라는 이름의 엉터리 '간판'을 내걸어 친구와 선후배들을 웃기기도 했다. 이 밖에 월간 신동아 지면을 통해 '사채시장 체험적 해부' '한국 건설의 부실 백태(百態)' 등 건방지기 짝이 없는 글들을 선보였다.

그와 같은 관점에서 보면 이 책은 '엉터리 경리쟁이가 쓴 엉터리 재무제표 읽는 법'으로서 르포 형식의 고발 서적이라고 할 수 있다. 다소 때깔 좋게 말해 체험적 메시지를 전달하려는 교훈 서적일 뿐이다. 다시 강조하건대 논리적이고 과학적인 분석평가서도 아니요, 논문 비슷한 리포트도 더더욱 아니다. 그저 젊은 날을 회고하고 반성하면서 다듬은 '지하경제 여행기' '분식회계 체험기'에 다름 아니다.

더 압축하여 설명한다면 '어느 못난 경리쟁이의 고해성사'가 될 것이다.

이참에 고백할 게 또 있다.

약 10년 동안 집필 출간했던 필자의 졸저 〈도망가는 원가를 잡아라〉〈조직 · 원가 관리 혁명〉〈김 부장의 비밀 수첩〉〈거꾸로 가는 경제이야기〉〈이 우라질 놈들〉〈바보 은행〉〈소설-법정관리 1 · 2〉〈소설-화려한 주식 사냥(제1회 동아일보 디지털 문학상 대상 수상작)〉〈소설-나는 한국에서 왕처럼 살았소 1 · 2〉 등에 수록된 다양한 에피소드를 새롭게 다듬어 '분식회계 체험 사례' '엉터리 재무제표 읽는 법'에 삽입시켰음을 밝혀 둔다.

과거에 필자가 휘갈긴 경제비평 도서들이 질병의 원인을 진단해 놓고 처방을 생략한 것이라면, 이번 책에서는 나름대로 처방을 제시하려고 노력했다.

우리 사회에는 경영관리, 경영분석, 회계감사, 세무회계, 경영컨설팅, 증권컨설팅, 경제비평, 경영평론 분야의 경제전문가들이 넘쳐나고 있다. 그럼에도 여러 기업의 경리 일선 업무에 오래 종사했다는 단 한 가지 이유만으로 '어영부영 개개면서 괴발개발 늘어놓아' 정말 미안하다. 한층 차원 높은 경영철학과 경영관리 기법은 학자들이 설파할 일이고, 필자는 밑바닥 경험을 통해 얻어낸 사례들을 정리 집약하여 소개하는 것으로 족하다고 생각한다.

하지만 이 어설픈 참회록을 통해 주식투자자, 공인회계사, 세무사, 변호사, 수사관, 기업가, 경영 컨설턴트, 애널리스트, 전문경영자, 대주주, 재무관리 책임자, 금융인, 공직자, 학자, 학생 등이 어떤 메시지와 체크 포인트를 얻을 뿐만 아니라 우리 사회가 거듭날 수 있는 계기가 마련된다면 이보다 보람된 일은 없을 것이다.

경리 회계에 대한 기초 지식이 없는 독자라면 '제6부 / 엉터리 재무제표 읽는 법' 의 도입부인 '재무제표의 개념부터 이해하자' 를 먼저 읽는 게 더 바람직하다. 그리고 말이다. 가장 관심을 둘 만한 '엉터리 재무제표 읽는 비법' 을 제6부에 국한시키지 말았으면 좋겠다. 어느 페이지를 펼치더라도 엉터리 재무제표 여행기가 구석구석에 숨어 있으니까….

2011년 봄. 김 건

※ 허수(虛數)
미적분학을 개발한 17세기 수학자 라이프니츠는 허수를 '존재하는 것과 존재하지 않는 것의 중간쯤에 놓인 것' 이라고 정의했다. 수많은 대기업의 허수 게임(분식회계)에 놀아난 대표적 인물은 영문을 모르던 대한민국의 주식투자자와 서민들이었다.

| 문을 열며 |

국제회계기준(IFRS) 도입에 따른 체크포인트

국제회계기준(IFRS)은 한국 기업들이 그 동안 활용하던 규정, 해석, 지침, 자문 중심의 기업회계기준과 전혀 다른 차원의 원칙 중심 회계 기준이다. 다시 말해 원칙이 근본이지만 친절하고 세부적인 지침이 따로 없다. IFRS는 예전 한국기업회계기준(K-GAAP)의 경우처럼 결코 친절하지 않다.

사정이 그렇다 보니 개념과 원칙의 커다란 틀 안에서 기업과 업종 환경에 가장 어울린다고 생각되는 회계 방법을 기업 경영자와 회계 책임자들 스스로 판단하여 알맞게 적용해야 한다. 결국 IFRS는 한국의 회계정보 이용자들에게는 매우 낯선 방법이다. 하지만 어쩔 수 없다. 각자 지혜롭게 대응하는 길이 최선이다.

국제회계기준(IFRS)의 주요 원칙 4가지

상장기업들은 2011년 1분기부터 국제회계기준을 적용한 재무제표를 작성하고 있다. 이 참에 IFRS의 주요 원칙을 4가지로 요약 해보자

- 연결 중심의 기업 파악
- 자산과 부채의 공정가치 평가
- 경제적 실질을 반영한 회계처리
- 규정보다 원칙 중심의 회계처리

국제회계기준의 목적이란 기업 활동을 실질적인 현실에 맞게 재무제표를 작성하는 것이다. 연결 중심으로 기업을 파악하는 데 그치지 않고, 공정가치로 평가해야 하고 원칙 중심으로 회계처리를 해야 한다.

수많은 기업들이 처한 상황은 나름대로 변화무쌍하다. 이를 현실에 맞게 기록한다면 기업마다 다양한 결산 실적 기록 방법이 나올 수 있다. 서로 다른 업종과 환경에 처한 기업들을 비교 분석해야 하는 이해관계자와 투자자들에게는 곤혹스럽기도 하다. 당분간 혼선을 감수해야 하는 이유도 그 때문이다.

국제회계기준(IFRS)의 도입과 핵심적인 변화

■ 연결 범위

국제회계기준(IFRS)	한국기업회계기준(K-GAAP)
– 주재무제표 : 연결재무제표 – 50% 초과 지분을 소유한 경우에만 연결에 포함 – 지배회사가 30~50% 사이의 지분을 갖고 있는 관계회사의 경우 연결에서 제외될 수 있음 – 연결에서 제외돼 있는 자산총액 70억 원 미만인 주식회사를 포함해 조합, 파트너십, 특수목적회사(SPC) 등의 특수목적기업도 연결시켜야	– 주재무제표 : 개별재무제표 – 30% 초과 최대주주이면 자회사를 연결에 포함

■ 유형자산과 투자부동산

국제회계기준(IFRS)	한국기업회계기준(K-GAAP)
공정가치에 근거한 재평가 허용	취득원가에 근거해 인식

- 국내 기업들은 공정가치가 취득원가에 근거한 장부가액보다 월등히 높은 유형자산과 투자부동산을 보유한 경우 공정가치로 재평가할 가능성이 있다.

■ 자산 손상

국제회계기준(IFRS)	한국기업회계기준(K-GAAP)
감가상각과 자산 손상에 대한 매 보고 기간 말 검토 의무화	일반적으로 감가상각과 자산 손상에 대해 주기적 검토를 의무화하지 않음

- 감가상각비의 변동성이 확대되고 자산 손상을 인식하는 빈도가 높아질 것이다.

■ 자산의 인식 기준

국제회계기준(IFRS)	한국기업회계기준(K-GAAP)
미래 경제적 효익의 유입 가능성이 높은(50% 이상) 경우로 그 기준을 완화	미래 경제적 효익의 유입 가능성이 매우 높은(80% 이상) 경우

• 무형자산과 이연법인세자산이 증가할 것이다.

■ 영업권

국제회계기준(IFRS)	한국기업회계기준(K-GAAP)
무형자산 중 영업권에 대해 상각 없이 기말에 손상 여부만 평가	무형자산 중 영업권에 대해 20년 이내 정액법에 의한 상각

■ 부채의 인식 기준

국제회계기준(IFRS)	한국기업회계기준(K-GAAP)
자원 유출 가능성이 높은(50% 이상) 경우로 그 기준을 완화	자원 유출 가능성이 매우 높은(80% 이상) 경우

• 부채 인식 기준 완화로 인해 부채가 증가할 것이다.

■ 퇴직급여부채

국제회계기준(IFRS)	한국기업회계기준(K-GAAP)
보험수리적 가정 아래 미래 퇴직 시 지급할 퇴직급여의 현재 가치로 퇴직급여부채를 인식	회계연도 말 전 임직원이 일시 퇴직할 경우를 가정할 때 지급할 금액을 퇴직급여부채로 인식(청산가치 개념)

• 임직원의 퇴직 시점의 임금은 현가로 계산하더라도 현 시점의 임금보다 높을 것이다. 따라서 퇴직급여 비용과 부채가 상당히 증가할 것으로 예상된다.

■ 외화 환산

국제회계기준(IFRS)	한국기업회계기준(K-GAAP)
– 외화 환산에 기능통화의 개념 사용	환율 변동으로 인해 포괄손익계산서의 순이익이 크게 변동

• 외화로 주로 거래하는 항공, 외항해운 기업의 경우 외화(예, 미국 달러)가 기능통화가 될 것이다. 따라서 예전처럼 환율 변동으로 손익계산서의 순이익이 크게 변동하지는 않을 것이다.

■ 아파트 등 예약매출

국제회계기준(IFRS)	한국기업회계기준(K-GAAP)
건설회사가 아파트 등을 자체 분양하는 경우 완성 인도 시점에 수익 인식	진행 기준에 의거 수익 인식

• 해당 건설회사의 수익과 순이익이 감소할 수 있다.

■ 상환우선주(자본 → 부채)

국제회계기준(IFRS)	한국기업회계기준(K-GAAP)
금융부채 – 상환가액과 상환 기간 등이 미리 정해져 있기 때문에 실질적인 성격은 부채와 유사 – 확정 가능한 금액을 미래의 일정한 시점에 의무적으로 상환해야 하는 우선주에 대해 금융부채로 회계 처리	**자본** – 상환우선주를 자본으로 회계 처리했기 때문에 회사는 상환우선주를 발행하여 자본금을 확충하고 부채비율 개선 – 부채와 비슷한 상환우선주를 자본으로 회계 처리 – 부채비율을 증가시키지 않고 자금 조달하는 방법으로 많이 활용

• 결론적으로 부채비율이 높아진다.

1) 재무상태표

과거의 대차대표가 재무상태표로 바뀌면서 계정과목의 분류나 표시가 정밀하지 않아도 된다. 국제회계기준(IFRS)에서는 최소한의 항목만 대분류 수준으로 예시하기 때문이다. 다시 말해 이해를 돕기 위해 용어와 계정과목의 순서에 대하여 나름대로 기준을 정하여 바꿔도 괜찮다.

특히 유사 항목을 통합하여 별도 계정을 새로 만들어도 된다. 따라서 외국의 경우 현실적으로 대분류 계정만 표시하고 상세한 개별 항목은 주석사항으로 공시하기도 한다. 과거의 대차대표처럼 유동과 비유동으로 구분해도 되는 등 선택 가능한 부분이 많은 편이기 때문이다.

가. 재무상태표의 항목 예시

자 산	자본과 부채
- 유형자산 - 투자부동산 - 금융자산 - 지분법투자자산 - 매출채권과 기타채권 - 현금과 현금성자산 - 무형자산 - 재고자산 - 당기법인세관련자산 - 이연법인세자산 - 비유동자산	- 지배기업 소유주 귀속 자본 - 비지배 자본 - 금융부채 - 충당부채 - 매입채무와 기타채무 - 당기 법인세 관련 부채 - 이연법인세 부채

단위 : 백만 원

과 목	제41기	제40기	제39기
자산			
Ⅰ.유동자산	27,173,231	17,790,813	16,621,081
(1)당좌자산	23,539,603	13,973,062	13,283,209
1.현금 및 현금성자산	2,142,220	2,360,190	2,026,791
2.단기금융상품	8,196,850	3,306,326	4,862,869
3.단기매도가능증권	2,104,420	982,067	922,833
4.매출채권	6,291,252	3,089,840	1,780,507
5.미수금	1,254,511	1,002,962	813,723
6.선급금	1,332,339	1,067,955	859,713
7.선급비용	771,909	437,282	407,082
8.단기이연법인세자산	854,084	1,366,927	1,241,636
9.단기금융리스채권	132,464	118,849	112,295
10.기타당좌자산	459,554	240,664	255,760
(2)재고자산	3,633,628	3,817,751	3,337,872
Ⅱ.비유동자산	58,850,923	54,728,407	48,604,171
(1)투자자산	26,624,069	21,653,050	17,121,525
1.장기매도가능증권	1,315,227	1,128,853	1,936,176
2.지분법적용투자주식	25,199,458	20,390,192	15,008,462
3.장기대여금	109,384	134,005	176,887
(2)유형자산	28,502,424	31,249,823	29,777,382
(3)무형자산	640,381	653,059	568,316
(4)기타비유동자산	3,084,049	1,172,475	1,136,948
1.장기선매출채권	22,638	17,126	27,287
2.장기금융리스채권	296,610	406,229	245,410
3.보증금	421,880	438,014	428,133
4.장기선급비용	2,342,921	311,106	436,118
자산총계	86,024,154	72,519,220	65,225,252
부채			
Ⅰ.유동부채	16,549,999	11,721,362	10,802,346
(1)매입채무	4,785,268	2,388,104	1,935,663
(2)미지급금	4,595,940	3,787,431	2,958,521
(3)선수금	700,733	564,688	528,168
(4)예수금	389,902	245,011	159,517
(5)미지급비용	5,005,996	3,836,708	3,764,628

(6)제품보증충당부채	235,031	332,795	306,516
(7)미지급법인세	625,898	412,368	1,114,048
(8)선수수익	205,643	148,248	30,815
(9)유동성사채	5,588	6,009	4,470
II.비유동부채	2,649,444	2,684,368	2,862,282
(1)사채	94,993	108,170	83,815
(2)장기미지급금	1,093,565	507,921	439,047
(3)장기미지급비용	254,443	176,916	39,174
(4)장기선수금	0	0	168,650
(5)퇴직급여충당부채	613,054	697,189	623,147
(6)장기이연법인세부채	593,389	1,194,172	1,508,449
부채총계	19,199,443	14,405,730	13,664,628
자본			
I.자본금	897,514	897,514	897,514
(1)보통주자본금	778,047	778,047	778,047
(2)우선주자본금	119,467	119,467	119,467
II.자본잉여금	6,651,855	6,589,580	6,574,996
(1)주식발행초과금	4,403,893	4,403,893	4,403,893
(2)기타자본잉여금	2,247,962	2,185,687	2,171,103
III.자본조정	(8,255,659)	(8,597,013)	(8,747,381)
(1)자기주식	(8,404,791)	(8,910,135)	(9,157,492)
(2)주식선택권	213,083	385,957	475,197
(3)기타자본조정	(63,951)	(72,835)	(65,086)
IV.기타포괄손익누계액	3,274,410	3,807,357	1,872,818
(1)매도가능증권평가이익	668,305	579,182	1,083,147
(2)매도가능증권평가손실	0	0	(143)
(3)지분법자본변동	2,678,962	3,262,583	966,353
(4)부의지분법자본변동	(72,857)	(34,408)	(176,539)
V.이익잉여금(결손금)	64,256,591	55,416,052	50,962,677
(1)법정적립금	450,789	450,789	450,789
(2)임의적립금	54,229,792	49,413,760	43,263,294
(3)미처분이익잉여금	9,576,010	5,551,503	7,248,594
자본총계	66,824,711	58,113,490	51,560,624
부채와 자본 총계	86,024,154	72,519,220	65,225,252

- 재무상태표의 주석은 제41기, 제40기, 제39기 감사보고서의 주석사항 참조
- 제40기 재무제표는 기업회계기준서 제15호 '지분법'의 개정에 따라 기타포괄손익누계액으로 계상되던 투자차액 등을 자본잉여금과 자본조정으로 분류하고, 비교 표시된 제39기 재무제표는 기업회계기준서 제1호에 따라 재작성됨

나. 재무상태표의 분류

■ 금융상품과 비금융상품의 구분

• 금융상품의 성격

현재(재무상태변동표)	종전(대차대조표)
거래 당사자 사이에 금융자산을 발생시킴과 동시 상대방에게 금융부채나 지분상품(주식)을 발생시키는 모든 계약으로 범위 확대.	금융기관에 맡긴 정기예금, 정기적금, CMA 등의 자금에 한정.

• 금융상품의 분류

현재(재무상태변동표)	종전(대차대조표)
금융자산 금융부채 현금과 현금성자산 매출채권 리스채권 미수금 장단기대여금 지분증권(주식) 채무증권(채권) 당기손익인식금융자산 매도가능금융자산 만기보유금융자산	매입채무 리스부채 미지급금 장단기차입금 사채 당기손익인식금융부채 기타금융부채

• 비금융상품의 분류

현재(재무상태변동표)	종전(대차대조표)
비금융자산	선수금
비금융부채	선수수익
리스자산	미지급법인세
선급금	충당부채
선급비용	
재고자산	
유형자산	
무형자산	
투자자산	

주식을 지분증권(지분상품)으로, 채권을 채무증권으로 계상한다. 채권이란 발행자에게는 금융부채이지만 매입자(투자자)에겐 금융자산이 된다.

결국 금융상품으로 인정받기 위해 계약 당사자끼리 현금을 주고받는 계약이 체결되어야 한다. 만약 계약 체결한 뒤 현금을 주고받지 않았거나, 현금을 수수하고도 계약을 체결하지 않았을 경우 비금융상품으로 처리한다.

2) 포괄손익계산서

IFRS를 도입할 경우 당기순이익에 자본 부분의 포괄손익(당기순이익 + 포괄손익누계)까지 감안한 포괄손익계산서를 작성해야 한다. 하지만 한 가지의 단일포괄손익계산서만 작성하거나, 포괄손익계산서와 손익계산서 등 두 가지의 보고서를 작성할 수 있다.

포괄손익계산서의 가장 큰 특징은 ▶ 계정의 분류나 표시를 정확하게 하지 않아도 되고 ▶ 모든 계정과목을 포함하는 하나의 포괄손익계산서를 작성할 수도 있고 ▶ 당기순이익 이하의 부분을 따로 떼어내 별개의 손익계산서로도 표기가 가능하다는 점이다.

가. 단일포괄손익계산서

수익
− 매출원가
매출총이익
+기타수익
− 물류원가
− 관리비
− 기타비용
− 금융원가
+− 지분법이익
법인세비용차감전순이익
− 법인세비용
계속영업이익
+− 중단영업손익
당기순이익
+− 기타포괄이익
총포괄손익

나. 손익계산서

수익
−매출원가
매출총이익
+기타수익
−물류원가
−관리비
−기타비용
−금융원가
+−지분법이익
법인세비용차감전순이익
−법인세비용
계속영업이익
+−중단영업손익
당기순이익

단위 : 백만 원

과 목	제41기	제40기	제39기
Ⅰ.매출액	89,772,834	72,952,991	63,175,968
Ⅱ.매출원가	68,402,534	55,380,601	46,846,546
Ⅲ.매출총이익(손실)	21,370,300	17,572,390	16,329,422
Ⅳ.판매비와 관리비	15,021,772	13,438,320	10,386,567
Ⅴ.영업이익(손실)	6,348,528	4,134,070	5,942,855
Ⅵ.영업외수익	12,030,679	7,609,996	4,162,084
1.이자수익	269,139	400,985	278,731

2.배당금수익	24,778	23,694	14,252
3.수수료수익	83,137	73,623	339,496
4.임대료	102,185	60,459	52,888
5.매도가능증권처분이익	28,330	93,446	38,511
6.외환차익	5,097,908	4,049,633	347,061
7.외화환산이익	1,190,785	276,191	48,573
8.지분법이익	4,817,905	2,165,729	2,627,165
9.유형자산처분이익	154,847	105,868	101,605
10.기타영업외수익	261,665	360,368	313,802
Ⅶ.영업외비용	7,538,679	5,835,845	1,474,935
1.이자비용	124,188	49,972	47,829
2.매출채권처분손실	131,532	234,235	284,204
3.외환차손	5,659,860	4,201,938	457,020
4.외화환산손실	909,960	629,941	46,048
5.지분법손실	82,826	373,539	262,284
6.기부금	99,554	138,907	182,565
7.유형자산처분손실	64,177	37,064	55,685
8.기타영업외비용	466,582	170,249	139,300
Ⅷ.법인세비용차감전순이익(손실)	10,840,528	5,908,221	8,630,004
Ⅸ.법인세비용	1,191,041	382,317	1,204,988
Ⅹ.당기순이익(손실)	9,649,487	5,525,904	7,425,016
Ⅺ.주당손익			
1.기본주당순이익	65,499원	37,684원	49,532원
2.희석주당순이익	65,194원	37,340원	48,954원

• 기본주당순이익, 희석주당순이익의 산출 근거는 제41기, 제40기, 제39기 감사보고서의 주석사항 참조
• 손익계산서의 주석은 제41기, 제40기, 제39기 감사보고서의 주석사항 참조

다. 기능별 분류 또는 성격별 분류

〈영업이익〉을 표시하는 것은 의무 사항이 아니다. 하지만 비용의 경우 기능별이나 성격별로 분류해야 한다. 다시 말해 선택 사항이다. 결국 모두 조합하면 ■ 기능별 포괄손익계산서 ■ 성격별 포괄

손익계산서, ■ 기능별 손익계산서 ■ 성격별 손익계산서 등 네 가지의 보고서도 가능하다.

- 기능별 분류 : 매출원가를 다른 비용과 분리해서 추출한다.
- 성격별 분류 : 감가상각비나 이자비용 등으로 세부 항목을 나열한다.

■ 기능별 단일포괄손익계산서

수익
− 매출원가(매출원가를 따로 분리 가능)
매출총이익
+기타수익
− 물류원가
− 관리비
− 기타비용(영업이익을 따로 표시 가능)
− 금융원가
+− 지분법이익
법인세비용차감전순이익
− 법인세비용
계속영업이익
+− 중단영업손익
당기순이익
+− 기타포괄이익
총포괄손익

■ 성격별 손익계산서

수익
+기타수익
− 총비용(비용 세분 가능)
매출원가
종업원급여비용
감가상각비
이자비용
제품과 재공품의 변동
+− 지분법이익
법인세비용차감전순이익
− 법인세비용
계속영업이익
+− 중단영업손익
당기순이익

■ 기능별 연결포괄손익계산서

수익
− 매출원가
매출총이익
+기타수익
− 물류원가
− 관리비
− 기타비용
− 금융원가
+− 지분법이익
법인세비용차감전순이익
− 법인세비용
계속영업이익
+− 중단영업손익
당기순이익
지배기업귀속당기순손익
비지배기업귀속당기순손익
+− 기타포괄이익
총포괄손익
지배기업귀속총포괄손익
비지배기업귀속총포괄손익
주당순이익

주당순이익(Earning Per Share)

주당순이익(EPS)은 기업이 벌어들인 순이익(당기순이익)을 그 기업이 발행한 총 주식수로 나눈 값이다.

EPS = 당기순이익 ÷ 주식 수

1주당 이익을 얼마나 창출했는지 나타내는 지표로 그 회사가 1년간 올린 수익에 대한 주주의 몫을 나타낸다. EPS가 높을수록 주식의 투자 가치가 높다고 볼 수 있다. EPS가 높다는 것은 그만큼 경영실적이 양호하다는 뜻이고, 배당 여력도 많으므로 주가에 긍정적인 영향을 미친다.

EPS란 당기순이익 규모가 증가하면 높아지고, 전환사채의 주식전환이나 증자로 주식수가 많아지면 낮아지게 마련이다.

최근 주식시장의 패턴이 기업의 수익성을 중시하는 쪽으로 바뀌면서 EPS의 크기가 중요시되고 있다. 주당순이익은 주가수익비율(PER) 계산의 기초가 되기도 한다.

주당순이익을 작성할 경우 ■ 기본과 ■ 희석으로 구분한 뒤 산정해야 한다.

기본 EPS

[EPS = 당기순이익(계속영업이익) ÷ 발행주식수]의 산식을 적용한다. 보다 정밀하게 계산하려면 분모를 유통주식수로 대체한다. 다시 말해 [EPS = 당기순이익(계속영업이익) ÷ 유통주식수]가 돼야 한다.

발행주식수와 유통주식수가 언제나 일치하지 않는다. 예컨대 총 발행주식수가 100만 주이지만 그 중 10만 주를 자기주식으로 매수했다면 나머지 90만 주가 유통주식수가 된다. 다시 말해 실제 거래 가능한 보통주의 수량을 의미한다.

희석 EPS

전환사채, 스톡옵션 등을 발행할 예정일 경우 이 같은 잠재적 물량까지 모두 감안하여 정산해야 하기 때문에 좀 더 보수적인 성격이다. 다시 말해 [EPS = 당기순이익(계속영업이익) ÷ 유통 가능 주식수]가 돼야 한다. 특히 중단영업손익이 있을 경우 ■ 기본주당계속영업이익과 ■ 기본주당계속영업이익으로 구분 공시해야 한다.

3) 국내회계기준(GAAP)과 국제회계기준(IFRS)의 차이

구 분	한국 채택 국제회계기준	과거 회계기준
주재무제표	연결재무제표	개별재무제표
재무제표 구성	① 재무상태표 ② 포괄손익계산서 ③ 현금흐름표 ④ 자본변동표 ⑤ 주석	① 대차대조표 ② 손익계산서 ③ 이익잉여금처분계산서 ④ 현금흐름표 ⑤ 자본변동표 ⑥ 주석

• 과거의 손익계산서에 당기 손익으로 인식하지 않은 수익과 비용(재평가잉여금의 변동, 해외사업장의 외화환산손익 변동 등), 즉 기타포괄손익이 포함된 손익계산서

구 분	한국 채택 국제회계기준	과거 회계기준
1. 공시 체계의 차이 (주재무제표)	– 사업보고서, 분기 반기 보고서 등 모든 공시서류가 연결회사 전체에 대한 연결재무제표 기준으로 작성	– 개별재무제표를 원칙적으로 공시 – 연결재무제표는 부수적, 사후적 연차보고서만 공시

2. 연결 범위의 차이	- 지배의 정의에 근거하여 종속회사 여부 결정 - 소유지분율 50% 초과와 실질 지배력	- 소유지분율 30% 초과 최다 출자자와 실질 지배력 - 외부감사 대상 제외 등의 사유로 일부 종속회사는 연결 대상에서 제외
3. 자산 부채의 평가 방법	- 시의적절한 정보 제공을 위해 자산, 부채를 공정가치로 평가하는 게 원칙 - 공정가치 평가 허용 - 취득원가 평가 또는 공정가치로 재평가	- 국내 회계기준은 정보의 신뢰성을 중시하여 객관적 평가가 어려운 항목은 취득원가로 평가 - 투자부동산은 취득원가로 평가 - 유형자산은 취득원가로 평가
4. 법률적 정책적 목적에 따른 기준의 차이	- 거래의 실질에 맞는 회계처리 방법 규정 - 부채 처리	- 법률 및 정책적 목적에 따라 현실을 고려하여 일부 항목에 대해 특정한 회계처리를 규제 또는 허용 - 상환우선주 자본 처리
5. 재무제표 표시의 차이	- 선택 가능한 대안을 제시하여 재무제표 표시 방법의 다양성 인정 - 투자자산으로 분류	- 대차대조표와 손익계산서의 표시 방법 정형화 - 임대 목적 부동산은 유형자산으로 분류
6. 측정의 차이	- 매수법만 허용 - 예측 급여 채무의 개념을 채택하여 보험 수리적 방법으로 측정	- 사업결합 시 매수법과 지분 풀링법 허용 - 종업원 급여 측정 시 연도말 현재 전 임직원이 일시에 퇴직할 경우 지급하여야 할 퇴직금에 상당하는 금액(청산 기준)으로 측정

자산의 평가

구 분	한국 채택 국제회계기준	과거 회계기준
재고자산	표준원가가 실제원가와 '유사한 경우' 표준 원가법을 사용하여 측정 가능	실제원가만 인정
유형자산	원가모형이나 재평가모형 중 하나를 회계정책으로 선택하여 평가	원가모형만 인정
투자부동산	원가모형 또는 공정가치모형 중 선택하여 평가	원가모형만 인정
매각예정 비유동자산	감가상각을 중단하며 순공정가치와 장부금액 중 적은 금액으로 측정	장부가액으로 측정, 감액 여부 평가

- 정상적인 재료원가, 소모품원가, 노무원가 및 효율성과 생산능력 활용도를 반영한 원가
- 자산금액에서 감가상각누계액과 손상차손누계액을 차감하여 장부금액으로 표시
- 재평가일의 공정가치에서 이후의 감가상각누계액과 손상차손누계액을 차감하여 장부금액으로 표시

부채의 평가

구 분	한국 채택 국제회계기준	과거 회계기준
퇴직급여채무	예측급여채무의 개념을 채택하여 보험수리적 방법으로 측정	청산가치 개념 채택
상환우선주의 회계처리	발행자가 의무적으로 상환하여야 하는 계약상 의무를 부담하거나 보유자가 상환을 청구할 수 있는 권리를 보유한다면, 금융부채로 분류	자본으로 분류

- 미래의 퇴직급여를 추정할 때 미래의 임금상승률 등을 고려하며, 시장수익률에 기초한 이자율을 적용하여 할인

수익 인식

구 분	한국 채택 국제회계기준	과거 회계기준
생물자산의 수익인식 시점	생물 자산과 수확물을 판매하기 이전 기간에 자연적으로 증가한 가치에 대하여 발생 기간의 당기 손익에 반영	현행 기준 없음
수익인식 조건인 '경제적 효익의 유입 가능성'에 대한 판단 기준	수익 인식 조건의 하나인 '경제적 효익의 유입 가능성'에 대한 판단 기준으로 '높은 가능성'을 제시함	'매우 높은 가능성'을 제시함

연결재무제표와 관계기업 투자

구 분	한국 채택 국제회계기준	과거 회계기준
연결재무제표 작성자	모든 지배기업(최상위 지배기업, 중간 지배기업)	최상위 지배기업
연결기준의 중간 재무보고	연차재무제표가 연결 기준으로 작성되었다면 중간 재무보고도 연결 기준으로 작성	현행 기준 없음
단계적 취득으로 중대한 영향력 획득 시 투자 차액(영업권) 산정	종속기업을 단계적으로 취득할 때 사용한 회계 처리 절차의 기본 개념(단계법)을 적용함	일괄법을 사용하여 투자 차액(영업권) 산정

금융상품

구 분	한국 채택 국제회계기준	과거 회계기준
보유자의 내재 파생상품	전환권과 신주인수권이 분리 요건을 충족하면 그 권리를 전환사채나 신주인수권부사채에서 분리하여 인식	전환사채 또는 비분리형 신주인수권부사채는 분리하지 않음

• 파생상품이 아닌 주 계약을 포함하는 복합 상품의 구성요소

기타

구 분	한국 채택 국제회계기준	과거 회계기준
① 기능통화 개념의 도입	기능통화와 표시통화 개념을 구분하여 사용하고 있으며 기능통화의 결정과 관련된 구체적인 지침 제시	현행 기준 없음
차입 원가	자본화(capitalization)만 인정	즉시 비용화와 자본화 모두 인정
② 공동 지배기업에 대한 참여자의 회계 처리	공동 지배기업 투자 지분에 대하여 원칙적으로 비례연결을 채택하였으며 선택적으로 지분법의 사용도 허용	지분법만 인정
보험 계약의 보험 요소와 저축 요소의 분리	보험 요소와 저축 요소의 분리 여부를 결정하는 기준을 제시하고 특정 조건을 충족하는 경우 반드시 두 요소를 분리하도록 함	현행 기준 없음

- ① 영업활동이 이루어지는 주된 경제 환경의 통화
- 재무제표를 표시할 때 사용하는 통화
- ② 공동지배기업의 자산, 부채, 수익, 비용에 대한 참여자의 지분을 참여자의 재무제표에서 유사한 항목과 결합하거나 별도의 항목으로 보고하는 회계처리 방법

IFRS를 도입할 경우 과거처럼 대차대조표(재무상태표)를 차변과 대변으로 나누지 않고 순차적으로 나열해야 한다. 즉, 자산 밑으로 부채와 자본을 차례대로 기록한다. 포괄손익계산서에도 동일하게 적용하여 수익, 비용, 순이익을 순서대로 기록한다.

기본재무제표의 차이

한국회계기준은 회사별로 재무제표를 작성한다. 그러나 국제회계

기준은 연결재무제표를 기본으로 한다. 예를 들어 삼성전자의 한국회계기준의 재무제표는 삼성전자라는 법인의 본점과 지점만 포함되어 작성한다. 그러나 국제회계기준은 삼성전자의 자회사 재무제표도 포함해서 작성된다.

자산 인식의 차이

한국회계기준은 기본적으로 역사적 원가주의를 채택하고 있다. 그러나 국제회계기준은 시가평가가 원칙이다. 그러다 보니 토지, 건물, 기계장치 등 유형자산을 매년 평가해야 한다.

재무제표 작성 방법의 차이

국제회계기준은 유럽식이 기본 모델이다. 대차대조표(재무상태표)의 경우 유동성배열법이 아니라 고정자산이 먼저 표시된다. 표시방법이 바뀌어서 과거 재무제표와 좀 달라 보인다.

(1) 제무제표의 명칭, 구조

K-IFRS에서는 대차대조표가 재무상태표로 그 명칭이 변경되었고, 이익잉여금처분계산서가 주재무제표에서 제외된다. 다만 우리나라 상법상 이익잉여금처분계산서를 작성하도록 요구하고 있으므로 이를 주석사항으로 공시해야 한다.

기존의 K-GAAP에서는 재무제표의 구조, 계정항목 등을 별도 규정하고 있으나 K-IFRS에서는 다양한 선택권을 제시하고 있다.

예를 들어 재무상태표의 경우 1) 유동성배열법 2) 유동성, 비유동성 구분법 3) 혼합표시 방법을 모두 인정하고 차변에는 비유동 항목을 먼저, 대변에는 자본 항목을 부채보다 먼저 작성할 수도 있다.

손익계산서의 경우에도 1) 단일 포괄손익계산서 2) 손익계산서와 별개의 포괄손익계산서 2가지 방법을 모두 인정하고, 구성 항목에 대해서도 꼭 공시되어야 할 항목 이외에 매출총이익, 영업이익 등의 항목은 공시하지 않아도 된다. 비용도 기능별 분류(기존의 K-GAAP처럼 매출원가, 판관비 등으로 구분하는 것) 외에 성격별 분류(감가상각비, 원재료 구입, 급여, 광고비 등)로 공시하는 것도 허용하고 있다.

(2) 연결재무제표

기존의 K-GAAP과는 달리 K-IFRS에서는 연결재무제표가 주재무제표로 사용된다. 따라서 기말 재무보고는 물론 반기나 분기 공시를 할 때에도 연결재무제표로 공시해야 한다. 다만 자산총액 2조 원 미만의 기업은 분기 반기 연결공시가 2013년까지 유예된다. 또한 연결 대상 회사를 결정하는 '지배력 기준'이나 지분법 대상 회사를 결정하는 '중대한 영향력' 기준이 K-GAAP과 약간씩 상이하다.

(3) 공정가치 중시

기존의 K-GAAP에서 취득 원가로 계상하던 자산, 부채 중 상당 부분에 대하여 공정가치를 인정하고 있다. 다만 대부분 선택 사항이므로 기존의 원가법을 적용할 수도 있다. K-IFRS에서 공정가치를 적용하는 항목은 다음과 같다.

- 금융상품 / 금융부채
- 유형자산, 무형자산, 투자부동산
- 자산에 대한 손상차손 인식
- 확정급여채무(K-GAAP 상의 퇴직급여충당부채)

(4) 기업의 공시 의무 강화

기존의 K-GAAP에서도 감사보고서의 주석사항으로 여러 가지 정보를 공시하도록 규정하고 있으나 K-IFRS에서는 이러한 공시 규모가 대폭 확대된다. 우선 기본적인 공시 내용이 연결 기준으로 바뀔 것이고, 공정가치에 대한 정보나 영업 부문에 대한 재무정보가 공시되어야 하므로 K-IFRS 상에서는 감사보고서의 분량이 매우 늘어날 것으로 예상된다.

(5) 기업에 미치는 영향

위의 (3)번 중 유형자산에 공정가치를 이용한 재평가모형을 적용한다면, 회사의 자산 총액이 증가하고 이에 따라 회사의 부채비율이 좋아질 수 있다. 하지만 재평가잉여금은 자본 항목이므로 손익에 영향은 없다.

(1)번에 의해서 재무제표 양식이 달라질 수 있다.

(3)에 유형자산의 재평가모형을 적용하는 경우 감정평가법인의 감정평가를 받아야 하고 확정급여채무를 산정하기 위해서는 계리사나 보험계리법인의 용역이 필요하므로 회사의 비용이 증가하게 된다.

(6) IFRS 최초 적용 시 비교재무제표 작성

12월 말 법인이라면 2011년도 재무제표 공시 때 직전 연도인 2010년도 재무제표(재무상태표, 포괄손익계산서, 자본변동표, 현금흐름표, 주석)를 비교 표시한다. 다만 IFRS로 공시하는 첫째 연도인 점을 감안하여 직전 연도 초기 시점(전환일 : 210년 1월 1일)의 재무상태표를 추가로 비교 표시해야 한다.

자본변동표

단위 : 백만원

구 분	자본금	자본잉여금	자본조정	기타포괄손익누계액	이익잉여금	총 계
2007.01.01(전전기 초)	897,514	6,367,244	(6,980,870)	516,520	44,460,189	45,260,597
1.회계정책 변경 누적효과(재작성)				40,404	103,417)	(63,013)
2.회계정책 변경 누적효과(기초반영)						
3.수정 후 기초자본	897,514	6,367,244	(6,980,870)	556,924	44,356,772	45,197,584
4.연차배당					(746,075)	(746,075)
5.처분 후 이익잉여금					43,610,697	44,451,509
6.중간배당					(73,036)	(73,036)
7.재평가 자산 처분에 따른 법인세 효과		(136)				(136)
8.자기주식의 취득			(1,825,395)			(1,825,395)
9.자기주식의 처분		(5,978)	187,925			181,947
10.주식선택권		2,403	(63,955)			(61,552)
11.매도가능증권 평가				574,106		574,106
12.지분법평가		211,463	(65,086)	741,788		888,165
13.당기순이익					7,425,016	7,425,016
2007.12.31. (전전기 말)	897,514	6,534,996	(8,747,381)	1,872,818	50,962,677	51,560,624
2008.01.01. (전기 초)	897,514	6,363,533	(8,682,295)	2,019,195	50,962,677	51,560,624
1.회계정책 변경 누적효과(재작성)		211,463	(65,086)	(146,377)		

2.회계정책 변경 누적효과 (기초반영)		(1)		1,950	98,980	100,929
3.수정 후 기초자본	897,514	6,574,995	(8,747,381)	1,874,768	51,061,657	51,661,553
4.연차배당					(1,098,098)	(1,098,098)
5.처분 후 이익잉여금					49,963,559	50,563,455
6.중간배당					(73,411)	(73,411)
7.재평가 자산 처분에 따른 법인세효과		(153)				(153)
8.자기주식의취득						
9.자기주식의처분		4,039	247,357			251,396
10.주식선택권		2,306	(89,240)			(86,934)
11.매도가능증권 평가				(503,822)		(503,822)
12.지분법 평가		8,393	(7,749)	2,436,411		2,437,055
13.당기순이익					5,525,904	5,525,904
2008.12.31. (전기 말)	897,514	6,589,580	(8,597,013)	3,807,357	55,416,052	58,113,490
2009.01.01. (당기 초)	897,514	6,589,580	(8,597,013)	3,807,357	55,416,052	58,113,490
1.회계정책 변경 누적효과 (재작성)						
2.회계정책 변경 누적효과 (기초반영)						
3.수정 후 기초 자본	897,514	6,589,580	(8,597,013)	3,807,357	55,416,052	58,113,490
4.연차배당					(735,441)	(735,441)
5.처분 후 이익잉여금					54,680,611	57,378,049
6.중간배당					(73,507)	(73,507)
7.재평가 자산 처분에 따른 법인세효과						
8.자기주식의 취득						
9.자기주식의 처분		(1,313)	505,344			504,031
10.주식선택권			(172,874)			(172,874)
11.매도가능증권 평가				89,123		89,123
12.지분법 평가		63,588	8,884	(622,070)		(549,598)
13.당기순이익					9,649,487	9,649,487
2009.12.31. (당기 말)	897,514	6,651,855	(8,255,659)	3,274,410	64,256,591	66,824,711

(7) IFRS 도입으로 재무제표의 이해 가능성 저하 가능성 여부

IFRS는 전 세계 117개국(2009년 기준)이 사용하고 있는 단일 회계기준으로 이미 검증된 우수한 기준이지만, 도입 초기에는 익숙하지 않아 일시적으로 이해도가 낮아질 수 있다.

IFRS 규정에는 주석 내용 등이 상세히 설명되어 있으므로 IFRS 재무정보에 익숙해지면 재무제표에 대한 이해도가 현재보다 높아질 것으로 기대된다.

IFRS 적용 후 계정과목은 재무상태표에서 53% 감소, 손익계산서에서 59% 감소하지만 주석은 71% 증가(금감원 조기적용기업 분석, 2010년 4월)한다. 더 나아가 국제적 비교 가능성, 국내 기업의 회계 투명성, 비교 가능성 등이 크게 개선될 전망이다.

(8) 연결재무제표와 계정과목 축소

개별 기업의 재무제표가 아닌 계열회사의 경영성과 등을 포괄하는 연결재무제표가 주재무제표로 시장에 공개된다.

기존 연결 재무제표의 작성 범위에 대한 기준도 기존 K-GAAP의 '지분율 30% 초과, 최대주주'에서 '지분율 50% 초과'로 변경된다. 지분율이 30 ~ 50% 수준이지만 실질적인 지배력이 없다면 연결 대상에서 제외될 수 있다.

실질적 지배력이란 이사회 등 의사결정기구 구성원의 과반수를 임명 또는 해임할 수 있거나 의사결정에서 과반수의 의결권을 행사할 수 있는 권리를 말한다.

금융감독원의 IFRS 조기 적용 기업 분석 결과에서도 IFRS 도입

영향은 연결 범위 변동이 가장 큰 것으로 나타났다. IFRS 도입으로 지분율에 의한 연결 범위가 상향 조정(30% → 50%)돼 재무 수치 변동이 있었다. 투자자들이 재무제표에 나타나는 경영성과 등을 살펴볼 때 지주회사뿐만 아니라 계열회사들의 실적 등도 면밀히 검토해야 할 필요가 있다. 연결 범위의 변동으로 지배력 기준을 적용하는 경우 공통적으로 그룹사 지주회사의 재무제표가 많은 영향을 받을 것으로 판단된다.

재무제표 표시 방법은 다양해지고 계정과목 배열 체계는 간략해지는 점도 주요 변화이다. IFRS에서는 기업에 적합한 재무제표 표시 방법을 선택할 수 있도록 최소한의 계정과목만 제시할 뿐 재무제표의 형식을 구체적으로 정하고 있지 않기 때문이다.

(9) 투자자가 각별히 유념해야 할 정보의 보고 '주석'

재무제표에 기재된 수치를 부연 설명하는 주석사항에 재무구조와 경영성과 등에 대한 알짜 정보가 포함된다.

특히 K-GAAP에서는 요구하지 않았던 환위험, 유동성위험, 이자율위험 등에 대한 관리정책과 당기순이익에 영향을 주는 환율 변동 민감도 분석 등도 주석사항에 추가됨으로써 투자 위험을 줄이기 위해 반드시 주석사항을 챙겨봐야 한다.

이 같은 주석사항의 중요성을 증명이라도 하듯 IFRS를 조기 적용한 기업들의 재무제표 공시 결과를 살펴보면 주석 페이지가 크게 늘어난 것으로 집계됐다. IFRS 재무제표를 작성하는 기업에 대한 투자자가 되기 위해서는 IFRS에 의해 제공되는 주석을 이해할 수 있도록 노력하는 자세가 필요하다.

주석사항에 제공되는 내용이 상당히 전문적인 관계로 이를 해석해 줄 수 있는 전문가의 도움도 필요에 따라 적절히 활용하는 게 좋다.

IFRS 최초 재무제표 주석에는 과거회계기준인 K-GAAP에서 IFRS로의 전환이 기업의 재무상태와 경영성과에 어떻게 영향을 미치는지에 대한 차이 조정 내역이 공시된다. 과목별, 요인별 기준 변경에 따른 수치 변동과 상세 내역을 파악할 수 있으므로 기업 재무 분석 시 적극 활용해야 한다.

4) 국제회계기준(IFRS) 도입에 따른 용어 정립

원칙 중심의 기준 체계

과거 국내회계기준은 법률관계나 계약 내용에 따라 개별 사안에 대하여 구체적인 회계처리 방법과 그 절차를 친절하게 안내했다. 하지만 원칙 중심인 IFRS는 상세한 회계처리 방법을 제시하는 대신, 경영자와 회계담당자가 합리적으로 회계 처리할 수 있도록 회계처리의 기본 원칙과 방법론을 제시하는 데 머문다.

요즘 들어 기업 내용과 활동이 매우 복잡해지면서 예측 가능한 경영 활동에 대해 세부적인 규칙을 제시하는 것이 불가능해졌다. 결국 규칙의 경직된 자구 해석에 지나치게 집중할 경우 오히려 규제 회피가 더 용이해질 수 있다는 점에 착안하여 IFRS가 탄생되었다.

원칙 중심의 회계와 규정 중심의 회계

과거 국내회계기준은 획일적 규정 중심으로 재무제표의 구체적인 서식과 계정과목별 회계처리 방법 등에 대해 자세히 기술한다. 회계처리를 할 때 적용 가능한 사례를 회계기준에서 다양하게 제시한다. 다시 말해 개별 기업의 재무제표를 증권 관련 기관에 보고한다는 데 초점을 맞춘다.

이와 다르게 IFRS는 자율적인 원칙 중심을 지향한다. 재무제표의 대략적인 형태, 계정과목별 회계처리와 관련하여 경제적 실체에 입각한 합리적 지침만 제시한다. 일반적으로 산업별 또는 기업별 독특한 특징이 있어 다양한 회계처리가 가능하기 때문에 일괄적인 규정으로 처리할 수 없는 상황이 뒤따른다. 따라서 개별 기업은 다양하게 선택 가능한 회계처리 방법 중 그 어떤 방법을 적용했는지 재무제표에 자상하게 설명(표시)해야 한다.

연결 중심 공시 체제

IFRS의 경우 회계 기말뿐 아니라 분기와 반기에도 연결재무제표를 공시해야 하는 등 연중 상시적인 연결 중심 공시 체계로 바뀐다. 특히 비재무사항도 연결 기준으로 공시해야 한다.

– 연결 기준 작성

FRS는 의결권 있는 지분율 50% 초과 소유, 실질지배력 등으로 연결 범위를 규정한다. 연결 대상 여부를 판단할 때 종속회사의 형태나 자산 규모에 제한이 없다. 자산 규모 100억 원 미만 주식회사

뿐만 아니라 조합이나 파트너십 등과 같은 주식회사 이외의 기업도 연결 범위에 포함된다.

– 개별재무제표

FRS가 적용된다고 해서 개별재무제표가 없어지는 것은 아니다. 연결 대상 종속회사가 있는 지배회사라면 연결재무제표와 개별재무제표를 모두 작성하고, 연결 대상 종속회사가 없는 지배회사라면 개별재무제표만 작성한다. 특히 개별재무제표의 경우 과거처럼 외부감사를 받아야 한다. 분기와 반기에는 감사인의 검토도 받아야 한다.

공정가치 평가

FRS의 핵심은 자본시장의 투자자에게 기업의 재무상태와 내재가치에 대한 의미 있는 투자 정보를 제공하는 것이다. 금융자산과 부채, 유형자산과 무형자산, 투자부동산에까지 공정가치 측정을 의무적으로 하거나 선택적으로 적용할 수 있다.

공정가치평가란 IFRS에 의한 공정가치를 평가하는 것이다. 공정가치란 '합리적인 판단력과 거래 의사가 있는 독립된 당사자 사이에서 자산이 교환될 수 있는 금액'을 말한다. 공정가치 평가는 자산별로 그 적용이 선택 또는 의무화되었다. 과거 국내회계기준의 원가법으로 표시된 자산 가치를 보다 현실성 있는 현재의 가치로 나타내는데 목적을 두고 시장가치 중심의 자산 가치로 평가하는 것이다.기업의 자산 중 대표적인 유형고정자산을 예로 들어 보자. 토지, 건물 등 유형고정자산은 원가모형이나 재평가모형 중 하나의 회계 정책을 선택 적용해야 한다. 원가모형이란 종전 국내회계기준과 같이 취득 원가에 감가상각액을 차감한 금액으로 표시하는 것이다. IFRS 적용 초기 혼란 방지와 점진적 이행을 위해 원가 그대로 표시하는 것을 허용한다. 다만 원가모형을 선택하더라도 유형자산의 재평가를 통한 재평가 시점의 공정가치를 간주원가로 선택할 수 있다.

재평가모형이란 시가에 의한 자산재평가를 통하여 현재 가치를 나타내는 방법으로 재평가일의 공정가치에 의거한다. 일반적으로 토지와 건물의 공정가치는 공인된 감정평가인의 감정에 의한 시장 증거로 결정된다. 설비장치와 공정가치는 감정에 의한 시장 가치다. 즉, 유형고정자산을 시가로 재평가해 자산 가치를 나타내는 것이다. 공정가치 평가에 의한 재평가 모형 선택 시 기업이 유리한 점은 실현 가능한 현재 가치를 나타냄으로써 투명하고 신뢰성 있는 재무제표를 인정받을 수 있다. 따라서 평가로 인한 자산 가치의 증대가 주식 가치와 기업 가치의 상승으로 이어진다.

이는 최근 주식시장에서 유형자산재평가를 실시한 기업들을 통해 알 수 있다. 자산 가치가 증가하면 각종 재무비율이 양호하게 나타나기 때문에 금융기관 차입 여력 증대, 자본 조달 비용 감소 효과 등이 있다. FRS에 따르면 공정가치 평가의 신뢰성을 위해 공인된 감정평가인의 감정에 의하도록 하는 등 엄격한 원칙을 준수해야 한다.

자산재평가

FRS에 따르면 시가가 반영되는 만큼 재무구조의 개선이 기대되는 경우가 많다. 하지만 부담이 이연되는 것이지 사라지는 것은 아니라는 점에 각별히 유의해야 한다.

– 재무제표에 미치는 영향

FRS에 따르면 재평가 차액 → 기타포괄손익 증가 → 재평가잉여금 증가 → 자산과 자본 → 부채비율 감소 등으로 이어진다. 포괄손익계산서에는 영향이 없지만 토지가 아닌 경우 평가 금액이 늘어난 만큼 평가 후 계상될 감가상각비도 증가한다.

– 이연법인세

FRS에 따르면 이연시킨 법인세일 뿐 언젠가는 부담해야 할 세금이다. 자산을 매각할 때 세금을 한꺼번에 내야 하기 때문에 기업 유동성에 악영향을 미칠 수 있는 위험요소다. 따라서 재평가 이후 당장 문제가 되는 것은 아니지만 자산 처분 시점에 부담해야 한다는 사실을 잊지 말아야 한다. 특히 자산 처분 시점의 법인세율에 따라야 하기 때문에 미래 법인세율이 22%를 웃돌게 될 경우 부담은 더 커질 수 있다.

발생손실모형과 기대손실모형

대손충당금 인식에 관한 모델의 유형이다. 발생 손실은 대손 발생을 증명할 수 있는 경우, 기대 손실은 대손 발생의 가능성만으로 충당금을 인식할 수 있다.

IFRS는 원칙적으로 발생손실모형을 채택한다. 금융권의 경우 과거 국내회계기준에서보다 대손충당금을 줄일 수 있어 호재다. 하지만 아무래도 기대손실모형으로 규정이 변경될 듯하다. 2010년의 글로벌 금융위기로 대손 인식을 좀 더 엄격하게 해야 한다는 주장이 힘을 얻었기 때문이다.

기타포괄손익

기타포괄손익이란 손익은 손익이지만 실현되지 않은 미실현 손익의 성격이다. 따라서 당기순이익에 포함되지는 않지만 언제가 거래가 확정되면 미래 손익에 영향을 미친다.

과거 국내회계기준에 의하여 주석사항으로 공시되던 기타포괄손익이 IFRS에서는 포괄손익계산서의 구성 항목으로 편입되고, 기존의 손익계산서의 명칭이 포괄손익계산서로 바뀐다.기타포괄손익의 경우 당기 손익으로 인식하지 않은 수익과 비용 항목(재분류 조정 포함)을 포함한다. 기타포괄손익은 다음 항목을 포함한다.

– 재평가잉여금의 변동(기업회계기준서 제1016호 '유형자산' 과 기업회계기준서 제1038호 '무형자산')

– 기업회계기준서 제1019호 '종업원급여' 의 문단 93A에 따라 인식된 확정급여제도의 보험수리적손익

– 해외 사업장의 재무제표 환산으로 인한 손익(기업회계기준서 제1021호 '환율변동효과')

– 매도가능금융자산의 재측정 손익(기업회계기준서 제1039호 '금융상품 인식과 측정')

– 현금흐름 위험 회피의 위험 회피 수단의 평가 손익 중 효과적인 부분(기업회계기준서 제1039호)

금융상품

• 과거 국내회계기준 : 유가증권의 보유 목적에 따라 단기매매증권, 매도가능증권, 만기보유증권으로 구분한다.

• IFRS : 거래 당사자 일방에게 금융자산을 발생시키고 동시에 다른 상대방에게 금융부채나 지분상품을 발생시키는 모든 계약.

모든 거래에는 거래 상대방이 있다. 거래 결과 거래 당자자의 자산이 변동되었다면 상대방은 부채나 자본에 변동이 생길 것이다. 이런 변동은 모든 거래에 동일하겠지만 거래하는 품목이 금융자산, 금융부채, 지분상품(자본)에 변동을 가져오는 경우 금융상품으로 본다는 뜻이다.

따라서 '비금융 항목을 매입하거나 매도하는 계약 중 일부' 도 금융상품으로 인식한다. 비금융 항목은 파생상품을 말한다. 파생상품 거래 결과 금융자산, 금융부채, 지분상품의 변동이 발생했다면 금융상품으로 회계 처리한다는 의미다.

– 금융상품의 범위

금융자산	금융부채
1) 당기손익인식금융자산 2) 만기보유금융자산 3) 대여금과 수취채권 4) 매도가능금융자산	1) 당기손익인식금융부채 2) 기타부채

위험 회피 회계

위험 회피 회계란 위험 회피(헤지) 목적으로 거래하는 파생상품 계약의 평가손익에 대한 회계처리를 단순 투기 목적으로 거래하는 파생상품의 회계와 구분하기 위해 만들어진 회계처리 방식이다.

– 공정가액 위험 회피

환율 변동과 같은 특정 위험으로 인한 자산과 부채, 확정계약의 공정가액 변동 위험을 상계처리하기 위해 파생상품을 이용하는 것을 말한다. 이 경우 파생상품의 평가손익을 당기손익으로 처리한다.

– 현금흐름 위험 회피

자산과 부채, 예상 거래의 미래현금흐름 변동 위험을 상계하기 위해 파생상품을 활용하는 것이다. 이 경우 파생상품의 평가손익 중 위험 회피에 효과적인 부분은 자본조정으로, 위험 회피에 효과적이지 못한 부분은 당기손익으로 처리해야 한다.

– 파생상품

파생상품은 주식과 채권 같은 전통적인 금융상품을 기초 자산으로 하여, 새로운 현금흐름을 가져다주는 증권을 말한다. 기초자산은 금융상품이 아닌 일반상품 등도 가능하다. 대표적인 파생상품으로는 선도거래, 선물, 옵션, 스왑 등이 있다. 파생상품의 주요 목적은 위험을 감소시키는 헤지 기능, 레버리지 기능, 파생상품을 합성하여 새로운 금융상품을 만들어내는 신금융상품을 창조하는 기능들이 있다. 파생상품은 크게 두 가지 목적에 의해서 투자 운용된다.

1) 헤징(hedging)

기초 자산을 보유하고 있어 매각 등을 해야 하는 롱 포지션을 취하고 있거나, 기초 자산을 매입해야 하는 숏 포지션을 취하고 있는 경우 파생상품을 통해 그와 반대되는 포지션을 취함으로써 원하는 기간 동안의 가격 변동 위험을 제거하는 헤지 기능을 위해서다.

2) 차익거래(Arbitrage)

파생상품의 특성상 균형가격을 예측할 수 있다. 이러한 균형가격과 현재 시장가격의 차이를 차익거래매매를 통해 이익을 취하는 투기 거래다.

하지만 IFRS에서는 파생상품의 정의가 확대된다. IFRS에서는 파생상품의 요건에 대하여 세 가지를 제시한다. 하지만 과거 국내회계기준과 달리 계약 단위의 수량(또는 지급 규정), 차액 결제 요건이 없는 등 파생상품의 정의를 과거 기준보다 더 광범위하게 정의한다.

– 파생상품의 정의

파생상품이란 과거 국내회계기준(K-IFRS) 제1039호의 적용 범위에 해당되면서, 다음의 세 가지 특성을 모두 가진 금융상품이나 기타계약을 의미한다.

(1) 기초 변수의 변동에 따라 가치가 변동한다.

(2) 최초 계약 시 순투자금액이 필요하지 않거나 시장요소의 변동

에 유사한 영향을 받을 것으로 기대되는 다른 유형의 계약보다 적은 순투자금액이 필요하다.

(3) 미래에 결제된다.

바젤II

2004년 6월 국제결제은행(BIS : Bank for International Settlement) 산하 바젤은행감독위원회가 기존 BIS협약(바젤 I)의 문제점을 보완하기 위해 발표한 신BIS협약이다. BIS협약은 일률적으로 적용되는 신용 리스크를 차주별로 좀 더 세분화하고 운영 리스크를 새롭게 추가하여 다양한 리스크를 효율적으로 산출하기 위해 마련됐다. 은행들의 차주별 특성을 감안한 현실적인 리스크 산출 방식인 셈이다. BIS협약은 최저 자기자본 관리(Pillar 1), 감독당국 점검(Pillar 2), 공시 확충을 통한 시장 규율 강화(Pillar 3) 등 3개의 큰 틀로 구성된다.

기능통화

기능통화란 영업활동이 이루어지는 주된 경제 환경에서의 통화(예 : 해외 사업장의 경우 해당 국가의 통화)를, 표시통화란 재무제표를 표시할 때 사용하는 통화(예 : 한국 기업의 경우 우리나라의 원화)를 의미한다. 따라서 한국 기업의 해외 사업장에서 표시통화와 다른 기능통화가 사용되는 경우, 일단 기능통화로 작성된 재무제표를 표시통화로 환산할 때 현행 환율법을 적용하고, 이에 따라 발생하는 외환 차액은 자본에 반영하도록 규정한다.

차입원가의 자본화

• 차입원가 : 자금의 차입과 관련하여 발생하는 이자와 기타 원가다.

• 적격자산 : 의도된 용도로 사용하거나 판매 가능한 상태에 이르게 하는 데 상당한 기간을 필요로 하는 자산이다.

대규모 설비투자의 경우 금융비용을 어떻게 처리하느냐에 따라 기업 실적에 큰 영향을 미친다. 예컨대 반도체 생산 공장을 신축하기 위해 1월 1일 은행으로부터 특정 차입금 1000억 원을 조달했는데 관련 이자가 연간 100억 원이라고 하자. 이 경우 지급이자를 비용으로 처리하면 100억 원만큼 순이익이 감소하고, 자본으로 처리하면 건물 원가에 포함돼 장기간에 걸쳐 감가상각하게 되므로 그 비용이 장기간 분산된다.

과거 국내회계기준에서는 대규모 설비투자에 따른 금융비용을 비용으로 처리하는 것도 가능했다. 하지만 IFRS는 오직 자본화만 허용한다. 물론 처리 한도는 있다. 회계기간 동안 자본화한 차입원가는 당해 기간 동안 실제 발생한 차입원가를 초과할 수 없다.

충당부채, 우발부채, 우발자산

– 충당부채

충당부채란 지출의 시기나 금액이 불확실한 부채다. 예컨대 구입 후 첫 6개월 이내에 제조 결함으로 발생하는 수선비용을 보장하는 보증서와 함께 재화를 판매하는 기업이 있다. 판매한 모든 생산품에서 사소한 결함이 발생할 경우 1백만 원의 수선비용이 발생한다. 판매한 모든 생산품에서 중요한 결함이 발생할 경우 4백만 원의 수선비용이 발생한다.

기업의 과거 경험과 미래 예상에 따르면 내년도에 판매될 재화 중에서 75%는 전혀 결함이 발생하지 않는 반면, 20%는 사소한 결함, 나머지 5%는 중요한 결함이 발생할 것으로 예상된다. 이 경우 기업은 보증 의무와 관련된 자원의 유출 가능성을 판단할 때 당해 의무 전체에 대하여 판단한다. 수선비용의 기대가치는 다음과 같이 계산한다.

(75% × 0) + (20% × 1백만 원) + (5% × 4백만 원) = 400,000원

충당금을 인식할 때는 이 기대가치를 현재가치로 환산하여 인식한다.

– 우발부채

다음의 (1) 또는 (2)에 해당하는 의무

(1) 과거 사건에 의하여 발생했으나 기업이 전적으로 통제할 수는 없는 하나 이상의 불확실한 미래 사건의 발생 여부에 의해서만 그 존재가 확인되는 잠재적 의무

(2) 과거 사건에 의하여 발생했으나 다음 (가)또는 (나)의 경우에 해당하여 인식하지 않는 현재 의무

(가) 당해 의무를 이행하기 위해 경제적 효익을 갖는 자원이 유출될 가능성이 높지 않은 경우

(나) 당해 의무를 이행해야 할 금액을 신뢰성 있게 측정할 수 없는 경우

- 우발자산

과거 사건에 의하여 발생했으나 기업이 전적으로 통제할 수는 없는 하나 이상의 불확실한 미래 사건의 발생 여부에 의해서만 그 존재가 확인되는 잠재적 자산

- 충당부채와 우발부채의 구별

(1) 충당부채는 현재 의무이고 이를 이행하기 위해 경제적 효익을 갖는 자원이 유출될 가능성이 높고 당해 금액을 신뢰성 있게 추정할 수 있으므로 부채로 인식한다.

(2) 우발부채는 다음 (가) 또는 (나)의 이유 때문에 부채로 인식하지 않는다.

(가) 경제적 효익을 갖는 자원의 유출을 초래할 현재 의무가 있는지 여부가 아직 확인되지 않은 잠재적 의무다.

(나) 현재 의무이지만 당해 의무를 이행하기 위해 경제적 효익을 갖는 자원이 유출될 가능성이 높지 않거나 당해 금액을 신뢰성 있게 추정할 수 없어 인식 기준을 충족하지 못한다.

5) 국제회계기준(IFRS) 도입에 따른 해결 과제

IFRS 도입과 회계기준 변화 앞에서 갖가지 논란이 대두된다. 도입 초기이니만큼 재무 정보이용자와 주식투자자들에게 IFRS 재무제표는 여전히 생소하다. 동일 기간에 대해 종전 국내회계기준과 IFRS 기준 등 모두 두 가지 버전으로 작성된 재무제표가 거의 없어

두 기준을 비교하기가 어렵기 때문이다.

IFRS에서는 사업보고서에 한하여 전년도 재무제표를 IFRS로 다시 작성하여 함께 보고해야 한다. 즉, 2010년에 IFRS를 도입한 기업이라면 2010년 사업보고서에 IFRS 기준으로 다시 작성된 2009년 재무제표를 같이 공시해야 한다. 따라서 재무제표 이용자들은 종전 국내회계기준의 2009년 재무제표와 IFRS 기준으로 작성된 2009년 재무제표를 비교할 수 있다.

그럼에도 혼선에 따른 문제점과 해결해야 할 과제들이 적지 않다. 이참에 도입 초기의 문제점을 중심으로 몇 가지 해결 과제를 살펴보자.

현금흐름표 등 재무제표

과거 국내회계기준과 IFRS의 현금흐름표를 비교하면 기본적인 틀에서 커다란 차이가 없어 보인다. 하지만 정형화된 종전 국내회계기준의 현금흐름표 양식과 달리 IFRS에서는 항목 분류 방법만큼은 선택의 폭이 매우 넓다. 따라서 기본적 분석을 즐겨 활용하던 재무정보 이용자와 투자자들에겐 혼선이 올 수도 있다.

현금흐름표는 기업의 경영활동을 영업활동, 투자활동, 재무활동 등 세 가지 분야로 나누어 작성 보고된다. 특히 이자 수입과 배당금 수입은 종전 국내회계기준에 따르면 영업활동현금으로 표시한다. 그러나 IFRS에서는 투자활동으로 표시하는 것도 허용된다. 이자 수입과 배당금 수입은 자금을 투자한 대가로 받는 성격이어서 투자활동으로 분류 표시하는 것에 대해 이의(異意)가 없다.

이자 지급의 경우 종전 국내회계기준에서는 영업활동으로 분류된다. 하지만 IFRS에서는 재무활동으로 표시해도 무난한 편이다. 이자란 재무활동인 차입의 대가로 얻어지는 것이기 때문이다.

종전 국내회계기준에 따르면 경영자가 특정 회계기간 동안의 사업 활동 결과로 얼마나 벌어들이고 어떻게 벌어들였는지 손익계산서를 통해 보고했다. 그러나 IFRS에 따르면 손익계산서 대신에 더 넓은 의미의 포괄손익계산서로 작성 보고해야 한다.

종전의 손익계산서는 매출액으로 시작해 주요 손익 항목을 열거하고 마지막에 당기순이익을 작성 보고했다. 물론 아직 매각(처분) 등이 이루어지지 않아서 실현되지 않은 평가손익 등, 다시 말해 기타포괄손익은 포함시키지 않았다.

그럼에도 IFRS의 포괄손익계산서가 미실현 손익을 모두 포함하여 보고된다는 측면에서 종전의 손익계산서와 특별한 차이가 있다. 물론 당기 손익으로 재분류하지 않는 항목도 없지 않으나, 미실현 손익도 자산 처분 시점이 되면 포괄손익계산서에 즉각 반영된다.

자산을 처분할 것인지, 계속 보유할 것인지 판단은 경영자의 의사결정에 따른다. 계속 보유 결정에 따른 보유 자산의 가치 변동도 경영 성과의 결과다. 처분 여부에 관계없이 미실현 평가손익도 포괄손익계산서에 모두 보고한다면, 순자산 변동 정보를 더 정밀하게 파악할 수 있으니 정보의 유용성과 가치를 향상시킬 것이다.

기업 가치는 기업의 자산총액에서 부채총액을 뺀 순자산으로 측정된다. 재무상태표는 특정 시점에 축적된 누적 금액으로 작성 보고한다. 보고 기간 말 시점의 순자산을 자본으로 표시하는데, 그 자본은 바로 주주에게 돌아가는 몫을 의미한다.

따라서 회계 정보 이용자와 투자자는 그 순자산, 즉 기업 가치의 변동 금액과 변동 원인에 대해 지대한 관심을 가질 수밖에 없다. 재무상태표는 보고서 기말 시점의 순자산 누적 금액 정보를 제공한다. 하지만 포괄손익계산서는 보고 기간에 일어난 순자산 변동 금액을 그 변동 요인별, 항목별로 파악할 수 있도록 표시한다.

결국 순자산 변동 금액은 당기순이익과 기타포괄손익을 합산한 데이터다. 종전 손익계산서에서는 순자산 변동 금액 중 기타포괄손익이 빠져 있었다. 그 기타포괄손익항목을 포함하여 보고하는 IFRS 포괄손익계산서의 마지막 항목인 총포괄이익이 순자산 변동 금액을 완전하게 표시하는 보고로 판단할 수 있다.

물론 IFRS 포괄손익계산서의 경우 기업 순자산 변동 금액 중 주주가 출자한 자본(예 : 유상증자)과 같이 자본 거래 항목은 경영자의 경영성과에 포함되지 않기 때문에 별도로 자본변동표에서 보고된다. 따라서 포괄손익계산서는 전기 재무상태표에 보고한 기초 순자산과 당기 재무상태표에 보고한 기말 순자산의 연결고리 역할을 담당하는 보고서다.

IFRS는 자산과 부채 평가의 경우 역사적 원가주의(취득원가 평가)를 기본 원칙으로 하는 과거 국내회계기준과 달리 공정가치 평가 범위를 확대 적용한다. 사정이 그러니 자산과 부채에 대한 평가 여부, 평가 결과에 따라 자기자본이나 이익에 영향을 미친다. 강조하건대 공정가치 평가의 선택 적용으로 기업 간, 시계열 비교 때 각별한 주의가 필요한 이유다.

이 밖에 영업권, 상환우선주, 건설공사 계약 수익 인식, 기능통화 등 IFRS와 과거 국내회계기준 간 회계 처리를 달리하는 경우에 대한 차이, 그 배경에 대한 이해도 필수적이다. 비록 회사는 그대로지만 과거 국내회계기준 기준으로 본 가치평가 결과와 IFRS 기준으로 본 가치평가 결과가 다를 수도 있기 때문이다.

연결재무제표

과거 국내회계기준에서 연결 대상 법인은 중대한 영향력을 가지고 있는 지분법 대상 법인만 해당되었다. 하지만 IFRS에서는 지분만 가지고 있으면 계열기업군의 모기업을 중심으로 모두 연결 대상이 된다. 지분법 손익의 경우 과거 국내회계기준에서는 영업외손익 항목으로 분류하고 있으나, IFRS에서는 법인세 이전에 분리된 계정으로 표시하면 된다.

IFRS를 적용할 경우 크고 작은 해외 사업장이 많은 기업의 장부 수치가 꽤 좋아진다. 원가로 기록되던 부동산과 매도 가능 금융상품 등이 공정가치로 평가돼 일시적으로 손익이 좋아지는 데다, 이익률이 높은 해외 사업장이 고스란히 연결돼 영업이익이 눈에 띄게 높아지기 때문이다.

과거에는 예전 국내회계기준의 지분법 계산에서 빠졌던 자산 100억 원 미만 현지법인을 활용하여 해외 법인들의 실적을 줄이는 데 이용한 사례가 있었다. 하지만 이제 IFRS 적용으로 자산 100억 원 미만 기업 실적도 고스란히 노출된다.

그럼에도 국내 경제 현실을 감안할 때 연결재무제표 중심으로 운용하는 데는 나름대로 한계가 있다. 미국, 유럽 등지에서는 자회사가 포함된 기업 간의 연결 실체가 하나로 상장돼 왔으나 우리나라에서는 개별 기업으로 거래돼 왔다. 즉, 우리나라에서는 연결 대상인 개별 기업들이 각각 거래되기 때문에 투자자 입장에서는 연결재무제표보다는 기업의 개별재무제표가 더 중요하다.

우리나라 재벌기업군은 거미줄처럼 상호출자로 연결돼 있어, 50% 기준으로는 종속기업이면서도 연결 대상에서 제외되는 사례가 많았다. 이 같은 현실을 반영하여 종전 국내회계기준에서는 30% 룰을 적용해 왔다.

1997년 금융위기 때 국제통화기금(IMF)은 30% 룰 기준으로도 한국 기업집단의 실체가 파악되지 않는다며, 지분율과 상관없이 실질지배력을 기준으로 한 결합재무제표를 요구한 바 있다.

문제는 IFRS의 50% 룰과 실질지배력 기준이 우리나라에서는 나름대로의 역할을 하기 어렵다는 사실이다. 추상적이고 자율적인 원칙과 기준이라면 법 집행에 강제력이 거의 없다. 연결재무제표는 물론 개별재무제표의 유용성이 유지될 수 있도록 더 구체적인 감독당국의 가이드라인이 필요한 것도 그 때문이다.

주석사항

IFRS에서는 재무상태표와 손익계산서 등 주요 재무제표에 관련하여 최소한의 계정과목 기재와 원칙적인 회계처리의 방법을 제시할 뿐 대부분 자율적 판단에 맡긴다.

그 대신 각각의 회계처리에 대한 판단 근거, 전제된 가정, 민감도 분석 등을 주석사항으로 공시해야 한다. 따라서 재무제표를 제대로 분석하려면 주석사항에 담긴 내용이나 가정이 해당 기업에 미치는 영향 등을 종합적으로 분석 평가하는 과정은 필수다.

과거 국내회계기준에서 재무제표는 대차대조표, 손익계산서, 이익잉여금처분계산서(또는 결손금처리계산서), 현금흐름표, 자본변동표로 구성되고 주석사항을 포함한다. 특히 재무제표의 구조와 구성요소 등을 특정 형식과 항목으로 구체화시켜 표시 방법이 사실상 정형화되어 있었다.

이에 반하여 IFRS의 재무제표는 재무상태표, 별개의 손익계산서(표시하는 경우), 포괄손익계산서, 현금흐름표, 자본변동표, 주석사항으로 구성되고 이익잉여금처분계산서는 없어졌다.

IFRS에서는 경제적 실질을 반영할 수 있는 회계처리에 해당할 경우 형식상의 차이를 인정한다. 다시 말해 회계처리의 다양성을 존중하고 재무상태표, 손익계산서 등 주요 재무제표에 대해 최소한의 계정과목 기재와 원칙적인 회계처리의 방법을 제시할 따름이다. 요컨대 계정과목의 순서나 형식에 제약이 없고 세부 항목의 표시 여부도 기업 경영자의 자율적 판단에 맡긴다.

결국 IFRS에서는 재무제표의 형태가 다양하고 간단해지는 반면, 장황한 설명이 붙은 주석의 분량이 늘어날 것이다. 그럼에도 각 회계처리의 판단 근거, 전제된 가정, 민감도 분석 등을 주석사항에 기재해야 한다. 금융상품의 경우라면 시장 위험, 유동성 위험, 신용 위험 등을 주석사항에 공시하도록 포괄적으로 규정하고 있어, 주석사항 공시 사항은 과거에 비해 대폭 확대될 것이다.

IFRS의 재무상태표는 유동성 배열법, 비유동성 배열법 또는 유동성 순서법을 적용할 수 있었다. 과거 국내회계기준에서는 유동성을 비유동성보다 먼저, 부채를 자본보다 먼저 표시했다. 하지만 IFRS에서 성격별 분류는 매출원가와 판매일반관리비가 구분되지 않고, 기능별 분류의 경우 감가상각비와 종업원급여 등 성격별 추가 정보를 주석사항에 공시해야 한다.

다시 강조하건대 지분법 손익의 경우 과거 국내회계기준에서는 영업외손익 항목으로 분류하고 있으나, IFRS에서는 법인세 이전에 분리된 계정으로 표시하면 된다.

이처럼 포괄적인 규정 때문에 나름대로 비관적인 의견이 나온다. 기업 경영진의 자의적이고 기회주의적인 회계 선택의 확대로 재무제표가 왜곡되거나 재무 정보의 비교 가능성이 저하될 가능성이 높을 것이라는 주장이다.

원칙 중심의 IFRS가 국가 간 비교 가능성을 높일 것이가. 하지만 특정 국가 안의 기업 간 비교 시에는 적지 않은 어려움이 예상된다. 특히 기업과 감사인의 전문가적 판단을 존중한다는 차원에서 명백한 회계기준 위반이 아니라면, 가급적 다양한 회계처리 방식을 허용하고 있어, 회계감사를 하는 입장에 따라 적정한 회계처리에 대한 해석이 현격하게 다를 수도 있다. 따라서 기업 간 비교 분석 평가를 할 때는 주석사항에 담긴 주요 가정과 전제, 기업의 회계정책 등 기업에 미치는 영향을 분석하는 과정이 더욱 중요해졌다.

한국의 경우 2009 회계연도부터 국가 회계에 복식부기와 발생주의 원칙이 적용되어 주석사항에 대한 중요성이 커졌다. 따라서 국가

회계기준 주석사항 공시 규정 개선 방안의 일환으로 '유형자산 내역을 주석으로 일원화하는 방안을 고려해야 한다.'는 국가회계기준센터의 의견이 제기됐다.

최근 국가회계기준의 국제적 추세는 다른 재무제표 구성 서류보다 상대적으로 관심이 떨어졌던 주석사항을 보다 상세히 기록해 정보이용자에게 보고기관의 재무 현황을 구체적으로 제공하는 것이다. 추가적 주석사항 개발 필요 분야, 주석사항 도입 전략을 기초로 국가회계기준과 결산 작성 지침 개정 작업을 진행해 유용한 재무 정보가 제공될 수 있도록 해야 한다고 주장한다. 이에 따라 우선 부속명세서로 제공되는 유형자산 내역을 주석사항으로 일원화하는 방안을 고려해야 한다고 밝혔다.

특히 주석사항이 아닌 부속명세서로 정보를 제공하는 경우 감사대상에서 제외되는 문제점이 발생하기도 한다. 그 중요성과 유용성을 감안하면 유형자산 내역의 주석사항 일원화는 더욱 필요한 조치라고 국가회계기준센터가 덧붙였다.

이와 함께 IFRS에 규정돼 있지 않은 현금 및 현금성 자산에 대한 주석사항 명시 필요성도 역설했다. 사용이 제한돼 있는 현금(보관금액, 담보 제공 등)과 사용이 제한된 금융상품 등도 일반적인 현금 등과 성격이 다르기 때문에 주석사항에 포함시켜 정보를 제공할 필요가 있다고 국가회계기준센터는 설명했다.

주석사항 규정이 없는 미수 채권에 대해서도 추가 자료 제공이 필요하고, 융자 사업과 보증 사업의 주요 수혜 대상, 유형과 액면 가액, 관련 수익비용, 보조원가충당금 등의 정보도 주석사항으로 공시해야 한다는 게 국가회계기준센터의 의견이다.

이 밖에도 향후 재무제표에 미치는 영향이 큰 파생상품, 지속 가능성 예측이 중요한 연금 충당부채 등도 주석사항 공시와 필수보충 정보 작성 여부를 결정함으로써 재무제표 이해 가능성을 높일 수 있는 방안을 마련해야 한다고 국가회계기준센터가 지적했다.

과거 국내회계기준의 단절로 과거 기간과 당기 재무제표의 비교가 서로 다른 회계기준 때문에 어려워질 수도 있다. IFRS 도입 첫해에는 직전 연도 재무제표를 IFRS를 적용하여 비교 표시하긴 해도 과거 수년 동안의 추세 비교 분석은 거의 불가능하다.

IFRS 도입으로 회계기준의 근본적 변화가 있기 때문에 일시적으로는 기간별 비교가 어렵게 되는 것은 불가피하다. 결국 종전 국내회계기준과 IFRS의 차이 때문에 그 기업의 재무제표가 어떤 영향을 받았는지 주석사항의 설명에서 주의 깊게 살필 필요가 있다.

하지만 회계기준이 바뀌었다고 해서 기업의 경제적 실질이 변한 것은 결코 아니다. 때문에 IFRS 도입으로 매출이나 순이익이 증감하고 부채가 변동되었다고 그 기업의 실질도 변동된 것으로 오해하지 말아야 한다. 경제적, 경영적 실질은 변동이 없는데 회계기준이 달라져 그 차이가 발생한다면 어떻게 받아들여야 할까? 회계기준의 개선에 의해 경제 실질을 더 잘 반영하는 방향으로 회계 정보의 질이 개선된 측면에서 의미를 찾아야 할 것이다.

재무상태표와 포괄손익계산서의 자산 부채와 손익의 비교를 어렵게 만드는 요인은 주로 자산 부채 평가 방법의 차이와 손익 구분 표시의 차이 등(연결 범위 변동 포함)에서 비롯된다. 그럼에도 현금흐름표는 회계기준 차이의 영향을 가장 적게 받는다. 따라서 IFRS의 도입 초기에는 특히 현금흐름표(예 : 영업현금흐름)를 과거 추세 분석 자료로서 잘 활용하는 것이 더 중요하다.

IFRS를 우리 기업들이 지금까지 적용해 온 종전의 회계기준과 전혀 다른 새로운 기준이라고 말하기는 어렵다. 종전의 국내회계기준은 외환위기 이후 이미 IFRS를 꾸준히 국내회계기준에 반영해 작업의 결과물이기 때문이다. 업종과 기업의 특수성에 따라 다르겠지만, IFRS 도입으로 재무제표 금액의 차이는 생각만큼 그렇게 크지 않을 수 있다.

사정이 그럼에도 실제 IFRS를 적용해 보니 재무제표 이용자와 투자자들이 기업의 채권 회수, 채무 상환 여부, 대출금의 상세 내역 등을 알기가 쉽지 않다. 기업이 영업활동으로 얻는 매출채권(외상매출금, 받을어음) 매입채무(외상매입금, 지급어음) 등 실제 현금 유출입의 변화를 정확하게 표시하지 못하기 때문이다.

IFRS에 따라 대차대조표(재무상태표)를 작성할 경우 매출채권과 매입채무를 구분 표시해야 한다. 하지만 현금흐름표를 작성할 경우 구분이 의무화돼 있지 않다. IFRS에 따르면 현금흐름표를 작성할 때 '매출채권 및 기타자산' '매입채무 및 기타채무'란 항목으로 포괄하여 표시하도록 돼 있다.

IFRS를 적용하면 회수한 채권이나 변제한 채무 금액을 알 수 없어 현금흐름의 변화를 정확하게 파악하기 어렵다. 금융감독원에서 매출채권과 매입채무를 독립 항목으로 표시하라고 권고하지만, 굳이 지키지 않아도 되는 것으로 판단해 구분하지 않는 사례도 많다.

IFRS의 경우 기타 자산과 기타 채무에 이상한 항목들도 많이 들어가 있어 영업활동에 따른 현금 유출입을 정확하게 알아내기도 힘들다. 결국 현금흐름표에 관련 항목이 표시돼야 회수한 매출채권이나 변제한 매입채무 규모를 정확하게 파악해 재무상태를 진단할 수 있다.

기업이 외부에서 빌린 돈의 내역을 공시하는 '차입금 명세 표시' 관련 규정도 허술하다. 차입금 명세는 특정 기업의 재무 건전성을 평가할 때 가장 중요하게 보는 항목이지만, IFRS 도입 기업들을 중심으로 이를 주석사항에 표시하지 않는 경우가 허다했다.

지금까지 기업들은 거래 금융회사가 어디인지, 아니면 사채인지 등을 기재하고 조달 금리까지 잘 표시해 왔다. 하지만 IFRS가 도입되기 시작한 2010년부터 슬그머니 누락하는 사례가 이어지고 있다. IFRS 조기 도입 기업 중 반기보고서에 유명 기업들도 차입금의 상세 내역을 주석에 표시하지 않았다. 지금까지 잘 공시돼 왔던 중요 정보들이 감춰지고 있는 것이다. 금융당국이 재무 정보를 표기하도록 적극 유도하고, 회계장부 이용자들도 기업들에게 재무 정보 공시 확대를 요구해야 하는 것도 그 때문이다.

IFRS의 원칙주의가 종전의 규정주의보다 기업 정보의 유용성을 높이지 않는다는 주장도 없지 않다. 규정 중심인 미국회계기준도 원칙에서 출발해 편법 운용을 차단하기 위해 구체적인 규정이 계속 추가되면서 지금의 17,500쪽이 되고 말았기 때문이다.

영업이익(손익) 정보

IFRS이 다양한 선택을 허용함으로써 기업 간 비교 분석 평가가 어렵다는 푸념도 없지 않다. 예컨대 IFRS는 영업손익을 구분하여 표시할지, 표시하지 않을지 여부를 기업이 선택할 수 있게 하고 있다.

영업손익 정보를 투자자들이 중요하게 여기고 요구한다면 그 공시를 회계기준에서 강제하지 않더라도 기업이 알아서 영업손익을 구분하여 표시해야 할 것이다. 그럼에도 영업손익을 제공하지 않는 기업의 경우, 자신 없는 영업손익의 노출을 꺼려하는 것이라고 생각할 수도 있다. 그처럼 불투명한 태도는 그 기업에 대한 시장에서의 디스카운트라는 불이익을 받을 수도 있을 것이다.

FRS에서는 매출원가, 판매일반관리비, 영업외손익 등이 별도로 구분되지 않고, 과거 국내회계기준의 영업이익과 동일한 개념 자체가 없다. 따라서 그 동안 영업이익을 이용한 영업이익률 같은 수익성 비율이나 EV / EBITDA 등 투자지표의 활용에 제약이 있을 수밖에 없다.

IFRS에서는 영업이익의 사용에 각별한 주의가 필요하다. IFRS에서는 기업의 모든 활동은 영업활동이라 판단하고 있기 때문에 영업이익의 개념이 존재하지 않는다. 하지만 기업들이 각자의 정책에 따라 영업이익을 표시할 경우 이를 인정한다.

결국 영업이익에 대한 구체적인 정의를 내리고 있지 않아서 영업이익을 표시하더라도 기업마다 영업이익의 정의가 다를 수 있고, 과거 국내회계기준과 다르게 해석될 수도 있다.

유럽연합(EU)의 사례를 보면 더 극명해진다. 영업이익을 어떤 형태로든 표시하는 경우가 많지만, 영업이익의 정의는 기업마다 다른 사례가 적지 않다.

따라서 영업이익을 이용한 영업이익률, EV / EBITDA 등 재무비율과 투자지표의 활용에 각별한 주의가 요청된다. 특히 관행적으로 '영업이익 + 상각비' 로 계산해 오던 EBITDA 산식에 대한 재검토도 필요하다.

금융당국에서는 영업이익 관련 공시 규정을 개정함으로써 영업이익을 표기하도록 권고할 방침인 것으로 알려져 있다. 하지만 영업이익을 표시하더라도 비교 가능성 저하라는 문제는 여전할 것으로 우려된다. 결론적으로 말하자. 새로운 형태의 주석사항에 담겨 있는 내용이나 가정이 해당 업종과 기업에 미치는 영향 등을 치밀하게 분석하는 것이 필수다.

보험

2013년 이후로 예정돼 있는 2단계(Phase Ⅱ)가 적용되면 손익 변동과 부채 금액 증가, 수익 인식 방법 변화에 따른 영업수익 감소 등 다양한 변수로 상당한 부채 증가 가능성이 있다.

IFRS의 적용 시기 조정, 현금흐름 산출 방법, 적용할 할인율 선택 등 관련 위험을 최소화할 수 있는 방안을 마련해야 한다. 선진국과는 달리 우리나라의 보험사들은 비투자형 상품이나 연금 상품 등의 비중이 높다. 그에 따른 투자 위험을 고스란히 보험사가 떠안는 구조다. 이에 대한 방안 마련이 중요하다.

이 밖에도 보험업계는 발생 손실 기준에 따른 대출채권에 대한 대손충당금의 감소, 부동산 자산 등의 회계처리 확대 등도 문제점으로 지적되고 있다.

은행

국제 은행감독기구인 바젤은행감독위원회의 바젤 3(바젤 쓰리)에 따르면 우리나라 은행의 평균 단기 유동성 비율은 국제 평균에 미달하는 것으로 나타났다.

우리나라 은행들의 유동성 비율이 떨어지는 이유란 뭘까? 은행들이 국채나 회사채와 같은 고유동성 자산보다는 대출처럼 상대적으로 유동성이 떨어지는 자산을 많이 보유하고 있기 때문이다. 금융당국은 유동성 비율이 규제 수준에 미달되지만, 시행 시기까지 적응기간이 충분해 규제 이행에 큰 어려움은 없을 것으로 전망했다.

저축은행

IFRS 도입으로 상장 저축은행들의 국제결제은행(BIS) 기준 자기자본비율이 최대 3 ~ 4%포인트 떨어지는 것으로 나타났다. 타격이 큰 일부 저축은행은 상장폐지까지 고려하고 있다.

IFRS가 저축은행에 치명적인 것은 개별 대출채권의 담보를 현재가치로 다시 평가토록 했기 때문이다. 대부분 담보 가치를 부동산경기 활황 시절인 2007 ~ 2008년 기준으로 설정한 PF대출 역시 충당금 부담이 가중된다. PF대출도 담보 가치가 낮으면 신용대출로 재분류해야 하기 때문에 충당금 부담이 커졌다.

더욱이 자산관리공사(캠코)에 매각한 PF대출 채권에 대한 충당금도 급증해 BIS 비율 하락이 불가피할 전망이다. 금융당국은 2010년까지 저축은행이 캠코에 매각한 4조 1000억 원 규모의 PF대출에 대한 충당금을 3년간 나눠 적립토록 했다.

그러나 IFRS가 도입되면 이를 일시에 적립해야 한다. 당초 2011년, 2012년까지 쌓기로 한 PF대출 충당금도 모두 2011년에 쌓아야 한다. IFRS 도입 유예를 기대한 상장 저축은행들에게 비상이 걸렸다. A저축은행은 IFRS 도입에 앞서 상장폐지를 검토하고 있다.

비상장회사로 전환하기 위해 주주들로부터 일정 기간 공개매수를 진행하는 것도 고려하고 있다. B저축은행은 BIS 비율 하락을 만회하기 위해 계열사 매각이나 비업무용 부동산 매각, 유상증자 등을 검토하고 있다.

건설

시행사를 연결재무제표에 포함시킬지 여부가 쟁점이다. 회계업계는 건설사가 시행사와 지분 관계가 없더라도 시행사의 위험을 떠안는다고 보고, 시행사를 연결 범위에 포함시켜야 한다는 입장이다.

하지만 건설업계는 시행사 지급보증은 관행으로 연결 대상에 포함해선 안 된다는 것이다. 시행사 지급보증에 따른 충당 부채를 설정하는 만큼 연결재무제표까지 작성하는 것은 무리라는 주장이다.

결국 IFRS 도입에 따른 건설사들의 시행사 연결재무제표 작성 기준이 당초 예상보다 대폭 완화됐다. IFRS 반영 시 급격한 부채비율 급등을 우려한 건설사들의 입장을 금융당국이 받아들인 것이다.

금융당국과 건설업계에 따르면 건설협회는 건설사의 연결재무제표 작성 대상을 해당 건설사가 실질적으로 지배하는 이른바 명목시행사로 한정하는 자율 지침을 마련했다. 금융감독원은 당초 시행사의 90% 이상을 건설사 재무제표에 반영할 계획이었으나 부채비율 급등으로 경영난이 우려된다는 건설업계의 의견을 반영해 자율 지침을 허용하기로 결정했다.

명목시행사란 대형 건설사들이 직접 사업시행자로 나설 경우 주변 땅값이 급등하는 것을 막기 위해 설립하는 일종의 페이퍼컴퍼니로 '바지 시행사'로 불리기도 한다.

IFRS가 시행되는 2011년부터 시행사가 특수목적회사일 경우와 시행사의 비재무적 요소와 재무적 요소가 건설사의 실질 지배를 받는 경우에만 해당 시행사의 재무상태를 건설사의 재무제표에 연결해야 한다. IFRS 규정을 엄격하게 해석할 경우 30대 상장 건설사들의 부채비율이 최대 300%까지 치솟을 것이라는 우려가 많았지만, 자율 지침을 적용하면 부채비율이 200% 안팎아파트 분양 사업의 경우 과거 국내회계기준은 진행 기준에 따라 계약금, 중도금 등 매출로 계상한다.

하지만 IFRS는 완공 후 매출로 인식하기 때문에 분양 시의 유입 현금은 선수금으로 처리돼 부채가 증가한다. 특히 연결재무제표 의무화로 건설사가 특수목적회사(SPC) 형태로 설립한 시행사가 포함되어 장부상 부채비율이 증가할 가능성이 있다.

IFRS는 기존 과거 국내회계기준과 인식, 측정, 분류 등의 방법에서 차이를 보이고 있다. 특히 상환우선주의 분류, 어음 할인에 대한 인식, 지급보증 처리 등과 같은 회계처리 방법의 변경으로 해당 기업의 부채비율이 높아질 것으로 보인다.

상환우선주는 과거 국내회계기준에서는 자본으로 분류됐지만, 실질에 따르는 IFRS에서는 부채로 분류된다. 어음 할인의 경우 기업 간 매출 거래 시 결제수단으로 받은 어음을 금융기관에서 할인했을 때, 어음을 양도한 기업의 차입거래로 봐 부채로 인식한다.

지급보증의 경우 과거 국내회계기준에서는 채무 불이행 가능성이 매우 높은 경우에만 부채로 인식하고 나머지는 주석사항으로 공시했다.

하지만 IFRS에서는 지급보증을 부채로 인식한다. 부채 인식의 기준도 변경돼 부채 추정 가능성이 80% 이상일 경우 부채로 인식했던 과거 국내회계기준과 달리, IFRS에서는 기준 비율이 50%로 부채 전환 가능성이 그만큼 높아졌다.

부채비율 상승에 따른 재무구조의 변화는 정보이용자들의 의사결정에 영향을 미칠 수 있는 부분이다. 경영전략 수립 시 고려할 필요가 있다.

조선

IFRS에서는 환율이 상승한 경우 계약금액의 환차손과 환헤지에 따른 이익을 따로 재무제표에 넣어야 한다. 하지만 조선업계에서는 복잡한 과정을 생략하고 부채만 표시하는 '차감 표시'(LP)를 주장한다. 환차손에서 헤징을 통한 이익을 차감한 뒤 손해만 부채로 계상하자는 것이다. IFRS 도입으로 오히려 잘못 평가되고 왜곡되는 상황이 올 수도 있기 때문이다.

이와 달리 신용평가사에선 오히려 부채비율을 낮아질 것이라고 예측한다. IFRS가 자산과 부채 전반에 대해 공정가액법이나 원가법을 폭넓게 인정하기 때문에 조선사들의 자산 가치를 상승시키는 효과가 있다는 분석이다.

조선업종의 경우 기능통화 개념의 도입, 파생상품 관련 회계처리, 진행 기준 수익 인식 등으로 부채비율이 급증할 것이라는 지적이 많았다. 특히 조선업종은 매출대금의 대부분을 외화로 받고 비용 중 일부도 외화로 지급하기 때문에 기능통화 도입과 파생상품 회계처리가 주된 관심사였지만, 현재까지는 영향이 크지 않다는 게 신용평가사의 판단이다.

국내 대형 조선사들은 예전처럼 원화로 유지했거나 유지할 예정이기 때문에 기능통화로 인한 영향이 없다. 이미 2008년 3분기부터 환율 급등과 대규모 파생 계약으로 자본 잠식을 방지하기 위해 외화도급 계약을 확정 계약으로 구분하는 공정가액 위험 회피 방식으로 전환했고, IFRS에서도 이를 인정하고 있어 실질적 차이는 크지 않을 것이라는 분석이다. 그럼에도 조선업계 부채비율의 미스터리가 도마 위에 올랐다. 차입금이 1,000배나 증가해도 부채비율은 하락하는 현상 때문이다. 통상적인 흐름과 거꾸로 가는 현상이 조선업계에서 나타나고 있는 것이다. 국내 조선사들은 글로벌 금융위기 여파로 신규 계약이 급감해 필요 자금을 외부에서 대거 조달했으나 부채비율은 오히려 하락했다.

2011년 3월 19일 금융감독원 전자공시시스템에 따르면 대형 조선업체들의 외부 차입금 규모는 지난 2년 동안 급증했다. 이처럼 외부 차입이 증가한 것은 글로벌 금융위기 여파로 신규 수주가 급감한 영향이 컸다. 조선사는 통상 수주 계약과 동시에 계약 금액의 20%를 선수금으로 받는데, 신규 수주가 감소하면 필요 자금을 회사채 발행 등을 통해 외부에서 조달해야 한다. 상황이 그럼에도 부채비율은 하락했다.

왜 그럴까? 신규 수주 후 수령하는 선수금과 중도금이 선박이 인도될 때까지 부채로 처리되기 때문이다. 수주가 감소하면서 선수금과 중도금도 축소되어 부채비율이 하락한 것이다. 조선업계의 부채비율은 호황일 때 높아지고 반대로 불황이면 하락하는 양상을 보인다. 따라서 부채비율에만 매달리면 설비투자를 억제하여 기업의 장기 경쟁력을 떨어뜨릴 수도 있다.

조선업계에서도 금융위기 당시 신용평가 회사들이 국내 조선사의 부채비율을 문제 삼은 점을 들어 보완이 필요하다는 목소리가 나온다. 이를테면 총자산 대비 차입금 비중을 나타내는 총차입금 의존도나 부채비율 산정 때 부채를 자본이 아닌 자산으로 나누는 부채자산비율을 보완 지표로 활용하자는 것이다.

실제로 삼성중공업의 경우 부채비율이 2008년 말 1,022%에서 2009년 611%, 2010년 9월 말 420% 등으로 호황일수록 높아지고 불황일수록 하락하는 양상이다. 하지만 부채자산비율을 보면 각각 91%, 86%, 84% 등이어서 안정적 추세다. 조선업체의 재무상황과 재무구조를 제대로 파악하려면 부채자산비율을 보완적으로 활용해야 하는 이유도 그 때문이다.

1부

분식회계의 개요

1. 최고경영자 지시로 시작된다

L그룹 계열사인 M건설의 경리부에 근무할 때였다. 회사의 결산보고서 작성 시기가 코털이 셀 정도로 급박하게 다가왔다. 결산기말은 12월 31일이었고 결산 대책 때문에 골머리를 앓기 시작한 것은 이듬해 1월 하순경이었다.

약 보름 동안의 가결산 작업 끝에 모두들 파김치가 되어 있었다. 단순한 육체적 피로 때문에 비 맞은 토담처럼 무너진 것은 아니었다. 함부로 내뱉기 어려운 진퇴양난의 고민이 우리 '결산 대책 팀'의 어깨와 가슴을 움츠리게 만들었다. 며칠 동안 요리조리 뜯어봐도 대충 압축된 작년도 가결산의 수치는 너무 참담했다.

– 연간 매출 8,400억 원에 손실 580억 원!

당기순이익 580억 원이 아니라, 그 반대로 적자 규모가 580억 원이었다. 마른하늘에서 특별이익 1,160억 원이 날벼락처럼 떨어지지 않는 한 당기순이익 580억 원으로 둔갑시킬 수 있는 길은 없었다.

검은 속살을 감추기 위해 어떤 수법을 써도 좋겠지만 그 어디에서도 탈출구가 보이지 않았다. 우량기업으로 알려진 상장법인 M건설의 비참한 몰골 앞에서 경리부 직원들은 하나같이 죽을 맛이었다.

"오, 쿼바디스! 정말 대책이 없네."

한국은행 출신 K부장이 이맛살을 찌푸렸다.

"빌어먹을! 쥐구멍이라도 찾고 싶어."

세무공무원 출신 P차장이 머리칼을 쥐어뜯었다.

"어설프게 중동 지역을 넘본 게 불찰이야."

당기순이익을 줄이려고 애쓰던 옛날이 그립다는 말끝에 P차장이 던진 말이었다. 필자도 P차장의 푸념에 귀를 모으며 고개를 끄덕였다.

즐거운 고민이 말 못 할 고통으로 바뀐 것은 미련하기 짝이 없는 부회장 때문이었다. 천덕꾸러기 부회장의 고집을 이기지 못하고 주력 사업을 해외 건설로 바꾼 탓이었다.

"맞아요. 몇 년 전에는 이익을 줄이려고 안간힘을 썼는데…."

덩달아 맞장구를 치던 필자도 고통스럽긴 매한가지였다. 그랬다. 4년 전의 호황이 간절히 그리웠다.

- 매출 증가율 1위!

- 납입자본 이익률 1위!

4년 전 증권거래소 상장법인 중에 매출 증가율 1위, 납입자본 이익률 1위를 차지했고 유동성과 안정성 1위를 인정받는 등 4개 부문을 석권하며 일간지 경제면을 화려하게 장식하던 우량기업 M건설의 진면목이 그랬다. 8,400억 원 매출에 580억 원 손실…. 국내에서 대규모 아파트 단지 건설과 분양으로 하늘을 찌를 듯 성장하던 알짜

배기 회사가 무모하게 해외 시장에 뛰어들었다가 빚어낸 결과였다.

"회장님, 흑자로 만들기가 쉽지 않습니다."

C회장에게 연간 매출액 8,400억 원과 당기순손실 580억 원의 실상을 그대로 보고하던 K부장이 우거지상을 지었다. 요즘 들어서야 8,400억 원이란 외형이 대단한 수준은 아니겠지만, 80년대 초반에는 창립한 지 7, 8년밖에 안 되는 건설회사의 연간 매출액치곤 결코 작은 규모가 아니었다.

"쉽지 않은 일이 어디 있겠어. 무조건 만들어내!"

C회장의 불호령이 떨어졌다.

"우선 네 가지 시나리오를 만들어 봐!"

"회장님, 무슨 말씀인지…."

말귀를 못 알아들은 K부장이 말꼬리를 흐렸다.

"경리 책임자란 녀석들이 그렇게 머리가 안 돌아서 어디다 쓰겠나. 적자를 그대로 드러내면 궁지에 몰린다는 걸 너희들도 모르지 않을 거다.

내가 책임질 테니 시키는 대로 해! 적어도 네 가지 경우의 수를 만들어 보란 말이다."

C회장이 좀 더 상세한 설명을 마쳤을 때 하나같이 꿀 먹은 벙어리가 되어 있었다. C회장은 자신의 복안을 아주 구체적으로 열거했는데 그 주요 내용은 다음과 같았다.

결산 대책

구 분	연간 매출액 결정
제1안	8,800억 원
제2안	9,000억 원
제3안	9,500억 원
제4안	1조 원

■ 매출을 8,800억 원으로 늘렸을 때 어느 정도의 손실을 줄일 수 있는지(제1안) ■ 매출을 9,000억 원으로 올렸을 경우 어느 정도의 이익을 만들 수 있는지(제2안) ■ 매출을 9,500억 원으로 부풀리면 최대한 얼마까지 이익을 조작할 수 있는지(제3안) ■ 매출을 아예 1조 원으로 올려 800억 원대의 이익을 만드는 방안은 없는지(제4안) 등 몇 가지 시나리오를 만들어 보라는 지시였다.

"회장님, 송구스럽습니다. 아무리 매출을 부풀려도 이익을 내기 어렵습니다."

약 1주일 뒤 재무관리 담당 H부사장이 C회장 앞에서 어렵게 말문을 열었다. 그 자리에 배석한 L전무, K부장, P차장, 필자 등은 처형장에 끌려온 사형수들처럼 꽁꽁 얼어붙어 있었다. 거대 적자를 만든 것이 마치 밑엣 놈들 책임인 양 모두 어깨를 펴지 못했다.

"내가 이 자리에서 해결 방안을 제시하겠다. 현재 진행 중인 국내외 건설 현장의 공사 기성고를 모두 10% 이상 끌어올린다!"

역시 C회장다운 결론이었다. 공사 진행률을 일괄적으로 10% 이상 부풀리면 매출액이 대충 840억 원 가량 늘어날 것이고 그만큼 적자 규모가 감소한다는 논리였다. 실제 가결산 결과가 매출 8,400억 원에 결손이 580억 원이지만, 분식회계 이후는 9,240억 원 매출에 약 260억 원의 이익으로 나타난다. 외주공사, 직영공사 진행률을 부풀리고 공사예정원가를 축소시키고 건설원가는 그대로 두었을 때 그렇다는 얘기다. 하지만 어디 그게 쉬운 일인가. 매출원가를 그대로 두고 공사 실행 예산을 줄여 가며 매출액만 부풀리는 작업이….

"회장님, 그 방법으로도 쉽진 않습니다."

주먹으로 식은땀을 훔치던 H부사장이 입을 열었다.

"불가능은 없어요!"

C회장이 또 한 번 침을 튀겼다. 그래도 이익이 나지 않을 경우 대형 공사의 진행률을 약간 더 끌어올리고 할인어음 200억 원을 숨기고 다른 계정과목을 골고루 조정하면 어렵지 않을 것이라는 게 C회장의 아이디어였다. 외부 감사를 맡게 될 공인회계사들이 해외 건설현장과 국내외 부외부채(簿外負債)를 샅샅이 뒤지는 작업은 사실상 불가능하다는 말도 덧붙였다.

그 해부터 M건설은 실질적인 부실기업의 반열에 올라섰고 분식회계로 연명하기 시작했다. 1975년 창립 이래 필자가 입사하던 1978년까지 금융기관 차입금이 단 한 푼도 없던 회사, 아파트 투기 열풍의 영향 때문에 자금이 펑펑 남아돌아서 금융기관으로부터 황제 대접을 받던 회사, 법인세를 지나치게 많이 납부하면서도 직원들에게 지급할 연간 보너스의 지급률을 낮추는 바람에 '멍청하다'는 소리를 듣던 회사의 형편이 그랬다.

나중에 계열사인 보험회사, 증권회사, 신용금고(저축은행), 호텔, 골프장, 유통업체, 건축자재생산업체, 피혁업체 등을 처분하고 몰락할 때까지 M건설과 L그룹은 분식회계가 아니면 버틸 재간이 없었다. 주력 기업인 M건설은 1984년부터 은행관리를 받기 시작하면서 1987년 4월 산업합리화업체로 지정되었고 1998년 상장 폐지되었다.

결산 대책

서울 명동 사채시장은 월말이나 분기 말, 연말이 가까워 올 때마다 평소답지 않게 부산해진다. 주로 6월 말이나 12월 말이 되면 전주(錢主) 밑에서 움직이는 행동대원 '깡쟁이' 들의 목청이 커지고 그들의 움직임이 눈에 보이게 빨라진다. 거래중인 기업들의 자금난을 해결해 주기 위한 대응일 수도 있겠지만 그게 아닌 경우가 의외로 많다. 월말에 이를 적마다 사채시장이 바빠지는 원인의 대부분은 이른바 '예금 잔고 증명' 때문이다.

분식회계를 즐기는 기업들이 가공의 자산을 만들어 관리하다가 월말 결산, 반기 결산, 분기 결산, 기말 결산을 해야 하는 월말이 다가올 때마다 다급해진다. 상부상 수치와 실제 계수를 맞추려면 빈자리를 서둘러 메워야 한다. 무엇보다 장부상의 '현금예금' 이라는 자산을 실제 수치와 맞추기 위해 '하루 자금' 을 빌려야 한다.

그렇다고 그 자금을 현금 시재(時在)로 남겨 두거나 오랫동안 빌릴 수는 없다. 오직 사채업자가 만든 통장에 넣은 뒤 사채업자가 직접 관리하다가 '예금 잔고 증명' 이라는 목적을 달성하자마자 꺼내야 한다. 분식회계 뒤처리를 위해서 가공의 자산을 메우는 작업, 장부에만 있고 실제 존재하지 않는 자산 되살리기 작업을 거쳤다가 이

자금을 이튿날 사채업자가 인출해야 한다.

예전에는 상장법인 직원들이 들락거리는 월말 '예금 잔고 증명' 시장이었지만, 요즘 들어서는 코스닥 상장 회사들이 가세하면서 거래 건수가 급격히 증가했다. 거래 규모가 크든 작든 분식회계가 빚어낸 기형적 풍속도임에는 틀림이 없다.

결산기가 다가오면 기업의 최고경영자는 결산 대책에 머리를 싸매기 시작한다. 당기순이익이 너무 많이 나와도 고민이고 당기순이익이 너무 적게 나거나 손실로 나타나도 고민이다. 회사의 이익 규모를 얼마로 할 것인지 결정해야 하는 문제가 결국 최고경영자의 숙제로 남는다. 사실과 원칙대로 회계 처리하여 당기순이익을 만들 수 없을 때는 밤잠을 이루지 못한다. 결국 최고경영자는 치밀하게 장부를 조작해서라도 매출과 이익을 늘리려고 몸부림치게 된다.

예컨대 당기순이익을 대폭 늘리려면 ■ 건설공사 기성고(공사 진행 비율)를 억지로 끌어올리고 ■ 이미 준공한 건설공사의 손실을 다음해로 넘기고 ■ 매출액을 부풀리기 위해 '밀어내기' 수출을 시도하고 ■미처 지급하지 않은 비용의 지출을 가능한 한 다음 사업연도로 넘겨 버리고 ■ 이미 지출된 비용일지라도 선급비용이나 자산 취득 원가인 것처럼 둔갑시키고 ■ 부실 채권이 발생했어도 대손으로 처리하지 않고 ■ 퇴직급여충당금을 적게 반영하는 수법 등을 모조리 동원해야 한다.

이와 다르게 당기순이익을 축소하고자 할 경우 ■ 건설공사 기성고를 억지로 끌어내리고 ■ 당기 매출을 차기로 이월시키고 ■ 고정자산을 단숨에 상각 처리하고 ■ 고정자산에 대한 자본적 지출(취득 원가)을 기간 비용으로 처리한다. 이익을 대폭 부풀리려는 의도와 정반대의 시각으로 회계 처리를 하려고 노력하는 것이다.

이러한 시도가 지나치면 가벼운 회계부정이 아니라 중대한 범죄 형태의 분식회계로 발전된다. 하지만 회계 실무자의 입장에서는 합법을 가장한 변칙 회계 처리 방법이 현실적으로 얼마든지 존재한다. 사실 판단의 경우에도 주관적인 견해를 완전히 배제할 수 없기 때문에, 회사 경영진이 이익을 멋대로 조작할 여지가 충분하다는 점을 부인하기 어렵다.

그렇다면 기업 경영자가 어떤 이유로 당기순이익의 증가율 수준을 조정하기 위해 고뇌하는 것일까. 나름대로 복잡한 이유가 숨어 있겠지만, 일반적으로 경영자의 '순탄한 성장' 욕구가 크게 작용하는 것으로 이해할 수 있다.

회사의 당기순이익이 급증하면 ■ 다음 회계연도의 실적 증가에 대한 심리적 부담이 생기고 ■ 법인세 납부 등으로 기업 자금의 사외 유출이 우려되고 ■ 주주들의 배당 압력이 가중될 염려가 있을 뿐만 아니라 ■ 독과점이나 불공정 거래 시비 등 사회적 비난에 직면할 수도 있다. 때문에 머리 잘 돌아가는 경영자일수록 매출과 이익이 매년 급격히 증가하는 것을 경계하게 된다.

이와 반대로 이익이 급격히 감소할 경우를 예상해 보자. 경영진의 경영 능력에 대한 부정적 평가가 우려되고 금융기관 거래 때 불이익을 받을 가능성도 없지 않다. 따라서 경영진은 당기순이익의 규모와 증가 수준이 완만한 상승세로 이어 가길 간절히 원하게 마련이다.

아무튼 여러 기업들의 재무제표를 분석할 때 이와 같은 경영진의 심리 상태를 염두에 두어야 한다. 숫자 뒤에 숨어 있는 자의적 결산 정책과 경영자의 검은 속셈에 대하여 고민해 볼 필요가 있다.

예컨대 당기순이익을 부풀리려는 의도에서 회계 처리 방법을 변경했다면, 실제 이익은 공시된 수치보다 형편없이 작거나 막대한 손실이 발생했을 수도 있다. 당기순이익을 대폭 축소시키려는 방향으로 회계 처리 방법이 바뀌었다면, 실제 발생한 당기순이익은 재무제표에 나타난 규모보다 더 크다고 추정해도 무리가 없을 것이다.

당기순이익은 만들어진다

1998년 2월 초순경 D전자는 1997년 회계연도의 가결산 작업을 마쳤다. 결과는 자산 3조 2,000억 원에 부채 4조 1,000억 원이었다. 자기자본이 완전 잠식되었고 당기순손실도 무려 1조 6,000억 원에 이르렀다. 당황한 J사장이 K회장에게 그 진상을 보고했다.

"회장님, 이를 어쩌지요? 예전의 누적 결손은 그렇다 쳐도 작년 한 해의 적자가 1조 6,000억 원에 이릅니다."

"간단히 말하죠. 무조건 당기순이익 규모를 400억 원 이상으로 맞추시오!"

K회장의 명령은 간결하고 준엄했다. 손실 1조 6,000억 원을 400억 원의 이익으로 둔갑시키기 위해서는 최소한 1조 6,400억 원을 분식해야 한다는 의미였다. 그 동안 부실기업을 인수한 뒤 만성적인 적자에 허덕였으니 경영이 정상화되기까지 분식회계로 버텨야 한다는 논리였다.

K회장의 지상명령을 거역할 수 없었던 J사장은 회의를 소집했고, 재무관리 책임자들에게 대대적인 결산 조작을 지시했다. 회장과 사장의 굳은 의지 앞에서 토를 다는 사람은 없었다. 회계 관련 부서 임직원들은 머리를 굴려가며 갖가지 지혜를 짜내기 시작했다. 수단 방법을 가리지 않고 당기순이익을 만들려면 2조 원에 가까운 수치를 분식해야 한다는 데 인식을 같이 했다.

워낙 부실 누적 규모가 천문학적인 숫자였기 때문에 무척이나 다양한 유형의 분식회계 수법을 동원해야 했다. 이를테면 ■ 재고 물품의 수량을 부풀리거나 이미 매출된 제품을 재고자산에 그대로 남겨 두는 방법으로 재고자산 6,000억 원을 증가시키고 ■ 당기에 발생한 비용 1,800억 원을 포함하여 수년 동안 발생한 외환차손, 판매비와관리비, 제조원가 등 제비용 6,600억 원을 해외 자회사에 대한 매출채권(외상매출금)으로 둔갑시키고 ■ 가짜 매출채권과 실제 매출채권의 차이인 465억 원은 어음차입금(할인어음) 7,000억 원과 상계 처리했다. 이어서 ■ 1997년에 발생한 제비용 1,400억 원, 가공의 매출채권과 실제 매출채권을 합한 매출채권 7,000억 원 등 8,400억 원을 어음차입금 8,400억 원과 상계 처리하여 부외부채(어음차입금) 8,400억 원을 계상하지 않고 ■ 이미 부도가 난 매출채권 860억 원을 대손 처리하지 않는 방법으로 대손충당금 860억 원을 적게 계상하고 ■ 오래되어 폐기된 유형자산을 폐기 손실로 계상하지 않는 방법으로 유형고정자산 1,900억 원을 과대 계상하고 ■ 종업원에게 지급해야 할 퇴직금을 계산할 때 실제 근속연수를 1년씩 줄이거나 연월차 수당을 퇴직금 산정 대상에 넣지 않는 방법으로 퇴직급여충당금 300억 원을 적게 계상했다. 결국 1조 7,000억 원을 분식한 셈이었다.

경리 회계 담당 임직원들이 땀 흘려 얻은 열매는 의외로 때깔이 좋았다. 마침내 자산 4조 600억 원, 당기순이익 415억 원으로 나타났다. '무조건 400억 원대의 이익으로 만들라' 던 K회장의 지시가 눈부신 성과를 거두었고 당기순손실 1조 6,000억 원이 당기순이익 415억 원으로 치장된 것이었다.

1998년 회계연도 결산 때도 K회장의 특별 지시에 따라 분식회계가 시도되었다. 실제 결산에서는 자산 3조 9,000억 원, 부채 4조 8,000억 원으로 완전 자본 잠식 상태였다. 당기순손실도 2조 원에 이르러 1997년 회계연도보다 수익성이 더 심하게 악화되었다. 하지만 장부조작을 완료한 뒤 자산은 5조 9,000억 원, 당기순이익은 46억 원으로 변질되었다. 무려 2조 원 가량의 숫자 장난이 있었기에 가능한 결과였다. 참으로 묘한 인연인지 몰라도 L그룹 C회장과 D그룹 K회장은 K중고 동기 동창 사이였다. 이 두 사람은 60, 70년대에 창업하여 수많은 경쟁사들을 물리치고 승승장구하는 듯했지만 세상이 바뀌면서 1990년대에 모두 몰락의 길을 걸었다. '불가능은 없다!' 는 오기만으로 불도저처럼 밀어붙인다는 점에서, 군사정권의 배경을 등에 업고 확대 경영을 일삼았다는 점에서, 비자금 조성과 뇌물 수수 사건에 몇 차례 휘말렸다는 점에서 두 사람은 공통적이었다. 물론 분식회계 분야에서도 피장파장의 범죄자들이었다.

※ **계상(計上)** : 예산 편성에 넣고 전체의 셈에 얹는 것을 말한다. 일반적으로 영업 활동에 의해 나타난 결과를 기업의 회계 장부와 재무제표에 반영한다는 의미로 쓰인다.

2. 분식회계는 사실상 사기 행위다

국어사전을 찾아보자. 분식결산(粉飾決算)이란 '기업이 부당한 방법으로 그 재정 상태나 경영 실적을 실제보다 지나치게 좋게 또는 지나치게 줄여서 결산하는 일'을 말한다.

분식결산을 영어로 옮길 경우 '윈도우 드레싱(window dressing settlement)'이 된다. 윈도우 드레싱을 직역하면 '진열장 장식하기'가 되고 의역하면 '겉치레'가 된다. 겉치레란 '겉으로만 보기 좋게 꾸민 치레, 외면치레, 외식(外飾), 허식(虛飾)'을 일컫는다. 좀 더 범죄 성격이 짙은 분식결산을 '회계사기(accounting fraud)'라고 표현하기도 한다.

다시 말해, 회사의 자산이나 수지 상황을 가능한 한 양호하게 보이려고 대차대조표(재무상태표)나 포괄손익계산서 등 재무제표의 숫자를 속여서 발표하는 수법이 분식결산이다. 기업이 자산이나 이익 등을 회계 처리 기준에 어긋나는 방법으로 결산하여 사실과 다른 재무제표를 만드는 것으로서 분식회계(粉飾會計 : window dressing settlement))라고도 한다.

'아름답게 또는 훌륭하게 보이기 위해 겉을 꾸미는 것' 이 분식(粉飾)이고 '공공 기관이나 기업에서 일정 기간의 수입과 지출을 계산하여 그 결과를 정리하는 일' 이 결산(決算)이고 보면 제법 어울리는 이름이 분식결산이다. 분식결산을 더 알기 쉽게 압축하여 표현할 경우 '장부조작' 이 된다.

좁은 뜻으로는 '이익의 과대(過大) 표시' 나 '손실의 과소(過小) 표시' 를 노린 결산을 분식회계라고 한다. 이를테면 자산이나 이익 등을 크게 부풀리고 부채를 감소시킴으로써 재무 상태나 경영 성과, 재무 상태의 변동을 왜곡시킨다. 특히 이익 금액을 실제 가치보다 크게 표시하는 경우를 분식결산이라고 말할 때가 많다. 이익을 과대 표시하기 위해 활용하는 일반적 수단으로 ■ 실현되지 않은 매출의 계상 ■ 재고자산의 과대평가 ■ 부채 줄이기 ■ 비용 줄이기 등이 있다. '실현되지 않은 매출' 에는 실현이 불가능한 매출, 실현 가능성이 불투명한 매출, 미처 실현되지 않은 매출을 포함한다.

분식회계란 간단하게 말해 비용도 줄이고 부채도 줄이는 것이다. 비용을 줄이고 매출액이나 수익을 늘리면 당연히 이익이 실제보다 부풀려진다. 기업 현장에서 회계 처리를 하는 실무자는 진땀을 흘릴 수도 있지만, 이를 관찰하는 제삼자의 입장에서는 복잡하게 생각하지 말아야 한다. 대차대조표(재무상태표)의 차변(왼쪽)과 대변(오른쪽)의 수치가 균형을 이루어야 한다는 원칙에 입각하여 양쪽의 수치를 줄이거나 늘인다고 생각하면 되는 것이다.

분식회계는 대부분 당기순이익 부풀리기에서 출발한다. 포괄손익계산서상의 비용을 줄이거나 매출을 늘리면 당기순이익이 늘어난다. 매년 당기순이익을 과대 표시하면 이익이 누적되어 대차대조표(재무상태표)상의 이익잉여금이 증가한다. 대차대조표(재무상태표)상에서 차변과 대변의 금액이 일치해야 하기 때문에 분식회계 사실을 감추기 위해서는 이익잉여금이 증가한 만큼 자산을 늘리거나 부채를 줄여야 한다. 다시 말해 당기순이익을 부풀리면 대차대조표(재무상태표)의 자본 계정이 커지기 때문에 부채 계정을 누락시키거나 자산을 부풀려야 차변과 대변이 일치되는 것이다.

다음과 같이 사례로 든 요약 재무제표들은 편의상 법인세와 이익배당 등은 감안하지 않았다.

포괄손익계산서(분식 전)

(2011. 1. 1. ~ 2011. 12. 31.)

A	수　익	매　출	40,000	
		영업외수익	1,500	
B	비　용	급　여	35,000	
			감가상각비	2,500
			영업외비용	9,000
이　익	A－B			△5,000

이익 5,000원이 아니고 손실 5,000원이 났기 때문에 이익 5,000원으로 둔갑시키는 절차가 필요하다. 따라서 수익 10,000원을 부풀리거나 비용 10,000원을 줄여야 분식회계가 완성된다. 이때 전체적

인 분식 규모는 손실 5,000원의 배수(곱절)인 10,000원이 된다. 때로는 수익 5,000원을 늘리고 비용 5,000원을 줄여도 이익 5,000원이 나타난다.

포괄손익계산서 (분식 후)

(2011. 1. 1. ~ 2011. 12. 31.)

A	매 출	46,000	(장부상 40,000+분식 6,000)
	영업외수익	1,500	
B	급 여	35,000	
	감가상각비	2,500	
	영업외비용	5,000	(장부상 9,000- 분식 4,000)
이 익	A - B	5,000	

알기 쉽게 수익(매출) 6,000원을 늘리고 비용(영업외비용) 4,000원을 줄였지만, 실제로 분식회계를 시도할 때는 여러 계정과목에 걸쳐 늘리거나 줄이는 작업을 해야 한다. 이를테면 매출 규모를 7,000원 부풀리고 감가상각비 1,000원과 영업외비용 2,000원 등 3,000원의 비용을 줄일 수도 있다. 손실 5,000원을 이익 5,000원으로 둔갑시켰으니 전체 분식 규모는 10,000원에 이른다. 포괄손익계산서를 조작했다면 이제는 대차대조표(재무상태표)를 분식해야 한다.

대차대조표(재무상태표) (분식 전)

(2011년 12월 31일 현재)

자 산	금 액	부 채	금 액
현 금	5,000	차 입 금	20,000
외상매출금	20,000	미지급비용	2,000
대 여 금	15,000	자 본	
미수 수익	500	자 본 금	50,000
유형 자산	26,500	손 실	△5,000
자산 총계	67,000	부채 자본 총계	67,000

손실 5,000원을 없애고 이익 5,000원을 표시하려면 부채 10,000원을 줄이거나 자산 10,000원을 늘려야 한다. 결국 대차대조표(재무상태표)에 대한 분식 규모도 10,000원이 된다.

대차대조표(재무상태표) (분식 후)

(2011년 12월 31일 현재)

자 산	금 액	부 채	금 액	비 고
현 금	5,000	차 입 금	10,000	장부상 20,000 - 분식 10,000
외상매출금	20,000	미지급비용	2,000	
대 여 금	15,000	자 본		
미수 수익	500	자 본 금	50,000	
유형 자산	26,500	손 실	5,000	손실 5,000 +분식 10,000
자산 총계	67,000	부채와 자본 총계	67,000	

독자들이 알기 쉽게 부채(차입금) 10,000원을 숨기고 자본을 10,000원을 늘리는 방법을 썼지만, 실제로 분식회계를 시도할 때는

여러 계정과목에 걸쳐 늘리거나 줄인다. 이를테면 부채 20,000원을 그대로 두고 자산 10,000원을 부풀려 총자산((총자본 = 자산총계 = 부채와 자본 총계) 67,000원을 77,000원으로 만들기도 한다. 어쨌든 손실 5,000원을 이익 5,000원으로 조작했으니 10,000원을 분식한 결과가 된다.

분식회계의 종착역

장부조작을 즐기는 부실기업을 예로 들어 보자. 2011 회계연도에 대한 결산을 했더니 이익이 나지 않았고 오히려 손실 1,000억 원이 발생했다.

다음에 예로 든 재무제표들은 편의상 법인세와 이익 배당 등을 감안하지 않았다.

대차대조표

(2011년 12월 31일 현재)

단위 : 억 원

자 산	금 액	부 채	금 액
유동자산	17,000	유동부채	8,000
* 장부상	14,000 + 분식3,000 = 17,000		
고정자산	8,000	고정부채	5,000
무형자산	1,000	자 본	
		자본금	10,000
		이익잉여금	1,000
		당기순이익	2,000
		* 실제 손실	△ 1,000 + 가공이익 2,000 분식 3,000
자산총계	26,000	부채 자본 총계	26,000

어쩔 수 없이 비용을 줄이고 수익을 늘리는 방법으로 2,000억 원의 당기순이익을 만들었다. 당기순이익 2,000억 원이 결국은 대차대조표(재무상태표)의 이익잉여금에 반영되었다. 대변에 손실 1000억 원 대신 이익잉여금 2,000억 원이 증가했으니 차변의 자산 3,000억 원(손실 1,000억 원+이익 2,000억 원)이 증가해야 대변과 차변의 균형이 이루어진다. 아예 부채 3,000억 원을 줄여도 대차가 일치한다. 손실 1,000억 원을 숨기고 이익 2,000억 원을 부풀렸으니 3,000억 원을 분식한 셈이 된다. 이에 따라 포괄손익계산서도 다음과 같이 조정해야 한다.

손익계산서

(2011. 1. 1. ~ 2011. 12. 31.)

단위 : 억 원

항 목	분 식 전	조 정 액	분 식 후
매 출 액	50,000	+2,000	52,000
매 출 원 가	− 38,000		38,000
매 출 총 이 익	12,000	+2,000	14,000
판매비와관리비	8,000	− 500	7,500
영 업 이 익	4,000	+2,500	6,500
영 업 외 수 익	+2,000		2,000
영 업 외 비 용	− 7,000		7,000
특 별 이 익		+500	500
당 기 순 이 익	△ 1,000	+3,000	2,000

2012 회계연도에도 역시 손실 1,000억 원이 발생했다. 도리 없이 비용을 줄이고 수익을 늘리는 수법으로 포괄손익계산서를 조작하여 당기순이익 3,000억 원을 만든다. 대차대조표(재무상태표)의 이익

잉여금 4,000억 원(손실 1,000억 원 + 이익 3,000억 원)이 부풀려지고 자본 계정이 늘어난다. 차변과 대변이 일치해야 한다는 부기 원칙에 입각하여 부채 4,000억 원을 줄일 수밖에 없다. 부채 4,000억 원을 부외부채로 만들어 장부에서 누락시킨다는 뜻이다.

대차대조표

(2012년 12월 31일 현재)

단위 : 억 원

자 산	금 액	부 채	비 고
유동자산	18,000	유동부채	9,000
		* 장부상	13,000-분식 4,000=9,000
정자산	11,000	고정부채	6,000
무형자산	2,000	자 본	
		자본금	10,000
		이익잉여금	3,000
		당기순이익	3,000
		* 실제 손실	△ 1,000+가공이익 3,000 = 분식 4,000
자산 총계	31,000	부채와 자본 총계	31,000

이런 수법으로 버티다 보면 악순환의 골이 나날이 깊어진다. 2013년에는 손실 규모가 더 커졌다는 이유로 분식회계가 그 정도를 더하면서 2,000억 원의 손실 대신 2,000억 원의 당기순이익을 만든다. 대변의 손실 2,000억 원을 없애고 이익 2,000억 원을 만들었으니 4,000억 원을 분식해야 한다. 결국 자산 4,000억 원을 부풀려서 억지 이익을 만든다.

대차대조표

(2013년 12월 31일 현재)

단위 : 억 원

자 산	금 액	부 채	금 액
유동자산	20,000	유동부채	12,000
* 장부상	16,000 +분식 4,000 = 20,000		
고정자산	15,000	고정부채	7,000
무형자산	3,000	자 본	
		자본금	10,000
		이익잉여금	6,000
		당기순이익	3,000
		* 실제 손실	△2,000+가공이익 2,000=분식4,000
자산 총계	38,000	부채자본 총계	38,000

3년 동안의 손실 4,000억 원(2011년 1,000억 원 + 2012년 1,000억 원 + 2013년 2,000억 원)을 감추고 이익 7,000억 원(2011년 2,000억 원 + 2012년 3,000억 원 + 2013년 2,000억 원)을 만들었으니 분식회계도 한계점에 이르게 된다. 그 동안 손실 규모를 감안할 경우 1조 1,000억 원(실제 손실 4,000억 원 + 가공 이익 7,000억 원)의 분식이 이루진 셈이다. 가공 이익 7,000억 원에 그 동안 숨겨진 손실 규모 4,000억 원을 보태야 정확한 분식 규모 1조 1,000억 원이 산출되기 때문이다.

가공 이익을 만들고 대변과 차변의 수치를 일치시키려면 비용을 줄이고 수익을 늘리고 부채를 줄여 가면서 자산마저 부풀리는 작업을 몇 년 동안 계속해야 한다. 한두 해 정도야 장부조작이 어렵지 않겠지만 해를 거듭할수록 진퇴양난의 위기에 빠진다. 존재하지도 않는 자산이나 가치가 떨어진 자산을 지나치게 과대 계상하다 보면 외부 감사의 현장 실사 때 분식회계가 드러나게 마련이다.

마지막 선택은 자산을 늘리기보다는 집중적으로 부채를 숨기는데 혈안이 된다. 대변의 자본 계정인 이익잉여금을 만들었으나 더 이상 차변의 자산을 부풀릴 수 없기 때문에 이제는 자산을 그대로 두고 대변의 부채를 줄여야 한다. 마침내 장부조작의 한계점에 이르러 파산하게 된다.

분식회계 동업자

화장비누를 생산하던 유명 기업 N유지는 해외 수입품인 우지(牛脂)를 주원료로 사용하고 있었다. 이 회사의 대주주인 Y회장은 '○○교 실업인회장'의 감투를 쓴 종교인으로서 신사 중의 신사였다. 누가 봐도 그분은 훌륭한 종교인이자 사업가였다. 하지만 자세히 알고 보면 양두구육(羊頭狗肉)의 인물이어서 점잖은 신사로 봐주긴 어려웠다.

Y회장은 비누의 주원료인 우지를 이용하여 공금 횡령과 탈세를 즐기는 인물이었다. 일흔 살을 넘긴 고령에다가 독실한 종교인으로 알려진 인물임에도 어찌나 탐욕스러웠던지 제조원가 분식회계를 통해 얻어낸 불법 소득을 가볍게 챙기곤 했다.

Y회장의 검은 속셈을 일찌감치 꿰뚫어본 사람은 우지 납품업체 G상사의 P사장이었다. 영악한 P사장은 음흉스런 Y회장에게 '누이 좋고 매부 좋은' 거래를 은밀히 제시했고, 그 바람에 아주 돈독한 관계를 오래도록 유지할 수 있었다. 두 사람은 정상적인 상거래 대상이

기에 앞서 분식회계와 비자금 조성을 위한 동업자 관계였기 때문에 가능한 일이었다.

미국산 수입 우지와 국내에서 떠도는 불량 재생 우지를 수집하여 납품하던 P사장은 합법적인 거래만을 고집하지 않았다. 가끔 가공의 매출세금계산서를 발행하여 Y회장에 건네는 대신 사례금을 얻어내곤 했다. Y회장은 G상사로부터 원료 매입용 세금계산서를 사들인 뒤 비누 제조에 투입한 것처럼 위장했고, 제조원가의 원재료비를 실제보다 과대 계상하는 수법으로 회사 돈을 빼돌렸다.

필자는 경리를 보면서도 Y회장의 지능적인 분식회계를 한동안 눈치 채지 못했다. 제조원가의 대부분을 차지하는 원재료비가 조작된다는 건 상상하기 어려웠다. 총무부 경비실, 관리부 재료관리창고, 생산부 생산관리과, 경리부 회계과 등 여러 조직이 서로 견제하는 상황에서 원재료가 도망가거나 제조원가를 분식한다는 건 사실상 불가능하다고 생각했기 때문이다.

단순히 증빙 자료와 증거 서류에 근거하여 제조원가보고서를 작성하던 필자로서는 공장장이 넘겨주는 생산일보, 재료관리과에서 넘어오는 원재료 입출고 전표, 경비실의 통제인이 찍힌 거래명세서, 구매부에서 접수한 세금계산서 등 서류에 의존할 수밖에 없는 한계가 있었다. 입사 동기인 재료관리과 H계장이 귀띔해 주기 전까지는 생산 현장에서의 원가 조작 수법을 알 길이 없었다.

비록 '한 때' 였지만 제조원가명세서 작성 담당자인 필자는 참으로 답답했다. 사실상 독과점 품목인 세탁비누마저 이익이 나지 않았으니 자연스럽게 의혹을 품지 않을 수 없었다. 관리부, 생산부, 구매부, 경비실 등 어느 부문의 실수나 착각 때문에 원가가 조금씩 새어 나가고 있다는 걸 직감했다. 아니면 어느 누군가 중간에서 장난을 치는 게 분명해 보였다.

하지만 경비실을 관할하는 총무부와 재료관리창고를 관리하는 관리부에서조차 서로 담합하거나 보안을 유지하면 원가 정보에 관하여 캄캄할 게 뻔했다. 매일 적자 타령을 늘어놓는 Y회장의 말만 믿고 전 직원들이 허리띠를 졸라매는 것은 물론 상여금도 일부 반납해야 한다고 주장해야 하는 처지가 필자였다. 그 때만 해도 사회 경험이 일천했던 필자는 그만큼 순진하고 어리석었다.

뒤늦게 알고 보니 원가 회계 조작, 원가 누수의 주범은 독실한 신자로 알려진 Y회장이었다. 오랜 수사(?) 끝에 필자는 결론을 내렸다. 그 범행은 결코 차원 높은 수준이 아니었고 Y회장과 공장장이 공동정범임을 확인할 수 있었다. 공업진흥청의 단속이 소홀한 틈을 노려 공장장은 비누의 부피를 살금살금 줄였다. 비누를 절단할 때는 눈치껏 절단기의 간격을 1 ~ 2밀리미터 가량 좁혀 가며 Y회장이 빼먹은 원가를 벌충하려고 노력했다. 적게 투입하고 많이 사용한 것처럼 원재료 출고 전표와 생산일보를 조작할 경우 장부상 원재료 재고가 감소하는 건 너무도 당연했다. 그것은 아주 섬세한 눈속임이어서 어떤 첩자가 생산 현장과 재료 창고를 하루 종일 지켜보지 않는 한, 저울이나 줄자를 들고 다니며 비누를 고르는 소비자가 없는 한 그들의 범행이 발각되기는 어려웠다.

그런 수법으로 원료 투입량을 꾸준히 줄이다 보니 장부상 수치보다 적었던 재고자산 우지의 비축 물량은 나날이 벌충된다. 가짜 매입 세금계산서를 사들이는 수법으로 Y회장이 잘라먹은 공금과 원가를 보충하려면 그 방법밖에 없다. 공장장이 애면글면하며 겨우겨우 횡령 금액을 채우자마자 Y회장은 또 한 차례 우지를 사들인 것처럼 가장하고 거액을 빼돌린다. 경리부에선 우지를 매입했다는 거래명세서와 세금계산서만 접수하여 원재료 매입으로 처리한 뒤 G상사에게 대금을 결제하는 건 물론이고 재고자산 증가에 반영한다.

가공의 원재료가 늘어나는 그 날부터 공장장과 원재료 관리 책임자는 안절부절못한다. Y회장의 횡령 때문에 만들어진 가공의 재고자산을 줄이려면 제조 과정에서 비누의 중량과 두께를 살금살금 줄여야 한다. 장부상 원재료에 비하여 실물 재고량이 턱없이 부족한 상태를 없애려면 원재료 출고량을 조절하는 등 장부조작을 서둘러야 한다.

그 결과 하루 동안의 장부상 원재료 투입량이 실제 투입량보다 많아지고 생산일보도 섬세하게 조작된다. 경리부에선 경비실의 통제까지 거친 가공의 거래명세서와 매입 세금계산서, 공장장이 조작한 공정별 생산일보, 관리부가 조작한 원재료 출고 전표 등 서류를 기준으로 제조원가명세서를 만들 수밖에 없으니 본의 아니게 분식회계를 하고 만다.

이 모든 사기 행각과 원가 조작은 공장장의 과잉 충성 없이는 불가능한 일이었다. 감독 당국의 단속이 강화되면 KS 규격으로 재빨리 원위치를 시켜 단속의 그물에 걸리지 않도록 세심한 배려를 아끼지 않았고, 규격 미달 제품을 출고해 가는 대리점에겐 인기 제품을 끼워 주는 특혜를 잊지 않았다.

짐작컨대 원재료 투입량을 속이거나 생산일보를 조작하는 수법으로 Y회장과 공장장이 빼돌린 원가는 적어도 1년 동안 10억 원은 넘지 싶었다. 생산직 여직원들은 최저 임금을 받으며 피땀을 흘렸고 회사는 부실화로 치달았지만, Y회장 일가의 사유 재산은 급격히 늘어났을 것이었다. '기업은 망해도 기업주는 산다.' 는 금언(?)을 너무도 확실하게 증명한 인물이 바로 Y회장이었다.

생산수율 조작

제조 공정을 총괄하는 생산관리 현장에서 원부재료의 투입량과 제품의 생산량을 조작하기 위해 작업일지, 생산일지, 출고지시서 등을 분식한다. 이 원시 장부조작을 통한 생산수율 분식은 두 가지 측면에서 이루어진다. ■ 정상적인 생산수율보다 낮추는 수법으로 생산수율을 분식하여 제품 생산량과 매출액을 누락시키거나 ■ 원재료의 투입 수량을 부풀려 원가를 과대 계상하는 수법 등이 그것이다.

정상적인 생산수율보다 낮추는 수법

예컨대 원재료 100톤을 투입했을 경우 제품으로 85톤이 회수되고 5톤의 원재료 감량과 10톤의 부산물이 나온다고 가정하자. 이때 두 가지 수법 중에서 하나를 선택한다.

A. 정상 제품 생산량 85톤을 80톤으로 낮추고 원재료 감량 5톤을 10톤으로 부풀려 정상 제품 5톤을 빼돌린다.

B. 정상 제품 생산량 85톤은 그대로 두고 부산물 생산량 10톤을 5

톤으로 낮춘 상태에서 원재료 감량 5톤을 10톤으로 높인 뒤 부산물 5톤을 빼돌린다.

원재료의 투입량을 조작하는 수법

예컨대 원재료 100톤을 투입할 경우 제품으로 90톤이 회수된다고 가정하자. 이때 실제 원재료는 90톤만 투입하고 장부상에는 100톤을 투입한 것처럼 속인 뒤 생산량을 80톤이라고 보고한다. 이쯤 되면 원재료의 가공 투입으로 원가가 과대 계상되기 때문에 원재료 10톤을 빼돌릴 수 있다. 실물 원재료를 사외 반출하기 어려울 경우 원재료의 매입 수량을 조작하여 가공의 거래명세서와 세금계산서를 만든다. 이 자료를 근거로 회사 자금을 빼돌리면 분식회계가 완성된다.

이 같은 생산수율 분식을 외부에서 적발하기란 쉽지 않다. 다양하고 복잡한 물리적 화학적 작용에 의해 여러 가지 원재료 부재료 등이 투입되는 공정일수록, 생산 설비의 성능과 기술자들의 숙련도에 따라 생산수율이 결정되는 업종일수록 회계부정을 확인하기가 참 어렵다.

생산수율을 검토 분석하기 위해서는 전문적인 지식과 임기응변적인 대처가 필요하다. 특히 세무 조사를 벌일 때는 다음과 같은 기법을 도입한다.

① 원재료와 부재료 투입량 중에서 가장 중요시되는 품목, 원가 부담이 큰 순서대로 몇 가지 품목을 고른다.

② 계산이 간편한 주요 원재료와 부재료를 먼저 선정하여 중점적으로 주요 공정 현장의 생산수율을 관찰한다.

③ 생산 현장에서 산출한 생산수율과 결산서의 수치를 대조한 뒤 생산수율 조작 여부를 분석한다.

④ 일부 공정에서 생산수율 조작 사실이 발견되면 본격적이고 종합적인 생산수율 조사에 들어간다.

3. 분식회계의 전모를 밝히기란 쉽지 않다

1998년 12월 3일, 기아자동차에 대한 금융감독원의 특별 감리 결과가 드러났다. 1991년부터 1997년 말까지 2조 8,000억 원의 매출액을 부풀렸고, 이 과정에서 차입금 등 9,200억 원과 상쇄(상계) 처리했다는 사실이 밝혀졌다. 1997년 재무제표에 기록된 적자는 3,800억 원이고 실제 적자는 3조 3,000억 원이었다. 매년 손실을 숨긴 결과 누적된 분식 규모가 약 3조 원인 셈이었다.

1999년 1월 27일, 국회 'IMF환란조사특별위원회'에 참석한 김선홍 회장은 놀라운 사실을 자백했다. 기아자동차와 아시아자동차의 장부조작을 진행하면서 매번 50여 명의 직원들을 1개월 정도 동원했다고 실토했다. 워낙 대규모 회사인 데다가 거래처와 관련 장부들이 너무 많아서 그만큼 조직적으로 움직이지 않으면 안 되었던 것이다.

그처럼 치밀하게 조작된 수치를 토대로 외부 감사에 들어가는 공인회계사들은 초장부터 벽에 부딪힌다. 기아자동차의 경우 할부 채권만 86만 건이었고 그 내역이 기재된 200페이지 장부가 400여 권에 이르렀다. 그토록 방대한 분량을 몇몇 공인회계사들이 샅샅이 조사한다는 건 사실상 불가능하다. 결국 차선책을 선택해야 한다. 불가피하게 일부를 뽑아서 샘플만 조사하는 '표본 감사'가 될 수밖에 없다.

기업의 경영 성과를 알려면 매출액 산출 과정, 매출채권과 재고자산의 진실성 등부터 확인해야 한다. 손익과 부채에 관한 회계 처리의 적정성을 따지는 건 그 뒤의 문제일 수 있다. 다시 말해 매출액과 재고자산 규모가 확정되는 전 과정을 투명하게 조사할 수 있는 여건이 가장 먼저 마련되어야 한다. 하지만 대기업에 대한 외부 감사의 현실은 그렇지 못하다. 물리적 한계 때문에 어쩔 수 없이 표본 감사를 선택하게 된다.

회계법인의 감사 절차는 ① 감사 계획 수립과 감사 계약 체결 ② 대상 기업의 내부 통제 구조 평가 ③ 재무제표 작성의 정확성 여부 입증 ④ 감사보고서 작성 등 네 단계로 진행된다. 이 중 ③ 단계를 '입증 절차'라고 부르며 이 과정에서 구체적인 감사 기술이 총동원되어야 한다. 실물 확인, 입회 확인, 조회 확인, 문서 검증, 질문, 재확인에 의한 반복 계산, 현장 재확인, 분석적 검토 등이 감사 기술의 내용이 된다.

공인회계사들은 본격적 감사 단계인 입증 절차에 접어들면 '재무제표 작성의 정확성 여부 입증'을 위해 증빙을 조사하고 증거를 확보한다. 각종 관련 서류, 보조 장부, 전표 등 원본을 들쳐보며 대조하고 확인한다. 물론 모든 서류, 장부, 전표를 깡그리 조사할 수 없기 때문에 가능한 한 많이 들여다본 뒤 조사를 마칠 수밖에 없다. 사정이 그 정도이니 분식회계의 전모를 밝히는 일은 참으로 난해하게 마련이다.

특히 대기업에서 가공의 매입 거래처를 만들고 매입 행위를 가장한 뒤 돈을 빼돌리는 수법을 쓸 경우 적발하기가 쉽지 않다. 기업 경영진과 직원들이 매입 전표와 매입처 원장 등 기본 서류를 철저히 세탁하듯 위장 처리하면 제삼자가 파악하기 어렵다. 그토록 많은 거래처와 빈번한 거래를 추적할 때 공인회계사들도 거래가 빈번한 매입 거래처 원장과 전표의 일부를 표본 추출하여 조사하는 길밖에 없다. 이때 주문, 입고, 대금 결제 등의 과정을 관련 증빙 서류에 근거하여 면밀히 확인해도 분식회계 단서를 발견하기가 정말 쉽지 않다.

기업의 결산은 일반적으로 공정 타당하다고 인정되는 '기업회계기준'에 의하여 처리해야 원칙이다. 하지만 이익의 과대 표시를 위해 분식회계가 자행되는 이유는 ■ 주가를 높이는 데 영향을 미치고 ■ 금융기관의 융자 취급을 원만하게 하고 ■ 신주(新株) 발행을 용이하게 하는 등 기업과 대주주의 이익에 직결되는 효과를 가져오는 경우가 많기 때문이다.

분식회계는 불황기에 나타나기 쉽고 ■ 이익 배당 ■ 세금 납부 등 사외 유출이 증가하기 때문에 주주 · 하도급업체 · 채권자의 이해관계가 엇갈린다. 특히 분식회계를 시도하던 상장 대기업이 파산할 때 그 피해가 폭넓게 파급되어 엄청난 사회적 출혈을 낳는다.

분식회계는 주주뿐만 아니라 투자자와 채권자의 판단을 흐리게 하여 예기치 못한 손실을 초래하기 때문에 법으로 금지된다. 분식회계 여부는 대부분 공인회계사의 감사보고서로 밝혀지는 것이 보통이나 워낙 지능적으로 이루어지는 통에 제대로 규명하기 어렵다. 매출액과 자산 규모가 크고 사업 진출 분야가 방대하거나 다양할수록 그 범행 전모를 밝혀내기란 쉽지 않다. 해외 지사와 해외 건설 현장이 지구촌 곳곳에 널려 있는 대기업의 회계검사를 진행할 때 물리적인 장벽이 의외로 많기 때문이다.

자본시장에서 자본을 조달하거나 자기 회사 주식의 가격 관리를 위해 분식회계를 하는 사례가 일반적이다. 분식회계는 ■ 가공의 매출 전표를 끊어 매출 채권을 부풀리는 등의 수법으로 매출을 계상하고 ■ 재고의 가치를 장부에 과대 반영하는 등 자산의 가치를 실제보다 높게 평가하고 ■ 대손충당금, 퇴직급여 충당금을 고의로 적게 쌓는 수법 등으로 이익을 부풀리고 ■ 제품이나 서비스를 생산하는데 드는 비용을 과소 계상하고 ■ 차입금인 부채를 과소 계상하는 등의 방법으로 진행된다. 필요에 따라서는 재무제표의 손익에 직접적인 영향이 없더라도 각종 재무지표를 좋게 보이려고 분식회계를 시도하기도 한다.

예컨대 12월 결산 법인의 반기 실적이 발표되면서 ■ 감가상각 처리 방식의 전환 ■ 자산 매각 이익 등으로 이익을 낸 기업에 대하여는 결산 내용을 다시 한 번 살펴 분식회계 여부를 판단해야 한다. 당초 예상보다 당기순이익이 적거나 손실이 나면 서둘러 합법을 가장한 수단을 강구하는 사례가 많다. 재무제표를 분석하는 사람이 투자자나 금융기관 종사자일수록 각별한 주의가 요청되는 대목이다.

회사의 영업 실적을 좋게 보이기 위해 자산 평가 방식이나 수지 상황을 속여 대차대조표(재무상태표)나 포괄손익계산서를 작성하는 것이 분식회계의 근본 취지다. 이와 반대로 ■ 세금 감축 ■ 임금 동결 ■ 비자금 조성 ■ 회사 재산 횡령 ■ 각종 수혜 기간 연장 등을 노려 이익을 줄이고 회사의 영업 실적을 나쁘게 보이기 위해 자산과 수지 상황을 왜곡하여 대차대조표(재무상태표)나 포괄손익계산서를 작성하는 역분식결산(逆粉飾決算)도 넓은 의미의 분식결산에 포함된다.

재무제표에 많은 이익을 나타내면 임금 인상, 세금 증가, 독과점 불공정 거래 의심 등 불이익을 받기 때문에 이를 감소시키고자 하는 경우가 많다. 이처럼 ■ 이익의 과소 표시 ■ 손실의 과대 표시를 도모하는 것을 협의의 분식 개념에 대비시켜 역분식결산, 역분식회계(逆粉飾會計)라고 말한다.

앞에서 소개한 M건설과 D전자의 장부조작은 '분식회계(분식결산)' 요, N유지의 생산 원가 조작은 '역분식회계(역분식결산)' 에 해당된다. 좀 더 논리적인 해설과 구체적인 사례들은 뒤에 가서 차근차근 소개하기로 한다.

예쁘게 포장한 감사보고서

증권거래소에 주식을 상장한 기업이나 코스닥시장에 상장한 법인은 결산서와 영업보고서를 금융감독원에 제출해야 한다. 이 결산보고서에 회계법인의 공인회계사가 작성한 감사보고서를 첨부하도록 강제하고 있다. 이 제도는 회사가 결산보고서를 허위로 작성하여 선량한 투자자들을 혼란시키는 행위를 감시하는 데 그 목적이 있다. 결산보고서와 재무제표의 공정성을 입증하기 위해 외부인이 감사한 결과를 다시 한 번 확인하자는 것이다.

어느 누가 봐도 이러한 공익적 감시 기능은 절대 필요하다. 사업실적과 재무 상태 등을 정확하게 공개토록 하여 주식투자자들에게 좀 더 진실한 기업 정보와 투자 정보를 제공하자는 것은 참으로 바람직한 제도다.

하지만 이 훌륭한 제도와 기능이 얼마나 긍정적인 평가를 받고 있으며 얼마나 신뢰를 얻고 있을까…. 필자로서는 '매우 회의적'이라고 답변할 수밖에 없다. 금융감독원이란 공인 기관이 아무리 감시 기능을 게을리 하지 않더라도 뚜렷한 한계가 있기 때문이다.

수많은 상장법인의 결산 내용을 정밀 분석하는 것도 거의 불가능한 일이고, 외부 감사 내용의 공정성 여부를 판단하는 것도 쉽지 않은 일이다. 결국은 기업 정보라고 해 봤자 상장법인들이 예쁘게 책자로 만들어 제출한 결산보고서와 감사보고서를 검토하는 게 고작이다. 어쩔 수 없는 일이지만 그 감시 기능은 대부분 서류로 시작해 서류로 끝을 맺는 작업이 될 수밖에 없다.

실정이 그러니 공인회계사들이 작성한 감사보고서를 무조건 믿기도 어렵다. 그들에게 금융감독원이 보수를 주는 것도 아니고, 또 그들이 정부투자기관 종사자이거나 공무원도 아니다. 공인회계사들은 어디까지나 외부 감사를 위임한 상장법인으로부터 보수를 받고 있으며, 회사가 제출한 정보를 기초로 제반 법률과 규칙 등에 근거하여 결산 내용의 정확성을 조사 분석한다.

제아무리 도덕적 양심과 해박한 회계 지식을 토대로 감사 작업을 진행한다 하더라도, 방대한 조직을 갖춘 여러 대기업의 1년 살림을 단기간 내에 검토한다는 것은 사실상 불가능하다. 회사는 화려한 모습을 앞세우려 할 것이고 외부에 알려져 불리하다 싶은 회계 정보는 숨기려 할 것이기 때문이다.

더구나 회사는 감사인에게 보수를 지급하는 위임자로서 금전적 열쇠를 쥐고 있다. 보수 이외의 금전을 변칙적인 방법으로 제공할 수도 있는 우월적 위치에 있다는 뜻이다. 바로 이런 점 때문에 금융감독원은 딜레마에 빠진다. 상장법인도 믿을 수 없고 공인회계사도 신뢰하기 어렵다.

결국 감사인과 감사 대상 기업 양쪽을 모두 감시해야 할 형편이다. 잘못된 경영 정보를 공표하여 이를 믿고 투자한 선량한 시민들에게 손해를 입힐 우려가 있는 기업은 없는지, 허위 또는 착오로 작성된 결산보고서의 내용을 제대로 파악하지 못하거나 그 사실을 알고도 묵인 · 방조 · 담합한 회계법인은 없는지 조사하고 적발하여 공공기관으로서의 임무를 다해야 한다.

참으로 어려운 상황에서도 금융감독원은 나름대로 검토를 거친 끝에 분식회계 여부와 부실 감사 결과를 발표한다. 어떤 의미에서 그 공개 자료는 극히 개괄적이며 표본적인 일부 사례에 불과할 수도 있다. 수많은 분식회계와 부실 감사가 있었음에도 한계를 극복하지 못하고 몇몇 부실기업과 회계법인에 한정하여 비리와 부실을 적발하기 때문이다.

그런 난관 속에서도 우리 금융감독원은 조금씩 변해 왔다. 과거 금융감독원(옛 증권감독원)의 감리 업무는 대체로 회계법인의 부실 감사를 중심으로 이루어졌지만, 최근 들어서는 대상 기업의 분식회계 위주로 감리를 실시하고 있다. 다소 힘이 들더라도 분식회계를 발본색원하겠다는 의지로 풀이된다.

상장법인은 반드시 이익을 내야 한다?

고의든 아니든 잘못된 결산보고서를 작성한 기업에도 문제가 있지만, 분식회계 사실을 발견하여 수정하지 못한 회계법인들에게도 중대한 책임이 있다 할 것이다. 아무리 기업이 장부를 조작하여 실현하지도 않은 이익을 거짓으로 만들었거나, 손실을 줄이기 위해 존재하지도 않는 자산을 가공으로 만들었다 하더라도, 회계학을 전공한 공인회계사들이 감사 과정에서 그것을 눈치 채지 못하거나 발견하지 못했을까.

그건 아니다. 전적으로 공인회계사들의 실수라고 단정 짓기는 어렵다. 금융감독원의 분식회계 적발 건수가 늘어난다는 점에서도 기업과 회계법인의 안타까운 속사정을 알 수 있다. 그 동안의 관행으로 인정되던 분식회계임에도 금융감독원 실사(감리) 때 운이 나빠서 적발되었을 뿐이다. 그것도 아니라면 회사의 사업 규모가 그리 방대하지 않아서 부실 감사 내용이 다른 대기업보다 쉽게 드러났을 것으로 추정된다.

굳이 강조하지 않더라도 감사 대상 기업 경영진과 공인회계사 사이에 물고 물리는 샅바싸움은 매우 치열한 편이다. 그 신경전을 거쳐 한 발씩 양보한 끝에 서로 승리하기도 하고 서로 담합하여 유착관계를 형성하기도 한다. 기업 경영진과 세무공무원 사이의 대결 구도, 또는 마약 판매 조직의 검은 거래를 연상하면 그들의 흥정과 담합을 어렵지 않게 상상할 수 있을 것이다.

해당 기업들은 회계조작으로 부실한 재무구조와 막대한 손실을 숨기려 들고, 공인회계사들은 그 사실을 적발하고도 갈등을 겪다가 그냥 지나치는 게 과거엔 상식으로 통했다. 장부조작이 먹혀들지 않으면 공인회계사(CPA)들에게 사정했고, 그래도 여의치 않을 경우 최고경영자의 지시로 매수 작전에 들어갔다.

매수 작전에 돌입하면 길고 긴 술래잡기가 벌어진다. 매수하려는 회사 경영자와 말려들지 않으려는 CPA가 지루한 공방전을 벌인다. 도망을 다니던 CPA가 지친 나머지 금품을 받고 적정선에서 양보하기도 한다. 남의 눈에 띄기 어려운 부분은 적당히 눈감아 줄 있으나 객관적으로 잘 드러나는 부분은 어쩔 수 없이 CPA가 나서서 수정한다.

해외 사업이 방대하거나 해외현장, 해외지사, 현지법인이 지구촌에 널려 있는 회사는 상대적으로 손실을 숨기기 쉽다. 과거에 대형 해외건설업체, 종합무역상사들이 막대한 누적 손실을 은폐하고 거액의 이익이 난 것처럼 오랫동안 흑자 결산 공고를 할 수 있었던 것도 그 때문이다. 몇 명의 CPA가 대기업의 회계 처리 상황을 일목요연하게 확인할 수 없었던 것은 어쩌면 당연한 일인지도 모른다.

하지만 CPA들이 기업 경영진에게 회유를 당하여 기업의 분식회계를 눈감아 주고, 공표되는 재무제표가 아주 '적정하다' 고 손을 들어 준 경우도 적지 않았다. 대부분 모르고 넘어간 게 아니다. 성실한 감사를 펼치면 문제점을 어느 정도 들추어낼 수 있는데도 의도적으로 핵심을 피해 간 것이다.

필자는 그 엉터리 결산을 비껴가며 눈감아 주던 부실 감사 현장을 25년 동안 수없이 목격했다. 특히 해외 사업 관련 회계감사는 부실해질 위험성이 심대함에도 불구하고 심도 있는 노력을 회피하는 경우가 많았다. 적극적으로 파헤쳐도 진행하기 어려운 해외 사업 부문 감사를 소홀히 함으로써 대기업의 분식회계를 부추긴 결과를 초래했었다.

해외 건설 현장의 회계 처리는 국내 사업처럼 가까이서 감시하고 통제할 수단이 없기 때문에 회사가 의도하는 대로 마구 다루어져도 괜찮았다. 수많은 공사들의 진행률을 멋대로 끌어올렸고 공사예정원가는 쉽게 낮출 수 있었다. 덤핑 수주로 착공 전부터 손실이 뻔히 예상되는 공사도 이익이 실현되는 것처럼 조작했다. 공사 진행 비율(기성고)을 높게 잡아 매출을 과대 계상했으며 투입된 원가를 과소 계상하기 위해 실물로 보유하지 않는 가공 자산을 현장에서 관리하고 있는 것처럼 장부 처리를 해야 했다.

그러한 분식회계를 감추기 위해 회사 경영진은 갖은 수단과 방법을 강구하지 않으면 안 되었다. 다행스럽게도 그 은폐 기도는 CPA들의 협조와 양해로 성공할 수 있었다. CPA들의 소극적인 감사 태도와 다분히 의도적인 감사 소홀 때문에 묵인되었던 것이다.

심지어는 CPA를 매수하여 해외 현장과 지사를 감사하기 위해 방문하는 것으로 위장하고 이들을 출국시킨 뒤, 다른 장소에서 유람행각을 벌이게 하는 사례도 없지 않았다. 현장 감사 방해 공작은 부실한 해외 건설회사와 종합무역상사들이 즐겨 쓰던 수법이었다. 감사에 소요되는 시간을 빼앗고자 유흥가로 데려가 주지육림에 빠뜨려 정신을 못 차리게 만드는 것은 지극히 원시적이고 구태의연한 작전이었다.

못 이기는 척하며 회유에 넘어가는 CPA도 많았지만 끝까지 지조를 지키는 CPA들은 회사 경영진을 애먹이곤 했다. 주주총회 개최 몇 시간 전까지도 '한정의견'을 받은 감사보고서를 인쇄하지 못해 쩔쩔매는 경우도 있었다. 정도(正道)를 걷는 CPA들이 분식회계를 간과할 수 없다고 고집을 부리기 때문이었다.

아무래도 결산에 문제가 많다면 '적정의견'이 아니고 특별한 단서를 붙여 '한정의견'이라도 제시해야 한다. 하지만 회사 경영진이 이를 막기 위해 소매를 잡고 놓지 않는다. 감사보고서 인쇄를 늦추면서 주주총회 시간이 임박해서도 통사정을 한다. CPA들의 앞을 가로막고 돈 보따리를 내민다.

이때 인맥이 동원되고 학연과 지연을 내세워 CPA들을 옭아매기도 한다. 막다른 골목에 몰리면 어쩔 수 없이 거액의 사례금을 받고 '적정의견'에 사인하는 CPA들도 적지 않았다. 증권거래소에 주식을 상장한 공개법인이라면 '반드시 이익을 내야 한다.'는 강박관념이 외부 감사에 참여한 CPA들을 타락과 탈법의 골목으로 몰아가고 있었다.

감사보고서 제출

1. 감사의견 및 재무내용	당해 사업연도	직전 사업연도
가. 결산기간		
시작일	2010-01-01	2009-01-01
종료일	2010-12-31	2009-12-31
나. 감사의견	적정	적정
다. 재무내용(원)		
- 자산총계	107,179,004,920,359원	89,609,353,738,284원
- 부채총계	27,211,834,413,416원	22,854,887,277,801원
- 자본총계	79,967,170,506,943원	66,754,466,460,483원
- 자본금	897,513,820,000원	897,513,820,000원
※ 자본총계/자본금비율(%)	8,909.9%	7,437.7%
라. 손익내용(원)		
- 매출액(재화의 판매 및 용역의 제공에 따른 수익액에 한함)	112,249,475,062,833원	89,772,834,309,652원
- 영업이익	14,924,141,473,049원	7,387,134,638,834원
- 법인세비용차감전순이익	15,029,332,457,205원	7,057,038,363,141원
- 당기순이익	13,236,461,455,897원	6,208,140,056,068원
2. 회계감사인명	○○회계법인	
3. 감사보고서 수령일자	2011-03-10	
4. 연결재무제표 제출대상 해당 여부	예	
5. 기타 투자판단에 참고할 사항	※ 외부감사인이 감사 종료 후 당해 법인에 제출하는 감사보고서상 의 재무제표는 당해 법인의 주주총회의 승인 절차를 거쳐 확정된 재무제표가 아니므로 동 승인과정에서 변동될 수 있습니다.	
	※ 관련 공시	-

연결재무제표 관련 자본잠식 및 감사의견

구 분	당해 사업연도	직전 사업연도
자본총계 / 자본금 비율(%) * 외부 주주 지분은 제외	9,536.3%	7,750.9%
연결재무제표에 대한 감사의견	적정	적정

4. 재무분석 무용론

'경리쟁이'로 한창 잘나가던 80년대 초반, 필자는 신흥 재벌이라는 B그룹 계열사의 주력 기업으로부터 입사 제의를 받고 한참 망설인 적이 있다. B그룹 14개 계열사의 재무제표를 대충 훑어보니 전체적으로 적자였다. 절반 정도의 계열사가 이익을 내고 있었지만 대부분 억지로 당기순이익을 만든 것처럼 느껴졌다. 기본적으로 차입금 규모에 비하여 금융비용이 지나치게 많았다. 극비리에 고금리의 사채를 쓰는 중이거나 거액의 차입금을 누락시키고 있는 게 틀림없어 보였다.

필자는 거의 본능적으로 대기업, 그것도 상장법인의 재무제표는 거의 신뢰하지 않는다. 분식회계 현장에서 오랫동안 계수를 조작해온 경험이 있는 데다 적지 않은 회사를 옮겨 다닌 사람으로서 대체로 의심이 많은 편이다. 공시된 재무제표로도 그룹 전체가 겨우겨우 적자를 면하고 있으니 실제로 얼마나 막대한 손실을 숨길까 생각하면 정나미가 뚝 떨어지곤 한다.

얼마 전 필자가 딱 1년 동안 근무했던 부실기업 A사는 아직도 증권거래소 상장법인으로 남아 있다. 오래 전 주식시장에서 퇴출을 당하고도 남을 만한 회사가 비교적 활발하게 주식이 거래되는 공개법인으로서 그 명맥을 유지하는 게 믿어지지 않는다. 필자가 근무하던 그 당시의 부실 규모를 털어 낼만한 매출 증가나 경상이익, 특별이익 실현이 그 동안 없었는데도 유상 증자와 차입금 등으로 버티고 있으니 참 대견(?)하기까지 하다. 필자가 근무했던 B사 역시 A사보다 상황이 약간 낫지만 분식회계에 의한 위장술은 별반 다를 게 없었다.

필자는 그처럼 어두운 현실을 직접 체험했기에 상장법인의 재무제표와 감사보고서를 전적으로 믿지 못한다. 필자가 몸담았던 회사나 기업 내용을 잘 아는 회사의 결산공고를 보았을 때는 절로 비웃음을 깨물기도 한다. 더구나 대상 기업의 속사정을 잘 모르는 주식투자자들이 재무제표를 들여다보면서 '납입자본 이익률'이 어떠니 '이익유보율'이 어떠니 말하는 걸 보면 그저 가슴이 답답해질 뿐이다.

요즘 들어 시중 서점에는 기업의 안정성, 수익성, 건전성, 성장성, 생산성 등을 분석하는 요령과 재무제표 읽는 방법을 수록한 서적들이 쏟아지고 있다. 이 도서들은 대체로 재무제표를 통해 얻어낸 계수로 경영분석과 재무분석을 시도하고 있으나 과연 그러한 정보와 기법들이 얼마나 실효성 있게 활용되는지 의심을 품지 않을 수 없다. 그래서 재무제표에 나타난 계수를 근거로 요리조리 살펴 가며 지나치기 쉬운 함정을 하나하나 짚어 보자는 게 필자의 즐겁지 못한 숙제로 남은 것이다.

부실기업의 재무비율이 더 양호하다

엄청난 적자를 숨기기 위해 상장법인들이 장부조작을 일삼아 온 우리 풍토에서 이론적 근거만으로 얻어내는 경영분석 데이터는 정말 쓸모가 없다. 금융기관에서 작성하는 기업체 종합평가서와 신용조사서도 재무분석 공식을 그대로 대입한 것이기 때문에 믿을 만한 자료가 되기 어렵다. 증권회사에서 깔끔하게 만들어 투자자들에게 제공하는 책자들 역시 대부분 부실기업의 이중장부처럼 그 알맹이가 엉성하긴 마찬가지다.

이처럼 허술하기 짝이 없는 기업 회계 정보가 흘러나가 채권자와 투자자들을 혼란시키는 현실을 접할 때마다 필자는 '경리쟁이' 출신으로서 도덕적 갈등에 휩싸이곤 한다. 기업 경영과 재무관리의 불투명성에 대한 필자의 혐오감은 그 정도를 넘어선 지 오래다. 오죽하면 '재무분석 무용론'을 쓰고 싶은 유혹에 시달리고 있을까.

현대 사회는 정보 사회라고 해도 과언이 아니다. 정보를 먹고사는 사람들이 이 사회를 포위하듯 지배하고 있다. 회사의 영업 활동에는 회사 내부의 경영자와 종업원 이외에도 다양한 계층의 사람들이 관련되어 있다. 이들은 관심이 있거나 직간접으로 연관되어 있는 회사의 영업 활동 결과에 대하여 자신들의 목적에 맞는 정보를 원한다.

이해관계자들의 입장에 따라 기업 회계 정보 이용 목적이 각각 다르다. ■ 경영자 : 올해 회사의 실적은 얼마나 좋아질까? ■ 종업원 : 올해 임금과 봉급은 얼마나 더 오를까? ■ 채권자 : 지금 당장 돈을 빌려주어도 괜찮은 회사일까? ■ 주주 : 올해 배당금은 얼마나 받게 될까? ■ 투자자 : 이 회사에 투자하거나 주식을 매수해도 될까? ■ 거래처 : 이 회사와 계속 거래해도 안전할까? 등으로 조금씩 엇갈린다. 따라서 수많은 이해관계자들에게 거짓 정보를 주어 진실을 호도하는 분식회계를 뿌리 뽑는 일은 우리 모두의 숙제가 되어야 한다.

대규모 기업 집단의 분식회계 기법이 워낙 다양하고 절묘해지는 바람에 전통적이고 도식적인 재무분석 기법만으로는 부실기업 여부를 구별하기가 상당히 어렵다. 대부분의 분식회계 기업들은 매출채권 회전율과 재고자산 회전율이 낮다는 점 이외에는 유동비율, 당좌비율 등 일부 안전성 비율이 전체 기업 평균치보다 오히려 양호하게 나타난다.

■ 매출채권 회전율 매출액 ÷ [(기초 매출채권 +기말 매출채권) ÷ 2] × 100

매출채권 회전율은 매출액을 매출채권(받을어음 +외상매출금)으로 나눈 비율로서, 기말의 매출채권 잔액이 1년 동안의 영업 활동을 통해 현금인 매출액으로 회전되는 속도를 의미한다. 매출채권 회전율이 일반적으로 600% 이상은 양호하고 300% 이하이면 불량한 것으로 판단한다. 매출채권 회전율이 높다는 것은 매출채권이 순조롭게 회수되고 있음을 나타낸다. 이와 반대로 매출채권 회전율이 낮을 경우 매출채권의 회수 기간이 길어져 대손 발생의 위험이 증가하고 수익 감소의 원인이 된다.

■ 재고자산 회전율 매출액 ÷ [(기초 재고자산 +기말 재고자산) ÷ 2] × 100

재고자산 회전율이란 연간 매출액을 평균 재고자산으로 나눈 것이다. 재고자산의 회전 속도, 재고자산이 당좌자산으로 변화하는 속도를 나타낸다. 재고자산 보유 수준의 과부족을 판단하는 데 가장 적합한 지표로서 일정한 표준 비율은 없다. 일반적으로 이 비율이 높을수록 기업 경영에 안정성이 높다고 분석한다.

■ 유동비율 (유동자산 ÷ 유동부채) × 100

1년 안에 현금화할 수 있는 자산(유동자산)이 1년 안에 지급해야 할 부채(유동부채)보다 얼마나 많은지 보여 주는 게 유동비율이다. 200%를 넘어야 안정성을 인정받는다.

■ 당좌비율 (당좌자산 ÷ 유동부채) × 100

당좌비율 역시 회사의 안정성과 지급 능력을 표시한다. 현금, 예금, 받을(수취)어음, 단기 보유 유가증권 등 환금성이 높은 자산을 당좌자산이라고 한다. 당좌비율이란 당좌자산의 유동부채 금액에 대한 비율을 말한다. 당좌비율은 대략 100% 이상이 바람직한 것으로 인식되어 왔다. 하지만 최근 들어 자금관리 기술의 발달에 따라 각종 비율의 의미는 저하되었고 요즘은 대부분의 기업들은 100%보다 한층 낮은 수준을 유지한다.

과거의 다양한 경험과 사례로 미루어보건대 부도난 기업들의 경우 부채비율이 산업 평균에 비하여 약간 높게 나타날 뿐 특별한 부실 징후를 발견하기 어렵다. 이처럼 도식적인 재무분석에 따른 문제점은 뒤에 가서 몇 차례 더 상세히 설명하겠다.

엉터리 재무제표 읽는 비법

2부

분식회계의 유형

분식회계 가능성 체크리스트

1. 현금흐름표 분석
- 조작 가능성이 거의 없다.
- 영업활동으로 인한 현금흐름이 상승하는 기업이 우량기업이다.
- 현금흐름의 공백은 차입금 증가나 자산 매각을 통해서만 가능하다.

2. 특별이익 분석
- '당기순이익 - 특별이익 = 마이너스' 인 기업은 분식회계 가능성이 높다.
- 적자 기업들은 기업의 영업활동과 관계없는 자산 매각을 통해 흑자를 유지한다.

3. 대주주 대여금 비율 분석
- 대차대조표 '자산' 항목에서 대여금 내역 확인이 가능하다.
- 대주주 대여 비율이 높을수록 분식회계 가능성이 높다.

4. 재무비율 분석
- 외형적 규모인 매출액 증가율과 총자산 증가율보다 영업이익 증가율과 당기순이익 증가율이 더 중요하다.
- 매출액 대비 재고자산 비율이 높은 기업은 분식회계 가능성이 높다.
- 매출채권 회전율과 재고자산 회전율이 높지 않은 기업은 분식회계 가능성과 유동성 악화로 도산 가능성이 높다. 장사가 잘 안 된다는 뜻이기 때문이다.
- 매출채권 비율이 높은 기업이나 전기 대비 당기 매출채권이 높은 기업은 분식회계 가능성이 높다.
- 재고자산 비율이 높은 기업이나 전기 대비 당기 재고자산 비율이 높은 기업은 분식회계 가능성과 유동성 악화로 도산 가능성이 높다.
- 유동비율(유동자산/유동부채)이 낮은 기업은 흑자도산 가능성이 높다.
- 부채비율이 높으면서 유동비율이 높은 기업은 분식회계의 가능성이 높다.
  ※ 유동비율(%) = 유동자산 ÷ 유동부채 × 100
  부채비율(%) = 부채 ÷ 자기자본 × 100
- 이자보상배율이 연속으로 1 이하인 기업은 감자, 도산 가능성이 높다.
  ※ 이자보상배율(배) = 영업이익 ÷ 이자비용
- 현금 및 현금성 자산 비율이 높을수록 재무구조가 우량한 기업이고 저PBR주다.
  ※ 현금 및 현금성 자산 비율(%) = 현금 및 현금성 자산 ÷ 유동자산
  (재고자산이나 매출채권은 분식 가능성 있으므로 제외함.)

우리나라 금융감독원의 감리에서 지적되는 사항을 ■ 대차대조표(재무상태표) 분식 ■ 포괄손익계산서 분식 ■ 주석사항 미기재 등으로 대별할 수 있으나 대체로 대차대조표(재무상태표) 관련 분식회계가 빈번한 것으로 나타난다. 특히 지적 사항 중 재고자산을 과대계상한 사례가 가장 많고 자산과 부채의 과소 계상이 뒤를 잇는다. 이러한 현상은 자산과 부채를 상계 처리하여 부채비율을 줄이려는 의도에서 비롯된다. 기업의 분식회계와 외부 감사인의 회계감사 부실에 대한 감독 당국의 조사를 '감리(監理)' 라고 부른다. 우리나라에선 그 동안 금융감독원이 감리를 맡아 왔는데 주로 회계법인의 부실감사를 중심으로 이루어졌다. 하지만 최근 들어서는 대상 기업의 분식회계 위주로 감리를 실시하고 있다. 금융감독원의 감리 결과에 따른 적발 내용을 유형별로 보면 ■ 특수관계인과의 거래 등 주석사항 미기재 ■ 재고자산 과대 계상 ■ 매출채권 과대 계상 ■ 유형자산 과대 계상 ■ 대손충당금 과소 계상 ■ 감가상각누계액 과소(대) 계상 ■ 퇴직급여충당금 과소 계상 ■ 자산 · 부채 과소(과대) 계상 ■ 계정과목 분류 오류 ■ 매출액 과대 계상 ■ 이자비용(미시급비용) 과소(과대) 계상 ■ 부외부채 누락 ■ 이자수익 과대 계상 ■ 외화 환산 관련 오류 ■ 선급비용 과대 계상 ■ 장 · 단기 대여금 과대 계상 ■ 유가증권매매익 과대 계상 ■ 유가증권평가손익 과대 계상 ■ 투자유가증권의 지분법 평가 미실시와 평가 오류 ■ 매출원가 과소 계상 ■ 파생상품 거래 회계 처리 오류 등 매우 다양한 편이다. 성격별로 크게 분류하여 20여 가지에 이르지만 계정과목별로 세분할 경우 무려 140여 가지 사례가 된다.

1. 자산의 과대 계상

가치가 없어지거나 줄어들거나 아예 '증발'한 자산을 장부에서 없애지 않고 옛 가격 그대로 남아 있는 것처럼 꾸미는 방법이 흔히 활용된다. 이런 수법을 쓰지 않으면 재무제표에 막대한 손실이 그대로 드러날 뿐더러 당기순이익을 부풀릴 방법이 없기 때문이다.

자산이 '증발'했다는 얘기는 매각, 멸실, 도난, 회수 불능 등으로 그 가치가 이미 없어졌다는 뜻이다. ■ 기계설비(유형고정자산)가 마모되어 성능을 잃고 ■ 천재지변이나 화재로 건물(유형고정자산)이 무너져 없어지고 ■ 비품(유형고정자산)이 도난을 당해 사라지고 ■ 거래처의 부도로 매출채권인 외상매출금(유동자산)을 회수할 길이 없어지고 ■ 제품이나 상품(유동자산 - 재고자산)을 납품한 뒤 약속어음(유동자산 - 매출채권 - 받을어음)을 수령했는데 약속어음 결제 기일이 되기 전에 어음 발행 업체가 도산하고 ■ 법적 송사에 패소하여 상품(유동자산 - 재고자산)의 소유권을 주장할 수 없어도

■ 압류 조치로 사실상 제삼자에게 유가증권(투자자산 – 투자유가증권)의 소유권이 넘어갔어도 ■ 재고자산인 원재료나 제품 등 유동자산이 오래 경과되어 생산 · 영업 활동에 투입할 길이 없어도 '죽은 자식 불알 만지듯' 장부에 오래도록 살려 둔다.

자산이란 경제적 가치가 있는 모든 물건과 권리를 말하고 자산의 종류에는 ■ 현금 : 지폐와 동전 등 일상적으로 사용되는 화폐 ■ 예금 : 은행 등 금융기관에 예금하고 있는 금액 ■ 외상매출금 : 상품을 외상으로 판매한 금액 ■ 받을어음 : 용역이나 물품을 판매하고 받은 어음 ■ 대여금 : 남에게 빌려준 금액 ■ 상품, 제품 : 판매할 목적으로 소유하고 있는 물건 ■ 건물 : 영업 활동을 위해 소유하고 있는 건물 ■ 토지 : 영업 활동을 위해 소유하고 있는 땅 ■ 기계장치 : 생산 활동을 위해 소유하고 있는 설비 ■ 비품 : 영업활동을 위해 소유하고 있는 책상 · 의자 ■ 무형자산(권리) : 영업권, 산업재산권, 광업권, 차지권(借地權), 지적재산권, 창업비 등이 있다.

가공 자산을 보유한다

J그룹에 입사하자마자 상장법인 Y사의 경영권 인수 작업을 하러 갔을 때였다. 이미 두 그룹의 총수들이 주식 양수도 계약을 체결했기 때문에 사후약방문에 불과한 실사였다. 그래도 필자 일행은 기업 인수 의사를 결정하기 직전 실사 작업에 나선 것처럼 최선을 다했다.

인수 대상인 Y사는 매년 수십억 원의 당기순이익을 실현하여 매년 단 한 번도 빠지지 않고 주주들에게 이익 배당을 하던 회사였다.

자본금이 적고 재무구조는 건실하지 않았지만 동종 업계에서 시장 점유율 1, 2위를 달리고 있었다.

하지만 장부상 수치와 실제 자산을 대조한 결과는 놀라웠다. 재고자산과 고정자산이 재무제표에 나타난 수치보다 턱없이 모자랐다. 어림짐작으로 판단해도 500억, 600억 원이 비는 것 같았다. 장부에 잡히지 않은 사채(私債) 차입금마저 존재하는 것으로 미루어 최소한 600억 원대의 누적 손실을 숨기고 있음이 분명했다.

이처럼 누적 손실을 숨기고 자산을 부풀리기 위해 재고자산을 과대 표시하는 수법을 쓰기도 한다. 존재하지 않은 자재, 원료, 제품, 상품, 재공품 등의 재고자산이 남아 있는 것처럼 꾸미거나 '기말 재고자산'의 값어치를 높게 평가하면 비용 항목인 매출원가가 줄어드는 효과가 있다.

매출원가는 '기초 재고자산 + 당기 매입액 - 기말 재고자산'의 공식이 적용된다. 따라서 기말 재고자산을 과대 표시할 경우 매출원가가 과소평가되어 자산 부풀리기와 당기순이익 증가가 동시에 가능해진다. 눈앞의 단기 이익만을 노리는 경영자와 대주주에겐 재고자산 부풀리기가 일거양득이 될 수도 있다. 장부상 경비가 줄고 수익이 늘어나면 경영 능력을 인정받는 건 물론이고 이익 배당을 많이 받거나 주가 관리에 도움이 되기 때문이다.

재고자산이 과대 계상되면 유동비율이 높아져 유동성이 양호한 것으로 비쳐진다. 이익잉여금이 과대 계상될 경우 부채비율이 감소되고 장기 지급 능력이 호전된 것으로 나타난다.

1년 안에 현금화할 수 있는 자산(유동자산)이 1년 안에 지급해야 할 부채(유동부채)보다 얼마나 많은지 보여 주는 게 유동비율이다. 일반적으로 유동비율이 200%를 넘어야 안정성을 인정받는다.

부채비율을 분석해도 기업의 안정성을 엿볼 수 있다. 그 동안 남의 돈을 빌리거나 매입채무를 갚지 않는 방법으로 총자산(총자본 = 자산 총계 = 부채와 자본 총계)을 늘렸다면 총자산 증가율이 높아지지만 부채비율도 높아져 재무구조가 불안정해진다.

평가 손실을 숨긴다

S저축은행은 결산 때 유가증권 평가 손실 10억 원을 손실로 처리하지 않았다. 그 결과 당기순이익 5억 원이 15억 원으로 늘어났다. 하지만 유가증권의 가치가 갑작스레 늘어나지 않는 한 언젠가는 유가증권 평가 손실을 비용으로 처리해야 한다. 그렇지 않고 시간을 끌어가면 비용이 줄어드는 대신 이익이 그만큼 증가한다. 한 마디로 말해 손실을 줄이고 이익을 내기 위해 여러 가지 손실을 장부에 반영하지 않는 것이다.

평가 손실을 누락시키는 방법으로 투자자산을 과대 계상하면 자연스럽게 자산이 늘어날 수밖에 없다. 액면가 50억 원에 관계회사의 주식을 매입했는데, 그 회사가 연속 3년간 대규모 적자를 면치 못하면서 비틀거리고 있다. 물론 증권거래소에 상장하거나 코스닥시장에 등록된 주식이 아니어서 그 가치를 제대로 평가받을 기회가 없다는 게 천만다행이다. 이때 결산 재무제표에 평가 손실을 반영하는 게 원칙임에도 취득 당시의 액면가 그대로 관리하여 당기순이익이 줄어드는 걸 최대한 억제한다.

이 밖에 비용 항목을 고정자산으로 둔갑시켜도 당기순이익이 증가한다. 이미 지출되어 손실에 반영해야 할 경비를 고정자산 취득원가로 조작하려고 노력하는 것도 그 때문이다. 지출 항목으로 처리해야 할 각종 비용을 고정자산인 '통신설비'의 원가로 기록하여 이익을 부풀린 코스닥 상장기업 C사도 금융감독원 감리에서 지적을 받았다.

회수 불가능하거나 수금이 곤란한 부실채권에 대하여 손실 처리하거나 대손충당금을 고의로 적게 적립하여 자산과 이익을 부풀리기도 한다. 도산 업체가 발행한 어음을 보유하거나 그 회사에 대한 외상매출금이 존재함에도 이를 숨기고 우량 매출채권인 것처럼 위장한 뒤 대손충당금을 적게 설정하면 자산 증가와 더불어 당기순이익이 늘어나게 마련이다.

'부(負)의 영업권'을 일시 환입하거나, 유형자산을 과대 계상하거나, 투자유가증권 등을 예금으로 허위 계상하는 수법 등을 동원하기도 한다. 물론 이 중에는 '부의 영업권' 환입 절차와 환입 기간 같은 사항처럼 법원의 판단이 필요한 대목도 있긴 하지만 속내를 알고 보면 대부분 고의 분식회계에 해당한다.

'부의 영업권'이란 어떤 법인의 경영권을 인수, 즉 주식을 매입하면서 적정 가격보다 싸게 살 때 발생한다. 예컨대 100억 원 가치의 법인을 80억 원에 인수하면 부의 영업권 20억 원이 생긴다. 시세보다 값을 더 얹어 주고 기업을 인수할 때 발생하는 영업권과 반대되는 개념이다. 두 개 이상의 회사가 합병할 때 생기는 합병 차익도 부의 영업권에 해당된다. 사실 이 같은 투자 이익은 '20년 이내에 합리적인 기간에 걸쳐 환입해야 한다.' 고 규정되어 있지만 일시 반영하여 한꺼번에 당기 이익으로 처리하려는 경향이 있다.

영업권 과대 계상

1999년 (주)L산전은 관계회사인 (주)L금속을 흡수 합병하면서 피합병 회사의 자본 잠식 금액 등 1조 2,775억 원을 영업권으로 계상했다. 합병 5개월 후인 1999년 8월 31일 피합병 회사의 주력 사업부였던 동제련사업부 등(매출액 비중 : 92.7%, 총자산 비중 : 85.4%, 유형자산 비중 : 79.1%)을 매각했다. 이에 따라 합병과 관련한 영업권 계상액 중 매각된 사업 부문의 영업권 상당액은 최소한 유형자산 기준(79.1%) 등 합리적인 가액 1조 105억 원만큼 감액해야 했다. 하지만 4,474억 원만 감액했다. 그 결과 1999년과 2000년에 영업권을 각각 4,504억 원, 3,060억 원 과대 계상할 수 있었다.

L산전은 영업권에 대한 주석도 부실하게 기재했다. 회사는 합병 이후에 피합병회사인 L금속의 선물거래 관련 추가 손실액 4,395억 원을 영업권에 추가 계상했음에도, 선물거래 손실의 영업권 계상에 관하여 재무제표 주석에 명확히 기재하지 않았다. 따라서 분식회계를 털어 내고 회계 처리를 정상화시킬 경우 다음과 같은 결과가 나온다.

※ **1999년 회계연도** : 당기순손실 1,743억 원이 당기순손실 6,248억 원으로 늘어나고, 자기자본 5,991억 원이 1,486억 원으로 감소된다.
※ **2000년 회계연도** : 당기순손실 627억 원이 당기순손실 817억 원으로 늘어나고, 자기자본 400억 원이 340억 원으로 감소된다.

2. 부채의 과소 계상

부채에는 ■ 외상매입금 : 상품이나 제품을 외상으로 매입한 금액 ■ 받을어음 : 상품(용역, 건설공사)이나 제품을 판매하고 받은 어음 ■ 차입금 : 남으로부터 빌린 돈 ■ 선수금 : 상품을 사고자 하는 사람에게 미리 받은 선금이나 계약금 ■ 미지급금 : 상품 이외의 물건을 외상으로 구입한 경우 그 미지급 금액 등이 있다.

부채 항목의 일부를 누락시켜 전체적인 빚의 규모가 실제보다 작은 것처럼 보이게 하거나, 특정 부채를 실제보다 적게 평가하거나, 부외부채 거래를 이용하여 재무제표에서 부채를 원천적으로 누락시킨다.

돈을 빌리고도 장부에 기록하지 않으면 부외부채가 된다. 예컨대 금융기관 대출 한도가 소진되거나 금융기관을 이용할 수 없는 부실기업이 고금리의 사채(私債)를 빌리고도 장부에 기록하지 않은 채 부외부채로 관리한다. 부담해야 할 사채이자는 경비를 부풀리거나 자산 매입 가격을 부풀리는 등 분식회계를 통해 얻어진 비자금으로 지급한다.

예컨대 생산 현장에서 일용직 임시 잡부를 여러 명 고용한 것처럼 인건비를 허위 계상한 자금으로 사채 이자를 지급하거나, 기계 설비를 구입할 때 실제 가격보다 비싸게 산 것처럼 세금계산서를 받은 뒤 그 차액으로 사채 이자를 지급한다.

이 밖에 대손충당금을 활용하는 수법도 있다. 회수 불가능한 매출채권에 대하여 대손충당금을 설정해야 하지만 이를 적게 설정한다. 대손충당금을 줄이기 어려우면 다른 수법을 쓴다. 부실화된 매출채권을 정상적으로 회수될 것처럼 가장하여 대손충당금 설정 없이 매출채권 전액을 장부상에 살려 둔다. 결국 부채도 줄이고 자산도 부풀리는 일거양득의 효과를 얻게 된다.

리스 부채를 숨긴다

부외부채로 널리 이용되는 것으로 리스 거래가 있다. 금융기관의 리스 금융을 이용할 때 자산과 부채가 증가했음에도 단순히 임차료(리스료)만 주고 빌린 것처럼 위장한다. 이를테면 '금융(자본) 리스'로 생산 설비를 도입하고도 단순히 임차하는 형식의 '운용 리스'로 변칙 처리하면 리스 자산에 대한 당기 비용(임차료)만 나타나기 때문에 자산과 부채를 한꺼번에 누락시킬 수가 있다.

어떤 기업이 자본(금융) 리스 계약으로 기계장치를 취득했을 때, 앞으로 일정 기간마다 지급하는 기본 리스료는 원금과 이자 부분으로 구분하여 회계 처리하는 게 원칙이다. 따라서 원금은 재무 활동으로 지급이자는 영업 활동 부분으로 각각 분류하여 회계 처리를 해야 한다. 하지만 원금(부채)과 이자가 포함된 리스료를 모두 임차료(경비)로 처리하여 부채를 숨긴다.

예컨대 2011년 8월 1일 금융기관의 금융 리스를 활용하여 5년 만기 상환에 매월 리스료 1백만 원을 부담하는 조건으로 10억 원의 기계 설비를 도입했다고 치자. 운반비, 설치비, 제세공과금 등을 포함하여 11억 원의 취득 원가가 들었다. 결국 자산(고정자산 – 기계장치) 11억 원이 늘어나는 대신 부채(고정부채 – 장기차입금) 10억 원이 증가했고, 고정자산 취득 과정에서 지출한 원가 1억 원을 변제할 때 자산(현금예금)이 그만큼 줄었다.

원칙대로 처리하면 다음과 같다.

※ 차변 : 기계장치(유형고정자산, 자산의 증가) 11억 원.

※ 대변 : 장기차입금(고정부채, 부채의 증가) 10억 원.

현금예금(유동자산, 자산의 감소) 1억 원.

하지만 2011년 8월 1일 부채비율을 관리하고 부채 증가를 숨기기 위해 금융 리스 10억 원(고정부채 – 장기차입금)을 장부에 반영하지 않았다. 2011년 12월 31일 회계연도 말이 되었을 때는 기계장치(고정자산) 1억 원만 대차대조표(재무상태표) 상에 증가했고 5개월간의 금융비용 5백만 원만 제조원가보고서상의 경비(제조경비 – 임차료)로 계상되어 있을 뿐이다.

할인어음을 숨긴다

어음차입금(할인어음)을 지급수수료, 외환차손 등의 비용이나 가공의 매출채권과 상쇄(상계)하여 부채를 장부에서 누락시키는 사례도 많다. 매출채권이란 일상적인 상거래에서 발생하는 상품이나 용역을 판매한 결과 발생한 외상매출금과 받을어음이다.

특히 사채(私債)를 얻기 위해 약속어음을 발행 교부한 뒤 이 사실을 숨긴다. 자금 부족에 시달려도 금융기관 대출이 여의치 않자 명동 사채시장에서 자기 회사 발행 3개월 만기 약속어음 10억 원을 주고 돈을 빌린다. 3개월 사채이자 1억 원을 공제하고 9억 원을 수령했다.

지급이자(영업외비용) 1억 원은 각종 경비(판매비와관리비)로 털어 내고 어음차입금(유동부채, 단기차입금) 10억 원은 장부에 계상하지 않고 부외부채로 두었다. 3개월 뒤 지급어음 기일이 돌아오자 이를 결제하기 위해 약속어음 10억 원을 또 발행하고 다시 같은 수법을 동원하여 처리한다.

어쩔 수 없이 어음차입금 또는 지급어음으로 부채에 반영했을 때는 회계연도 말에 그 동안 가공의 매출채권(외상매출금)으로 관리하던 10억 원과 상계 처리한다. 매출채권(유동자산, 외상매출금) 10억 원을 회수하여 약속어음(유동부채, 지급어음) 10억 원을 결제한 것처럼 위장한 셈이 된다.

약속어음을 할인(깡)하여 수령한 자금 규모가 크지 않을 경우 경비 지출을 위해 어음을 발행한 것처럼 회계 처리를 할 수도 있다. 이런 수법을 반복하면 부외부채가 계속 증가하여 감당할 길이 없게 된다.

의외로 이익이 많이 날 경우 분식회계를 털어 내고 기사회생할 기회가 마련되겠지만 그렇지 못할 때의 마지막 선택은 도산뿐이다.

충당금을 줄인다

직원들의 머릿수와 평균 급여를 슬며시 낮추면 퇴직급여충당금을 실제보다 낮게 반영할 수 있기 때문에 부채도 줄이고 손실도 과소 계상할 수 있다. 아무리 분식회계를 자행하는 기업이더라도 부채 계정인 퇴직급여충당금 설정만큼은 피할 길이 없다. 따라서 손실을 감추고 당기순이익을 부풀리기 위해 인원, 평균 급여, 근속 기간을 줄이는 등 변칙 수법을 동원해야 퇴직급여충당금인 부채를 줄일 수 있다.

한 회사에서 1년 이상 계속 근무한 자는 회사로부터 퇴직금을 받을 권리가 있다. 근로기준법에 의하면 근속 연수 1년에 대하여 30일분의 평균 임금을 지급하도록 하고 있는데 이는 최소한의 법정 퇴직금을 규정한 것이다. 만약 근로기준법상의 퇴직금보다 더 많은 퇴직금을 지급한다는 퇴직금 지급 규정이 있다면 회사의 규정을 적용해야 한다.

퇴직금은 종업원이 입사하여 퇴사할 때까지 회사에 제공한 근로에 대한 대가로 지급하는 것이어서 넓은 의미의 인건비에 해당한다. 퇴직금은 종업원이 퇴사할 때 일시에 지급하는 성격이지만 지급 시점에 비용으로 인식 처리하는 것이 아니다. 근로를 제공한 각 회계연도의 수익에 대응하는 비용으로 처리해야 한다. 이와 같이 당기의 수익에 대응하는 비용으로서 장래에 지출될 것이 확실한 금액을 추산하여 충당금으로 계상하는 것을 부채성 충당금이라고 한다. 퇴직급여충당금은 대표적인 부채성 충당금에 속한다.

퇴직급여충당금 중 당기에 지급되었거나 지급되었어야 할 퇴직금은 포괄손익계산서에 '퇴직급여충당금전입액' 이란 계정과목으로 나타낸다. 하지만 근무 중인 임직원에 대한 퇴직금은 다르게 처리해야 한다. 회계연도 말 현재 모든 임직원이 일시에 퇴직할 경우 지급해야 할 퇴직금 상당액을 대차대조표(재무상태표)에 퇴직급여충당금(부채)이란 계정과목으로 표기한다.

국민연금법에 따르면 급여의 2% 상당액을 퇴직금전환금으로 국민연금관리공단에 납부해야 하는데, 이는 종업원 퇴직 때 퇴직금에서 공제하도록 되어 있다. 한편 법인세법에서는 기업 회계상 퇴직급여충당금 설정액의 50% 정도만을 손금으로 인정하기 때문에 나머지 부분을 손금으로 인정받기 위해 많은 회사가 단체퇴직보험에 가입하고 있다.

퇴직보험예치금, 단체퇴직급여충당금 등의 계정과목은 이와 관련한 것이며, 단체퇴직보험에 가입한 회사의 경우에는 퇴직급여충당금과 단체퇴직급여충당금의 합계가 전 임직원에 대한 퇴직금 추계액이 된다.

포괄손익계산서에 계상되는 퇴직급여충당금의 당기 전입액은 전기 말에 비하여 증가된 퇴직금 추계액과 당기 중 지급된 퇴직금을 합하여 계산한다. 그러나 인건비를 세부 항목별로 나누어 분석해 보면, 퇴직급여충당금 전입액의 증가율이 회사의 평균 급여 인상률보다 높게 나타나는 것을 알 수 있다. 이러한 현상은 급여 인상과 근속

연수 증가 효과가 모두 당기 비용으로 인식되기 때문에 발생하는 것으로 직원들의 평균 근속 연수가 길수록, 회사의 퇴직금 지급 기준율이 높을수록 더욱 심하게 나타난다. 따라서 인건비 비중이 높고 퇴직금 지급 규정이 근로기준법보다 현저하게 높게 책정된 회사에서는 종업원 조기 퇴직 제도의 도입을 적극 검토한다.

앞에서도 언급했지만 부외부채는 장부조작이 절정에 이를 때 쓰는 수법이다. 처음에는 단순히 매출액 부풀리기로 시작하지만 일정 한도를 넘어서면 돈을 빌리거나 비자금을 조성하여 메울 수밖에 없다.

예전의 대우통신은 이렇게 만든 부외부채를 자회사인 세진컴퓨터랜드에 대한 매출채권(외상매출금)과 해외 현지법인에 대한 미수금으로 탈바꿈시켰다. 그러고도 최소한 2백 80억 원의 차입금을 부외부채로 관리했다. 그 결과 대우통신은 20억 원의 당기순손실을 76억 원의 당기순이익으로 둔갑시킬 수 있었다.

미국 엔론사는 자회사와 특수 목적 회사를 설립하여 분식회계에 악용했다. 자회사와 반복적인 위장 거래를 이용하여 매출과 이익을 부풀렸고, 특수 목적 회사를 통해 거액의 자금(부외부채)을 조달했다. 빚이 많다는 이유로 더 이상 은행돈을 빌리기 어렵게 되자 무리하게 매출을 늘리면서 변칙적으로 차입하는 등의 수법을 쓴 것이다.

3. 대차대조표(재무상태표) 분식 유형 141 가지

본격적인 '엉터리 장부 여행' 을 떠나기 전에 대차대조표(재무상태표)를 중심으로 분식회계 유형부터 압축하여 살펴보자. 회계 장부조작이 '누워 떡 먹는 일' 은 결코 아니지만, 대차대조표(재무상태표)의 대차 균형 논리에 입각하여 설명하면 지극히 간단해 보인다. 계정과목의 합계 금액이 상호 일치만 된다면 대차대조표(재무상태표)의 차변과 대변 어느 쪽이든 동시에 늘리거나 줄일 수 있다. 예컨대 자산 1억 원과 부채 1억 원을 상쇄(상계)하여 전체적인 자산 규모 1억 원을 감소시킬 수도 있고, 자산 1억 원과 부채 1억 원을 함께 부풀려 총자산(총자본=자산 총계=부채와 자본 총계) 규모 1억 원을 증가시킬 수도 있다.

하지만 자산 1억 원과 부채 1억 원을 서로 늘리거나 줄이는 방법만 있는 건 아니다. 총자산 규모의 변동 없이 자본(당기순이익) 1억 원을 과대 계상하고 싶다면 부채 1억 원을 숨겨도 된다. 대변의 부채 계정 1억 원이 줄고 대변의 자본 계정 1억 원이 그만큼 늘어나기 때문에 총자산은 변동이 없게 된다.

①

차 변	대 변
자산 400	부채 200
	자본 200
합계 400	합계 400

① 분식 전 : 부채비율 100%.
* 부채비율 : 부채 ÷ 자본 × 100

②

차 변	대 변
자산 300(△100)	부채100(△100)
	자본 200
합계 300	합계 300

② 분식 후 자산과 부채 상계로 총자산 감소 : 부채비율 50%.

③

차 변	대 변
자산 400	부채100(△100)
	자본300(+100)
합계 400	합계 400

③ 분식 후 자본을 늘리고 부채를 줄여 총자산 그대로 유지 : 부채비율 33,3%.

대차대조표(재무상태표)를 작성할 때 분식 가능한 계정과목은 사실상 예외가 없다. 어떤 계정과목이든 분식회계에 적절히 악용할 수 있다는 얘기다. 하지만 대차대조표(재무상태표)의 계정과목별로 분식 가능성을 살펴볼 때 특별히 유념해야 할 부분이 있다. 대차대조표(재무상태표)의 상대 계정과목은 물론이고 포괄손익계산서의 계정과목으로 연결되기 때문에 장부조작의 성격이나 수법이 서로 겹친다는 점을 감안해야 한다.

이익을 조절하기 위한 장부조작은 반드시 대차대조표(재무상태표)와 포괄손익계산서상의 양쪽 수치를 분식해야 목적이 달성된다. 다시 말해 포괄손익계산서나 대차대조표(재무상태표) 어느 한쪽만 조정한다고 분식이 완성되는 것은 아니다. 예컨대 대차대조표(재무상태표)의 당기순이익을 과대 계상하려면 포괄손익계산서 항목 중에 수익을 과대 계상하거나 비용을 과소 계상하여 당기순이익을 조작해야 한다.

이처럼 여러 측면의 계정과목 차액이 곧 이익으로 연결되기 때문에 대차대조표(재무상태표)에서는 자산의 과대 계상 또는 부채 · 자본의 과소 계상으로 나타나게 마련이다. 이와 반대로 이익을 과소 계상하려면 포괄손익계산서의 수익을 과소 계상하거나 비용을 과대 계상해야 한다. 이와 더불어 대차대조표(재무상태표)에는 자산의 과소 계상과 부채 또는 자본의 과대 계상으로 연결된다. 이 같은 원리를 분류하여 압축 예시하면 다음과 같다.

이익의 과대 계상

수익의 과대 계상 ↔ 자산의 과대 계상
수익의 과대 계상 ↔ 부채의 과소 계상
비용의 과소 계상 ↔ 자산의 과대 계상
비용의 과소 계상 ↔ 부채의 과소 계상

이익의 과소 계상

수익의 과소 계상↔자산의 과소 계상
수익의 과소 계상↔부채의 과대 계상
비용의 과대 계상↔자산의 과소 계상
비용의 과대 계상↔부채의 과대 계상

좀 더 구체적이고 체험적인 사례들을 열거하기 전에 필자가 개인적으로 20여 년 동안 정리해 온 대차대조표(재무상태표) 분식 유형

140여 가지를 요약하면 다음과 같다. 이처럼 140여 가지 분식회계 사례를 계정과목별로 정리한 논문 · 문서 · 도서 등은 그 어디에서도 발견되지 않고 있다. 140여 가지 분식회계 사례들은 하나같이 자산 · 자본 · 부채 · 수익 · 손실을 부풀리거나 축소시키는 효과가 있기 때문에 사실상 포괄손익계산서와 대차대조표(재무상태표)가 긴밀히 연결된다. '역분식결산' 의 경우에는 대부분 탈세로 이어진다.

자산

■ 당좌자산 (2가지 사례)

1. 현금 · 예금 · 받을(수취)어음 · 단기 보유 유가증권 등 환금성이 높은 당좌자산을 과대 계상할 경우, 자산과 이익을 동시에 부풀리는 효과를 거두는 건 물론이고 유동비율과 당좌비율이 높아져 재무구조가 극히 양호한 것처럼 보이게 된다.

2. 분식회계에서 자주 악용되는 수법은 이미 지출된 비용을 줄이거나 다음 회계연도로 넘기는 것이다. 실제 발생한 비용을 감추면 없어진 자산이 그대로 남아 있기 때문에 당기순이익이 증가할 수밖에 없다. 따라서 일부 부실기업에서는 분기, 반기, 연말 결산 때 사채시장의 도움을 얻어 '예금 잔고 증명' 을 만든다. 이런 수법으로 분식회계를 통해 만들어진 가공의 자산을 진짜처럼 둔갑시킴으로써 회사의 안정성과 지급 능력을 인정받는다.

■ 기타 유동자산 (12가지 사례)

3. 대주주와 경영진에게 어음·수표를 발행하여 대여하고도 이 사실을 숨긴다. 이때 어음·수표를 빌린 사람은 이를 시중에 유통시키거나 할인하여 자금을 만들 것이다. 결국 회사 입장에서는 단기대여금과 어음·수표상의 채무인 단기차입금도 함께 숨기는 결과가 된다.

4. 특정 환율을 유리하게 적용하여 외화자산의 가치를 부풀린다.

5. 아예 없는 외화자산을 해외 자회사나 현지법인 등지에 존재하는 것처럼 허위 계상한다.

6. 당기 비용을 지출하고도 선급비용(자산)인 것처럼 가장하여 손실을 줄이고 자산을 부풀린다. 예컨대 진행 비율을 인정하여 지급한 제조경비, 외주비 등을 선급비용으로 처리한다.

7. 고정자산을 유동자산으로 둔갑시켜 유동비율을 높인다.

8. 수익이 실현되지 않은 상태에서 미수수익이나 미수금 등 자산으로 변칙 처리하여 당기순이익을 무리하게 증가시킨다.

9. 대여금을 회수할 때 이 자금을 수익으로 처리한다. 이 경우 단기대여금이라는 가공의 자산이 살아 있는 상태에서 수익이 발생한다. 결국 분식 규모가 이중으로 이루어지는 효과가 있기 때문에 이익이 크게 늘어난다.

10. 차입 행위와 다름없는 금전 대차 거래를 차입금으로 계상하지 않고 유동자산인 파생상품에 투자한 것으로 위장한다. 부채가 없어지고 자산이 늘어나기 때문에 재무구조가 양호한 것처럼 보인다.

11. 접대비, 기부금, 비공식적인 정치자금 제공 등을 비용으로 처리하지 않고 가지급금이나 기타 자산으로 대차대조표(재무상태표)에 계상한다. 때에 따라서는 이 비용들을 가지급금으로 처리했다가 결산기말에 자산 계정에 대체하기도 한다.

12. 당기순이익을 줄이기 위해 특정 환율을 유리하게 적용하는 수법으로 외화자산의 가치를 낮춘다. → (역분식결산)

13. 파생상품과 역외펀드 거래에 관한 평가손익을 누락하거나 '주석사항'에 공시하지 않는다. → (일부 역분식결산)

14. 이익을 조절하기 위해 파생상품 평가손익을 임의 조작하여 유동자산 규모를 목적에 맞게 조절한다. → (일부 역분식결산)

■ 재고자산 (20가지 사례)

15. 존재하지도 않는 가공의 재고자산을 대차대조표(재무상태표)에 반영하고 그 증가 이익을 포괄손익계산서에 계상한다.

16. 불량품, 도난품, 하자가 있는 재고자산, 장기 보관하여 상품성을 잃은 재고자산을 손실(비용) 처리하지 않고 장부상에 그대로 둔다.

17. 전체적인 재고자산의 수량과 단가를 의도적으로 높여 대차대조표(재무상태표)에 계상하고 그 증가 이익을 포괄손익계산서에 반영한다.

18. 외부에 견본, 예치, 수탁 용도로 반출되어 가치가 없어진 상품이나 제품을 언제라도 판매 가능한 재고자산처럼 위장한다.

19. 지배 회사의 재고자산을 종속 회사 앞으로 매출한 것처럼 위

장했다가 결산기가 지나면 다시 재고자산에 원대 복귀(매출 환입)시킨다.

20. 판매비와관리비, 영업외비용 등 경비로 처리할 부분을 재고자산 원가(매출원가, 제조원가)에 계상한다.

21. 유동비율을 높이기 위해 장기 투자용 투자자산을 단기 보유중인 재고자산인 것처럼 조작한다.

22. 담보 제공되어 현금으로 융통했거나 법적으로 처분이 제한된 재고자산에 대한 '주석사항' 기재를 누락한다.

23. 법적 분쟁에서의 패소와 압류 조치로 사실상 제삼자에게 소유권이 넘어간 재고자산을 장부상에 그대로 두고 '주석사항' 기재를 누락한다.

24. 반품을 받아도 '매출 환입' 처리하지 않고 매출채권을 그대로 두면서 재고자산도 증가시키지 않는다.

25. 상품성이 없어진 장기 재고 상품을 신상품인 것처럼 위장한다.

26. 결산기말 재고자산을 평가할 때마다 유리한 평가 방법을 선택적으로 적용한다. 재고자산을 실제보다 높게 평가하여 대차대조표(재무상태표)에 계상하고 그 증가 이익을 포괄손익계산서에 반영한다. → (일부 역분식결산)

27. 가공의 세금계산서나 이중 계약을 통해 매입 가격, 제조 원가, 매입 부대비용 등을 부풀려서 재고자산 원가를 과대 포장한다. → (일부 역분식결산, 탈세)

28. 정상 매출이 가능한 제품이나 상품을 상품성 잃은 재고자산으

로 둔갑시켜 손실 처리하고 그 판매 금액을 빼돌린다. → (역분식결산, 탈세)

29. 부외자산(簿外資産)은 부외부채와 대립되는 개념으로 장부에 계상하지 않은 비밀 자산이다. 부외자산 매출은 '자산 과소 계상' '수익 과소 계상' '비용 과대 계상' 등 역분식결산에 해당하는 성격이다. 제조원가를 분식하여 얻어지는 자산을 회사 장부에 반영하지 않고 아예 장부 밖으로 빼돌린다. → (역분식결산, 탈세)

30. 거래처의 요청에 따라 규격 미달 제품을 만들어 납품하고 정품을 생산한 것처럼 조작하다 보면 장부 밖으로 원부재료, 원부자재, 재공품, 제품 등 재고자산이 쌓일 수밖에 없다. 규격 미달 제품을 만들 때마다 원재료가 정상 투입된 것처럼 조작한 뒤, 따로 만들어진 제품을 부외자산으로 관리했다가 비밀리에 처분하여 가로챈다. → (역분식결산, 탈세)

31. 회수율과 생산성을 조작하거나 기술 소득의 결과로 얻어진 재고자산을 빼돌린 뒤 비밀리에 팔아서 착복한다. → (역분식결산, 탈세)

32. 기말 재고자산으로 남아 있는 대규모의 소모품, 저장품 등을 비용으로 처리한다. → (역분식결산, 탈세)

33. 재고자산을 판매할 때 세금계산서 발행을 생략하여 매출을 누락시키고 이 돈을 빼돌린다. 결국 이미 팔린 재고자산을 그대로 살려 두는 셈이 된다. → (일부 역분식결산, 탈세)

34. 가공의 원재료 매입 세금계산서를 사들여 돈을 빼돌린 뒤 가공의 원재료를 만들었다가 원재료를 실제보다 더 투입한 것처럼 제

조 원가를 과대 계상함으로써 가공의 재고자산을 줄여 버린다. → (일부 역분식결산, 탈세)

■ 매출채권 (외상매출금, 받을어음) (26가지 사례)

35. 부실화된 매출채권을 그대로 살려 둔다. 예컨대 부도난 거래처의 외상매출금이나 받을어음을 대손상각 처리하지 않고 정상적인 채권처럼 관리한다.

36. 각각의 매출채권에 대하여 대손충당금을 적게 설정한다.

37. 이미 할인하여 현금화된 받을어음, 매입채무 결제를 위해 배서 양도한 받을어음 등을 장부상에 그대로 살려 둔다.

38. 매입채무 결제와 자금 차입(미확정채권담보대출)을 위해 양도한 매출채권을 그대로 살려 둔다. 예컨대 건설회사에서 공사 미수금(미확정 채권)을 양도한 뒤 자금을 조달하고도 매출채권이 온전히 살아 있는 것처럼 처리한다.

39. 당기에 발생한 외환차손, 판매비와관리비, 제조원가 등 제비용을 해외 지사, 현지법인, 자회사에 대한 매출채권으로 둔갑시킨다.

40. 가공의 매출채권이나 부실 채권을 부채와 상계 처리한다.

41. 가공의 매출채권을 계상하고 포괄손익계산서에 가공의 매출을 반영한다. 나중에 매출채권을 회수 처리해야 할 때는 부외부채를 차입금으로 기장하지 않고 매출액 수금으로 둔갑시켜 입금 처리한다.

42. 위탁 매출, 할부 매출, 예약 매출 등이 이루어질 경우 전액을

외상매출금으로 처리한다.

43. 관계회사, 해외 지사, 현지법인에 대한 밀어내기 매출을 매출채권으로 계상한다.

44. 주문을 받고 미처 물건을 넘기지 않은 상태에서 매출채권을 계상한다.

45. 나중에 물품을 되사는 조건의 이면 계약을 체결한 뒤 매출채권을 부풀린다.

46. 영업 활동 이외의 거래에서 발생한 채권을 매출채권으로 둔갑시킨다.

47. 매출채권을 현금 회수하여 유용하고도 장부상에 살려 둔다.

48. 매출채권 현금 회수를 현금 매출로 처리하여 매출액을 부풀린다.

49. 외상매출금을 회수하여 빼돌린 뒤 매출환입이나 매출에누리 등으로 처리한다.

50. 수익이 실현되기도 전, 즉 차기 연도에 잡아야 할 매출을 미리 당기 연도에 잡는 방법으로 매출채권을 부풀린다.

51. 건설공사의 진행률을 조작함으로써 매출채권인 '공사미수금'을 과대 계상한다.

52. 외상매출금과 차입금을 맞바꾸는 방법으로 차입금을 상환했음에도 불구하고 외상매출금은 살아 있는 것처럼 그대로 둔다.

53. 반품을 받아도 매출액과 매출채권 금액을 줄이지 않는다.

54. 매출채권을 현금 회수할 때 이 자금을 수익으로 처리한다. 예컨대 외상매출금을 받았어도 이 매출채권이 장부에 살아 있는 것처럼 가장하고 입금된 전액을 수익으로 처리한다.

55. 우량 매출채권을 회수 불가능하다는 이유로 대손상각 처리하고 회수한 현금을 빼돌린다. → (역분식결산, 탈세)

56. 외상매출금의 현금 회수 금액을 차입금으로 허위 계상한다. 나중에 차입금을 현금 상환하는 척하면서 자금을 빼돌리는 데 그치지 않고 이미 회수한 외상매출금은 대손상각 처리한다. → (역분식결산, 탈세)

57. 현금 매출을 장부에 기장하지 않고 외상 매출만 장부에 계상한다. → (역분식결산, 탈세)

58. 매출을 포괄손익계산서에 계상하지 않고 상대 계정인 외상매출금도 대차대조표(재무상태표)에 반영하지 않는다. 전형적인 탈세 수법의 하나다. → (역분식결산, 탈세)

59. 현금 매출을 외상으로 매출한 것처럼 조작하여 그 대금을 빼돌린다. 나중에 가공의 외상매출금은 대손상각 처리한다. →(역분식결산, 탈세)

60. 이미 대손상각 처리한 매출채권이 현금 회수되었을 경우 상각채권추심이익으로 계상하지 않고 이를 빼돌린다. → (역분식결산, 탈세)

■ 투자자산 (8가지 사례)

61. 관계회사끼리 주식 상호 출자 또는 주식 교환 방식으로 투자자산 규모를 부풀린다.

62. 법적 다툼에서의 패소와 압류 조치로 사실상 제삼자에게 소유권이 넘어간 투자자산을 장부상에 그대로 살려 둔다.

63. 평가손실을 누락시키거나 평가 이익을 인위적으로 높이는 방법을 써서 투자자산의 가치를 부풀리고 그 증가 이익을 포괄손익계산서에 계상한다.

64. 유가증권의 수량을 실제보다 증가시켜 대차대조표(재무상태표)에 계상하고 그 증가 이익을 포괄손익계산서에 반영한다.

65. 객관적 평가가 어려운 비상장 계열사의 주식 가치를 높게 평가한다.

66. 관계회사 또는 협력업체 앞으로 연구개발비, 외주용역비 등 경비를 지출하고도 투자한 것처럼 가장한다. 경비 지출을 속이기 위해 그 비용을 협력회사에 투자한 것처럼 위장한 뒤 실질적인 비용을 자산으로 둔갑시켜 이익을 부풀리는 수법이다.

67. 투자자산을 과소평가하여 당기순이익을 줄인다. → (역분식결산, 탈세)

68. 처분한 투자자산을 장부에서 빼지 않고 그대로 두고 처분 금액을 빼돌린다. → (일부 역분식결산, 탈세)

■ 고정자산 (22가지 사례)

69. 고정자산을 실제 가치보다 높게 평가하여 장부에 반영한다.

70. 매각한 고정자산을 장부에 그대로 살려 두고 그 처분 금액을 매출이나 영업외수익 등으로 처리하여 수익을 과대 계상한다.

71. 낮게 평가된 고정자산을 고가에 처분한 것처럼 가장하여 처분 이익을 부풀린다.

72. 고정자산에 대한 감가상각충당금을 과소 계상한다.

73. 수선비로 처리해야 할 경비를 고정자산 원가에 반영하여 자산과 이익을 부풀린다.

74. 명백하게 지출된 비용을 유형고정자산이나 무형고정자산으로 계상하는 경우도 많다. 이를테면 당기 비용을 설비 투자로 회계 처리하여 당기순이익을 부풀린다.

75. 다시 사들인다는 이면 약정을 한 뒤 고정자산을 장부가격보다 고가로 위장 매각한다.

76. 천재지변이나 화재 발생에 따라 멸실된 건물, 오래되어 폐기된 유형고정자산을 폐기 손실로 처리하지 않고 그대로 보유 한다.

77. 고정자산을 유동자산으로 변칙 처리하여 유동비율을 높인다.

78. 신설 법인의 발기인, 대주주 등이 토지 · 건물 · 기계설비 등 고정자산을 시가보다 고가로 신설 법인에 매각한다.

79. 가공의 세금계산서나 이중 계약을 통해 구입 가격과 구입 부대비용 등을 부풀려 고정자산 원가를 과대 계상한다. → (일부 역분식결산, 탈세)

80. 내용연수가 지난 고정자산을 처분하고 이를 경상적인 매출액으로 허위 계상한다.

81. 법적 다툼에서의 패소와 압류 조치로 사실상 제삼자에게 소유권이 넘어간 고정자산을 장부상에 그대로 둔다.

82. 관계회사의 자금 차입 때 담보 제공된 고정자산에 대하여 '주석사항' 을 누락시킨다.

83. 당기순이익을 줄이기 위해 높게 평가된 고정자산을 저가에 처분한 것처럼 가장하여 처분 손실(특별손실)을 만든다. → (역분식결

산, 탈세)

84. 구입한 자산을 저가로 평가하여 그 평가손실을 포괄손익계산서에 반영하여 이익을 줄인다. → (역분식결산, 탈세)

85. 그 때 그 때 유리한 감가상각 방법을 선택적으로 적용한다. → (일부 역분식결산)

86. 장기간 감가상각을 해야 할 고정자산을 일시에 상각 처리하여 손실을 과대 계상한다. → (역분식결산)

87. 사용 불가능한 고정자산을 처분하여 돈을 빼돌리고도 장부가액을 그대로 두는 등 회계 처리를 생략한다. → (일부 역분식결산, 탈세)

88. 고정자산 처분 금액을 조작하여 특별이익이나 특별손실을 만든다. → (일부 역분식결산, 탈세)

89. 사용 가능한 고정자산을 폐기 처분하는 것처럼 위장하고 매각한 돈을 빼돌린다. → (역분식결산, 탈세)

90. 고정자산 취득 원가에 포함시켜야 할 부대비용을 경비로 처리하기 위해 포괄손익계산서에 계상한다. → (역분식결산, 탈세)

■ 무형자산 (6가지 사례)

91. 기업의 경영권을 인수할 때 영업권을 과대평가한다.

92. 기업 경영권을 처분할 때 영업권 처분 손실을 과소 계상한다.

93. 당기순이익을 부풀리기 위해 무형자산을 처분한 것처럼 위장하고 특별이익을 만든다.

94. 신설 법인의 발기인, 대주주 등이 가치가 높지 않은 영업권 ·

특허권 · 광업권 등의 권리를 고가로 신설 법인에 매각한다.

95. 당기순이익을 줄이기 위해 영업권을 일시 상각한다. → (역분식결산)

96. 무형자산 처분 때 이중 계약으로 특별손익을 조작한다. → (일부 역분식결산, 탈세)

부채

■ 매입채무 (8가지 사례)

97. 외상매입금, 지급어음 등 매입채무를 근본적으로 누락시켜 부외부채로 관리한다.

98. 지급어음의 액면 금액을 과소 표시하여 부채 규모를 줄인다. 이때는 지급어음 기입장, 지급어음 기일 관리 대장 등 보조 서류의 어음 발행 금액 역시 허위 기재해야 한다.

99. 매입채무를 매출채권과 상계한다. 예컨대 외상매입금과 외상매출금, 지급어음과 받을어음, 주어야 할 돈과 받아야 할 돈을 서로 가감(상계) 처리한다.

100. 받을어음과 지급어음을 교환하면서 지급어음은 누락시키고 받을어음만 장부에 계상한다.

101. 관계회사로부터 외상으로 물품을 매입하고도 이를 숨긴다.

102. 단기차입금, 사채(私債) 차입, 미지급금, 무역금융 등을 매입채무로 변칙 처리한다.

103. 가공의 매입 세금계산서를 사들여 지급어음을 발행하고 이 어음을 할인하여 돈을 빼돌린다. → (역분식결산, 탈세)

104. 같은 물품을 이중 삼중으로 중복 매입한 것처럼 거래처와 담합하여 위장하고 매입채무로 계상한다. → (역분식결산, 탈세)

■ 차입금, 미지급금 (12가지 사례)

105. 새로 발생한 차입금을 매출 거래 또는 외상매출금의 회수로 위장하여 매출과 이익을 부풀리고 재무구조가 건전하게 보이는 효과까지 얻는다.

106. 상품, 원재료 등에 대한 매입채무가 아닌 단기차입금과 미지급금을 외상매입금이나 지급어음으로 처리한다.

107. 대주주와 경영진에게 어음 · 수표를 발행하여 대여할 때 대여금(자산)과 단기차입금(부채) 양쪽을 모두 숨긴다.

108. 외화차입금을 누락하거나 특정 환율을 유리하게 적용하여 단기차입금 규모를 줄인다.

109. 할인어음, 사채(私債), 외화차입금 등 부외부채를 상환할 때 경비로 처리하거나 자산 취득 원가에 계상한다. → (일부 역분식결산, 탈세)

110. 부외차입금을 만들어 부외자산으로 관리하다가 자금 부족 사태가 일어날 때마다 정상 차입금으로 계상한다.

111. 가공의 매출채권이나 부실 채권을 부채와 상계 처리한다.

112. 리스 회사로부터 차입한 금융(자본)리스를 차입금으로 처리하지 않고 운용리스처럼 가장했다가 원리금 분할 상환 조건의 리스

료를 경비로 처리한다.

113. 사실상 차입금인 무역금융을 매입채무로 처리하여 차입금 규모를 줄인다.

114. 금융기관 대출과 다름없는 금전 대차 거래는 명백하게 부채로 계상해야 함에도 파생상품이라고 기재한다. 예컨대 국제 유가의 변동에 따라 상환 규모를 다르게 하는 조건이 붙은 금전 대차는 파생상품 거래를 가장한 자금 거래에 불과하다. 결국 부채를 숨기는 분식회계를 저지르는 셈이며, 돈을 빌리고도 자금 조달과 관련 없는 파생상품에 투자했다고 속이는 것이다.

115. 단기차입금을 예수금, 가수금, 선수금 등으로 처리하여 차입금 규모를 줄인다.

116. 가짜 증빙을 만들어 가공의 경비를 계상한 뒤 대차대조표(재무상태표)에 미지급비용으로 남겨 둔다. → (역분식결산,　탈세)

■ 선수금 (3가지 사례)

117. 선수금을 매출로 처리한다. 공사 · 공정 · 용역 신척도(비율)에 비추어 선수금이 분명한데도 진행률을 부풀려 포괄손익계산서의 매출로 계상한다. 부채가 없어지고 매출과 이익이 증가하는 효과가 있다.

118. 기타 선수금을 당해 연도 영업외수익 등으로 처리한다.

119. 매출, 매출채권 회수, 영업외수익 등을 선수금으로 변칙 처리한다. → (역분식결산, 탈세)

■ 가수금 (2가지 사례)

120. 실질적인 가수금을 대차대조표(재무상태표)의 부채에 계상하지 않고 매출이나 잡수익 등으로 포괄손익계산서에 반영 한다.

121. 매출, 매출채권 회수, 영업외수익 등을 가수금으로 변칙 처리한다. → (역분식결산, 탈세)

■ 충당금 (2가지 사례)

122. 종업원에게 지급해야 할 퇴직금의 추계액을 계산할 때 직원 수와 근속 연수를 줄이거나 연 · 월차 수당 등을 제외하여 퇴직급여충당금을 과소 계상한다.

123. 각종 충당금을 과소 계상하여 그 차액을 포괄손익계산서의 잡수익에 반영한다.

■ 기타 부채 (9가지 사례)

124. 결산기말에 이미 기간 경과된 미지급 노임을 무시하거나 적게 반영하여 대차대조표(재무상태표)의 부채 규모를 줄인다.

125. 우발채무 발생 사실을 숨긴다.

126. 금융비용, 임차료, 보험료 등 결산기말 현재 경과 기일에 해당하는 미지급 금액을 미지급비용으로 처리해야 하나 이를 줄이거나 숨긴다.

127. 유동부채를 고정부채로 둔갑시켜 안정성을 높인다.

128. 각종 부채를 과소 계상하거나 장부에서 누락시켜 부외부채로 관리한다.

129. 선수수익을 당해 연도 영업외수익 등으로 처리한다.

130. 관계회사 등 제삼자에 대한 지급보증 사실을 숨기고 '주석사항' 이나 '특기사항' 에서 누락시킨다.

131. 포괄손익계산서에 매출로 계상함이 원칙이나 차입금, 선수금, 가수금 등으로 대차대조표(재무상태표)에 계상한다. →(역분식결산, 탈세)

132. 포괄손익계산서에 잡수입으로 계상해야 하지만 예수금 등의 명목으로 대차대조표(재무상태표)에 반영하여 수익을 줄이고 부채를 늘린다. → (역분식결산, 탈세)

자본

■ 자본금 (5가지 사례)

133. 법인 설립 당시 불입 자본금을 가장 납입한다. 은행 대출금 또는 사채(私債)를 차입하여 주금을 납입한 뒤 다음날 주식납입금을 인출하여 부채를 상환한다.

134. 이미 설립된 법인이 유상 증자를 실시할 때도 비슷한 가장 납입 수법을 쓴다.

135. 신설 법인의 발기인, 대주주 등이 토지 · 건물 · 기계설비 등 유형고정자산을 시가보다 고가로 평가하여 신설 법인에 출자한다.

136. 신설 법인의 발기인, 대주주 등이 가치가 낮은 영업권 · 특허권 · 광업권 등 무형고정자산을 고가로 평가하여 신설 법인에 출

자한다.

137. 회사의 매수 또는 법인의 합병 때 피합병인의 자산에 대하여 과대 계상하거나 고정자산 상각을 과소 계상한다.

■ 잉여금 4가지 사례

138. 자본잉여금을 부풀리기 위해 자산재평가 금액을 조작한다.

139. 당기순이익을 늘리기 위해 '전기 오류 수정'을 내세운다.

140. 과거의 분식회계 전과를 숨기고 당기순이익을 줄이기 위해 '전기 오류 수정'을 내세움으로써 이익잉여금을 감소시킨다. → (역분식결산)

141. 당기순이익을 조정하기 위해 인위적으로 특별이익이나 특별손실을 만든다. → (일부 역분식결산)

4. 수익의 과대 계상

수익이란 영업 활동을 통해 벌어들인 재산이다. 외상 판매도 외상 매출금이라는 자산을 증가시킨 경우이니까 판매가 이루어진 때 수익으로 인식한다. 이것이 회계의 기본 원칙인 발생주의 개념이다. 발생주의란 일정 기간의 수익과 비용에 대하여 그 발생 여부를 기준으로 확정하는 것이다. 수익에 속하는 주요 항목은 ■ 매출 : 상품(제품)이나 용역을 제공하고 받은 대가 ■ 임내료 : 점포와 사무실 등의 부동산을 빌려주고 받은 대가 ■ 이자수익 : 은행에 예금하거나 남에게 돈을 빌려준 때 발생하는 이자 등이다.

공사 진행률을 조정한다

필자가 약 6개월 동안 머물렀던 상장법인 D사는 과거부터 소선(造船)을 주력 사업으로 하는 중공업 회사였지만 건설업에도 진출하여 해외 시장을 개척하고 있었다. 처음엔 계열기업 직영 공사와 임직원들의 사원주택을 짓기 위해 건설 분야에 손을 댔다가 내친 김에 해외 건설에도 눈을 돌렸다고 한다. D사에 입사하자마자 필자는 엉터리 재무제표의 실상을 한눈에 확인할 수 있었다. 해외 공사 진행률을 엄청나게 과장하여 막대한 손실 규모를 숨기고 있는 게 드러났던 것이다.

필자가 입사하기 약 3년 전에 홍콩 지역의 하수종말처리시설 공사를 수주했는데 덤핑 입찰, 기술 축적 미흡, 공사 경험 부족 등을 이유로 죽을 쑤고 있었다. 공사 진행률이 50%에도 이르기 전에 공사 예정원가의 90% 이상을 쏟아 부었으니 환장할 노릇이었다. 몇몇 다른 공사 현장에서 예산을 전용해도 홍콩 지역 공사의 적자를 메우는 일이 쉽지 않았다.

그 해 결산기말이 되자 공사예정원가(실행 예산)에 대한 공사 진행률 50%를 90%로 대폭 상향조정하고 다른 공사 착공 전에 받은 선수금을 매출액으로 둔갑시키고 나서야 해외 건설 부문의 적자를 메울 수 있었다. 물론 당초의 공사예정원가를 대폭 줄였고 회수할 길이 없고 존재하지도 않는 매출채권(공사미수금)을 과대 계상했기에 가능한 일이었다.

심지어 이미 준공된 대형 건설공사에서 막대한 손실이 나타날 경우 다음해로 준공을 이월시키는 일도 서슴지 않았다. 그 동안 공사 진행률을 대폭 상향조정하는 수법으로 장부를 조작해 왔으니, 공사가 완료되면서 이 분식 사실이 노출될까 두려웠기 때문에 장부상 준공 시기만이라도 다음해 초로 넘겨야 했던 것이다.

필자는 회사가 언제 망할지 모르는 상황 앞에서 두려움을 느끼기 시작했다. 그처럼 부실 규모가 기하급수적으로 커지는 회사에서 6개월을 버티지 못하고 사표를 던졌다. 필자의 예상은 빗나가지 않았다. 얼마 뒤 D사는 누적 손실과 분식회계 규모를 감당하지 못해 주거래은행의 자금관리를 받는 신세가 되었고, 결국 대주주인 N회장은 회사 경영권을 H그룹으로 넘겨야 했다. 물론 H그룹이 거대 부실기업인 D사를 인수한 배경에는 깊은 뜻이 담겨 있었다. 건설 부문이 탐나서 손을 뻗친 것이 아니라 조선과 중공업 분야의 사업을 확대하고 싶은 C회장의 꿈을 실현하기 위해서였다.

한때는 J그룹도 그토록 썩을 대로 썩은 상장법인 D사를 인수하려고 몸부림쳤다. J그룹은 주류 생산과 유통으로 명성을 얻긴 했지만 그만한 규모의 부실기업 D사를 끌어안기엔 역부족일 수 있었다.

하지만 조선 · 중공업 분야 진출을 꿈꾸던 J그룹의 총수도 물불 안 가리고 D사 인수 작전에 뛰어들었다. 결국 입찰 경쟁에서 실패하여 D사의 경영권을 H그룹에 빼앗겼지만 미련을 버리지 못했다. 대안을 모색한다고 인수한 것이 선박용 케이블 생산 업체이자 상장법인인 Y사였는데, 또 다른 부실기업 Y사를 인수하면서부터 J그룹은 심각한 자금 압박에 시달리기 시작했다. 아니나 다를까. 정확히 1년 뒤 J그룹 계열사들은 자금난을 견디지 못하고 연쇄 부도 사태에 휘말렸다.

D사의 경우처럼 건설업체가 공사 진행률을 분식회계 수단으로 악용하는 것은 오래 전부터 널리 알려진 사실이다. 여러 현장의 공사 진행률이 매출액 규모를 결정하고 이익을 좌우하는 데 가장 중요한

밑거름이 된다. 채산성 악화와 자금 부족에 시달리는 건설회사일수록 공사예정원가(실행 예산, 총공사비)를 인위적으로 대폭 줄이는 등 공사 진행률 조작에 혈안이 될 수밖에 없다. 적자 현장인 A공사가 끝나기 전에 B공사를 다급하게 수주하여 예산을 전용하고 공사 진척 비율을 조작해 가며 버텨야 하기 때문이다.

그 동안 경영 실적이 눈부시고 재무구조가 건실하던 건설 회사들이 해외 건설 시장에 진출하자마자 부실기업으로 전락한 이유는 무엇인가. 한 마디로 말해 우리 국내 현장에서나 용인되던 원가 조작 관행이 해외 현장에선 전혀 먹혀들지 않았기 때문이다. 자재를 규격 미달 품목으로 바꿔치거나 근본적으로 자재 물량을 빼먹는 것이 통하지 않았고, 선불리 시도한 공기 단축마저 화근을 불러오기도 했다.

시공 감리와 준공 검사가 워낙 완벽하여 공기 단축이나 원가 절감은커녕 발주처에 지체 보상금을 주면서까지 공기를 연장하며 성실한 시공을 거듭해야 했다. 그러다 보니 공사비가 공사 수주 금액을 초과하는 경우가 다반사였고, 심지어 실행 예산(공사예정원가)의 1.5 ~ 2배를 투입해야 하는 어려움도 수없이 맛보았다.

필자가 근무했던 3개 건설회사와 그 계열사인 건축 자재 생산업체들도 예외는 아니었다. 이들 회사는 하나같이 주식이 1부 종목에 상장된 우량 공개법인이었음에도 해외 건설 시장 진출 실패와 방만한 경영을 되풀이한 결과, 주거래은행의 자금관리와 관할 법원의 법정관리 등을 거쳐 끝내는 경영권이 다른 재벌 기업에게 넘어가거나 도산하고 말았다.

귀중한 외화를 벌어들인다는 정부의 홍보 작전 이면에서 부실의 늪을 헤매던 이들 3개 건설회사는 시공 손실을 감추기 위해 갖은 방법을 동원해야 했다. 동남아시아와 중동 지역 공사에서 거액의 적자를 면치 못하자 주거래은행과 관계 당국의 방조 아래 대부분의 공사를 채산성이 높은 것으로 둔갑시키는 작업에 골머리를 앓아야 했다.

필자는 이 계수 조작과 분식회계에 장기간 직접 참여한 경험을 갖고 있다. 되씹을수록 참으로 뼈아픈 기억들이다. 오죽하면 국내 공사에만 매달려 존속 유지되던 몇몇 건설 회사들을 '해외 건설 포기로 살아남은 기업'이라고 표현했을까. 하지만 국내 시장에 안주하여 버티던 그 회사들도 얼마 뒤에는 대부분 부도를 내며 주저앉았다.

건설공사 매출 인식과 진행률

건설업회계처리준칙 제5조에 따르면 '공사 진행률'은 '공사예정원가'에 대한 '실제 공사비 발생액'의 비율로 한다. 이 경우 공사예정원가에 대한 추정은 체계적이고 합리적인 절차에 의하여 일관성 있게 이루어져야 한다. 공사 진행 과정에서 얻을 수 있는 새로운 정보를 계속해서 적절히 반영해야 하고 예상되는 하자보수비도 공사예정원가에 포함한다.

① 공사 진행률 = ③ 공사원가(실제 공사비 발생액) ÷ ④ 공사 예정원가 × 100

건설업회계처리준칙 제3조에 따르면 도급금액에 공사 진행률을 곱하여 공사수익(매출)을 인식한다. 공사수익에 대응하여 실제로 발생한 비용을 공사원가로 계상하는 방법을 '진행 기준'이라고 말한다.

② 공사수익(매출) = 도급금액 × ① 공사진행률.

③ 공사원가 = 실제 공사비 발생액.

'공사예정원가'란 확정된 계약 조건에 의하여 도급공사를 진행할 때 대차대조표(재무상태표)일 현재 발생된 공사원가와 발생이 예상되는 공사원가의 합계금액을 말한다.

④ 공사예정원가 = 현재 발생된 공사원가 + 향후 발생 예상 공사원가.

기업회계기준 부칙 13조에 따르면 건설업회계처리준칙 제4조의 규정에도 불구하고 건설업자가 시행하는 단기 도급공사 또는 예약매출은 진행 기준을 적용한다.

매출액은 고무줄

부실 제조업체의 사정도 부실 건설회사의 그것과 거의 비슷하다. 아직 판매하지 못한 제품이나 상품을 마치 팔려나간 것처럼 가짜 매출전표를 끊어 매출채권으로 기록한다. 실현되지 않은 매출을 미리 계상할 경우 매출액이 미처 입금되지 않았기 때문에 어쩔 수 없이 매출채권(외상매출금)으로 달아 놓아야 한다. '실현되지 않은 매출'

에는 실현 불가능한 매출과 미처 실현되지 않은 매출을 포함한다.

이런 수법을 쓰면 포괄손익계산서의 수익 항목인 매출과 대차대조표(재무상태표) 자산 항목인 매출채권이 실제보다 부풀려지는 효과를 얻는다. 매출이 일어나기 전에 매출된 것으로 장부에 기록하면 불확실성이 큰 거래, 손실 발생이 우려되는 거래임에도 불구하고 매출이 건전하고 활발하게 증가하는 것처럼 오인된다.

미국 소프트웨어 업체들은 반품을 매출로 보고하거나 업체들 사이에 제품과 서비스를 서로 교환하는 방식으로 매출을 부풀렸다. 마치 재벌 기업의 계열사들끼리 상거래를 한 것처럼 속이고 관계회사들의 매출을 서로 증가시키는 수법과 비슷하다.

몇 년간에 걸쳐 수익을 나누어 처리해야 원칙임에도 수익금 전액을 한꺼번에 반영함으로써 특정 연도의 수익을 과대 계상하기도 한다. 예컨대 5년 동안 분할하여 임대료 5억 원이 들어오기로 약정되어 있을 때 입금된 1억 원만 수익으로 처리하는 게 원칙이다. 하지만 수익이 실현되지 않은 나머지 4억 원도 '미수수익' 이나 '미수금' '외상매출금' 등으로 변칙 처리하여 당기순이익을 무리하게 증가시킨다.

이와 반대로 5년간의 임대료 5억 원을 일시 수령했어도 1억 원은 당해 결산 연도 수익으로 잡고 나머지 4억 원은 부채(선수금 또는 선수수익 등)로 잡아야 한다. 그러나 분식회계를 즐기는 기업이라면 5억 원을 모두 당해 연도 수익(매출 또는 영업외수익 등)으로 잡아서 당기순이익을 부풀린다.

단순히 물품 거래를 중개하고 수수료를 받는 기업의 경우에 수수료만 매출로 잡는 게 원칙이다. 하지만 분식회계를 노리는 기업에겐 이 회계 원칙이 통하지 않는다. 판매수수료를 받아 수익을 올리는 인터넷 상거래 기업들이 매출을 부풀리기 위해 판매수수료만 매출로 잡지 않고 물품 거래액 전부를 매출(수익)로 처리하는 사례가 있다.

이 밖에 손익 규모를 왜곡시켜 손실을 축소하고 이익이 난 것처럼 꾸미려면 영업이익, 경상이익, 특별이익의 구분을 어기거나 애매모호하게 처리해야 한다. 회사 재산을 처분하면서 손실이 났어도 이익이 난 것으로 가장한다. 대여했던 돈이나 매출채권을 현금 회수할 때 이 자금을 수익으로 처리한다. 예컨대 외상매출금을 받았어도 이 매출채권이 장부에 살아 있는 것처럼 가장하고 입금된 금액을 매출 또는 영업외수익 등으로 처리한다. 이 경우 분식 규모가 이중으로 이루어지는 효과가 있기 때문에 이익이 크게 늘어난다.

5. 비용의 과소 계상

분식회계에서 자주 악용되는 수법은 이미 지출된 비용을 축소 은폐하거나 다음 회계연도로 넘기는 것이다. 실제 비용을 축소하거나 감추면 없어진 자산이 그대로 남아 있기 때문에 당기순이익이 증가할 수밖에 없다.

예컨대 제조업체 A사가 외주업체 B사 앞으로 30억 원의 제조 용역을 주면서 착수금 5억 원을 지급했다고 치자. 그리고 얼마 뒤 외주용역비 중도금 10억 원을 약속어음 6억 원, 제품 4억 원 등으로 다시 지급했다. 어떤 결제 수단을 동원했든 이미 15억 원의 제조원가(제조원가보고서의 외주비)가 지출된 것이다.

결산기가 다가오자 A사는 외주업체 B사에게 이미 결제한 착수금(계약금) 5억 원은 자산(선급금)으로 처리하고 진행 비율을 인정받아 결제한 중도금 10억 원을 숨겼다. 이쯤 되면 줄어든 자산 4억 원(재고자산, 제품)이 A사의 장부에 그대로 살아 있고 증가한 부채(지급어음) 4억 원은 부외부채로 남아 있게 된다. 결국 15억 원의 비용(외주비)이 당기에 발생했어도 이를 숨기다 보니 당기순이익 15억 원이 증가하는 효과를 가져 온다. 이 방법이 복잡하다거나 들통 날 가능성 높다고 생각되면 15억 원 전액을 모두 선급금으로 처리할 수도 있다.

명백하게 지출된 비용을 유형고정자산이나 무형고정자산으로 계상하는 경우도 많다. 미국 월드컴사는 당기 비용을 설비 투자로 회계 처리하여 1년 남짓의 기간에 무려 38억 달러에 이르는 당기순이익을 부풀렸다.

상각 방법의 변경

정당한 사유 없이 감가상각 처리 방법을 변경하거나 감가상각 관련 사항 중 추정 사항인 내용연수와 잔존가액을 변경하는 수법이 주로 이용된다. 이러한 회계 처리 방법 변경과 추정 사항 변경은 재고자산 평가와 무형자산 상각 방법 등 대안적인 회계 처리 방법이 인정되는 경우 흔히 악용된다. 이른바 당기순이익이 늘어날 수 있는 유리한 방법을 그 때 그 때 선택하여 적용하는 것이다.

감가상각 방식이나 감가상각 기간을 변경 조작하여 올해의 비용을 내년으로 넘기면 당장 올해의 실적은 개선되지만, 언젠가는 감가상각 금액을 비용으로 처리해야 한다. 노후화로 실용 가치가 없어진 기계장치를 높게 평가하여 고정자산으로 남겨 두는 것도 비슷한 효과를 얻을 수 있으나 이 역시 언젠가는 반드시 손실(비용)로 털어 내야 한다.

토지 · 건설가 계정을 제외한 고정자산은 사용 · 진부화 등 여러 가지 원인에 따라 그 경제적 가치가 점차 감소된다. 따라서 기간손익을 계산하고 고정자산을 유지 회수하기 위해 고정자산의 취득 원가 중에서 당기에 가치가 소멸되어 비용화된 부분과 아직 가치가 남아 있어 미래의 효능과 이익을 제공할 수 있는 부분을 구분하는 절차가 필요하다. 이러한 회계 절차를 감가상각이라고 한다. 고정자산의 유지 회수와 공정한 비용 배분을 통하여 각 회계기간의 손익을 올바르게 계산하고 진실한 재무 상태와 경영 성적을 나타내기 위해 고정자산의 취득 원가를 각 기간에 배분하는 절차가 바로 감가상각이다. 감가(減價)란 가치가 감소했다는 뜻이요, 상각(償却)이란 비용으로 처리한다는 의미다.

건설가계정이란 건설 중인 건물, 구축물, 설비 등과 같은 유형고정자산에 대하여 완성될 때까지 지출된 비용과 취득하여 보관중인 기계장치 등을 회계 처리할 경우 쓰는 계정과목이다. 사실상 유형고정자산이지만 원가가 아직 확성되지 않았나는 이유로 감가싱각의 대상이 되지 않는다. 물론 완성 후에는 유형고정자산 계정 항목으로 대체되어 감가상각의 대상이 된다.

사업용 유형자산 규모가 큰 대기업에서는 비용을 줄이는 방법으로 감가상각 방법을 변경하거나 내용연수와 잔존가액을 변경하는 유혹에 빠지기 쉽다. 모 항공회사는 항공기 감가상각 잔존가액을 0%에서 10%로 변경함으로써 감가상각비가 90억 원이나 감소했고 당기순이익이 90억 원이나 증가한 사례가 적발되었다.

이처럼 회계 처리 방법 변경과 추정 사항의 변경은 고정자산 감가상각 방법에만 국한하지 않는다. 재고자산 평가 방법, 무형자산 상각 방법 등 대안적인 회계 처리 방법이 인정되는 경우 회계 처리 변경을 고려한다.

내용연수란 취득한 고정자산이 보통의 상태와 조건 하에서 폐물로서 처분 파기될 때까지 유용하게 사용할 수 있는 추산 기간 또는 추정 연한이다. 추정 연한은 시간, 산출량, 조업도 등으로 측정될 수 있다. 내용연수는 이미 알고 있는 것이 아니라 추정에 의한 경제적인 사용연수여야 한다. 그러나 정확한 연한 추정이 불가능하기 때문에 세법에서는 인위적인 방법으로 구체적인 내용연수를 정하고 있다.

6. 특수관계인과의 거래 이용

대주주와 관계회사, 대주주와 출자 회사, 관계회사와 관계회사 등 특수관계인 사이의 거래를 악용하여 분식회계를 시도한다. 관계회사와의 담보 제공이나 금전 거래 등 모든 거래를 '주석(註釋) 사항'에 기재해야 하지만 이를 누락하여 회계 감리에 지적되는 사례가 많다. 사업 규모가 큰 대기업 집단일수록 인수, 합병, 관계회사끼리의 부당 내부거래 등을 통해 매출과 이익의 확대가 가능하기 때문이다.

내부거래는 증권거래법의 '내부자거래'와는 성격이 다르다. 내부자거래란 상장법인의 주요 주주나 임직원이 자기 회사의 미공개 정보를 이용하여 자기 회사의 주식을 매매하는 것을 말한다. 내부자는 다른 투자자보다 회사의 정보를 빨리 입수할 수 있어 불공정한 거래를 할 가능성이 높기 때문에 증권거래법에서는 투자자 보호를 위해 내부자거래를 금지한다.

'내부거래'란 대규모 기업 집단에 소속된 계열회사끼리의 거래 행위를 말하는 경우가 많다. 계열사 사이의 거래가 모두 불법적인 것은 아니지만 부당 내부거래는 불공정 거래 행위에 해당된다. ■ 제품 가격, 거래 조건 등에서 계열회사에 유리하게 하는 차별 거래 ■ 임직원들에게 자사 제품을 사거나 팔도록 강요하는 사내 판매 강요 행위 ■ 납품업체에게 회사 제품을 사도록 떠맡기는 거래 강제 ■ 정당한 이유 없이 비계열사의 거래를 기피하는 거래 거절 등이 모두 부당 내부거래가 된다.

우리나라 금융감독원의 지적 사항에 따르면 특수관계인과의 거래나 지급보증 등을 '주석사항'으로 달지 않은 사례가 많은 것으로 나타난다. 당기순이익이나 자본에 당장 영향을 주지 않더라도 '주석사항'이나 '특기사항'을 기재하여 투명성을 높여야 한다는 목소리가 높아진 것도 그 때문이다.

미국 엔론사의 경우 회사 목적이 불분명한 특수 목적 회사와의 거래를 통해 10억 달러 상당의 이익을 조작했고 결국 비슷한 금액의 손실을 누락시킨 것으로 밝혀졌다. 자회사 사이의 반복적인 위장 거래로 매출과 이익을 부풀리는 데 그치지 않고 차입금을 숨기는 데 관계회사들을 철저히 활용했다.

이 밖에 경비 지출을 속이기 위해 그 비용을 협력회사에 투자한 것처럼 위장한 뒤 실질적인 비용을 자산으로 둔갑시켜 이익을 부풀리는 수법도 쓴다. 아일랜드 계열 제약회사인 Elan사가 이처럼 특수관계인을 이용한 비용 감추기 회계 처리로 증권거래위원회의 감리 대상 결정을 받았다.

※ 엔론 사태

1985년, 미국의 텍사스주에서 가스공급회사로 출발한 엔론사는 2001년 3 / 4분기까지 에너지 업계의 초우량기업으로 알려졌다. 하지만 미국의 최대 에너지 그룹으로 성장하면서 대규모 분식회계를 저지른 사실이 발각되었다. 엔론은 자회사 설립 후 부실자산을 자회사로 이전했고 특수 목적 회사를 설립하여 변칙 자금을 조달해 왔다. 특히 자회사와의 위장 거래를 통해 가공 이익을 계상하여 주가 상승을 유도했으나 분식회계 진상이 노출되면서 주가가 급락했다. 결국 엔론사는 2001년 12월 파산을 신청했고 이 사건 이후 미국 내 다른 기업들의 분식회계가 잇따라 적발되면서 연쇄적인 도산을 맞게 된다. 이 '엔론 사태'를 계기로 미국식 회계 제도가 완전하지 않다는 의견이 대두되었고 회계 제도 개혁법이 시행되는 출발점이 되었다.

7. 특별이익 만들기

특별손익이란 일상적인 영업 활동이 아닌 특별한 경우에 발생하는 손익 항목이다. 종전 기준에 따르면 자본 보전을 위한 자산수증이익이나 채무면제이익을 기타자본잉여금으로 계상했다. 하지만 개정 기준에 따르면 자산수증이익과 채무면제이익은 그 목적에도 불구하고 모두 특별이익에 계상하도록 했다. 비록 영업외손익이더라도 비경상적이고 비(非)반복적인 거액의 손익은 특별손익으로 분류해야 원칙이다.

특별이익에는 ▪ 주주 등이 자산을 무상 증여함으로써 발생하는 자산수증이익 ▪ 채권자로부터 채무를 면제받을 때 발생하는 채무면제이익 ▪ 수령한 보험금이 불입한 보험료보다 클 때 발생하는 보험차익 ▪ 토지, 건물, 기계장치 등을 처분할 때 발생하는 유형자산처분이익 ▪ 영업권, 특허권, 광업권 등을 처분할 때 발생하는 무형자산처분이익 등이 있다.

당기순이익이 예상보다 적거나 손실이 발생했을 때 자산 매각 이익 등을 통해 특별이익을 만드는 사례가 더러 있다. 토지, 건물, 투자유가증권, 지식 재산권 등을 처분하거나 처분한 것처럼 속이고 그 차익을 이익으로 처리하여 영업 손실을 메우기도 한다.

이와 반대로 당기순이익을 줄여 세금을 적게 내려고 시도할 때는 특별손실을 만들기도 한다. 예컨대 영업권 상각 같은 현금 지출이 없는 특별손실로 처리하여 의도적으로 이익을 줄인다. 미국의 일부 대기업들은 구조조정 관련 비용, 합병에 따라 발생하는 비용 등을 특별 손실로 처리함으로써 경상이익의 감소 없이 세금을 적게 내려고 분식회계를 시도한다.

우리나라 일부 대기업들은 과거 분식회계를 털어 낸다는 명분 아래 '특별손실'이나 '전기 오류 수정' 등을 앞세워 재무제표를 정상화시키려고 애쓴다.

상장법인 A사는 국제 원자재비 상승, 과당 경쟁, 매출채권 대손 증가로 어려움을 겪자 대규모 적자를 재무제표에 표시해야 할 처지에 몰렸다. 더구나 10월 초순에 접어들었을 뿐만 아니라 12월 31일 결산기가 다가오고 있어 여간 골치 아픈 게 아니었다. 경영진과 간부들이 수시 회의를 열어 대책 마련을 강구했으나 탈출구가 보이지 않았다.

10월 중순이 되었을 때 경리 담당 이사가 특단의 대안을 마련했다. 경기도 부천공장을 매각하여 특별이익을 만들자는 것이었다. 회장과 사장도 이 아이디어를 받아들였고 부천공장의 시설과 인력을 천안공장으로 이전하자는 데 합의했다.

하지만 노조 집행부에서 '결사 항전'을 선언하는 바람에 그 방안도 순조롭게 추진되지 못했다. 어쩔 수 없이 노사 협상에 들어갔다. 부천공장의 일부 핵심 기술 인력을 제외하고 나머지 인력에 대하여는 하청업체를 차려 주는 조건으로 인력 감축을 추진했다. 드디어 노사 양측의 합의로 아웃소싱과 '소사장(小社長)' 제도의 채택이 가능할 수 있었다.

A사는 그 해 연말이 임박하여 부천공장을 모 건설회사에 팔았다. 고정자산인 토지와 건물을 350억 원에 매각하여 각종 세금을 납부하고도 처분 이익 210억 원을 남겼다. 사실상의 당기순손실 40억 원이 특별이익 210억 원 때문에 당기순이익 170억 원으로 둔갑되었다. 마침내 A사는 가까스로 위기를 넘겨 이익 배당을 실현했을 뿐만 아니라 주가가 하락하는 것을 막았다.

8. 계정과목 분류를 이용한 분식

자산 과목은 자산 과목 내에서, 부채 과목은 부채 과목 내에서 그 분류를 모호하게 함으로써 분식의 목적을 달성하기도 한다. 재무제표를 분석하는 제삼자가 허점을 쉽게 발견할 수 없도록 만들려고 노력하는 이유는 다른 데 있지 않다. 부실 예측을 함부로 못 하게 해야 하는 건 물론이고 재무제표 이용자들이 재무분석 지표로 활용할 때 가능한 한 유리하게 평가를 받도록 해야 하기 때문이다.

예컨대 당연히 고정자산에 포함되는 자산을 유동자산으로 분류한다. 몇 년 뒤에나 회수 가능한 임차보증금, 미수수익, 매출채권 등을 1년 이내에 현금화가 될 것처럼 위장하면 유동자산이 증가할 뿐만 아니라 유동비율이 높아져 재무구조가 건실해 보인다.

이와 반대로 당연히 유동부채에 계상되어야 할 채무를 고정부채 과목에 넣는다. 1년 내에 상환해야 할 매입채무, 단기차입금, 미지급금 등을 1년 뒤에 갚아도 되는 것처럼 분식하면 고정부채 비율이 상대적으로 높아져 안정성을 인정받을 수 있다.

삼삼종합금융은 1996년 부도 처리된 우성그룹 할인어음 1,209억 원과 팩토링 매입채권 789억 원을 기타자산으로 계상해야 하나 유동자산으로 처리했다. 계정과목 분류를 모호하게 함으로써 재무구조가 건전한 것처럼 위장한 것이다. 외부 감사를 진행한 회계법인은 이를 지적하지 않았다. 이 때문에 감사를 맡은 회계법인과 회계사들이 감독 당국으로부터 제재를 받았다.

이 밖에 포괄손익계산서의 비용으로 처리해야 할 것을 대차대조표(재무상태표)의 자산으로 반영하고, 대차대조표(재무상태표)의 부채로 처리해야 할 것을 이익과 자본으로 표시하여 분식하는 수법도 이와 비슷한 분식회계의 유형이 될 수도 있다.

9. 기업의 합병과 분할을 이용한 분식

사업 구조조정은 기업 가치 극대화와 위험관리를 목적으로 추진한다. 구조조정은 경영 환경의 변화에 적응하기 위해 기업의 골격을 바꾸는 기업 재조직의 방식으로 이루어진다. 구조조정에는 수익 구조조정, 사업 구조조정, 재무 구조조정이 있고 기업 인수 합병(M&A)과 기업 분할을 거쳐 구조조정이 완성된다.

한국 기업들의 경우 ■ 낮은 생산성 ■ 낮은 수익성 ■ 과다한 부채 ■ 소유와 경영이 분리되지 않은 열악한 지배 구조 ■ 미래의 불확실성 등을 이유로 수명이 점차 단축된다는 지적을 받고 있다. 그리하여 한국 기업의 구조조정은 수익성이 악화된 사업 부문을 분사(分社)하거나 아웃소싱 하는 방법으로 추진된다.

그처럼 바람직한 경영관리 기법임에도 불구하고 합병과 분할에 의한 경제 실체의 잦은 변경은 분식회계의 가능성을 높인다. 이익이 나지 않거나 손실이 발생하는 기업을 수익성이 높은 기업과 합병하는 수법, 자회사를 인수한 뒤 자금 · 주식 · 제품 · 상품 · 자산을 주고받는 거래를 통해 분식회계의 목적을 달성한다. 반복적인 거래가 복잡하게 얽혀들면 부채를 감추고 투자자산과 이익을 부풀리는 데 더없이 도움이 될 수 있다.

최근 미국에서 분식회계 가능성이 높은 것으로 알려진 타이코 인터내셔널은 작은 GE를 내세우며 공격적인 인수 합병을 시도했다. 그 결과 다양한 사업 분야에 진출했고 거대한 기업 집단을 만들었다. 그 과정에서 M&A를 통한 자회사 인수와 이들 회사를 통한 이익 부풀리기가 핵심 의혹으로 지적되었다. 자회사들과 주식, 현금, 자산을 주고받는 복잡한 거래를 이용하여 부채는 감추고 이익은 부풀렸다. 특히 한 회사를 여러 개 회사로 분할하거나 M&A 기업 사냥의 방식으로 사용됐던 주식 상호 출자(맞교환) 방식이 타이코인터내셔널의 가치를 거품으로 포장케 했다는 지적이다.

10. 파생상품 거래를 가장한 분식

기업의 재무관리 위험을 회피하기 위해 개발된 파생상품 역시 안전하지 않다. 거래에 따른 위험과 수익이 동시에 높은 전형적인 고수익 · 고위험 상품의 특징을 지닌다. 노출된 위험을 회피하기 위해 파생상품을 보유하기도 하지만 투기 목적으로 보유할 수도 있다. 그처럼 위험한 투기적 성향에도 불구하고 파생상품과 역외펀드 거래에 관한 평가손익을 누락하거나 '주석사항'에 공시하지 않아 감리에 지적된 사례들이 의외로 많다.

2002년 결산 때 SK글로벌은 JP모건과의 파생상품 거래로 인한 손실 위험을 재무제표에 '주석사항'으로 자세히 설명하지 않았다. 그뿐이 아니었다. 2002년 10월 1,000억 원이 넘는 엄청난 손해를 보면서도 JP모건이 갖고 있던 SK증권 주식을 사들였다. 그 속사정을 아는 사람은 많지 않았지만 결국 들통 나고 말았다.

SK그룹은 퇴출 위기에 몰린 SK증권을 살리기 위해 JP모건에게

SK증권의 유상 증자에 참여해 줄 것으로 요구했다. 뜻대로 되면 이자를 얹어 그 주식을 매입하겠다는 이면 조건을 제시한 것은 물론이었다. 하지만 SK글로벌은 그 이면 계약 내용이 우발채무에 해당하는데도 '주석사항'에 기재하지 않았고 부채를 감추고 자산과 수익을 늘리는 등 분식회계까지 서슴지 않았다. 이처럼 복잡한 파생상품 거래를 통해 SK글로벌은 1,000억 원이 넘는 손실을 입는 데 그치지 않고 분식회계 기업이라는 불명예를 얻었다.

미국 엔론사는 사업 전망과 다르게 파생상품 거래의 손실이 발생하자 이를 만회하기 위해 주식시장과 에너지 국제 시장에서 작전을 펼쳤다. 그리고는 이 사실을 철저히 비밀에 부쳤다. 하지만 가스와 전력 부문의 파생상품에 대하여 대규모 매수 포지션을 취했다가 가격이 하락하면서 더 큰 손실을 입었다.

엔론사는 이때부터 10년 동안 39억 달러의 부채를 숨겨 왔다. 뉴욕 월가의 대형 금융회사들로부터 돈을 빌리고도 부채로 처리하지 않았다. 명백하게 부채로 기재해야 할 거래를 장부에 파생상품(유동자산)이라고 기재한 것이다. 하지만 거래처의 회계 처리와 비교하면 엔론의 실제 부채 규모는 엄청 늘어나야 했다.

예컨대 엔론과 거래한 시티그룹은 스와프 계약을 맺는 방식으로 24억 달러를 빌려주었다. 물론 시장 상황에 따라 원리금 상환 규모가 달라진다는 조건이 붙었다. 말이 좋아 파생상품이지 은행 대출과 별다른 차이가 없는 금전 대차 거래였다.

어떤 은행이 엔론 앞으로 빌려준 1억 5,000만 달러도 국제 유가의 변동에 따라 상환 규모를 다르게 하는 조건이 붙었다. 파생상품 거래를 가장한 금전 대차 거래였다. 은행측은 이 돈을 대출로 회계 처리했지만 엔론에서는 파생상품을 거래한 것처럼 위장했다. 결국 부채를 숨기고 유동자산을 부풀리는 분식회계를 저지른 셈이었고, 돈을 빌리고도 자금 조달과 관련 없는 파생상품에 투자했다고 속인 것이다.

파생상품은 그 구조가 상당히 복잡하여 일반 투자자들은 이해하기 어려우나, 파생상품에 대한 공시 내용을 꼼꼼히 살펴보고 전문가에게 자문을 구함으로써 거래 목적과 그 내역을 정확히 파악해야 한다. 파생상품에 관하여는 뒤에 가서 다시 한 번 다루겠다.

■ 역외펀드

역외 펀드란 역외(域外), 즉 국가 밖에서 운영하는 펀드를 말한다. 다시 말해 국내 주식 거래에 관심이 있는 외국인들의 돈을 모아서 제3국에서 운영하는 돈을 말한다. 국내로 돈을 반입하지 않고 외국에서 운영하는 이유는 정부의 규제를 받지 않고 세금을 절약하면서 돈을 불리기 위해서다. 국내에서 펀드를 조성하면 금융 감독 당국의 감시를 받게 되고 운용 내역도 조사를 받는 등 불편해지기 때문이다.

일반 기업이나 금융회사의 유가증권 매매 차익에 대하여 과세를 하지 않는 나라, 엄격한 외국환 관리 규제가 없는 지역에 설립하는 펀드를 역외펀드라고 한다. 일반적으로 국내의 일부 기업들이 유가증권 매매에 따른 세금이나 각종 규제를 피할 목적으로 조세 회피 지역 등 제3국에 설립하는 경우가 많다. 1968년 이 역외펀드가 처음

생긴 이후 버뮤다제도 · 캐나다 · 바하마 · 더블린 등 태평양과 대서양의 작은 섬들이 역외펀드의 주요 설립 장소로 이용되어 왔다.

투자 자금의 10배까지 무보증 차입이 가능하여 증식 효과가 크다는 점에서 해외 자금 유치에 편리하다는 장점을 자랑한다. 하지만 한국의 코스닥 상장기업을 비롯한 일부 기업들이 조세 회피 지역에 역외펀드를 세워 이를 주가 조작과 허위 외자 유치 등 불공정 거래의 수단으로 악용하는 사례가 있어 사회적 문제로 불거지기도 했다.

2001년 초 한국기술투자가 역외펀드를 이용하여 국내 증시의 주가 조작에 뛰어든 사례, 벤처투자회사가 말레이시아 라부안 섬에 있는 두 개의 역외펀드를 이용하여 코스닥 상장기업인 바른손의 주가를 조종한 끝에 12배까지 상승시킨 것 등이 대표적 사례라고 할 수 있다.

특히 황우석 교수의 줄기세포 연구가 세계적인 주목을 받으면서 줄기세포 관련 주에 대한 외국인들의 단타 매매가 이어져 관심을 증폭시켰다. 2005년 6월 30일 증권선물거래소에 따르면 외국인들이 하루 이틀 간격으로 줄기세포 관련 주식을 수만 주씩 사들인 뒤 다음 날 장 초반에 털어 내는 사례가 잦은 것으로 나타났다. 투기성이 강한 종목인 데다 외국인들의 단타까지 이어지면서 해당 종목은 극심한 변동을 보였다.

전문가들은 이 중 상당수가 외국에 역외펀드를 설립해 놓고 국내 증시에 투자하는 한국인들의 매매일 가능성이 있다고 진단했다. 종목별 매수와 매도 시점이 비슷하여 소수의 펀드에서 줄기세포 관련 테마를 집중적으로 매매하고 있는 것으로 추정되었다.

11. 회계 처리 방식 변경을 통한 분식

당기순이익이 예상외로 너무 많이 발생할 때 내년에 써야 할 비용을 올해 미리 회계 처리한다. 예컨대 몇 년 동안에 걸쳐 분할 상각해도 되는 감가상각비 등 손실(비용)을 미리 과다하게 당기 비용으로 처리하거나 대손충당금(부채)을 줄이는 방법으로 이익을 조절하는 경우도 있다.

상장법인 중 최대 규모의 이익을 실현하는 삼성전자는 과거에 몇 년 동안 연속하여 회계 처리 방식을 변경해 온 것으로 유명하다. 삼성전자는 감가상각 내용연수를 바꾸는 수법을 통해 이익을 조절해 왔다. 이익이 과다하다고 생각되면 감가상각비를 늘리고 이익이 줄어드는 회계연도에는 회계 처리 방식을 다시 바꿔 감가상각비를 줄인 뒤 이익을 늘리는 수법이었다. 너무 자주 회계 처리 방식을 바꾸다 보니 일부 소액 투자자들은 공시 내용을 제대로 이해하지 못했다.

예컨대 1994년에 당기순이익이 너무 많이 나자 이연자산 감가상각 방법을 변경했다. 3년 동안 균등 상각해 오던 이연자산의 감가상각 방식을 당기의 일시 상각으로 조정했다. 어떤 해는 조세감면규제법상 특별 상각을 해야 할 자산을 상각 처리하지 않는 수법도 썼다. 물론 '재무적 기초를 공고히 한다.'는 사유를 내세워 회계 방법을 변경한 것이다.

1995년에도 다시 당기순이익이 많아지자 '재무적 기초를 공고히 한다.'는 사유를 내세워 법인세법상 가속 상각을 실시했다. 하지만 1996년에는 '기업 환경의 중대한 변화가 있었다.'는 사유를 내세워 다시 회계 방법을 바꿨다. 이익이 줄어들자 전년도에 적용했던 법인세법상 가속 상각을 실시하지 않았고 외환환산손익을 자본으로 조정하는 수법을 썼다.

그러다가 1997년이 되자 '합리적인 회계 추정 방법으로 변경해야 하는 사유'가 발생했다면서 외환환산손익의 이연자산, 상각 처리 유형자산의 내용연수를 다시 변경했다. 장기간에 걸쳐 바라보면 전체적인 이익 규모에 특별한 영향은 없겠지만, 1년 단위로 이익을 줄였다가 그 이듬해 이익이 적어질 때는 줄였던 이익을 다시 계상하는 수법으로 이익을 경영자 맘대로 조정한 것이다. 이처럼 회계 처리 방식을 너무 자주 바꾸면 기업의 연도별 실적과 재무 상태를 비교 분석 평가하는 작업의 의미가 없어진다.

※ **이연자산**

지출 효과가 차기 이후에 미치기 때문에 지출한 연도의 비용으로 계상하지 않고 차기 이후의 비용으로 배분하기 위해 당기에 자본화하는 자산을 말한다. 이연자산은 ■ 이미 지출한 비용을 이연하여 자본화한 것으로 ■ 지출 효과를 차기 이후로 이연시켜 자산에 계상하기 때문에 '선급비용'과 유사한 성격을 지닌다. ■ 형태가 없고 ■ 유동자산에 속하지 않고 ■ 정액법에 의하여 균등 상각을 한다는 점에서 '무형고정자산'과 유사한 성격의 자산이다. 하지만 우리나라에서는 기업회계기준의 변경으로 1999년부터 이연자산 항목이 없어졌다. 따라서 과거에 이연자산으로 분류되던 것들은 창업비(무형자산)를 제외하고 당기 비용으로 계상해야 한다.

종전의 이연자산은 다음과 같이 처리한다.

이 연 자 산	개 정 후
창업비	무형자산 처리
개업비	삭제(일부만 창업비로 나머지는 비용 처리)
신주발행비	주식할인(할증)발행차금에 가감
사채발행비	사채할인발행차금에 가감
연구개발비	개발비(연구비는 당기 비용 처리)
환율조정차	삭제(전액 비용 처리)

12. 부외자산의 매출

부외자산(簿外資産)은 부외부채와 대립되는 개념으로 장부에 계상하지 않은 비밀 자산이다. 부외자산의 매출은 '자산 과소 계상' '수익 과소 계상' '비용 과대 계상' 등 역분식회계에 해당하는 성격이지만 별도 소개해야 하는 이유가 있다. 제조원가를 분식하여 얻어지는 자산을 회사 장부에 반영하지 않고 아예 장부 밖으로 빼돌린다는 점에서 근본적인 차이가 있기 때문이다.

부외자산의 매출을 자세히 들여다보면 단순히 회사의 이익을 줄이기 위해 분식을 시도하는 게 아님을 알 수 있다. 부정한 방법으로 영업 · 생산 · 재무 활동의 비리를 감추는 데 그치지 않고 부정행위에서 발생하는 이익을 경영자가 모조리 횡령한다는 사실에 각별히 유념해야 한다.

부외자산이 생기는 순간부터 기업의 경영자에게는 빈틈없는 보안 유지와 신속한 비밀 반출이 필요하다. 부외자산이 생성되는 과정이 안팎에 노출될 경우 법망에 걸려들 가능성이 높고, 한번 적발되면 상습적인 범행으로 인식되어 그 회사 전체와 동종 업계 전반에 미치는 파급 효과가 클 것이기 때문이다.

경영자가 부외자산을 일부러 만들기도 하지만 일반적으로 불법과 탈법이 판치는 불투명한 경제 유통 구조가 자연스럽게 만들어내는 경우가 월등히 많다. 사업을 하다 보면 거래처의 불법과 탈법에 편승해야 하는 사태가 가끔 벌어진다. 이를테면 원재료, 원자재 등을 적게 넣어 규격 미달 제품을 만들어 달라고 간곡히 주문한다. 어쩔 수 없이 거래처가 요구하는 대로 따라가던 와중에서 부외자산이 쌓이게 마련이다.

속사정이 그처럼 절박하다 보니 이미 만들어진 부외자산을 장부 안으로 밀어 넣기도 쉽지 않다. 장부에 없는 자산을 장부에 반영하려면 명백한 근거와 자료가 있어야 한다. 합리적인 회계 처리를 위해서는 그 부외자산을 정상적인 상거래를 거쳐 취득한 것처럼 가장해야 하고 매입 세금계산서를 사들여야 가능한 일이다. 따라서 아주 저렴한 금액으로 원부재료를 매입한 것처럼 처리해도 최소한의 기업 자금이 유출되어야 한다.

결국 큰 규모의 분식회계를 숨기려고 작은 규모의 또 다른 분식회계를 시도하는 결과가 된다. 그렇다고 해서 부외자산을 장부 안으로 집어넣는 그 방법이 안전한 것은 아니다. 소박하게 생각하여 대충 처리했다간 규격 미달 제품을 만들었다거나 분식회계를 했다는 사실을 실토하는 것밖에 되지 않을 수도 있기 때문이다.

비밀 매출 작전

거래처의 요청에 따라 규격 미달 제품을 만들어 납품하고 정품을 생산한 것처럼 조작하다 보면 장부 밖으로 원부재료, 원부자재, 재공품, 제품 등 재고자산이 쌓일 수밖에 없다. 이렇게 누적된 재고자산을 부외자산의 일종으로 본다. 부외자산이 발생하는 순간부터 '임자 없는 재산'이 되기 때문에 눈독을 들이는 사람들이 나타나게 마련이다. 한때 D그룹의 계열사였던 K금속의 경우를 예로 들어 자세히 설명하자.

K금속은 알루미늄을 원자재로 투입하여 건축용 알루미늄 새시를 대량 생산하는 회사였다. 그런데 공사 원가를 줄이기 위해 적지 않은 중소 건설업자들이 KS 규격에 미달하는 알루미늄 새시를 원했고, 중간 마진을 높이고자 많은 대리점들도 규격 미달 제품을 저렴한 가격으로 주문했다. 적지 않은 거래처에서 두께가 얇은 알루미늄 새시 납품을 요구하다 보니 K금속도 어쩔 수 없이 규격 미달 제품을 생산하여 공급해야 했다. 이 과정에서 비양심적인 거래처들이 불법 이익을 챙기고자 비(非, BS)규격 제품을 특별 주문하는 사이 K금속의 최고경영자도 그 거래처들 덕분에 호주머니를 채웠던 것이다.

알루미늄을 압출(壓出)할 때마다 건축용 새시의 두께를 조작하면 두께가 얇아지는 그만큼 원자재가 절감된다. KS 규격보다 부피가 얇고 중량이 가벼운 제품을 만들 경우 현실적으로 원자재가 덜 투입되기 때문에 얼마든지 원가 조작이 가능하다.

규격 미달 제품을 생산하고도 규격 제품을 만든 것처럼 조작하다 보니, 실제 원자재 투입량보다 부풀려 얻어지는 물량, 즉 원가 조작

(역분식결산) 부분에 해당되는 원자재가 장부 밖에 쌓이기 시작한다. 결국 투입되지 않은 알루미늄 원자재가 나날이 장부상 재고에서 줄어들고, 장부에 잡히지 않은 원자재는 하루가 다르게 10톤, 20톤, 30톤, 100톤, 200톤, 300톤으로 늘어난다. 종업원들 모르게 슬쩍 팔아먹어도 좋은 원자재와 제품이 넉넉하게 비축되는 것이다.

이렇게 확보된 부외자산을 처분하여 착복하지 않으면 경영자가 큰코다칠 수밖에 없다. '안 먹으면 오히려 체하는 물건' 이 되고 만다. KS 규격이 아닌 규격 미달 제품을 생산하는 바람에 부외자산이 늘어났다고 자수할 수도 없는 일이고, 중량과 두께가 기준치에 미달하는 제품을 KS 규격으로 속여 팔아먹었으니 '공급하는 자' 와 '공급받는 자' 를 모두 처벌해 달라고 탄원하기도 어려운 일이다. 같은 공범으로서 서로 고마워해야 할 짓들이니 당국에 고발할 성격도 아니다.

새로 부임한 K금속의 J사장은 이 부외자산을 처분하여 개인적으로 착복하고, D그룹의 영향력 있는 사람들에게 상납도 하고, 로비자금으로도 쓰고, 수족들에게 뿌리는 촌지로도 사용하기 위해 머리를 굴린다. 이른바 '비밀 매출 작전' 이 시작된 것이다. 이 작전에 가담한 종업원은 영업부에서 두 명, 생산관리과 과장, 제품관리과 대리, 총무과 대리 등이다. 물론 경비실이나 경리부가 눈치를 채지 못하도록 극비로 추진한다. 무단 반출한 제품과 원자재의 판매 대금을 따로 관리하기 위해 다음과 같은 '비밀 매출 작전 요령' 이 만들어진다.

■ 장부상 매출로 잡히지 않는 부외자산 '비밀 매출'의 경우, 우측 상단에 구멍을 뚫은 '비(秘)표시' 거래명세서를 발행하여 정상 매출과 확실히 구별한다.

■ '비밀 매출' 제품이 경비실을 통과한 뒤, 제품 출고 담당자는 '비표시' 출고 거래명세서 사본을 영업부장 앞으로 즉시 이관한다.

■ 그 날 업무를 마감하면서 경비실로부터 출고일지와 함께 넘어온 구멍 뚫린 '비표시' 거래명세서는 경리부로 넘기지 않고 그 자리에서 파기한다.

■ 총무과에서 경비실의 출고일지를 새로 작성한 뒤, 경비실에서 작성한 바 있는 '비밀 매출'이 포함된 출고일지를 없애 버린다.

■ 영업부장은 제품관리과의 출고대장과 경비실의 출고일지에 '비밀 매출' 내역이 누락되었음을 재확인한 뒤, '비표시'가 있는 거래명세서는 별도 관리한다.

■ 영업부장은 J사장에게 '비밀 매출' 집계표와 함께 그 동안 모아 둔 '비표시' 거래명세서들은 일단 보여 주고 그 즉시 증거를 인멸한다.

■ '비밀 매출'에 대하여는 영업부장이 직접 거래처를 방문하여 수금하는 것을 원칙으로 하되, 세금계산서 발행 없이 정상 매출 가격의 70% 조건으로 싸게 팔고 반드시 현금 결제한다. 정상 매출 미수금이 현금으로 입금되거나 '비밀 매출' 외상 대금이 현금으로 입금될 경우 '비밀 매출' 외상 대금 변제에 우선 충당하고 남는 돈이 있으면 정상 매출의 외상 대금과 상계 한다.

■ '비밀 매출' 금액이 대리점의 거래처 원장에 반영되지 않도록

만전을 기하고, 특히 이 내용이 경리부 직원들에게 알려지지 않도록 특별히 보안을 유지한다.

이러한 부외자산 '비밀 매출'은 규격 미달 제품을 발견하지 않는 한, 규격 미달 제품의 비밀 수요처가 엄연히 존재하는 한, 적발해 내기가 거의 불가능하다. 감독관청에서 제조 공정의 생산성과 생산 실패에 따른 회수율 등을 중심으로 생산일보를 면밀하게 분석해도 들추어내기가 쉽지 않다.

13. 매출 누락과 매입 부풀리기

매출을 과대 계상하거나 비용을 과소 계상하는 수법이 분식회계의 전형일 수 있다. 하지만 이와 반대로 이익을 늘리기보다 원가(손실)를 과대 계상하여 회사 재산을 빼돌리기도 한다. 이른바 매입을 부풀려 발생한 소득을 장부에 반영하지 않고 착복하는 수법이다.

아주 일반적인 사례로 원자재나 부자재 등의 물품을 구매할 때 매입 금액을 실제보다 증액시켜 그 차액을 비자금으로 조성하는 방법을 들 수 있다. 예컨대 10억 원의 세금계산서(부가세 포함 11억 원)를 11억 원(부가세 포함 12억 1천만 원)으로 조작해 발행하는 것이다. 이때 원부자재 납품 거래처에 부가세 보상조로 1천만 원을 건네는 것이 관행이지만 지켜지지 않을 때도 더러 있다.

대기업의 눈치를 살펴야 하는 납품 업체의 입장에서는 부당한 줄 뻔히 알면서도 다음 거래를 위해 울며 겨자 먹기로 눈감아 주지 않을 수 없다. 부가세를 부담하면서까지 가공의 매출세금계산서를 발행해야 한다. 실제보다 많은 매출을 일으켰으니 상대적으로 매입(경비)을 허위 계상해야 하는 고충도 감수해야 한다.

매입을 부풀려 착복하는가 하면 매출을 누락시켜 착복하기도 한다.

영업 활동을 통해 얻어지는 정상 매출액을 누락시키기는 것도 흔한 수법 가운데 하나다. 물품이나 용역이 오가는 과정에서 자금이 수수(결제)되더라도 세금계산서의 발행을 생략하여 막대한 금액을 챙긴다.

'노가다 회사가 망하면 막도장이 열 가마'란 우스갯소리가 건설업계에 나돈다. 읍·동·면사무소 직원을 매수하여 저소득층의 주민등록등본을 대량 발급받은 후 막도장을 새겨 노임이 지급된 것으로 위장한 사실을 빗댄 말이다. 과거 건설회사의 고전적인 비자금 조성·분식회계 수법 중의 하나였다.

건설회사에서 가장 매력 있는 회계 처리 계정과목이 바로 '노무비'다. 그 중에서도 건설 현장에 투입하는 잡부들의 노임이 분식회계의 수단이 된다. 공기를 현격하게 단축했을 때 노무비 예산은 남아돈다. 기업주는 이 눈먼 예산 앞에서 군침을 흘린다. 그 때마다 회사 돈을 빼돌리기 위해 발생하지도 않은 잡부 인건비를 계상하는 수법을 즐겨 채택한다.

읍·동·면사무소 공무원들을 매수하여 영세 서민들의 주민등록등본을 무더기로 발급한 뒤 이를 근거로 다수를 임시 고용한 것처럼 위장한다. 이때 인건비 지급대장에 수령자의 날인이 필요하자 제작이 간편하고 값싼 나무도장이 동원된다. 이들 목도장의 임자는 세금

부담이 없는 것은 물론이고 오히려 국가의 최저 생계비 지원 대상이기 때문에 노임이 지급된 것으로 처리해도 특별히 문제가 되지 않는다.

현장 경리 책임자는 현장 소장의 지원 아래 가공의 노임지급대장을 만들고, 공사관리부나 구매 부서에선 경영자의 지시에 따라 매입세금계산서를 사들인다. 비자금 조성 목표액을 배정받은 중역은 공사 자재의 물량을 투입한 것처럼 속이기 위해 거래처와 하도급업자들을 불러들여 이중 계약을 체결하도록 종용한다.

해외 건설 시장에 진출한 회사, 활발한 해외 투자로 규모를 키워가는 대기업들의 분식회계에 대하여 제동을 걸기란 쉽지 않다. 해외 영업 활동에서 얻어지는 수익을 누락시켜 만든 불법 소득이나 커미션을 제삼자의 구좌에 입금시킨 후 역시 제삼자의 구좌로 외화 송금을 해 오기 때문이다. 현지 외국은행으로부터 자금을 차입한 것처럼 위장하여 제삼자 명의로 국내에 투자하는 방법을 쓰면 분식회계의 근거를 발견하기가 쉽지 않다.

해외 거래처나 해외에 진출한 국내 업체와 짜고 실제 매입가보다 더 높게 이중 계약을 체결하고 그 차액을 제삼자의 구좌에 입금시켰다가 송금하는 수도 있고 해외 현지 은행에 예치하여 수시로 꺼내 쓰기도 한다.

리베이트 등 뇌물성 수입금을 정식 수입금으로 계상하지 않고 비자금으로 별도 관리하는 경우도 흔하다. 리베이트가 자주 오가는 해운, 건설, 보험 업계 등이 여기에 해당된다.

가공 세금계산서

가공 세금계산서란 실제의 재화나 용역의 공급 없이 발행된 세금계산서를 말한다. 하지만 과거와 달리 최근 들어 세무서에서는 개인 사이에 이루어진 거래일지라도 가공 세금계산서의 사용 여부를 쉽게 알 수 있다. 모든 사업자들의 신고 내용을 전산으로 누적 관리하고 있기 때문이다.

당해 사업자의 연도별 신고 추세, 같은 업종의 다른 사업자와의 신고 상황 비교, 거래처의 신고 내역 등이 전산으로 분석되어 나타난다. 때문에 옛날과 다르게 가공 세금계산서의 사용 여부를 쉽게 가려 낼 수 있다.

일반적으로 재화나 용역을 공급하지 않고 가공 세금계산서를 교부하는 자료상(資料商)들은 단기간 내에 거액의 자료를 발생시키고 폐업한다. 자료상으로부터 세금계산서를 수취한 사업자는 나중에 철저한 세무 조사를 받게 된다. 따라서 가공 세금계산서의 사용 여부가 적발되지 않고 넘어가기란 쉽지 않다.

가공 세금계산서 식별 요령

최근 들어 물건을 판매하는 사람이 자신의 매출을 숨기기 위해 다른 사람 명의로 세금계산서를 발행하는 사례가 많다. 이러한 세금계산서를 '위장(가공) 세금계산서' 라고 한다.

외부로 드러나는 거래 내용이 실제의 거래 내용과 다른 변칙적인 거래를 '위장 거래' 라고 한다. 위장 거래에는 ■ 실물 거래는 있으나 거래 품목, 거래 상대방 등 거래 내용의 일부 또는 전부가 사실과 다를 경우 ▪ 실물 거래 없이 세금계산서만 교부하는 '가공 거래'를 수반하는 경우가 있다.

가공 세금계산서를 받은 경우에는 매입 세액을 공제받을 수 없다. 위장 거래에 대하여는 실질 과세 원칙에 의해 실제 내용에 따라 실제 거래자에게 과세해야 한다. 위장 거래의 당사자에 대하여는 부가가치세법상 세금계산서 불성실 교부에 따른 '가산세'와 '매입 세액 불공제' 규정이 적용될 뿐만 아니라 '조세범 처벌법'에 의한 처벌 규정도 적용된다.

사업을 하다 보면 평소 거래를 하지 않던 사람으로부터 시가보다 싸게 물품을 대 줄 테니 사겠냐는 제의를 받을 때가 없지 않다. 이처럼 거래 상대방이 정상 사업자인지 아닌지 의심스러울 경우엔 어떻게 대처해야 할까.

불가피하게 간헐적인 거래가 이루어질 때는 상대방이 정상 사업자인지, 정당하게 발행된 세금계산서인지 여부를 먼저 확인해 봐야 한다. 거래 상대방이 폐업자이거나 세금계산서가 다른 사업자 명의로 발행된 때는 매입 세액을 공제받을 수 없기 때문이다. 의심스러운 세금계산서를 받을 경우, 다음 사항을 반드시 확인해야 예기치 못한 손해를 예방할 수 있다.

■ 세금계산서 발행 가능한 정상 사업자 여부 확인

폐업자나 간이과세자, 면세 사업자 등은 세금계산서를 발행할 수 없다. 따라서 이들이 발행한 세금계산서는 세금계산서로서의 효력이 없어 매입 세액을 공제하지 않는다. 특히, 폐업자가 폐업 신고를 하고 난 뒤 재고품을 처리하는 과정에서 종전의 사업자 등록 번호로 세금계산서를 발행하는 사례가 종종 있기 때문에 조심해야 한다. 거래 상대방이 의심스러울 경우 반드시 확인해 보는 게 현명한 절세 방법이다.

■ 과세 유형과 휴 · 폐업 조회

거래 상대방에 대한 과세 유형이나 정상 사업자인지 여부를 확인하려면 국세청 홈페이지(www.nts.go.kr)를 활용할 수도 있다. '조회 계산 서비스'를 클릭한 뒤 '사업자 과세 유형 · 휴폐업 조회' 화면에서 바로 조회할 수 있다.

14. 기술소득, 부산물 등 빼돌리기

제조 과정에서 얻어지는 기술 소득 금액을 장부에 반영하지 않는 경우도 지극히 상투적인 수법에 속한다. 원자재의 종류나 제조 방법에 따라 차이가 있지만 감독 당국의 원자재 공인 로스율이 5%라고 할 때 최대의 제조 기술을 발휘하여 3%로 낮춰 그 차이 2%에 해당하는 금액을 누락시키는 것이다.

예컨대 실제 로스율이 3%인데도 5%인 것처럼 속이고 원자재를 더 투입한 것처럼 위장하여 2%에서 얻어지는 매출 소득을 과소 계상한다. 아예 회수율이 100%이고 로스율이 0%(제로)여도 일정 비율의 로스를 제거하면 자연스럽게 부외자산이 발생한다.

예컨대 제조 공정에서 발생하는 스크랩 · 칩 · 드로스 · 고철 등 부산물 매각 대금을 누락시키거나 건설 현장에서 얻어지는 모래 · 자갈 등의 매각 대금을 빼돌리기도 한다. 조선업, 중공업, 금속가공업 등 쇠붙이를 다루는 기업과 건설회사 같은 데서 볼 수 있는 수법의 하나다. 특히 모래·자갈 등의 채취량이 들쭉날쭉하기 일쑤여서 일부러 분식회계를 하지 않아도 빼돌리기가 비교적 용이하다.

5공 시절에 있었던 L건설의 모래 비매출 사건은 수사가 확대되는 듯했으나 어느 날 갑자기 오리무중으로 종결되었다. 잠실 석촌호 주변 모래땅에 대단위 아파트 단지를 건설하던 L건설이 현장에서 채취한 모래를 대량 매각하여 그 대금을 매출(수익)에 계상하지 않고 빼돌렸던 것이다.

기업주의 불법 행위에 편승하여 현장 책임자까지 해먹었다는 소문도 떠돌았고 수사가 진행 중일 때 담당 임원과 현장 소장이 사임했다. 그뿐이 아니었다. 아파트 공사에 투입된 모래는 모두 현장에서 채취한 것임에도 외부에서 거액을 들여 매입한 것처럼 위장한 사실이 적발되기도 했다.

하지만 그 사건은 의외로 신속하게 수습되었고 수사 결과는 용두사미처럼 여론의 도마를 피해 갔다. 그것은 어쩌면 분식회계와 비자금으로 돈독해진 기업주의 재력과 정치권력의 유착 관계가 얻어낸 조그마한 승리였는지도 모른다.

비자금(秘資金)

회계 처리할 때 대차대조표(재무상태표)에 나타나지 않는 비밀스런 유보 이익이 비자금이다. 통상 거래에서 발생하는 사례금(rebate)과 커미션을 포함하여 '비밀 준비금'이라고도 한다. 특정의 '비밀 자산'을 일컫는 의미가 아니고 '자산의 과소 계상'과 '부채의 과대 계상' 의 결과를 가리키는 말이다.

다시 말해 기업의 공식적인 재무 감사에서도 드러나지 않고 세금 추적도 불가능하도록 특별 관리하는 부정한 자금을 통틀어 비자금이라고 한다. 주로 무역과 계약 따위의 거래에서 관례적으로 발생하는 리베이트와 커미션, 회계 장부조작 등을 통해 조성된다.

비자금은 공식적인 회계감사에서도 쉽게 드러나지 않는데, 이렇게 숨겨진 자금은 'B' 표시의 메모를 활용하여 회사 경리 부문에서 특별 관리한다. 회사의 재정적 기초를 강화하고 경영에 탄력성을 부여할 뿐만 아니라, 영업 성적을 노출시키지 않고 이익 배분의 평균화를 노리는 데 그 목적이 있다.

하지만 탈세의 빌미가 되면서 그 비자금으로 주가의 등락을 조작하거나 뇌물 수수 · 착복 · 사사로운 이해관계 유지 · 불법적인 정치자금 제공 등의 폐단으로 나타난다. 비자금의 관행이 고착화되면 경제 구조가 왜곡되는 데 그치지 않고, 빈익빈(貧益貧) 부익부(富益富) 현상이 심화되어 사회의 건전한 기풍이 흔들리게 된다.

일부러 비자금을 조성하는 경우도 많지만, 잘못된 경제 관행 때문에 본의 아니게 만들어지는 비자금도 적지 않다. ■ 매출을 증명하는 세금계산서 발행을 생략하여 매출을 누락시키거나 ■ 가공의 매입 세금계산서를 사들여 매입을 과대 계상하거나 ■ 사례금과 커미션 등 수익을 숨기거나 ■ 실제 지출한 것보다 많은 비용을 지급한 것처럼 과대 계상하는 방법으로 비자금을 만든다.

주문자들이 원하는 규격 미달 제품을 생산하는 과정에서도 비자금이 쌓일 수 있다. 예컨대, 90톤의 원료를 투입하여 규격 미달 제품을 만든 뒤, 정상 규격의 제품을 생산한 것처럼 위장하기 위해 회계 조작으로 100톤이 투입된 것처럼 장부 처리할 경우, 10톤에 해당하는 미사용 원료가 비자금의 원천으로 조성된다.

심지어 어떤 재벌 총수는 서울 공장을 지방으로 이전할 때 발생한 폐기물을 처리하는 과정에서 비자금을 조성하여 개인 용도로 사용했다. 이 재벌 총수는 폐기물 처리업체를 위장계열사로 인수하고 폐기 물량을 늘리는 방식으로 계약서와 회계 장부를 조작하여 수십억 원을 빼돌리기도 했다. 이 같은 범죄를 저지르다가 적발되면 특정경제범죄가중처벌법 위반(횡령) 혐의로 형사 처벌될 수 있다.

엉터리 재무제표 읽는 비법

3부

분식회계를 시도하는 이유

현재 우리나라의 기업회계기준은 상법과 세법을 수용하여 규정되었기 때문에 기업 회계 본연의 목적을 상당히 소홀하게 취급하고 있는 편이다. 기업 회계의 체계는 공업 회계 기준, 준칙, 예규의 순서에 따라 계층적으로 구별될 뿐만 아니라 별도로 연결재무제표기준, 건설업회계처리기준, 리스회계처리기준 등 업종별 실무에 따른 회계 기준이 있다.

기업의 재무제표는 자의성이 개입되지 않으면서 일반적으로 인정된 기업회계기준에 따라 작성되어야 한다. 그럼에도 불구하고 기업의 최고경영자가 재무제표의 사용 목적에 적합하도록 재무제표를 분식하라고 지시하는 사례가 많다.

1. 재무제표를 실제보다 좋게 분식하는 경우

가. 자금 차입

금융기관의 신용평가 때 높은 점수를 얻어 자금 조달을 손쉽게 하기 위해 분식회계를 시도한다. 과거 우리나라 재벌 기업처럼 타인자본 위주로 경영을 일삼던 상황에서는 분식회계의 유혹을 뿌리치기 어려웠다. 매출액과 당기순이익이 증가하면 우량기업으로 인정되어 자금 차입이 쉬워지고 금리도 낮아져 금융비용을 절감할 수 있었기 때문이다.

2002년 3월 대검 '공적자금비리 합동단속반'은 1,500억 원대의 분식회계를 통해 금융기관으로부터 1,000억 원을 불법 대출받은 혐의로 C그룹 부회장 L씨에 대하여 특정경제범죄가중처벌법상 사기 등 혐의로 구속 영장을 청구했다.

L부회장은 지난 1998년 500억 원대, 1999년 1,000억 원대 규모의 분식결산을 했으며 조작된 장부를 근거로 지난 1999년부터

2000년 사이에 4개 시중은행으로부터 1,000억 원 가량의 불법 대출을 받았다. L회장의 불법 대출은 속된 말로 '새 발의 피' 였다.

2005년 6월 16일 김우중 전 대우그룹 회장이 검찰에 구속되었다. 검찰이 밝힌 구속 사유에 따르면 '대우그룹 4개 계열사에 1997년 19조 1,000억 원, 1998년 21조 2,000억 원의 분식회계를 지시했고 약 41조 원을 분식한 장부를 이용하여 금융기관 신용대출, 무보증 회사채 등을 통해 9조 8,000억 원 가량의 사기 대출을 받았다' 는 것이었다.

나. 주가 관리

주식의 가치를 높이고 주가를 유지하기 위한 주가 조작에 분식회계를 악용한다. 주식시장에서 재무제표를 공시할 때 순이익이 높으면 주가가 그만큼 상승하는 경향이 있다. 따라서 대주주와 기업주는 회계 장부를 조작해서라도 주가 상승효과를 얻으려고 한다. 여러 가지 재무 분석 비율이 좋아져야 주식시장 투자자들의 관심을 모을 수 있기 때문이다.

언젠가 금융감독원은 12월 결산 상장법인 518개 사가 제출한 감사보고서를 분석한 결과 부채비율이 가장 높은 회사는 J그룹 계열사인 A사라고 밝혔다. 부채비율이란 기업의 부채 규모를 자기자본으로 나눈 것으로, 투자자 입장에서는 낮을수록 위험 부담이 적은 기업이라고 할 수 있다.

A사의 부채비율은 자그마치 11,000%로 부채가 자기자본의 100배를 넘은 셈인데, J그룹에 인수된 이후 계속 적자를 기록하는 바람

에 재무구조가 매우 취약한 편이었다. 금융감독원의 발표에 따르면 J그룹이 경영권을 인수하고 나서 재무구조가 급속히 악화된 것으로 알려졌지만 실제론 있을 수 없는 일이었다. A사는 그 동안 천문학적인 적자 누적을 교묘한 분식회계를 통해 장기간 숨겨 왔던 것이고, 그 '눈 가리고 아옹' 이 해를 거듭하다가 마침내 들통이 난 것뿐이다.

기술 개발에 눈부신 성과를 거두고 이익을 내면서도 재무관리에 소홀하여 흑자도산하는 기업이 있는가 하면, 대책 없는 부실기업 A사처럼 엉터리 재무제표를 만들어 이익이 나는 것처럼 위장한 끝에 증권거래소 우량 종목으로 올라서는 기업도 있다. 그 바람에 높은 주가를 유지했고 금융기관에서 자금을 차입하고 유상증자와 회사채 발행 등으로 자금을 조달한 덕분에 당분간 부도는 면할 수 있었지만 '외줄 타기 곡예' 는 그리 오래 가지 못했다.

필자가 만 1년의 근속 기간을 겨우 채우고 A사를 탈출한 데는 그만한 이유가 있었다. 그 회사는 회생 불능 상태에 빠졌을 뿐만 아니라 자금 차입에도 한계점에 이르렀다는 사실을 누구보다 절감했기 때문이다.

필자가 입사했을 당시에도 그 회사의 재고자산이나 고정자산의 분식 규모와 부외부채는 이미 500억 원을 넘어선 상태였다. 천우신조로 J그룹이 덥석 삼키는 바람에 도산은 잠시 면했지만 정상적인 방법으로는 애당초 유지 존속이 불가능한 회사였다.

분식회계로 버티던 대표적 부실기업 A사. 이 회사에서 오래 근무했던 회계 담당 L차장은 그 때 배운 분식회계 기법을 최대한 활용하여 사기를 친 것으로 유명하다. 부실기업인 피혁 제품 생산회사 T

피혁과 S사를 인수하여 상장법인으로 만들어 잘 나간다 싶더니 L차장(L회장)은 거액의 불법 이익을 챙긴 뒤 부도를 일으키고 전격 구속되었다. 부도 직전 대주주 관련 주식 지분과 작전 지분을 적잖이 처분한 것으로 알려졌다.

T피혁은 돌아온 어음 8억 원, T피혁 관계사인 S사는 돌아온 어음 12억 원을 결제하지 못해 최종 부도 처리되었다. T피혁은 자본금 255억 원 규모의 피혁제품 제조업체이며 S사는 자본금 195억 원 규모의 피혁업체였다. 증권거래소는 이들 2개 사의 주권이 부도 직전 대량 거래됨에 따라 내부자거래 여부를 가리기 위한 매매 심리에 착수했다. T피혁의 경우 하루 평균 거래량이 22만 주에 불과했으나 부도 직전 이틀 동안 340만 주가 거래됐고, S사도 하루 평균 거래량의 2배가 넘게 거래가 이루어졌다.

L회장이 구속된 후 T피혁과 S사는 껍데기뿐인 회사들로 밝혀졌다. 말이 좋아 우량 상장법인이었지 몇 년 동안의 손실이 누적되어 사실상 자본 잠식 상태인 것으로 드러났다. 한때 부실기업 A사의 경리 책임자였고 분식회계의 귀재였던 기업주 L회장은 제 꼬리 배당, 언론 홍보 등을 통해 썩을 대로 썩은 회사를 우량 기업으로 둔갑시켰던 것이다.

다. 투자 유치

친지의 소개로 필자가 잠시 간여했던 벤처기업 K사는 며칠 지나고 보니 자본금을 가장 납입한 껍데기 회사임이 드러났다. 법무사와 공인회계사 알선한 사채업자로부터 '하루 자금'을 빌려서 납입 자본금을 통장에 넣었다가 뺀 것이 고작이었다.

그 회사 C사장은 지능적인 사기꾼이었다. 가장 납입한 자본금, 하루가 지나자마자 증발해 버린 자본금을 채우기 위해 특허권 사용료(실시료)를 준 것처럼 위장했고 몇몇 협력업체에 지급한 연구개발비를 과대 계상할 수밖에 없었다. 세금계산서를 몇 장 사들여 약간의 매출을 억지로 만드는가 싶더니 나중에는 벤처캐피털 회사의 투자 유치까지 성공할 수 있었다.

1997년 외환위기 전후로 우리나라 대기업들은 유상 증자를 성공시키거나 외국 자본을 끌어들일 목적으로 분식회계 자료를 내세웠다. 벤처기업과 코스닥 상장 업체들도 기관투자자들의 자본을 끌어들이는 작전에 분식회계 장부를 충분히 활용했다. 이처럼 매출을 부풀리고 재무 상태를 건실하게 만드는 등 장부를 조작함으로써 투자자 유치와 자본 조달에 가속도가 붙은 사례도 적지 않았다.

하지만 장부조작의 결과는 속 빈 강정에 불과했다. 겉모양만 번지르르한 재무제표를 앞세워 잠시 위기를 넘기긴 했으나 마침내 피해자만 양산하고 쓰러졌다. 분식회계를 즐기던 유명 재벌 그룹, 코스닥 상장기업, 유망 벤처기업들은 줄줄이 도산하고 말았던 것이다.

라. 기사회생

부실기업이라고 해서 그대로 주저앉을 수는 없다. 수단 방법을 가리지 않고 기사회생의 발판을 마련해야 한다. 법정관리 개시 결정,

주거래은행의 자금관리, 기업 경영 개선 작업(워크아웃), 공적 자금 투입 등을 노리는 과정에서 관계자의 승인을 받아내기 위해 장부를 조작하는 것도 서슴지 않는다.

부실 자산이 그대로 드러날 경우 관할 법원의 법정관리 개시 결정, 주거래은행의 자금 지원 대책, 채권단의 사적 화의 등을 통한 정상화 방안이 통과되기 어려울 때 쓰는 수법이 바로 장부조작이다. 어쨌든 아무리 부실기업이더라도 부실 자산을 줄이고 부외부채를 숨기는 등 가능한 한 부실 규모를 줄여야 재기 전망을 판단하는 데 유리해진다.

필자가 D그룹으로 편입된 부실기업 K사에 파견 근무할 때였다. 법정관리 개시 결정을 받은 회사에 적지 않은 부외부채가 있음을 확인하고 경악했다. 채권단과 관할 법원의 주도 아래 공인회계사가 샅샅이 뒤졌어도 부외부채가 적발되지 않았다니 믿기 어려웠다. 장부 밖에서 관리하던 할인어음(사채)과 관계회사 차입금만 해도 수십억 원이었다. 이 부외부채를 서둘러 갚기 위해 법정관리 진행 과정에서도 또 한 번 분식회계를 시도한 것은 물론이었다.

1997년 해태제과는 워크아웃 승인을 받아내기 위해 부실 자산 5,700억 원을 은폐함으로써 막대한 부실 규모를 줄였다. 막다른 골목에 몰린 해태제과는 부실 자산이 그대로 드러날 경우 채권단의 정상화 방안이 통과되기 어려울 것으로 판단하고 회계법인의 묵인 아래 분식결산을 한 것이다. 결국 워크아웃 개시 이후 들통 났고 2001년 6월 결산 때 4,665억 원을 결손 처리할 수밖에 없었다.

해태제과는 분식회계 끝에 불법 출자 전환에 성공했으며 출자 전환한 주식 1억 6,000여 만 주를 증권거래소의 주식시장에서 공개 매각할 수 있었다. 그 결과 20,000여 명의 소액 주주들을 경제적 파탄에 빠트렸고 1조 원에 달하는 회수 불능의 국민 세금이 공적 자금으로 투입되었다.

마. 제 꼬리 배당

대주주이자 최고경영자인 기업주가 이익 배당금을 많이 받기 위해 분식회계를 시도한다. 무엇보다 당기순이익과 이익잉여금이 증가해야 배당을 많이 받을 수 있기 때문이다. 대주주 오너의 탐욕과 이익 배당으로 결국 부실기업이 자기 꼬리를 잘라먹는 꼴이 되고 만다.

필자가 몸담았던 M건설, Y전선, K기업, D조선, D철강 등은 하나같이 상장법인이었고 우량기업이라는 위치에 걸맞게 매년 흑자를 냈다. 심지어 한 해도 빠짐없이 주주들에게 만족할 만한 배당까지 실시했다.

하지만 그 회사들은 우량기업이라기보다는 만성적인 적자에 시달리던 부실기업이었다. 기업 내부를 들여다보면 한심하기 짝이 없었다. 사실상 이익도 나지 않았고 자금 여유도 없었으니 돈을 빌려다가 배당금을 주어야 했다. 이른바 분식회계에 의한 '제 꼬리 배당'이었다.

특히 Y전선은 모 재벌 그룹으로 경영권이 넘어가면서 그 동안의 분식회계가 규모가 드러나는 바람에 수많은 투자자들이 손해를 입었고 경영권을 인수한 모 그룹마저 사실상 무너졌다. J산업으로 이름이 바뀐 Y전선은 누적 결손이 2,500억 원을 넘어선 지 오래고 최근 몇 년 사이에도 매년 200억 ~ 1,000억 원대의 손실을 기록 중이다. 그 영향으로 주식 상장이 폐지된 것은 물론이고 회사 정리 절차를 밟고 있다.

Y전선은 오래 전에 J산업으로 회사명을 바꾸었다. 얼마 전 필자는 이 회사 홈페이지를 방문했는데 소액 투자자들의 눈물 어린 호소와 항의가 게시판을 누비고 있음을 확인했다. A전선, B전선 등에 인수합병된다는 소문 때문에 이를 확인하려는 피해자들의 희망 어린 문의도 이어지고 있었다. 잠시 이 회사에 머물렀던 필자는 Y전선, 아니 J산업에 대한 소문을 들을 때마다 지금도 가슴을 쓸어내린다. 엉터리 재무제표와 루머를 믿고 주식을 산 서민들의 가슴에 피멍을 남기고 사라진 과거 대주주와 경영자들이 원망스러울 따름이다.

바. 직접 금융 조달

신주 발행, 회사채 발행 등 직접 금융의 편익을 위해 분식회계를 시도한다. 부실기업이 유상 증자를 실시하고 회사채를 발행하려면 어쩔 수 없다. 기업의 재무구조가 건실해야 증권가에서 좋은 평가를 받아 자본 조달이 용이해지고 금융비용도 절감되기 때문이다.

L그룹은 잠시 남아돌던 자금으로 건설, 보험, 증권, 신용금고(저축은행), 호텔, 골프장을 인수하는 등 문어발 확장을 거듭하면서 재무구조가 급격히 악화되었다. 그래도 돌파구는 있었다. 어쩔 수 없

이 자금난을 겪어야 했지만 직접 금융 시장이 숨통을 트이게 했다. L그룹의 주력 회사 L건설이 무너지기 직전 여러 차례 회사채를 발행했고 유상 증자까지 실시했다. 회사채는 쉽게 소화되었을 뿐만 아니라 신주 발행 때는 실권주도 없었다. 꾸준한 분식회계가 효험을 본 것이었다.

사. 기업 이미지 제고와 유리한 상거래 조건

기업의 이미지를 높임으로써 실질적인 고객을 많이 확보하여 이익을 창출하고 상거래 조건을 유리하게 만들기 위해 분식회계를 시도한다. 이익이 많이 나는 안정적인 회사로 인정되면 납품 회사와 협력회사에서 낮은 가격으로도 장기간 거래하기를 원하기 때문이다.

해외 시장에 진출했던 대형 건설 회사들이 걷잡을 수 없이 무너지던 그 당시, 하도급 업체와 납품 회사들도 덩달아 부도를 내고 쓰러졌다. 이 협력업체들이 수익성 없는 하청 공사와 자재 납품에 뛰어든 이유는 다른 데 있지 않았다. 매출액 규모가 크고 이익이 많이 나는 대형 건설회사여서 믿을 수 있고 자금을 회전시키는 데 쓸 만하다고 생각했던 것이다.

국내 건설업계에서 재무구조가 대체로 건실하다고 잘못 알려져 있던 현대건설마저 부실 규모가 작지 않은 것으로 드러났다. 2000년 회계감사 결과 당기순손실 3조 원, 자본 조정에 따른 자기자본 감소 6,000억 원 등 자기자본 2조 7,000억 원을 전액 잠식하고 부채가 자산을 약 9,000억 원 초과한 것으로 확인되었으니 무슨 말을 더 하겠는가. 이 회사도 수년간 분식회계를 해 왔다는 소문에서 자유롭지 못했고 여러 경로를 통해 몇 차례 해명했지만 의혹을 완전히 해소하지는 못했다.

아. 부실 경영 은폐와 공적 과시

경영자의 경영 실패를 감추고 임기 연장을 보장받기 위해 분식회계를 시도한다. 경영 성과를 부풀리면 실적 부진을 이유로 이사회와 주주총회의 책임 추궁을 당하는 일이 없어진다. 공적을 널리 인정받는 것은 물론이고 크고 작은 실수나 비리까지 용서받을 수도 있다.

특히 포상금과 퇴직금 등을 많이 타내거나 스톡옵션 행사 때 유리한 고지를 점령하려고 분식회계를 결심한다. 경영자가 주주와 이사들로부터 경영 능력을 인정받으면 여러 가지 혜택을 누리거나 요구할 수 있을 뿐더러, 스스로 판공비와 보수를 인상해도 비난을 피할 수 있게 된다.

대표적인 인물이 모 금융기관의 전 대표 P씨였다. 그는 공개경쟁을 통해 최고경영자의 자리에 오르자마자 스톡옵션에 배수진을 쳤다. 그 동안 키워 주고 무너져 가던 회사를 살려 준 서민 고객들을 무시하고 수수료를 대폭 인상하는 것을 비롯해 상류층 고객들의 이익을 대변하는 등 공격적인 마케팅을 펼쳤다.

그뿐이 아니었다. 교묘한 수법으로 장부를 조작하여 이익을 부풀렸고 얼마 뒤에는 거액의 주가 처분 이익을 챙겼다. 자리에서 물러나자마자 일부 분식회계 사실이 드러났지만 P씨는 다행스럽게 무사할 수 있었다. 공적 자금을 투입하는 방법으로 죽어 가던 그 금융기관을 살린 서민들만 봉이 되고 만 셈이었다.

※ 스톡옵션

스톡옵션(stock option)이란 임직원이 자기 회사 주식을 미리 약정한 가격으로 일정한 수량을 일정 기간 내에 매수할 수 있는 권리로서 주식 매입 선택권이라고도 한다. 기업의 입장에서는 일종의 업적 달성에 따라 지급하는 성과급 성격의 보수라고 할 수 있다. 임직원의 입장에서는 시장에서 주가가 행사 가격보다 높아지면 그 권리를 행사하여 차액을 남길 수 있는 일종의 장기 인센티브 제도다.

미국의 경영자들은 70년대 초반만 하더라도 보수를 현금으로 받기를 원했다고 한다. 그러나 80년대에 접어들어 급여 이외의 보너스를 희망했다. 그런 측면에서 스톡옵션은 보너스의 일환이라고 할 수 있다. 그 후 스톡옵션은 80년대 중반 이후 최고경영자의 보수로 대체되기 시작했고, 80년대 후반에는 일반 직원을 대상으로 하는 옵션이 출현했다. 현재 미국 경영자의 보수 중에 장기 인센티브(옵션)가 차지하는 비중이 28%를 차지하여 스톡옵션 제도가 상당히 보편화되었음을 보여 준다.

자. 기업 처분과 합병

기업을 처분하거나 합병하고자 할 때 유리한 고지를 점령하기 위해 분식회계를 시도한다. 재무구조가 건실하고 매출과 이익이 증가해야 대주주의 주식 가치가 높아져 비싼 가격에 처분할 수 있을 뿐더러 기업 합병 때 유리한 조건을 제시할 수 있기 때문이다.

2004년 9월 옛 현대전자인 하이닉스반도체가 1999년 한 해 2조원에 이르는 분식회계를 한 사실이 금융감독원의 조사 결과 드러났다. 증시 전문가들은 '그 당시 정부가 반도체 빅딜을 추진하던 때여서 하이닉스가 상대방인 LG반도체를 누르고 합병 주체가 되려고 의도적으로 몸집을 부풀렸을 가능성이 있다' 고 분석했다.

결국 하이닉스는 1999년 10월 LG반도체를 합병했고 2000년부터 해마다 의도적으로 적자를 만들어 가며 부풀렸던 이익을 꾸준히 줄였다. 그 결과 2003년 말에 이르러 분식 상태를 완전(?) 해소할 수 있었다.

썩을 대로 썩은 회사, 자본이 완전 잠식되어 더 이상 버틸 수 없는 상장법인 A사의 대주주 K회장은 행운아였다. 그처럼 껍데기만 남은 부실기업을 제값 받고 B그룹에 팔아 넘겼으니 그럴 만도 했다. L사장을 비롯해 재무관리 담당 P상무, 경리부 L차장 등 분식회계 전문가들이 포진하고 있었기에 가능한 일이었다.

몇 년간의 분식회계 작업에 시달리던 임원과 간부들은 회사의 경영권이 B그룹으로 넘어가자마자 K회장으로부터 거액의 위로금을 받고 긴 세월의 사기 행각에서 해방되었다. 그리고 정확히 1년이 지나자 놀라운 사태가 벌어졌다. 부실기업 A사를 멋모르고 집어삼킨 B그룹 전체가 흔들리는가 싶더니 결국은 연쇄 부도를 내고 쓰러졌던 것이다.

차. 원활한 인 · 허가

특정 사업 분야에 신규 진출하고 할 경우, 또는 본격적인 사업을 시작할 때 관계 당국의 인 · 허가를 용이하게 하려고 분식회계를 시도한다. 매출액, 자본금, 총자산, 이익률 등 적합한 조건을 충족시켜야 인 · 허가가 원만하고 신속하게 이루어지기 때문이다.

인 · 허가 관련 당국이나 담당 공무원들은 재무제표에 나타난 결과를 그대로 수용하고 규정에 얽매여 도식적인 평가서를 작성하게 마련이다. 과거의 금융기관 직원들이 기업의 신용 평가를 진행할 때, 내부 규정과 틀에 박힌 재무분석에 집중하던 사례와 조금도 다르지 않다. 실정이 그러니 조작된 재무제표를 제출하여 높은 평가 점수를 얻어야 신규 사업 분야 진출이 빨라지게 된다.

카. 경영권 유지와 지배력 강화

대주주이자 최고경영자인 재벌 기업 총수가 ■ 상장법인의 경영권을 유지하고 ■ 계열사에 대한 지배력을 강화하기 위해 분식회계를 시도한다. 비상장 계열기업의 주식이나 신주인수권부사채(BW) 등을 통한 부(富)의 상속과 증여, 지배력 강화 등에도 분식회계가 절묘하게 이용된다.

회사의 이익을 부풀리면 배당을 많이 받을 뿐만 아니라 주가가 높아져야 주식 거래로 거대 이익을 챙길 수 있다. 개인적인 수익이 많아져야 주식 지분율을 높일 수 있고 관계회사를 늘려 갈 수 있다. 재벌 기업의 계열사들끼리 빈번한 거래를 한 것처럼 속이고 관계회사들의 매출을 서로 증가시키는 수법을 쓰는 것도 그 때문이다.

계열기업들이 늘어나고 기업 집단의 규모가 커질수록 편법적이고 불법적인 일을 도모하는 데 유리해진다. 경영권 유지와 지배력 강화가 필요할 때는 주주와 관계회사, 대주주와 출자 회사, 관계회사와 관계회사 등 특수관계인 사이의 거래를 악용하여 분식회계를 시도한다. 특히 종속 관계에 있는 비상장 자회사들을 철저히 활용하여 관계회사 투자유가증권을 지나치게 과대 평가하거나 상장법인의 대규모 차입금과 매입채무 등 유동성 부채를 숨긴다.

소위 그룹 총수라는 대주주가 부당 이득을 취하기 위해 상장법인과 비상장법인을 앞세운다. 장외에서도 거래되지 않아 가격을 알기 힘든 비상장 주식을 실제 가치보다 높은 가격으로 상장법인에게 팔아 버린 뒤 그 손실을 숨기려고 분식회계를 시도한다.

이 밖에 경비 지출을 감추기 위해 그 비용을 협력회사에 투자한 것처럼 위장한 뒤 실질적인 비용을 자산으로 둔갑시켜 이익을 부풀리는 등 다양한 수법이 동원된다. 사업 규모가 큰 대기업 집단일수록 인수, 합병, 관계회사끼리의 담보 제공 · 금전 거래 · 물품 거래 등 부당 내부거래 등을 통해 지배 구조를 확대시킨다.

타. 주식 상장

증권거래소에 상장한 지 얼마 안 되어 쓰러지는 회사들이 나타난다. 관리대상기업과 관리지정종목으로 전락하고 부실기업이란 불명예를 뒤집어 쓴 채 퇴출당하는 기업들이 적지 않다. 물론 그 원인이야 여러 가지겠지만, 대체로 상장 대상 기업 심사 때 분식회계와 부실 규모를 제대로 파악하지 않고 상장시켰기 때문에 일어난 결과일 수도 있다. 이처럼 증권거래소에 주식을 상장할 목적으로 분식회계를 시도하는 법인들이 의외로 많다.

자금난 타개를 위한 기업 공개

필자가 잠시 근무했던 상장법인 A사는 자본금과 연간 매출액이 거의 맞먹는 회사였다. 즉, 돈을 투자하고 1년이 지나도 투자한 돈이 회수되지 않는다는 뜻이다. 적어도 투자한 자본이 3개월에 한 번 정도는 들어왔다가 나가야 하는데 이 회사는 자본회전율로 따질 때 1년에 1회전도 어렵다는 얘기다.

가판 매점에서 복권을 팔면 투입한 자본이 1주일에 한 번은 회수된다. 그 회수된 돈으로 다시 복권을 구입하여 장사를 하니까 1개월에 4회전 이상, 1년에 50회전 이상이 된다. 비록 적은 마진일지라도 수익성이 보장되는 것은 회전율이 높기 때문이다.

이처럼 자본 회전이 빨라야 사업성을 인정받으며 살아남을 수 있는 조직이 바로 기업이다. 하지만 그 당시 명색이 우량 상장법인인 A사는 그렇지 못했다. 창립한 이래 매년 수십억 원의 당기순이익을 냈지만 증권거래소에 상장하던 해부터 적자로 반전되었다. 해외 수입에 거의 대부분을 의존해야 하는 원자재의 가격이 폭등하고 있는데다 동종 업계의 경쟁도 치열하여 채산성 없는 출혈 매출을 거듭해 왔던 것이다. 제품을 사가는 주요 거래처의 사업 부진도 한몫했음은 물론이다.

A사의 기업 공개와 주식 상장도 이 어려움을 극복하기 위한 최선의 선택이었다. 무엇보다 자금 사정이 악화되고 있었기 때문에 상장법인이라는 타이틀을 내세워 자금 조달을 용이하게 해야 할 필요가 있었던 것이다. 회사채 발행과 유상 증자를 통해 증권시장에서 직접 자금을 조달하고 금융기관으로부터 자금을 차입하려면 상장법인이

라는 꼬리표가 간절히 요구되었던 셈이다.

A사의 경영진은 기업 공개와 주식 상장을 목표로 삼지 않으면 기업의 유지 존속이 불가능하다는 점에 인식을 함께 했다. 그 때부터 3년 동안 대주주가 빌려오는 사채에 의존하며 버텼고 기업 공개에 철저히 대비했다. 거액의 손실이 발생했으나 이익이 실현된 것처럼 결산재무제표를 꾸준히 조작했다. 결국 기업 공개는 '돈 먹는 하마'인 공인회계사들의 협조로 가능해졌다.

그렇다고 모든 매듭이 술술 풀린 건 아니었다. 기업 공개를 계기로 A사는 자금 조달의 어려움은 해소되었지만 수익성 악화는 여전했다. 주식이 상장되던 그 해부터 더 다급하게 내리막길을 걷기 시작했다. 해를 거듭할수록 적자 경영의 골은 깊어졌고 6년 동안의 누적 적자액은 수백억 원으로 불어났다.

그 와중에서 부족 자금의 외부 차입도 제동이 걸렸다. 금융기관들이 난색을 표명하자 증권시장으로 눈을 돌리게 되었다. 분식회계로 소액 투자자들을 속여 가며 무리하게 회사채 발행과 유상증자를 거듭했다. 그 바람에 매출은 제자리걸음을 하고 있었음에도 차입금과 납입자본금의 규모는 해를 거듭할수록 비대해졌다. 재무제표상의 연간 매출액과 납입자본금이 비슷해지는 현상도 그 때 나타나기 시작했다.

재무제표의 연간 매출액은 4백억 원대, 당기순이익은 40억 원대, 재고자산은 4백억 원대, 납입자본금은 4백억 원대였다. 하지만 사실을 알고 보면 연간 매출액은 3백 20억 원대, 당기순손실은 60억 원대, 재고자산은 80억 원대, 납입자본금은 모두 까먹어 제로를 지나

마이너스(△) 상태에 이르고 있었다.

결과적으로 매출은 80억 원을 과대 계상했으며, 재고자산은 3백20억 원을 과대 계상하여 자본 잠식을 숨겼고, 당기순이익을 100억 원이나 부풀려 이익 배당도 실시했다. 그 이유가 어디에 있든 공인회계사의 감사 의견은 수년 동안 변함없이 '적정의견' 이었다.

파. 각종 홍보용 지표로 활용

재무제표의 손익에 직접적인 영향이 없더라도 각종 지표를 좋게 보이려고 시도한다. 비록 당기순이익이 대폭 증가하진 않아도 현금 유동성, 매출 증가율, 총자본 회전율, 부채비율 등을 양호하게 만들었다가 기업의 능력을 과시하는 홍보용 지표로 활용한다.

2. 재무제표를 실제보다 나쁘게 분식하는 경우

수익성 높은 기업이 비용을 과대 계상하거나 각종 충당금을 과대 적립하는 방법 등으로 장부를 조작한다. 재무제표를 보기 좋게 치장하는 게 아니라 거꾸로 나쁘게 만들기 때문에 이 수법을 역분식, 역분식결산, 역분식회계라고도 한다.

가. 탈세

대주주와 최고경영자들은 회사 자산이 사외로 유출되는 걸 반기지 않는다. 무엇보다 세금을 많이 내는 걸 좋아하지 않는다. 따라서 원가를 부풀리는 수법으로 당기순이익을 줄여 세금을 적게 내려고 시도한다. 때로는 무리한 분식회계보다는 영업권 상각처럼 현금 지출이 없는 특별손실로 처리하여 의도적으로 당기순이익을 감소시키면 세금을 줄일 수도 있다.

투명경영이 정착되었다는 평가를 얻은 선진국에서도 다양한 탈세 · 절세 방안이 유행하고 있다. 심지어 미국의 일부 대기업들은 구조조정 관련 비용과 합병 등으로 발생하는 경비를 특별손실로 편법 처리하여 경상이익의 감소 없이도 세금을 덜 내거나 환급 특혜를 받는다.

탈세를 목적으로 분식회계를 즐기는 경영자일수록 매출 누락, 매입 부풀리기 등으로 비자금을 조성하여 회사 자금을 빼돌린다. 따지고 보면 탈세와 비자금은 금실 좋은 사기꾼 부부와 다름없다.

나. 비자금 조성

1997년쯤이었을까. 전 국방부장관 L씨의 뇌물 수수가 한 차례 큰 파문을 일으키던 때였다. 증뢰(贈賂) 혐의로 불구속 입건된 대우그룹 김우중 회장이 법정에서 울먹이는 일이 벌어졌다. 지금 우리는 그 양반이 흘린 눈물의 의미를 곱씹어 볼 필요가 있다. 참회의 눈물이라기보다 '그러고 싶어 그랬겠느냐?' 는 항변으로 해석하면 지나친 비약일까. 아무튼 한국의 로비 풍토에서 도저히 피할 수 없는 관행이었으니 기업을 위해 나름대로 최선을 다한 그를 무턱대고 비난하는 것은 기만에 불과하다.

덩치가 엄청난 돈이 움직이는 대기업을 상대로 손을 벌리지 않은 과거의 정치인은 몇 명이나 될까. 그리고 기업을 존속시키기 위해 만들어낸 비자금으로 권력층에 뒷돈을 대지 않은 재벌 총수는 과연 있기나 할까. 비자금을 적절히 활용하는 경영자가 능력을 인정받는 기업 풍토를 지켜본 필자로서는 고개를 젓지 않을 수 없는 질문이다.

그만큼 우리 사회에서 깊은 주름을 만들어 내고 있는 검은 돈의 주범들은 재계, 정계, 관계 등 구석구석에 도사리고 있다. 입법, 사법, 행정 등 광범위한 분야에서 '비자금 챙기기' 는 성행했던 것이다.

1982년 장영자 사건의 소용돌이 속에서도 사건 피해 업체의 검은 돈을 받아쓰던 중수부 검사 L씨의 배짱은 우리 '경리쟁이' 들을 경악케 했다. 비자금, 분식회계, 부외부채의 전모를 파헤쳐야 했던 수사 관계자가 비자금을 챙긴 사실을 어떻게 설명해야 할까.

이처럼 기업의 생존을 위한 최후 수단보다는 비자금을 조성하기 위해 분식회계가 악용된다. 대주주나 최고경영자가 변칙적인 판공비, 임직원에 대한 비공식 촌지, 정치 자금, 정 · 관계와 거래처에 대한 뇌물 등을 만들거나 개인적으로 착복하려고 장부를 조작한다.

필자의 경험으로 미루어보건대 건설회사가 비자금을 조성하는 데 가장 유리하다. 정태수 전 한보그룹 회장의 장부조작 사례에서 보듯이 인건비 과대 계상, 하청 공사비의 이중 계약 체결 등의 수법이 쉽게 활용된다.

사주의 지시에 따라 비자금을 조성하기 위해 하청 공사 계약서를 이중으로 작성하고, 가공의 자재 매입용 세금계산서를 거래처로부터 조달하거나 가짜 임금대장을 만든다. 모두 다 부패하지는 않았다고 부인할지 모르나 이 순간까지도 건설 현장이 정의의 사각지대에 있어 온 것은 너무도 분명한 사실이다. 하지만 제조업체라고 해서 예외는 아니다.

K기업은 1965년 국내 건설업계 최초로 해외건설업 면허를 취득하고 국내 최초로 해외에 진출한 유명 건설 회사였다. K기업 그룹의 전 회장인 S씨는 D그룹 K회장과 K고교 동기 동창 사이로 알려져 있었는데, 어떤 악연이 따랐는지는 몰라도 S회장은 눈물 머금은 채 경영권을 넘겨야 했으며 K회장은 돈 한 푼 안 들이고 경영권을 인수하는 행운을 누렸다. 필자는 두 사람의 엇갈린 운명의 틈바구니에서 경리쟁이로 일했다.

1986년 그 당시 D그룹은 K그룹의 2개 계열사 K기업과 K금속을 인수하면서 각종 특혜를 받았다. K기업이 끌어안고 있던 금융기관 차입금 4,600억 원은 15년 거치 15년 분할 상환 조건으로 바뀌었다. 16년째 되는 해부터 15년 동안 나누어 갚아도 좋다는 것이었다. 그 상환 기한에 일부 무이자 조건이 추가된 것은 물론이었다. 이 밖에 정부는 D그룹이 부실기업을 인수하면서 끌어안은 은행 차입금 1,400억 원을 손비로 인정해 주는 등의 방법으로 1,900억 원의 세금도 깎아 주었다.

그뿐이 아니었다. 부실기업 인수 보상금이라는 명목과 산업 합리화라는 이름을 앞세워 K기업에 2,000억 원의 종자돈이 지원되었다. 그 당시 시중 금리의 절반 수준에 가까운 연리 10%, 12년 거치 5년 분할 상환 조건이었다. 더구나 이 종자돈 2,000억 원이 K기업의 정상화 자금으로 투입되기보다는 지원받는 당일 D전자와 D자동차의 운영자금으로 전용되었다. 주거래은행의 협조와 전두환 정권의 암묵적인 지원 아래 D그룹 계열사의 버티기에 낮은 금리의 손실 보상 대출이 '극약'으로 사용된 것이다.

하지만 D그룹의 속셈은 엉뚱한 데 있었다. 부실기업을 살려 달라고 1조 원에 가까운 특혜를 주었더니 고작 하는 일이라곤 의붓자식을 제쳐 두고 친자식에게만 젖을 주기에 바빴다. 패잔병이나 다름없는 K그룹 임직원에게 경영권 인수 기념을 핑계 삼아 특별 상여금을 지급키로 하면서 새로운 음모가 또 드러났다. 계획에도 없던 D그룹 편입 기념 보너스는 어느 날 현물 교환권으로 지급되었는데, 수령하고 보니 그 당시 소비자들의 외면을 당해 재고가 엄청나게 쌓여 있던 D전자의 제품이었다.

세상 물정을 잘 모르는 K기업 직원들은 현금이든 현물이든 기대하기 어려웠던 보너스 지급 소식에 그저 감지덕지했다. 멍청한 직원들은 D그룹이 출혈을 감수하면서 K그룹 종업원들에게 격려용 현물 보너스를 지급하는 것으로 오해하고 야릇한 감동마저 느끼는 듯했다.

하지만 K기업과 K금속의 임직원들은 D그룹이 파견한 전문경영자들이 부실기업 K금속의 경영에 뛰어들면서 벌인 분식회계와 지능적인 비자금 조성 행위를 미처 알지 못했다. 필자가 파견 근무하던 당시 K금속을 중심으로 벌어지던 탈법 행위는 무법천지를 방불케 하는 수준이었다. 그 회사 법정관리인으로 파견된 D그룹 J사장은 아주 천연덕스럽게 탈법 행위를 거듭했다.

K금속 창원공장은 알루미늄을 원재료로 사용해 건축용 자재, 정밀 부속품, 특수합금 소재 등을 제조하는 대규모 압출 공장이었다. 알려진 대로 알루미늄은 전량 수입에 의존하는 값비싼 특수금속으로 아주 방대한 산업 분야에서 골고루 이용하고 있는 귀한 수입 자원이다. 그럼에도 불구하고 이 소중한 산업재가 쥐도 새도 모르게

부정 축재와 비자금 조성 수단으로 부려지고 있었다.

알루미늄을 용해로에 넣어 녹이고, 금형에 부어 압출하고, 이 재공품을 이동하고 조립하는 제조 공정에서 생기는 부산물들은 다시 재생되어도 장부상에 기록되지 않았다. 용해 공정에서 발생하는 드로스(누룽지), 절단 공정에서 발생하는 칩(톱밥), 조립 공정에서 발생하는 스크랩(조각) 등의 물량은 엄청난 것이었다.

이 부산물들은 재생시킨 알루미늄 괴는 대부분 장부에 잡히지 않는 부외자산이기 때문에 어디론가 증발해도 문제가 없는 원가였다. 제조원가 보고서를 변칙적으로 조작하는 짓을 멈추지 않는 한 안심하고 먹을 수 있는 '노획물' 이었던 것이다.

부산물에서 얻어지는 재생 알루미늄 빌레트를 장부에서 빼돌리는 물량은 그래도 별게 아니었다. 알루미늄 원자재 투입량을 속여서 따로 얻어내는 물량에 비하면 부산물에서 나오는 재생 빌레트는 부외자산 전체 규모의 5%에도 미치지 못했다. 그런 연유로 단위당 제품원가는 상승했고 경상이익은 감소할 수밖에 없었다.

원가 조작에 의해 빼돌린 원자재는 자연스럽게 장부 밖에서 차곡차곡 쌓였다. 투입되지 않은 알루미늄 빌레트가 나날이 장부상 재고에서 빠져나갔다. 장부에 잡히지 않은 부외자산인 알루미늄 빌레트는 하루가 다르게 10톤, 20톤, 30톤, 100톤으로 증가했다. 예컨대 장부상 재고가 100톤이면 실제 현장 재고 물량은 200톤을 넘어섰다. 종업원들 모르게 슬쩍 팔아먹어도 좋을 원자재와 제품이 넉넉하게 쌓여 갔다. 이렇게 만들어진 부외자산은 영업부장 등 극소수 책임자의 은밀한 협조 아래 감쪽같이 밀반출이 되곤 했다.

그 때마다 정상 매출로 잡히지 않은 수익금은 D그룹에서 파견한 법정관리인 J사장의 손을 거쳐 모처로 증발했다. 이 비자금이 D그룹의 최고 경영진에게 전달되었다는 소문은 명확히 검증할 수 없었지만 수시로 거액이 어디론가 달아난 것은 사실이다.

당시의 경영자들은 비자금의 변칙적인 용도와 이 검은 돈을 누가 챙겼는지 적당히 들러대는 걸 잊지 않았다. 개인의 탐욕을 채우기 위해 저지르는 부조리가 아님을 그들은 누차 강조했으나 이를 전적으로 믿는 간부는 없었다. 이 흉계를 알고 이 음모에 직접 가담했던 영업부장이 중간에서 수억 원을 가로챘지만, D그룹 기획조정실 특별 감사팀과 J사장은 영업부장의 횡령 사실을 적발하고도 쉬쉬하며 의원 사직으로 마무리해야 했다.

다. 기업 재산 유용과 횡령

경영자가 회사 재산을 적당히 유용하거나 철저히 빼돌리기 위해 분식회계를 시도한다. 개인 재산을 축적하려면 회계 담당 임직원의 협조가 있어야 하기 때문에 촌지를 주는 등 '극약 처방'이 필요하다.

심지어 정부기관에 기부금을 실제보다 많이 낸 것처럼 불투명하게 처리하여 횡령하는 경우도 없지 않았다. 필자의 경험으로 미루어 보건대 군사정권 시절인 3공화국 때는 납부한 방위성금을 부풀려 장부에 반영하는 사례도 있었다. 권력의 도움이 있었기에 가능한 일이었다.

정경유착의 귀재였던 L사 C회장과 N사 Y회장은 그런 식으로 수억 원대의 돈을 빼돌렸다. 정치권에서 백지 영수증을 주고 방위성금을 받았으니, 회사측이 알아서 금액을 적으라는 의미라기보다 그 방위성금을 집권층의 누군가 통째로 먹겠다는 심보 같았다. 그 당시 방위성금을 냈다면 세무 당국이든 공인회계사든 따질 생각을 하지 않았다.

의도적으로 부외자산을 만들어 대주주인 최고경영자가 그 재산을 빼돌려 처분하기도 한다. 부외자산이란 실제로 기업이 소유하고 있으나 회계 장부에 기록되어 있지 않은 자산을 말한다. 본디 기업 소유의 자산은 모두 회사 장부에 기록되어야 하지만 부외자산을 회계 장부에 반영하기 위해서는 정당한 이유와 근거가 있어야 한다. 이른바 '자료'를 매입해야 부외자산을 장부 안에 넣을 수 있는 길이 열린다. 특히 소모품, 소모공구, 가구, 비품, 기타 저장품처럼 중요성이 적고 매입 또는 출고시 비용으로 처리하는 방법을 채용한 경우 부외자산으로 처리할 수 있다. 이 밖에도 감가상각이 끝난 고정자산은 장부 밖의 자산으로 인정받는다. 이에 반하여 부정하게 관리되는 부외자산은 고의로 은폐시킨 자산으로서 '비밀자산'이라고도 한다.

장부에서 빼낸다

나중에 C그룹으로 경영권이 넘어간 상장법인 A사의 대주주 K회장은 기업 소유 자산을 부외자산으로 만들어 빼돌리기에 이골이 난 사람이었다. 감가상각이 완료되었어도 제조 활동에 얼마든지 활용할 수 있고 매각 처분 때 특별이익이 발생할 만한 기계장치였지만 수시로 사외 반출하여 착복하기를 즐겼다. 임직원들의 시선을 의식한 K회장은 그렇게 만들어진 비자금의 일부를 임직원들의 입막음용으로 쓰곤 했다. 그 결과 회사는 관리 부재와 경영부실의 늪으로 빨려들기 시작했다.

필자가 경영권 인수 실사단의 일원으로 A사에 도착했을 때는 도대체 뭐가 뭔지 갈피를 잡기 어려웠다. 장부에 분명히 살아 있는 재산이 실물을 조사하면 행선지나 소재지를 확인할 길이 없었다. 값비싼 공구들은 물론 취득 원가가 수억 원이 되는 설비도 어디론지 사라져 버렸다. 구입한 지 얼마 안 되는 집기비품들도 실사를 거치면 절대량이 부족했다. 하지만 장부상에 기재되어 있지 않는 것들은 실물로 버젓이 살아 있었다. 재고자산이나 고정자산을 사실대로 조사하여 장부와 서로 대조해도 제대로 일치하는 게 별로 없었다. 참으로 환장할 일이었다.

그 이유는 다른 데 있지 않았다. 일부러 자산관리를 허술하게 하는 수법으로 비자금을 챙기던 K회장 때문에 공장의 자산관리는 엉망이 되어 있었다. 공과 사를 구분하지 못하는 K회장이 회사 재산을 하나같이 개인 소유처럼 착각한 것 같았다.

공장 설비가 고철로 팔려 나가도 고정자산 관리 책임 부서인 총무부에서 알지 못했고, 고가의 불량품을 빼돌려 팔아먹어도 대부분의 직원들은 눈치 채지 못했다. 그러다 보니 실상을 알 리 없는 경리부와 총무부에선 증발한 자산을 그대로 장부에 보유하고 있었다. 결국 존재하지도 않는 고정자산과 재고자산을 장부에 남기는 등 부실 자산만 잔뜩 끌어안았던 A사의 K회장은 역시 부실 재벌의 대명사인 C그룹으로 경영권을 넘기는 신세가 되고 말았다. 하지만 '기업은 망해도 기업주는 산다.' 는 격언을 입증한 인물이 바로 K회장이었다.

총수 개인이 기업으로부터 검은 돈을 짜내 비자금으로 조성하는 일은 어렵지 않다. K회장은 공장에서 나오는 부산물을 제멋대로 처분하여 비자금을 조성한 뒤 수족들에게 주는 촌지로 사용했다. 비자금 조성에 기여하는 측근들에게 촌지(寸志)를 주기 위해 또 다른 비자금을 만들었던 것이다. 그 와중에서 경비실을 취약하게 만들어 원가가 외부로 새나가도록 방조했으며, 정상적인 회계 처리를 기대하기 어려운 관리로 일관했다.

특히 H사 법정관리인을 겸임했던 D철강의 S회장은 법정관리 기간에 기계설비나 특허권은 물론이고 고철과 불량품 같은 것까지 비자금 조성 수단으로 활용했다. S회장은 매출채권 회수가 가능함에도 이를 불량 채권으로 위장하고 장부상 대손 처리한 뒤 자금 입금을 누락시켰다. 매출 대금으로 받은 우량 어음을 부도 처리된 약속어음과 바꿔치기 하는 수법을 동원하기도 했다. 심지어 내용연수가 경과되어 장부상에 잔존가액이 없는 고정자산을 처분할 때 아주 싼 값에 매각한 것처럼 속였고, 자금 · 물품 · 시설 · 자재 등 자산이 도난 · 분실 · 멸실된 것으로 처리하기도 했다.

라. 인건비 절감과 구조조정

종업원들의 임금 인상 요구를 억제하거나 인건비 감축과 동결, 인력 동결과 감축 등을 노릴 때 분식회계를 시도한다. 노동조합의 절박한 목소리에 대응하여 임금 인상 압력을 무력화시키거나 기선을 먼저 잡으려고 할 때, 구조조정을 원활하게 하고자 할 경우 당기순이익을 무리하게 낮추기도 한다.

D철강의 사실상 계열사인 H사는 표면적으로 만년 적자였다. H사로서는 법정관리중인 회사였기 때문에 미련하게 대규모 이익을 내야 할 불가피성이 없었다. 그럭저럭 회사가 굴러간다는 표시만 내면 그만이었다. 더구나 이 회사 노조가 전통적으로 어찌나 극성스러운지 일감이 증가하거나 이익을 많이 내는 눈치가 보이면 가만있지 않았다. 임금을 올리는 건 물론 근로 조건을 개선해 달라고 난리법석을 떨었다.

H사의 법정관리인이자 D철강의 대주주인 S회장은 얄개였다. H사의 회계 처리 방법을 변경하여 '임가공 매출'로 둔갑시키는 수법으로 개인 소득을 챙기려고 덤볐다. H사가 생산하는 철강 제품이 모두 매출로 잡히는 게 아니라 오직 D철강의 매출에만 반영했다. H사 명의로 H사가 직접 수주한 일감도 마치 D철강이 수주하여 H사에게 생산 하청을 주는 것처럼 가장했다. 매출을 일으키는 쪽은 오직 D철강이었고 D철강에서 받는 임가공료만 H사의 매출로 계상하는 기법이었다. 다시 말해 상장기업인 D철강은 갑자기 원청업체가 됐고 법정관리회사인 H사는 하루아침에 하청업체로 전락했던 것이다.

그 영향으로 상장법인 D철강의 매출은 급증했고 비상장법인이자 법정관리 업체인 H사의 매출 규모는 급격히 줄어들었다. 그런 와중에서도 H사는 최소한의 이익을 겨우겨우 만들 수가 있었다. S회장이 법정관리인이라는 지위를 최대한 악용하여 갖가지 수법으로 H사의 매출과 이익을 빼돌렸기 때문이다.

그 때부터 S회장은 엉터리 재무제표를 들고 다니며 H사의 노조원들을 현혹시켰다. 허리띠를 졸라매고 열심히 일하면 빠른 시일 안에 부실기업이란 불명예를 씻을 수 있을 것이라고 역설했다. 노조의 거친 목소리가 잦아들 무렵부터 S회장은 구조조정을 추진했다. 소규모 협력업체들을 만들어 생산직 근로자들을 소사장으로 임명했다. 분사(分社)와 아웃소싱을 가장한 해고의 일종이었다.

그런 수법으로 인건비 절감, 해고 가속화, 구조조정 등으로 관할 법원 판사들의 신임을 받던 법정관리인 S회장은 얼마 뒤 중대 결심을 하게 된다. 법정관리중인 H사로부터 만족할 만한 불법 소득을 챙긴 데다 상장법인 D철강의 매출과 이익이 급증했다고 판단한 S회장은 잔머리를 굴렸다. H사의 법정관리인이라는 감투를 홀가분하게 벗어 던지는 데 그치지 않고, D철강의 경영권 지분인 상장 주식을 아주 비싼 값에 처분해 버렸던 것이다.

하지만 부실기업 D철강의 경영권을 전격 인수한 P회장은 약 3년 뒤 회사와 함께 몰락의 길을 걷기 시작한다. 1997년 11월 회사는 최종 부도 처리되었고 그 해 법정관리를 신청하게 된다. 대주주 P회장이 종전 D철강 사주 S회장의 사기 행각을 깨달았을 때는 이미 대세가 기운 상태였다.

마. 재무관리

법적 처벌이라는 강제적 수단을 다양하게 내세워도 회계분식을 근절하기는 어렵다. 많은 기업들이 자기자본 확보에 어려움을 겪고 있어 자금난이 쉽게 해소될 수 없을 뿐더러, 적절한 투자 기회를 상실할지도 모른다는 두려움에서 벗어나지 못하기 때문이다.

따라서 이익이 많이 날 때는 다음 회계연도로 그 이익을 분산시키고 싶다는 유혹에 빠진다. 장부를 조작하여 이익을 과소 반영하면 비밀 적립금, 이른바 부외자산이 생길 수 있다. 이 비밀적립금을 잘 관리했다가 관계회사를 인수하는 등 새로운 투자를 모색하거나, 기업의 수익성이 악화되었을 때 재무구조의 건실화를 위해 투입하려는 생각을 갖게 된다.

이런 상황에서 회계부정을 통한 비밀적립금 확보는 가장 순발력 있는 방법으로 인식되기 쉽다. 회계부정 때 마련한 비자금으로 또 다른 수익을 창출한 뒤 분식회계 부분을 빠른 시일 안에 복원하면 된다고 생각한다. 나중에 분식회계가 발각되더라도 감당해야 할 처벌에 비하여 분식회계로 인한 투자관리 이익과 재무관리 이익이 크다고 여겨지면 위험 부담을 감수하기도 한다.

예컨대 역분식결산으로 이익을 줄여서 비밀 적립금 50억 원을 조성한 업체 A사가 있다. 계열기업 B사에게 제삼자 명의로 대여하는 형식을 취하던 중 A사가 매출 부진에 시달린다. A사의 대주주이자 경영자인 K회장이 비밀 적립금 50억 원을 회수하여 A사의 제품을 사들여 마진 없이 판매한다.

K회장은 다시 회수된 자금 50억 원을 투입하여 제삼자 명의로 C사의 경영권 주식 지분을 인수한다. C사는 A사 앞으로 주요 원자재를 납품하는 협력업체인 데다가 기존 계열기업인 B사의 기술적 약점을 보완할 수 있는 업체여서 안성맞춤이다.

바. 가격 인상

제품 가격 인상 분위기를 조성할 때 역분식결산 수법을 즐겨 사용한다. 밀가루 값이 폭등하고 인건비가 증가하는 바람에 적자를 면치 못한다면서 자장면 값을 올리는 경우와 다르지 않다. 매출원가나 제조원가가 높아졌다는 이유를 내세워 거래처에게 제품 또는 상품 매출 가격의 인상을 적극 요구한다. 다른 한편으로 감독관청에도 적자가 난 결산보고서를 내세워 가격 인상 요인이 있음을 호소한다.

G사의 대주주이자 ○○공업협회 회장인 P사장은 가능한 이익을 줄여 재무제표를 작성했다. G사가 동종 업계에서 시장 점유율 1위를 차지하고 있었기 때문에 G사가 스스로 알아서 이익을 줄일 경우 그 영향력은 대단했다. 군소 업체에 불과한 나머지 회원사들도 P회장의 지도와 자문을 받아 가며 자연스럽게 역분식결산에 동참했고 치밀한 로비 끝에 제품 가격을 인상시켰다.

이처럼 동종 업계 사장들의 의기투합에서 비롯된 담합은 '꿩 먹고 알 먹는' 일거양득의 효과를 가져왔다. P사장과 ＊ ＊공업협회 회원사 사장들은 역분식결산 덕분에 비자금을 챙겼고 제품 가격도 대폭 올릴 수 있었다. 제품 가격 인상과 매출액 증가는 넉넉한 비자금 확보로 다시 한번 연결되었음은 물론이다.

사. 이익 배당 축소

각 회계연도의 이익 배당 요구를 억제하기 위해 분식회계를 시도한다. 당기순이익을 줄임으로써 주주들의 과다한 이익 배당 요구를 단숨에 일축할 수 있다. 특히 대주주인 오너는 스스로 경영 책임을 물어 이익 배당에서 제외됨을 소액 주주들에게 알리고, 자신은 비자금 조성 때 얻은 변칙 소득으로 만족한다. 과거는 물론 지금도 수익성 높은 일부 중견 재벌 기업의 총수들이 즐겨 쓰는 수법이다.

아. 사회적 비난 배제

독과점 또는 불공정 거래, 거액의 이익 실현 등으로 인한 사회적 비난 여론을 사전에 차단하기 위해 분식회계를 시도한다. 매출은 다소 증가하고 있으나 이익이 많지 않다는 이유로 동정적인 분위기를 만들 수 있기 때문이다.

1970년대 중반 고형세탁비누 제조 판매 분야에서 부동의 1위를 달리던 N유지는 독과점 업체가 아니라 사실상 독점 업체였다. 가루비누 시장은 대기업에 빼앗겼지만 고형세탁비누만큼은 독점적인 시장을 점령한 상태였다. 그럼에도 이 회사의 대주주인 Y회장은 지나치게 많은 당기순이익이 날까 봐 두려워 늘 노심초사했다. 그 불안감은 역분식결산으로 이어졌다. 적절한 이익이 나도록 꾸준히 원가를 조정하는 데 그치지 않고 가짜 세금계산서와 영수증을 앞세워 회사 돈을 빼돌렸다.

자. 수혜 기간 연장

법정 관리, 기업 합리화 조치, 세금 감면 등의 기간 연장을 모색하기 위해 재무제표를 실제보다 나쁘게 분식한다. 특히 공적 자금 상환 유예, 세금 납부 유예, 채무 동결 등 각종 특혜를 가능한 한 오래 누리고자 장부조작을 시도한다.

법정관리를 받는 부실기업이 경영 개선이 순조로워 매출이 늘어나고 이익이 쌓여도 분식회계를 통해 이를 숨긴다. 회계 전문가가 아닌 관할 법원의 판사들을 속일 수 있다면 얼마든지 가능한 일이다. 법정관리중인 부실기업이란 이유로 감독관청이 관리 감독을 소홀히 하고 관할 법원에 그 기능과 역할을 전가하려 하기 때문이다. 예전에 법정관리인이 치외법권적 지위를 누린다는 소문이 떠돈 것도 그만한 이유가 있다.

어차피 사회적인 특혜를 받고 있다면 일부러 많은 이익을 낼 필요가 없다. 실질적인 창업자이거나 대주주였던 사람들은 물러나고 '주인 없는 회사' 가 되었으니 아등바등할 이유가 없다. 부실기업의 관리인으로서 큰 잘못을 저지르지 않고 자리를 보전할 수 있다면 그나마 다행이다. 지나친 매출 신장과 이익 확대는 사회적 관심을 증폭시킬 뿐이고 개인적 이익을 도모하는 데 방해가 될 수 있기 때문이다.

차. 생산 실패 숨기기가 만든 분식

Y전선의 천안공장에 파견 근무 중일 때였다. 공장 내 기숙사에서 잠을 자다가 이상한 낌새에 눈을 떴다. 잠결이었지만 어디선가 키득거리는 웃음소리가 들려 온 것 같았다. 커튼을 살그머니 젖히고 창

밖을 내다보니 어둠 속에서 사람의 그림자들이 어른거렸다. 공장 건물 안에서 땀 흘려 일해야 할 야간 근로자들이 근무지를 이탈하여 시간을 때우는가 싶어 눈을 부릅뜨고 자세히 살폈다.

참으로 괴이한 풍경이 벌어지고 있었다. 그들은 남의 눈을 피해 단순히 농땡이 짓을 하는 게 아니었다. 누군가의 귀띔대로 생산직 근로자들이 자신들의 생산 실패를 덮기 위해 비지땀을 흘리고 있었다. 풍문으로 듣던 음모들이 사실로 확인되자 필자는 아연 긴장했다.

두 사람이 전선(電線)을 길게 늘어뜨려 당기고 있으면 한 사람은 앞으로 달려 나가며 덮어씌운 거죽을 면도날로 까고 있었다. 동선(銅線)에 겉 부분을 입히는 피복(被覆) 작업을 하다가 실패하자 문책이 두려워 자기들끼리 시도하는 미봉책이었다. 주변을 둘러보니 거죽을 까는 데 동원된 직원들은 10여 명에 이르렀다. 야간 작업조의 반장과 조장도 '생산 실패 숨기기 작전' 에 모조리 참여하고 있었다.

나중에 알고 보니 공장장과 생산부장은 부하 직원들의 생산 실패를 알고도 묵인했다. 각종 작업일보와 원자재 수불 명세서를 조작해도 모른 척했다. 더욱 놀라운 것은 생산 실패를 숨기는 일에 생산 현장의 임직원들이 조직적으로 움직인다는 점이었다. 불량품이 된 전선은 거죽이 벗겨진 알몸의 상태로 교묘히 사라지고 있었다. 확인해보니 그 값비싼 동선을 돌돌 말아 고철 야적장의 밑바닥에 몰래 숨기는 것이었다.

피복반 직원들은 자신들의 일시적인 실수를 감추기 위해 회사의 재산이 날로 증발해도 방관했다. 눈치를 채고도 모른 체하는 간부들도 공범이나 다름없었다. 가장 많은 제조원가를 차지하는 원자재 동선이 고철 더미에 섞여 헐값에 팔려나가도 사장은 전혀 감을 잡지 못했다. 하지만 창업자이자 대주주인 K회장은 생산직 사원들의 생산 실패 숨기기 장난을 모르지 않았다. 고철 야적장 관리를 자기 수족에게 맡긴 그는 고철을 팔아서 얻어지는 자금을 거의 혼자 챙겼다. 직원들이 알아서 작업일보, 원재료 수불 명세서 등을 조작하여 제조원가를 분식시켰으니 최고경영자가 혼자 먹어도 체할 염려가 없는 '원가'였다.

사실상의 공범

생산 실패를 숨기는 것은 Y전선 직원들의 전유물은 아니었다. D그룹 K금속 창원공장에서도 더욱 완벽한 수법으로 생산 실패를 감추곤 했다. K금속 직원들도 알루미늄 원자재로 각종 제품을 생산하다가 불량이 생기면 이를 자수하지 않았다.

생산직 사원들은 불량품을 잠시 숨겼다가 한밤중을 틈타서 몰래 용해로에 쏟아 부었다. 그들은 스릴을 즐겼을 뿐이지 은폐한 생산 실패 물량이 재생 알루미늄 덩어리(빌레트)로 만들어져 장부 밖에 쌓여지고 있다는 것도 몰랐다. 그들은 불량품을 공장 울타리 밖으로 버리지만 않는다면 회사의 원가는 결코 도망가지 않을 것이라고 소박하게 생각했다. 수입 가격이 높기로 유명한 알루미늄으로 불량품을 양산했다는 사실이 적발되어 문책을 당하느니 그 짓을 하는 게 백 번 낫다고 판단했던 것이다.

생산 현장을 감독하는 책임자들도 생산 실패를 은폐하려는 그 행위를 철저히 보호했다. 말단 직원이나 간부 직원이나 생산 공정의 실수를 감추는 데는 모두 일가견이 있었고 그들 사이의 결속력 또한 대단했다.

그런 상황이 되풀이되다 보니 재생 알루미늄 빌레트가 의외로 많아지기 시작했다. 장부상으론 분명히 재생 원자재가 200톤 수준에서 비축되고 있어도 실물 재고를 확인하면 200톤을 넘어서는 것이었다. 그뿐이 아니었다. 제품 야적장의 실물 재고도 장부상의 그것보다 훨씬 많았다. 불량 재공품들이 은밀히 용탕(용해로)에 들어가면서 생산일보의 계수가 엉망으로 뒤틀렸던 것이다.

제조원가는 날로 증가하거나 여간해서 줄어들지 않는 데 비하여 장부 밖의 원자재와 제품은 급속도로 증가했다. 규격 미달 제품을 생산하는 과정에서 생기는 불법 소득 때문이기도 했지만, 불량품을 숨김으로써 얻어지는 부외자산도 많은 비중을 차지했기 때문이다.

생산일보, 제조원가명세서, 제품입출고대장 등 현장의 기초 장부에 존재하지도 않는 불량품은 재생 공정으로 투입되어 다시 제품으로 순환되지 않고 용해로를 나오자마자 재생 원자재로 쌓여지곤 했다. 이처럼 부산물과 불량품을 재생한 알루미늄 덩어리는 장부에 잡히지 않는 부외자산이어서 어디론가 증발해도 문제가 없는 '원가'였다. 그 재생 빌레트로 만들어진 제품은 경비실 직원들의 눈을 속여 무단 반출만 할 수 있다면 그만한 횡재도 없었다.

두뇌 회전이 빠르기로 유명한 K금속의 J사장이 가만있을 리 없었다. 경비실이 한눈 팔고 있을 때마다 이 '불로 소득'을 몰래 팔아먹은 것이다. 일부러 원가 조작, 장부조작, 분식회계를 하지 않고도 거액의 검은 돈을 챙길 수 있었던 것은 바보 같은 직원들의 보이지 않는 협조 덕분이었다. 이처럼 장부조작이 생산 일선 현장에서 시작되면 관리 부분에서 고의로 분식회계를 시도하지 않아도 회사 재산 횡령이 쉬워진다.

4부

분식회계의 파급효과

분식회계 작업으로 단기간의 이익과 임시방편의 위험 회피를 도모할 수는 있다. 그러나 장기적으로 볼 때 기업은 물론 투자자, 채권자, 각종 거래처, 종업원, 금융기관 등의 파멸로 이어진다. 분식회계의 부정적 파급 효과를 구태여 열거하지 않아도 쉽게 이해할 수 있을 것이다. 대기업 집단의 몰락과 IMF 경제신탁통치 등 이 나라의 불행한 사태를 하나같이 직접 체험하거나 목격했으니까 말이다.

분식회계가 기업 전반의 관행이었다는 변명은 이제 통하지 않는다. 분식회계와 부실 회계감사가 드러나면 ■ 금융감독원의 감리 ■ 검찰에 대한 고발과 통보, 수사 의뢰 ■ 검찰 수사 ■ 형사 처벌 ■ 민사 소송, 집단 소송 등의 순서로 처벌 과정이 진행된다. 최근 들어서는 금융감독원의 고발이나 통보가 없더라도 검찰이 알아서 '인지(認知) 수사'를 진행하는 분식회계 사건이 날로 증가하고 있다.

분식회계는 말 그대로 얼굴에 분(粉)을 칠한다는 뜻이다. 때가 묻어 검게 오염된 얼굴을 하얗게 칠하여 보기 좋게 한다는 말이다. 더 논리적으로 표현한다면, 실제 회계 내용보다 경영 실적을 부풀려 처리함으로써 기업의 가치를 과대 포장하는 형태를 말한다. 대기업 상장법인들의 상습적인 분식회계와 장기적인 장부조작은 언젠가는 대부분 들통 나게 마련이고 그 악영향은 나라 경제를 뒤흔들어 버린다. 각 대상별로 그 파급 효과를 살펴보면 다음과 같다.

1. 투자자와 거래처

기업의 경영이 어려워져 자금 사정이 악화될수록 분식회계를 하려는 욕구가 강해진다. 재무 상태가 약간 나빠지기 시작하는 초기엔 금융기관과 채권자들의 협조를 얻어 그럭저럭 위기를 넘길 수 있다. 하지만 재무 상태가 지속적으로 악화되고 기업의 부끄러운 내부 정보가 외부에 유출되면 기업 가치가 하락하고 도산 가능성이 높아진다. 금융 시장과 자본 시장에서의 자금 조달이 어려워져 회생이 불가능하게 된다.

따라서 경영자는 실제 정보의 유출을 차단하고 조작된 정보를 공시하고자 하는 유혹에 빠지기 쉽다. 궁지에 몰린 경영자는 어쩔 수 없다고 자기변명을 해 가며 장부상 수치를 조작한다. 그 결과 경제적 실체를 반영해야 할 재무제표에 왜곡된 데이터가 포함되면서 투자자들의 의사 결정에 필요한 주요 정보를 제공하지 못하게 된다.

주식투자자들이 투자 대상 기업의 과대평가 실적을 사실로 믿고 투자를 결심한다. 그 와중에서 더 많은 사람들이 관심을 갖게 되고 주가는 꾸준히 상승한다. 그 뒤 분식회계 사실이 밝혀지면서 회사의 주가가 큰 폭으로 하락하는 바람에 수많은 소액 투자자들이 큰 손실을 본다.

누적 손실을 은폐하던 상장법인이 분식회계 사실을 노출하는 데 그치지 않고 도산할 경우 그 피해는 더 커진다. 주식투자자, 자금을 대여한 금융기관, 매입 · 매출 거래처 등이 부실화되거나 동반 몰락한다. 영향력 높은 재벌 기업이 도산하면 그 출혈을 전 국민이 골고루 부담해야 한다.

우리나라 경제가 IMF 경제신탁통치 체제에 돌입한 이후 분식회계로 연명하던 대기업들이 줄줄이 무너지자 채권금융기관들마저 휘청거렸다. 불가피하게 정부가 개입하여 여러 금융기관들에게 공적 자금을 수혈해야 했다. 결국 분식회계로 인한 재정적 부담을 온 국민이 짊어짐으로써 몰락의 도미노 사태가 어느 정도 진정될 수 있었다.

그렇다면 주식투자자, 채권자, 금융기관들은 앞으로도 분식회계 기업들이 뒤통수를 칠 때마다 예전처럼 당하고만 있을까. 아니다, 절대 그런 일은 없을 것이다. 집단 소송과 내부고발 등을 통해 아주 냉정하게 대응할 것이고 부실 감사를 한 회계법인들도 결코 안전하지 못할 것이다.

재정경제부는 증권 집단 소송 적용 대상을 자산 규모 2조 원 이상인 상장 대기업으로 한정했다. 2000년 6월 말 기준으로 자산이 2조 원을 넘는 회사는 82개 사로 증권거래소 상장기업 중 11.6%에 해당한다. 코스닥 상장기업은 집단 소송 대상에서 제외되었다.

기업이 허위 공시를 하거나 분식회계를 했을 경우 주주들이 집단 소송을 제기하여 승소하면 소송에 참가하지 않은 다른 주주들도 일괄적으로 손해배상을 받을 수 있다. 집단 소송을 낼 수 있는 대표적인 유형은 회사가 상장할 때 내는 유가증권신고서나 사업설명서를 허위로 제출한 것을 그대로 믿고 투자한 사람들이 손해를 봤을 때, 기업 인수 합병(M&A) 등을 위해 증시에서 공개 매수를 할 때 신고서나 영업 실적 보고서 등을 가짜로 작성했을 경우에도 해당된다.

사정이 그렇다면 자산 규모 2조 원 미만인 상장법인과 코스닥 상장법인들은 안심해도 될까. 전혀 그렇지 않다. 당분간 집단 소송 제도를 피해갈 뿐이지 분식회계가 발각되어 선의의 투자자나 채권자들에게 손해를 입힌다면 어떤 경우에든 손해배상 청구 소송에서 자유롭지 못할 것이다.

상장법인들이 정기적으로 금융감독원에 제출하고 투자자들에게 공개하는 정기보고서가 대체로 엉터리다. 3건 중 1건이 크고 작은 오류를 일으켜 증권 관련 집단 소송에 당할 위험성이 큰 것으로 지적되었다.

금융감독원과 증권선물거래소 집계에 따르면 12월 결산 상장기업의 2004 회계연도 사업보고서 제출 마감일인 2005년 3월 말 이후 5월 13일까지 공시된 사업보고서 정정 사례는 모두 443건에 달했다. 한 기업의 중복 수정이 드문 점을 감안할 때 사업보고서를 제출한 전체 1,429개 상장기업의 30% 정도가 한 번씩 보고서 내용을 고쳐 새로 공시한 셈이다.

특히 영업이익을 20% 정도 높게 잘못 공시하거나 증자 규모의 단위를 백만 원이 아닌 천 원으로 잘못 공시하여 나중에 정정하는 등 실적이나 재무제표 내용이 전혀 다르게 바뀌는 경우도 적지 않은 것으로 나타났다.

금감원 관계자는 '정기보고서에 관련된 공시 오류로 인해 주가 하락 등 뚜렷하게 피해를 본 투자자들이 존재한다면 소송의 대상이라면서 오류와 수정이 많다는 것은 그만큼 집단 소송 제기 가능성이 높다는 것' 이라고 밝혔다.

2. 주식 · 금융시장

2002년 6월, 세계 최대의 인터넷 전자 상거래 업체 아마존이 분식회계와 관련하여 당국의 조사를 받아온 사실이 드러나면서 주가가 급락했다. 미국증권거래위원회가 지난 2000년 10월부터 아마존의 분식회계 처리 여부, 전략적 제휴 등에 대하여 장기 조사를 진행해 온 것으로 밝혀졌다는 소식에 아마존의 주가가 급격한 내림세로 이어졌다.

뉴욕 증시는 그 해 7월 18일 AOL타임워너의 분식회계 의혹이 제기되면서 다우지수가 1.5 6% 나스닥지수는 2.88% 떨어졌다. 이 때문에 다우지수는 그 달 들어 7.6% 나스닥은 3.3% 하락했다. 특히 다우지수는 거래 가능한 13일 중 오직 3일만 상승했을 정도였다. 그보다 큰 문제는 분식회계로 상처를 입은 투자자들이 '2분기 기업 실적 호전' 이란 호재에 시큰둥한 반응을 보였다는 점이다.

2002년 미국 엔론사 등의 분식회계 사건은 미국 기업 가치의 폭락과 금융 시장의 대혼란을 초래했다. 2002년 7월 분식회계 스캔들이 잇달아 터지자 미국 증권시장의 무기력증이 심화되었다. 여러 대기업들의 분식회계 사실이 연일 불거져 나오면서 투자자들이 심리적 공황 상태에 빠져들었던 것이다.

2003년 2월 17일 검찰이 분식회계 혐의를 받던 SK그룹을 압수수색했을 때 SK글로벌의 주가는 9,410원이었다. 그 해 3월 11일 검찰이 수사 결과를 발표하자 SK글로벌과 SK그룹 계열 상장법인 주식의 주가가 폭락했다. 연속 하한가를 기록한 끝에 SK글로벌 주가는 마침내 3,000원대로 떨어졌다. 결국 막대한 손실을 입은 사람은 엉터리 재무제표를 읽지 못하고 무지갯빛 호재에만 매달린 소액 투자자들이었다.

3. 경영자

비대해진 지하경제와 무자료 시장, 허점이 많은 금융실명제, 허술하고 불투명한 경제 질서, 자금 흐름의 이중 구조, 기업에서 흘러나가는 거액의 원가 등을 어느 정도 파악하고 있으면서도 정부 당국은 손을 쓰지 못한다. 덩치가 큰 기업의 경영자일수록 정치적 로비에 의존하지 않고는 견디기 어렵다는 현실을 잘 알면서도 위정자들은 이맛살을 찌푸린다.

비합리적이고 불투명한 경영과 분식회계가 기업 내부의 비리를 낳고 기업의 부실화를 초래한다는 걸 모르지 않을 텐데 일부 재벌 총수들은 혼란스러운 현실을 방관하거나 방조한다. 스스로 결백하지 못하니까 원가가 새어나가도 환부에 메스를 대지 못한다. 일부러 전력투구하며 투명경영을 하지 않아도 로비자금을 적기에 투입하면 언젠가 손실이 벌충되고 투자이익이 보장될 것이라는 생각 때문이다.

정부에선 상장 규정 강화와 같은 회계 관련 규제를 엄격히 적용하고 있다. 특히 2004년 4월부터는 공시 서류에 대한 상장 · 등록 기업 최고경영자의 인증이 의무화되었다. 공시 내용에 허위가 드러날 경우 5년 이하의 징역이나 3천만 원 이하의 벌금형에 처하도록 했다. 그만큼 회계의 투명성에 대하여 경영책임이 무거워진 것이다. 증권 집단 소송 제도의 도입에 따라 분식회계와 허위 공시 등이 주요 소송 대상이 된다.

일반적으로 분식회계 과정에서 최고경영자가 적극 관여하는 게 대부분이다. 이 경우 허위 공시와 부당 회계 처리를 이유로 배임 행위 등에 대하여 형사처벌을 받을 뿐만 아니라, 주주 등 투자자들의 손해 배상을 위한 민사 소송 대상이 될 수도 있다. 앞으로 집단 소송 제도가 활성화되면 대주주 경영자들은 무한 책임을 져야 하고 사실상 파산을 면치 못하게 될 것이다.

미국은 중형, 한국은 집행유예

2005년 7월 13일, 미국 역사상 최대의 기업 도산을 탄생시킨 월드컴 회계부정과 관련하여 전 회장 겸 최고경영자인 버나드 에버스(63세)에 대하여 미국 검찰은 종신형을 구형했다. 미국 법원도 이에 동조하려는 듯이 징역 25년형을 선고했다.

엔론 관련 기업인 다이너지사의 재무 책임자 재미 올리스에게 선고된 24년 징역형을 웃도는 이 형량은 미국 기업 비리와 관련한 사건 가운데 가장 무거운 것이었다. 에버스의 나이와 심장병 등 건강

상태를 감안하면 사실상 종신형이나 마찬가지였다. 이 형량이 확정되면 그는 최소한 선고 형량의 85%인 21년 3개월을 복역해야 84세에 출감할 수 있게 된다.

맨해튼 연방법원의 바버라 존스 판사는 2005년 7월 13일 선고 공판에서 '이보다 적은 형량은 범죄의 중대성을 반영하지 못하는 것'이라며 중형을 선고했다. 에버스 전 회장은 주가를 올리기 위해 이익을 과장하는 등 110억 달러(약 11조 원) 규모의 회계를 조작함으로써, 증권 사기와 허위 보고 등 9개 죄목으로 기소됐었다.

미국 2위의 장거리 통신 업체였던 월드컴은 1990년대 미국 성공 신화의 대표 주자였으나 110억 달러 규모의 분식회계 사건의 여파로 2002년 파산했다. 이 과정에서 주당 60달러를 웃돌던 이 회사 주식은 몇 페니짜리로 전락하여 수백만 명의 투자자들을 울렸다. 피해를 본 투자자들로부터 집단 소송을 당한 에버스 전 회장도 500만 달러를 투자자 대표에게 보낸 뒤 사실상 파산하고 말았다.

존스 판사는 '에버스는 회계부정의 주모자가 아니며 구체적 내용은 잘 모르고 있었다'는 변호인측의 주장에 대하여 '에버스는 이 범죄 활동의 주모자'라고 일축했다. 존스 판사는 심장 질환과 자선 활동을 들어 관용을 베풀어 달라는 변호인측 요청도 거부했다.

공판에 참석했던 한 변호사는 '판사가 에버스에게 책을 집어 던지기도 했다'고 분위기를 전했다. 로버트 민츠 전 연방 검사는 '이번 판결은 부도덕한 CEO들이 조직폭력범과 마찬가지의 처벌을 받을 수 있다는 등골 오싹한 메시지'라고 말했다.

미국 법원은 2005년 6월에도 23억 달러 분식회계 혐의로 기소된

아델피아커뮤니케이션스의 창업주 존 라이거스에 대하여도 징역 15년의 중형을 선고했었다.

외국의 사법 당국들이 이처럼 강경한 태도를 보이는 것과 다르게 국내 법원은 분식회계와 관련된 기업인들을 거의 집행유예로 풀어주고 있다. 서울 고법은 지난 5월 1조 5,000억 원에 이르는 SK 네트웍스 분식회계를 저지른 최태원 SK 회장과 손길승 전 SK 회장에 징역 3년 집행유예 5년을 선고했다.

대우 분식회계와 관련된 강병호 전 대우 사장만 징역 5년을 선고받았을 뿐 나머지 경영진들은 줄줄이 풀려났다. 1조 8,000억 원대 분식회계 사실이 밝혀진 하이닉스의 김영환, 김주용 전 사장 등은 모두 집행유예를 받았다.

4. 기업

회계장부는 기업 가치를 나타내는 기본 자료다. 때문에 분식회계를 했다는 소문이 나면 기업의 실적과 재무 상태에 대한 불신이 생겨 주가 하락으로 이어진다. 미국에서는 타이코 인터내셔널의 분식회계 파문 이후 그 회사의 주가가 42% 하락했고, 국내 코스닥 기업 중 분식회계가 적발된 기업들의 주가가 평균 17% 하락한 것으로 나타났다. 이처럼 분식회계가 드러나면 문제의 기업들에게 심각한 피해를 준다.

미국의 경우 주주의 집단소송 중 분식회계를 원인으로 한 소송의 비중이 90년대 초반에 30%이던 것이 1998년에 55% 증가했다. 우리나라에도 집단 소송 제도가 도입되었기 때문에 미국의 사례처럼 되지 않을 것이라는 보장이 없다.

2003년 한국의 SK글로벌은 분식회계로 망신을 당했고, 2002년 미국 엔론 등의 분식회계 사건은 기업의 도산으로 이어져 미국 기업

가치의 폭락을 초래했다. 분식회계가 드러난 기업은 투자자들의 신뢰를 잃을 뿐만 아니라 한번 실추된 신뢰를 회복하는 데 많은 시간과 노력이 요구된다.

옛 현대전자인 하이닉스의 1999년 분식 규모는 1998년 ㈜대우의 14조 원보다 작지만 2003년 SK글로벌의 1조 9,000억 원과 비슷한 규모였다. 2004년 상반기까지 4분기 연속 흑자를 냈고 비(非)메모리 사업 부문 매각 대금으로 부채 1조 2,000억 원을 조기 상환하는 등 시장의 신뢰를 얻으려고 노력했으나 과거 분식회계 전과 때문에 적지 않은 진통을 겪어야 했다.

과거 외형 성장을 주도해 온 기업들은 결산서에 정확한 실적을 반영하기보다 부풀리거나 축소하여 투자자들의 신뢰를 잃었고 분식회계 여파로 자금 조달에 어려움을 겪기도 했다. 외환위기 이후 국내 대기업들이 투자자들의 신뢰를 회복하기 위해 투명경영에 심혈을 기울이고 있으나 분위기 반전이 쉽지 않아 보인다.

앞으로 분식회계를 저지르다 적발되면 분식 규모에 관계없이 모두 검찰에 통보된다. 금융감독위원회는 기업이 고의로 회계 기준을 위반한 경우 원칙적으로 검찰에 통보한다.

그 동안 분식회계는 중요도에 따라 4단계로 나누어 △ 1, 2단계는 검찰 고발 △ 3단계는 검찰 통보로 각각 명시되어 있으나 4단계는 명확한 규정이 없었다. 하지만 금융감독위원회 규정의 개정으로 4단계에 해당하는 소액 분식회계도 검찰에 통보된다. 부실 감사를 실시한 회계법인에 대하여는 일선 감사 실무자보다 담당 이사에게 주된 책임을 물어 제재한다.

기업 원가 누수 현장

장부조작과 비자금 조성이 전파시키는 악영향은 단순히 산술적인 수치로 평가하긴 어렵다. 계수 조작과 변칙 회계 처리에 동원되는 인력과 시간은 별게 아니다. 비자금 10억 원 때문에 달아나는 원가도 대수롭지 않게 생각한다면 어쩔 수 없다. 하지만 그 와중에서 실의에 빠진 직원들의 어깨 너머로 증발해 버리는 원가를 무시할 수 없다. 10억 원이 빠져나간 자리엔 1억 원이 달아날 준비를 하며 이미 뚫린 '개구멍'을 흘낏거린다.

필자는 분식회계에 따른 여러 가지 후유증과 숱한 곡절을 알고 있다. 경영자의 비자금 조성에 가담했던 직원들이 그 회계부정을 약점으로 잡아 수억 원을 빼돌린 사실을 말이다. L그룹 L사의 자금부 K과장과 공사 담당 S부사장, D그룹 K사 영업부 L차장, J그룹 Y사의 P상무 등 필자가 손꼽을 수 있는 사람들만도 10명은 넘지 싶다.

참 괴이한 일도 있었다. 사장이 비자금 1,000만 원을 요청하면 반드시 100만 원을 챙기던 모 건설회사 C전무는 술자리에서 그 용돈(?)을 '부가세'라고 불렀다. 얌전하고 예의 바르고 정직했던 인지원들이 C전무처럼 검은 돈에 눈독을 들이기 시작한 것은 최고경영자가 장부조작을 지시하는 바로 그 순간부터였다.

이쯤 되면 회사의 운명을 걸다시피 추진하는 원가 절감 운동과 생산성 향상 운동은 바보짓에 불과하다. 숫자 경시 풍조가 만연되면 업무는 자연히 태만해지고 그 결과 일의 매듭이 지어지지 않게 된다.

엉터리 재무제표와 허술한 장부조작은 언젠가 반드시 화근이 된다는 사실을 명심해야 한다. 명확한 목표를 숫자로 제시하고 항상 그 목표치와 실적의 차이를 체크하여 행동하는 게 경영관리임이 분명한데, 기업의 장부와 재무제표에서 진실한 통계치가 증발하면 경영관리는 언제나 실패하기 십상이다.

사라지지 않는 기업 회계 불신

현대전자(지금의 하이닉스)는 1997년 부도난 만도기계 등 한라그룹 계열사에 대한 매출채권 1,492억 원, 약속어음 1,241억 원, 한라시멘트의 전환사채 215억 원 등 2,948억 원어치를 보유하고 있었다. 그럼에도 이들 채권에 대한 대손충당금을 전혀 적립하지 않았다. 적정 담보를 확보한 데다 아직까지 정상적인 거래가 이루어지고 있다는 것이 그 이유였다. 그러나 이들 계열사가 부도난 뒤 화의 신청에 들어갔기 때문에 그 채권을 언제 회수할지 알 수가 없었다. 따라서 일정액의 대손충당금을 쌓아 두는 게 지극히 합리적이었다. 정상적으로 회계 처리를 했다면 1997년 현대전자의 적자액은 1,835억 원이 아니라 2,000억 원이 훨씬 넘었을 것이다.

이 같은 관점에서 볼 때 현대전자의 연결재무제표에 나타난 적자 5,696억 원도 실제보다는 과소 계산되었다고 할 수 있었다. 게다가 연결재무제표에는 해외 현지법인의 영업손실이 총액만 기재되어 있고 구체적인 내용은 없었다. 해외 투자 법인의 손익 상황이 구체적으로 명시되고 국내외 관계회사의 손익 상황이 어느 정도 파악 가능해야 하는데도, 해외 손실이 어느 법인에서 발생했고 앞으로 전망이 어떠한지 투자자들로서는 알 수가 없었다.

1997년 부도난 태일정밀은 매출채권 · 단기대여금 · 미수수익 · 대손상각비 881억 원을 실제보다 적게 계상하고, 투자유가증권의 감액손실 18억 원을 아예 반영하지 않았다. 그 격차가 무려 899억 원이나 된다. 그 결과 재무제표에는 16억 원 흑자로 나타났지만 실제로는 883억 원 적자였다. 이 밖에 해태전자, 해태유통, 한라시멘트, 효성기계, 청구, 보르네오, 거평패션 등 부실기업들은 대부분 이런 식의 장부조작을 즐겨 시도했다.

부실기업만 그런 것은 아니었다. 건전 기업으로 알려진 업체도 적지 않게 부실한 재무제표를 작성했다. 이 중에는 재벌기업도 들어있었다. 효성그룹의 효성티앤씨는 매입채무에 대한 외화환산손실을 95억 원 적게 계산했다. 이에 따라 39억 원의 적자가 56억 원의 흑자로 둔갑되었다. 한국티타늄도 관계회사 대여금 358억 원을 건설중인 자산과 매출채권으로 분류하는 등의 방법으로 24억 원의 물 타기를 했다. 그 결과 10억 원의 적자가 13억 원의 흑자로 바뀌었다. 남광토건 재무제표에서도 분식회계는 예외가 아니었다. 매출채권, 부노어음 대손충당금 136억 원을 과소 계상하여 129억 원 적자를 7억 원 흑자인 것처럼 표시했다.

그런가 하면 아예 회계감사의 접근 자체를 어렵게 한 기업도 적지 않았다. 1997년 4월 협조융자를 받은 화성산업은 업무 정지된 대구종합금융 주식을 보유하고 있었다. 하지만 이 회사가 관련 자료를 제시하지 않아 투자 손실 규모를 파악하는 것 자체가 불가능했다. 아남전자, 동국무역은 재고자산 실사에 감사인 입회 없이 일방적으로 확정했고 태화는 매입채무와 상품 매출원가에 대한 감사를 막았다.

이처럼 노골적인 분식회계나 감사 제한은 아니더라도 회사가 임의로 회계 기준을 변경하여 투자자들에게 혼선을 주는 사례도 허다하다. 이를테면 생산설비의 감가상각 내용연수를 바꾸거나 가속상각비를 제거하는 등의 방법이 흔히 쓰인다.

삼성전자는 1996년 결산에서 신기술과 신제품 개발 기간의 장기화 등으로 인한 가동률 축소를 이유로 가속상각비를 계산하지 않는 방법으로 3,941억 원, 장기외화자산 · 부채의 외화환산손익을 자본조정 항목으로 옮기는 방법으로 3,040억 원의 당기순이익을 증가시켰다. 1997년 연결재무제표 결산에서도 모회사와 자회사 광주전자 등 국내외 관계회사의 유형자산 내용연수 변경 등의 방법으로 순이익을 4,605억 원 증가시켰다. 이렇게 하지 않았다면 삼성전자는 1996년 실적이 적자로 나타났을 것이고, 1997년 연결재무제표의 적자 규모도 1조 원 안팎에 이르렀을 것이다. 이렇게 회계 처리 방식을 바꾸는 것에 대하여 회계감사 팀은 타당성이 인정된다고 했다. 특별하게 회계 처리 기준을 어긴 것이 아니기 때문에 제재하기는 어려웠던 것이다.

삼성전자뿐만 아니라 많은 대기업들이 애용하는 것이 회계 처리 기준의 변경이기도 했다. 하지만 이들 대기업이 멋대로 회계 처리 기준을 바꾸는 것이 다반사이다 보니, 우리나라 대기업 회계에 대한 국내외의 불신은 쉽게 사라지지 않는다.

5. 종업원

분식회계 기업이 살얼음판을 위를 걷게 되면 거짓 회계 정보를 만드는 데 기여한 하수인들도 흔들린다. 즉 가짜 정보의 직접 생산자인 종업원들에게도 그 피해가 돌아간다는 뜻이다. 결국 경영부실과 취약한 재무구조를 숨기면 숨길수록 악순환의 골이 깊어지고 기사회생의 길마저 없어진다. 기업이 도산하면 종업원들도 삶의 터전을 잃어버린다.

상장법인들의 장부조작 현장을 지켜보거나 직접 가담해 본 사람이라면 공시된 재무제표를 접할 때마다 곤혹스러움을 이기지 못할 것이다. 담배의 해독을 알면서도 이미 중독이 되어서 담배를 끊지 못하는 골초처럼 우리 경영자들은 오래 전부터 분식회계에 열을 올리고 있었으니 말이다. 하지만 분식회계에 따른 해독은 채권자와 투자자에게만 미치지 않는다. 기업의 장부조작은 회사 조직에도 불건전하게 침투되어 곳곳에 '구멍' 을 뚫어 놓는다는 데 심각한 문제점이 있다.

단순한 장부조작으로 끝나지 않고 그 파장은 오래오래 멀리 퍼진다. 분식회계를 반복하는 와중에서 실질적인 관리의 토대가 흔들리니 계수를 매만지는 실무자들은 시종일관 곤욕을 치른다. 거짓과 진실 사이에서 방황하는 말단 직원들은 허위의 숲에서 더 긴 시간을 탕진하다가 한숨 돌리면 고유 업무가 언제나 잔뜩 밀려 있게 마련이다.

인력 낭비가 많은 이유

조선(造船)업이 주력인 D사는 해외 건설에 진출하면서 '죽을 쑤게' 되자 손실을 숨기려고 장부조작을 거듭해야 했다. 명색이 증권거래소에 상장된 회사로서 진짜 재무제표를 공개할 수 없었으므로 해외 건설에서 이익이 나는 것처럼 위장하기 시작했다.

적자가 뻔히 예상되는 공사 현장의 공사 진척비율(기성고)을 대폭 늘여서 '공사미수금(매출채권)'이 적지 않은 것처럼 처리했고, 완공을 눈앞에 둔 적자 공사의 경우는 이미 투입된 공사비를 다른 공사 현장에서 사용한 것처럼 속였다. 계수 조작에 이골이 난 '경리쟁이'들은 위에서 시키는 대로 분산 처리했지만 다른 부서의 사후 관리가 문제였다.

해외사업본부에서 자금 현황과 공사 현황을 관리하는 임직원, 주거래은행과 금융 당국에 해외 공사 관련 자금 수급 상황을 수시 보고해야 하는 임직원, 해외 건설 현장에서 사실적인 회계 처리 결과를 본사에 보고해야 하는 임직원, 본사에서 결산 재무제표를 작성해야 하는 임직원들 사이에 손발이 맞지 않았다. 평소보다 몇 배 힘들게 사무 처리에 매달렸고 급기야는 인력을 두 배 이상 배치해도 일이 엉키기 시작했다. 실질적인 업무로 소비하는 시간에 비하여 계수 조작에 투자(?)하는 시간이 많아진 것은 물론이다.

선박용 케이블 생산업체인 E사의 경우는 부작용이 더 심했다. 막대한 손실을 몇 십억 원의 이익으로 둔갑시키기 위해 가공의 자산을 만드느라고 모두 얼이 빠져 있었다. 원자재와 제품, 반제품 등 재고자산을 실제보다 부풀리기 위해 필사의 노력을 다했다. 그런데 웬걸, 실물을 관리해야 하는 직원들에겐 그 작업이 쉽지 않았으므로 지극히 일상적인 업무엔 손을 놓다시피 해야 했다. 나중엔 간부와 임원들마저 계수 관리에 소홀해지기 시작했다. 한 마디로 본말이 전도된 꼴이었다.

서당 개 3년이면 풍월을 읊는다

분식회계가 목적일 때는 이중장부 관리가 다소 복잡해져 골치가 아픈 것으로 그친다. 하지만 비자금을 조성하기 위해 시도되는 계수 조작은 어렵지 않은 반면 그 폐해가 더 심각해진다. 가짜 매입 세금계산서를 사들이거나 매출을 누락시켜 회사 돈을 빼돌리는 경영자가 있는 기업에선 분식회계를 초월하는 작업을 폭넓게 실시해야 하기 때문이다.

예컨대 제조업체에서 10억 원짜리 자재를 매입한 것처럼 만들려면 다양한 기능이 유기적으로 연결되어야 한다. 생산(제조)부, 구매

(자재)부, 품질관리부, 총무부(경비실), 자재관리부, 경리(자금)부, 생산관리부 등에서도 나름대로 근거를 남겨야 가능한 일이다.

■ 생산부에선 자재구매의뢰서를 작성해야 하고 ■ 구매부에선 세금계산서를 매입하면서 각종 서류를 가짜로 만들어야 하고 ■ 경비실에선 입고되지 않는 자재의 거래명세서에 통제인을 찍으면서 경비일지를 다시 작성해야 하고 ■ 품질관리부에선 가짜 검수보고서를 발행해야 하고 ■ 자재관리부에선 가공의 자재 출고를 지능적으로 분산시키기 위해 자재수불부를 조작해야 하고 ■ 생산관리부에선 자재 물량을 떨어내고자 생산일보를 거짓으로 꾸며야 하고 ■ 경리부에선 그 10억 원을 편법 지출하기 전에 돈세탁까지 해야 한다.

그뿐이 아니다. 그 매입 조작 대상 물건이 고정자산이거나 직원식당의 주부식품이라면 ■ 총무부 직원 ■ 영양사 ■ 심지어 주방장까지 인지하고 협조해야 한다. 변칙 회계 처리를 위한 그 절차가 전사적으로 이루어진다고 할 때, 경영자의 비리도 전사적인 묵계와 담합이 있어야 가능하다. 형편이 그러니 도와준 임직원들에게 떡값이 주어져야 하고 당장 현찰 지급이 아깝다면 승진 인플레 등 각종 배려와 입막음 조치가 뒤따라야 한다.

매출을 누락시키는 과정에서도 제품관리부, 총무부(경비실), 영업부, 생산부, 경리부 등이 개입하지 않으면 온전한 사후 처리가 곤란하다. ■ 제품의 완성 창구인 생산부로 거슬러 올라가 생산일보를 ■ 경리부의 제조원가명세서를 ■ 제품관리부에선 제품수불부를 ■ 총무(관리)부에선 각종 경비일지와 통제대장을 ■ 영업(판매관리)부에선 판매관리대장을 긴밀히 연결시켜 조작해야 완전(?)범죄가 비로소 완성된다.

하지만 그 장부조작은 완전범죄로 부를 수는 있어도 홀로 은밀히 끝낸 범행은 결코 아니다. 장부조작에 따른 파급 효과와 폐해는 의외로 광범위한 곳에서 나타난다. 섣불리 생각하고 덤볐다간 큰코다칠지도 모른다는 노파심으로 신중에 신중을 기하지만 완벽한 보안 유지는 사실상 있을 수 없다. 6 ~ 7개 부서의 핵심 조직만 연결되어도 10여 명은 진상을 알게 되고 소문이 퍼지면 100명이 아니라 1,000명도 눈치 채게 된다.

그 동안 사회적으로 물의를 일으켰던 여러 기업의 비자금 사건은 건설 현장, 경리부, 총무부, 생산부 등에서 불거져 나온 것으로 폭로의 진원지는 각양각색이었다. 특히 건설회사의 비자금 관련 비리는 자재관리부, 공사관리부, 건설 현장, 경리부 등은 물론 노조 집행부에서도 제보가 가능할 만큼 폭넓게 인지하고 있었다. 특정 건설 현장에서 비자금을 조성하려면 우선 현장 소장을 비롯해 발주처 감독관, 자재부, 공사부, 현장 경리 직원, 본사 회계부 등의 담당 임원과 간부, 심지어 말단 직원까지 포착해야만 합법적인 회계 처리로 위장할 수 있기 때문이다.

'서당 개 삼 년에 풍월을 한다.'는 속담이 있다. 아무리 멍청한 사람도 오랫동안 눈으로 확인하고 귀로 듣게 되면 자연히 모르던 견문도 생긴다는 뜻이다. 건설 현장이나 공장에서 다년간 근무한 경비원들마저도 어떻게 비자금이 조성되는지 다 알고 있다. 이런 직원들을 경비원으로 배치해 놓았으니 그들이 먼저 부정한 짓을 저지르지 않는다고 누가 장담할 것인가. 비리가 드러나는 기미라도 보이면 묘하게 미소 짓는 법부터 배우는 게 경비원들이다.

오직 자리보전을 위해 분식회계에 협조하던 임직원들은 약간씩 비뚤어진 나머지 이제나저제나 배신을 꿈꾼다. 학문이 매우 깊고 덕망이 높았던 어른도 때로는 감투 때문에 부도덕한 경영주의 충직한 종을 자처하지만, 기회가 포착되면 자신도 회사 돈을 빼돌려서 나쁠 것 없다고 생각한다. 배운 도둑질은 언젠가 한번쯤 써먹고 싶은 것이다.

새삼스레 이 진부한 말을 뇌까려야 하는 게 부끄럽다. 필자는 그 저주스러운 검은 돈의 노예 행위로부터 해방되기 위해 무려 23년을 소비해야 했으니까.

6. 감사인

현행 회계감사 제도 밑에서 문어발 재벌 대기업들이 의도적으로 자료를 은닉하거나 부풀릴 때 공인회계사가 주어진 시간 내에 회계 부정 사례를 100% 찾아내기 어렵다. 실상이 그럼에도 법률 적용과 법적 처벌은 냉엄하다. 분식회계를 제대로 적발하지 못한 회계법인에 대하여는 영업 정지나 설립인가 취소 결정을 내리고 분식회계로 인해 손해를 본 투자사나 채권사는 감사인에게 손해배상을 청구할 수도 있다. 과거처럼 대기업과 담합 흥정하거나 매수되어 회계부정을 적당히 눈감아 주던 시대는 이제 전설이 돼야 한다.

SK네트웍스를 감리했던 Y회계법인이 분식회계를 적발해 내지 못했다는 이유로 2004년 156억 원의 손해배상을 해야 했다. SK네트웍스 주채권은행인 하나은행은 Y회계법인과 156억 원의 손해배상에 합의하고 이를 39개 채권 금융기관에 통보했다.

채권단은 2조 원대에 달하는 SK네트웍스 분식회계와 관련하여

금융 당국이 2003년 8월 Y회계법인에 과징금 부과 등 중징계를 내림에 따라 Y회계법인도 책임이 있다고 판단하여 별도의 손해배상 소송을 준비해 왔다.

156억 원의 손해배상 규모는 그 동안 회계법인을 대상으로 한 손해배상 중에서 가장 규모가 큰 것이었다. 앞으로 집단 소송제도가 활성화되면 회계법인들이 거액의 손해배상 소송에 줄줄이 휩쓸릴 가능성이 높아지고 있어 회계법인 사이에 초비상이 걸렸다.

금융감독원에 따르면 회계법인을 대상으로 한 손해배상 소송은 지난 2001년 3건에서 2002년에는 7건, 2003년에는 9건으로 증가하는 등 지속적인 상승 추세를 보이고 있다. 그런 관점에서 회계법인은 앞으로 소액 주주들의 집단 소송에 대비해야 한다.

1999년 10월 22일 대법원에서 증권거래법과 민법상의 책임은 모두 별도 인정되는 법정 책임이라는 판결을 내렸다. 감사인의 부실감사 때문에 손해를 입게 된 선의의 일반 주식투자자들은 감사인에 대하여 증권거래법상의 손해배상 책임과 민법상의 불법 행위 책임을 다함께 물을 수 있다는 의미였다.

감사인의 손해배상 책임

'주식회사의 외부 검사에 관한 법률' 에 감사인의 손해배상 책임이 다각도로 규정되어 있다.

주요 내용을 정리하면 다음과 같다.

• 임무를 게을리 하여 회사에 손해를 끼쳤을 때 감사인(회계법인)은 회사에 손해를 배상할 책임이 있다. 이때 감사반에 참여한 공인회계사도 연대하여 손해배상 책임을 진다.

• 감사보고서, 연결재무제표, 결합재무제표 등에 중요 사항을 기재하지 않거나 허위로 기재하여 이를 믿고 이용한 제삼자에게 손해가 발생했다면 그 감사인은 제삼자에 대하여 손해배상 책임이 있다.

• 감사인의 손해배상 책임이 인정되는 경우 당해 회사의 이사, 감사, 감사위원회 위원 등도 연대하여 배상할 책임이 있다.

• 감사인은 법률 규정에 의한 손해배상 책임을 보장하기 위해 손해배상공동기금 적립 또는 보험 가입 등 필요한 조치를 해야 한다.

• 손해배상 책임은 그 청구권자가 당해 사실을 안 날부터 1년 이내에 또는 감사보고서를 제출한 날부터 3년 이내에 청구권을 행사하지 않으면 소멸한다.

감사위원회

1999년 개정된 상법에 따르면 주식회사는 이사회 내 위원회의 하나로서 감사위원회 제도를 감사에 갈음하여 채택할 수 있다. 감사위원회는 3인 이상의 이사로 구성하고 3분의 2 이상은 사외이사로 선임하도록 규정되어 있다. 따라서 감사위원회란 감사에 갈음하여 이사의 업무 집행과 회계를 감사할 권한을 가진 이사회 내 위원회의 하나인 필요 상설 기관이라고 볼 수 있다. 감사위원회가 합의체의 의결 기관이라는 점에서 여러 명의 감사가 있는 경우와 구별된다.

■ 감사위원회 설치 이유

과거 사내 감사(監事)에 의한 감사(監査)가 제대로 기능하지 못했고, 그것이 1997년 말 IMF 구제 금융 체제를 불러온 경제 위기의 주요 원인 중의 하나로 작용했다는 점을 고려하여 경영자로부터 독립적인 지위에 있는 감사위원회 제도를 마련한 것이다.

외환위기 이후 기업 지배 구조 개선을 통한 기업의 투명성과 회계 정보의 신뢰성을 높이려는 목적에서 2000년부터 자산 총액 2조 원 이상인 경우 감사위원회 설치가 의무화되었다. 기존 상법상 감사 제도의 한계점을 보완하고 독립성 있는 사외이사의 참여를 높여 경영진을 효과적으로 감시 · 감독함으로써 회계 정보의 신뢰성을 확보하기 위해서였다.

■ 감사위원회 도입 배경

1999년 12월 상법 개정을 통해 감사위원회 도입을 명문화하고 기업들이 감사위원회와 감사 중에 하나를 선택하도록 규정했다. 증권거래법에서는 2002년부터 자산 총액 2조 원 이상인 법인의 경우 3인 이상의 이사로 감사위원회를 설치해야 하고 사외이사가 3분의 2 이상이 되도록 감사위원회 제도를 도입해야 한다.

■ 감사위원회 역할

경영자에 대한 내부 감시 · 통제와 내부 통제 구조에 대한 감시를 통해 재무제표의 투명성을 향상시키는 데 도움을 줄 수 있는 장치로 감사위원회가 있다. 감사위원회는 이사회의 하부 위원회로서 주로 사외이사가 구성원의 다수를 차지하는 협의체 의결 기구다. 감사위원회는 독립적인 입장에서 경영진을 감독하여 회계 정보의 신뢰성과 투명성을 향상시킬 수 있어야 한다.

감사위원회는 이사회의 위임을 받아 경영진에 대한 감독 기능을 수행하고 신뢰성 있는 재무 정보의 제공을 위해 내부 통제를 비롯한 여러 가지 감독 업무를 담당해야 한다. 감사위원회는 △기업 재무 활동의 건전성과 타당성 검토 △재무 보고의 정확성 검토 △내부 통제 시스템의 평가 △내부 감사 부서 통제 △책임과 임명에 대한 동의 △외부 감사인의 감사 활동에 대한 평가 △외부 감사인 후보자 추천 △외부 감사 결과 시정 사항에 대한 조치를 확인하는 등 주요 역할을 담당해야 한다.

■ 감사위원회 설치 규정

• 상법 제15조 2의 제2항

감사위원회는 3명 이상의 이사로 구성된 이사회의 하부 위원회로서 적어도 3분의 2는 경영진과 지배주주로부터 독립된 사외이사여야 한다고 규정한다.

• 증권거래법 제191조의 17, 제54조의 5

자산 총액 2조 원 이상인 상장법인에 대하여 3인 이상의 이사로 구성된 감사위원회 설치를 의무화하고 사외이사가 3분의 2 이상이 되도록 규정하고 있다. 자산 규모 2조 원 미만인 경우 감사위원회 설치를 임의 선택하도록 했다.

7. 정부와 사회

분식회계는 기업의 신용 추락과 주식투자자들의 손실 부담뿐만 아니라 정부의 관리 감독에 대한 국제적 불신을 초래한다. 대한민국 정부의 입장에서는 '코리아 디스카운트'를 당하는 근본 원인이 된다. 분식회계가 만연하고 있다는 오해의 소지를 외국 투자자들에게 심어 주면 나라의 경제 사정은 급격히 악화된다.

정부에 대한 불신은 ■ 국가의 신인도 실추를 초래하고 ■ 국가의 신용 등급 하락으로 이어지고 ■ 외국에서 차입한 자금의 이자율이 상승하고 ■ 외국 투자자가 자본을 회수하거나 국내 자본을 유출시키는 결과를 낳는다. 나중에는 결국 ■ 국내 주식시장의 침체 ■ 외환 보유고의 급격한 감소 ■ 외자 유치의 어려움 등 엄청난 경제적 악재를 유발할 수 있다.

정부의 안이한 대처

1945년 설립되어 국민의 사랑을 받아 가며 성장을 거듭하던 해태제과가 경영주의 판단 착오와 무리한 확장 경영 때문에 1997년이 되자 술 취한 사람처럼 휘청거렸다. 한보사태, 기아사태 등으로 자금시장이 경색되고 외환위기가 밀어닥치자 부도 위기에 몰렸다. 급기야 보유 부동산과 투자 유가증권 일부를 매각하는 등 자구책을 마련했으나 결국 1997년 11월 1일 해태제과를 비롯한 해태그룹 3개 계열사가 부도를 냈다. 이때 관계 당국과 금융기관의 안이한 대처로 분식회계의 해악이 극명하게 드러났다.

부도 사태 이후 채권은행인 조흥은행이 전문경영인을 내세워 해태제과의 자금관리에 들어갔다. 전문경영인이 사장에 취임하고 채 2개월이 지나지 않아서 해태제과 임직원들의 조직적인 저항에 부딪혔다. 전문경영인이 1997년부터 취임 이전까지 숨겨진 부실 자산을 밝혀내고 공개한 데 대한 반사적 반응이었다.

그 당시 해태제과는 워크아웃 승인을 받아내기 위해 분식회계를 한 끝에 부실 자산 5,700억 원을 숨기고 있었다. 하지만 조흥은행 관계자는 이를 알고도 '회계법인에 사실 여부를 확인한 결과 문제가 없는 것으로 나타났다' 고 발표했다. 그러다가 2000년 12월 6일 조흥은행은 그 동안의 입장을 뒤집었고 '회계법인이 해태제과를 회계감사하면서 4,600억 원 규모의 분식결산을 한 사실을 적발, 채권단 협의를 거쳐 검찰에 고발할 방침' 이라고 밝혔다.

막다른 골목에 몰린 조흥은행은 '해태제과가 부실 자산이 그대로 드러날 경우 채권단으로부터 사적 화의를 통한 정상화 방안을 승인

받기 어려울 것으로 보고 회계법인의 묵인 아래 분식결산을 한 것'이라고 실토했다. 뒤이어 해태제과는 2001년 6월 결산 때 4,665억 원을 결손 처리할 수밖에 없었다.

하지만 그 이전에 해태제과는 분식회계를 악용하여 불법 출자 전환을 자행했고, 출자 전환한 주식 1억 6,000여 만 주를 증권거래소의 주식시장에서 공개 매각할 수 있었다. 결과적으로 분식결산은 엄청난 파장을 일으켰다. 20,000여 명의 소액 주주들을 경제적 파탄에 빠트렸고 1조 원에 달하는 회수 불능의 국민 세금이 공적 자금으로 투입되었다. 그럼에도 정치권과 경제계에서는 또 다시 상습범인 재벌에 면죄부를 주기 위해 '분식회계 사면'을 위한 증권 관련 집단소송법 개정을 추진했다.

8. 세계 기록 경신

2002년 12월 엔론, 월드컴, 머크 등 미국 거대 기업들이 잇따라 분식회계 스캔들에 휘말리면서 다우존스와 나스닥 지수가 폭락하고 세계 경제에도 큰 충격을 주었다. 우리나라에서도 외환위기 직후 한보철강, 대우그룹, 동아건설 등 대기업의 천문학적 규모의 분식회계가 그 진면목을 드러내자 경제계와 온 국민들이 경악을 금치 못했다.

IMF 관리 체제에 돌입하면서부터 한국 대기업들의 분식회계가 연이어 들통이 났다. 1997년 한보철강이 분식회계 7,000억 원, 우리에게 IMF 구제금융의 단초를 제공한 기아자동차와 아시아자동차가 7년 동안 각각 3조 원과 1조 5,000억 원을 분식함으로써 국제 금융계를 놀라게 했다. 동아건설의 경우 1998년에 정리한 과거 10년 동안의 분식회계 규모가 7,000억 원에 달했다. 대우그룹의 분식회계는 무려 21조 원(수사 발표 기준으로는 42조 원)에 이르러 분식회계의 세계 기록을 경신하고 말았다.

비교적 재무구조가 건실하다고 알려진 현대건설도 예외가 아니었다.

다음은 2001년 3월 29일 외환은행이 발표한 자료의 일부다.

현대건설은 2000년 회계감사 결과 대부분 과거에 발생한 부실을 미래의 투명경영을 위해 현실화시키는 과정에서 당기순손실 3조 원, 자본 조정에 따른 자기자본 감소 6,000억 원 등 자기자본 2조 7,000억 원을 전액 잠식하고 부채가 자산을 약 9,000억 원 초과함으로써 재무구조가 급격히 악화되었으며 이로 인한 유동성 위기가 우려되는 상황에 이르렀습니다.

이에 따라 현대건설의 35개 채권금융기관 대표자는 현대건설이 부실화할 경우 계열사의 동반 부실, 약 3,000여 개에 이르는 동사 협력업체의 부실화, 국내외 건설 기반의 붕괴, 국가 신인도 하락, 금융시장 불안으로 인한 자금시장 경색 현상의 심화, 국민 부담 증가로 이어지는 악순환이 불가피할 뿐만 아니라 금융기관의 채권 확보에도 불리하다는 데 인식을 같이 하고 현대건설의 조속한 경영 정상화를 위해 다음과 같이 결의했습니다.

오랫동안 분식회계를 해 온 것으로 의혹의 눈총을 받던 현대건설 역시 특별손실이라는 명목으로 2조 9,000억 원의 누적 손실을 털어냄으로써 사회적 비난을 피해 갔다.

아무리 우리나라 대기업의 회계 조작 현실이 그렇더라도, 특정 기업의 경영 성과와 재무 상황을 가장 객관적으로 확인하고 가장 손쉽게 입수할 수 있는 정보는 재무제표밖에 없다. 앞으로도 우리 경제계가 그처럼 유용한 회계 정보의 건전성과 투명성을 확보하지 못한다면, 우리나라는 사회 경제적으로 막대한 비용을 부담해야 하고 국제적 신인도에도 커다란 타격을 입게 될 것이다.

9. 집단 소송 움직임

지금 이 순간에도 수많은 기업들이 분식회계를 시도하고 있을 것이다. 장부조작 사건은 아직 끝나지 않았고 현재진행형이다. 앞으로도 기업의 성적표를 지능적으로 고친 기업주와 기업 경영진이 수많은 사람들과 국가와 경제 주체들에게 피해를 줄 것이다.

결국은 장부조작 피해를 줄이거나 없애려면 분식회계 주체들에게 배상 책임을 묻는 방법밖에 없다. 분식회계를 지시한 사람, 거짓 장부인 줄 알고도 방조하거나 묵인한 사람, 장부조작을 눈치 챘으면서도 금융기관 대출을 적극 유도하고 앞장 선 사람 등도 분식회계 기업과 동등한 책임을 져야 한다.

특히 분식회계를 시도한 기업주, 내부 감사를 소홀히 진행한 기업의 경영진, 부실 감사를 한 회계법인은 더욱 엄중하게 다루어야 한다. 범죄가 인정되면 정부 당국, 국제 사회, 일반 투자자, 채권금융기관 등에 대하여 손해배상 책임을 지도록 해야 한다. 최근 들어 도입된 집단 소송 제도가 이 범죄자들을 응징하는 데 적극 활용되어야 하는 것도 그 때문이다.

집단 소송 제도란 주가 조작 · 허위 공시 · 분식회계 등으로 피해를 봤을 경우 한 사람이 소송을 제기하여 승소하면 같은 피해를 입은 나머지 투자자들도 별도의 소송 없이 동일한 보상을 받도록 하는 제도다. 오랫동안 집단 소송이 인정되어 온 미국에서는 소송비용이 눈덩이처럼 불어나자 외부 감사 대상 법인과 외부 회계감사를 담당하는 회계법인들이 바짝 긴장하기 시작했다.

사태의 심각성을 확인한 우리나라 정부도 2006년 1월 집단 소송제 도입에 따른 기업들의 피해를 최소화하기 위해 ■ 2004년 1월 20일(법 공표일) 이전에 이루어진 과거 분식회계는 집단소송 대상에서 제외하고 ■ 자산 감액 재평가와 감가상각비를 통한 분식회계를 해소하는 방안 등 두 가지 미봉책을 들고 나왔다. 금융감독위원회는 이와 같은 내용을 골자로 한 증권 관련 집단 소송법 개정 방안을 이미 제출했고, 의원 입법 방식으로 늦어도 2006년 2월 이전에 개정안을 통과시킨다는 방침을 정했었다.

미국에선 상장법인 전체의 2 ~ 3%에 해당하는 2백여 개 기업들이 매년 집단 소송을 당하고 있다. 집단 소송이 제기되면 주가가 폭락하고 심지어 파산에 이르기도 한다. 뿐만 아니라 집단 소송을 취하하기 위한 화해 비용이 천문학적으로 증가한다.

우리 정부는 분식회계를 해소하는 방안으로는 '전기 오류 수정' 뿐만 아니라 '자산 감액 재평가' '감가상각비 항목'을 활용할 수 있도록 허용함으로써 기업들이 회계 장부를 실질적으로 고치도록 유도할 방침이다. 재고자산재평가 또는 감가상각비로 과거 분식회계의 정리가 가능해진 것이다. 분식회계 유형 중 가장 일반적인 방법이 재고자산 등을 과대평가하거나 감가상각비 축소라는 점을 감안하면, 금융감독위원회가 제시한 '분식회계 해법'은 상당수 기업들에게 적지 않은 도움이 될 전망이다.

예컨대 의류 판매 회사가 팔리지 않는 재고 의류를 신상품인 것처럼 속여 재고자산을 과대 계상함으로써 손실을 축소하거나, 제조업체들이 보유 설비에 대한 감가상각비를 과소 계상하는 방법 등으로 포괄손익계산서를 분식하는 사례가 많았다. 따라서 재고자산 평가액을 차기 결산 때 수정하거나 감가상각비를 제대로 처리하는 방식으로 분식회계를 수정할 수 있게 되었다. 이 경우 민법이나 증권거래법을 위반했는지 여부를 파악하기가 어렵기 때문에 민·형사상 처벌을 받을 가능성도 그만큼 줄어든다.

하지만 국내외 자회사들과의 거래 내역을 조작하거나 가공의 장부를 만들었을 때, 재고자산재평가 또는 감가상각비 등으로 회계 장부를 고치는 것은 또 다른 분식회계가 될 수도 있다. 이 경우 '전기오류 수정' 등을 통해 분식회계를 해소해야 하기 때문에 형사 처벌을 받거나 민사 소송을 당할 가능성이 그만큼 높아진다.

10. 과거 분식회계 실토

2005년 5월 과거 분식회계를 자진 고백한 대한항공에 대하여 금융 감독 당국의 징계 조치로는 매우 낮은 '경고' 조치가 내려졌다. 2005년 5월 11일 금융감독위원회 산하 증권선물위원회는 지난 2002 ~ 2003 사업 연도에 회계처리기준을 위반한 대한항공에 대하여 '경고'와 '감사인 지정 1년' 등 징계 중 매우 낮은 중과실 4단계 조치를 내렸다. 이에 따라 기아자동차에 이어 분식회계 고백에 대한 감독 당국의 가벼운 징계가 잇따름으로써 증권 집단 소송 대상이 되는 상장법인들의 분식 고백 움직임에 큰 영향을 미쳤다.

대한항공은 2002년과 2003년에 해외에서 물건을 주문했으나 도착하지 않은 물품(미착품)을 각각 939억 원, 785억 원 과대 계상했다. 항공기자재 등을 각각 61억 원(2002년), 64억 원(2003년) 과소 계상했으며 이익잉여금도 각각 879억 원, 721억 원을 과대 계상했다. 이 같은 분식회계 내용은 중과실 2단계인 '과징금 또는 유가증권 발행 6개월 제한, 담당 임원 해임 권고'에 해당하는 것이었다.

하지만 '경고' 수준의 제재에 그쳤다. 분식 내용을 뒤늦게 재무제표에 반영하고 이를 자진 공시한 점을 감안하여 그 수위가 두 단계 낮춰진 것이다. 그 당시 외부 감사인인 S회계법인에 대하여도 징계를 내리지 않았다. 2005년 4월 20일 증권선물위원회는 기아자동차가 지난 2003년 결산 때 현대모비스 주식을 평가하면서 회계처리기준을 위반한 사실을 스스로 시인한 데 대하여도 '주의' 조치만을 내린 바 있다.

대한항공, 기아자동차에 이어 두산산업개발도 2,000억 원대의 분식회계 사실을 자진 고백하여 관심을 모았다. 두산산업개발은 2005년 8월 8일, 1995년부터 2001년까지 6년간 건설공사의 매출을 미리 인식하는 방식으로 총 2,797억 원을 과대 계상했다고 공시하면서 과대 계상된 매출채권과 잉여금을 2005년 상반기 재무제표에 반영할 계획이라고 설명했다.

두산산업개발의 전격 고해성사는 매우 이례적이었다. 특히 금융당국 조사에 앞서 기업 스스로 분식회계를 고백한 것은 최초였다. 이에 앞서 대한항공과 기아자동차는 금융당국의 조사를 받자 중징계를 피하기 위한 고육책으로 분식회계를 고백한 바 있다.

두산산업개발은 공시를 통해 '1995년부터 2001년까지 건설업체의 과당 경쟁과 IMF 외환위기에서 살아남기 위해 불가피하게 매출을 과다 계상했다'고 밝혔다. 이 회사는 부산해운대 아파트 등 미분양 손실 188억 원을 비롯해, 6년 동안 건설 프로젝트의 원가 일부를 다른 건설사업 원가로 이체하는 수법으로 손실을 감추고 매출을 과대 계상해 왔다.

그렇다고 해서 분식회계 기업들이 모두 과거의 죄과를 깡그리 자백하고 개과천선의 길을 걷는다는 건 상상하기 어렵다. 이왕 짊어진 짐을 계속 부담하고 있다가 로또 복권에 당첨된 것처럼 이익이 대폭 늘어나는 등 결정적일 때 누적 손실이나 분식을 털어 내면 족하다는 환상에 젖어 있는 것으로 보인다.

11. 대우그룹의 몰락

투명경영은 경영 성과와 연관성이 있고 경영 성과를 덧칠하는 분식회계가 투명성을 해친다. 한국의 기업주와 경영자들은 투명경영의 필요성에 대하여 대체로 공감하는 편이지만 구체적인 실천에는 여전히 미흡한 편이다. 겉으로 투명경영을 외치면서도 속으로는 분식회계가 아니면 생존하기 어렵다는 고민이 걸림돌이 되어 왔다.

그럼에도 과거의 과오를 툭툭 털어 버려야 할 시기가 왔다. 우리 경제계는 이제 투명경영을 미래의 생존 전략으로 인식해야 한다. 기업주와 경영자들이 투명 · 윤리 경영을 유지하지 못할 때 결국은 종전의 몇몇 재벌 기업들처럼 몰락을 면치 못할 것이다.

대우그룹의 분식회계 규모는 국가 부도 사태인 외환위기와 IMF 구제 금융 조치 이후 급격히 불어났다. 1998년 하반기부터 대우는 극심한 자금난에 시달렸다. 자금 담당 임원들은 수단과 방법을 가리지 않고 부족 자금을 채워야 했다. 당장이라도 부도날 수 있는 기업 집단, 그럴수록 '세계 경영'을 외치며 끊임없이 무리한 확장을 꿈꾸던 그룹이 바로 대우였다.

대우그룹의 너무도 명백한 부실 예고편은 영문 연결재무제표를 작성하지 않으면서 그 얼굴을 드러냈다. 소수 전문가들이 대우그룹의 이 같은 몸조심을 조심스럽게 지켜보며 심각한 우려를 표명하기 시작했다. 외자 조달을 위해 70년대 중반부터 영문으로 된 연결 재무제표를 작성해 왔기에 알 만한 사람들은 대우그룹의 막판 초읽기를 감지하고 있었다. 대우그룹은 90년대 초부터는 대우재단이 보유한 지분을 (주)대우가 보유한 것으로 간주하여 연결재무제표를 작성했다. 하지만 90년대 중반에 이르러서는 아예 만들지도 않았다. 이때부터 연결재무제표 작성 자체가 불가능해졌기 때문이다. 어쨌든 대우그룹의 분식회계에 대한 의혹은 날로 증폭되었고 얼마 뒤에는 전문가들의 확신으로 바뀌었다.

(주)대우와 대우통신의 분식회계는 금융감독원(전 증권감독원)도 이미 적발한 터였다. 1997년 5월 증권감독원은 (주)대우 등 57개 사를 일반 감리 대상 기업으로 선정했다. 이때 대우그룹은 여러 개 항목에서 지적을 당했다. (주)대우의 경우 1996년 사업보고서에 자산과 부채를 턱없이 적게 기재한 것으로 밝혀졌고 부외부채도 2,900억 원이나 발견되었다. 하지만 그 당시 증권감독원은 대수롭지 않다는 듯 가벼운 시정 조치만 내렸다.

증권감독원이 대우통신의 분식회계를 적발한 것은 지난 1998년이었다. 대우통신은 순이익을 부풀리기 위해 1997년 결산보고서에서 단기차입금 2,600억 원을 회계 장부에 반영하지 않았다. 이 사실이 적발되면서 그 당시 대우통신 외부 감사를 맡은 C회계법인은 회계감리 사상 처음으로 1개월 업무 정지를 받았다. 1991년부터 7년 동안 기아자동차의 3조 3,000억 원에 달하는 대규모 분식을 찾아내지 못했다는 이유로 징계를 받았던 C회계법인이 1999년 2월이 되자 결국 대우그룹에 덜미를 잡혀 간판을 내려야 했다.

금융 당국과 대우가 유동성 지원 규모를 협의할 때 의존한 기초정보는 오직 분식회계 자료였다. 금융 당국은 분식회계 여부를 정밀체크하지 않은 채 10조 원을 지원하면 대우가 회생할 수 있다고 성급하게 결론을 내렸다. 하지만 분식회계로 20조 원 이상의 부실을 숨겼으니 기사회생할 가능성은 애당초 없었다. 여러 전문가들의 예언대로 대우는 10조 원의 지원을 받은 뒤 겨우 한 달을 버티다가 쓰러졌다. 어쨌든 1999년 7월 19일 금융 당국이 급조한 '유동성 개선 지원안'은 사상누각에 지나지 않았다.

대우그룹의 와해는 모든 사람들을 충격 속에 몰아넣었고 채권자와 투자자들, 특히 소액 주주들은 안절부절못했다. 일부 전문가들은 근원적인 안타까움을 표시했다. 보다 정확한 분식회계 내용을 서둘러 자백하고 차분히 검증했더라면, 진지하게 법정관리를 모색하는 등 더 합리적인 해법이 나왔을지도 모를 상황이었기 때문이다.

분식회계 규명에 필요한 연결재무제표

과거에는 개별재무제표가 주재무제표였으나 국제회계기준이 도입되면서 연결재무제표가 주재무재표로 바뀌었다.

1997년 감독 당국의 감리 결과 삼진화학, 모나리자 등은 관계회사에 대한 채무 보증을 밝히지 않았고, 공인회계사의 감사보고서에도 기재하지 않은 것으로 드러났다. 이처럼 우리나라 기업들이 애용하는 개별재무제표를 보고는 그 기업의 건전성 여부를 제대로 구별하기 어렵다. 우리나라처럼 재벌 계열사 간 내부거래가 밥 먹듯 이뤄지는 상황에서는 개별재무제표만으로는 정확한 실태를 파악하기 어렵다. 따라서 보다 확실한 경영 회계 정보를 얻기 위해서는 연결재무제표 작성이 절실하다.

실제로 연결재무제표를 작성해 보면 심각한 문제점들이 줄줄이 비어져 나왔다. 매출액, 부채, 순이익, 손실 등이 크게 늘어나거나 줄어드는 것이 예사였다. 개별재무제표로는 포착하기 어려웠던 관계회사와의 상품 · 자금 거래 실태가 상당 부분 드러나곤 했었다.

이를테면 1998년 작성된 연결재무제표를 보면 영원무역의 매출액은 개별재무제표의 3,337억 원에서 2,892억 원으로 445억 원 감소했다. 1998년 2,000억 원의 협조융자를 받은 바 있는 (주)신원도 8,245억 원에서 8,007억 원으로 249억 원 줄어들었고, 고합물산도 1조 370억 원에서 1조 266억 원으로 104억 원 적어졌다. 그 액수만큼 부풀려진 매출액이 자회사 등의 재고로 남아 있다는 얘기였다.

반면에 삼성전자, LG전자, 금호건설, 현대건설 등 54개 사는 흑자에서 적자로 바뀌었다. 이 중에는 한화종합화학, 대한중석, 동아건설, 화성산업 등 부실기업으로 문제가 된 기업들이 상당수 포함되어 있었다.

그런 관점에서 대기업 그룹의 분식회계를 규명하는 데는 연결재무제표로도 충분하지 않다. 삼성전자는 1996년 결산을 위한 연결재무제표상의 종속회사로 들어 있던 삼성자동차를 1997년도 결산에서는 제외시켰다. 삼성자동차에 1,700억 원을 출자하여 21% 지분을 보유하고 있었는데도 말이다. 이 밖에 1997년 아일랜드에 있는 팬패시픽이라는 서류상 회사를 통해 삼성자동차에 5천만 주를 간접 출자해 둔 상태였다. 따라서 삼성전자와 삼성자동차는 떼려야 뗄 수 없는 관계였다. 하지만 연결재무제표 작성 대상이 직접 출자 지분 50%이거나 30%이면서 최대 주주인 경우로 한정돼 있어 합법적으로 제외시킬 수 있었다. 삼성전자와 삼성자동차 모두 바로 이 허점을 이용한 것이다. 사정이 그토록 복잡하니 삼성전자의 진면목을 확인하려면 연결재무제표와 결합재무재표를 동시에 작성해야 했다.

※ 연결재무제표

2개 이상의 회사가 지배 · 종속 관계에 있을 경우 복수 기업 집단을 단일 조직체로 간주하여 작성하는 재무제표를 말한다. 연결포괄손익계산서와 연결대차대조표(재무상태표) 등으로 구성된다. 연결재무제표 작성 목적은 기업 집단을 구성하는 회사의 재무제표를 결합하여 개별 회사의 재무제표만으로는 표시할 수 없는 기업 집단 전체의 경영 성적과 재정 상태를 적절히 표시하자는 데 있다. 연결재무제표의 결산일은 지배 회사의 결산일에 따르고 회계기간은 1년으로 한다. 따라서 지배 회사의 결산일과 종속 회사의 결산일에 큰 차이가 있을 경우, 종속 회사의 결산일을 지배 회사의 그것과 일치시켜야 한다.

다시 말해 모회사와 자회사를 함께 묶어서 하나의 기업 집단으로 보고 하나의 재무제표를 만드는 것이다. 기술 혁신, 경영의 다각화, 외자 도입 등으로 현대의 대기업은 자기 회사뿐만 아니라 자회사, 계열사, 합병 회사 등을 통하여 경영 활동을 넓히고 있다. 이러한 경우 한 회사의 재무제표만으로 회사의 경영 내용을 완전하게 파악하기는 어렵기 때문에 자회사, 계열회사 등을 포함한 연결재무제표가 요구된다.

연결재무제표를 만들면 때에 따라서 자회사를 통한 분식회계 가능성을 예방한다는 부차적인 효과도 있다. 미국, 영국, 일본 등 선진국에서는 상장법인에 대하여 연결재무제표의 제출이 법제화되어 있다. 일본의 경우도 미국 현지에서 예탁증권(ADR)을 발행하거나 해외 전환사채를 발행하는 회사들은 당해 국가의 법률에 따라 연결재무제표를 작성해 왔다.

예컨대 재벌 그룹의 모회사인 A사가 제품을 생산하여 자회사인 B사에 팔았다. 하지만 B사는 모회사에서 사들인 상품을 미처 판매하지 못했다. 이 경우 A사의 매출과 이익은 늘어나지만 B사는 재고자산만 늘어날 뿐 영업 실적은 악화된다.

이처럼 계열사 사이에 일어난 가공의 거래를 제거하고 관계회사들을 한 개의 회계 처리 단위로 묶어 처리한 재무제표가 연결재무제표다. 따라서 그룹 안에서 발생하는 매출과 이익은 경영 실적에 포함시키지 않는다. 일반적으로 상호간의 ■ 매출과 매입 ■ 채권과 채무 ■ 내부 이익 ■ 주식투자 등 모든 거래를 상계 처리한다. 모회사가 보유중인 자회사의 주식, 자회사가 보유중인 모회사의 주식, 자회사끼리 서로 출자한 자본금(주식) 등 투자유가증권도 서로 중복된 자본금으로 간주하여 상계 처리한다.

우리나라에서도 자산 규모 70억 원 이상인 외부 감사 대상 기업은 자회사 실적까지 포함된 연결재무제표를 작성해야 한다. 지분 50% 이상을 보유한 자회사와 이사회가 구성 인원의 과반수 임명권 등을 가져 실질적으로 지배하는 회사 등이 그 대상이다.

연결재무제표 읽기

연결재무상태표

단위 : 백만원

과 목	제 41 기	제 40 기	제 39 기
자 산			
Ⅰ. 유 동 자 산	62,069,194	48,968,556	41,901,014
(1) 당 좌 자 산	52,088,130	39,475,949	33,932,211
1. 현금 및 현금성자산	10,835,893	8,814,638	5,831,989
2. 단기금융상품	8,629,742	3,591,337	5,061,898
3. 단기매도가능증권	2,104,420	982,067	922,833
4. 매 출 채 권	17,061,397	12,043,979	11,125,132
5. 미 수 금	2,079,161	1,558,279	989,143
6. 선 급 금	1,591,667	1,357,964	1,043,130
7. 선 급 비 용	1,533,633	1,931,499	1,292,315
8. 단기이연법인세자산	1,638,887	2,135,068	1,537,946
9. 기타당좌자산	721,762	794,606	552,819

10. 단기대출채권	5,891,568	6,266,512	5,575,006
(2) 재 고 자 산	9,981,064	9,492,607	7,968,803
II. 비 유 동 자 산	56,212,294	56,332,094	51,474,122
(1) 투 자 자 산	11,761,976	11,377,727	11,796,347
1. 장기매도가능증권	2,910,513	2,618,262	3,712,322
2. 장기만기보유증권	314,933	334,460	147,287
3. 지분법적용투자주식	5,523,913	4,356,862	3,782,413
4. 기타투자자산	258,074	363,351	354,370
5. 장기대출채권	2,754,543	3,704,792	3,799,955
(2) 유 형 자 산	39,815,987	42,496,311	37,380,644
(3) 무 형 자 산	891,268	787,249	704,627
(4) 기타비유동자산	3,743,063	1,670,807	1,592,504
1. 보 증 금	864,013	895,245	793,737
2. 장기선급비용	2,440,595	368,875	489,775
3. 장기이연법인세자산	345,475	379,087	266,280
4. 기타비유동자산	92,980	27,600	42,712
자 산 총 계	118,281,488	105,300,650	93,375,136
부 채			
I. 유 동 부 채	37,719,141	32,207,070	29,795,976
1. 매 입 채 무	8,234,318	5,587,137	6,037,864
2. 단 기 차 입 금	7,613,518	9,026,630	8,453,099
3. 미 지 급 금	5,920,420	5,114,567	3,861,661
4. 선 수 금	1,415,804	761,625	818,636
5. 예 수 금	921,929	576,883	389,029
6. 미 지 급 비 용	9,056,596	7,907,197	6,777,936
7. 미지급법인세	1,124,171	675,553	1,343,941
8. 유동성장기부채	3,127,998	2,263,380	1,987,148

9. 기타유동부채	304,387	294,098	126,662
II. 비 유 동 부 채	7,508,055	10,169,626	7,607,252
1. 사 채	2,422,808	4,327,720	2,951,678
2. 장기차입금	1,246,387	1,836,930	1,120,708
3. 장기미지급급	1,120,982	673,760	638,734
4. 장기미지급비용	383,273	177,774	43,005
5. 퇴직급여충당부채	827,805	850,233	739,936
6. 장기이연법인세부채	875,725	1,486,287	1,465,555
7. 기타비유동부채	631,075	816,922	647,636
부 채 총 계	45,227,196	42,376,696	37,403,228
자 본			
지배회사지분	66,827,702	58,117,009	51,665,687
I. 자 본 금	897,514	897,514	897,514
1. 보통주자본금	778,047	778,047	778,047
2. 우선주자본금	119,467	119,467	119,467
II. 연결자본잉여금	6,652,110	6,588,861	6,574,995
III. 연결자본조정	(8,255,659)	(8,597,013)	(8,747,381)
1 자 기 주 식	(8,404,791)	(8,910,135)	(9,157,402)
2. 주식신덱권	213,083	385,957	475,197
3. 기타자본조정	(63,951)	(72,835)	(65,086)
IV.연결기타포괄손익누계액	3,272,533	3,808,076	1,875,385
1. 매도가능증권평가이익	991,157	852,504	1,430,806
2. 매도가능증권평가손실	(501)	(1,722)	(1,350)
3. 지분법자본변동	361,916	257,328	251,591
4. 부의지분법자본변동	(9,289)	(13,441)	(8,017)
5. 해외사업환산이익	1,935,959	2,730,288	202,697
6. 파생상품평가손실	(6,709)	(16,881)	(342)
V. 연결이익잉여금	64,261,204	55,419,571	51,065,174

1. 법정적립금	450,789	450,789	450,789
2. 임의적립금	54,229,792	49,413,760	43,263,294
3. 미처분연결이익잉여금	9,580,623	5,555,022	7,351,091
소수주주지분	6,226,590	4,806,945	4,306,221
자 본 총 계	73,054,292	62,923,954	55,971,908
부채와 자본총계	118,281,488	105,300,650	93,375,136

연결손익계산서

단위 : 백만원

과 목	제 41 기	제 40 기	제 39 기
Ⅰ. 매 출 액	138,993,671	121,294,319	98,507,817
Ⅱ. 매 출 원 가	98,945,032	89,762,355	70,880,912
Ⅲ. 매 출 총 이 익	40,048,639	31,531,964	27,626,905
Ⅳ. 판매비와관리비	28,470,988	25,500,101	18,653,619
Ⅴ. 영 업 이 익	11,577,651	6,031,863	8,973,286
Ⅵ. 영 업 외 수 익	12,183,358	10,824,270	4,144,939
1. 이 자 수 익	399,863	614,206	465,202
2. 배 당 금 수 익	28,120	25,233	18,402
3. 수 수 료 수 익	80,927	93,473	54,201
4. 임 대 료	96,166	52,561	42,753
5. 매도가능증권처분이익	29,816	94,930	62,991
6. 외 환 차 익	7,694,732	7,238,637	1,831,629
7. 외화환산이익	1,322,276	444,663	127,891
8. 지 분 법 이 익	1,522,171	1,047,224	652,500
9. 유형자산처분이익	66,636	110,962	107,542
10. 기타영업외수익	942,651	1,102,381	781,828

Ⅶ. 영 업 외 비 용	11,195,959	10,278,358	3,485,352
1. 이 자 비 용	546,524	670,271	590,515
2. 외 환 차 손	8,154,660	7,597,640	1,849,002
3. 외화환산손실	1,054,106	933,940	116,231
4. 지 분 법 손 실	121,702	209,357	274,874
5. 기 부 금	118,225	150,790	192,441
6. 유형자산처분손실	120,676	62,292	71,964
7. 기타영업외비용	1,080,066	654,068	390,325
Ⅷ. 법인세비용차감전순이익	12,565,050	6,577,775	9,632,873
Ⅸ. 법 인 세 비 용	2,335,129	687,561	1,709,892
Ⅹ. 당 기 순 이 익	10,229,921	5,890,214	7,922,981
1. 지배회사지분순이익	9,649,487	5,525,904	7,420,579
2. 소수주주지분순이익	580,434	364,310	502,402
ⅩⅠ.지배회사지분순이익의 주당이익			
1. 기본주당순이익 (단위 : 원)	65,499	37,684	49,502
2. 희석주당순이익 (단위 : 원)	65,194	37,340	48,924

낭기순이익 읽기

전체 당기순이익 – 비지배주주 당기순이익 = 지배주주순이익(지배회사지분순이익)

전체 당기순이익 = A사 실적 + 연결 대상 자회사 B사 실적 (+ –) 내부거래 조정

비지배주주 당기순이익 = 연결 대상 자회사 B사의 실적 중 모기업 A사 이외의 주주의 지분율에 대한 순이익

예를 들어 A사의 자회사 중 B사의 당기순이익이 100원(내부거래는 없음)이고, 해당 자회사 B사에 대한 지분율이 A사 60%, C사 40%라고 하자.

A사의 연결재무제표에 전체 당기순이익으로는 100원을 가산, 비지배주주 당기순이익으로 40원 차감 후 지배주주 순이익에는 60원만 반영되는 식이다.

위 가정에서 연결 대상이지만 A사 이외의 다른 주주가 존재하는 경우 A사의 이익만 취한 것이 지배주주 순이익이다. A사의 주주로서 A사를 분석하는 입장이라면 PER 산정 시 지배주주 순이익만 고려하는 것이 타당하다. 순이익 측면에서는 과거 회계기준의 지분법과 동일한 결과가 도출되는 경우가 일반적이다.

영업이익 읽기

조정영업이익 = 매출액 – 매출원가 – 판매일반관리비

과거 회계기준 : 매출액 – 매출원가 – 판매일반관리비 = 영업이익 ÷ 영업이익 (+–) 영업외손익 = 세전당기순이익

이런 식으로 손익계산서 표시 방법이 정의되어 있었지만, IFRS에는 영업외손익의 개념에 대한 개념이 없어, 금융손익(이자수익, 이자비용)을 제외하고 과거 영업외손익으로 분류된 것이 영업이익 계산 시 반영되는 경우가 있다. 또는 다른 방법으로 표시될 수도 있다.

기업별 특성을 고려한 자율성이 많이 주어진다.

조정영업이익은 과거 재무제표에 익숙해 있는 재무정보 이용자의 편의를 위해 기재된다. PER를 계산할 때 유의할 점은, 비지배주주의 순이익이 제거되지 않은 수치로 영업이익과 조정영업이익이 계산되었기 때문에, 실질적으로 영업이익이나 조정영업이익은 순수한 A사의 실적(즉, 지배주주의 몫) + A사의 자회사에 출자한 다른 주주들의 실적(즉, 비지배주주의 몫)이 모두 포함된 금액이다.

따라서 A사 주주의 입장에서는 있는 그대로의 금액을 사용해 PER를 계산할 경우 정상적으로 계산된 PER보다 낮은 수준의 PER로 결과가 나타난다. 연결재무제표 작성 절차를 고려할 때, 비지배주주의 몫에 해당하는 금액을 제외한 영업이익을 계산하는 것은 회사의 내부 결산 자료 없이는 불가능하다.

PER 계산 시 지배주주순이익에서 손익계산서의 주석 등을 통해 확인한 비경상적인 일회성 손익 요인을 제거하는 작업을 거치는 것이 합리적이다. 다만 이 경우에도 비경상(일회성) 손익에서 비지배주주 지분 해당액이 얼마인지 확인하여 제거하는 것이 정확한 수치를 산정하기 위해 필요하다. 하지만 이 역시 외부 재무제표 이용자인 투자자 입장에서는 현실적으로 한계가 있다.

지주회사의 연결재무제표 읽기

지주회사의 경우 자사 개별재무제표와 연결재무제표가 있다. 어떤 것을 기준으로 봐야 합리적일까? PBR 같은 것을 측정할 때도 자

사만의 개별재무제표를 보고 측정하는 것이 맞을까? 아니면 연결재무제표를 보고 측정하는 것이 맞을까? 이런 의문은 재무제표 기초 과정을 학습해야 해결할 수 있다.

■ 간단하게 원리만 설명하자.

개별재무제표에서는 모회사 대차대조표(재무상태표)는 자회사를 지분율만큼 투자자산으로 되어 있고, 손익계산서도 자회사 당기순익을 지분율만큼 영업외손익으로 계산한다. 즉, 자회사의 자본과 이익의 결과치만 지분율만큼 간단하게 반영하는 방식이다.

이 결과 수치를 계정별로 전부 풀어서 모회사 재무제표와 합치는 방식을 연결재무제표라고 한다. 대차대조표(재무상태표)의 경우 모든 자회사의 자산 계정, 즉 고정자산과 유동자산 계정을 모회사와 합산한다.

손익계산서 역시 모든 매출과 비용, 영업이익을 모회사와 합산한다. 자산과 이익 중 모회사의 비중이 몇 퍼센트가 되고, 그 밖에 자회사 주주들 지분이 몇 퍼센트가 되는지 따로 표시한다.

■ 다시 요약해 보자.

모든 항목을 다 합산하여 그 모든 항목에 대한 모회사 지분과 그 외 자회사 주주들 지분이 얼마가 되는지 알려주는 방식이 연결 방식이다.

자회사의 모든 자산 중 모회사 지분에 해당하는 돈의 총합이 얼마이고, 자회사 이익의 결과 수치에서 모회사 지분에 해당하는 돈이 얼마인지, 그 결과치만 표시하는 방식이 현재의 개별재무제표 방식이다.

■ 이에 대한 차이를 살펴보자.

대차대조표(재무상태표)에서 간단하게 투자자산으로 결과치만 표시되던 것이 모든 계정으로 풀어 나타낸다. 자회사의 대차대조표와 모회사의 대차대조표가 완벽하게 섞인다. 즉, 하나의 회사처럼 모든 계정이 표시된다.

포괄손익계산서도 동일하다. 다만 현재는 지분법이익이 영업외손익으로 처리되던 것이 매출과 비용이 합산된다. 따라서 영업이익으로 처리되고, 이 영업이익 중 모회사 주주들의 소유가 얼마나 되는지 따로 표시하게 된다.

■ 다시 결론을 내려 보자.

실제 결과로만 보면 동일하다. 따라서 개별재무제표 방식이든 연결재무제표 방식이든 자본총계에는 변함이 없다. 미세하게 다른 기준들로 약간의 변화는 있지만 본질적으로는 같다고 하겠다.

영업이익으로 표시되건 영업외손익으로 표시되건 결국 당기순익은 같기 때문에 이 부분도 결론적으로는 같다. 물론 세금 차이가 약간 있을 수 있지만 큰 틀에서는 같다.

다시 말해 ROE, PBR, PER 모두 현재와 같고 동일한 의미를 지닌다. 다만 연결재무제표 방식으로 처리하면서 회계기준에 변경이 있는데, 이 부분에서 약간의 변화가 발생할 것 같다.

■ 많은 영향을 미치는 기준을 소개하자.

현재의 취득원가 기준에서 시가 기준으로 대차대조표(재무상태표) 처리 방식을 바꾸고, 감가상각 방법 역시 시가 처리 기준 철학에 맞게 바꾼다. 이처럼 회계기준을 바꾸는 차이 때문에, 취득원가와 시가가 많이 차이 나는 회사들의 경우 PBR에 변화가 올 수 있다. 특히 내부거래가 많은 회사들의 경우 매출액이 다소 줄어들 것이다. 모회사와 자회사의 내부거래 같은 것은 매출 중복이어서 서로 상계시켜 없애는 작업 등이 이루어지기 때문이다.

총이익이란 내부거래가 많다고 해서 증가하는 것이 아니므로 변함이 없다. 전체적으로 큰 틀에서는 개별재무제표와 연결재무제표 방식은 같다. 하지만 표현 방식과 회계기준을 약간 바꿈에 따라 그에 따른 부수적 효과 등이 발생할 것이다.

PER / PBR / BPS /EPS / ROE / ROA

이 종목은 경쟁사에 비해 PER이 낮고, PBR도 확실히 낮은 편입니다. 이른바 우량기업이라고 할 수 있지요.

증권사 영업사원의 설명이다. 주식투자 초보자라면 당황할 수도 있다. 이들이 말하는 주식 관련 용어는 주식투자의 기초 중에 기초에 속한다. 주식투자 기초를 다지고 싶다면 반드시 알아야 할 주식투자 관련 용어를 익혀야 한다. 기업 가치를 비교하는 지표로서 주당순자산(BPS), 주가순자산비율(PBR), 주당순이익(EPS), 주가수익비율(PER) 등이 있다.

• 주당순자산(Book-value Per Share)이란 순자산(자산 - 부채)을 발행주식수로 나눈 것이다. BPS가 1000원이란 의미는 회사가 문을 닫고 모든 자산을 처분해도 1주당 1,000원씩 돌려줄 수 있다는 것이다. BPS가 높다는 것은 자기자본의 비중이 크고 실제 투자가치가 높다는 것을 의미한다. BPS가 높을수록 기업 내용의 충실도가 높다.

• 주가순자산비율(PBR, Price Book-value Ratio)이란 주가를 주당순자산가치(BPS)로 나눈 비율이다. 즉, 주가가 순자산에 비해 1주당 몇 배로 거래되고 있는지 측정하는 지표다. PBR이 2란 의미는 회사가 도산했을 때 10원을 받을 수 있는 주식이 20원에 거래된다는 의미다. 즉, PBR이 1 미만이라면 주가가 장부상 순자산가치(청산가치)에도 못 미친다는 뜻이다.

• 주당순이익(EPS, Earning Per Share)이란 당기순이익을 발행주식수로 나눈 것이다. 1년 동안 장사해서 벌어들인 돈이 한 주당 얼마인지 나타내는 지표다. 한 회사의 1년 순이익 1,000원이고 총 주식수가 100주라면 EPS는 10원이 된다. 따라서 EPS가 높을수록 주식의 투자 가치는 높다고 볼 수 있다. EPS가 높다는 것은 그만큼 경영실적이 양호하다는 의미이고 배당 여력도 많아서 주가에 긍정적인 영향을 미친다.

• 주가수익비율(PER, Price Earning Ratio)이란 주가를 EPS로 나눈 값이다. 주가를 EPS로 나누면 주식 하나가 1년 동안 벌어들인

돈에 비해 얼마나 높게 팔리는지 나타낸다. PER이 10이란 의미는 주식 한 주가 수익에 비해 10배 비싸게 팔리고 있다는 의미다. 물론 PER 값이 낮을수록 앞으로 주가가 오를 가능성이 높아진다.

기업의 수익과 관련된 용어로는 매출액영업이익률, 자기자본이익률, 총자산이익률 등이 있다. 영업이익률은 영업이익을 매출액으로 나눈 수치로 얼마나 장사를 잘 했는지 살펴볼 수 있는 지표다. 매출액이 1,000원인 회사가 영업이익을 100원어치 냈다면 영업이익률은 10%가 된다.

자기자본이익률(ROE, Return On Equity)도 수익 관련 대표적인 지표다. ROE는 당기순이익을 자기자본으로 나눈 것으로 주주들이 투자한 돈을 얼마나 잘 굴렸는지 나타내는 지표다. 자기자본이 1000원이고 당기순이익이 100원이라면 ROE는 10%가 된다.

쉽게 말해 주주들이 1,000원을 투자한 회사에서 100원을 벌었다는 의미다.

총자산이익률(ROA, Return On Assets)이란 당기순이익을 총자산으로 나눈 수치다. 자산은 자본과 부채를 합한 값이다. 쉽게 말해 주주의 돈과 은행에서 빌린 돈 등을 모두 이용해 얼마나 벌었는지 나타내는 값이다.

주식과 관련된 지표들은 대부분 상대적인 것들이다. 동종업계나 관련 산업과 비교해야 한다.

ROE 도표

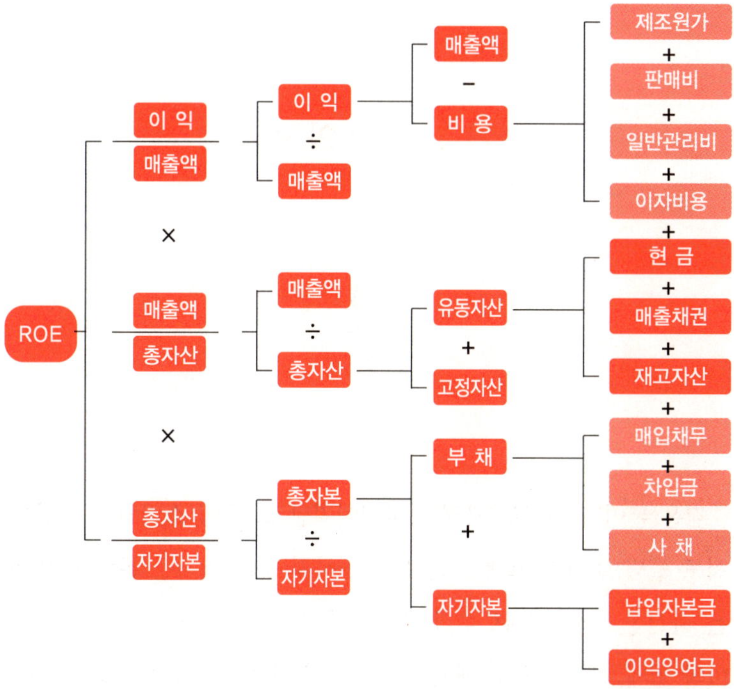
ROE
이 익
매출액
×
매출액
총자산
×
총자산
자기자본
이 익
÷
매출액
매출액
÷
총자산
총자본
÷
자기자본
매출액
−
비 용
유동자산
+
고정자산
부 채
+
자기자본
제조원가
+
판매비
+
일반관리비
+
이자비용
+
현 금
+
매출채권
+
재고자산
+
매입채무
+
차입금
+
사 채
납입자본금
+
이익잉여금

12. 검은 돈의 약점

검은 돈이 탄생하는 과정도 불법이지만 그 돈이 소비되는 과정에서도 불법 행위가 고개를 든다. 떳떳하지 못한 더러운 돈의 대부분은 사실상 불법 행위로부터 출발한다. 범죄 조직과 그 구성원들이 마약 밀매, 도박, 공갈, 매춘, 밀수, 유괴, 탈세 등 각종 불법 행위를 통해 얻어낸 수입금이 곧 검은 돈이다.

하지만 불법 행위에서 비롯되는 불법 자금의 조성이라 하더라도 하나같이 불법적인 조직에서 검은 돈이 태어나는 것은 아니다. 오히려 미국의 마피아나 일본의 야쿠자 같은 거대 범죄 집단이 없는 우리나라에서는 불법 조직보다는 합법적인 조직에서 만들어지는 검은 돈이 상당한 비중을 차지하고 있다. 좀 더 노골적으로 말하자면 기업이라는 합법적인 조직에서 분식회계로 조성되는 비자금의 규모가 의외로 엄청나다는 뜻이다.

지하경제의 은밀한 출입구인 사채시장에서 음성적으로 움직이는 돈 역시 기업에서 분식회계를 거쳐 유출된 비자금이 적지 않은 규모일 것이다. 덩치가 큰 자금일수록 여러 가지 범법 행위를 거쳐 은밀히 유입된 기업 자금으로 판단하면 크게 틀리지 않는다. 물론 개중에는 기업이 아닌 학교법인, 종교법인, 의료법인 등에서 분식회계로 유출된 돈이 있을 수 있겠지만, 일부 서민들의 가계자금을 제외하면 모두 거대 법인의 대주주들이 절묘하게 풀어낸 비자금이 지하경제를 좌지우지하고 있다는 게 일반적인 관측이다.

부익부 빈익빈…. 이 좌절감, 이 상대적 박탈감을 동반한 표현이 제법 어울리는 곳은 아무래도 기업 내부의 분식회계 현장과 비자금 조성 현장일 것이다. 변칙적인 회계부정으로 불법 조성한 기업의 비자금은 결국 불법적인 곳에 쓰임으로써 사회적 물의를 야기하고 그때마다 국민들의 지탄을 받는다. 돈의 흐름을 왜곡시키고 탈세를 거듭함으로써 사회 구석구석에 골고루 환원되어야 할 부(富)가 기득권에 편중되어 기형적 자본주의를 조장한다.

분식회계와 비자금의 음성적 유통은 그 규모만큼 제품의 원가에 반영되게 마련이고 궁극적으로는 제품의 소비자인 서민들에게 골고루 그 부담이 돌아간다. 따라서 더 이상 강조하지 않아도 검은 돈이 사회에 미치는 폐해는 그만큼 '없는 계층'으로 집중된다.

아무리 건전한 기업으로 정평이 난 회사이더라도 분식회계로 기본적인 비자금을 비축하지 않으면 경영이 어렵다는 사실을 너무도 잘 알고 있다. 그들은 검은 돈의 참된(?) 기능을 이미 뼈저리게 터득해 왔기에 함부로 기존의 사고방식을 바꾸려 하지 않을 것이고 갖은 수법으로 분식회계를 통해 비자금을 조성하려 애쓸 것이다.

긴급한 비자금 조성 대책

D기업의 재무관리본부 자금과장 K는 대주주이자 최고경영자인 P회장의 부름을 받았다. 그 자리에서 P회장은 비자금 5억 원을 준비라는 지시를 내렸다.

"전액 세탁을 완료한 뒤 현금으로 만들어 대금고에 재워 놔라!"

P회장의 명령은 간단명료했다. 구체적인 비자금 조성 기준도 제시하지 않고 무조건 5억 원을 만들어 회장실 안의 대금고에 넣어 두라는 것이었다. 10억, 100억 원대 비자금 조성이야 회장이 직접 계열사 사장들에게 지시하곤 했지만 금액이 많지 않다 보니 직접 자금과장을 상대하고 있었다.

"회장님, 차명(借名) 통장에 넣지 말고 직접 드릴까요?"

모두 현금으로 준비하라는 지시를 이상하게 생각한 K과장이 따져 물었다. 금융실명제가 실시되기 이전 같으면 10여 개 통장에 분산 예치했다가 10만 원짜리 자기앞수표로 모아 오는 경우도 많았기 때문이다.

"멍청한 놈! 차명 통장을 거치는 건 당연한 절차 아냐?"

P회장이 한심스럽다는 표정을 지었다.

"일 주일 동안의 말미를 주겠다. 그 안에 세탁까지 완료해야 한다."

P회장은 무작정 밀어붙였다.

"회장님, 일주일 내에 만들긴 어렵습니다."

"그렇다면 이 달 안에는 가능하겠지?"

"알겠습니다."

군말 없이 머리를 조아리던 K과장은 속으로 코웃음을 쳤다. 이번에는 제법 까다로운 친구와 거래를 하는 모양이라고 생각했다. 보나마나 집권당 실세 정치인이나 고위 공직자에게 건네야 하는 뇌물이겠지. 1차 세탁까지 요구하는 걸 보니….

회장실을 나와 사무실에 도착한 K과장은 우선 백지 한 장을 책상 위에 놓고 고민했다. 컴퓨터의 키보드를 두드리고 싶었지만 참기로 했다. 컴퓨터 안에 불법 증거를 남길 이유가 없었으므로 '비자금 조성 계획서'를 작성하기 위해 볼펜을 손에 쥐었다.

■ 비자금 조성 계획서

구 분	금 액	비 고
인쇄물 납품업자	5천만 원	총무부 협조로 세금계산서 매입. 부가세 보상하는 조건
대구공장 노후 설비 밴딩기 등 매각	5천만 원	처분 금액 1억 3천만 원을 8천만 원으로 감액 조정. 이중 계약 체결하는 조건
포항공장 설비공사 대금 지급	5천만 원	공사비 4억 2천만 원을 4억 7천만 원으로 부풀림. 이중 계약 체결하는 조건
가공의 잡부 인건비	3천만 원	공사비 4억 2천만 원을 4억 7천만 원으로 부풀림. 이중 계약 체결하는 조건
고철 등 부산물 매각 대금	6천만 원	대구, 포항, 구미 공장에서 각각 2천만 원씩 매출 누락
매출채권	1억5천만 원	단 1회 거래한 거래처 A상사로부터 현금 입금 예정이나 자료 발생시키지 않는 거래를 원함. 현재 부외자산 처리 상태
자료(세금계산서) 없는 매출	8천만 원	부천, 청주, 포항 대리점 할당
부천, 청주, 포항 대리점 할당	3천만 원	영업부, 무역부, 구매부 등지에서 전표 작성

대충대충 계획서를 만들고 나니까 목덜미가 뻐근해진다. 결코 쉽지 않은 일이야…. 속으로 곱씹을수록 아랫배에서 찌르르 통증이 올라온다. 도서인쇄비, 인건비, 출장비, 접대비 등은 회사 장부에서 떨어내고 현금을 쥐면 그만이다. 하지만 나머지 자금은 현금과 수표가 제멋대로 뒤엉켜 입금될 게 뻔하다.

비자금 조성도 중요하지만 돈세탁에 더더욱 신중을 기해야 한다. 예전 같으면 수표를 주어도 받는 사람이 알아서 세탁을 한 뒤 사용했으나 이제는 달라졌다. 꼬투리를 잡히고 싶지 않기 때문에 오직 현금만 받는다. 비자금을 사용하는 P회장도 요즘 들어 걸핏하면 현금만을 요구한다. 그 양반에게 가는 돈은 오직 빳빳한 현찰이지만 조성하고 관리하는 놈으로선 죽을 맛이다. 자금의 원천을 근본적으로 덮어 버려야 하고 돈도 말끔히 세탁해야 하니 여간 부담스러운 게 아니다.

3단계의 차명 계좌를 거치다 보면 절로 맥이 빠진다. 1단계는 2개 통장에 넣었다가 소액 수표나 현금으로 찾고, 2단계는 다시 4개 통장에 분산시켰다가 다시 소액 수표나 현금으로 찾는다.

때에 따라서는 3단계까지 거쳐 8개 통장에 분산시켰다가 현금으로 찾는 방법을 여러 은행에서 되풀이해야 한다. 특히 1개 통장마다 3천만 원 미만으로 잘게 쪼개어 인출해야 하니 단숨에 끝날 일이 아니다.

"제발 현금으로 넣어 주세요. 저 좀 살려 주세요."

비자금을 입금시킬 거래처 사장과 회사 안의 간부들에게 일일이 전화를 걸어 차명 통장 구좌번호를 불러 준 뒤 통사정한다. 하지만 아무리 신신당부하고 두 손 싹싹 빌며 애걸복걸해도 전액 현금으로 입금되는 경우란 많지 않다.

비밀 장부 담당자의 자격 요건

분식회계를 총괄 지휘하는 간부나 비자금을 조성하고 관리하는 사람을 지정할 때, 최고경영자들은 믿을 만한 임직원들 중에서 특별히 간택한다. 어느 누구보다 신뢰할 수 있고 계수 관리 능력이 인정되고 회계 분야의 경험이 많을 뿐만 아니라 두뇌 회전이 빠른 직원이라면 적합한 인물이다.

하지만 알고 보면 그러한 자격 요건도 별 소용이 없을 때가 많다. 자격 요건을 고루 갖춘 임직원일지라도 입이 무겁지 않으면 낙제점을 줄 도리밖에 없다. 그래서 기업주들은 실력과 학력을 뽐내는 잘난 임직원보다는 다소 능력이 떨어지더라도 과묵한 스타일의 '촌놈'을 선택한다. 물론 끝까지 신뢰할 수 없는 남남끼리 만나는 것보다 손이 안으로 굽는 진인척을 선호하는 경영주가 많다.

그보다 더 중요한 간택 조건과 체크 포인트가 있다. 중간에서 배달 사고를 일으키거나 슬슬 떡고물을 챙기는 등 잔머리를 굴리는 녀석은 정말 곤란하다. 가끔 던져 주는 봉투를 대단한 떡고물로 알고 머리를 조아리는 꽉 막힌 녀석이 최고다. 그저 이 회사가 아니면 갈 곳이 없는 것처럼 맹목적으로 충성할 줄 아는 놈이어야 한다. 가능하면 학력 콤플렉스에 시달리는 직원으로서 직장을 옮기기 어려운 처지가 더 바람직하다.

P회장은 길고 긴 망설임을 마치자마자 결단을 내렸다. 부사장의 복수 추천을 받아 신중한 심사를 거친 끝에 K과장을 이중장부 관리 담당자로 뽑았던 것이다. 자금부 K과장은 여러 가지 점에서 차선책으로 선택된 인물이었다. 머리가 팍팍 돌아가는 녀석도 아니었고 더더구나 친인척도 아니었지만 우선 입이 무거워서 천만 다행이었다. 과묵하다기보다는 지독하게 말주변이 없었다. 어눌하다 못해 말더듬이에 가까웠다.

주변에서 누가 말을 건넬 때마다 K과장은 '글쎄요' 아니면 '저어….“라는 말대꾸가 고작이었다. 그 정도 대응이라면 그래도 괜찮았다. 빙그레 웃으며 고개나 끄덕거리는 게 고작이었다. P회장이 K과장에게 후한 점수를 준 이유는 그 과묵함이 맘에 들어서였고, 시골 벽지의 이름 없는 상업고등학교를 나온 최종 학력이 눈에 띄었기 때문이다.

K과장에게 비자금 관리 업무만 주어지지 않았다. 그와 유사한 성격의 업무가 주어졌는데 그것은 곧 사채(私債) 거래 장부를 기록 유지하는 일이었다. 그놈의 사채는 어차피 고액의 이자를 부담하며 조달해야 했고, 함부로 공개해도 좋을 만큼 떳떳한 방법이 아니었으므로 회사 장부에 계상할 형편이 아니었다.

어쨌든 누군가 비자금과 사채 관리를 전담하면서 비밀 장부를 기록 유지해야 할 필요성이 있었다. 장부 밖에 여유 자금을 보유하다가 여차하면 회사 앞으로 자금을 지원해야 했고, 회사의 자금 여유가 생기면 이 자금을 회수하여 전주에게 갚는 상황이 복잡하게 전개되고 있었기 때문이다.

때로는 P회장의 비자금 통장에서 돈을 인출하여 회사 앞으로 지원하기도 했다. 그 때마다 사채이자에 준하는 금액을 회사로부터 받아 P회장의 비자금 통장에 집어넣곤 했다. 제삼자의 사채를 조달했든 P회장의 비자금 계좌에서 인출했든 그 자금이 D기업으로 흘러들어가기 위해서는 합법을 가장한 절차가 필요했다. 법인으로서는 전혀 근거도 없이 돈을 받을 수 없는 노릇이어서 적법한 회계 처리 과정을 거쳐야 했던 것이다.

따라서 비자금과 사채는 명동 단자회사(예전의 ○○투자금융)에서 조달한 것처럼 처리되어 법인의 부족 자금에 충당되었다. 비자금과 사채를 단자회사에 일시 예치하여 자금을 조성해 주고, 단자회사는 이를 원천으로 하여 법인 앞으로 대출하는 절차를 취했다. 사정이 그랬으니 분식회계와 이중 장부와 비자금의 개념을 잘 모르는 아마추어들이 생각할 때는 그 얼마나 복잡한 과정인가.

하지만 전문성을 인정받은 K과장의 입장도 예외는 아니었다. 그 절차를 계수로 바꾸어 일목요연하게 장부를 관리해야 하는 K과장의 경우에도 복잡다단하긴 마찬가지였다. ■ 자금을 빌려 주거나 원리금을 회수하는 사채업자의 입장 ■ 비자금을 빌려 주거나 원리금을 회수하는 P회장의 입장 ■ 사채와 비자금을 예금으로 받았다가 이 자금을 원천으로 대출했다가 회수하는 단자회사의 입장 ■ 단자회사에서 돈을 차입했다가 원리금을 상환하는 D기업의 입장 ■ P회장과 사채업자의 돈을 받아 D기업에 전달하거나 두 사람에게 원리금을 정산해 주는 K과장의 입장 등 각각의 처지에서는 아주 간단한 일이었으나 K과장에게는 참 골치 아픈 업무 중의 하나였다.

치외법권이 인정된 이중장부 관리자

K과장은 무려 4개에 이르는 비밀 장부를 기록해야 했고, 5명의 입장에 서서 부외자산과 부외부채 거래를 총괄하는 위치에 앉아 있어야 했다. ■ 비자금을 조성하여 P회장의 비자금 계좌에 입금하거나 인출하는 K과장의 입장 ■ 그 비자금을 받아서 단자회사에 입금하거나 인출하는 P회장의 입장 ■ 사채를 빌려 주고 원리금을 받는 전주의 입장 ■ 이 자금을 예금으로 받거나 대출하는 단자회사의 입장 ■ 단자회사와 거래하는 절차를 취하고 있으나 P회장과 사채업자에게 별도의 보상 이자를 주어야 하는 D기업의 입장에서 장부를 관리해야 했던 것이다.

머리 나쁜 K과장은 나름대로 최선을 다했다. 하지만 말이야 쉽지, 생각처럼 술술 풀릴 만한 일은 아니었다. 밖으로 나다니는 업무는 다른 직원들에게 맡겨져 육체가 피곤한 것은 아니었으나 상상하기 어려울 정도로 머리가 고달팠다. 거의 매일 야근이었다. 개인 생활을 즐긴다는 건 환상에 지나지 않았다.

그 짓을 오래 하다 보니 제대로 딱딱 맞아떨어지는 장부가 없었다. 더하고, 빼고, 곱하고, 상계하고, 대체하고, 다시 수정하고, 지우고, 정정하고, 사거리와 오거리에서 차량들이 뒤엉켜 꼼짝도 못 하는 신세보다 더 막막해지는 날이 많아졌다. 두뇌 회전이 빠르지 않아도 성실하고 과묵하다는 이유만으로 그 일을 맡겨도 좋다고 판단한 P회장을 실망시키는 사례가 자주 일어나기 시작했다. 특수 임무를 믿고 맡긴 사람이나, 믿을 만한 놈을 추천한 사람이나, 직접 특수 임무를 맡은 놈이나 줄담배를 피워대긴 마찬가지였다.

며칠 동안 콜레라에 걸린 돼지처럼 끙끙 앓던 K과장은 마침내 궁여지책을 마련했다. 머리가 정돈 상태에 이를 수 있는 비법(?)을 창안했던 것이다. 회의실 탁자 위에 4개의 비밀 장부를 나란히 놓고 각각의 장부 앞에 의자 4개를 배치했다. 그 작업에 이어 네 군데 자리를 옮겨가며 장부를 정리했다. P회장 · 사채업자 · 단자회사 · D기업… P회장 · 사채업자 · 단자회사 · D기업 · P회장…. K과장은 그만큼 머리가 조직적이지 못했다. 그토록 희극적인 모습으로 자리를 바꿔 가며 장부를 정리하지 않으면 두뇌가 말을 듣지 않았다.

그렇다고 K과장의 두뇌 회전이 언제나 느린 것은 아니었다. 그에게도 두뇌가 조직적인 능력을 발휘할 때가 더러 있었다. 그것은 다름이 아니라 계수를 적당히 때려 맞추는 재주가 있다는 점이었다. 굼벵이에게도 구르는 재주가 있고 서당 개 삼 년이면 풍월을 읊는다고 하지 않았던가. 다소 멍청해 보이는 K과장도 나름대로 요령을 터득하고 있었다.

3, 4개월이 지나면서 거래 금액이 늘어나고 거래 횟수가 증가하기 시작했다. 거의 매일 4개 장부를 기록해야 할 일이 거듭되었다. 당일 마감을 못 하고 퇴근하는 날이 잦아졌다. 계수가 서로 맞지 않아 두루뭉수리로 조정하는 날도 많아졌다. 워낙 성격이 깐깐해 하루도 거르지 않고 보고를 받으며 결재를 하던 P회장도 드디어 요약 보고로 대체할 만큼 한 발 물러서 버렸다. K과장을 전적으로 믿어야겠다는 결심의 표시이기도 했지만, P회장으로서는 그 비밀 장부 정리에만 매달릴 형편이 아니었다. 정권이 바뀌면서 이리저리 뛰어야 할 일이 대폭 늘어났던 것이다.

차장, 부장, 이사, 상무, 전무, 부사장 등 상사들도 K과장의 비밀 장부 관리에 전혀 개입하지 않았다. 약간의 문제가 불거지거나 회사 입장에서 볼 때 의문점이 생길 적마다 고개를 잠깐 내밀고는 그만이었다. 회장의 비자금을 주무르는 직원에게 치외법권을 인정하기 시작한 셈이었다. 마침내 P회장마저 믿고 맡겨 버렸으니 K과장의 전권(全權) 시대가 온 것이나 마찬가지였다.

갑자기 사표를 던지다

K과장에게 차츰 고난도의 요령이 붙기 시작했다. 마구 엉켜 있는 실타래를 풀어 보려고 머리를 쥐어짤 이유가 없다고 판단했다. 이왕 뒤엉켜 버린 실타래라면 단칼에 끊어지는 쪽의 매듭을 당기면 의외로 쉽게 풀릴 것이라고 생각했다.

아니나 다를까. 적당히 계수를 조정하여 대차(貸借)만 맞추는 일이 그처럼 즐거울 수가 없었다. 미련하게 식은땀을 흘리던 옛날을 떠올리며 속으로 낄낄거렸다. 그러다 보니 퇴근 시각도 점점 빨라졌고 P회장에게 보고하는 시간도 날로 단축되었다. 보고서 작성 요령도 장족의 발전을 거듭하면서 비밀 장부 관리 업무가 즐거워지기 시작한 것도 그 때부터였다.

부외자산, 부외부채 관리 보고서

- 1983년 1월 20일 현재-

단위 : 백만원

구 분	회장님	A사장	단자회사	D기업(A)	D기업(B)	합 계
B자금 잔액	13,570				1,750	15,320
대 여 금	4,300	8,500				12,800
예 치 금			12,800			12,800
단자회사어음			8,000		12,945	12,945
대 출 금						8,000
어음차입금				8,000		8,000
부 외 부 채				25	12,800	12,800
금일수입이자	42	53			17	112
금일지급이자						25
미회수이자	112	40				152
미지급이자					152	152

(오늘 현재 회사의 부외자산은 147억 2백만 원이고 부외부채는 129억 5천 2백만 원임)

※ B자금 : 비자금.

※ 회장님 : P회장. 비자금 178억 원 중에 43억 원 D기업 앞으로 대여.

※ A사장 : 사채업자. D기업에 85억 원 대여.

※ D기업(A) : 실제 장부에 반영된 수치(단자회사 차입금 80억 원)를 관리해야 하는 D기업의 입장.

※ D기업(B) : 부외자산(147억)과 부외부채(129억)를 특별 관리해야 하는 D기업의 입장.

그런 식으로 요약 보고서로 대체하다 보니 무엇보다 일이 편해졌다. 머리를 쥐어짜듯 고민해 가며 4~5개 비밀 장부를 헤맬 이유가 없어졌다. 적당히 하루를 보내다가 퇴근 무렵이 되어서야 비밀 장부

정리에 들어갔다. 사채업자, 단자회사, D기업이 넘겨 준 증빙과 메모를 근거로 비밀 장부를 대충대충 채워 나갔다.

장부 기록을 시작하기 전에 짜깁기 작업을 먼저 해 본 뒤 자금의 흐름이 맞으면 그 순간부터 비밀 장부를 펼치곤 했다. 사전 조율이 끝난 작업이어서 계수 조작은 어렵지 않았다. 하루에 한두 시간을 투자해도 쉽게 마무리할 수 있는 시시껄렁한 업무로 변한 것이었다.

K과장은 P회장과 사채업자가 별도로 받아야 할 이자와 누계 금액을 회사 앞으로 하루에 한 차례 통보했다. P회장과 사채업자 앞으로 지급해야 할 이자에서 단자회사 예치이자를 차감한 이자 금액을 회사에 대한 채권으로 달아 놓았다. 사채업자에게 지급해야 할 이자는 이미 D기업의 비자금 계좌에서 지출되었기 때문이다.

D기업이 P회장 앞으로 지급해야 할 사채이자(단자회사 수입이자 차감 후)가 어느 정도 쌓이면 하청업체로부터 가짜 매입 세금계산서를 받아 출금전표를 만든 뒤 외주공사비로 현금 지출한 것처럼 만들어 P회장의 비자금 계좌로 넣곤 했다. 자재 납품업자로부터 자료를 매입하는 경우도 늘어났다. 날이 갈수록 비자금 통장은 잘 먹인 돼지처럼 비대해졌다. 입출금도 그만큼 활발해졌다.

P회장이 D기업의 주식을 매입하는 날이면 비자금 통장 여러 개가 바닥을 드러내기도 했다. 이른바 내부자거래로 시세 차익을 챙긴 뒤 원금의 일부만 통장으로 돌아왔다. 누군가에게 뇌물을 주는 날이면 D기업의 비자금 통장도 가벼워질 수밖에 없었다.

K과장은 즐거웠다. 어떤 측면에서 K과장은 극진한 대접을 받았다. 그가 모시던 간부와 임원들도 예외 없이 부드럽게 나왔다. 심지

어 어떤 임원은 K과장을 돈 많은 전주처럼 깍듯이 상대하며 술까지 사곤 했다. P회장의 특별 지시가 없었는데도 총무부장, 예비군 대대장, 비상계획부장 등 모든 임직원들이 K과장을 배려하면서 바닥을 기었다. 힘든 일, 단체 행동, 직장 예비군 교육에서도 K과장은 열외로 인정받았다. 재무관리본부 임직원들은 K과장이 부재중이면 금방이라도 부도가 날 것처럼 엄살을 떨었다.

그러던 어느 날 K과장은 일요일을 잘 쉬고 출근하더니 참으로 이상한 짓을 하기 시작했다. 월요일 아침부터 몸이 아프다고 조퇴를 한 것까지는 좋았는데 그 이튿날은 오후에 출근했다. 그리곤 책상에 엎드려 시름시름 앓는 시늉을 하는가 싶더니, 우거지상을 한 채 겨우겨우 장부 정리를 끝내고 서둘러 퇴근해 버렸다.

수요일이 되었을 때는 아예 코빼기도 비치지 않고 결근이었다. 집에 전화를 걸어도 받지를 않았다. 총무부 직원이 달려가 수소문을 해 보니 병원에 입원했다는 게 아닌가.

"과장님, 회사가 발칵 뒤집혔어요. 회장님께서 당장 출근하래요."

병원으로 달려온 총무부 직원이 보래 씹는 표정을 지었다.

"도저히 못 일어나겠다. 병든 몸으로 어떻게 출근하겠니. 이제 사표를 던질 때가 됐다. 회장에게 내 말 분명히 전하라. 더 이상 출근할 수 없다고."

총무부 직원은 K과장의 그 말을 조금도 가감 없이 전했다. P회장, 부사장, 전무, 부장, 차장 등으로서는 미치고 환장할 일이었다.

"개새끼들아! 그 개새끼, 당장 쇠고랑을 채워 버려!"

P회장은 흥분을 이기지 못하고 재떨이를 날렸다. 벽에 머리를 박

은 크리스털 재떨이가 깨지며 비명을 내질렀다. P회장과 임직원들이 아무리 날뛰어도 K과장은 침착하게 대응했다. 아니 환자복을 입고 병상에 드러누워 독서삼매경에 빠져들었다.

동네 의원 병실의 침대에 누운 K과장의 입원 사유는 대단히 복잡했다. 신경성 위장병, 콩팥 이상, 만성 간염…. 업무 인계인수도 없이 장기 입원에 돌입했다. 회장실의 대금고에서 꺼낸 비밀 장부들을 들고 부사장이 직접 병실을 찾았으나 K과장은 막무가내로 우겼다.

"비밀 장부와 예금 통장이 인계인수의 전부란 말예요. 뭘 어떻게 설명하라는 것인지 도대체 이해할 수가 없네요. 왜 자꾸 찾아와 환자를 괴롭히는지 정말 모르겠네. 씨발!"

병실을 찾아간 간부와 임원들에게 K과장은 욕설까지 하며 돌아누웠다. 이제 막 나가기로 작심한 모양이었다. 하지만 누가 봐도 그의 얼굴 혈색은 너무 좋았고 꾀병을 부리는 것처럼 느껴졌다. 그리고 며칠 뒤 K과장은 등기 우편으로 사직서를 보내 왔다.

"뭐라고? 인계인수를 안 하면 퇴직금을 못 주겠다고? P회장 그 양반 간덩이가 부었어. 며칠 기다렸다가 법정 기일 안에 주지 않으면 노동청, 국세청, 검찰청을 찾아가야지."

P회장의 강경 방침과 최후통첩을 전하러 병실을 방문한 간부 직원에게 K과장이 점잖게 뱉은 협박이었다. 이 협박의 말을 전해들은 P회장은 뒤늦게나마 사태의 심각성을 깨달았다. 오래 끌어 봐야 득이 될 일이 하나도 없다고 생각했다. P회장의 긴급 지시에 따라 K과장의 사표는 즉각 수리되었고 퇴직금도 그 날 당일 송금해 버렸다.

K과장은 퇴직금을 받자마자 퇴원 수속을 끝내고 곧장 사라졌다.

다분히 계획적인 증발이었다. 그 뒤로 K과장의 얼굴은 본 임직원들은 아무도 없었다. 그가 해먹은 돈이 10억 원이니 20억 원이니 하는 소문만 은밀히 떠돌고 있을 뿐이었다.

13. 반사회적 범죄

분식회계는 불황기에 접어든 업체들이 투자 유치에 사용하는 '극약 처방'으로 쓰였다. 실제로 IMF 구제 금융 직후인 지난 1998년 금융감독원의 감리 대상이던 상장법인 50개 사를 조사한 결과 34%에 해당하는 기업이 분식회계를 시도한 것으로 밝혀졌다.

정부에서는 그 동안 기업들의 분식회계를 법적으로 금지시켜 왔다. 기업에 '감사(監事)'를 두게 하고 공인회계사를 외부 '감사인(監査人)'으로 선임토록 하여 정기적인 회계감사를 받도록 했다. 회계감사보고서는 '감리(監理)'라는 이름의 절차를 통해 다시 금융감독원이 조사하는 안전장치도 마련해 두었다. 분식회계를 제대로 적발하지 못한 회계법인에 대하여는 영업 정지나 설립인가 취소 결정을 내리고 분식회계로 손해를 본 투자자와 채권자가 손해배상을 청구할 수 있도록 법적 장치도 만들었다.

하지만 감독 당국이 고의성 입증이 어렵다는 이유로 분식회계를 시도한 기업이나 감사를 부실하게 진행한 공인회계사가 징계와 고발 등의 조치를 당한 사례가 드물었다. 정부 차원의 강력한 제재 방안이 수립되어야 한다는 목소리가 높아진 것도 그 때문이다.

분식회계라는 이름의 악령은 '기업 경영부실 은폐 → 부실기업 도산 → 채권 은행 부실화 → 공적 자금 투입 → 국민 혈세 부담'이라는 과정을 거친 끝에 오직 국민의 출혈로 돌아왔다. 직접적으로는 부실기업의 주식이나 채권을 매입했다가 막대한 손해를 본 개인 투자자나 기관 투자자들도 헤아릴 수 없을 정도였다.

그런 점에서 분식회계는 투자자를 배신하는 반사회적 범죄 행위와 다름없다. 해외 투자자들이 한국의 기업을 불신하는 것도 바로 분식회계와 불투명한 경영에서 비롯되었다. 과거 미온적인 태도를 취하던 공정거래위원회, 금융감독원, 국세청, 검찰청 등도 분식회계에 강력히 대처하겠다고 발표하는 등 뒤늦게나마 대책을 마련하고 있다.

미국의 정리신탁공사(RTC)는 1989년부터 1995년에 이르는 기간 동안 740여 개에 이르는 저축조합에 대하여 책임을 추궁하기 전에 분식회계 여부를 정밀 조사했다. 그 결과 공인회계사의 업무상 과실과 관련된 민사 소송 43건을 제기하여 12억 달러를 회수했다. 1990년부터 1995년까지 미국 정리신탁송사가 회수한 손해배상 내역을 보면, 회계법인으로부터 12억 달러(27%), 변호사로부터 5억 달러(11%), 임직원으로부터 13억 달러(29%), 신원보증보험으로부터 3억 달러(6%), 기타 12억 달러(27%)였다.

한국에서는 그처럼 엄격한 책임 추궁이 이루어지지 않았다. 정부 차원의 제도적 장치가 미비했고 관련자들의 도덕적 해이로 사실상 정밀 조사와 책임 추궁이 불가능했다. 하지만 이제부터는 국가와 기업의 장래를 생각해서라도 분식회계 해소 방안에 관하여 다부지게 매달려야 한다. 어떤 방법으로 분식회계를 근절하고 기업 경영의 투명성을 확보해야 할 것인지 머리를 맞대고 고민할 때가 왔다는 뜻이다.

14. 분식회계 사기 대출 거액 배상 판결

미도파는 1992년부터 매출 부진 등으로 결손이 생기는 바람에 1998년 3월 최종 부도 처리되었다. 이듬해부터 회사정리절차가 개시되어 2002년 7월 롯데쇼핑 컨소시엄이 미도파를 인수했다. 진로 그룹은 주류 외에 유통, 건설 등 무리한 '문어발' 사업 확장으로 차입금이 증가하면서 재무 상태가 악화되었고 1998년 5월 회사 정리 절차에 들어갔다.

그 뒤 분식회계에 따른 손해배상 청구가 봇물처럼 터져 나왔다. 피해자들의 대응도 만만치 않았고 법원의 판결도 분식회계 기업주와 허술하게 대처한 금융기관에 대하여 점점 준엄해지기 시작했다. 분식회계로 은행을 속여 천문학적 액수의 대출과 지급보증 등을 받은 대기업 대표들과 임원들이 해당 은행이나 채권을 넘겨받은 금융보험사에게 거액을 배상하라는 판결이 잇따라 나와 주목을 받았다.

법원은 유죄가 인정된 형사사건 피해자에게는 과실을 묻지 않는 대법원 판례와 달리 직권으로 '사기 피해자이자 소송 원고인 은행들도 과실을 상계, 20 ~ 30%의 책임을 져야 한다' 고 판결했다. 소홀한 대출 심사와 도덕적 해이로 부실기업들에게 돈을 빌려주면서 금융기관으로서 공적 임무를 저버린 책임을 져야 한다는 것이었다.

2005년 6월 26일 서울중앙지법 민사합의31부는 S보험사와 J은행 등 금융기관 5개 사가 전 미도파그룹 회장 P씨와 전 사장 H씨 등 분식회계 책임자 5명을 상대로 낸 손해배상 청구 소송에서 '피고들은 원고들에게 모두 70억 원을 지급하라' 고 원고 일부 승소 판결을 했다.

미도파의 허위 재무제표를 믿고 회사채 지급보증이나 출자 전환 등 방식으로 수십억 원씩 빌려준 은행이나 해당 채권을 인수한 신용보험사에서 미도파의 부도로 약 200억 원을 돌려받지 못하자 소송을 냈었다. 그 결과 원고들이 일부 승소했는데 재판부의 판결문을 요약하면 다음과 같다.

■ 피고들은 매출 부진에 따른 재무 상태 악화로 대출을 받기가 어려울 것으로 판단하고 1995 ~ 1996 회계연도의 재무제표를 분식결산하도록 지시한 사실이 인정된다. 그 당시 이 때문에 대출 등을 해 줬다가 피고 회사의 부도로 돈을 돌려받지 못한 원고들에게 손해를 배상할 책임이 있다.

■ 등기부상에만 이사로 등록되어 있을 뿐 실제 직무를 수행하지 않아 책임이 없다는 피고 J씨의 주장은 받아들일 수 없다. 이사 직무를 다른 사람에게 위임하고 행하지 않은 것은 그 자체로서 중대한 과실이다.

■ 원고들도 미도파의 재무 상태를 간과하여 돈을 빌려준 만큼 30% 책임이 있다. 일부 피고들이 분식회계로 유죄 판결을 받았다고 해도 충실한 대출 심사 의무를 소홀히 한 것은 금융시장 안정과 국민 경제 발전에 이바지해야 하는 금융기관의 공공의 역할을 이행치 않은 것이다.

재판부는 분식회계 사실을 모르고 진로그룹에게 지급보증과 대출 등의 방법으로 778억 원을 빌려주고 돌려받지 못한 H은행이 이 그룹 J회장을 상대로 낸 손해배상 청구 소송에서도 다음과 같이 판결했다.

■ 피고는 원고에게 1억 원을 지급하라. (주)진로가 1994 ~ 1996년 회사 재무제표에서 계열사 어음을 매입하는 방법 등으로 자금을 지원한 내용을 '주석사항'에 기재하지 않은 것은 분명한 분식회계다. 이를 믿고 대출을 승인한 원고의 손해를 피고가 배상해야 한다.

■ 원고는 피고측 회사의 재무 상태가 나쁘다는 취지로 작성된 신용평가기관 보고서를 알고 있었고, 자체 평가에서도 비슷한 결과를 얻었음에도 진로의 기업 규모 등을 더 높이 평가하여 대출을 해줬으므로 20%의 책임이 있다.

■ 원고측 책임을 인정한 것은 금융기관의 공공적 역할에 주목하여 은행의 도덕적 해이를 막으려는 것이다. 불법 행위 피해자에게 '부주의'에 대한 과실 상계를 묻지 않는다는 대법원 판례 취지와 어긋나지 않는다.

엉터리 재무제표 읽는 비법

5부

분식회계 근절 대책

1. 결산 시기 분산

1년에 한두 차례의 외부 회계감사로 분식회계 기업들이 위기를 넘긴다. 그것도 한두 달 가량 무난히 버티면 1년의 '흉년 농사'와 '썩은 속살'을 적당히 감출 수가 있다. 그래서 많은 회계감사 인력을 확보한 대규모 회계법인들도 2, 3월이 되면 정신을 차리기 어려워진다. 제한된 시일 안에 여러 기업의 회계감사를 마쳐야 하기 때문에 숨통이 막힌다.

메뚜기도 한철이라고 했던가. 연초에 집중된 결산 시기를 놓치면 일감 확보가 쉽지 않다. 1년 내내 컨설팅과 회계 자문 업무 등에만 매달리던 회계법인 소속의 공인회계사들은 연초가 되자마자 강도 높은 노동에 시달리기 시작한다. 심지어 일부 간부와 임원들은 '겹치기 출연'에도 몸살을 앓아야 한다. 가야 할 데는 많아도 도대체 찾아살 여유가 없다.

거의 모든 기업이 12월 31일 장부를 마감한 뒤 3월까지 결산보고서와 회계감사보고서 작성을 완료해야 한다. 회계법인의 다급한 속사정을 꿰뚫어본 대상 기업의 경리 책임자들은 약점을 물고 늘어진다. 회계 처리에 부실한 점이 더러 있을 터이니 일부 문제점에 대하여 적당히 눈감아 달라고 회계법인의 임원들에게 애걸복걸한다.

회계법인 소속 회계사들의 처지는 더욱 안쓰럽다. 학연, 지연, 혈연을 앞세운 청탁이 여기저기서 쇄도한다. A회계사에게 청탁할 일은 B회계사에게 접수되고, C회계사에게 청탁할 일은 D회계사에게 접수된다. 실정이 그러니 A회계사, B회계사, C회계사 모두 얼이 빠진다. 기업의 결산 시기가 연말에 집중되어 철저한 회계감사와 적절한 전문 인력 안배가 불가능한 것도 그 때문이다.

회계부정을 적발하고 분식회계를 뿌리 뽑으려면 외부 감사 인력의 투입 시기가 집중되는 사태부터 막아야 한다. 기업 회계기간을 고르게 분산하는 작업이 절실하다는 얘기다. 감사 수요가 한 시기에 몰리는 상황과 그에 따른 폐해를 없애기 위해 결산 시기를 업종별로 분산시키는 방안이 필요하다. 결산 시기를 업종별로 골고루 안배하는 조치가 현실적으로 어렵다면, 6월 30일 결산 법인과 12월 31일 결산 법인으로 크게 반분하는 방법, 반기 결산에 대한 회계감사를 정규 회계감사 수준으로 강화하는 방법도 있을 것이다.

2. 감사 환경 개선

대주주와 최고경영자의 전횡을 막고 합리적인 의사 결정을 도출하기 위해 기업 내부에 제어 장치를 두고 있다. 물론 이 내부 견제 장치를 감시하는 외부 기능도 필요하다. 그래서 내부 감사와 외부 감사 제도가 생긴 것이다.

사정이 그럼에도 우리나라 자본가와 경영자들은 감사 제도의 활성화를 못마땅하게 생각해 왔다. 현행 법규에 감사 관련 기구가 엄연히 존재하지만 이를 우습게 취급해 온 것도 사실이다. 때에 따라서 필수 불가결한 작업으로 여기는 분식회계에 대하여 걸림돌이 된다고 인식했기 때문이다.

이제는 우리나라의 사회적 · 경제적 상황이 너무 달라졌다. 앞으로는 불투명한 경영, 분식회계, 부실 감사가 드러날 경우 사회적 비난에 직면하는 것은 물론이고 감사 대상 기업과 회계법인의 존속 유지도 어려워질 것이다. 집단 소송 제도가 본격 도입되면 소액 투자자들의 손해배상 청구가 쉬워질 뿐만 아니라 분식회계 기업, 부실 감사 회계법인, 감사 관련 책임자들이 거액의 손해배상 사건에 휘말려들 게 뻔하다.

이처럼 불행한 사태를 미연에 방지하기 위해서는 감사, 감사위원회, 감사선임위원회 등 감사 관련 기구가 경영진으로부터 완전히 독립된 감시 통제 기구로 거듭나야 한다. 주주의 입장에서 주주의 이익을 대변하는 내부 견제 장치로서 감사 관련 기구가 지극히 효율적인 영향력을 행사할 수 있어야 한다.

그러나 세상 여건이 바뀌어 감사 환경이 개선되고 있다지만 아직은 미흡하다는 생각이 든다. 여전히 정신을 못 차린 대기업들이 분식회계 전과를 숨긴 채 미련을 버리지 않고 안절부절못한다. 과거의 분식을 고백하고 싶지만 그 분식 규모가 너무 엄청나서 툭툭 털지 못하고 망설인다. 따라서 투명하고 독립적인 내부 감사 제도를 확립하는 과정에서 여러 가지 인센티브를 주는 것도 좋지만, 전과를 고백하지 않고 분식을 계속하는 기업에 대하여는 종전보다 더 강력하게 처벌하는 방안도 적극 검토할 필요가 있다.

내부 감사의 독립성과 효율성이 객관적으로 입증되는 기업으로서 재무제표를 정직하게 작성하는 기업에 대하여는 세금 감면, 세무 조사 면제 등 혜택을 준다. 반면에 지속적으로 회계 정보를 조작하는 등 부정을 저지르는 기업에 대하여는 세무조사를 강화하고 여러 가지 제재를 가하는 등 엄격한 법적 조치를 취해야 한다.

회계감사 기준을 위반한 회계법인에 대해서는 손해배상공동기금 추가 적립, 특정 회사 감사 업무 제한 등의 제재를 내리고 공인회계사에 대하여도 감사 업무 참여 제한, 경고 등의 조치를 취한다.

그럼에도 부실 회계감사 논란이 끊이지 않는다. 따라서 감사인에 대한 제재와 징계 강화 추진도 중요하지만, 감사인의 독립성과 윤리성을 제고하기 위해 감사 환경을 강도 높게 개선하는 것이 더 바람직하다.

일정 규모의 분식회계를 적발한 회계법인과 공인회계사들에게 인센티브를 주어야 한다. 내부고발자들을 적극 보호하듯이 보상을 실시하고, 감독 당국의 부실 회계감사 때 좋은 평가를 받은 회계법인이 공공기관의 직권으로 일감을 확보해 줄 수 있는 장치도 마련하는 등 전향적인 태도를 보여야 한다. 정직한 자세와 공익적 차원의 고발정신을 보여 준 회계법인을 감독 당국에서 추천하여 홍보하고 이 회계법인들이 자생력을 키울 수 있도록 법적 재정적 지원을 아끼지 않아야 한다. 이러한 꿈이 실현되기 위해서는 사회적 합의와 법률적 보완 장치가 하루 빨리 마련되어야 할 것이다.

무엇보다 금융감독원, 금융감독위원회, 증권선물위원회 등의 감리 인력을 보강해야 한다. 외부 감사에서 분식회계를 적발하지 못하는 근본 원인은 대기업에 대한 감리 시스템이 제대로 작동하지 않았기 때문이다. 한국공인회계사회에 위탁된 감리 대상 기업은 비상장과 비상장기업을 포함하여 모두 5,200개사에 이른다. 자산 규모 1,000억 원 이상인 기업이 약 800개, 1조 원 이상인 기업도 40개 사가 포진해 있다. 이처럼 많은 기업들을 불과 열댓 명의 감리위원들이 담당하고 있었으니 분식회계를 규명한다는 건 사실상 불가능했다.

3. 내부 견제 장치

그 동안 대기업의 최고경영자들이 꼭두각시처럼 인식했던 감사(監事)는 사실상 주주를 대신하여 경영진을 감시하는 상법상의 기구였다. 이처럼 법적 장치가 마련되어 있었음에도 감사는 단순한 서류상의 임원이거나 보수를 많이 받는 중역 정도로 대접해 왔다. 심지어 이사로 근무하다가 감사로 자리를 옮겼고 대주주의 친인척, 산지기, 목장 관리인, 빌딩 관리인 등이 서류상의 감사로만 선임되기도 했었다. 그 같은 처지에서 경영진의 분식회계를 엄격히 감시한다는 건 상상하기 어려웠다.

현행 법규를 살펴보면 감사란 기구 이외에도 감사위원회와 감사선임위원회란 이름의 기구도 있다. 자산 규모 2조 원 이상인 기업은 감사위원회를, 상장법인과 코스닥 상장기업은 감사선임위원회를 두도록 되어 있다. 감사선임위원회에는 감사와 2대(大) · 3대 주주 대표, 1대 · 2대 기관투자가 대표, 1대 · 2대 채권기관 대표 등으로 구성된다. 그만큼 감사선임위원회에서부터 주주와 채권자, 금융기관 등 외부의 영향력이 강화되고 있다.

하지만 과거에는 내부 감사인을 기업 총수가 알아서 적당히 임명(?)하거나 외부 감사인을 감사 대상 법인이 직접 선임하게 되어 있어 견제 기능을 기대하기 어려웠다. 때문에 분식회계를 적발하고도 대가를 받고 덮어 주는 게 다반사였다.

이 같은 치명적 약점을 보완하기 위해서는 기업 쪽에서 외부 감사인을 스스로 결정하지 않도록 해야 한다. 등록된 공인회계사회에서 기업 규모에 어울리는 감사 팀을 편성하여 파견하는 형태로 운용하는 방안도 고려해 봄직하다. 하지만 회계법인 사이의 공정한 경쟁을 제한한다는 문제점 등이 제기될 수 있다. 다른 한편으로 미국의 경우처럼 특정 회계법인이 특정 기업에 대하여 일정 기간 이상 감사할 수 없게 하는 조치도 강화해야 한다.

그러나 아무리 외부 감사 제도를 보강한다고 하더라도 외부 감사를 통해 모든 분식회계를 적발하는 일은 사실상 불가능하다. 근본적인 대책이 필요한 것도 그 때문이다. 회사 경영진이 분식회계를 시도하지 못하도록 회사 내부의 견제 장치를 정립하는 방안부터 먼저 마련해야 한다.

그 같은 관점에서 미국의 사례를 참고할 만하다. 미국에서는 회계 담당 임원을 주주총회에서 선임하기 때문에 경영진에 의한 보직 변경이 불가능하다. 이와 다르게 우리나라에서는 경영진이나 대표이사가 마음만 먹으면 회계 담당 임원을 언제라도 바꿀 수 있어 독립성이 보장되지 않는다. 우리나라도 미국의 경우처럼 회계 담당 임원을 주주총회에서 선임하고 회계 보고에 관한 모든 책임을 부담하는 등 권한과 책임을 동시에 부여한다면 분식회계를 막는 데 도움이 될 것이다.

4. 내부고발자 보호

1997년 국제반부패대회 제8차 회의에서 채택한 '리마선언(Lima Declaration)'은 내부고발자의 보호를 위한 법제화 노력에 각국 정부들이 적극 나설 것을 권고했다. 마치 우리나라 기업주들의 탈세 수법과 대기업들의 전통적인 분식회계 환경을 의식하고 던지는 목소리처럼 들려서 바짝 긴장된다.

이제 우리나라도 분식회계에 관한 공익 제보를 장려하기 위해 내부고발자 보호 제도를 적극 보강해야 한다. 신분 비밀 유지를 법적으로 보장하고 분식회계를 시도하거나 비자금을 조성하거나 세금을 탈루하면 적발 금액의 일정 비율에 해당하는 금액을 보상금으로 지급하는 등 건전한 내부고발자가 줄을 이을 수 있게 해야 한다. 분식회계 사실을 알고 있으면 누구라도 당장 고발할 수 있는 길부터 확실하게 열어 주어야 한다.

내부고발 보호 제도

분식회계를 발본색원하기 위해서는 무엇보다 내부고발자를 적극 보호해야 한다. 기업 내부에서 장부조작에 가담한 '하수인' 이더라도 그 사실을 고백하면 법적 처벌을 면제하는 것은 물론 이에 상응하는 보상금까지 주는 등 법적 장치를 만들어 고발을 촉진해야 한다.

지금까지 드러난 분식회계 사건은 하나같이 대주주나 최고경영자의 지시에 따라 이루어졌다. 그러다 보니 내부 통제 체제가 급격히 무너졌고 어느 임직원도 반기를 들기가 쉽지 않았다. 바른말을 하는 임직원과 고소 고발한 임직원은 다른 기업으로 자리를 옮기지 못할 정도로 사실상 매장될 수밖에 없었다.

미국 의회는 국민의 뜻을 겸허하게 받아들여 1978년 '내부고발자 보호법' 을 제정했다. 미국 시민단체 GAP은 그 이전부터 이미 내부고발자에 대한 지원 사업을 시작했다. 미국 시민들의 이러한 노력은 역사적 정치적 경험과 관련되어 있다. 닉슨 행정부의 워터게이트 사건 때 권력 내부의 한 인사가 의회의 특별조사위원회에 다양하고 긴요한 정보를 꾸준히 제공했다. 그 결과 미국 의회는 헌법을 무시하고 국민을 속이는 기득권자들의 탐욕을 효과적으로 차단할 수 있었다.

내부고발은 부정과 비리를 통제하는 데 더없이 효과적이다. 한국의 두 전직 대통령 불법 비자금 사건도 검찰이나 감사기관이 아닌 은행 직원의 고백으로 드러났다. 내부고발은 그 때 그 현장에 있던 사람이 증언하고 고백하는 신성한 절차일 수 있다. 하지만 무력한 소시민이 거대 조직과 막강한 권력에 정면으로 대항하는 것이어서 공포와 고통을 피하지 못한다. 결심을 실행에 옮기는 그 순간부터 내부고발자는 영원한 좌절의 세월도 각오해야 한다. 내부고발자들에 대하여 법적 보호와 보상이 절실한 것도 그 때문이다.

우리나라에서는 지난 2002년 발효된 부패방지법에 따라 고발자가 불이익을 받았다면 부패방지위원회가 해당 기관에 보복 행위자의 징계를 요구하거나 과태료를 부과하는 게 고작이다. 이 정도의 가벼운 조치로는 법 집행의 실효성이 없다.

2001년 제정된 부패방지법은 크게 두 가지의 내용으로 구성되어 있다. 부패 통제를 위한 전문 기관인 '부패방지위원회'를 설립하는 것과 부패 행위의 신고자에 대한 보호 규정, 이른바 '내부고발자 보호 제도'가 그것이다.

2002년 1월 25일 시행된 현행 부패방지법에는 신고자의 동의 없는 신분 공개 금지, 신고로 인한 신분상 불이익 처분 금지, 신고자와 친족의 신변 보호 조항 등이 규정돼 있지만 내부고발자를 보호하는 데 뚜렷한 한계가 있다. 특히 공무원들이 부패방지법에 의해 보호를 받고 있는 점과 달리 민간인 내부고발자들은 아무런 보호 장치가 없어 이중 삼중의 고통을 겪고 있다. 부패방지법의 보호를 받는 신고 내용을 공직자와 공공기관이 관계된 '부패 행위'로 한정했기 때문이다.

부패방지법의 내부고발자 보호 제도에도 문제점이 적지 않다. 부패방지법 안에 내부고발자를 보호하고 보상한다는 내용이 담겨 있지만 미흡한 점이 너무 많다. 시민 단체나 내부고발자의 입장에서 보면 만족스럽지 못한 게 한두 가지가 아니다. 특히 공직자 부패 행위와 공공기관의 재산상 손실을 끼친 행위에 대하여만 신고 대상으로 하는 현행 제도를 하루 빨리 개선해야 한다. 민간인의 공익 제보 행위도 적극 보호하고 장려할 수 있도록 개정해야 할 것이다.

현행 부패방지법에 의하면 그 신고 대상이 지나치게 좁다. 공직자의 부패 행위, 공공기관의 재산상 손실을 주는 행위만 부패 행위로 보고 그런 부패 행위만 신고가 가능토록 하고 있다. 그런 부패 행위를 신고한 경우에만 내부고발자로 보호한다는 점이다. 하지만 이 신고 대상에 포함되지 않는 사례들이 너무 많다. 고발 대상이 공직자 부패도 아니고 정부 예산에 손실을 주는 것도 아니라는 이유로 법적 보호를 못 한다.

내부고발자 보호 제도를 도입한 선진국에서는 보호 대상을 아주 광범위하게 규정하여 환경 문제나 보건 문제 등 공익과 관련된 모든 부패 행위가 신고 대상이 된다. 우리 법률도 이처럼 내부고발 보호 대상을 폭넓게 규정하도록 바꾸어야 한다.

특히 내부고발자에 대한 보상금이 너무 적다. 현행 보상 한도가 최고 2억 원으로 돼 있는데 이를 대폭 상향 조정해야 한다. 그뿐이 아니다. 내부고발 이후의 보복 행위에 대한 입증 책임과 관련하여 공공이나 민간의 사용자가 부담하도록 해야 한다. 미국에서는 사용자 쪽에서 입증 책임을 지도록 한다. 우리나라에서도 보복 행위에 대한 입증 책임을 고발자가 아니라 사용자가 부담하도록 해야 한다.

부패방지법이 생기기 전인 2000년까지는 내부고발자들은 하나같이 구속되거나 파면되는 등 사회적으로 매장을 당했다. 법이 통과된 뒤에도 모든 내부고발자가 적극적으로 보호를 받았다고 말할 수는 없다. 공무원들은 그나마 해고를 면하는 등 보호받고 있으나 민간인 고발자에 대한 사회적 보호는 여전히 안중에도 없다.

제도적 차원에서 도입이 논의되고 있는 납세자소송법이나 주민소송법을 하루 빨리 제정 실시해야 한다. 납세자소송법의 모델이 되는 미국의 '부정주장법'은 내부고발을 통해 예산 낭비 등이 밝혀지면 국가가 환수한 금액의 15 ~ 30% 정도를 제보자에게 보상토록 하고 있다. 아무리 시민들이 낸 세금이라지만 내부고발자의 고발이 없었다면 함부로 낭비하게 될 귀중한 자금을 찾았으니 거기에 상응하는 보상을 해야 한다는 취지다. 불이익을 감수하면서까지 내부고발을 할 수 있도록 동기를 주는 것 역시 보상의 장점이다.

내부고발자에 대한 보복 행위에 관하여도 배상하는 제도를 적극 도입해야 한다. 보복에 대한 보상이 가능해지면 어떤 조직이 내부고발자를 쉽게 파면하지 못할 것이고 설사 파면되더라도 배상을 받아 낼 수 있어 경제적으로 도움이 될 것이다.

분식회계 고발 요령

내부고발을 준비하는 과정에서 가장 신경을 써야 할 점은 치밀한 문서 작성이다. ■ 어떤 내용을 ■ 어떤 측면에서 ■ 어떤 이유로 고발할 것인지 침착하게 정리한 뒤 차근차근 기록으로 남겨 두어야 한다. ■ 구체적인 날짜 ■ 명시적인 분식회계 내용과 목적 ■ 분식 전과 분식 후의 재무 상황 등을 기록해 두지 않으면 특정 기업이나 기관에서 부정해 버릴 가능성이 매우 높기 때문이다. 기업 내부에서 작성된 서류를 갖고 오면 대상 기업이 꼬투리를 잡아 절도죄 등으로 몰아붙일 수도 있다는 점에 각별히 유의해야 한다.

그렇다고 내부고발만을 앞세우는 자세가 최선의 길은 아니다. 가능한 한 기업 내부에서 동조자들을 규합한 뒤 자체적으로 문제 해결을 모색하는 게 더 바람직하다. 비리의 증거가 은폐되거나 신변의 위협이 오기 전까지는 내부에서 적극 시정하려는 노력도 고발 이상으로 의미 있는 일이기 때문이다.

내부의 분식회계 사실을 외부에 고발하기 전에 참여연대, 경실련, 반부패국민연대 등 시민 단체를 방문하여 법률적 자문을 먼저 거치는 게 합리적이다. 얼마 전 결성된 '공익제보자와 함께 하는 모임' 에서도 내부고발과 관련하여 구체적이고 체험적인 조언을 주고 있다. 따라서 이 단체들의 구성원과 자원봉사자들의 상담을 거친 뒤 고발을 결심하자.

세금 축소를 목적으로 분식회계(역분식결산)를 한 경우 세금 탈루 혐의에 대하여 국세청에 고발장을 접수할 수 있는 길이 열려 있다. 국세청에서는 '시민에 의한 세금 감시 기능을 통해 탈세 행위에 대한 사회적 억제력을 강화하고 성실한 납세 문화 조성을 위해' 구체적인 탈세 사실을 접수하여 처리하고 있다.

탈세와 역분식결산 제보를 위해서는 ■ 법인의 구체적인 탈세 사실을 글로 작성하고 ■ 이를 뒷받침할 수 있는 증빙을 첨부하고 ■ 고발자의 인적 사항과 연락처를 명기하여 ■ 서면 또는 인터넷 등을 이용하는 방법으로 국세청에 제출해야 한다.

인터넷을 통한 접수는 국세청 홈페이지(www.nts.go.kr) 세금감시고발센터(탈세 고발)에 접속하면 된다. 서면 접수처는 국세청이나 피제보자의 사업장 · 주소지 관할 지방국세청 또는 세무서 등이고, 전화를 이용한 탈세 사실 녹음 제보는 ARS 전화 080-333-2100를 이용하면 가능하다.

접수된 탈세 정보는 지방국세청장 또는 세무서장이 분석하여 처리하고 그 결과를 제보자에게 회신한다. 제보자의 신원에 대하여는 탈세 제보의 접수와 처리 단계별로 철저히 비밀을 보장한다. 중요한 자료를 제출하여 보상금 지급 조건을 충족할 경우 최고 1억 원의 보상금을 지급한다.

상장법인의 분식회계 사실을 고발하고 싶다면 금융감독원 홈페이지(www.fss.or.kr)를 이용하거나 대표 전화(02-3771-5114) 또는 민원 상담 전화(국번 없이 1332)로 신고하면 된다. 민간단체로 참여연대(www.peoplepower21.org) 경제개혁센터(02-723-425)가 있으니 그쪽과 상담하여 합리적인 방법을 모색하는 것도 바람직하다.

좀 더 강경하게 나가고 싶은 내부고발자는 대검찰청 홈페이지(www.spo.go.kr)에 접속하거나 직접 전화(02-3480-2242)를 건다. 국번 없이 1301을 이용하여 전국 55개 지검 · 지청에 신고할 수도 있다. 대검찰청 민원 전화는 02-3480-2242이다.

대검찰청 신고 대상 분야는 주식시장 교란, 기업 부실화, 외환위기 조장 등 각종 경제 발전 저해 사범 등이 포함되기 때문에 얼마든지 분식회계 고발이 가능하다. 중점 단속 대상으로 '분식회계 등 경영 실적 조작에 의한 대출금 편취 행위'가 포함되어 있다.

예전과 달리 검찰 신고자에 대하여는 철저히 비밀이 보장되고 '특정범죄신고자등보호법'의 보호를 받을 수 있다. 신고자가 수사에 협조하면 자신의 범죄에 대하여는 법이 허용하는 범위에서 최대한 관용 조치가 베풀어진다. 신고자를 보복한 범죄자에 대하여는 '특정범죄 가중처벌 등에 관한 법률' 에 의하여 법정 최고형으로 엄단한다.

분식회계를 검찰에 직접 고발하기보다 금융감독위원회를 경유하는 방법도 있다. 금융감독위원회 산하 증권선물위원회에서도 분식회계 혐의가 드러나면 대상 기업의 대표이사와 담당 임원을 검찰에 고발하고 임원 해임을 권고할 수 있다.

어쨌든 국세청, 검찰청, 금융감독원, 금융감독위원회 등에 고발하고 싶다면 먼저 해야 할 일이 있다. 고발장을 접수하기 전에 여러 시민 단체나 전문가의 상담을 거치는 게 가장 중요하다.

권말 부록에서 구체적인 체험 사례를 다루기로 한다.

5. 납부 세금 환급 불가 조치

분식회계를 시도했던 기업이 위장 이익을 내세워 의도적으로 낸 세금을 환급해 가는 길을 막아야 한다. 정부에서도 이 같은 취지의 법안을 뒤늦게 마련했지만 소급 적용이 안 되기 때문에 문제가 있다. 이미 분식회계를 저지른 기업도 이 법 시행에 상관없이 전액 되찾을 수 있다.

우리 국세청에서도 분식회계로 과대 계상된 세액에 대하여 환급치 않기로 했다. 정부는 분식결산을 통해 이익이나 자산을 과대 계상하거나 손실이나 부채를 과소 계상하는 방법으로 이익을 부풀림으로써 세금을 더 냈던 기업들이 뒤에 이를 환급해 달라고 요청할 경우, 즉시 내주지 않고 5년 동안 법인세로 차감한 뒤 남는 부분만 내주는 방향으로 법인세법 개정을 했다.

회계 장부를 속여 금융기관에서 우량기업 대접을 받거나 일반 투자자들을 우롱한 기업에 일시적으로 많은 세금을 환급하는 것은 문제가 있어 이 법을 만들었다.

하지만 이미 분식을 했던 기업에게는 이 법이 적용되지 않는다. 이러한 법률의 관용과 허점을 이용하여 SK글로벌은 지난 1997년부터 2001년까지 분식결산을 통해 더 냈던 세금 466억 원에 대하여 환급을 요청했다.

이와 같은 세무 당국의 배려(?) 앞에서 국민들은 분노하고 있다. 가능한 한 많은 세금을 징수하고 세금 탈루를 예방하고 국민의 혈세 부담을 줄이려고 안간힘을 쓰면서도 부정한 목적을 노려서 일부러 낸 세금을 돌려준다니 이해하기 어렵다는 입장이다.

그처럼 미온적인 대처로 분식회계를 근절하긴 어렵다. 불법적인 방법의 하나로 일부러 세금을 더 냈다면 환급을 거부하는 게 지당하다. 법인세법을 다시 개정해서라도 분식회계 기업이 더 낸 세금을 돌려주는 일은 없어져야 한다.

과거의 잔인한 범죄를 자백했다는 이유로 정상을 참작하는 경우는 있어도 무죄를 예단하거나 무죄를 미리 인정한 사례는 없었다. 오랜 세월 천문학적인 규모의 분식회계로 국민들을 우롱하고 수많은 피해자를 양산했다면, 단 한 차례의 '자백'으로 면죄부를 준다는 것은 옳지 않다. 수년 동안 시도한 분식결산이 단숨에 해소되리라고 기대한다는 것도 용납하기 어렵다. 그 후유증이 오래도록 지속될 것이기 때문에 더 강력한 내부 감시(감사)와 외부 감시가 병행되어야 한다. 물론 완전한 법적 제도를 먼저 마련하고 제도적 장치와 내·외부 감시 통제 체재를 강화하면서, 시민들의 건전한 고발 문화가 정착되도록 사회적 환경을 조성해야 할 것이다.

6. 감사 조직의 공기업화 방안

필자가 몸담았던 회사들은 대부분 상장법인으로서 외관상 우량기업들이었다. 그러나 이 회사들이 그 당시 숨겨 온 누적 결손액은 적게는 몇 백억 원에서 많게는 몇 천억 원, 몇 조 원대에 이르는 곳도 있었다.

제아무리 기업이 재무제표를 조작하여 실현되지도 않은 이익을 거짓으로 만들었거나 손실을 대폭 줄이기 위해 있지도 않은 자산을 가공으로 만들었다 하더라도, 공인회계사들이 외부 감사를 벌이며 이 사실을 발견하지 못했을까. 뜻밖의 실수를 인정하는 그들의 변명을 정말로 믿어야 할까.

물론 그렇지 않다. 공인회계사들이 회사측으로부터 회유를 당해 부실한 결산 내용을 눈감아 준 경우도 적지 않다. 그런 부실 감사 현상을 필자는 수도 없이 목격했다. 물론 지조를 지키느라 애를 먹이던 회계사들도 꽤 있었다. 이런 상대를 만나면 주주총회 개최 시각에 임박하여 회사측은 감사보고서 인쇄를 늦추면서까지 '한정의견'을 '적정의견' 으로 바꾸려고 눈물겹게 노력한다.

그와 같은 흥정과 담합이 우리나라의 외환위기와 부도 사태를 몰고 왔다. 이제 앞으로 기업의 분식회계를 뿌리 뽑기 위해서는 외부감사 조직을 공기업으로 육성할 필요도 있다. 현재의 회계법인은 이익을 추구하는 사기업에 불과하다. 따라서 고객의 회계부정을 방관할 수밖에 없었고 감사 대상 기업의 객관적인 경영 성과에 대한 데이터도 확보하기 어려웠다. 하지만 감사 조직이 공기업으로 변신한다면 사적(私的) 이익에 구애받지 않고 감사 대상 기업의 분식회계를 적발할 수 있을 것이다. 특히 공기업 자격으로 여러 기관과 거래처의 거래 관련 자료 등을 손쉽게 수집할 수 있기 때문에 분식회계 여부를 규명하는 데 도움이 될 것이다.

7. 회계부정보다 회계분식에 주의하라

회계 자료의 원천적 조작인 '회계부정' 보다 '회계분식' 에 더 주의를 기울여야 한다. SK글로벌의 분식결산 사례는 회계분식이 아니라 회계 자료를 원천적으로 조작하는 수준이었다. 금융기관의 잔액증명을 백지로 받거나 변조하는 등 회계 자료와 증빙의 조작 행위는 지극히 단순하여 쉽게 들통이 나기 때문에 면밀히 조회하고 대조할 경우 얼마든지 적발할 수 있다.

2003년 그 당시만 해도 잔액증명을 변조하여 공인회계사를 속일 수 있었지만 지금은 그 여건이 상당히 달라졌다. 대우그룹 사태 이후 금융감독원에선 특별한 조치를 해 놓았다. 회계법인이 금융연합회의 '신용정보 PC통신망' 을 통해 개별 기업의 모든 채무 현황 등 신용정보를 실시간 조회할 수 있도록 길을 열어 준 것이다.

이해관계자를 속일 목적으로 비정상적인 수단을 동원하여 경영실적이나 재무 상태를 상당 부분 왜곡 보고하는 '회계분식' 은 관행이나 시장 특수성 정도로 간주되는 경향이 있다. 갑작스런 회계 처리 기준 변경이나 급격한 환경 변화가 나타나면 묻어 두었던 왜곡이 부각되고 충격으로 다가올 수 있다.

대표적인 회계분식 사례로 차입금 줄이기가 있다. 기업들은 차입금을 줄이기 위해 안간힘을 쓰지만 시장에서는 별다른 주의를 기울이지 않는다. 특히 상환우선주 등 차입금에 대한 정확한 인식이 시급하다. 상환우선주는 신용 분석 입장에서 차입금 성격일 뿐이지만, 지표로 볼 때 부채비율 개선에 기여하고 있어 주식시장에서는 환영을 받는다. 이와 다르게 신용 평가 업계, 당국, 주거래은행 등에서는 굳이 문제 제기를 하지 않는다. 이 같은 흐름은 기업의 입장을 적극 배려하는 것으로서 우리 모두 조금씩 분식회계 과정에 일조하고 있는 셈이다.

자회사 명의의 실질적 차입금과 너무 관대하게 넘어가는 부외부채 등을 깊숙이 짚어 봐야 한다. 예컨대 우량기업으로 알려진 어떤 기업의 경우 차입금이 2조 원 수준이나, 자회사를 통한 자산 · 부채 이전, 매출채권(D/A 포함) 할인, 무역 금융의 매입채무 처리, 해외 현지법인에 대한 지급보증 등을 감안하면 실제 차입금은 1조 원 가량 더 많은 것으로 드러났다.

8. 회계법인 스스로 고객을 엄선하라

필자가 '경리쟁이'로 근무할 때만 해도 회계법인들은 일거리를 확보하기 위해 인맥, 학맥, 지연 등을 총동원하면서 치열한 일감 수주 전쟁을 벌였다. 하지만 이제 회계법인들은 뜨거운 실적 경쟁보다는 고객을 신중히 골라서 받기 시작했다. 과거에는 고객을 한 명이라도 더 확보하는 회계사가 우대를 받았으나 요즘은 상황이 많이 바뀌었다. 정확하고 정직한 회계감사를 실시함으로써 회계법인에 손해를 끼치지 않는 회계사가 대접받는 세상이 되었다.

국내 굴지의 K회계법인은 금융감독원이 회계감사를 의뢰한 A기업에 대한 감사를 정중히 거절했다. 거절 이유는 간단했다. 분식회계의 소지를 끌어안고 끙끙 앓는 부실기업의 감사를 맡았다가 새로 도입된 집단 소송에 크게 당할지 모른다는 우려 때문이었다.

집단 소송 제도란 주가 조작 · 허위 공시 · 분식회계 등으로 피해를 봤을 경우 한 사람이 소송을 제기하여 승소하면 같은 피해를 입은 나머지 투자자들도 별도의 소송 없이 동일한 보상을 받도록 하는 제도다. 그 동안 집단 소송이 인정되어 온 미국에서는 소송비용이 눈덩이처럼 불어나자 회계법인들이 엄격하게 감사를 벌인 것은 물론 회계법인끼리 합병하는 사례도 많았다.

이제부터 우리나라 회계법인들은 외부 감사 계약을 다시 체결하는 고객들을 대상으로 선별 작업에 나서야 한다. 이미 거래 중인 고객들 중에서 보수에 비하여 회계 부실의 위험 부담이 큰 기업들을 솎아내라는 뜻이다. 종전 중견 기업의 경우 외부 감사 보수가 2000만 ~ 3000만 원 수준이었는데 이 정도 보수를 받고 위험한 기업의 회계감사를 맡았다가 분식회계로 인한 집단 소송으로 거액의 손해배상에 휘말리면 자멸할 수 있기 때문이다.

대주주가 범법 행위를 저질렀거나 도덕성이 의심스러운 기업에 대하여도 외부 감사를 맡지 않아야 한다. 대주주가 빈번히 바뀌거나 대주주에 대한 현금 대여가 많은 기업이 있다면 감사를 기피하거나 심사를 엄격히 해야 한다. 그런 풍토가 조성되고 회계법인들의 배척을 받는 '왕따 법인' 이 생길 경우 어느 누구도 감히 분식회계를 시도하지 않을 것이다.

9. 환경 변화를 인식하라

국내 기업의 주가(株價)가 다른 국가의 주가에 비하여 낮게 평가된 원인으로 낙후된 기업의 지배 구조와 불건전한 경영 관행, 불투명한 기업 회계 등을 꼽는다. 회계 투명성을 제고하려면 일반적으로 인정되는 회계 원칙을 위반하지 않으려는 소극적인 입장을 벗어나야 한다. 회계 정보 이용자들이 기업의 경영 상황을 쉽고 정확하게 파악할 수 있도록 보다 전향적이고 적극적인 자세로 보고해야 한다.

회계 장부의 숫자는 누가 보더라도 한 치의 오차도 없는 완벽한 것, 회사의 실태를 낱낱이 드러내 주는 정보가 되어야 한다. 이 숫자들은 비행기 조정석에 있는 계기판의 수치와 같은 것이어서, 투자자와 채권자는 물론 경영자가 목적지에 올바르게 도달하도록 이끌어 주는 표지판 구실을 해야 한다.

과거의 분식회계는 일반적인 절차나 법규를 위반하는 수준으로 용인되고 인식되었지만 이제 사회적 환경은 무척 달라졌다.

요즘 들어서 분식회계란 대상 기업의 경영진과 외부 감사인이 민·형사상 무거운 책임을 져야 하는 범죄가 되었다. 따라서 회계 투명성을 확보하는 길만이 외부 감사 대상 기업과 회계법인의 생존 요건임을 깊이 깨달아야 한다.

회계 정보의 투명성을 확보하기 위해서는 ■ 기업 경영자와 회계 담당 책임자가 회계 기준에 적합한 회계 정보를 생산해야 하고 ■ 외부 감사인과 회계법인은 윤리적 경제적 독립성을 유지해야 하고 ■ 정보 이용자는 회계 정보 분석 능력을 길러야 할 뿐더러 기업을 적극 감시해야 하고 ■ 대기업 집단은 견제와 균형을 갖춘 발전적이고 전향적인 지배 구조를 유지해야 한다.

최근 들어 감사 관련 제도가 날로 변화하고 있다. 1997년 외환위기 이후 회계의 불투명성이 기업 부실을 초래한 주요 원인이었다는 인식이 확산되었고 기업 경영의 투명성에 대한 관심이 높아지면서 회계 제도의 변화에 가속도가 붙었다.

■ 상법의 개정에 따라 자산 규모 2조 원 이상의 상장법인에 대하여는 사외이사를 중심으로 한 감사위원회설치를 의무화했고, 외부 감사인을 선임하도록 하여 최대 주주를 견제하도록 했다.

■ 외부 감사인의 부실 감사를 방지하기 위해 감사 보수 상한을 폐지하고 회계감사준칙을 국제 기준으로 개정했다.

■ 부실 감사 적발을 위한 감리 규정을 강화했다. 상장법인을 감사한 회계법인끼리 상대방의 감사 결과를 서로 검토하여 부실 감사를 지적하는 상호 감리 제도가 도입된다.

■ 분식회계가 드러날 경우 해당 법인과 대표이사가 형사 고발된다.

외부 감사인이 분식회계를 묵인하거나 방조한 경우 함께 고발된다.

■ 과거에는 '한정의견'을 받은 기업까지 주식 상장을 인정했으나 앞으로는 '적정의견'인 기업만 인정하기로 했다. 기존 상장법인이 '부적정의견'이나 '의견거절' 감사 의견을 받으면 관리 종목에 편입되고 다음해 시정하지 못할 경우 상장이 폐지된다.

이와 같은 제도 변화에 따라 외부 감사인은 감사 위험이 커지고 손해배상 책임 또한 막중해졌다. 과거에는 90% 이상의 감사인들이 적정의견을 냈으나 앞으로 비적정의견(한정의견, 부적정의견, 의견거절)을 표명하는 비중이 커질 것으로 예상된다. 비적정의견을 받게 되는 대상 기업은 은행에서 차입이 어려워지고 회사채 등급이 하락하고 주가가 떨어지기 때문에 자금 조달에 상당한 어려움을 겪게 될 것이다.

■ '적정의견'이란 재무제표가 기업회계기준에 따라 중요성의 관점에서 적정하게 표시되었다고 판단할 때 감사인이 표명하는 의견이다.

■ '한정의견'이란 감사인과 경영사 사이의 의견 불일치나 감사 범위의 제한에 따른 영향이 중요할 경우 내리는 의견이다. 한정의견은 기업회계기준 위배로 인한 한정의견과 감사 범위 제한에 따른 한정의견 등 두 가지로 나뉜다. 기업회계기준 위배로 인해 한정의견을 받은 경우 기업회계기준에 맞춘 수정 재무제표를 덧붙인다. 하지만 감사 범위 제한에 따른 한정의견을 받은 경우 충분한 감사가 불가능하기 때문에 수정 재무제표를 작성할 수 없다.

특히 감사 대상 기업이 감사 범위를 제한했다는 것은 분식회계를 숨기기 위한 의도일 가능성이 높다. 따라서 감사 범위 제한을 이유로 '한정의견'을 받은 기업은 증권거래소에 상장시킬 수 없도록 관련 규정이 강화되었다.

A회계법인은 1999년 3월 대우전자의 재무제표에 대하여 감사보고서를 작성하면서 '한정의견'을 냈다. '해외 매출채권의 일부에 대한 외부 조회 등 필요한 감사 절차를 수행할 수 없었고, 재고자산 중 일부는 빅딜로 인한 종업원의 작업 거부로 실사에 입회하지 못했으며, 일부 매출채권과 재고자산 잔액을 확인할 수 없었다.'는 '특기사항'도 넣었다.

그 이후 1999년 8월 대우전자 등 대우그룹 계열사에 대한 워크아웃(기업 개선 작업)이 시작되었다. 워크아웃을 위해 A회계법인이 대우전자에 대한 실사를 담당했다. 실사 결과 1999년 8월 말 기준으로 대우전자의 자산 규모를 넘는 부채가 2조 7,000억 원에 달하는 것으로 나타났다. 대우전자가 제시한 재무 상태와 비교할 때 순자산가치가 3조 7,000억 원이나 차이가 난 것이다.

■ '부적정의견'이란 감사인과 경영자 사이의 의견 불일치에 따른 영향이 대단히 중요하고 전반적이라는 뜻이다. 그 정도가 너무 심한 나머지 한정의견 표명으로는 재무제표의 오도 또는 왜곡 표시된 내용을 적절하게 공시할 수 없다고 감사인이 판단한 경우에 제시한다.

■ '의견거절'이란 감사 범위 제한의 영향이 매우 중요하고 전반적이어서 감사인이 충분하고 적합한 감사 증거를 획득할 수 없었다는 이유로 재무제표에 대한 감사 의견을 표명할 수 없는 경우에 주어진다.

특히 감사인의 독립성이 보장되지 않을 때 의견거절을 표명한다.

외부 감사인의 철저한 감사로 한정의견, 부적정의견, 의견거절 등 비적정의견을 받는 기업이 증가하면 자금 · 주식시장 혼란 등의 부작용이 우려된다. 하지만 과거의 부실이나 과오를 일시에 손실로 처리할 경우 단기적으로 혼란이 있을지라도 장기적으로 자본 시장에 긍정적 반응을 가져올 것이라는 의견이 지배적이다. 회계 정보의 투명성은 자본 시장의 불확실성을 감소시킴으로써 회계 정보의 유용성이 제고될 뿐 아니라 궁극적으로는 기업 가치를 향상시킬 것이기 때문이다. 투자자들의 의사 결정에 적합한 회계 정보를 제공하는 것은 금융 시장 발전의 토대가 된다. 기업에 대한 정확한 정보는 부실기업을 퇴출시키고 우량기업에 자금이 흘러갈 수 있도록 하는 촉매작용을 한다. 따라서 기업의 입장에서는 스스로 투명성을 높이는 방법으로 차별화를 시도해야 할 때가 왔다. 기업이 자발적으로 정직한 회계 정보를 제공함으로써 시장의 신뢰를 회복하면 결국 상대적인 경쟁력을 강화시킬 수 있을 것이다.

기업 임식원은 ■ 기업 내부의 경제 활동이 사실 그대로 장부에 보고되어야 한다는 점 ■ 회계 장부의 작성 책임은 경영자에게 있다는 점 ■ 회계 장부를 감시하는 눈초리가 채권은행이나 증권사 애널리스트 이외에도 일반 투자자, 시민 단체에까지 확대되어 있다는 것 등을 되새겨야 한다. 회계 투명성 확립은 스스로를 위한 최선책이다. 기업이 가치를 창조하고 이를 제대로 인정받기 위해서는 회계 책임과 투명성 제고가 가장 기본적인 자질이자 초석임을 잊지 말아야 한다.

10. 투명한 경제 유통 구조 정비

기업주가 필요에 따라 비자금을 고의로 만든다고 생각하기 쉽다. 물론 의도적인 비자금 조성이 나타날 수 있다. 하지만 실상은 그렇지 않다. 기업을 경영하며 공장을 돌리고 자재와 원료 등을 사들일 때마다 의도하지 않았다고 해도 비자금 발생 가능성은 도처에 깔려 있다. 더구나 우리나라처럼 전통적으로 엉성한 관리 · 경영 · 행정 · 정치를 용인하면서 무턱대고 양심과 도덕적 규범만을 강조해 온 국가에선 도대체 분식회계와 검은 돈의 원천을 봉쇄할 길이 없어 보인다. 오랜 세월 동안 지하경제와 부실 회계가 공룡처럼 자라왔는데도 엉뚱한 곳에서 해결책을 찾으려는 발상이 비극이라면 비극이다.

월간 소득 300만 원의 근로자가 소득 금액을 소비하면서 영수증을 받을 만한 상거래는 그리 많지 않다. 세금계산서와 영수증을 악착같이 받거나 모으는 행위는 오히려 바보짓에 불과하다. 세금계산서와 영수증을 철저히 받는다고 해서 어떤 사회적 보상도 주어지지 않는다. 이처럼 건전한 경제에 대한 제도적 뒷받침이 부족하다 보니 적당주의가 우리 사회를 병들게 만들었다. 수입 금액의 대부분은 무자료 거래로 사라진다.

예컨대 통나무 원목을 켜서 건축 자재를 생산하는 업체가 있다고 하자. 그 업체는 반듯한 각목을 만들기 위해 통나무의 껍질을 벗겨내고 톱질을 해야 할 것이다. 그 과정에서 부수적으로 얻어지는 껍질, 톱밥, 나무 조각들은 부산물 소득임에 틀림없다. 하지만 각목 생산업체는 그 부산물 처분 대금을 회사의 수입금으로 계산하지 않고 비자금으로 빼돌린다. 다시 말하자면 우리 사회가 제조 공정과 유통 과정의 생산성이나 로스율, 회수율 등을 철저히 관리하지 않기 때문에 나타나는 현상이다.

극단적으로 비유하면 각목 생산업체는 우리 재벌 기업이요, 부산물을 챙기는 주머니의 임자는 기업주를 비롯해 각계각층의 사람들이다. 원목의 껍질, 톱밥, 나무 조각들 같은 사회 공유의 이익이 어디론가 실려 가는 모습을 두 눈으로 확인하면서도 이를 고발하거나 저지할 묘책이 없다.

그렇기에 금융실명제란 그물도 우리의 사회적 경제적 이익을 보호하고 공유하기란 어렵다. 검은 돈을 차단하기에는 그물코가 너무 엉성하게 엮어져 눈뜬장님처럼 대낮에도 도둑을 맞고 있다.

언제까지 대기업의 분식회계와 비자금을 거론하며 국력을 낭비할 것인가. 장부조작이 어려운 사회를 만들어야 한다. 책임 있는 재계와 정계의 자정 노력, 특정인의 양심선언과 고소 고발, 시민들의 자발적인 협조도 중요하지만 분식회계와 비자금 조성을 원천적으로 차단할 수 있는 제도적 장치를 만들어야 한다.

그러기 위해서는 탁상 경제가 아니라 현장에서 오랫동안 실물경제를 체험한 사람들의 지혜를 모아 검은 돈이 빠져나가지 않도록 촘촘하고 질긴 그물을 마련하는 일이 급선무다. 새로운 법률을 만드는 일보다 관련 세법을 한층 대중적으로 단순화시키면서 경제의 유통구조를 투명화하는 '경제적 유통 실명제' 작업이 필요하다. 여러 종류의 산업 현장에서 적용할 수 있는 생산성 비율, 로스 비율, 생산 실패 비율, 회수 비율 등을 섬세하게 표준화하여 부외자산이 생기지 않도록 관리하는 제도적 장치 마련도 훌륭한 대책이 될 것이다.

11. 투명경영이 정착되어야 한다

기업의 존립 목적을 이익의 극대화라고 말할 수 있겠지만, 근본 목표를 이처럼 이기적인 관점에서 설정하면 곤란하다. 궁극적인 경영 목표는 주주 이익의 극대화, 회사 가치의 극대화가 되어야 한다. 따라서 몇몇 사람들의 이익을 위해 거짓으로 꾸민 회계 장부는 주주 이익의 극대화와 회사 가치 극대화에 전혀 도움이 되지 않는다.

기업의 본실은 '이윤 추구'에 있다. 과거에는 높은 이윤을 내는 것만이 지상 목표였다. 하지만 최근 들어 기업이 훌륭한 경영 성과와 더불어 다양한 이해관계자의 요구나 사회적 책임을 다하지 못할 경우 경영이 위태로운 상황을 맞게 될 수도 있다. 단순한 이윤 추구보다는 장기적인 관점의 생존 전략이 필요한 시대가 온 것이다.

기업이 이익을 극대화하면서 오래 살아남으려면 무엇보다 새로운 경영 기법인 윤리경영, 투명경영에 초점을 맞추어야 한다. 기업이 경제적 이익을 앞세우기 전에 사회적 책임을 중시하고 사회와 조화를 이룸으로써 지속적인 성장 발전을 추구하는 경영 활동이 바로 투명경영이다.

경영을 투명하게 할 때 기업의 이해관계자들에게 경영 활동에 대한 믿음을 줄 수 있다. 이해관계자들이 경영 활동에 대하여 신뢰를 보낼 때 기업은 이들과 우호적인 관계를 유지할 수 있고 기업 성장의 토대를 굳건히 다질 수가 있다.

기업이 우호적인 관계를 유지해야 할 이해관계자는 주주, 투자자, 고객, 종업원, 협력회사, 지역 사회, 정부 등이 있다. 이들 외에도 시민단체, 언론 등과도 좋은 관계를 유지해야 하고 경쟁사와의 공정한 경쟁을 통해 다른 이해관계자들에게도 믿음을 심어 주어야 한다.

경영의 투명성을 유지하려면 경영 활동에 윤리 원칙이 적용되어야 한다. 투명성 유지를 위해 필요한 윤리 원칙에는 합법성, 정직성, 신뢰성, 공정성, 건전성, 청렴성 등이 있다. 이러한 윤리 원칙이 비전, 경영 전략, 조직 구조, 의사 소통, 의사 결정, 직원 행동, 조직 문화 등의 경영 활동에 반영되거나 경영 활동이 윤리 원칙들을 투과하도록 함으로써 경영의 투명성을 높이게 된다.

경영의 투명성을 확보하려면 무엇보다 관련 규정을 문서화시켜야 한다. 기업의 지배 구조를 이루는 이사회, 감사, 감사위원회, 내부와 외부 감사 등의 권한, 역할, 책임이 명확하게 규정되어야 한다. 이러한 정지 작업은 경영진에 대한 감독, 감시, 견제 기능을 강화하여 투명경영을 실천하는 데 중요한 밑거름이 된다.

윤리 경영 시스템을 확립을 위해서는 ■ 윤리 경영 방침, 윤리 강령, 지침 등 문서화된 규정의 제정 ■ 윤리 경영 책임자 임명과 전담

조직 구성 ■ 윤리 경영 교육 프로그램 실시 ■ 감시 감독 체계 운영 ■ 위반 행위 신고와 신고자 보호 제도 운영 ■ 위반자 처벌 제도 운영 ■ 평가와 개선 제도 운영 등이 있다.

6부

엉터리 재무제표 읽는 법

1. 재무제표의 개념부터 이해하자

요즘 들어서 회계학 · 경영학 · 경제학 등을 전공하지 않은 사람들도 재무제표 읽기에 관심이 많다. 남녀노소를 불문하고 주식투자자들이 증가하면서 나타난 현상이다. 하지만 재무제표를 매우 복잡한 것으로 인식하고 그저 '귀동냥'에 매달리려는 사람, 오직 전문가들의 의견에 편승하면서 경험자와 이웃들의 판단에 의존하려는 사람들도 적지 않다.

이래선 정말 곤란하다. 주식시장에서 떠도는 소문과 공시 내용만 믿고 부화뇌동하는 투자자들은 앞으로 실패를 면치 못할 것이다. 어느 정도 기본적인 회계 지식을 갖추고 스스로 분식회계와 장부조작을 살필 수 있어야 소신껏 투자를 결정할 수 있는 기회가 열린다.

조금만 눈을 돌려 실상을 알고 보면 재무제표를 읽는 데 다양한 지식과 체험은 그다지 필요치 않다. 만병통치 의사가 존재하지 않는 것처럼 탤런트 같은 회계 분야 전문가가 따로 없다고 생각해야 자신감이 생긴다. 지금 당장 책갈피를 열고 재무제표의 기본 원리와 근본 개념부터 터득하면 그만이다.

복식부기

'부기(簿記)'란 '장부(帳簿) 기입(記入)'의 준말이다. 부기는 단식부기와 복식부기로 구분된다. 복식부기란 상거래가 발생할 때마다 두 가지 측면에서 장부에 기록하는 기법이다. 현금의 증감 수지만 인식하는 단식부기에 비하여 복식부기는 다소 복잡해 보이긴 해도 회사의 종합적인 상황을 한층 일목요연하게 파악할 수 있다는 장점을 지닌다. 때문에 복식부기의 개념을 어느 정도 이해할 수 있어야 특정 기업에 대한 투자를 결정하거나 분식회계를 적발하는 데 도움이 된다.

먼저 복식부기를 염두에 두고 생각해 보자. 이를테면 상거래가 이루어질 때마다 동전의 양면처럼 일반적으로 두 가지 측면이 있다. 현금을 받고 상품을 팔면 상품이라는 '자산이 감소'하는 대신 현금이란 '자산이 증가'한다. 남의 돈을 빌리면 현금이란 자산의 증가와 함께 차입금이란 부채가 증가한다. 이러한 양면을 장부에 반영하고 기록해 두지 않을 경우 회사의 재무 상태와 손익 상황을 한눈에 파악하기 어렵다. 그런 의미에서 복식부기는 상거래의 복합적인 양면을 기록하는 장부 기록 방법이 될 것이다.

단순한 거래가 반복되는 개인 사업장에서 현금 잔액의 증감을 현금출납부에 기록하는 방식을 단식부기라고 한다. 단식부기를 도입할 경우 장부 기록이 간단하다는 장점이 있는 반면 전반적인 재무 상태와 손익 상황을 파악하기 어렵다는 단점도 있다. 돈을 빌리거나 영업외수익이 발생하는 등 복잡한 거래가 빈번해질 경우 모두 현금의 증가만을 기록해 두면 나중에 자금의 원천을 추적하기가 쉽지 않다.

처음엔 손쉬운 방법인 단식부기를 채택하여 제법 편안하고 편리한 듯했지만 결국은 더 복잡해져 갈피를 잡지 못하게 된다. 왜 돈이 남아도는지, 왜 돈이 부족한지, 과연 이익이 난 것인지, 갚아야 할 부채를 제외하면 얼마의 재산이 순수하게 늘어난 것인지, 재고를 처분하고 났을 때 과연 현금 여유가 생길 것인지 등에 대하여 파악하기 어렵고 수습하기 어려운 지경에 이를 수 있다.

가. 차변과 대변, 거래의 8요소를 기억하라

기업 회계와 복식부기에 관한 기본 지식은 차변(借邊)과 대변(貸邊)을 구분하는 데서 출발한다. 기업을 경영할 때 벌어지는 모든 거래가 '차변'과 '대변'으로 나누어지면서 2개 이상의 계정을 나타낸다. 거래(去來)란 자산, 부채, 자본, 수익, 비용의 변동을 가져오는 사건을 말한다. 거래가 이루어지려면 반드시 물건과 돈이 움직여야 한다. 압축하여 설명할 경우 '거래가 없으면 분개도 없다'는 금언이 만들어진다.

거래가 이루어질 때마다 어떤 계정이 차변이고 어떤 계정이 대변에 속하는지 구분해야 한다. 이렇게 계정과목을 구분 처리하는 작업을 '분개(分介)'라고 부른다. 그렇다면 어떤 방법으로 차변(왼쪽)과 대변(바른쪽)을 구분하여 분개를 하고 회계 처리를 해야 할까.

예컨대 야구 경기를 할 때 오른손잡이 투수가 있다고 치자. 이 투수는 왼손에 글러브를 끼고 오른손으로 공을 던진다. 왼손으로 공을 받고 오른손으로 공을 뿌린다. 다시 말해 왼쪽으로 야구공이 들어오고 오른쪽을 통해 야구공이 나가는 것이다. 그래서 그랬을까. 일본의 경우엔 차변을 좌변(左邊)으로 대변을 우변(右邊)이라고 말한다. 우리나라보다 조금 알기 쉽게 표현한다고 해도 틀린 말은 아닐 것이다.

회계 처리를 할 때도 오른손잡이 투수의 동작을 응용하고 연상하면 쉽게 이해할 수 있다. ■ 야구공(돈)이 들어오면 왼쪽(차변, 좌변)에 적고 ■ 야구공(돈)이 나가면 바른쪽(대변, 우변)에 기록하는 것으로 생각하자. 어떤 계정이 들어오고 어떤 계정이 나간 것인지 헷갈릴 때는 오른쪽과 왼쪽 중 쉽게 판단되는 한쪽부터 먼저 결정한 뒤 남는 계정을 반대편에 기록하면 된다. 먼저 들어온 현금(자산)을 왼쪽에 두고 나머지 바른쪽을 고민하는 것이다.

수입이자 1,000원이 현금으로 회수되었다면 들어온 현금 1,000원을 먼저 차변(왼쪽)에 기록한 뒤 생각하자. 이때 나머지 계정인 수입이자 1,000원을 반대편인 대변(오른쪽)에 기록하면 분개가 완성된다. 현금이라는 자산이 증가했으니 왼쪽(차변)에 배치하고 오른쪽(대변)에 수입이자를 배치하면 되는 것이다.

※ 현금 1,000원(자산의 증가) / 수입이자 1,000원(수익의 발생).

'분개' 란 차변과 대변이 일치해야 한다는 복식부기의 원리에 따라 모든 '거래' 를 8개의 요소로 구분하고 왼쪽(차변)과 오른쪽(대변)에 약속된 이름의 계정과목과 금액을 전표 또는 분개장에 기록(입 · 출력)하는 행위를 말한다. 분개는 회계의 시작이다. 분개란 결산에 이르는 회계 처리 중에서 매우 중요한 첫걸음이다. 분개가 잘못되면 회계 처리가 엉켜 버리기 때문에 처음부터 다시 시작해야 한다.

특히 거래의 8요소인 ■ 자산의 증가 ■ 자산의 감소 ■ 부채의 감소 ■ 부채의 증가 ■ 자본의 감소 ■ 자본의 증가 ■ 비용의 발생 ■ 수익의 발생을 이해할 수 있어야 한다. 회계 처리 작업에서 아주 중요하게 취급되는 요소가 거래의 8요소이기 때문이다.

차 변	대 변
① 자산의 증가	② 자산의 감소
③ 부채의 감소	④ 부채의 증가
⑤ 자본의 감소	⑥ 자본의 증가
⑦ 비용의 발생	⑧ 수익의 발생

분개의 법칙 : 거래 8요소의 결합 관계

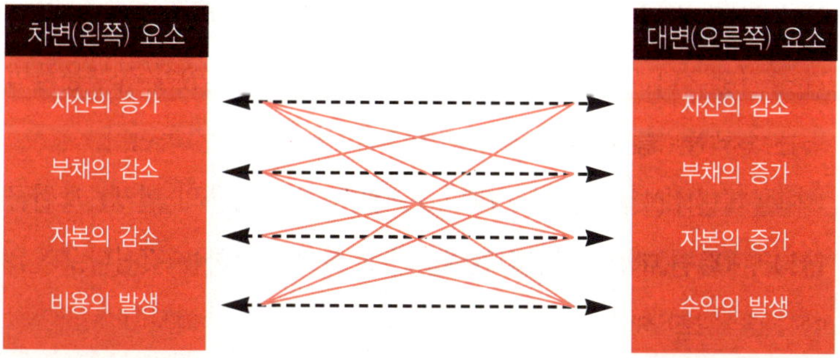

거래의 8요소란 회계 처리를 위해 상거래를 8가지 요소로 구분한 것이다. 차변과 대변의 금액이 일치해야 한다는 복식부기의 기본 원

리에서 출발하기 때문에 기업의 재무제표를 이해하려면 반드시 이해하고 암기해야 한다. 다음과 같은 원칙을 머릿속에 정리해 보면서 거래의 8요소를 기억하자.

■ 차변은 '좌측(왼쪽, 좌변)'이고 대변은 '우측(오른쪽, 우변)'이다.

■ 대차대조표(재무상태표)의 차변에는 자산을, 대변에는 부채와 자본을 기록한다.

■ 포괄손익계산서의 차변에는 비용을, 대변에는 수익을 기록한다.

■ 자산과 비용은 차변이고, 부채 · 자본 · 수익은 대변이다.

아무리 복잡한 상거래 상황이 발생하더라도 '거래의 8요소' 범위를 벗어나는 분개란 결코 존재하지 않는다. 분개와 회계 처리의 사례 몇 가지를 들어 보자.

※ 비용의 발생 / 자산의 감소

현금 1,000,000원을 주고 장부와 전표 등 사무용품을 구입했다고 하자. 현금이 나갔으니 '자산의 감소'요, 사무용품비 또는 소모품비가 증가했으니 '비용의 발생'이다. 따라서 차변(왼쪽)에 사무용품비 또는 소모품비를 기록하고, 대변(바른쪽)에 현금을 기록한다.

이를테면 '사무용품비 1,000,000원(차변 : 비용의 발생) / 현금 1,000,000원(대변 : 자산의 감소)'으로 회계 처리하는 것이다.

※ 자산의 증가 / 자산의 감소, 수익의 발생

컴퓨터 대리점인 거래처로부터 오래 경과된 외상매출금 1,000,000원과 연체이자 50,000원을 회수하는 대신 노트북 한 대를 받았다고 치자. 외상매출금(매출채권, 유동자산)이 없어졌으므로 '자산의 감소'요, 수입이자(영업외수익)가 생겼으니 '수익의 발생'이다. 또 비품(고정자산)이 늘어났으니 '자산의 증가'가 된다. 따라서 차변(왼쪽)에 비품을 기록하고 대변(바른쪽)에 외상매출금과 수입이자를 기록한다. 이를테면 '비품 1,050,000원(차변 : 자산의 증가) / 외상매출금 1,000,000원(대변 : 자산의 감소), 수입이자 50,000원(대변 : 수익의 발생)'으로 처리하는 것이다.

물론 거래 과정에서 노트북 공급가의 10%를 부가세(105,000원)를 현금으로 지급했다면 이를 추가하여 분개하고 전표를 작성해야 한다. 이를테면 '선급부가세 105,000원(차변 : 자산의 증가) / 현금 105,000원(대변 : 자산의 감소)'로 처리하는 것이다.

※ 부채의 감소 / 부채의 증가

외상매입금 1,000,000원을 갚기 위해 약속어음 1,000,000원을 발행하여 결제했다고 치자. 외상매입금(매입채무, 유동부채)이 없어졌으므로 '부채의 감소'요, 지급어음(매입채무, 유동부채)이 생겼으니 '부채의 증가'다. 따라서 차변(왼쪽)에 외상매입금을 기록하고, 대변(바른쪽)에 지급어음을 기록한다.

이를테면 '외상매입금 1,000,000원(차변 : 부채의 감소) / 지급어음 1,000,000원(대변 : 부채의 증가)'으로 처리하는 것이다.

※ 자산의 증가 / 수익의 발생

현금 1,000,000원을 받고 물건을 팔았다 치자. 현금으로 판매했을 때는 '현금 1,000,000원(차변 : 자산의 증가) / 매출 1,000,000원(대변 : 수익의 발생)' 으로 처리한다. 외상으로 판매했을 경우 '외상매출금 1,000,000원(차변 : 매출채권, 자산의 증가) / 매출 1,000,000원(대변 : 수익의 발생)으로 분개하고 회계 처리한다.

① 약속어음 1,000,000원을 발행 교부하고 원재료 1,000,000원을 구입했을 경우 ② 약속어음 1,000,000의 만기가 돌아오자 당좌예금 구좌에서 자동 결제되었을 경우 어떻게 처리해야 할까.

① 차변(왼쪽) : 원재료(유동자산, 재고자산, 자산의 증가) 1,000,000원 / 대변(오른쪽) : 지급어음(유동부채, 매입채무, 부채의 증가) 1,000,000원.

② 차변(왼쪽) : 지급어음(유동부채, 매입채무, 부채의 감소) 1,000,000원 / 대변(오른쪽) : 현금예금(유동자산, 당좌예금, 자산의 감소) 1,000,000원이 될 것이다.

금융기관에서 1,000,000원을 차입하여 대주주에게 1,000,000원을 대여했다고 하자. 대여금은 자산이니까 차변에 기록하고 차입금은 부채이니까 대변에 기록한다. 이를테면 '대여금 1,000,000원(차변 : 자산의 증가) / 단기차입금 1,000,000원(대변 : 부채의 증가)' 으로 처리한다. 단식부기에서는 현금출납부에 단순히 '돈을 빌리다' '돈을 꾸어주다' 라고 표기하지만, 복식부기에서는 '자산이 증가하고 동시에 부채가 증가했다' 는 개념으로 회계 처리를 한다.

예컨대 다음과 같은 몇 가지 유형을 머릿속에 넣어 두고 복식 부기를 공부하면 될 것이다.

■ 현금 매입 : 현금 1,000,000원을 지급하고 상품을 매입했다.

※ 상품 800,000원(자산의 증가) / 현금 8000,000원(자산의 감소)

■ 외상 매입 : 외상으로 상품 1,000,000원어치를 매입했다.

※ 상품 800,000원(자산의 증가) / 외상매출금 800,000원(부채의 증가)

■ 자금 조달 : 은행에서 현금 1,000,000원을 빌렸다.

※ 현금 1,000,000원(자산의 증가) / 단기차입금 1,000,000원(부채의 증가)

■ 자본 증자 : 유상 증자로 현금 1,000,000원을 확보했다.

※ 현금 1,000,000원(자산의 증가) / 자본금 1,000,000원(자본의 증가)

■ 현금 매출 : 현금 1,000,000원을 받고 원가 800,000의 상품을 판매했다.

※ 현금 1,000,000원(자산의 증가) / 매출 1,000,000원(수익의 발생)

※ 매출원가 800,000원(비용의 발생) / 상품(재고자산) 800,000원(자산의 감소)

– 각각 두 장의 전표를 작성하고 나중에 결산을 해 보면 매출액과 비용(매출원가)의 차액 200,000원이 이익, 즉 자본의 증가로 이어진다.

■ 외상 매출 : 원가 800,000의 제품을 1,000,000원 받고 외상으로 판매했다.

※ 외상매출금 1,000,000원(자산의 증가) / 매출 1,000,000원(수익의 발생)

※ 매출원가 800,000원(비용의 발생) / 제품(재고자산) 800,000원(자산의 감소)

■ 차입금 상환 : 현금 1,000,000원으로 차입금을 상환했다.

※ 단기차입금 1,000,000원(부채의 감소) / 현금 1,000,000원(자산의 감소)

■ 계정과목의 대체 : 얼마 전에 상품 800,000원어치를 외상으로 매입했으나 자금 사정이 좋지 않아서 차입금 800,000원으로 전환했다.

※ 외상매입금 800,000원(부채의 감소) / 단기차입금 800,000원(부채의 증가)

■ 급여 지급 : 직원 급여 1,000,000원을 현금 지급했다.

※ 급여 1,000,000원(비용의 발생) / 현금 1,000,000원(자산의 감소)

원장의 작성

이미 작성된 전표의 내역을 원장의 각 계정에 옮겨 적고 차변 합계와 대변 합계의 차액을 구하여 재무제표를 작성해야 한다. 전표의 모든 계정과목과 금액을 원장이라는 장부에 옮기는 작업을 '전기(轉記)' 라고 한다. 전기는 다음과 같이 이루어진다.

① 전표에 기록된 계정과목을 종합적으로 각각 분류한 원장에서 다시 확인한다.

② 전표에 기록된 계정과목을 원장에 기록한다.

③ 전표의 합계액과 원장의 합계액이 일치하고 대변과 차변도 일치하는지 재확인한다.

원장을 작성하는 방식으로 표준식과 잔액식이 있으나 간략하게 만든 'T' 형식을 활용하기로 하자. 예컨대 사무실 임차보증금 1,000,000원과 월 임차료 10개월분 100,000원을 현금으로 지급한 경우를 가정해 보자. 물론 임차료 100,000원 중에 9개월분은 사실상 먼저 지급한 것이기 때문에 자산(선급비용)으로 처리해야 한다.

입금전표 – 출금전표 – 대체전표

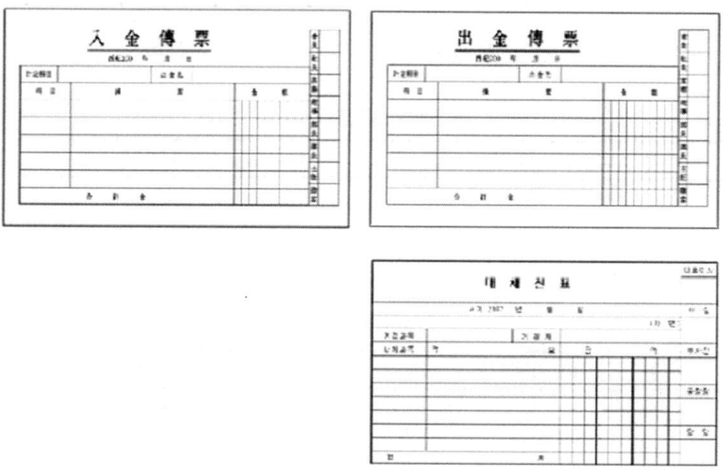

① 전표 작성

차 변	대 변
임차보증금 1,000,000원(자산의 증가)	현금 1,000,000원(자산의 감소)
선급비용 90,000원(자산의 증가)	현금 90,000원(자산의 감소)
임차료 10,000원(비용의 발생)	현금 10,000원(자산의 감소)

② 원장의 현금 계정 전기

현 금

전기이월 2,000,00원	임차보증금 1,000,000원
	선급비용 90,000원
	임 차 료 10,000원
	차기이월 900,000원
합 계 2,00,000원	합 계 2,00,000원

③ 원장의 임차보증금 계정 전기

임차보증금

현 금 1,000,000원	차기이월 1,000,000원

④ 원장의 선급비용 계정 전기

선급비용

현 금 100,000원	차기이월 100,000원

⑤ 원장의 임차료 계정 전기

임차료

현 금 10,000원	손 익 10,000원

⑥ 원장의 손익 계정 전기

손익	
임 차 료 10,000원	이월결손금 10,000원

위에서 살펴보면 현금 계정은 모두 전표의 대변에 있다. 따라서 원장의 현금 계정 대변에 기입하는 형식으로 진행한다. 특히 '손익'이라는 독립 계정을 만들어 수익과 비용을 모두 전기한다. '손익' 계정 차변에는 비용을 적고 대변에는 수익을 기록한다. 이때 수익이 비용보다 크면 '손익' 계정 차변에 잔액이 표시되고 이 금액이 결국 당기순이익(이월이익잉여금)이 된다. 이와 반대로 비용이 수익보다 크면 '손익' 계정의 대변에 잔액이 표시되고 이 금액이 결국 당기순손실(이월결손금)이 된다.

재무제표 작성 과정

재무제표를 작성하려면 ■ 거래 발생의 인식과 측정 ■ 분개와 전표 작성 ■ 원장에 전기 ■ 시산표 작성■ 결산 재무제표 작성 등의 절차를 거쳐야 한다.

① 거래 발생의 인식과 측정

통장, 영수증, 납품서, 세금계산서 등 증빙 서류를 통해 거래를 인식한다. 발생한 거래 중에 장부에 반영해야 할 자산 · 부채 · 자본의 증감, 수익과 비용의 발생 등을 금액으로 인식하고 측정한다.

② 분개와 전표 작성

복식부기의 원리에 따라 거래를 분개한다. 전표를 작성하고 거래 발생 순서에 따라 분개장에 기입한다.

③ 원장에 전기

전표에 기록된 분개 사항을 원장에 옮겨 적는다. 필요에 따라 매출처원장, 매입처원장 등 보조원장을 작성하여 오류를 예방하고 크로스 체크에 활용한다.

④ 시산표 작성

원장의 각 계정에 기재된 사항을 한곳에 모아 일람표를 작성한다. 시산표의 차변과 대변 합계가 반드시 일치해야 한다. 일치하지 않을 경우 전표 작성이나 원장 기록 과정에서 오류가 발생했다는 것을 의미한다. 원장 기록의 오류 여부를 검증하는 작업이 바로 시산표 작성이다. 정확한 재무제표 작성을 위해 반드시 시산표를 작성해야 하는 것도 그 때문이다.

⑤ 결산 재무제표 작성

원장에 나타난 각 계정과목의 잔액을 기초로 재무제표를 작성한다. 원장의 자산, 부채, 자본에 속하는 계정과목의 잔액(차기이월 금액)을 한곳에 모으면 대차대조표(재무상태표)가 된다. 원장의 수익과 비용에 속하는 계정과목(손익)의 잔액을 모아서 포괄손익계산서를 작성한다.

객관적이고 합리적인 재무제표를 작성하려면 결산 정리 사항에 주의를 기울여야 한다. 외상매출금의 대손충당금 설정, 유형자산의 감가상각누계액 설정, 유가증권의 시세 평가, 당기에 주고받은 수익과 비용에 대한 경과 계정 대체(선수 또는 선급) 등이 주요 결산 정리 사항이다.

원장의 계정과목 잔액이 실제 금액과 다를 경우 이를 수정해야 한다. 자산 · 부채 · 자본에 속하는 계정과목의 잔액을 실제 금액으로 조정하고, 수익과 비용에 속하는 계정과목의 잔액을 당기에 발생한 금액으로 조정한다.

나. 재무제표

대차대조표(B/S)와 손익계산서(P/L)

대차대조표(B/S)

차변	대변
자산(A)	부채(P) 자본(K)

손익계산서(P/L)

차변	대변
비용	수익

자산(A) = 부채(P) + 자본(K) + 수익 − 비용

재무제표는 기업의 경영 실적과 재무 상태를 보여준다. 국내회계기준이 통용되던 시절에는 ■ 대차대조표(재무상태표) ■ 포괄손익계산서 ■ 이익잉여금처분계산서 ■ 현금흐름표를 통틀어 재무제표라고 불렀다. 공인회계사가 재무제표에 달아놓은 ■ 주석(註釋) 사항도 넓은 의미의 재무제표에 해당했다.

하지만 국제회계기준(IFRS)에서는 ■ 대차대조표가 재무상태표로 그 명칭이 변경되었고 ■ 이익잉여금처분계산서가 주재무제표에서 제외되었다. 다만 우리나라 상법상 이익잉여금처분계산서를 작성하도록 요구하고 있으므로 이를 주석으로 공시해야 한다.

기존의 K-GAAP에서는 재무제표의 구조, 계정항목 등을 별도로 규정하고 있으나 K-IFRS에서는 다양한 선택권을 제시하고 있다.

구 분	한국 채택 국제회계기준	과거 회계기준
주재무제표	연결재무제표	개별재무제표
재무제표 구성	① 재무상태표 ② 포괄손익계산서 ③ 현금흐름표 ④ 자본변동표 ⑤ 주석	① 대차대조표 ② 손익계산서 ③ 이익잉여금처분계산서 ④ 현금흐름표 ⑤ 자본변동표 ⑥ 주석 사항

대차대조표(재무상태표)

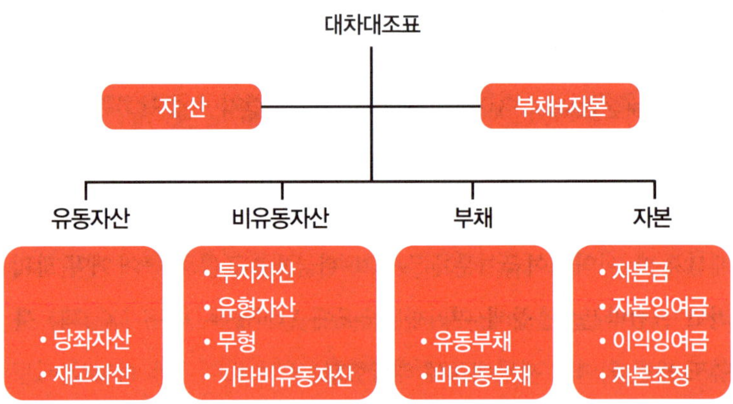

기 간 : 2010 년 12 월

관리용 | 제출용

차변 잔액	차변 합계	계정과목	대변 합계	대변 잔액
1,830,337,049	3,197,860,196	유동자산	1,384,413,147	16,890,000
1,249,333,049	2,616,556,196	<당좌자산>	1,384,113,147	16,890,000
236,337,153	952,575,200	현금	716,238,047	
67,130,000	127,130,000	당좌예금	60,000,000	
97,915,400	493,640,000	보통예금	395,724,600	
138,898,000	138,898,000	정기예.적금		
1,590,000	1,590,000	기타 단기금융 상품		
24,000,000	24,000,000	단기매매증권		
529,160,496	699,644,496	외상매출금	170,484,000	
		대손충당금	16,000,000	16,000,000
104,410,000	106,150,000	받을어음	1,740,000	
		대손충당금	890,000	890,000
10,000,000	10,000,000	단기대여금		
5,200,000	5,300,000	선급금	100,000	
34,192,000	57,128,500	부가세대급금	22,936,500	
500,000	500,000	주.임.종 단기 채권		
581,004,000	581,304,000	<재고자산>	300,000	
8,400,000	8,400,000	상품		
72,500,000	72,500,000	제품		
497,404,000	497,704,000	원재료	300,000	
2,700,000	2,700,000	재공품		
302,366,000	334,366,000	비유동자산	105,758,000	73,758,000
2,000,000	2,000,000	<투자자산>		
2,000,000	2,000,000	매도가능증권		
270,366,000	302,366,000	<유형자산>	105,758,000	73,758,000
200,000,000	200,000,000	건물		
		감가상각누계액	39,000,000	39,000,000
51,950,000	51,950,000	기계장치		
		감가상각누계액	18,258,000	18,258,000
17,000,000	42,000,000	차량운반구	25,000,000	
	7,000,000	감가상각누계액	23,500,000	16,500,000
1,416,000	1,416,000	비품		
30,000,000	30,000,000	<무형자산>		
20,000,000	20,000,000	특허권		
10,000,000	10,000,000	개발비		
	212,808,557	<유동부채>	912,529,427	699,720,870
	72,285,000	외상매입금	474,215,780	401,930,780
		지급어음	94,580,000	94,580,000
	76,962,160	미지급금	127,281,060	50,318,900
	1,261,827	예수금	1,963,027	701,200
	62,299,570	부가세예수금	103,649,560	41,349,990
		선수금	68,020,000	68,020,000
		단기차입금	11,000,000	11,000,000
		선수수익	1,820,000	1,820,000
		미지급배당금	30,000,000	30,000,000
5,000,000	5,000,000	<비유동부채>	200,919,843	200,919,843
		사채	20,000,000	20,000,000
5,000,000	5,000,000	사채할인 발행 차금		
		장기차입금	116,919,843	116,919,843
		퇴직급여충당부채	64,000,000	64,000,000
		<자본금>	206,300,000	206,300,000
		자본금	206,300,000	206,300,000
	30,000,000	<이익잉여금>	107,155,000	77,155,000
	30,000,000	이월이익잉여금	107,155,000	77,155,000
		<매출>	1,103,015,545	1,103,015,545
		상품매출	21,403,640	21,403,640

		제품매출	1,081,611,905	1,081,611,905
128,812,710	128,812,710	<제조원가>		
52,820,000	52,820,000	(노무비)		
52,820,000	52,820,000	임금		
75,992,710	75,992,710	(제조경비)		
5,060,200	5,060,200	복리후생비		
1,008,150	1,008,150	여비교통비		
595,000	595,000	접대비		
221,000	221,000	통신비		
644,060	644,060	가스수도료		
4,775,700	4,775,700	전력비		
268,500	268,500	세금과공과금		
4,900,000	4,900,000	수선비		
2,560,000	2,560,000	보험료		
4,270,000	4,270,000	차량유지비		
190,000	190,000	도서인쇄비		
1,214,100	1,214,100	소모품비		
50,000,000	50,000,000	외주가공비		
286,000	286,000	잡비		
119,951,500	119,951,500	<판매비와 관리비>		
60,700,000	60,700,000	급여		
5,498,000	5,498,000	복리후생비		
409,800	409,800	여비교통비		
6,149,500	6,149,500	접대비		
1,354,010	1,354,010	통신비		
10,915,060	10,915,060	수도광열비		
993,000	993,000	세금과공과금		
2,500,000	2,500,000	감가상각비		
2,750,000	2,750,000	지급임차료		
7,486,000	7,486,000	수선비		
7,320,000	7,320,000	보험료		
3,038,710	3,038,710	차량유지비		
845,000	845,000	운반비		
190,000	190,000	도서인쇄비		
2,402,420	2,402,420	소모품비		
2,400,000	2,400,000	지급수수료		
5,000,000	5,000,000	광고선전비		
		<영업외수익>	12,000,010	12,000,010
		수입임대료	12,000,000	12,000,000
		잡이익	10	10
3,292,009	3,292,009	<영업외비용>		
1,292,000	1,292,000	이자비용		
2,000,000	2,000,000	유형자산 처분손실		
9	9	잡손실		
2,389,759,268	4,032,090,972	합계	4,032,090,972	2,389,759,268

대차대조표(재무상태표)

(2012년 12월 31일 현재)

자 산		부 채	
현금	5,000	차입금	10,000
외상매출금	20,000	미지급비용	2,000
대여금	15,000		
미수수익	500	자본	
유형자산	26,500	자본금	50,000
		이익	5,000
자산 총계	67,000	부채 자본 총계	67,000

포괄손익계산서

(2012. 1. 1. - 2012. 12. 31.)

수익	매출	46,000
	영업외수익	1,500
비용	급여	35,000
	감가상각비	2,500
	영업외비용	5,000
이익		5,000

① 대차대조표(재무상태표)는 기업의 재무 상태, 다시 말해 건강 상태를 한눈에 나타낸다. 결산 월말 시점의 자산·부채·자본의 규모를 표시한다. 자산은 부채(타인자본)와 자본(타인자본)을 합산한 것이다. 결국 기업의 자산은 회사가 직접 마련한 돈(납입자본, 자기자본)과 남에게서 빌린 돈(부채, 타인자본, 미처 갚지 못한 여러 종류의 빚 포함)을 합하여 형성된다. 다시 말해 대차대조표(재무상태

표)는 재무 상태를 명확히 보여 주기 위해 일정 시점의 모든 자산, 부채와 자본을 적절히 표시한 보고서다. 차변(왼쪽)에 표시된 자산 항목은 기업 소유 재산의 운용 상태를 나타내고, 대변(오른쪽)에 표시된 부채와 자본 항목은 기업의 자본 조달 형태를 나타낸다.

② 포괄손익계산서에는 기업의 경영 실적이 담겨 있다. 1년 동안의 영업 활동 결과 매출 · 이익이 전년도에 비하여 어떻게 변모했는지 나타낸다. 포괄손익계산서는 매출액에서 각종 비용을 빼는 순서로 작성되기 때문에 영업이익→경상이익→특별이익→세전순이익→세후순이익 등의 절차를 밟아 이익(손실)이 산출된다.

다시 말해 포괄손익계산서란 일정 기간 동안의 경영 성과를 명확히 보고하기 위해 그 회계기간에 속하는 모든 수익과 이에 대응하는 모든 비용을 기재하고 법인세비용 등을 차감하여 당기순손익을 표시하는 재무제표다.

③ 잉여금처분계산서는 매년 누적된 이익잉여금과 당기순이익의 합계를 어떻게 처분했는지 요약한 보고서다. 영업 활동으로 쌓인 잉여금은 투자자(주주)에게 이익 배당을 하고 그 나머지는 사내에 유보시키거나 특정 목적에 사용하기도 한다.

④ 현금흐름표는 영업 · 투자 · 재무 활동에 따른 현금의 유출입을 기록한 것이다. ■ 투자 활동에 따른 현금흐름에는 돈의 쓰임새 ■ 재무 활동에 따른 현금흐름엔 차입금, 유 · 무상 증자 등 자금의 원천에 대한 정보가 집약되어 있다. 현금흐름표는 포괄손익계산서와 대차대조표(재무상태표)를 통해 파악하기 곤란한 여러 문제점을 잘 드러내 준다. 어떤 측면에서 포괄손익계산서와 대차대조표(재무상

태표)에 나타난 당기순이익은 장부상 지표에 불과하다. 아무리 이익의 규모가 크더라도 현금을 보유하지 않으면 버티기 어렵고 마침내 흑자도산으로 이어지게 마련이다. 따라서 현금흐름표의 중요성을 아무리 강조해도 지나치지 않다.

⑤ 주석사항이란 기업회계기준에 입각한 재무제표 이외에 필요 사항을 보충하여 설명하는 것을 말한다. 주석사항에는 필수적 주석사항과 보충적 주석사항 등 두 가지가 있다.

필수적 주석사항에는 ■ 사용이 제한된 예금 ■ 투자 부동산의 내용 ■ 대손충당금이나 감가상각액을 일괄적으로 표시하는 경우 그 내역 ■ 자본금의 변동 내용 ■ 전기 오류 수정의 발생 원인과 그 내용 ■ 선물거래 등 파생상품 거래와 관련하여 위험 회피 대상이 된 자산과 부채의 내용 ■ 회계처리기준과 회계 추정의 변경이 재무제표에 미치는 영향 등을 담는다.

보충적 주석사항에는 ■ 회사의 개괄적인 상황 ■ 주요 영업 내용 ■ 경영 환경 변화와 주요 정책 변경 ■ 관계회사의 명칭과 주요 거래 내용 등을 담는다.

주석사항은 재무제표를 보다 자세히 설명하는 것이다. 따라서 우발채무, 투자 위험성 등을 회계 정보 이용자에게 알기 쉽게 전달하기 위해 전문가인 공인회계사가 기록해야 한다. 그럼에도 현실적으로 대부분의 감사보고서에 주석사항이 부실하게 기재되어 있어 분식회계 여부를 저울질할 때마다 논쟁거리를 만든다.

금융감독원의 감리 결과 주석사항 미기재로 적발된 건수가 전체 감사 부실의 절대 다수를 차지한다. 복잡한 선물 옵션거래를 하면서 회사가 위험에 빠질 수도 있는데, 이와 같은 우발 상황을 숨기려고 주석사항을 기재하지 않는 사례가 많다.

부실회계는 기업만 저지르지 않는다. 공인회계사의 회계감사에도 허점이 드러난다. 공인회계사가 기업의 재무제표와 사업보고서를 살펴보고 난 뒤 주석을 달거나 문제점을 지적해야 하지만 이를 소홀히 함으로써 부실 회계의 공범 노릇을 하기도 한다.

예컨대 삼삼종합금융은 1996년 부도 처리된 우성그룹 할인어음 1,209억 원과 팩토링 매입채권 789억 원을 기타자산으로 계상해야 하나 유동자산으로 처리했다. 계정과목 분류를 모호하게 함으로써 재무구조가 건전한 것처럼 위장한 것이다. 외부 감사를 진행한 회계법인은 이를 지적하지 않았다. 이 때문에 감사를 맡은 회계법인과 회계사들이 감독 당국으로부터 제재를 받았다.

1997년 부도 처리된 (주)삼미도 회수 전망이 확실치 않은 관계회사 채권 1,563억 원에 대하여 사업보고서 주석사항에 기재하지 않았고 회계사도 이를 눈감아 주었다. 이런 부실 감사 내용이 뒤늦게 감독 당국의 감리 결과에서 드러나 회계사가 '업무 제한 1년' 이라는 중징계를 받았다. 그러나 이 같은 조치는 삼미가 이미 부도 처리된 다음이었다. 회계법인의 감사보고서만 믿고 투자했던 사람들만 억울하게 손해를 입고 만 것이었다.

다. 재무 상태를 표시하는 대차대조표(재무상태표)

결산 시점에 나타난 기업의 자금 운용(자산)과 조달(부채와 자본)

상태를 표현하기 때문이다. 차변인 왼쪽에는 자산을, 대변인 왼쪽에는 부채와 자본이 기록된다. 간단히 압축하여 설명한다면 '자산 = 부채 +자본' 이란 등식이 성립된다.

유동자산은 1년 이내에 현금화가 가능한 자산으로 현금, 예금, 매출채권(외상매출금, 받을어음), 유가증권, 단기대여금, 재고자산 등을 포함한다. 1년 이내에 현금화가 어려운 자산은 고정자산으로 분류하는데 토지, 건물, 기계장치, 영업권, 산업재산권, 광업권 등이 유무형 고정자산에 해당된다.

유형자산이란 회사가 영업 활동에 장기적으로 사용하기 위하여 보유하고 있는 물리적 실체가 있는 자산으로서 토지, 건물, 기계장치, 차량운반구, 공구와 비품 등을 말한다. 대표적인 유형자산을 보면 다음과 같다.

■ **토지** : 영업 활동에 활용하고 있는 대지, 임야, 잡종지 등이다. 예컨대 영업용 건물이 들어서 있는 대지가 유형자산의 토지에 해당한다. 투자 목적으로 보유하고 있는 토지는 투자자산으로 분류되고 부동산매매회사가 매매 목적으로 보유하고 있는 토지는 재고자산(상품)으로 분류한다.

■ **건물** : 영업 활동에 활용하고 있는 건물과 그 건물의 부속 설비 등이다. 투자 목적으로 보유하고 있는 건물은 투자자산으로 분류되고 매매 목적으로 보유하고 있는 건물은 재고자산(상품)으로 분류한다.

■ **기계장치** : 기계장치, 운송 설비와 기타의 부속 설비 등을 가리킨다.

■ **차량운반구** : 철도 차량과 기타의 육상 운반구 등을 말한다.

유형자산에 대한 감가상각 누계액은 그 자산 과목에서 차감하는 형식으로 기재하거나, 이를 일괄하여 유형자산의 합계액에서 차감하는 형식으로 기재할 수도 있다.

무형자산이란 기업이 장기간 영업 활동에 사용할 목적으로 보유하고 있는 물리적 실체가 없는 자산을 말한다. 기업회계기준에 따르면 영업권, 산업재산권, 광업권, 차지권(借地權), 창업비 등을 무형자산으로 규정한다. 대부분의 무형자산은 독점적 배타적으로 일정기간 동안 특정 권리, 효능, 이익을 향유할 수 있는 법률적 경제적 권리로서 회사가 영업 활동에 장기적으로 사용하기 위해 보유하고 있는 물리적 실체가 없는 자산이다. 대표적인 무형자산을 보면 다음과 같다.

■ **영업권** : 합병 · 영업 양수 · 전세권 취득 등에 따라 유상으로 취득한 것이다. 영업권은 성질상 기업과 분리하여 존재할 수 없기 때문에 자기가 창설한 것은 대차대조표(재무상태표)에 자산으로 계상할 수 없고 유상으로 취득한 경우에만 계상이 가능하다.

■ **산업재산권** : 특허권, 실용신안권, 디자인권, 상표권 등이다. 다만 KS 마크 획득 비용, Q 마크 획득 비용, ISO 획득 비용 등은 무형자산이 아니어서 발생 연도에 비용으로 처리해야 한다.

■ **창업비**

– 기업회계기준상 창업비

회사를 설립하기 위해 소요되는 발기인의 보수, 인수 수수료 등의 비용과 사업인 · 허가를 획득하기 위한 비용 등을 무형자산으로 계상하고 기업회계기준에 따라 20년 이내의 기간에 정액법으로 상각한다.

– **법인세법상 창업비**

창업비의 범위는 회사가 부담한 설립비용과 발기인이 받는 보수액과 설립 등기를 위해 지출한 세액, 등기 수수료 등이다. 개업 기간 중에 사업 인 · 허가를 획득하기 위한 비용은 개업비 또는 영업권으로 처리한다. 창업비 상각을 할 때는 법인 설립 사업 연도부터 5년간 균등 금액을 비용으로 처리한다.

영업권이란 특정 기업이 동종의 다른 기업에 비하여 더 많은 초과 이익을 낼 수 있는 능력을 자본화시킨 가치를 말한다. 기업과 분리되어 거래될 수 없는 특성을 지닌 것이 영업권이다. 기업이 초과 이익을 얻을 수 있는 요인으로는 제품의 제조 비법, 우수한 경영 능력, 법률상의 보호, 좋은 입지 조건 등을 들 수 있다. 이 요인들은 기업이 정상적인 영업 활동 과정에서 창출할 수도 있으나 외부와의 교환 거래 없이 기업 내부에서 개발된 영업권은 인식 시기나 금액 결정이 매우 어렵기 때문에 자산으로 계상할 수 없다.

기업회계기준에 따르면 합병, 영업 양수, 전세권 취득 등의 경우에 유상으로 취득하는 것만을 영업권에 계상하도록 규정한다. 따라서 기업 내부에서 영업권을 개발하고 유지하는 데 발생한 모든 원가는 발생한 기간의 비용으로 처리해야 한다. 영업권의 회계 처리를 설명하기 위해 합병 거래의 사례를 들어 보자.

A회사가 자산 총액 100억 원, 부채 총액 80억 원 규모인 B회사를 흡수 합병하기로 하고 B회사 주주에게 합병 대가로 50억 원의 A회

사 주식을 발행하여 교부했다. 만약 피합병 회사인 B회사의 자산과 부채가 공정가치로 평가된 것이라면 50억 원의 합병 대가 중 B회사의 순자산가액 20억 원을 초과하는 금액 30억 원이 영업권으로 계상된다. 합병이나 영업 양수 거래 때 영업권의 금액은 당사자 협의에 의하여 결정된다. 하지만 이론적으로는 예상되는 초과 이익을 이자율로 나누어 자본화하는 방법으로 계산할 수도 있다. 위의 사례에서 이자율이 10%라고 가정한다면 A회사는 B회사가 매년 3억 원 이상의 초과 이익을 낼 수 있다고 판단했을 것이다.

대차대조표(재무상태표)의 대변(오른쪽)을 보면 기업이 차변(왼쪽)의 자산을 만드는 과정에서 자금을 어떻게 조달했는지 알 수 있다. 대변은 기업 밖에서 조달한 부채(타인자본), 자본금과 잉여금 등 내부에서 조달한 자본(자기자본)을 분류 표시한다. 부채 중에 1년 안에 갚아야 할 빚은 유동부채, 1년 뒤에 갚아도 되는 것은 고정부채로 분류한다.

고정부채란 유동부채 이외의 부채로서 결산일 또는 대차대조표(재무상태표) 기준일부터 기산하여 지급 기한이 1 년 이내에 도래하지 않는 부채를 말한다. 고정부채에 속하는 항목으로는 사채, 장기차입금, 관계회사 장기차입금, 퇴직급여충당금, 특별수선충당금 등과 같은 장기적 부채성 충당금과 주주 임원 종업원으로부터의 장기차입금이 있다. 기업의 재정 상태를 판단할 경우 고정부채는 자기자본과 함께 장기적인 고정 자금의 원천을 표시하는 주요 항목이다.

자본은 ■ 주주들이 출자한 자본금 ■ 자본준비금, 재평가적립금 등 자본잉여금 ■ 이익금 중에 배당하지 않고 기업 내부에 누적시킨

이익잉여금 등으로 구성된다.

대차대조표(재무상태표) 제1기 2011년 12월 31일 현재, 제2기 2012년 12월 31일 현재

항 목	제2기(당기)	제1기(전기)	항 목	제2기(당기)	제1기(전기)
자산			부채		
Ⅰ.유동자산			Ⅰ.유동부채		
1. 현금과 예금			1. 매입채무		
2. 유가증권			2. 단기차입금		
3. 매출채권			3. 유동성장기부채		
4. 단기대여금			4.		
5. 재고자산			Ⅱ.고정부채		
6.			1. 사채		
Ⅱ.고정자산			2. 장기차입금		
(1) 투자자산			3. 장기성매입채무		
1. 장기성예금			4. 퇴직급여충당금		
2. 투자유가증권			5.		
3. 장기대여금			**부 채 총 계**		
4. 장기성매출채권			자본		
5. 투자부동산			Ⅰ.자본금		
6.			Ⅱ.자본잉여금		
(2) 유형자산			1. 자본준비금		
1. 토지			2. 재평가적립금		
2. 건물			Ⅲ. 이익잉여금		
3. 구축물			1. 이익준비금		
4. 기계장치			2. 기타적립금		
5. 건설 중인 자산			3. 이월이익잉여금		
			(당기순이익)		
6.			Ⅳ.자본조정		
(3) 무형자산					
			자 본 총 계		
자산 총계			**부채와 자본 총계**		

라. 대차대조표(재무상태표)를 통해 기업의 건강 상태를 가늠한다

대차대조표(재무상태표)를 통해 기업의 건강 상태, 재무구조의 건전성, 성장 가능성 여부를 확인할 수 있다. 성장성 지표인 총자산(총자본 = 자산 총계 = 부채와 자본 총계) 증가율은 기업의 재산이 매년 어떻게 증가했는지 나타낸다. 총자산 증가율은 '[(당해 연도 총자산 – 전년도 총자산) ÷ 전년도 총자산] × 100'으로 산출한다.

물론 총자산 증가율이 높다고 언제나 바람직한 것은 아니다. 남의 돈을 빌리거나 부채를 갚지 않고 늘렸다면 재무구조가 부실한 결과가 된다. 영업 활동을 통해 이익을 증가시키고 그 이익을 내부에 적립하는 방법으로 총자산을 늘려야 재무구조가 건실한 기업이다. 부채보다는 자기자본으로 재산을 증가시켜야 기업의 건강 상태가 좋다고 인정할 수 있다.

따라서 총자산 증가율보다는 자기자본 증가율을 검토하는 것이 더 합리적이다. 자기자본 증가율은 '[(당해 연도 자기자본 – 전년도 자기자본) ÷ 전년도 자기자본] × 100'으로 산출한다. 자기자본이 증가했다면 1년 동안 기업의 재무구조가 더 건강해졌다고 말할 수 있다.

부채비율을 분석해도 기업의 안정성을 엿볼 수 있다. 부채비율은 '[(유동부채 + 고정부채) ÷ 자기자본] × 100'으로 산출한다. 그 동안 남의 돈을 빌리거나 매입채무를 갚지 않는 방법으로 총자산을 늘렸다면 총자산 증가율이 높아지지만 부채비율도 높아져 재무구조가 불안정해진다. 부채비율이 낮아야 기업의 건강 상태가 좋은 것은 물론이다. 기업의 안정성을 엿보려면 유동비율도 분석해야 한다. 1년 안에 현금화할 수 있는 자산(유동자산)이 1년 안에 지급해야 할 부채(유동부채)보다 얼마나 많은지 보여 주는 게 유동비율이다. 유동비율은 '(유동자산 ÷ 유동부채) × 100'으로 산출하고 200%를 넘어야 안정성을 인정받는다.

마. 경영 성과를 표시하는 포괄손익계산서

1년 동안의 영업 활동과 경영 성과가 어떻게 이익으로 연결되었는지 한눈에 보여주는 재무제표가 포괄손익계산서다. 포괄손익계산서는 다음과 같이 5단계로 구성된다.

① 매출액 - 매출원가 = 매출총이익

② 매출총익 - 판매비와관리비 = 영업이(손)익

③ 영업이(손)익 - 영업외수익 - 영업외비용 = 경상이(손)익

④ 경상이(손)익 + 특별이익 - 특별손실 = 법인세비용차감전순이익

⑤ 법인세비용차감전순이익 - 법인세비용 = 당기순이익.

① 매출액에서 생산에 소요되는 재료비, 인건비 등 매출원가를 차감한 것이 매출총이익이다. 매출총이익이란 순수하게 생산(구매) 활동을 통해 얻은 이익을 말한다. ② 매출총이익에서 판매비와관리비를 차감한 것이 영업 활동을 통해 얻은 영업이익이다. ③ 영업이익에 재무 활동을 통해 얻은 투자유가증권 · 투자부동산 처분 손익, 배당 수입, 임대 수입, 외환차손익 등 영업외손익을 반영하면 경상이

익이 나온다. ④ 경상이익에서 천재지변에 따른 특별손실, 규모가 큰 유형자산의 처분 등으로 생긴 특별이익이나 특별손실을 가감하면 세전순이익이 나온다. ⑤ 법인세비용을 빼면 당기순이익이 산출된다.

포괄손익계산서 양식에는 보고(報告)식과 계정(計定)식이 있다.

보고식이란 활동 분야별로 수익과 비용을 위에서 아래로 나타내는 보고 형식을 말한다. 계정식이란 차변에 비용을 대변에 수익을 기록하는 형식이다. 우리나라에서는 보고식 포괄손익계산서만을 인정한다.

보고식 포괄손익계산서는 다음과 같은 순서대로 작성된다.

포괄손익계산서(보고식)

항 목	금 액	비 고
① 매출액	1,000,000	매출에 따른 수익, 영업 활동을 통해 발생한 수익인 판매 금액을 기록한다. 이 매출액에 각 항목별로 발생한 수익 항목을 가산하고 비용 항목을 차감하여 이익을 표시한다. 아래와 같이 배열하면 어느 부분의 활동을 통해 이익이 얼마나 발생했는지 한눈에 알 수 있다.
– 매출원가	– 700,000	영업 활동 중 생산 또는 구매 활동에서 발생한 비용인 매출원가를 기록한다. 제조업인 경우 제품 생산에 투입된 모든 비용(제조원가)이 포함된다. 판매유통업인 경우에는 상품 매입원가를 기록한다.
② 매출총이익	300,000	매출액에서 매출원가를 차감하여 계산한다. 매출총이익은 제조업의 경우 생산 활동의 효율성을, 판매업의 경우에는 구매 활동의 효율성을 표시하는 이익 지표가 된다.

– 판매비와관리비	– 100,000	판매 · 관리 부문에서 발생한 비용을 기록한다.
③ 영업이익	200,000	매출총이익에서 판매비와관리비를 차감하여 산출한다. 영업이익은 영업 활동의 효율성을 표시하는 이익 지표가 된다.
+영업외수익	50,000	주된 영업 활동이 아닌 분야, 재무 활동과 투자 활동에서 비롯된 수익이다.
+영업외비용	– 90,000	주된 영업 활동이 아닌 분야, 재무 활동과 투자 활동에서 비롯된 비용이다.
④ 경상이익	160,000	영업이익에서 영업외수익을 가산하고 영업외비용을 차감하면 경상이익이 나온다. 경상이익은 기업의 수익성을 표시하는 대표적인 이익 지표 역할을 한다.
+특별이익	+100,000	매년 나타나지 않고 자산의 처분?평가?취득 등에 따라 임시적 우발적으로 발생하는 이익이다.
– 특별손실	– 50,000	매년 나타나지 않고 자산의 처분?평가?취득 등에 따라 임시적 우발적으로 발생하는 손실이다
⑤ 법인세차감전	210,000	경상이익에서 특별이익을 가산하고 특별손실을 차감하여 계산한다. 법인세비용을 차감하기 전의 순이익이다.
– 법인세비용	– 55,000	법인세 등 계산
⑥ 당기순이익	155,000	법인세차감전순이익에서 법인세비용을 차감하여 산출한다. 당기순이익은 투자 이익이자 주주에 대한 이익 배당금의 원천이 된다.

※ 법인세

법인 기업의 소득에 대하여는 법인세가 과세된다. 법인의 대표이사 급여는 법인의 비용으로 처리할 수 있으나, 고정자산이나 유가증권 처분 이익에 대하여는 법인세가 과세된다. 한국의 외국 법인들도 국내 법인들과 동일한 법인세율이다.

과세표준	2009년	2010년	2012년
2억 원 초과	22%	22%	20%
2억 원 이하	11%	10%	10%

법인세율 인하에 따라 2009년 1월 1일 이후 최초로 외국법인에게 지급하는 아래 소득에 대한 원천징수세율을 인하했다.

※ 이자소득 · 배당소득 · 사용료소득 · 기타소득 : 25% → 20%

※ 양도소득 · 유가증권양도소득 : 10%, 25% → 10%, 20%

법인세는 법인 스스로 세금을 계산하여 납부하는 '신고 납부제'를 기본으로 삼고 있다. 하지만 이 제도를 악용할 목적으로 불성실하게 신고 또는 납부했을 경우 여러 가지 불이익을 받는다. 예컨대 ■ 미납부 가산세 ■ 무신고 · 무기장 가산세 ■ 과소신고 가산세 ■ '주식 등 변동 상황 명세서' 제출 불성실 가산세 등을 부담해야 하고 ■ 기업주의 종합소득세에 추가되거나 ■ 세무 조사 대상으로 선정될 수도 있다.

법인세비용

외부 감사 대상 법인이든 아니든 결산을 마쳤더라도 세무 조정 전에는 정확한 법인세비용이 산출되지 않는다. 결산 재무제표를 만들어 공인회계사의 감사를 받을 때는 법인세비용을 가산출하여 포괄손익계산서에 기재한다. 감사가 끝난 후 법인세비용을 제외하고 적정하게 장부를 작성했다면 그 때부터 세무 조정을 시작한다. 세무 조정 후에는 법인세비용이 산출되고 그 금액을 포괄손익계산서에 계상하면 결산이 확정된다.

법인세비용은 이른바 '손금 불산입' 대상이다. 그 이유는 법인세를 비용으로 인정하면 세금을 추징하는 데 모순이 생기기 때문이다. 근본적으로 비용은 이익에서 차감된다. 따라서 법인세를 비용으로 인정하면 그만큼 세금을 덜 내게 되는 결과가 된다. 일반적으로 '법인세비용을 손금 불산입했다.'는 표현은 세무조정계산서에 비용으로 반영되지 않았고 세무 조정을 거쳐 법인세비용을 확정했다는 뜻이 된다.

판매비와 관리비

판매비와관리비는 상품(제품)과 용역의 판매 활동, 회사의 관리와 유지를 위해 발생하는 비용으로서 매출원가에 속하지 않는 모든 영업비용을 포함한다. 판매비와관리비는 같은 항목에 포함하여 처리하지만 사실상 그 성격만큼은 서로 구분된다.

판매비는 제품, 상품, 용역의 판매와 관련하여 발생하는 비용으로서 판매량에 비례하여 증감하는 변동비적인 성격이 강하다. 관리비는 사업 전체의 관리 분야인 총무 · 인사 · 재무 · 회계 · 기획 · 홍보 등의 업무 추진 관리에 필요한 비용으로서 판매량의 증감과 직접적인 관련이 적은 고정비적인 성격이 강하다. 생산부, 생산관리부, 품질관리부 등 생산 현장에서 발생하는 비용은 제조원가에 해당되기 때문에 판매비와관리비에 포함시켜선 안 된다. 판매비와관리비에는 다음과 같은 것들이 있다.

■ 급여 : 임원보수, 급료, 임금, 제수당 등.

■ 퇴직급여 : 근속 기간이 경과함에 따라 증가하는 퇴직금을 비용으로 인식하기 위한 계정.

■ 복리후생비 : 근로 환경의 개선과 근로 의욕의 향상 등을 위해 지출하는 노무비 성격의 금액.

■ 임차료 : 부동산이나 동산을 임차하고 그 소유자인 임대인에게 지급하는 금액.

■ 접대비 : 사업상 필요에 따라 지출하는 접대비성 교제비용.

■ 감가상각비 : 유형자산의 가치 감소분을 기간손익에 반영하기 위해 배분한 금액.

■ 무형자산상각비 : 무형자산의 가치 감소분을 기간손익에 반영하기 위해 배분한 금액.

■ 세금과공과 : 국가 또는 지방자치단체가 부과하는 공과금, 벌금, 과료, 과징금.

■ 광고선전비 : 상품과 제품의 판매 촉진을 위해 선전 효과를 노려 지출하는 비용.

■ 연구비 : 연구 활동을 수행하는 과정에서 발생한 비용.

■ 경상개발비 : 개발 활동과 관련하여 경상적으로 발생한 비용.

■ 대손상각비 : 회수 불가능한 채권과 대손 추산 금액을 처리한 비용.

■ 이 밖에도 여비교통비, 통신비, 수도광열비, 수선비, 보험료, 보관료, 견본비, 포장비, 운반비, 판매수수료, 접대비 등 매출(제조)원가에 속하지 않는 모든 영업비용은 판매비와관리비에 포함된다.

감가상각비

유형자산이란 영업 활동에 장기적으로 사용하기 위하여 취득한 자산이다. 유형자산의 감가상각에 대한 사례를 살펴보자.

감가(減價)란 가치가 감소했다는 뜻이요, 상각(償却)이란 비용으로 처리한다는 의미다.

예컨대 제조업체인 A사가 영업 활동을 위해 건물을 100억 원에 구입했다고 하자. 이 건물은 20년 동안 사용할 수 있다고 추정되었다. 이때 수익과 비용 대응의 원칙에 따라 생각해 보자. 비록 건물을 취득하기 위한 자금 지출은 구입 시점에 이루어지더라도 이 건물은 앞으로 20년 동안 사용할 수 있다. 때문에 건물 구입 대금 100억 원을 취득 연도에 모두 비용으로 처리하기보다는 사용 기간인 20년 동안 나누어 매년 5억 원의 비용으로 인식하는 게 합리적이다.

이러한 관점이 바로 감가상각비의 개념으로 연결된다. 비록 취득한 건물이 직접적인 수익을 창출하지는 않지만 회사의 영업 활동에 사용되어 간접적인 기여를 하고 있기 때문에 그만큼의 효과에 대응하는 비용을 인식하는 절차가 필요하다.

판매와 관리 활동을 위해 사용되는 건물 · 기계 등에 대한 감가상각비만 판매비와관리비에 포함되고, 제품 생산을 위해 사용되는 공장 건물 · 기계 등에 대한 감가상각비는 매출(제조)원가에 반영된다.

예컨대 건물 100억 원을 사용기간 20년으로 나눈 값은 5억 원이다. 매년 결산 때마다 이 값 5억 원을 비용으로 인식한다면 나름대로 합리적인 대응이 될 것이다.

이처럼 감가상각비란 유형자산의 가치 감소 또는 원가의 소멸을 의미하는 계정으로서, 취득 원가를 자산이 기여하는 기간 동안에 합리적이고 체계적인 방법으로 배분하는 비용이다. 감가상각비의 결정 요소는 ■ 감가상각 대상 금액 : 자산의 취득 원가– 잔존가액 ■ 내용연수 : 자산의 경제적 수명 ■ 감가상각 방법 : 정액법, 정률법 등으로 결정된다. 이 같은 관점에서 다음의 기계장치에 대하여 감가상각비를 구해 보자.

10,000,000원을 들여 사무실의 전산 시스템을 설치했다고 치자. 사용 기간은 3년이고 잔존가액은 1,000,000원이다. 감가상각 방법 중 정액법을 이용하여 감가상각비를 구해 보자.

※ 취득 원가 10,000,000원 – 잔존가액 1,000,000원 = 상각 대상 금액 9,000,000원.

※ 상각 대상 금액 9,000,000원 ÷ 내용연수 3년 = 감가상각비 3,000,000원.

감가상각비는 비용으로서 결산기말의 결산 정리 사항에 해당한다. '거래의 8요소'에 근거하여 '비용의 발생'을 차변에 기재하고, 자산의 가치 감소분을 인식해야 하기 때문에 대변에 '자산의 감소'를 기재한다.

※ 감가상각비 3,000,000(차변 : 비용의 발생) / 비품 3,000,000(대변 : 자산의 감소).

하지만 위와 같이 자산의 감소를 '직접 회계 처리해도 될까?' 하는 의문이 생길 것이다. 유형자산에 대하여는 직접 차감하지 않고, 감가상각누계액이라는 계정을 사용하여 자산의 감소를 간접적으로 표시한다.

이 경우를 대차대조표(재무상태표)와 포괄손익계산서에 표시하면 다음과 같다.

※ 대차대조표(재무상태표)

자산 : 비품 10,000,000원에서 감가상각누계액 3,000,000을 차감하면 장부가액은 7,000,000원이 된다.

※ 포괄손익계산서

비용 : 당기에 인식한 감가상각비는 3,000,000원이 된다.

영업외수익

영업외수익이란 매출수익을 얻기 위한 주된 영업 활동 이외의 보조적 또는 부수적인 활동에서 순환적으로 발생하는 수익을 말한다.

매출액이 주된 영업 활동에서 발생한다면, 영업외수익은 영업 이외의 활동에서 발생한다.

특별이익이 우연적(비경상적)으로 발생한다면, 영업외수익은 순환적(경상적)으로 발생한다.

- 이자수익 : 예금이나 대여금에서 발생하는 이자.
- 배당금수익 : 주식이나 출자금 등 투자를 통해 분배받는 이익.
- 임대료 : 부동산이나 동산을 타인에게 임대하고 받는 대가.
- 유가증권처분이익 : 유가증권을 처분할 때 발생하는 이익.
- 유가증권평가이익 : 유가증권을 공정가액(시가)으로 평가할 때 발생하는 이익.
- 외환차익 : 외화자산의 회수나 외화부채 상환 때 발생하는 이익.
- 외화환산이익 : 외화자산이나 외화부채의 기말 평가 때 발생하는 이익.
- 지분법평가이익 : 중대한 영향력 행사가 가능한 투자 주식을 지분법으로 평가할 때 발생하는 이익.
- 투자유가증권감액손실환입 : 감액 손실로 처리했던 시장성 없는 투자 주식의 순자산가액이 회복된 때 발생하는 이익.
- 투자자산처분이익 : 투자자산을 처분할 때 발생하는 이익.
- 유형자산처분이익 : 유형자산을 처분할 때 발생하는 이익.
- 사채상환이익 : 사채를 상환할 때 발생하는 이익.

■ 법인세환급액 : 과거 회계연도에 대한 법인세 등이 경정되어 환급된 금액.

영업외비용

영업외비용이란 매출 수익을 얻기 위한 주된 영업 활동 이외의 보조적 또는 부수적 활동에서 순환적으로 발생하는 비용이다. 판매비와관리비가 주된 영업 활동에서 발생하는 직접적 비용이라면, 영업외비용은 부수적인 활동에서 발생하는 비용이다. 특별손실이 우연적 비경상적으로 발생하는 성격이라면, 영업외비용은 순환적 경상적으로 발생하는 비용이다.

■ 이자비용 : 외부에서 조달한 타인 자본에 대하여 지급하는 이자와 할인료.

■ 기타의 대손상각비 : 매출채권 이외의 채권에 대한 대손상각비.

■ 유가증권처분손실 : 유가증권을 처분할 때 발생하는 손실.

■ 유가증권평가손실 : 유가증권을 공정가액(시가)으로 평가할 때 발생하는 손실.

■ 재고자산평가손실 : 재고자산을 저가 기준으로 평가할 경우의 평가 손실과 원가성이 없는 재고자산의 감모 손실.

※ 감모(減耗) : 줄어듦. 닳아서 축이 남.

■ 외환차손 : 외화자산의 회수나 외화부채의 상환 때 발생하는 손실.

■ 외환환산손실 : 외화자산이나 외화부채의 기말 평가 때 발생하는 손실.

■ 기부금 : 무상으로 증여하는 금전, 기타 자산의 가액.

■ 지분법평가손실 : 중대한 영향력을 행사할 수 있는 투자 주식을 '지분법' 으로 평가할 때 발생하는 손실.

■ 투자유가증권감액손실 : 시장성 없는 투자 주식의 경우 취득원가에 의해 평가하는 순자산가액이 하락하여 회복할 가능성이 없을 때 발생하는 손실.

■ 투자자산처분손실 : 투자자산을 처분할 때 발생하는 손실.

■ 유형자산처분손실 : 유형자산을 처분할 때 발생하는 손실.

■ 사채상환손실 : 사채를 상환할 때 발생하는 손실.

■ 법인세추납액 : 과거 회계연도에 대한 법인세 등이 경정되어 추가 납부한 금액.

특별손익

특별손익이란 일상적 영업 활동이 아닌 특별한 경우에 비경상적이고 비반복적으로 발생하는 손익 항목이다. 종전 기준에 따르면 자본 보전을 위한 자산수증이익이나 채무면제이익을 '기타자본잉여금' 으로 계상했다. 하지만 개정 기준에서는 자산수증이익이나 채무면제이익은 그 목적에도 불구하고 모두 특별이익에 계상해야 한다. 비록 영업외손익이더라도 비경상적이고 비반복적인 거액의 손익은 특별손익으로 분류한다. 다음과 같은 것들은 특별이익으로 계상해야 한다.

■ 자산수증이익 : 주주 등의 자산을 무상 증여받을 때 발생하는 이익.

■ 채무면제이익 : 채권자로부터 채무를 면제받을 때 발생하는 이익.

■ 보험차익 : 수령한 보험금이 불입한 보험료보다 많을 때 발생

하는 이익.

■ 유형자산처분이익 : 토지, 건물, 기계장치 등의 양도로 인한 처분 이익.

바. 포괄손익계산서를 통해 수익성을 살핀다

기업의 수익성을 따질 때 포괄손익계산서에 표시된 당기순이익부터 살핀다. 하지만 특별이익, 특별손실, 영업외이익, 영업외비용 등으로 당기순이익이 크게 영향을 입었다면 영업이익과 경상이익을 먼저 검토하는 게 합리적이다.

무엇보다 고유한 사업 목적의 영업 활동을 통해 얻어진 영업이익이 많아야 수익성 높은 기업이다. 하지만 영업이익을 많이 내고도 과다한 차입금 때문에 이자 지출이 많아지면 경상이익이 감소하게 마련이다. 따라서 영업이익은 기업의 영업성적표이고 경상이익은 기업의 재무성적을 포함한 종합성적표라고 할 수 있다.

기업의 수익성을 종합적으로 나타내는 것이 매출액 경상이익률이다. 매출액 경상이익률은 '(경상이익 ÷ 매출액) × 100' 으로 산출한다. 10% 이상이면 수익성이 높고 5% 이하면 수익성이 낮은 것으로 봐도 좋다.

영업 활동의 수익성과 효율성을 따지는 데 활용하는 매출액 영업이익률은 '(영업이익 ÷ 매출액) × 100' 으로 산출한다. 매출액 영업이익률이 높은데도 불구하고 매출액 경상이익률이 저조하다면 차입금이 지나치게 많다는 현실을 반증한다.

수익성 지표 중에서 가장 많이 활용하는 것이 자기자본 이익률이다. 주주가 투자한 자본과 영업 활동을 통해 누적한 이익금에 대한 수익성을 표현한다. 자기자본 이익률은 '(당기순이익 ÷ 자기자본) × 100' 으로 산출한다. 자기자본 이익률이 시중 실세 금리보다 높아야 기업의 수익성이 안정적이라는 평가를 얻을 수 있다.

사. 이익잉여금처분계산서를 통해 자본의 변동을 파악한다

이익잉여금처분계산서는 기업의 경영 성과로 얻은 이익을 처분할 것인가 사내에 유보할 것인가 따져보는 재무제표다. 다시 말해 주주들에게 어느 정도의 배당을 하고 얼마의 이익잉여금을 사내에 누적시킬 것인지 판단할 수 있는 보고서다. 이익잉여금이 자본 계정에 속한다는 이유로 '자본변동표' 라고 부르기도 한다.

자본 계정의 잉여금 처리는 4단계로 구분된다.

■ 전년도에 쓰고 남은 전기이월이익잉여금에 당기순이익을 더하면 처분전이익잉여금이 산출된다.

■ 처분 전 이익잉여금에 과거의 임의적립금 가운데 일정 금액을 빼내어 보탠다.

■ 다시 이익준비금, 기업합리화적립금, 재무구조개선적립금 등 법정적립금을 뺀다.

■ 다시 남은 잉여금에서 지급 예정인 배당금 등 이익잉여금 처분 금액을 빼고 나면 다음 결산 연도로 넘어갈 이월이익잉여금이 남는다.

재무제표에 나타난 이익잉여금, 전기수정손익, 당기순이익 등이 이익이고 이를 통틀어 미처분 이익잉여금이라고도 한다. 미처분 이익잉여금을 처분하기 전에 상법의 규정에 따라 우선 일정 비율을 적립해야 하는데 이를 법정적립금이라고 부른다. 법정적립금에는 이익준비금, 기업합리화적립금, 재무구조개선적립금 등이 있다. 법정적립금이 먼저 채워진 후 정관과 주주총회의 결의에 따라 임의준비금과 배당이 결정된다. 그러고도 남은 이익금은 차기이월이익잉여금으로 적립되어 다음해 이익잉여금 계산에 이용된다. 이익이 없는 상태에서 손실이 발생하면 미처리결손금처리계산서가 작성된다.

이익잉여금과 자본잉여금이 많을수록 사내 유보율과 자기자본 비율이 높아진다. 자본잉여금은 주식을 액면가 이상으로 할증 발행할 경우 얻어지는 주식발행초과금과 자산재평가차액 등이다. 잉여금이 자본금의 몇 배인지 보여 주는 유보율은 '[(총자본 − 자본금) ÷ 자본금] × 100' 으로 구한다. 자기자본 비율은 자기자본의 총자산에 대한 비율로서 자기자본 구성 비율이라고도 한다. 자기자본 비율은 '(자기자본 ÷ 총자산) × 100' 으로 산출한다.

이익잉여금처분계산서 (결손금처리계산서)

단위 : 백만원

과 목	제41기	제40기	제39기
Ⅰ. 미처분 이익잉여금(미처리 결손금)	9,576,010	5,551,503	7,248,594
1. 전기이월이익잉여금	30	30	(103,386)
2. 회계정책 변경 누적효과	0	98,980	0
3. 중간배당액 제41기 주당배당금(%) : 500원(10%) 제40기 주당배당금(%) : 500원(10%) 제39기 주당배당금(%) : 500원(10%)	(73,507)	(73,411)	(73,036)
4. 당기순이익	9,649,487	5,525,904	7,425,016
Ⅱ. 이익잉여금 처분액	9,575,980	5,551,473	7,248,564
1. 기업합리화적립금	1,000,000	1,000,000	1,000,000
2. 배당금	1,111,931	735,441	1,098,099
가. 현금 배당	1,111,931	735,441	1,098,099
주당배당금(%) 제41기보통주 - 7,500원(150%) 우선주 - 7,550원(151%) 제40기보통주 - 5,000원(100%) 우선주 - 5,050원(101%) 제39기보통주 - 7,500원(150%) 우선주 - 7,550원(151%)			
3. 연구 및 인력개발 준비금	4,000,000	3,000,000	4,000,000
4. 자사주처분손실준비금	0	0	550,000
5. 시설적립금	3,464,049	816,032	600,465
Ⅲ. 결손금처리액			
Ⅳ. 차기이월 미처분 이익잉여금(미처리결손금)	30	30	30

- 이익잉여금처분계산서의 주석은 제41기, 제40기, 제39기 감사보고서의 주석사항 참조

2. 분식회계 기업의 특징을 알아두자

분식회계 여부를 진짜 알 수 있을까?

'엉터리 재무제표 읽는 비법' 의 일부 내용과 목록을 인터넷 카페에 소개했더니, 어떤 주식투자 전문가이자 증권 카페 매니저(D증권 IPO팀, 심사관리팀 근무 경력)인 분이 이런 반응을 보였다. 다음은 그 댓글의 주요 내용이다.

....

Q. 전문가의 질문

분식회계를 찾아낼 수 있다면 옥석을 가릴 수 있을 텐데 이게 쉽지 않네요. 증권사에서 제대로 교육을 받은 저도 회사가 제시하는 자료만으로는 분식회계 여부를 확신하기 어려우니 그렇지 않은 투자자들 입장에서는 더욱 어렵겠지요. 그저 공시된 자료만큼은 믿고 쓸 수밖에요. 솔직히 목록이나 일부 내용만 봐서는 도움이 될지 모르겠네요. 그저 시중에 알려진 회계 지식들을 짜깁기한 것이라면 별로 필요성이 없어 보이기도 합니다.

부실기업을 정리할 때 경험한 분식회계 유형들은 외부 감사인을 속일 만큼 정교한데, 일반 투자자들이 알 수가 없기 때문에 이런 목록의 내용들로 분식 여부를 알 수 있을까요?

A. 필자의 답변

저처럼 분식회계를 사실적으로 경험한 사람은 아마 국내에서는 별로 없는 것으로 압니다. 설사 있더라도 표현력의 한계를 느낄 것으로 보입니다.

저는 사반세기가 넘도록 공인회계사, 세무사, 세무공무원, 금융기관 종사자 등을 상대로 사기를 치며 나이를 먹은 사람입니다.

부실기업 M&A 관련 책도 집필했고 현장에서 체험한 분식회계 사례를 [월간 신동아] 등지에 단행본 두세 권 분량의 원고도 기고했답니다. 유명 언론사 월간지 기자는 제 글을 짜깁기하여 자기가 쓴 것처럼 변조까지 했더군요.

증권사에서 제대로 교육을 받은 사람뿐만 아니라 CPA, 세무사, 세무공무원 등도 쉽게 규명할 수 없는 분식회계 사례들이 넘칩니다. 현장에서 오랫동안 직접 분식회계에 가담한 사람도 표현력이나 회계 지식이 부족하면 분식회계 판단 능력을 키우기가 사실상 불가능하답니다.

저의 경우 이미 한 차례 '엉터리 재무제표 뒤집어보기'란 이름으로 책을 출간한 적이 있습니다. 하지만 자기네 출판사 도서 목록과 중복된다는 이유로 솎아 내고 200자 원고지 1,800매 분량을 약 900매 분량으로 줄여서 단행본을 냈답니다. 한 마디로 말해 앙상한 수준의 에세이집으로 전락시켰지요.

섭섭한 것은 한두 가지가 아니었습니다. 뒤늦게 알고 보니 제가 책에서 압축 소개한 분식회계 141가지 사례 등을 중심으로 수많은 학생과 교수 등이 참고 문헌 목록에 올린 뒤 논문과 리포트에 무단 짜깁기하고 있더군요.

그뿐인 줄 아세요? 그렇게 짜깁기 수십 편의 글을 유료 사이트에서 팔기까지 합디다. 흥분한 저는 이메일과 내용증명을 통해 항의했습니다. 결국 유료 사이트의 글이 모두 삭제하거나 접근 금지 조치를 해 버렸습니다.

그뿐인 줄 아세요? 출판사에서 이미 4년 전 초판 2쇄 이후 몇 차례 중판을 내고도 저작권자에게 연락 한 번 하지 않았다는 사실이 드러났지요. 저작권자로서 묵과하기 어려웠습니다.

당장 단행본 '엉터리 재무제표 뒤집어보기'의 판매를 금시시키고 절판시켰습니다. 그 뒤 200자 원고지 2,600매 분량의 수정 증보판을 준비하던 과정에서 일부 내용을 소개한 것뿐입니다.

....

'증권사에서 제대로 교육을 받았다'면 어떤 수준에 이르렀는지 궁금하다. 증권사 분식회계 교육의 질이 어떤 수준인지도 묻고 싶다.

다시 강조한다. CPA, 세무사, 세무공무원 등도 규명할 수 없는 분식회계 사례들이 넘친다. 현장에서 오랫동안 분식회계에 가담한 사람도 회계 지식과 표현력이 부족하면 사실상 불가능하다. 하지만 여러분은 다르다. 차근차근 배우면 전문가(?)들보다 앞서가게 된다.

....

그 해 3월, 검찰은 유명 재벌의 계열기업인 S사에 대한 수사 결과를 발표했다. 놀랍게도 20여 년 동안 1조 6,000억 원의 분식회계를 한 것으로 드러났다. 1970년대 중반 이후 수출 드라이브 정책과 외형 성장을 추구하면서 막대한 부실이 발생했고, 해외 투자 실패와 외환위기 등을 겪으며 누적 손실 규모가 눈덩이처럼 커지는 바람에 불가피하게 분식을 했다는 것이었다.

S사가 그룹 차원에서 장부조작을 시작한 것은 지난 1995년부터였고 주로 부채 숨기기 수법을 활용했다. 2002년 1월이 되자 회계법인의 외부 감사에 대비하기 위해 주거래은행의 채무 잔액증명을 변조했다. 엄격히 말해 변조한 게 아니라 채무 잔액을 공란으로 남겨 둔 백지 잔액증명을 받아 두었다. 이와 같은 수법으로 은행 채무(외화외상매입금인 USANCE) 1조 2,000억 원을 아예 없는 것처럼 만들었다. 물론 최근 들어서 회계법인이 은행연합회의 '신용정보 PC통신망' 을 통해 개별 기업의 모든 채무 현황 등 신용정보를 실시간 조회할 수 있기 때문에 차입금 잔액증명 변조는 이제 아무 소용이 없어졌다.

엄청난 결손 누적으로 고민하던 S사는 매년 이익을 억지로 부풀린 결과 이익잉여금이 턱없이 늘어나기 시작하자 대차대조표(재무상태표)의 대변과 차변의 균형을 유지하기 위해 부채를 숨길 수밖에 없었다. 2001년도 결산 때 부채 1조 2,000억 원을 숨겼고 이익잉여금 1조 6,000억 원은 부풀렸다. 그 해 포괄손익계산서에는 당기순손실 1,226억 원을 적게 계상하여 엉터리 재무제표를 만들었다.

수사 결과 발표에 따르면 S사는 ■ 가짜 매출채권(외화 외상매출금)이 1,500억 원에 달했고 ■ 부실 자산에 대한 대손충당금 500억 원을 비용으로 처리하지 않았고 ■ 해외 관계회사 지분 평가 손실 2,500억 원을 손실에 반영하지 않는 방법으로 투자유가증권을 과대 계상했다. 특히 종합무역상사로서 재고자산이 너무 많을 경우 분식회계 사실이 드러날 것이 우려되어 재고자산 670억 원을 과소 계상했다. 이처럼 분식회계가 적발된 부실기업의 특성을 가장 먼저 알아둘 필요가 있다. 예컨대 공인회계사로부터 한정의견, 부적정의견, 의견거절 등 '비적정의견'을 받은 기업들의 재무제표를 살펴보면 다음과 같은 특징이 발견된다.

가. 매출채권의 비중 높다

어느 날 갑자기 미국 캘리포니아 야적장에 한국산 자동차들이 무더기로 입고되기 시작한다. 며칠 전부터 한국의 S자동차 본사와 S종합무역상사 본사의 회계장부에는 매출액이 급증한다. 가장 조보적인 분식회계 수법인 '밀어내기'가 효과를 보인 것이다.

그 만큼 밀어내기 수법은 아주 간편하기 때문에 수많은 대기업들이 실적 부진과 손실 발생으로 다급해질 때마다 상투적으로 써먹는다. 1977년 수출 100억 달러를 달성하던 시절에도 상공부 공무원과 기업인들이 담합하여 밀어내기 수법을 동원한 것으로 알려져 있다.

해외 유령 거래 업체에 수출한 것처럼 위장하고 신용장을 만들어 매출을 날조하는 수법도 과거 국제그룹 등 몇몇 재벌 그룹들이 즐겨 사용하던 매출 부풀리기 기법의 하나였다. 아무리 유능한 공인회계사일지라도 해외로 실려 나간 제품이 제대로 팔렸는지 파악하기란 쉽지 않기 때문이다.

어떤 기업이 밀어내기 판매를 했다면 매출채권이 예년에 비하여 갑자기 폭증할 가능성이 높다. 급하게 떠밀려 나간 상품이나 제품은 언젠가 대부분 반품될 수밖에 없다. 많은 대기업들이 4 / 4분기에 밀어내기 수출을 했지만, D그룹만큼은 보통 7월경에 집중적으로 밀어내기를 한 것으로 알려져 있다. 밀어내기 시점이 4 / 4분기라면 약 6개월 뒤인 5, 6월쯤 갑자기 반품이 늘어날 것이다. 따라서 특정 기간에 반품이 늘어나고 매출액과 매출채권이 급증했을 경우 일단 밀어내기 가공 매출을 의심할 필요가 있다.

매출채권이란 특정 회사가 다른 회사나 사람에 대하여 현금, 재화, 용역을 요구할 수 있는 권리를 말한다. 매입채무란 이와 반대로 특정 회사가 다른 회사나 사람에 대하여 현금, 재화, 용역을 지급해야 하는 의무를 말한다. 이러한 채권 · 채무는 거래자의 입장이나 성격에 따라 다음과 같이 구분한다.

■ 일반적인 상품 거래에서 발생한 채권과 채무

판매한 자(공급한 자) 매입한 자(공급받은 자)	외상매출금 또는 받을어음 외상매입금 또는 지급어음

■ 일반적인 상품 거래 이외에서 발생한 채권과 채무

판매한 자 매입한 자	미수금 미지급금

이처럼 같은 성격의 외상 · 어음 거래이더라도 주된 영업 활동 이외의 거래에서 발생한 외상 · 어음 거래는 미수금 또는 미지급금으로 분류한다.

매출채권이란 일반적 상거래에서 발생한 외상매출금과 받을어음을 말한다. '일반적 상거래'란 모든 기업에 획일적으로 적용되는 성격이 아니라, 당해 기업의 주된 영업 활동에서 발생하는 영업수익(매출액)을 발생시키는 거래를 의미한다. 따라서 매출채권은 일반적 상거래 이외의 거래에서 발생하는 미수금, 금전 대차 거래에서 발생하는 대여금 등과는 엄격히 구별된다. 받을어음의 경우도 일반적 상거래를 근거로 하는 '진성(眞性)어음'에 한정되고 단순히 금전 대차를 목적으로 하는 '융통(融通)어음' 등은 제외된다.

매출채권 중 외상매출금을 타인에게 양도하거나 받을어음을 할인 또는 배서 양도한 경우가 있다. 이때 회계 처리는 기업회계기준의 개정에 따라 당해 채권에 대한 권리 의무가 양도인과 분리되어 포괄적으로 이전되는 경우에만 매출채권이 양도된 것으로 회계 처리하고 그 이외의 경우에는 '차입(借入) 거래'로 처리해야 한다.

※ 진성어음

기업이 정상적인 상거래의 대가를 결제하기 위해 현금 대신 어음을 발행하여 교부할 때가 있다. 이처럼 재화 또는 용역을 공급받은 대가로 발행된 어음을 진성어음이라고 한다. 단순히 자금 조달을 목적으로 발행하는 융통어음과 구별되며 상업어음이라고도 한다. 상업어음 중에는 상품을 구입한 사람이 판매자를 수취인으로 하여 발행하는 '약속어음'과 판매자가 매수자를 지급인으로 하고 자신을 수취인으로 하여 발행하는 '환어음'이 있다.

분식에 악용되는 매출채권

흔히 이익을 부풀리는 수법 중의 하나로 매출채권을 과대 계상한다. 매출이 없음에도 불구하고 매출채권을 장부에 올리거나 매출채권 중 회수 금액을 유용한 후 매출채권을 그대로 장부에 두는 사례가 많다. 차기 연도에 잡아야 할 매출액을 당기 연도에 미리 잡는 장부조작도 비슷한 성격의 분식 사례에 해당한다.

이 밖에 특수관계자들을 이용한 매출 조작도 흔치 않게 시도된다. 유통회사, 현지법인, 자회사, 각종 판매 조직을 별개 법인으로 만들 경우 매출채권 과대 계상이 한결 쉬워진다. 팔리지 않은 물건을 이들 판매 법인에 떠넘겨 매출액과 매출채권의 규모를 늘리면 경영 실적이 좋아지고 이익이 부풀려지기 때문이다.

이때 가장 먼저 눈여겨봐야 할 대목이 있다. 월별 매출액 추이와 연간 매출 총액을 비교할 경우, 결산기말(결산기가 종료되는 연말 또는 월말)이 가까워지면서 유난히 매출액이 급증했다면 분식 가능성이 높다. 특히 결산일이 임박하여 매출을 올리고 나서 차기 연도

초에 되사는 수법의 '매출 환입' 규모가 큰 기업일수록 분식회계를 의심해도 좋다. 전기 매출 환입(취소, 반품, 할인)이 만든 공백을 메우기 위해 결산기말에 '밀어내기' 식 매출이 이루어지지 않았나, 결산기말 매출액 중에 특수관계자(계열기업, 협력사)에게 판매한 금액이 집중되어 있지 않나 분석 검토하는 것도 필수적이다. 어쨌든 하반기 매출액 비중이 클수록 회계 투명성은 낮아진다.

일반적인 상거래 이외의 부문에서 발생한 채권(미수금)을 매출채권으로 기록하는 사례도 없지 않다. 이와 같은 수법의 분식이 의심되면 매출채권(받을어음과 외상매출금)의 당기 말 금액과 전기 말 금액, 당기 매출액과 전기 매출액을 대조해야 한다. 매출채권이 특별한 이유 없이 대폭 증가했다거나, 매출액이 감소했는데 매출채권이 오히려 증가했다면 분식을 의심해도 좋을 것이다.

단기대여금과 미수금 규모가 전년도에 비하여 의외로 작게 나타나면서 매출채권이 증가한 경우에는 좀 더 면밀한 검토가 필요하다. 주된 영업 활동 이외에서 발생한 채권(단기대여금, 미수금)을 매출채권으로 둔갑시키는 사례가 적지 않기 때문이다.

이유를 불문하고 외상매출금과 받을어음이 크게 늘어났다면 보통 문제가 아니다. 거래처의 자금난이 닥칠 경우 매출채권의 부실화로 연쇄 부도가 우려되기 때문이다. 아무리 매출이 증가해도 대규모 대손 처리가 일어나면 거액의 손실만이 뒤따를 뿐이다.

매출채권의 과대 계상을 파악하고 싶다면 앞에서 강조한 것처럼 매출채권의 당기 말 금액과 전기 말 규모를 서로 비교해야 한다. 이와 더불어 받을어음과 지급어음, 외상매출금과 외상매입금을 대비시켜야 한다. 이처럼 대립되는 계정과목별 규모가 연도에 따라 현격한 차이가 난다든지, 매출채권 규모가 매입채무에 비하여 유난히 크다면 그 원인부터 정밀 분석해야 한다.

매출채권 회전율을 산출하여 전년도 또는 동종 업계의 평균치와 비교해도 어느 정도 허점이 드러난다. 매출채권 회전율은 매출액을 매출채권(받을어음 + 외상매출금)으로 나눈 회전수로서, 기말의 매출채권 잔액이 1년 동안의 영업 활동을 통해 현금인 매출액으로 회전되는 속도를 의미한다. 매출채권 회전율은 '매출액 ÷ [(기초 매출채권 +기말 매출채권) ÷ 2] × 100' 으로 산출한다.

매출채권 회전율이 일반적으로 600% 이상은 양호하고 200% 이하이면 불량한 것으로 판단한다. 매출채권 회전율이 높다는 것은 매출채권이 순조롭게 회수되고 있음을 나타낸다. 이와 반대로 매출채권 회전율이 낮을 경우 매출채권의 회수 기간이 길어지기 때문에, 그에 따른 대손 발생의 위험이 증가하고 수익 감소의 원인이 된다.

평균적인 매출채권의 수준은 월별이동평균치 또는 기초 잔액과 기말 잔액의 평균치를 이용하는 것이 타당하겠지만, 편의상 기말 잔액을 그대로 사용하는 경우가 많다. 매출채권 회전율은 매출채권 회수 기간으로 표시되기도 하는데, 이는 365일을 매출채권회전율로 나눈 것으로 매출채권을 회수하는 데 평균 며칠이 걸리는지 나타내는 것이다. 매출채권 회수 기간은 '365일 ÷ 매출채권 회전율' 로 산출한다. 이때의 매출채권 회전율은 '매출액 ÷ 매출채권' 으로 산출해야 한다.

분식회계 기업은 매출액 대비 매출채권의 비율이 상대적으로 높다. 특히 전년도에 비하여 매출채권 비율이나 매출액이 비정상적으로 크게 증가했다면 매출채권을 분식하지 않았나 의심해야 한다.

매출채권 비율은 매출채권의 재고자산에 대한 비율로서 이 비율이 높을수록 지급 능력이 양호한 상태를 나타낸다. 일정한 표준 비율 또는 기간 비교에 의하여 판단해야 하지만, 매출채권 비율이 높다는 이유만으로 지급 능력이 양호한 상태라고 속단하긴 어렵다. 오히려 매출채권 비율이 높을수록 회계 투명성은 낮게 평가된다.

매출채권 비율이란 재고자산 100에 대하여 매출채권이 몇 %나 되는가를 나타내는 비율로서, 매출채권과 재고자산 간에는 일정한 비례 관계를 가져야 한다는 전제 하에서 이용된다. 당좌비율, 현금비율과 더불어 지급 능력의 양호 · 불량 상태를 판단하는 데 이용된다. 매출채권 비율은 '(매출채권 ÷ 재고자산) × 100' 으로 산출한다.

매출채권이란 판매 행위로 발생하는 받을어음과 외상매출금의 합계액을 말하고 재고자산은 반드시 판매 과정을 통해서만 현금화할 수 있는 제품, 반제품, 원재료, 재공품, 저장품 등이 포함된다. 일반적으로 이 비율은 높을수록 지급능력이 양호한 상태를 나타내고 일정한 표준 비율은 없다. 한국은행 '기업경영분석' 통계를 참고하여 동일 업종의 평균 비율 또는 기간 비교를 통해 판단해야 한다.

분석 결과 매출액 대비 매출채권 비율이 40% 이상이면 일단 분식회계를 의심해도 좋다. 회계감사 결과 '적정의견' 을 받거나 회계 투명성이 높은 기업의 매출액 대비 매출채권 비율은 20% 내외에 불과하기 때문이다.

전년도 매출채권 비율과 당해 연도 매출채권 비율과 비교하여 그 비율이 크게 증가했다면 매출채권을 과대 계상했을 가능성이 높다. 분식회계를 즐기는 기업의 매출채권 비율 증가율은 20% 이상이고 심지어 100%가 넘는 경우도 있으며 부실기업일수록 그 비율은 매년 증가한다. 매출채권 비율 증가율은 '(당해 연도 매출채권 비율 ÷ 전년도 매출채권 비율) × 100' 으로 산출한다.

전년도 대비 매출액 증가율은 조심스럽게 판단해야 한다. 매출액은 대체로 해마다 증가하는 추세여서 분식회계 여부의 근거로 활용하기가 쉽지 않다. 한국은행의 '기업경영분석' 통계의 동종 업계 평균치를 감안하여 매출액이나 매출채권비율이 비정상적으로 증가했는지 살펴보는 게 합리적이다. 동종 업계 평균에 비하여 대상 기업의 매출액 증가율이 비슷함에도, 매출채권 비율이나 전년도 대비 매출채권 증가율이 높아졌다면 일단 분식회계 기업으로 의심해도 좋을 것이다. 매출채권 비율 증가율이 높아질수록 회계 투명성은 낮게 평가 된다.

특히 매출액 증가율에 비하여 매출채권 증가율이 상대적으로 높다면 자금난에 시달리고 있음이 분명하다. 따라서 앞으로 대손충당금이 증가하여 미래 이익이 감소할 수 있고 실현되지 않은 매출을 과대 계상하여 이익을 조작할 가능성도 높다. 예컨대 전년 대비 매출액 증가율이 20%인데 전년 대비 매출채권 증가율이 30%, 40%일 경우 분식회계 가능성이 크다.

이 밖에 당해 연도의 월별 매출액 추이와 전년도 매출 총액을 비교한다. 동종 유사 업계의 매출액 증가율과 비교하여 회사의 생산능력이 감당할 만한 규모인지 검토한다. 매출총이익률과 매출채권 회전율 등 매출 관련 재무비율이 전년도 비하여 현격한 차이를 보이면 일단 분식 가능성이 있다. 매출총이익률은 '(매출총이익 ÷ 매출액) × 100'으로 산출한다.

이미 부실화된 매출채권에 대하여 대손충당금을 적게 설정하여 분식회계를 시도하기도 한다. 부도 또는 파산한 업체의 발행 어음이나 외상매출금을 정상적인 매출채권인 것처럼 가장하여 대손 처리하면 그만큼 이익이 늘어난다. 이럴 때는 어쩔 수 없다. 여러 제품(상품)의 대손 처리 상황을 검토하거나 동종 업계 평균 대손 추산율과 비교해야 한다.

■ 예컨대 다음과 같은 산출 공식을 적용하여 신용조사를 하듯 몇 단계로 평가할 수 있을 것이다.

매출액 증가율 : [(당기 매출액 − 전기 매출액) ÷ 전기 매출액] × 100
매출채권 증가율 : [(당기 말 매출채권 − 전기 말 매출채권) ÷ 전기 말 매출채권] × 100
매출채권 증가율의 매출액 증가율에 대한 배율 : 매출채권 증가율 ÷ 매출액 증가율

■ 평점 배분

매출채권 증가율이 매출액 증가율의 0.8배 미만 : 5점
매출채권 증가율이 매출액 증가율의 0.8배 이상 : 4점
매출채권 증가율이 매출액 증가율의 1.0배 이상 : 3점
매출채권 증가율이 매출액 증가율의 1.2배 이상 : 2점
매출채권 증가율이 매출액 증가율의 1.4배 이상 : 1점
매출채권 증가율이 매출액 증가율의 2.0배 이상 : 0점

나. 재고자산의 비중이 높다

재고자산이란 기업의 정상적인 영업 활동 과정에서 판매 목적으로 보유중인 자산을 의미한다. 좀 더 구체적으로 말하자면 판매를 위해 생산 중에 있는 재공품이나 제품 생산에 사용되는 원재료 등을 포함하는 개념이다.

재고자산 회계 처리 때 가장 중요한 문제는 결산 시점의 재고자산 가치를 결정하는 일이다. 기말 재고자산의 장부가액 결정은 해당 기간의 매출원가에 직접적으로 영향을 미치기 때문에 아주 중요한 의미를 지닌다. 기말 재고자산을 실제보다 부풀려 계상하면 매출원가가 그만큼 적게 표시되고 이익이 과대 계상되는 결과를 초래한다.

원칙적으로 재고자산의 취득 원가를 대차대조표(재무상태표) 가액으로 한다. 취득 원가란 재고자산을 판매 가능한 상태로 만들기까지 소요된 모든 지출액을 의미한다. 따라서 취득 원가에는 상품의 매입 가격뿐만 아니라 운반비 등 매입 부대비용도 포함된다.

제조기업인 경우에는 원가 계산 절차를 거쳐서 제품의 취득 원가가 산정된다.

※ 재고자산 취득 원가 = 대차대조표(재무상태표) 가액 = 매입 가격 +운반비 +부대비용.

취득 시점에 따라 재고자산의 원가가 달라지기 때문에 결산기말에 남아 있는 재고자산의 취득 원가를 결정하기 위해서는 선입선출법, 후입선출법, 총평균법, 이동평균법과 같은 원가 흐름에 대한 가정이 필요하다.

현금이나 유가증권 등 다른 자산에 비하여 재고자산의 실물을 모두 확인하기가 어렵고 품질 저하나 진부화 여부에 관한 사실 판단이 쉽지 않다. 제품원가를 계산할 때 제조간접비의 배부 방법 등에 따라 평가 금액이 달라지기도 한다. 이와 같은 특성 때문에 재고자산은 분식결산에 악용될 소지가 의외로 많다.

수지가 악화된 기업일수록 품질 저하나 진부화로 인해 이미 상품성을 잃은 재고자산에 대하여도 감모(減耗 : 줄어들거나 닳아서 원가성, 즉 가치가 없어짐) 손실을 경비로 계상하지 않으려는 경향이 있다. 심지어 실물도 없는 가공의 재고자산을 장부에 보유함으로써 경영 악화를 은폐하려는 사례가 비일비재하다.

컴퓨터 프로그램을 개발하는 코스닥 상장 업체 A사. 매출액은 고작 22억 원에 불과하지만 재고자산은 41억 원에 이른다. 프로그램 개발비를 각각의 프로그램 CD 제조원가에 계상하여 관리하기 때문에 재고자산의 장부상 가치가 높아질 수밖에 없다. 이 재고자산의 상품성이 없는 것은 물론이고 가공의 세금계산서를 사들여 경비(외주개발비 등)를 과대 계상하는 바람에 재고자산 원가가 부풀려진 점도 있다. 코스닥 상장기업 중에서 이런 수법의 분식회계를 저지르는 곳이 적지 않은 것으로 알려져 있다.

재고자산과 흑자도산

재무제표에 분명히 이익이 표시되는데도 불구하고 회사가 망하는 것을 '흑자도산(黑字倒産)' 이라고 한다. 매출 부진으로 만성 적자에 허덕이는 회사, 대차대조표(재무상태표)와 포괄손익계산서에 손실 규모가 크게 나타나는 회사라면 언젠가 도산하는 게 당연할 수도 있다. 하지만 장부상 이익은 많이 나는데도 간판을 내려야 회사들이 적지 않다. 기간손익 측정을 위주로 진행되는 현대 회계 처리의 맹점에서 비롯된 현상이다.

기업이 대규모 설비 투자를 하거나 재고자산 구매를 늘리면 장부상 이익에 관계없이 자금 수지가 나빠진다. 은행에 교환 회부된 어음이나 당좌수표를 제때 현금으로 결제하지 못하면 부도가 난다. 물론 부족 자금을 빌려 쓰고 이자를 주고도 남을 만큼 수익성이 높은 투자라면 장기적으로 자금 수지에 도움이 되겠지만, 자칫 예측이 빗나가 물건이 팔리지 않으면 기업의 자금 수지는 날로 악화된다.

판매가 부진하여 재고자산이 증가하더라도 단기적으로는 장부상 이익에 미치는 영향은 별로 크지 않다. 제품 생산 과정에서 이미 지출한 재료비, 인건비, 경비가 비용이 아닌 자산(재고자산 장부가격)으로 처리되어 장부에 남아 있기 때문이다. 쌓였던 재고가 다음해에 제값으로 팔린다면 참 다행스런 일이지만, 불행하게도 그 제품이 시장에서의 라이프사이클이 끝난 것이라면 문제는 심각해진다. 부족한 운영 자금을 조달하기 위해 동분서주하다가 결국 부도 위기에 몰릴 것이다.

예컨대 뒤늦게 가전제품 시장에 진출한 회사가 막대한 원가를 투입하여 가정용 냉장고를 대량 생산했다고 치자. 한 해 동안의 판매가 극히 부진하여 회사 경영에 큰 타격을 입었다. 하지만 장부상에 이들 냉장고가 고스란히 재고자산으로 남아 있어 겉으로는 큰 손실이 없어 보인다. 그럼에도 제값을 받고 팔기 어렵다는 판단이 들었을 때 이 재고자산을 적절히 감액 처리해야 한다.

이처럼 장기간 팔리지 않아서 도저히 매출이 될 수 없는 '진부화된 재고자산'에 대하여는 비용으로 처리하도록 되어 있다. 하지만 이 엉터리 재고자산을 온전한 것으로 장부에 살려 두는 사례가 많다. 재무구조 악화, 장부상 대규모 손실 발생을 우려하여 의도적으로 분식회계를 하는 것이다.

조작이 손쉬운 재고자산

특별한 이유 없이 매출 규모에 비하여 재고자산이 급증한 회사에 대하여는 가공 재고자산이나 부실 재고자산이 없는지 의문을 가져 볼 필요가 있다. 재고자산 회전율의 연도별 추세 분석과 같이 관련 계정과목 사이의 상관관계에 착안하여 분석적 검토를 실시하는 것도 유용한 방법이 될 수 있다.

부도 가능성이 높은 기업이나 분식회계가 의심되는 부실기업의 특성은 일반적으로 재고자산이 많다는 것이다. 그런 측면에서 적정 재고 수준을 초과한 재고 증가와 재고자산 회전율에 유의하여 분석해야 한다.

재고자산 회전율이란 연간 매출액을 평균 재고자산으로 나눈 것이다. 재고자산의 회전 속도, 재고자산이 당좌자산으로 변화하는 속도를 나타낸다. 특히 재고자산 회전율이 아무리 높아도 쓸모가 없어진 재고나 가공 재고를 보유하고 있지 않나 살펴야 한다.

재고자산을 통해 이익을 조작하는 작업은 쉽지만 제삼자가 밝혀내기란 쉽지 않다. 공인회계사가 외부 감사를 진행하면서 재고자산 전체를 완벽하게 조사한다는 건 불가능하다. 사업 종목이 다양하고 사업 영역이 넓고 본지사가 수없이 얽혀 있는 대기업일수록 전체적인 실물 조사가 어려우니 표본 조사, 전표 검색, 장부 열람 등에 한정할 수밖에 없기 때문이다.

재고자산은 원재료 구입, 제조, 판매, 현금화 등의 전 과정을 거친다. 이 길고 복잡한 과정이 기업 안에서 일어날 뿐이고 외부와 연결된 거래를 입증할 만한 자료 검색이 마땅치 않다. 그렇다고 기업에서 재고자산의 흐름에 관한 모든 자료를 관리할 의무도 없다. 때문에 재고 상품과 제품의 시장 가격이 일정치 않고 선입선출법, 후입선출법, 불량 여부 판정 기준에 따라 재고자산의 규모가 달라진다. 필요에 따라서 얼마든지 재고자산 규모의 조정도 가능한 게 업계의 현실이다.

그런 측면에서 재고자산 조정도 분식회계 수단으로 쉽게 악용된다. 재고자산을 장부에 실제보다 많이 반영하면 장부상 이익이 늘어나지만 외부 회계감사 때 실사 작업이 어렵기 때문이다. 재고재산 부풀리기가 의심될 경우 매출액 대비 재고자산 비율을 살펴보아야 한다. 재고자산 비율은 '(매출액 ÷ 재고자산) × 100'으로 산출한다.

회계 투명성이 의심되는 분식회계 기업의 매출액 대비 재고자산 비율은 대체로 30% ~ 40%, 심지어 50%를 넘어선다. 이와 반대로 정상적인 회계를 유지하는 기업의 재고자산 비율은 20% 내외에 불과하다. 매출액 대비 50% 가량을 재고자산으로 보유하고 있다면 분식회계 가능성이 매우 높다. 한국은행 '기업경영분석' 통계에 나타난 동종 유사 규모 기업들의 재고자산 비율 평균치와 비교하여 살펴보는 것도 한 방법이다.

재고자산이 담보 제공되어 현금으로 융통하는 데 투입되었거나 보험 가입, 법적 처분 제한 등의 절차가 이행되었을 때는 '주석사항'에 기재하는 게 원칙이다. 이를 어겼는지 확인하려면 법적 절차 진행 여부를 조심스럽게 살펴봐야 한다.

다. 비용을 과소 계상한다

당기순이익을 부풀리기 위해 당해 연도 비용을 다음 연도로 이월한다. 이런 수법을 동원하고도 당기순이익이 적으면 감가상각 방법을 변경한다. 전년도에 비하여 감가상각비를 적게 계상할 수 있는 감가상각 방법으로 변경하는 것이다. 따라서 매출액에 대한 감가상각비 비율을 검토하여 분식 여부를 가리는 데 참고해야 한다.

감가상각비 비율이란 당해 연도 감가상각비 비중에 대한 전년도 감가상각비 비중이다. 감가상각비 비율은 '전년도 감가상각비 비중 ÷ 당해 연도 감가상각비 비중'로 산출한다. 예컨대 2011년(전년도) 매출액에 대한 감가상각비 비중이 10%이고 2012년(당해 연도) 매출액에 대한 감가상각비 비중이 5%라면 감가상각비 비율은 2(10 ÷ 5)가 된다. 이처럼 분식회계 기업들의 감가상각비 비율은 하나같이 1.0을 훌쩍 뛰어넘는다. 당기 감가상각비를 전기보다 적게 계상하는 방법으로 당기 비용을 차기 비용으로 이전시킨 것을 알 수 있다. 분식회계를 하지 않는 제조업의 경우 평균 감가상각비 비율은 1.0 수준으로 매년 유형자산의 일정 비율이 감가상각비로 계상되고 있음을 나타낸다.

감가상각률로도 회계 투명성을 가늠해 볼 수 있다. 감가상각률이란 비상각자산(토지 · 건설 중인 자산 · 투자자산 · 입목 등)을 제외한 나머지 유 · 무형자산에 대하여 당기에 어느 정도 감가상각비를 계상했는가를 나타내는 비율이다. 따라서 감가상각비가 매출액에서 차지하는 비율이 높을수록 미래의 현금 회수 능력이 좋으며, 감가상각률이 높을수록 유 · 무형 자산의 회수가 빠르다고 볼 수 있다. 감가상각률은 '[감가상각비 ÷ (유 · 무형자산 − 비상각자산 +감가상각비)] × 100'으로 산출한다.

라. 안정성이 낮다

재무제표를 통해 부채의 과소계상 여부를 파악하기란 쉽지 않다. 간접적으로 부채비율[(부채 ÷ 자기자본) × 100]과 유동비율[(유동자산 ÷ 유동부채) × 100] 등 기업의 안정성 지표를 활용하는 것이 바람직하다. 한국은행의 '기업경영분석' 통계의 동종 업계 평균치를 참조하여 분석하는 것도 유용한 방법이다.

유동비율은 유동자산을 유동부채로 나눈 값이다. 일반적으로 높을수록 단기 부채 상환 능력이 인정된다. 하지만 유동자산을 활용하여 분식회계가 가능하다는 점을 감안한다면 이 비율이 높다고 반드시 안정성이 인정되는 건 아니다.

유동비율은 회사의 지급 능력을 나타내는 대표적인 비율이다. 현재 소유하고 있는 유동자산(현금예금, 외상매출금, 받을어음, 상품 등)의 유동부채(지급어음, 외상매입금, 단기차입금 등)에 대한 비율을 산출해 본다. 유동비율은 당면한 지급 능력을 표시하고 수치가 높을수록 바람직한 것이다.

하지만 과거 사례로 보면 부실기업일수록 유동비율이 높았다. 예컨대 적정의견을 받은 A기업의 유동비율은 135%에 불과했으나 비적정의견을 받은 B기업의 유동비율은 320%였다. 제조업의 유동비율 평균치가 100% 내외인 점을 고려한다면 부실기업들이 유동자산을 통해 이익을 부풀린다는 점을 새삼 깨닫게 된다. 따라서 부채비율이 높으면서 유동비율도 높은 기업의 경우 회계분식을 의심할 수 있다.

예컨대 부채비율이 300%를 넘어섰는데 유동비율 역시 300% 이상이라면 기형적인 재무비율이어서 분식회계 가능성이 농후하다고 할 것이다.

당좌비율 역시 회사의 지급 능력을 표시한다. 현금, 예금, 받을(수취)어음, 단기 보유 유가증권 등 환금성이 높은 자산을 당좌자산이라고 한다. 당좌비율이란 당좌자산의 유동부채 액에 대한 비율을 말한다. 당좌비율은 유동비율과 함께 기업의 단기적 채무 지급 능력을 측정하는 데 이용된다. 당좌비율은 재무 안정성의 자료로 간주되어 왔으며 대략 100% 이상이 바람직한 것으로 인식되어 왔다. 하지만 최근 들어 자금관리 기술의 발달에 따라 각종 비율의 의미는 저하되었고 요즘은 대부분의 기업이 100%보다 한층 낮은 수준이 되어 있다. 당좌비율은 '(당좌자산 ÷ 유동부채) × 100'으로 산출한다.

매입채무 회전율로도 기업의 지급 능력을 파악하기도 한다. 매입채무 회전율은 매입채무(외상매입금, 지급어음)의 변제 속도를 나타내는 것으로서 일정 기간 중 매입채무가 몇 번 회전되는가를 나타내는 비율이다. 매입채무 회전율은 '매출액 ÷ [(기초 매입채무 +기말 매입채무) ÷ 2] × 100'으로 산출한다. 비율이 높을수록 기업의 지급 능력이 양호한 상태임을 나타낸다. 확정된 일정한 비율은 없으나 한국은행 '기업분석' 통계를 기초로 동일 업종의 평균 비율과 비교하여 판단한다.

고정비율로도 기업의 유동성과 안정성을 엿볼 수 있다. 고정비율이란 고정자산의 자기자본에 대한 비율로서 자본의 유동성을 나타낸다. 고정비율이 100% 미만이면 자기자본의 일부가 유동자산을 마련하는 데 이용되는 중이고, 100% 이상이면 고정자산의 일부를 차입(타인) 자본으로 조달하고 있음을 뜻한다. 따라서 고정비율이 높을수록 재무 유동성과 안정성이 좋지 않다고 평가된다. 고정비율은 업종과 경제 정세 등에 따라 그 차이가 있다. 고정비율은 '(고정자산 ÷ 자기자본) × 100'으로 산출한다. 한국은행의 '기업경영분석' 통계를 기초로 동종 유사 규모의 평균치와 비교하면 기업의 부실화 여부를 어느 정도 판단할 수 있다.

고정자산은 그 현금흐름이나 수익이 장기간에 걸려 실현되기 때문에 고정부채와 자기자본 등 장기 자금으로 조달하여 투자해야 바람직하다. 유동부채인 단기 자금을 고정자산에 투입하면 부도 가능성이 높아진다. 따라서 고정자산과 관련된 재무구조의 안정성을 평가하려면 고정장기적합률을 검토해야 한다. 고정장기적합률은 다음과 같이 계산한다.

※ 고정장기적합률 = [(유형자산 +무형자산 +투자자산) ÷ (자기자본 +고정부채)] × 100

고정장기적합률을 언제나 100% 미만으로 유지해야 안정성이 보장된다. 100% 이상인 기업은 부실화와 분식회계 가능성이 높은 기업이다. 우리나라의 상당수 기업들이 100%를 넘는 데 비하여 미국과 대만 기업들의 고정장기적합률 평균치는 80%대를 유지한다. 그만큼 외국의 선진화된 기업일수록 매우 안정적인 경영을 추구하고 있다는 증거가 된다.

마. 수익성이 낮다

부실기입이자 분식회계를 즐기는 기업일수록 매출액, 이익 규모 등에 비하여 금융비용 부담이 과다하게 나타난다. 금융비용이란 포괄손익계산서의 영업외비용 중에 포함된 이자비용을 말한다. 다시 말해 기업 외부에서 조달한 차입금(타인 자본)에 대하여 지급하는 이자와 할인료가 이자비용이자 영업외비용인 금융비용이 된다.

이자보상배율

금융감독원이 제시하는 '부실기업 판정 가이드라인'에 과거 3년간 연속하여 이자보상배율이 1.0 미만인 기업이 포함된다. 은행이 부실기업을 판정할 때 여러 가지 변수를 고려하여 판단하겠지만 가장 기초적인 판단 기준은 이자보상배율이다. 이자보상배율이 많은 정보를 내포하고 있기 때문이다.

이자보상배율이란 기업이 영업 활동을 통해 벌어들인 돈으로 은행 차입금과 회사채 등의 이자를 정상적으로 갚을 수 있는지를 한눈에 알아볼 수 있는 유용한 재무 지표다. 이자보상배율은 재무제표의 영업이익을 금융비용으로 나누면 쉽게 구할 수 있다. 이자보상배율을 잘 분해하면 기업의 수익성과 재무 건전성 등 다양한 정보를 얻어낼 수 있다. '영업이익 ÷ 금융비용'으로 산출된 이자보상배율이 1.0을 넘어야 정상적인 영업 활동을 통해 벌어들인 돈으로 금융비용을 감당할 수 있을 것이다.

※ 이자보상배율 = 영업이익 ÷ 금융비용

이자보상배율이란 기업의 금융비용 부담 능력을 측정하는 지표로 1.0 미만이면 당해 연도 영업에서 벌어들인 이익으로 그 해 이자도 다 갚지 못한다는 것을 의미한다. 이런 부실기업의 경우에는 투자를 위한 부채 조달은 제쳐 두고, 우선 부도가 나지 않으려면 또 다른 차입을 통해 기존의 차입금 이자를 갚아나가야 하는 악순환에 직면하게 된다. 특히 이자보상배율이 2 ~ 3년간 1.0 미만에 머무르면 도산의 위기에 몰려 있음을 알 수 있다. 이 같은 관점에서 이자보상배율은 기업의 재무 건전성에 이상 징후를 알리는 최후의 적신호라고 할 수 있다. 하지만 이자보상배율이 1.0을 넘었다는 이유만으로 재무 상태가 건전하다고 말할 수는 없다. 외국 신용평가회사로부터 투자 적격의 최소한인 BBB 등급을 받으려면 이자보상배율 1.0으로는 어림도 없다. 예를 들어 S&P사의 BBB 등급 기업의 이자보상배율 평균치는 3.9배다. 이자보상배율이 이보다 낮다면 투자 부적격, 즉 잠재적으로 원리금 상환 능력에 문제가 생길 우려가 있다고 평가한다.

2001년 5월, 한국이 2010년 선진 경제로 진입하기 위해서는 기업의 퇴출 기준을 점차적으로 강화시켜 '이익을 내지 못하는 기업은 생존할 수 없는 환경을 만들어내야 한다.' 는 지적이 나왔다. 이자보상배율이 2.0 미만인 기업들에 대하여 2004년까지 단계적으로 대출 중단을 선언해야 한다는 주장, 수익을 내지 못하면 돈을 꾸어 쓸 수 없다는 점을 확실하게 경고하자는 취지였다.

세계적 경영 컨설팅 회사 맥킨지에 따르면 '부실채권은 기업과 산업의 가치 파괴와 더불어 한국 경제의 목줄을 죄는 악성 종양' 으로 간주되었다. 한국 상장법인 총부채의 78%가 잠재적 문제 여신이라는 지적이었다. 맥킨지가 들고 나온 잠재적 문제 여신, 즉 부실의 측정 잣대는 이자보상배율이다. 이 지표는 단순한 부채비율보다 기업의 건실성을 평가하는 데 적절하기 때문에 스탠더드 앤 푸처스(S&P)와 같은 국제신용평가기관에서 널리 쓰이고 있다.

어쨌든 1999년 말 기준 762개 상장법인을 대상으로 이자보상배율을 분석한 결과 무려 상장사 10개 중 6개는 잠재 부실 상태로 나타났다는 것이 맥킨지의 진단이었다. 영업 활동으로는 이자도 낼 수 없는 기업(이자보상배율 1.0 미만 : 43.3%)을 포함하여 이자보상배율 2.0 미만으로 지속적인 유지가 불가능한 수준의 기업이 전체에 60.4%에 달한다는 것이었다.

금액으로 따져 보면 '잠재적 문제 여신'의 비중은 더욱 올라갔다. 상장법인의 총부채 315조 원 중 78%에 달하는 245조 원이 이자보상배율 2.0 미만의 기업에 속해 있기 때문이었다. 따라서 과연 이자보상배율 2.0을 잠재적 문제 여신(부실)의 기준으로 삼을 것이냐에 대하여는 논란이 분분했다. 주식시장을 통해 자본을 조달하는 미국과 달리 차입 경영이 관행인 한국은 당연히 금융비용이 높을 수밖에 없다는 것이 반론의 초점이었다. 이자보상배율을 적용하더라도 1.0 안팎이 부실의 기준이 되는 게 현실적이란 주장도 가세했다.

한국 정부도 2000년 11월부터 이자보상배율 1.0을 잠재적 퇴출 대상 부실기업으로 규정하고 있다. 그 때부터 정부가 이자보상배율 1.0을 기업 퇴출의 가이드라인으로 설정하자, 1.0 미만의 기업은 급격히 감소한 반면 1.0에서 2.0 사이로 기업이 몰리는 현상을 빚기도 했다. 잠재적 문제 여신 판정의 가이드라인이 얼마나 위력을 가질 수 있는지 보여 주는 대목이기도 했다.

맥킨지는 보고서를 통해 2004년까지 이자보상배율 2.0 미만의 기업은 아예 대출을 받을 수 없는 단계적 접근까지 제시했다. 외형이 아니라 수익이 중심이 되는 기업만 살아남게 되고 이는 결국 주주의 이익을 높여 자본시장의 건전한 기반을 만들게 된다는 논리에서 출발한 견해였다.

한국은행의 '기업경영분석, 2005'에 따르면 2004년 말 기준으로 우리나라 전 산업 평균 이자보상배율은 4.8이고 일본의 경우 3.6이며 미국 제조업의 경우는 3.9였다.

수익성 비율

수익성 비율 중 이자보상배율은 분식회계 기업의 경우 과다한 부채로 인한 이자 부담과 영업 손실 때문에 마이너스(-0.1배, -1.5배, -30배 등)로 나타난다. 이와 반대로 적정의견을 받은 기업일수록 이자보상배율이 플러스(2배, 3배)로 나타난다.

총자산 이익률을 검토 분석해도 기업 회계의 투명성 여부를 가늠할 수 있다. 총자산 이익률은 '(당기순익 ÷ 총자산) × 100'으로 산출한다. 회계감사 때 비적정의견을 받은 기업의 총자산 이익률은 대체로 마이너스(-10%, -30%, -40%)이고 적정의견을 받은 기업의 경우 대부분 플러스(5%, 10%)로 나타난다. 따라서 분식회계를 한 기업일수록 수익성이 낮아 부채 상환 능력이 매우 취약함을 알 수 있다.

매출총이익에 대한 매출 변화로 회계 투명성을 확인할 수 있다. 매출총이익은 매출액에서 매출원가를 차감하여 계산한다. 매출액 증가율에 비하여 매출총이익 증가율이 극히 낮다면 분식회계의 유혹에 빠지기 쉽다. 예컨대 전년 대비 매출액 증가율이 30% 이상이고 매출총이익 증가율이 10% 미만이라면 분식회계를 했을 가능성이 높다.

동종 업계의 경쟁이 격화되어 매출이 격감하고 이익률도 낮아지고 매출이 감소할 때, 고정비가 변동비보다 비중이 큰 경우 이익률이 한층 낮아진다. 따라서 매출액은 급격히 늘고 있는데 매출총이익률의 증가율이 상대적으로 낮거나 감소한 기업의 재무제표에 대하여는 분식회계를 의심해도 좋다.

납입자본금 이익률은 납입 자본금에 대한 일정기간 순이익의 비율을 말한다. 납입자본 이익률은 '(순이익 ÷ 납입자본금) × 100' 으로 산출한다. 납입자본 이익률은 회사의 배당 능력을 측정하기 위해 이용되고 일반적으로 납입자본 이익률의 50% 정도에서 배당률을 결정한다. 순이익을 총자본과 비교하는 총자본(총자산 = 자산 총계 = 부채 +자본) 이익률도 회사의 수익성을 나타낸다.

납입자본금 이익률은 납입 자본금에 대한 수익성을 측정 판단하기 위한 지표로서 비율이 높을수록 수익성이 양호하다. 납입자본금 이익률은 주주들의 출자에 대하여 어느 정도의 배당이 가능할 것인가 예측할 수 있고 기업의 이익 처분 정책과 관련하여 중요한 역할을 한다.

부도 가능성이 높은 기업이나 분식회계가 의심되는 기업의 순이익은 대체로 감소된다. 전기와 당기를 대비한 실적보다는 가능한 한 전반적인 감소 추세인지 살펴야 한다. 순이익 감소 추세에 놓인 게 확실하다면 수익과 비용의 각 항목별로 원인을 분석할 필요가 있다.

수익성 지표 중에서 가장 많이 활용하는 것이 자기자본 이익률이다. 주주가 투자한 자본과 영업 활동을 통해 누적된 이익금에 대한 수익성을 표현한다. 자기자본 이익률은 '(당기순이익 ÷ 자기자본) × 100' 으로 산출한다. 자기자본 이익률이 시중 실세금리보다 높아야 기업의 수익성이 안정적이라는 평가를 얻을 수 있다.

자기자본 이익률 하락 원인이 채무에 대한 이자비용 때문이라면 특별히 경계해야 한다. 고정적 재무비용과 부채를 상환할 정도의 이익을 올리지 못하면 기존 부채 상환 기간을 다시 연장하거나 신규자금 조달하는 게 어렵기 때문에 대단히 위험하다.

자기자본 회전율은 자기자본과 순매출액과의 관계를 표시하는 비율로서 자기자본의 회전 속도를 표시하는 것이다. 이 비율로 자기자본의 활용도를 측정 검토하여 그 활동성의 양호여부를 판단하게 된다. 따라서 이 비율이 높을수록 자기자본의 이용도, 즉 자기자본의 활동성이 양호하다는 것을 나타낸다. 일정한 표준 비율은 없지만 당해 기업의 과거 평균 비율 또는 동종 유사 규모 기업의 실제 평균 비율과 비교하여 측정한다.

자기자본 회전율이 높다는 것은 수익성 증대의 가능성이 높다는 것을 의미하기도 한다. 그러나 이 비율이 현저히 높을 경우 외상매출의 과다 현상 또는 자기자본의 과소라는 재무 위험도 내포하고 있음을 경계해야 한다. 자기자본 회전율은 '(순매출액 ÷ 자기자본) × 100' 으로 산출한다.

'순매출액' 이란 당초 매출액에서 반품, 에누리(할인), 환입 등을 제외한 것이다. 상업 분야의 상품, 공업 분야의 제품이나 반제품, 서비스업 분야의 용역 제공에 따른 매출수익은 그 판매 또는 제공에 의해 실현된다. 이것을 매출액이라고 한다. 하지만 이미 판매된 것이라도 인도된 상품이나 제품의 일부가 파손되거나 수량 부족으로 인해 감액되거나 또는 품목 · 품질 등이 다르다는 이유로 반품되기도 한다. 이러한 과정에서 발생하는 반품, 에누리, 환입 금액을 매출액에서 공제한 것이 순매출액이다.

고정자산 회전율은 고정자산이 일정 기간 중에 몇 회전했는지 파악하는 등 고정자산의 회전 속도를 표시하는 비율이다. 이 비율로 고정자산의 이용도를 측정 검토하여 기업 자본의 이용도, 즉 그 활동성에 대한 양호 불량 여부를 판단한다. 고정자산 회전율은 '(순매출액 ÷ 고정자산) × 100'으로 산출한다. 고정자산 회전율이 높을수록 고정자산에 투하된 기업 자본이 효율적으로 운용되었다는 것을 의미한다.

고정자산이 회전율이 높을수록 고정자산에 관계되는 감가상각비, 이자, 보험료, 고정자산세 등 고정비의 부담이 절감된다. 고정비 절감은 제품 단위당 원가 절감으로 이어지고 시장 확보 경쟁에서 유리한 입장에 설 수 있어 기업의 수익성을 증대시킨다. 이와 반대로 이 비율이 낮을 경우 설비 운용의 비능률이나 고정자산의 과대 투자를 의미하기 때문에, 고정비의 증가로 수익성과 유동성이 저하되어 위험한 결과를 초래할 것이다.

수익성 호전 여부

포괄손익계산서의 이익 구조를 살펴보면 매출총이익, 영업이익, 경상이익, 법인세비용차감전순이익, 당기순이익으로 구분 표시되어 있다. 이처럼 이익을 세분하여 표기하는 이유는 재무제표 이용자가 기업의 경영 성과를 보다 정확히 파악할 수 있도록 하기 위해서다.

대차대조표(재무상태표)에도 당기순이익이 표시되지만 이것만으로는 이익의 세부 내역을 알 수가 없다.

기업의 수익 능력을 정확히 파악하려면 포괄손익계산서에 담겨 있는 단계별 이익의 의미를 이해할 필요가 있다.

매출총이익은 매출액에서 매출원가를 뺀 금액이고, 다시 판매비와관리비를 공제하면 영업이익이 된다. 판매비란 영업 담당 직원의 급료나 광고비등 영업 활동에 드는 비용을 의미하고 관리비란 그 밖의 관리비용을 말한다. 판매비는 기업의 영업 형태에 따라 크게 달라지기 때문에 기업이 본업에서 벌어들이는 이익의 크기는 매출총이익보다 영업이익에 더 잘 나타난다.

예컨대 제조회사가 직접 광고를 하고 자체적인 판매 조직을 통해 영업 활동을 한다고 치자. 이 경우 별도의 판매회사나 독립된 대리점을 가진 회사에 비하여 매출총이익이 높게 나타난다. 하지만 그만큼 판매비 부담이 커지고 영업이익은 낮아진다. 따라서 영업 형태의 특성을 고려하지 않고 단순히 기업 간의 매출총이익율을 비교하는 것은 무의미하다.

경상이익은 영업이익에 수입이자나 지급이자 등 재무 활동에서 발생하는 영업외손익을 가감한 것이다. 경상이익은 기존의 재무구조로 기업이 얻을 수 있는 경상적인 이익의 수준을 나타낸다는 점에서 기업의 수익 능력을 판단하기에 가장 유용한 지표가 된다.

손익 구분의 최종 단계인 당기순이익은 경상이익에 특별손익을 가감하고 법인세비용을 차감하여 계산한다. 하지만 특별손익은 비경상적이고 비반복적인 특성을 지닌 것이어서 기업의 수익 가치를 분석할 때는 주의를 요한다. 수익 가치는 순이익을 자본환원율로 나누어 계산하고, 시중은행 1년 만기 정기예금 평균 금리의 1.5배를 적용하여 자본환원율로 삼기도 한다. 수익 가치(순이익 ÷ 1년 만기 정기예금 금리의 1.5배) 안에는 현재의 이익 수준이 영원히 지속된다는 가정이 들어 있다.

하지만 공장용지를 팔거나 자회사를 매각하여 얻은 특별이익이 매년 발생할 것으로 기대하기는 어렵다. 따라서 만년 적자를 기록하던 회사가 흑자로 전환되더라도 그 원인이 영업수지나 재무구조의 개선이 아니고 특별이익의 반영에 의한 것이라면 회사의 수익성이 좋아졌다고 볼 수 없을 뿐만 아니라 분식회계의 가능성도 그만큼 높아진다.

주당순이익과 부채비율

주당순이익(EPS : earning per share)이란 회사가 발행한 보통주식의 1주당 순이익이 얼마인가를 나타내는 수치다. 포괄손익계산서의 당기순이익에 주기로 표시하고 산출 근거를 '주석사항'으로 공시하도록 하고 있다. 주당순이익이란 개념은 주주의 입장에서 볼 때 기업의 상대적인 수익 능력을 측정할 수 있는 매우 유용한 지표가 되기 때문에 증권시장에서 널리 이용되고 있다.

주당순이익은 주가 수익률 산정의 기초 자료로도 사용된다. 주식의 가격과 이익의 관계를 나타내는 개념인 주가수익률(PER : price-earning ratio)은 주가를 주당순이익으로 나눈 것이다. 이와 같이 주가는 주가수익률과 주당순이익을 곱한 것으로 표기할 수 있다. 따라서 주식의 주가수익률이 다른 종목에 대하여 상대적으로 낮다는 것은 주당순이익에 비하여 주가가 낮게 형성되어 있다는 것을 의미한다. 다시 말해 주식의 가격이 추가로 상승할 가능성이 높다는 것을 암시한다.

주당순이익은 당기순이익을 회사가 발행한 보통 주식수로 나누어 계산한다. 만약 우선주를 발행한 회사라면 당기순이익에서 우선주 배당금을 차감한다. 그리고 당기 중에 유·무상 증자나 주식 배당 등이 실시된 경우 발행 보통주식 수를 적절히 안배 조정해야 한다.

※ 주당순이익 : 당기순이익 ÷ 회사가 발행한 보통주식 수

※ 주가수익률 : 주가 ÷ 주당순이익

※ 주가 : 주가수익률 × 주당순이익

이 밖에 투자자들이 주당순이익을 투자 결정 자료로 이용할 경우 다음 사항에 유념해야 한다.

첫째, 회사가 전환사채나 신주인수권부사채 등 보통주를 청구할 수 있는 증권을 발행했다고 치자. 이때 현재의 주당순이익이 높더라도 이들 증권으로 인해 앞으로 보통주가 추가 발행되어 회사의 주당순이익은 더 낮아질 수도 있기 때문에 주주의 이익에 영향을 미친다.

예컨대 전환사채를 보유한 채권자가 전환권을 행사하여 보통주를 받게 되면 기존 주주는 신주인수권도 행사하지 못한 상태에서 유상증자가 이루어진 것과 동일한 결과가 된다.

둘째, 부채비율이 높은 회사일수록 경기 변동에 따른 이익 변화가 심하기 때문에 주당순이익의 변동폭도 크다. 따라서 경기가 확장 국면이라면 부채비율이 높은 기업의 주가가 크게 상승할 가능성이 있

지만, 반대로 경기가 침체 국면에 접어들었다면 부채비율이 낮아 안정성이 높은 종목이 상대적으로 선호도 높아진다.

바. 매입채무의 규모가 해마다 들쭉날쭉하다

상품과 원재료를 매입할 때 발생한 매입채무가 아니라면 단기차입금이나 미지급금으로 처리해야 원칙이다. 하지만 외상매입금과 지급어음으로 처리하는 사례가 있다. 이 같은 분식회계를 적발하려면 당기 말 매입채무 금액과 전기 말 매입채무 금액을 서로 비교하여 지나치게 들쭉날쭉한지 확인해야 한다. 단기차입금과 미지급금에 관하여 '주석사항'이 있는지 살펴봐야 하는 것도 그 때문이다.

매입채무를 줄이기 위해 갖가지 방법을 쓴 것처럼 느껴지면, 가장 먼저 매입채무의 전기 말 잔액과 당기 말 잔액을 비교해야 한다. 금액의 차이가 심할 경우 근본 원인을 따질 필요가 있다. 매출채권과 매입채무를 비교하여 그 금액의 차이가 현격히 벌어져 있다면 매출조건과 매입 조건을 상세히 확인해야 한다.

부채를 줄이기 위해 채권과 부채를 서로 상쇄하는 수법을 많이 쓴다. 예컨대 외상매출금과 외상매입금을 서로 가감하여 상계하고 지급어음과 받을어음을 맞바꿔 없애 버린다. 이런 수법을 쓴 것처럼 느껴질 때는 다음과 같은 분석 요령이 필요하다.

- 매출채권 회전율과 매입채무 회전율을 비교한다.
- 매출채권 회전율과 매입채무 회전율이 동종 업계 평균치와 비

슷한지 검토한다.

■ 매입채무와 매출채권의 총자산 대비 구성 비율을 산출하여 최소한 과거 3년간의 변동 추이를 분석한다.

■ 매출 관련 재무비율을 분석한 결과 갑자기 매입채무 · 매출채권이 증가했다면 그 원인 규명을 요구해야 한다.

■ 가공의 거래처, 관계회사 사이의 반복적인 위장 거래가 의심될 경우 직접 매입 · 매출 원장을 조회하는 등 적극적인 방법을 쓸 수도 있다.

사. 외국인 주식 지분율이 낮다

직접적인 재무제표 분석에 해당되는 특징은 아니지만 주주명부를 살펴볼 필요가 있다. 회계 투명성이 인정되는 기업은 외국인 지분율이 높은 것으로 알려져 있다. 외환위기 이후 외국 투자자들이 재무건전성이 불투명해 보이는 기업을 적극 피하기 때문에 분식회계가 의심되는 기업엔 외국인 투자자가 접근하지 않는다. 같은 업종이라도 외국인 지분이 많거나 아예 없는 등 양극화 현상이 일어난다. 따라서 동종 업계에서 상대적으로 외국인 지분율이 낮거나 거의 없는 경우 분식회계 가능성이 높은 기업이다.

아. 대규모 당기순이익을 내세운다

분식회계를 즐기는 부실기업일수록 대규모 당기순이익을 홍보용 지표로 앞세운다. 하지만 속내를 들여다보면 실질적인 이익이 아니라 회계 기법을 활용한 지상(紙上 : 장부상) 이익일 뿐이다. 사업 규모가 큰 대기업 집단일수록 인수, 합병, 관계회사끼리의 부당 내부거래 등을 통해 매출과 이익의 확대가 얼마든지 가능하기 때문이다.

내부거래는 증권거래법의 내부자거래와는 성격이 다르다. 내부거래란 대규모 기업 집단에 소속된 계열회사끼리의 부당 상거래 행위다. 계열사 사이의 거래가 모두 불법적인 것은 아니지만 부당 내부거래는 불공정 거래 행위에 해당된다. ■ 제품 가격, 거래 조건 등에서 계열회사에게 유리하게 하는 차별 거래 ■ 임직원에게 자사 제품을 사거나 팔도록 강요하는 사내 판매 강요 행위 ■ 납품업체에게 자기 회사 제품을 사도록 떠맡기는 거래 강제 ■ 정당한 이유 없이 비계열사와의 거래를 기피하는 거래 거절 등이 부당 내부거래다.

앞에서도 밝힌 것처럼 관계회사들끼리 반복적인 거래를 위장하여 매출과 이익을 늘리지 않았나 살펴봐야 한다. 아무리 매출과 이익이 증대되었다 하더라도 특별히 기술력과 품질을 인정받아 개척한 우량 거래처들이 아니라면 분식회계 가능성이 높다. 종속 지배 관계를 유지하는 회사들을 통해 매출과 이익을 늘렸음이 확실할 경우 그 이익의 질과 사업의 성과는 온전하게 인정되기 어렵다.

이익의 질과 사업의 성패를 따지고 싶다면 현금, 재고자산을 포함한 총자산 대비 당기순이익이 어떻게 움직이고 있는지도 분석해야 한다. 어떤 사업 부문에서 집중적으로 이익이 나는지, 주로 어느 부문에서 결정적으로 손실이 나는지, 현금 입금이 수반되지 않는 장부상 이익이 얼마나 되는지 파악하는 것도 중요하다.

따라서 재무제표를 관찰할 때 당기순이익의 규모에만 매달리지 않아야 한다. 전반적인 이익의 질을 따지기 위해서는 총자산 이익률을 동종 업계와 비교하여 변화의 추이를 예의 주시해야 한다. 총자산 이익률을 검토 분석해도 기업 회계의 투명성 여부를 가늠할 수 있기 때문이다. 총자산 이익률은 '(당기순이익 ÷ 총자산) × 100'으로 산출한다.

회계감사 때 비적정의견을 받은 기업의 총자산 이익률은 대체로 마이너스(−10%, −30%, −40%)이고 적정의견을 받은 기업의 경우 대부분 플러스(5%, 10%)로 나타난다. 따라서 분식회계를 한 기업일수록 수익성이 낮아 부채 상환 능력이 매우 취약함을 알 수 있다.

매출총이익에 대한 매출 변화로도 회계 투명성을 확인할 수 있다. 매출총이익은 매출액에서 매출원가를 차감하여 계산한다. 매출액 증가율에 비하여 매출총이익 증가율이 극히 낮다면 분식회계의 유혹에 빠지기 쉽다. 예컨대 전년 대비 매출액 증가율이 30%이고 매출총이익 증가율이 10%라면 분식회계를 했을 가능성이 높다.

대상 기업의 수익성을 검토하기 위해 매출액 순이익률, 매출액 경상이익률, 매출액 총이익률, 자기자본 이익률, 배당수익률 등도 살펴봐야 한다. 물론 한국은행 '기업경영분석' 통계의 동종 업계 평균치와 비교하여 양호한지 불량한지 판단할 수 있다.

매출액 순이익률은 순이익의 매출액에 대한 비율로서 '(순이익 ÷ 매출액) × 100'으로, 매출액 경상이익률은 경상이익의 매출액에 대한 비율로서 '(경상이익 ÷ 매출액) × 100'으로, 매출액 총이익률은 매출총이익의 매출액에 대한 비율로서 '(매출총이익 ÷ 매출액) × 100'으로, 자기자본 이익률은 당기순이익의 자기자본에 대한 비율로서 '(순이익 ÷ 자기자본) × 100' 으로 산출한다.

배당수익률이란 금기에도 전기와 같이 동일한 배당률로 배당이 실현된다고 가정하여 현재의 가격으로 주식을 매입하여 결산기말까지 보유한다고 할 때 몇 %의 수익을 얻을 수 있는가를 측정하는 지표다. 주식시장 전체의 수익성 정도를 파악하거나 종목 간의 주가 수준을 비교하는 데 이용된다. 배당수익률은 개별 종목의 1주당 배당금을 매일의 종가로 나누어 산출하는 종목별배당수익률과 주식시장 전체의 배당수익률 수준을 나타내는 평균배당수익률로 나눌 수 있다. 평균배당수익률은 다시 단순평균배당수익률과 가중평균배당수익률로 구분된다. 배당수익률은 '[배당금 ÷ 시장가격(주가)] × 100' 으로 산출한다.

자기자본 이익률과 배당수익률이 시중 실세 금리보다 높아야 기업의 수익성이 안정적이라는 평가를 얻을 수 있다.

자. 특수관계인과의 자금 거래가 빈번하다

기업 내부의 경영자, 대주주, 특수관계인, 계열사 등과의 거래 내용을 살펴보면 자금의 변칙 이동이 대체로 드러난다. 기업의 매출과 이익을 늘리기 위해 위장 거래를 시도하는 경우도 있겠지만 개인의 경영권 유지, 특수한 자금 거래, 비자금 조성, 사적 주식투자 등에 필요한 용도로 흘러간다. 결국 이러한 편법 자금 거래는 기업 재산의 유용, 사내 이익의 유출로 연결된다. 필자가 실제 경험한 사례를 예로 들어 보자.

B그룹의 11개 계열기업군 가운데 공개 상장법인은 오직 B건설뿐이었다. 나머지 비공개 기업 중에 B종합상사라는 총수 일가의 개인 출자 회사가 있었다. 이 회사는 서울과 경기 지역의 대규모 아파트 단지에서 대형 슈퍼마켓을 운영하는 전문 유통업체로, 그룹의 주력 기업인 B건설에 기생하며 갖가지 수법으로 높은 수익을 올리고 있었다.

B건설 소유의 상가 건물을 헐값에 분양하거나 빌리기, 건물 임차료를 물품 혹은 가공 채권 · 채무로 상계하기, 공짜로 B건설 소유의 사무실을 쓰거나 실제보다 임차 면적 줄이기, 무상으로 B건설의 인력 지원받기, 거액의 운전자금 빌려 쓰기, 비업무용으로 판정된 부동산 싼값에 사주기 등은 외형상 불법 행위가 아니었다.

C회장의 측근 이사들은 회장 일가가 지배하는 개인 기업에게 원가 부담이 되는 요인들은 가능한 한 B건설의 원가로 이전시키는 방법을 강구했고, B종합상사의 물건을 팔아 주는 데 혈안이 되었다.

B종합상사처럼 상장법인의 살점을 뜯어먹으며 기생하는 비공개 기업이 어디 한둘이겠는가. 세상에 이미 알려진 계열사뿐만 아니라 전혀 드러나지 않은 은닉 계열사도 상당수 있다.

상장기업에 빌붙어 연명하는 대주주의 개인 기업들은 기생충처럼 모기업(주력 기업)의 자양분을 공짜로 섭취하며, 방만한 경영에도 불구하고 흑자를 낸다.

이를 확인하려면 매출 거래처 명단과 매출 규모, 매입채무와 매출채권의 거래처별 금액을 비교 분석해야 한다.

미실현 이익

재벌기업 연결재무제표의 주석(註釋)을 살펴보면 거의 예외 없이 '미실현 이익'을 제거한 방법과 그 내용이 공시되어 있다. 지배회사나 종속회사의 개별재무제표에는 나타나지 않는 이러한 내용이 연결재무제표에서 문제가 되는 이유는 무엇일까. 연결회사 간의 내부거래에서 발생된 이익 중 외부로 판매되지 않고 남아 있는 자산에 포함된 이익은 아직 실현되지 않은 것으로 간주해야 하기 때문이다.

연결회사 간에 상품 거래가 이루어진 경우 개별 회사의 입장에서는 매출과 매입으로 인식하지만, 연결 실체의 전체적인 입장에서는 물품의 단순한 내부 이동에 불과하여 수익과 비용으로 인식할 수가 없다. 외부의 제삼자에게 팔았을 때 비로소 연결 실체의 거래로 인식하기 때문이다.

예컨대 지배회사(모회사)인 A사가 종속회사(자회사)인 B사에게 원가 10억 원의 상품을 20%의 마진을 붙여 판매했다고 가정하자. 하지만 결산기말 현재 절반은 외부에 판매되고 나머지는 종속회사인 B사의 재고자산으로 남아 있다. 이때 B사의 대차대조표(재무상태표)에는 A사로부터 매입한 재고자산이 6억 원으로 반영되겠지만, 연결재무제표를 작성할 때는 1억 원의 내부 '미실현 이익'을 제거한 5억 원으로 표시해야 정상이다.

이와 같이 지배회사가 종속회사에게 일정 이윤을 가산하여 판매한 경우, 결산기말 현재 종속회사의 재고자산에 포함된 미실현 이익은 지배회사의 종속회사에 대한 지분율에 관계없이 전액 제거된다.

이와는 달리 종속회사가 지배회사에 판매함으로써 발생한 '미실현 이익' 은 지배회사의 지분 비율에 상당하는 금액만 제거한다. 그리고 지배회사 지분에 부담시키거나 전액을 제거하여 지배회사 지분과 외부 주주 지분에 안분(安分 : 비례 배분의 방법으로 나눔)해야 한다

자회사를 통해 판매가 이루어지는 회사의 재무제표를 분석할 때는 포괄손익계산서에 계상된 매출액이 실제로 실현된 것인지 음미해 볼 필요가 있다. 결산기말에 임박하여 자회사에 '밀어내기' 식으로 제품을 판매하면 모회사의 개별재무제표에는 매출수익이 실현된 것처럼 나타나기 때문에 분식회계에 악용될 소지가 충분하다.

물론 연결재무제표에는 이러한 '미실현 이익' 이 제거되어 나타나겠지만, 과거 우리나라에서는 연결재무제표가 부속적인 재무제표로 이용될 뿐이었기 때문에 종속회사에 대한 매출을 통해 지배회사의 이익을 부풀리는 사례가 적지 않게 발견된다.

따라서 포괄손익계산서상의 관계회사 매출액에 비하여 대차대조표(재무상태표)상의 관계회사 매출채권 금액이 지나치게 높게 나타난 경우, 특수관계자(사실상의 계열기업, 협력회사 포함) 간의 거래를 통해 이익을 조정하려는 의도가 없었는지 의심하면서 분석해야 한다.

차. 전기 오류의 수정 폭이 크다

'전기 오류 수정' 이란 전년도 회계 처리 실수 또는 분식회계를 바로잡아 이익잉여금 규모를 수정하는 방법이다. 예전에는 당기순이

익이나 당기순손실에 영향 없이 잉여금처분계산서의 전기이월이익잉여금 규모를 소급하여 고치면 별다른 무리가 없었다.

하지만 2001년 1월 오류 수정에 관한 기업회계기준서가 발표되면서 그 기준이 달라졌다. 전기 오류 수정 손익의 효과를 당기 손익에 반영하는 것을 원칙으로 했다. 다시 말해 과거에 오류가 있었던 부분도 이제는 당기 손익에 영향을 주도록 표시해야 한다는 뜻이다. 다만 재무제표의 신뢰성을 심각하게 손상할 정도로 매우 중대한 오류 수정은 과거 재무제표를 다시 작성하도록 했다.

한 번 분식회계를 했다면 그 결과는 속살의 상처가 곪아 가듯 꾸준히 누적된다. 하지만 실적이 다소 호전되고 재무구조의 기반이 개선될 경우 과거의 분식회계를 어떤 방법으로든 바로잡아야 한다. 이때 여러 방법을 동원해도 여의치 못할 경우 '전기 오류 수정'이란 항목을 이용해야 한다. 어쨌든 반성의 기회를 만들어 고해성사를 하듯 전기 오류를 대폭 수정했다면 다행스러운 일이지만 '분식회계 전과자'란 낙인으로부터 자유롭지는 못할 것이다.

카. 경영진과 감사의 프로필이 불투명하다

일반적으로 이사회, 감사, 주주총회를 주식회사의 3대 기둥으로 꼽기도 한다. 하지만 모든 결정을 그룹 총수가 독단으로 내리던 우리나라 경영 풍토에서의 3대 기구는 그저 법률적 요식 행위에 불과했다. 상장법인의 임원, 모든 직장인들의 꿈을 이룰 수 있는 자리로 알려졌으나 사실은 그렇지 않았다.

필자의 경험으로 미루어보건대 '파리 목숨' '연대보증' 등 법인등기부상 임원에 따라붙는 불길하고 낯익은 어휘들이 떠오른다. 법인등기부에 이사(理事)로 등재되면 부장(部長)보다 운신의 폭이 좁으면서 총수에게 무조건 복종해야 한다. 그러면서도 '사표 써라'는 말 한 마디에 군말 않고 물러서야 하는 것이 이사라는 자리였다.

우리 기업 안에서 '인간적 경영'이라는 말로 미화되기도 하는 경영 풍토는 그룹 총수들의 뇌리에 깊이 뿌리 내린 한 가지 생각에서 비롯된 것이다. 그 고정관념은 바로 '이 회사의 주인은 나다' 였다. 재벌 그룹 총수들에게는 주식회사에 투자한 주주들, 돈을 대준 금융기관들, 회사 임직원과 소비자들 모두 이래라 저래라 할 자격이 없는 국외자일 따름이다.

이런 상황에서 주식회사의 사실상 최고 의사결정기구(법률적으론 주주총회)인 이사회가 제대로 돌아갈 리 없다. 국내에서 이사회는 그룹 총수의 '거수기'에 불과하다는 비아냥거림이 있는 줄 알지만, 사실 거수기 노릇이라도 제대로 해 본 이사들이 있는지 궁금하다. 회사 등기부상의 이사 중에 직접 법인용 인감(회사의 한 기관을 상징하는 도장)을 날인한 사람이 몇 명이나 있을까. 이사들의 인감을 총수가 직접 관리하면서 '서면(書面)결의(決議)'라는 구실로 회람을 돌리는 '이사회결의서'에 서명하고 마는 풍토에서 말이다.

필자가 근무했던 대기업의 등기부상 비상근 감사(監事)들은 총수 개인 소유 목장이나 빌딩의 관리인, 총수 일가 선산의 산지기, 시골 친인척, 총수 수족의 부친 등 경영에 문외한인 사람이 대부분이었다. 이름뿐인 이 감사들은 결산보고서에 어떤 이유로 자기 이름이 올라야 하는지 몰랐고, 1년에 한 차례 주주총회에 참석하여 감사보고서나 떠듬떠듬 읽는 것으로 임무를 다했다. 내부 감사는 있으나 마나 한 '산지기 감사'에다 외부 감사마저 '수박 겉핥기'였으니 최대 주주의 손아귀에서 어떻게 회사를 지킬 수 있었겠는가.

등기부상 이사진과 비상근 감사의 이력 사항을 확인하라. 별다른 학력이나 회사 근무 경력이 없고 전문성이 인정되지 않거나 최대 주주와 가까운 친인척들이 포함되어 있다면 십중팔구 부실기업이기 십상이다. 내부견제 장치가 미흡하니 분식회계를 시도해도 방어할 도리가 없기 때문이다.

타. 대주주가 배당을 포기한다

회사를 사유물처럼 만들며 분식회계와 비자금 조성에 천재성을 발휘하던 L그룹 C회장의 쇼맨십은 대단했다. 거만하고 깐깐하고 가부장적인 모습을 보이던 그도 주주총회가 열리기만 하면 주주들 앞에서 납작 엎드리곤 했다. 그룹 주력 기업 L건설의 경영 실적이 부진하다는 이유로 자신과 일가가 가진 주식에 대하여는 소액주주보다 낮은 배당률을 제시하거나 무배당을 의결하도록 주문했다.

뒤로는 계열기업 간 내부거래, 주식 내부자거래, 비자금 조성으로 회사를 거덜 내면서도 놀라운 희생정신을 홍보한 것이다. 그나마 소액 주주들에게 높은 배당률을 제시할 수 있었던 것은 천문학적인 부실 규모를 숨기고 억지로 이익을 냈기에 가능한 일이었다.

이처럼 납입자본 이익률이 높지 않음에도 대주주 배당을 포기하고 소액주주들에게는 선심을 쓰는 이유를 깊이 살펴봐야 한다. 분식회계를 숨기고 주가를 관리하면서 드러나지 않는 변칙 이익을 챙기는 경우가 많기 때문이다.

파. 경영진의 변경이 빈번하다

위기감을 느낀 상장법인 K사의 이사 두 명이 K회장에게 반기를 들었다. K회장이 제멋대로 회계 장부를 주무르는 등 변칙 회계와 불투명한 경영을 일삼는 데 대하여 문제점을 지적하고 경영 혁신을 요구했다. 2년 전에 출범한 경영발전위원회의 '수박 겉핥기' 식 운영도 비판의 도마 위에 올렸다. 충직한 건의에 분기충천한 K회장은 망설이지 않고 그 이사 두 명을 해임시켰다.

K사 직원 대표 15명이 K회장의 자택을 방문했다. 이들은 경영 혁신에 대한 프로그램을 간곡히 건의했고 긴 토론 끝에 K회장의 동의를 얻었다. 하지만 며칠 뒤 K회장은 주동자인 간부를 계열사로 전보 발령을 냄으로써 약속을 깨버렸다. 도저히 묵과할 수 없다고 판단한 직원 대표들은 분식회계 근거 서류를 내세우며 K회장의 퇴진을 요구했다.

이처럼 외부로 비판의 목소리가 새어나오거나 임원과 간부진이 자주 바뀌는 회사라면 분명히 내부적인 고민과 문제점들이 적잖게 숨어 있다. 그 문제점들 중에는 최고경영자(CEO)와의 마찰, 최고경영자에 대한 불만과 불신이 대부분을 차지한다.

독단적인 전횡의 칼을 휘두르는 최고경영자일수록 경영의 투명성을 인정받지 못할 뿐더러 내부로부터 비판의 화살을 받아야 한다. 결국 자리보전을 위해 특단의 조치를 할 수밖에 없다. 분식회계를 비판하는 임원을 해임하고 바른말을 하는 간부를 변방으로 밀어내 버리는 것이다.

어쨌든 공정하고 객관적인 감시(監視) 절차를 밟지 않는 등 내부 통제 시스템이 허술한 회사, 최고경영자의 독단이 감지되는 회사, 최고경영자에 대한 비판의 목소리가 흘러나오는 회사, 특히 임원과 재무 담당 간부가 자주 바뀌는 회사라면 부도 발생 위험도와 분식회계 가능성이 매우 높다고 봐야 한다.

이 밖에 ■ 최대 주주의 지분율이 높고 ■ 이사회에서 최고경영자의 영향력이 크고 ■ 최고경영자가 기업의 설립자이고 ■ 내부 감사위원회가 없고 ■ 사외이사 중에 특수한 관계가 있는 구성원이 포함되어 있는 기업일수록 회계 투명성이 낮다.

※ 사외이사

사외이사(社外理事)란 전문 분야의 지식이나 풍부한 경험을 바탕으로 기업 경영 전반에 걸쳐 폭넓은 조언과 전문 지식을 구하기 위해 선임되는 기업 외부의 비상근 이사를 말한다. 일반적으로 대학교수, 변호사, 공인회계사, 언론인, 퇴직한 기업 임원, 퇴직 관료, 기업인 등 일정 요건을 갖춘 전문가들이 사외이사가 된다. 특히 해당 분야의 전문가로서 회사 밖에서 회사의 경영에 관여하는 것을 목적으로 선임된다.

이사회 구성원의 일원으로 회의에 출석하여 이사회 제출 의안을 심의하는 등 회사의 경영에 적극 참여한다. 사외이사는 이사회에서 회사의 업무 집행에 관한 의사 결정, 대표이사의 선출, 대표이사의 업무 집행에 대한 감독, 경영진의 업무 집행에 대한 감독·감시 기능을 수행한다.

사외이사는 회사의 임원이나 피고용인이 아닌 위치에 선다. 주주로부터 권리를 위임받은 이사로서 회사의 최고경영자 등 업무 집행 기관으로부터 독립적인 위치에서 법령이나 정관에서 정한 직무를 수행한다. 경영진과 직접적인 관계가 없기 때문에 객관적인 입장에서 회사의 경영 상태를 감독하고 조언할 수 있다.

하지만 이 같은 성격에도 불구하고 과거의 사외이사들은 대부분 학연, 지연, 혈연 등 특수 관계자와 다름없는 사람들이 기업주에 의해 형식적으로 임명(?)되었다. 결국 이 사외이사들은 분식회계와 불투명한 경영을 감싸주는 '들러리' 역할에 머물 수밖에 없었다.

하. 각종 뉴스와 공시가 넘친다

요즘 들어 코스닥 상장기업들의 장밋빛 공시 내용이 러시를 이룬다. 외국 바이어와 중요한 계약을 체결했다느니, '줄기세포'와 생명공학 관련 사업에 진출했다느니, 기술력 있는 기업의 영업권이나 특허권을 사들였다느니, 우회 등록을 원하는 우량기업과 합병을 추진하고 있다느니 호재가 될 만한 공시를 경쟁하듯 쏟아낸다. 이처럼 검증되지 않은 내용을 공시하는 기업일수록 이익 유보 없이 적자 행진을 계속하는 경우가 대부분이다.

장부 조작과 주가 조작을 즐기는 코스닥 상장기업들의 공시 내용은 다분히 ■ 성공적인 유상 증자를 실시하려고 ■ 다른 대기업으로 경영권을 넘기기 전에 유리한 고지를 점령하려고 ■ 대주주 관련 보유 주식을 고가에 처분하려는 데 초점을 맞춘다.

특히 여러 가지 사업을 백화점 앞 좌판처럼 벌여 놓고 갖가지 호재가 될 만한 공시 내용을 거의 습관적으로 배출하는 코스닥 상장기업들도 제법 많다. 이런 회사일수록 주된 사업목적을 구분하기 곤란할 뿐만 아니라 총체적인 사업 목적이 불분명할 정도로 혼란스럽다.

주된 영업 활동과 사업 목적을 구별하기가 어려운 기업, 장밋빛 청사진을 거의 정기적으로 공시하는 기업이 있다면 부실기업일 가능성이 매우 높다. 각별히 유의해야 할 대목이다.

세계 최대의 에너지 거대 그룹 엔론의 파산은 파생상품 회계 처리에서 비롯되었다. 엔론그룹의 레이 회장은 첨단 금융 기법을 토대로 에너지 중개 시장을 개척했다. 초기에는 에너지를 기초 자산으로 하는 상품 거래를 통해 제법 수익을 올렸다. 이에 자신감과 재미를 느낀 레이 회장은 그 범위를 확대하여 신용 파생상품에까지 손을 댔다. 에너지 전문 기업을 치고 빠지는 '헤지펀드' 성격의 회사로 둔갑시켰던 것이다.

그 때부터 엔론그룹의 레이 회장은 단순한 숫자놀음만으로도 선물시장을 갖고 노는 비법을 터득했다. 에너지 파생상품 거래는 전문가의 눈을 속일 수 있을 만큼 회계 방법이 복잡하고 교묘했기 때문에, 회계법인의 자문을 받아 가며 분식회계 놀음에 빠져 버렸다. 그럴수록 지구촌 시장을 상대로 장밋빛 청사진이 담긴 사업계획서를 수없이 쏟아 놓았다.

무리한 사업 확장은 에너지 관련 파생상품 거래에 머물지 않고 수력발전, 초고속통신사업 진출은 물론 다양한 파생상품에까지 손을 대면서 통제 불능의 상태에 빠졌다. 경기가 좋을 때는 대규모 자금조달이 가능했기 때문에 확장 전략이 먹혀들어 기업의 성장과 확대재생산이 보장되었지만, 경기가 하강 국면에 이르자 단숨에 파산하고 말 것 같은 위기감에 휘말렸다. 게다가 2001년 여름이 되자 에너지 가격이 급락하면서 숨겨져 있던 부실이 곳곳에서 터져 나왔고 이를 감추기 위해 본격적인 분식회계를 시도하기 시작했다. 이미 10억 달러가 넘는 부채를 숨기고 있었기 때문에 장부조작이 쉽지 않았다.

그처럼 엔론그룹이 지옥행 막차를 타고 있을 때였다. 2001년 8월 미국의 한 애널리스트는 경제 전문지 '포천'을 통해 엔론사의 주식을 평가하면서 '앞으로 10년 동안 성장 가능성이 높은 10개 주식의 하나'로 선정했다. 그 뒤에도 '포천'지는 엔론사를 '가장 혁신적인 회사'로 꼽았으며 '뉴욕타임스'도 덩달아 엔론사를 '새로운 직장의 모델'이라고 부르며 극찬을 아끼지 않았다.

그뿐이 아니었다. 엔론사는 지난 1996년부터 2001년 사이에 '포천'이 주는 '미국 최고의 혁신기업상' 등 대단한 상복을 누렸다. 그 영향으로 '사업 구조조정의 교과서' '세계 최대 온라인 상품 거래 사이트의 선구자' 'e-비즈니스의 총아'라는 호칭을 얻었다.

그렇게 잘 나가던 회사, 애널리스트들이 이구동성으로 장밋빛 미래를 역설하던 대기업 집단, 세계 최대 에너지 그룹 엔론이 역사상 최대 규모의 파산 회사가 되었다. 2000년 주당 80달러 이상 폭등했던 엔론의 주가는 2001년 12월에는 1달러 이하, 주당 26센트로 폭락했다. 최종적으로 드러난 파산 규모는 659억 달러에 이르렀다.

2001년 2월, 엔론이 부도나기 10개월 전에 '포천'의 여기자 배더니 맥린은 '엔론의 주가는 과대 평가됐다'는 기사를 썼다. 엔론의 부도 가능성과 분식회계의 함정을 날카롭게 지적한 기사였다. 맥린은 이 기사에서 재무제표와 사업보고서에 결정적인 정보들이 누락되어 있음을 지적했다. 하지만 동료 기자, 심지어 데스크까지 이 기사의 진정한 의미를 몰랐다. 엔론그룹의 레이 회장은 '엔론의 주가를 하락시켜 큰 이익을 보려는 사람들이 조종해 만든 사실 무근의 기사'

라고 공격했다. 여기자 맥린으로서는 참으로 외로운 싸움이었다.

우리나라에서도 예외가 아니었다. 그 동안 무너진 대기업 집단, 천문학적 규모의 분식회계로 물의를 일으킨 대기업들에 대하여 경계해야 한다는 목소리를 낸 애널리스트는 단 한 명도 없었다. 오히려 부실기업 경영진의 목소리를 대변하는 듯한 견해가 시장을 지배하고 있었다. 결국은 증권가의 평가와 소문을 믿고 투자한 '개미군단' 만 피해를 입었을 뿐이다.

증권가의 애널리스트들이 교대로 입을 바꿔 가며 반복 추천하는 기업, 그들이 경쟁하듯 비현실적인 사업 전망을 내놓는 대상 기업이 있다면 각별히 주의해야 한다. 애널리스트들과 주식시장의 큰손, 기업 경영자, 대주주 등이 유착 관계를 유지하다가 사고를 칠 가능성이 높기 때문이다.

임직원들에게 휘황찬란한 스톡옵션, 지나친 인센티브, 고액의 성과급을 내건 회사의 경우도 외화내빈일 가능성이 높다.

거창한 사탕발림 뒤에는 기업주의 말 못 할 속사정, 누적 결손과 흑자(?) 도산에 대한 두려움이 숨어 있기 십상이다. 경영진이 발 벗고 나서서 주가 관리에 매달리는 회사, 영업 목표를 비현실적으로 높게 잡고 희망적인 전망을 내놓으며 호언장담하는 회사도 경계 대상이다.

매입 거래처와 매출 거래처 등 거래 업체나 거래 업체 관계자들의 얼굴이 수시로 바뀌는 회사, 지나친 경쟁 구도 속에서도 일취월장을 장담하는 회사의 경우도 허장성세일 가능성이 높다. 투명경영을 기치로 내건 회사일수록 소리 없이 차분하게 움직이면서 알찬 결과를 선보이지만, 분식회계를 즐기는 회사일수록 장밋빛 청사진을 내세운다는 점에 각별히 유의해야 한다. 이상과 같은 불안 요인들에 대하여 공인회계사들도 집중 점검하고 있으니 일반 투자자들도 적극 참고할 필요가 있다.

※ 헤지펀드(hedge fund)

물가 상승이 예상되면 현명한 투자자는 대책을 강구한다. 현금을 어떻게 관리해야 바람직할까, 은행 저축과 금고 보관 중 어느 쪽이 더 유리할까, 고민한다. 하지만 결론은 의외로 간단하다. 인플레가 우려되면 당연히 돈보다는 물건으로 보유해야 한다. 특히 부동산 투자는 물가 상승 시기에 가장 안전한 투자 수단이 될 수도 있다. 이때 부동산이 물가 상승의 위험을 회피할 수 있는 주요 '헤지(hedge)' 수단이 된다.

예컨대 여러 사람들의 돈을 모아 주식투자 기금을 만들었다고 하자. 이 경우 소득이 생기면 세금을 내는 건 물론이고 투자 기금의 덩치가 커질수록 각종 규제도 받아야 한다. 이 같은 세금과 규제를 피하는 길이 없을까 고민한 끝에 출현한 것이 헤지펀드다. 헤지펀드의 '헤지'란 각종 규제로부터 도망치면서 세금을 회피한다는 뜻이다.

개인이나 기관투자가들로부터 모은 돈의 이윤을 극대화하기 위해 국제 증권·외환 시장에 투자하여 단기 이익을 올리는 민간 투자기금이 바로 헤지펀드다. 100명 미만의 투자자들로부터 거액의 자금을 모아 카리브해의 버뮤다제도 등과 같은 조세피난처에 거점을 설치하고 자금을 운영한다. 수익이 나는 곳이면 세계 어디든 투자하고 주식·채권 등 기본적인 금융상품은 물론 선물·옵션·스왑 등 파생금융상품, 원유와 같은 1차 상품 등을 가리지 않고 공격적인 형태의 투매를 한다.

헤지펀드는 파생금융상품을 교묘하게 조합하여 도박성이 큰 신종 상품을 개발하는데, 이것이 국제금융시장을 교란시키는 요인이 된다. 세계 금융계를 주무르는 대표적 헤지 펀드는 미국의 조지 소로스가 운영하는 퀀텀 펀드로 우리나라의 주식시장에서도 수억, 수십억 달러를 운용하고 있는 것으로 알려져 있다.

우리나라에서도 1996년 9월 금융기관들의 자금을 모아 남아메리카와 동유럽 등 위험성이 비교적 높은 신흥 시장에 집중 투자하는 헤지펀드가 최초로 생겼다. 헤지펀드는 주로 각종 금융상품을 투자 대상으로 삼는다. 금융상품에서도 선물이나 옵션 같은 복잡한 파생금융상품을 위주로 '치고 빠지기'식의 초(超)단기 투자를 한다.

특히 파생금융상품을 집중 거래하기 때문에, 이 헤지펀드들이 일제히 움직일 경우 국제 금융계에 미치는 파급 효과는 하루 수조 달러에 이를 것이다. 서방 7개국(G7)을 포함한 OECD 가입국의 모든 중앙은행들이 동원 가능한 자금 규모를 능가하기 때문에 헤지펀드가 국제 금융 시장에 미치는 위력은 상상하기 어렵다.

부실경영, 분식회계 기업에 당하지 않는 길

주식투자란 어떤 측면에서 정보와 루머를 먹고사는 생물과 같은 존재다. 어느 정도 위험이 예상되고 정보가 의심스럽더라도 시세차익을 노릴 수 있다면 과감히 투자한다. 그 과감성은 마침내 소액투자자들의 파산으로 이어진다. 민첩하게 대응하는 큰손들과 정보 분석 능력 있는 전문가들이 발을 뺍은 뒤 벌어지는 몰락의 도미노 사태다.

코스닥 상장사 터보테크가 헛된 정보(공시)를 치밀하게 양산하여 감독 당국의 감동(?)을 얻고 있을 때 그 회사는 이미 썩어가고 있었다. 그 당시 필자는 주변 사람들에게 손 뗄 준비를 하라고 미리 말했다. 진로그룹이 몰락하기 정확히 1년 전부터 이웃들에게 분명히 장담했던 것처럼 말이다.

– 두고 봐! 1년 안에.

필자의 예언(?)은 적중했다. 터보테크는 1년이 안 걸렸고 진로그룹은 거의 정확하게 1년 안에 주저앉았다. 대우그룹만 좀 오래 걸렸을 뿐이다.

증권사 애널리스트, 회계법인의 공인회계사, 상장법인의 경영진, 주변 전문가들의 조언 등을 전적으로 믿던 시대는 가고 있다. 아니 흘러간 노래가 돼야 한다. 이제는 투자자들이 직접 정보를 읽을 수 있어야 한다.

필자의 경험에 입각하면 작전주, 급등주, 세력주, 부실 테마주의 특징은 대충 이렇다. 물론 공통점이 아닐 수도 있다.

■ 유통 주식 수와 자본금이 적고 ■ 대주주 관련 지분율이 높고

■ 외국인 투자자들의 관심 대상 밖이고 ■ 기술력이 검증되지 않았거나 객관적인 검증이 어렵고 ■ 실적과 수익성이 거의 없으나 장밋빛 미래를 내세우고 ■ 진입 장벽이 비교적 낮은 업종이지만 그 당시의 단기성 테마에 어울리는 기업이고 ■ 일반 투자자들이 이해하기 어렵기 때문에 추상적인 전망이나 테마를 만들기 쉽고 ■ 대주주나 경영진이 최고 권력층과 유대관계가 깊고 ■ 재무제표 공개를 꺼리고(비상장 법인) ■ 공시나 언론플레이, 사업 목적 변경, 신규 사업 진출 선언, 특허 출원 등록 등이 빈번한 편이다.

필자가 개인적으로 가장 많은 비난을 받은 경우들이 바로 ■ 터보테크 ■ 루보 ■ N시스템(비상장법인) ■ M로봇 ■ P옥션(비상장 해외 주식) ■ K기업(건설) 등에 대하여 분식회계, 작전세력 개입, 주가조작, 부실 징후 가능성, 대주주나 경영진의 사기 행각 조짐 등을 중심으로 의혹을 제기했을 때다.

이메일, 쪽지, 인터넷 카페 댓글을 통해 극심한 공격을 받았다. 하지만 결론은 필자의 KO승이거나 판정승이었다. 물론 피해자들이 적지 않은 반면, 중간에서 많이 먹은 사람이 존재하는 사건 사고였다.

P옥션의 경우 한국 판매책임자(?)와 직접 45분 동안 통화도 했지만 아직은 두고 볼 일이다. 잘 아는 사람의 알선으로 통화했는데 그 결과는 충격적이었다. 금융감독원의 조사와 경찰서의 수사를 받고 있었다. 필자가 말했다. '비록 금감원에 신고한 업체일지라도 비상장주식을 장외에서 중개하면 불법입니다.' 라고. 그는 금감원 등록이라는 표현을 쓰고 있었다. 들리는 소문에 의하면 길거리 '찌라시' 판매에 들어갔다고 한다.

필리핀 현지(?)에서 주당 600원 등으로 내국인이 인수하여 10,000원대에 유통되는 걸로 알고 있다. 알음알음 중개하기로 약속했으나 일부 세력이 인터넷에 유통시키며 중개하는 것으로 보인다. 단순한 추측이 아니라 증언을 통해 확인한 사항이다.

....

필자가 운영하는 인터넷 카페 '엉터리 경제 뒤집어보기' 멤버 한 사람이 약 1개월 전 M로봇에 대해 분석해 달라거나 댓글과 본문을 통해 강력 추천한 바 있다. 필자는 '분석 가치가 없다.' '반드시 물리게 된다.' 고 댓글을 쓴 적이 있다.

하지만 그 사람은 상장폐지 실질심사 대상으로 지정되었다가 해당 사유 없다는 결론이 나왔으니 '아직 모른다.' '10일 후에나 알 수 있다.' 고 댓글을 통해 변명(?)했다. 필자가 알기로 그 분은 아마 M로봇으로 손실 좀 보셨을 것이다. 아니 작전세력의 정보를 입수했다면 많이 드셨을지도 모른다.

물론 이런 부실 작전 테마주로 많이 먹을 수도 있다. 하지만 이런 작전(?) 개입이 체질화되면 나중에 돌이킬 수 없는 치명적 손실을 입게 된다. 특히 작전세력에 개입할 수 없는 개미들, 대주주와 권력층의 정보를 알 수 없는 서민들일수록 더 치명적이다.

그 분, P산업과 M로봇을 추천한 그 멤버는 P산업을 들먹이며 '초급등주이고 점상 5방이어서 물량 부족으로 매수가 불가능할 것' 이라고 댓글을 달았다. 그러더니 '1월 20일 9,800원에 종목 추천했다.' '바닥에 있는 저평가 주식으로 5년 동안 이 주식과 함께 했다.' '5일 전 목표가 20,000원대로 제시했고 예측이 맞았다.' '이익 실현을 했다.' '지금은 던져야 한다.' 고 조언(?)했다.

'지금은 보잘 것 없는 주식이지만 정확한 분석으로 숨어 있는 가치를 발견해야 한다.' 'P산업에 대해 알아보려고 부산 친척에게 부탁했다.' '열심히 발로 뛰어서 공장도 가 보고 가동도 어떻게 되는지 알아 봐야 한다.' 고 말했다.

연간 매출이 200억 원도 안 되는 P산업, 최근 5년 동안 흑자 한 번 실현하지 않은 소형주다. 정확하게 말해 2009년 매출이 197억 원이고 영업이익은 손실 11억 원이다. 더 심층적인 분석이 필요하지만, 필자가 보기에 매출은 과다 계상이고 손실 폭은 더 커 보인다. 영업 현금흐름이 엉망인 것을 봐도 그렇다. 이런 주식으로 얼마든지 크게 먹을 수도 있다. 하지만 남들에게 추천하면 곤란하다.

레미콘 제조업체 P산업은 4월 7일 주가 급등에 관한 조회공시 요구에 '주가에 영향을 미칠 만한 특별한 사안이 없다.' 고 공시했다. 과거 상장폐지 등으로 몰락한 주식들의 공시 내용과 유사하다. 대형 철공소나 정육점 수준의 '루보' 주가 조작과도 비슷하다. 300조 가스하이드레이트 독식 주식을 들고 다니는 익명의 작전세력 장난과 흡사하다.

P산업은 건설 경기 부진에 따른 레미콘 매출 감소로 전년 동기 대비 매출이 감소 중이다. 영업 현금흐름이 아주 안 좋은 것만 봐도 그렇다. 지분법손실 감소 등 영업외수지 개선으로 순손실이 축소됐다고 하나, 영업활동으로 인한 현금흐름이 매우 부진하다.

높은 자기자본비율과 30%대의 부채비율 등 양호한 재무 안정성이 그나마 다행이다. 하지만 현금 유입이 없는 자본잉여금 증가로 그렇게 된 것이지 이익을 유보한 결과가 결코 아니다. 영업 현금흐름이 부실한 것만 봐도 그렇다.

실적이 없고 업종도 맘에 들지 않으나 청산가치가 높고 브라질 철도 사업 참여 가능성이 높으니, 뭔가 잘 나고 있는 것 같으니 투자해도 좋다면 할 말이 없다. 그처럼 거창한 장밋빛 실적이 시현되려면 기나긴 세월이 필요하다. 자본, 인력, 경영진, 기술력 등의 확보가 절실하다.

4반세기가 넘는 세월 동안 재무관리 담당(책임)자로 근무하면서 10년 이상을 유명 상장 대기업 건설회사 세 곳에 청춘을 바친 사람이 바로 필자다. 한 건설사는 사라지고, 한 건설사는 유명 재벌에 흡수되고, 한 건설사는 언론플레이로 잘 나는 것처럼 홍보하지만 지금 고전 중이다.

P산업은 공공건설 부문의 발주 증가에도 불구하고 민간 부문의 부진으로 외형 성장은 매우 제한적이다. 원재료(시멘트) 가격의 인상과 수요 확보를 위한 업체 간 과당 경쟁으로 수익성 개선은 쉽지 않을 것이다.

레미콘 산업은 주문생산에 의해 공급된다. 제품의 특성으로 미루어 영업활동이 제한적이고 진입장벽도 매우 낮다. 최근 5년간 실적을 보면 기가 막힌다. 최근 연간 매출 197억 원, 영업 손실 11억 원, 당기순손실 7억 원이다.

한 마디로 말해 구멍가게 수준이다.

구 분	2005	2006	2007	2008	2009
매출액	219	182	150	188	197
영업이익	10	–	–12	–17	–11
당기순이익	–3	–19	–3	–42	–7

다음 글을 읽으면 더 웃긴다. 마치 가스하이드레이트 테마주나 브라질 철도 공사, 한강르네상스, 4대강, 대운하, 전기자동차 테마주들을 들고 다니며 과장적인 통속소설을 쓰는 경우와 흡사하다.

물론 삼성전자도 처음엔 초라했지요. 하지만 아무 종목이나 삼성전자가 되는 건 아닙니다. 긴 세월의 노하우, 기술력, 자본력, 실적, 인력, 설비 능력 등을 배양시켜야 가능한 겁니다.

이제 대장은 P산업이고 100만 원을 향해 갑니다. 그 이유는 외인이 끌어 올리는 대형주는 개인이 접근하기에는 어려운 가격대입니다. 개인의 희망을 주는 대박주로 스타트를 끊었던 C선재 등과 같은 종목이 있지만, 단지 소형주였고 크게 갈 명분이 부족하기에 이제는 힘들 것입니다.

진짜 대박주 중에 초대박주는 그 어떤 종목의 재료와는 비교가 되지 않는 확실한 P산업입니다. 그 이유를 우선 자회사 T실업이 단순히 지분 적용이 되는 계열사가 아니라, P산업의 사장이 직접 경영하고, 54.52%의 지분을 가진 P산업을 통해 경영하는 종속회사라는 것을 알아야 합니다.

바로 P산업은 시가총액이 1조 원은 가야 할 이유는 다음과 같습니다. C선재는 특별한 이유가 있어 올라가는 주는 아닙니다.

하지만 P산업은 바로 철도 침목 분야의 85%의 점유율과 새로운 공법의 세그먼트의 개발로 PLC터널의 경우 현재의 직접 타설 방식보다 작업 속도가 최소 5배나 빠르고 원가 절감도 60% 이상, 거기다 기존의 방식은 25 ~ 30년인 터널의 수명으로 인해 많은 수리비와 공사기간을 요구해 왔지만 수명이 무려 100년을 보장하는 단계에 와 있습니다.

여기서 더욱 중요한 것은 침목 시장만으로도 코레일이 밝혔듯이 그 시장 규모가 400 ~ 500조에 이르는 황금시장으로 향후 브라질이나 미국 기타 나라에서 발주를 기다리는 공사 금액이 1000조에 이른다고 하지만 그것은 모든 공사비를 통틀어서 그렇습니다.

그것이 되면 침목뿐 아니라 새로이 착공되는 고속철은 수십 개에서 수백 개의 터널을 만들게 되고 막대한 침목의 재료에 덧붙여 터널 재료까지 합해져 그 어떤 고속철 관련주보다 막대한 매출과 이익을 목전에 두고 있습니다.

거기다 중요한 것은 그런 재료가 없더라도 현재의 침목 시장 규모만 순수하게 400조 이상이라고 볼 때도 시가총액은 적어도 1조 원을 되어야 할 종목이라고 인정하실 것이고, 그렇다면 주당 100만 원을 가야 이치에 맞는 적정한 그런 블루오션 종목입니다.

올해부터 시행되는 자회사 실적을 포함하는 연결재무제표 K-IFRS, 내년부터 시행되는 국제표준 IFRS는 더 말할 필요조차 없이 바로 P산업의 가치를 말해 주는 것입니다. 거기다 이러한 세그먼트의 개발과 적용은 이미 한국전력의 전력구터널, 통신구터널, 취수와 배수로 터널, 지하철 터널, 이제 해저터널까지 적용하는 시대에 접어들어 엄청난 시장을 형성하고 있고, 향후 수주나 바라는 D티아이 같은 종목하고 차원이 다르고 현재 대박주로 달리는 C선재나 S산업과는 근본적 재료가 틀립니다.

이미 베트남, 일본, 인도네시아를 비롯한 동남아와 유럽까지 수출을 하는 것을 볼 때도 향후 확보가 가능할 침목시장의 규모는 최대의 이슈입니다. 과거의 거품 대박주와 질적으로 틀린 진정한 블루오션의 황금 주식이라고 할 수 있는 소형주입니다. 올해의 최고 대박주 중에 하나가 탄생할 것입니다.

이 종목은 H스틸이니 C선재니 이런 종목하고는 비교가 되지 않는 확고한 시장을 가진 C산업과 맥을 같이 할 수 있는 블루오션의 대표종목입니다. 시장점유율을 보면 C산업은 국내 유일한 100% 시장점유율을 가진 단 하나의 종목입니다.

P산업은 다른 무더기 소형주가 오르는 것하고는 근본적으로 재료가 완전히 틀립니다. 그들은 언제 하락할지 모르지만 P산업은 재료 가치가 다른 소형주들은 비교조차 되지 않는 너무도 확실하게 큽니다.

....

C선재는 소형주이며 P산업은 대형주이고, 국제회계기준 도입이 P산업에 호재라는 것이 뭔 뜻인지 알다가도 모를 일이다. 100억 원 매출을 올리는 구멍가게(?)가 어느 세월에 주가가 100만 원을 넘어

설까? ㅎㅎ 결국 그 사람은 자기 잔재주에 발등을 찍혔고 엄청난 손실을 입었다. 여러분은 제발 당하지 말라.

분식회계 기업의 적신호

분식회계(장부조작, 회계조작)로 판단 가능한 몇 가지 적신호가 있다.

■ 영업 활동 현금흐름 감소

당기순이익이 꾸준히 상승하는 데 비해 영업 활동으로 인한 현금흐름은 감소한다. 영업 활동 현금흐름의 증가가 당기순이익 증가를 따라잡지 못하면 분식회계 가능성이 높다.

■ 일회성 비용의 증가

일회성 비용이나 대손상각을 빈번하게 보고한다. 엉터리 매출이나 이익을 상쇄하는 과정일 가능성이 높다.

■ 빈번한 기업 인수(M&A)

기업 인수 합병을 자주 한다. 이런 과정에서 재무 수치가 거듭 수정 변경되기 때문에 검은 속살을 제대로 파악하기 어렵다.

■ 경영진의 잦은 이직

기업 내부에 심각한 문제점이 있을 수 있다. 그 원인이 연속 적자, 적자 감추기, 자금난, 분식회계, 비자금, 횡령, 배임 관련 갈등일 소지가 충분하다.

■ 매출채권 회수의 이상 징후

매출채권(외상매출금, 공사미수금 등) 증가 속도가 매출 증가 속도를 앞지른다. 가공 매출을 과다 계상했거나 제품과 상품을 빼돌리고 있을 가능성이 높다.

■ 대손충당금의 이상 징후

외상매출금 증가율보다 대손충당금 증가율이 높아진다. 엉터리 매출이나 이익을 상쇄하는 과정일 가능성이 높다.

■ 재고자산 이상 징후

재고자산이 매출보다 빠르게 증가한다. 재무구조를 억지로 개선시키려는 의도일 가능성이 높다.

■ 회계처리 기준 변경

감가상각비, 대손충당금, 수익 인식 시기 등 회계처리 기준을 자주 바꾼다. 분식회계의 전형적인 방법 중 하나일 수 있다.

부실기업 주식 매수 금지

■ 감자(減資)를 즐긴다

일반적으로 감자나 유상증자를 실시하면 부실기업이 정상화된 것으로 착각한다. 하지만 현실은 그렇지 못하다. 오죽하면 감자를 할까? 자본잠식을 이유로 퇴출을 당하지 않으려는 임시방편이나 잔재주가 많다.

■ 대주주가 자주 바뀐다

비록 다른 회사에 경영권이 넘어가더라도 인수하는 회사의 성격을 제대로 파악하기 어렵다면 절대 매수 금지다. 매출 증대, 영업 상황 호전, 이익 증가 등으로 재무구조가 급격히 개선되지 않는 한 갑자기 부도가 나거나 대주주가 우려먹고 튈 가능성이 농후하다.

대주주나 경영진이 자주 바뀐다는 것은 그만큼 부실화될 위험이 크다는 반증이다. 새로운 작전세력이 경영권을 인수하여 각종 공시를 쏟아낸 뒤 한탕 치고 빠지는 경우가 많기 때문이다.

■ 호재성 공시는 많지만 내용이 없다

수시로 새로운 제품을 개발했느니, 바이오 회사를 인수했느니, 라이선스를 맺었느니, 어떤 시장에 진출했느니 하고 떠들어댄다. 하지만 실적이 좋아지기는커녕 적자만 늘어나는 기업은 경계해야 한다. 대표적인 경우가 터보테크였다.

■ 매출이 대폭 증가해도 손실이 발생한다

매출액은 증가하는데 오히려 순이익의 증가율이 마이너스일 때는 더더욱 조심해야 한다. 100억대의 매출을 실현하는 중소기업이 매년 10억대의 순이익을 낸다면 우량기업이라고 할 수 있다. 하지만 매출이 1000억에서 2000억으로 급격히 증가해도 순이익 규모가 답보, 감소, 적자로 돌아섰다면 지극히 위험하다는 신호다. 무리한 투자 확장의 결과일 수도 있기 때문이다.

■ 매출채권이 과다하다

매출 규모에 비해 매출채권이 과다하고 매출채권이 수익(이익, 매출)으로 연결되어 있는 기업이라면 조심해야 한다. 매출액 증가율보다 매출채권 증가율이 높은 기업의 경우 부실화와 분식회계 가능성이 농후하다. 특히 매출액 대비 매출채권이 50%를 넘는다면 아무리 우수한 재무구조를 가졌더라도 매수하면 곤란하다.

어떤 코스닥 상장기업의 경우 주가가 2만 원을 유지할 때 매출채권이 70%에 이르렀고 결국 무너졌다.

■ 대주주 지분율이 낮고 매도 물량이 많다

기업 내용은 부실하고 대표이사 지분율이 낮은데, 주가가 오르면 대주주가 주식을 매도하는 사례가 있다. 대표이사 스스로 경영부실을 인정한다는 증거다. 지분율이 25% 미만이면서 대표이사가 자사 주식을 수시 매도한다면 경계해야 한다.

3. 현금흐름을 모르면 무용지물

현금흐름표는 포괄손익계산서와 대차대조표(재무상태표)를 통해 파악하기 곤란한 문제점들을 명쾌하게 드러내 준다. 이자, 법인세, 감가상각비 등을 차감하기 전의 순이익이 아무리 증가하더라도 영업 활동으로 수반되는 현금이 줄어들면 도산 가능성이 높아진다. 장부상 가공 이익만 대단한 규모일 뿐 현금흐름이 원활하지 못한 회사일수록 분식회계로 근근이 버텨야 한다.

1995년부터 2년 동안 일본 금융기관들은 대우그룹 계열사에 빌려준 돈을 경쟁하듯 회수해 갔다. 한국 금융기관들이 우물쭈물하며 정부와 정권의 눈치를 보고 있을 때였다. 마침내 대우그룹이 공중 분해되자 아주 특이한 현상이 나타났다. 거액의 부실 채권을 끌어안은 대우그룹의 해외 채권단 중에서 일본계 금융기관은 포함되지 않았던 것이다. 그 이유를 알고 채권단 관계자들은 혀를 내둘렀다. 일본 금융기관들은 무엇보다 대우그룹의 현금흐름을 중시하면서 분식회계 여부를 과학적으로 탐지했고 서둘러 발을 뽑았기 때문이다.

1995년부터 대우그룹은 현금흐름이 나빠지면서 단기차입금이 급격히 증가했다. 이를 눈치챈 몇몇 금융기관들이 발 빠르게 움직였다. 민첩한 대응을 보인 것은 하나같이 일본계 은행들이었다. 하지만 일본 금융기관처럼 대우로부터 대출금을 회수한 국내 은행이 아주 없지는 않았다. 대우그룹의 관계회사라고 할 수 있었던 한미은행이 바로 그 주인공이었다. 대우가 지분을 갖고 있던 한미은행이 일본 금융기관들처럼 단 한 푼을 물리지 않은 것도 대우그룹의 현금흐름을 잘 파악하고 순발력 있게 먼저 움직였기 때문이다.

회계 전문가들 사이에 익히 알려진 공지의 사실이 한 가지 있다. 대차대조표(재무상태표)와 포괄손익계산서는 대체로 쉽게 조작할 수 있지만 '현금흐름표'의 조작은 거의 불가능하다는 점이다. 이미 장부조작을 시도했더라도 현금흐름표를 작성해 보면 분식회계 사실, 재무구조의 허점, 유동성 악화, 부실화 가능성, 도산 가능성 등이 쉽게 드러난다.

기업이 부도 위기에 몰리면 들어오는 현금보다 나가는 현금이 많아진다. 그 현금흐름의 공백을 메우기 위해서는 단기차입금을 늘리거나 보유중인 자산을 급히 매각할 수밖에 없다. 이처럼 위급한 상황을 일목요연하게 체크하려면 다소 시간이 걸리더라도 현금흐름표를 작성해 봐야 한다.

가. 현금흐름표

1981년 이전에는 우리나라 기업의 자금흐름에 관한 정보를 제공하기 위한 재무제표로서 '자금운용표'를 사용했다. 그 뒤 자금운용표 대신에 '재무상태변동표'를 채택하여 왔으나, 기업회계기준이 국제화 관행으로 접근하면서 1994년 4월에 재무상태변동표를 폐지하고 그 대신에 현금흐름표를 채택하여 지금까지 사용해 오고 있다. 재무상태변동표를 없애고 새로운 현금흐름표를 도입한 이유는 다른 데 있지 않다. 재무제표 이용자들의 궁극적 관심사인 '현금흐름에 관한 정보'를 상세히 제공하지 못한다는 비판에 따른 것이다. 이른바 포괄손익계산서와 대차대조표(재무상태표)에 나타난 당기순이익은 장부상 지표에 불과할 수도 있다. 아무리 장부상 이익의 규모가 크더라도 현금을 보유하지 않거나 현금흐름이 원활하지 못하면 버티기 어렵고 마침내 흑자도산의 불명예를 뒤집어쓰게 마련이다.

현금흐름표는 포괄손익계산서와 대차대조표(재무상태표)에 이미 요약되어 있는 회계 거래에 근거하여 작성한다. 다시 말해 포괄손익계산서와 대차대조표(재무상태표)의 자료를 현금주의 원칙에 따라 적절히 분해한 것이다. 기업의 현금 조달과 사용에 관한 과거 자료는 미래의 현금 조달과 사용을 예측하는 데 유용한 출발점이 되기 때문에 보다 깊은 관심을 가져야 한다.

포괄손익계산서의 수익과 비용은 반드시 현금을 수반하는 것은 아니다. 미처 회수하지 못하거나 지급하지 않을 수도 있고, 채권과 채무가 서로 자리를 맞바꾸며 수익과 비용이 발생할 수도 있다. 때로는 경영자가 주관적으로 평가하거나 다른 계정으로 대체하여 장부상으로만 수익과 비용을 인식할 경우도 없지 않다. 하지만 현금흐름표만큼은 실제로 움직이는 현금흐름에 기초하여 작성되기 때문에 주관적인 평가나 오류를 허용하지 않는다.

현금흐름표의 기본 원리

※ 자산 = 부채 +자본

※ 현금 +비현금 자산 = 부채 +자본

※ 현금 = 부채 +자본 − 비현금 자산

※ 현금의 증감 =부채의 증감 +자본의 증감 − 비현금 자산의 증감

부채와 자본의 증가, 비현금 자산의 감소는 현금의 증가 요인이다. 부채와 자본의 감소, 비현금 자산의 증가는 현금의 감소 요인이 된다.

기초 대차대조표	손익계산서 (당기순이익 = 현금영업이익)	기말 대차대조표
	현금및현금등가물	
	비현금, 비영업손익 조정(영업활동)	
자 산	자산의 증감 분석(영업, 투자활동)	자 산
부 채	부채의 증감 분석(영업, 재무활동)	부 채
자 본	자본의 증감 분석(재무활동)	자 본
현금및현금등가물	현금흐름표 (현금의 증감)	현금및현금등가물

※ 현금흐름표는 ① 영업 활동으로 인한 현금흐름 ② 투자 활동으로 인한 현금흐름 ③재무 활동으로 인한 현금흐름 등 세 가지로 구분된다.

■ 영업 활동으로 인한 현금흐름은 제품 또는 상품 판매, 원재료 매입 등 일상적인 영업 활동에 따른 현금 유출입을 나타낸다.

■ 투자 활동으로 인한 현금흐름은 기업의 재테크 활동에 따른 현금 유출입으로서 유가증권, 투자자산, 유 · 무형자산 등을 취득 · 처분할 때 발생한다.

■ 재무 활동으로 인한 현금흐름은 기업의 자금 조달과 관련된 현금 유출입으로서 현금의 차입과 상환, 신주 발행, 배당금 지급 등 자금 조달의 원천에 관한 정보를 제공한다.

현금흐름을 추적하려면 현금의 유입, 유출, 증감을 파악해야 한다. 다시 말해 ■ 현금의 수입과 지출 ■ 자산과 부채의 변동 ■ 수익과 비용의 발생 등 현금이 수반되는 거래를 추적하여 현금이 흐르는 과정을 면밀히 측정해야 한다.

현금이란 한 마디로 말해 대차대조표(재무상태표)의 잔액을 말한다. 현금흐름은 재무제표를 통해 현금의 움직임을 추적함으로써 알 수 있는 개념이다. 현금흐름은 자산인 현금을 중심으로 이익 측정의 관점에서 정의된다.

기업의 관점에서 인식하는 현금흐름은 ① 당기순이익에 당기의 감가상각비를 가산한 금액 ② 현금 지출이 필요하지 않는 당기의 모든 비용을 가산한 금액 ③ 현금 지출이 필요하지 않는 당기의 모든 비용을 가산하고 현금의 수입이 없는 수익을 차감한 금액이다.

정보 이용자인 투자자의 관점에서 인식하는 현금흐름은 배당금의 흐름이고, 채권자의 관점에서 인식하는 현금흐름은 원리금의 상환액일 것이다. 현금흐름에 관한 정보를 확보하려면 대차대조표(재무

상태표)의 현금, 현금수입지출명세서, 현금흐름표, 현금 예산, 주당 현금흐름 등을 파악해야 한다.

■ 현금수입지출명세서 : 현금의 수입 내역과 지출 내역을 열거하고 현금 잔액을 표시하는 명세서다.

■ 현금예산 : 미래의 현금 수입과 지출을 예산 형태로 나타낸다. 현금흐름 보고서를 예산으로 표시한 것이다.

■ 주당 현금흐름 : 기업의 현금 수입액에서 현금 지출액을 차감한 잔액을 발행한 보통주식수로 나눈 것이다. 이를테면 '(현금 수입액 – 현금 지출액) ÷ 발행 보통주식 수' 로 산출한다.

■ 현금흐름명세서 : 기업은 물론이고 정보 이용자와 재무분석가들이 기업의 재무 상태, 수익성, 채무 지급 능력을 평가하는 데 매우 유용한 보고서다. 과거의 전통적인 회계에서는 현금흐름 정보의 중요성을 과소평가했지만, 요즘 들어서는 기업의 장 · 단기적인 지급 능력을 평가하는 데 필수적인 정보로 인식하고 있다.

이러한 데이터를 통해 정보 이용자는 ■ 과거의 현금흐름을 알 수 있고 ■ 미래의 현금흐름 예측에 필요한 데이터를 얻고 ■ 위험 평가에 필요한 정보를 얻는다.

① 투자자와 채권자 : 미래의 배당금, 이자, 청산 분배, 원금의 상환으로 받게 될 현금을 예측하는 데 필요한 정보를 얻는다.

② 정보 이용자 : 미래에 있을지도 모를 위험을 평가하는 데 필요한 정보를 얻는다. '위험' 이란 미래 수익의 변동성, 지급 불능과 도산의 가능성이 포함된다.

나. 현금흐름표의 작성 방법

현금흐름표는 ■ 미래의 현금흐름 창출 능력에 대한 평가 정보 ■ 배당금 지급 능력에 대한 평가 정보 ■ 부채 상환 능력에 대한 평가 정보 ■ 외부 자금 조달의 필요성에 대한 평가 정보 ■ 당기순이익과 영업 활동에 의한 현금흐름과의 차이에 대한 평가 정보 ■ 일정 기간 현금 · 비현금 투자, 재무 거래 결과 기업의 재무 상태에 미친 영향 평가에 대한 정보 등을 제공한다.

기업회계기준에서 정하는 현금흐름표의 현금 범위는 현금과 예금, 현금등가물을 의미한다. 현금과 예금이란 통화, 타인 발행의 수표 등 통화 대용 증권, 당좌예금, 보통예금, 정기예금, 정기적금 등으로서 회수 기한이 1년 이내에 도래하는 예금을 의미한다. 현금등가물이란 구체적으로 현금의 단기 운용을 목적으로 한 유동성이 높은 유가증권으로서 ■ 큰 거래비용 없이 현금으로 전환이 용이하고 ■ 이자율 변동에 따른 가치 변동의 위험이 중요하지 않을 것 등의 조건을 충족해야 한다. 다만 상환 조건이 없는 주식 등은 제외한다. 예컨대 ■ 취득 당시의 만기가 3개월 이내에 도래하는 채권 ■ 취득 당시 상환기일까지의 기간이 3개월 이내인 상환우선주 ■ 3개월 이내의 환매조건부 환매채 등이 현금등가물에 속한다.

현금의 개념

현금 및 현금등가물

구분	요약 해설
통화	동전과 지폐
통화대용증권	타인 발행 수표, 자기앞수표, 우편환증서, 배당금수령통지서, 만기 도래한 채권이자쿠폰 등
당좌예금, 보통예금	수시 입출금 가능한 예금
현금등가물	큰 거래비용 없이 현금으로 전환이 용이하고 이자율 변동에 따른 가치 변동 위험이 중요하지 않은 유가증권, 단기금융상품으로서 취득 당시 만기(또는 상환기일)가 3개월 이내에 도래하는 것 - 취득 당시 만기가 3개월 이내에 도래하는 채권 - 취득 당시 상환일이 3개월 이내에 도래하는 상환우선주 - 취득 당시 3개월 이내의 환매조건이 있는 환매채 - 취득 당시 만기가 3개월 이내에 도래하는 단기금융상품으로 정기예금, 정기적금, 양도성예금증서, 기업어음 등 ※ 결산일 현재 3개월 이내에 만기 등이 도래해도 취득 당시 3개월 이내에 만기 등이 도래하지 않으면 현금등가물이 아님

현금흐름표의 유용성

비율분석에 대한 정보 제공

- 영업활동으로 인한 현금흐름 / 영업이익(또는 당기순이익)
- 영업활동으로 인한 현금흐름 / 총자산(또는 매출액)
- 투자활동으로 인한 현금흐름 / 총자산(또는 매출액)
- 재무활동으로 인한 현금흐름 / 총자산(또는 매출액)
- 순이자비용 / 영업활동으로 인한 현금흐름

현금흐름의 분류

현금흐름표를 작성하기 전에 현금흐름을 다음과 같이 분류해야 한다. 현금흐름을 성격적으로 정확하게 분류할 수 있어야 합리적인 정보를 얻을 수 있다.

영업 활동으로 인한 현금흐름

영업 활동이란 포괄손익계산서상 당기순이익을 결정하는 거래로서 투자와 재무 활동이 아닌 거래를 말한다. 영업 활동으로 인한 현금흐름을 산출하는 방법에는 직접법과 간접법이 있다. 직접법이란 현금의 유출입을 수반하는 수익 또는 비용 항목을 개별적으로 그 총액을 파악하여 보고하는 방법으로 다음과 같이 계산한다.

※ 영업 활동에서 조달된 현금흐름 = 매출 등 수익 활동으로부터의 유입액 + 수입이자와 수입배당금 유입액 - 매입과 종업원에 대한 유출액 - 지급이자와 법인세 등의 유출액

- 영업활동으로 인한 현금의 유입

– 제품이나 상품의 판매 등 일반적 상거래로 인한 현금 유입

– 매출채권(외상매출금, 받을어음)의 현금 회수

– 이자수익과 배당금수익에 따른 현금 유입

– 기타 투자활동과 재무활동에 속하지 않는 모든 거래에서 발생된 현금 유입

• 영업활동으로 인한 현금의 유출

– 원재료나 상품 구입 등 일반적인 상거래로 인한 현금 유출

– 매입채무(외상매입금, 지급어음)의 현금 지급

– 기타 상품과 용역의 공급자, 종업원에 대한 현금 유출

– 미지급법인세(유형자산의 처분에 따른 특별부가세는 투자활동)의 현금 지급

– 이자비용의 현금 지급

– 기타 투자활동과 재무활동에 속하지 않는 모든 거래에서 발생된 현금 유출

현금주의에 의한 포괄손익계산서를 작성할 때 직접법 또는 간접법 중에서 선택할 수 있다. 예컨대 ■ 매출액 10,000원 ■ 매출원가 7,000원 ■ 판매비와관리비 1,500원 ■ 감가상각비 500원 ■ 고정자산처분이익 1,000원 ■ 당기순이익 2,000원일 경우를 예로 들어보자. 물론 매출액, 매출원가, 판매비와관리비 등을 전액 현금유출입 항목이라고 가정할 때 다음과 같이 구분하여 작성할 수 있다.

– 직접법

구 분	금 액
① 매 출	10,000
② 매출원가	7,000
③ 판매비와 관리비	–1,500
현 금 흐 름	1,500

– 간접법

구 분	금 액
① 당기순이익	2,000
② 감가상각비	+500(현금 유출이 없는 비용)
③ 고정자산처분이익	–1,000(현금 유입이 없는 수익)
현 금 흐 름	1,500(영업 활동으로 인한 현금흐름)

간접법

당기순이익을 먼저 표시하고 현금 유출이 없는 비용 등을 가산한다. 이에 현금 유입이 없는 수익 등을 차감하여 당기의 영업 활동으로 인한 현금흐름을 역산한다.

영업활동으로 인한 현금흐름을, 손익계산서상의 당기순이익(현금이익이라는 가정)에서 현금의 유출이 없는 비용 등을 가산하고, 현금의 유입이 없는 수익 등을 차감하고, 영업활동으로 인한 자산과 부채의 변동 금액을 가감하여 표시하는 방법이다.

현금의 유출이 없는 비용 등의 가산은 현금의 유출이 없는 비용과 영업활동과 관련이 없는 비용의 가산을 말한다. 현금의 유입이 없는 수익 등의 차감은 현금의 유입이 없는 수익과 영업활동과 관련이 없는 수익의 가산을 말한다. 영업활동으로 인한 자산 부채의 변동 금액 가감은 영업활동과 직접적인 관련이 있는 자산부채의 증가 또는 감소 금액을 가감하는 것을 말한다.

직접법

영업활동으로 인한 현금흐름을, 현금을 증가시키는 개별 수익 항목에서 현금을 감소시키는 개별 비용 항목을 차감하여 표시하는 방법이다. 현금을 수반하여 발생한 수익 또는 비용 항목을 총액으로 표시하되, 현금유입액은 원천별로 분류하고 현금유출액은 용도별로 분류하여 표시한다. 직접법에는 다음의 두 가지 방법이 있다.

■ 주요 수익 · 비용 항목의 현금 유출입액을 직접 구하는 방법.

(예) 매출 등 수익 활동으로부터의 현금 유입액 = 현금 매출 +매출

채권 중 현금 회수액 +선수금 수령액.

■ 발생주의에 기초하여 기록된 포괄손익계산서 항목에 관련 대차대조표(재무상태표) 항목의 증감을 가감하여 현금 유출입액을 계산하는 방법.

(예) 매출 등 수익 활동으로부터의 현금 유입액 = 포괄손익계산서상 매출액 – 매출채권의 순증가 +선수금의 순증가.

※ 발생주의 조정 항목으로는 매출채권, 매입채무, 재고자산, 미수수익, 선급비용, 미지급비용, 선수수익 등이 있다.

투자 활동으로 인한 현금흐름

투자 활동이란 ■ 현금의 대여와 회수 활동 ■ 유가증권, 투자자산, 고정자산의 취득과 처분 활동 등을 포함하는 개념이다. 일반적으로 대차대조표(재무상태표)에 표시되는 자산 항목 중 영업 활동과 직접 관련이 있는 자산 항목을 제외한 모든 자산 항목의 변동 거래를 투자 활동으로 분류한다. 투자 활동에서 조달된 현금의 원천을 구체적으로 열거하면 ■ 유형고정자산 처분 ■ 투자자산 처분 ■ 대여금 회수 ■ 재고자산 이외의 기타 사업용 자산 처분 등이 포함된다. 투자 활동에 사용된 현금 내역에는 ■ 유형고정자산 매입 ■ 투자자산 매입과 대여 ■ 재고자산 이외의 기타 사업용 자산 매입 등이 포함된다.

투자활동으로 인한 현금 유입액

– 대여금의 회수 : 단기대여금, 장기대여금 등의 감소

– 유가증권의 처분 : 단기매도증권, 매도가능증권, 만기보유증권과 지분법적용주식 등의 처분

– 당좌자산의 처분 : 단기금융상품, 미수금 등의 처분

– 투자자산의 처분 : 장기금융상품, 장기미수금, 투자부동산, 보증금 등의 처분

– 유형자산의 처분 : 토지, 건물, 기계장치, 차량운반구, 공기구비품 등의 처분

– 무형자산의 처분 : 영업권, 산업재산권 등의 처분

투자활동으로 인한 현금 유출액

– 현금의 대여 : 단기대여금, 장기대여금 등의 증가

– 유가증권의 취득 : 단기매도증권, 매도가능증권, 만기보유증권, 지분법적용주식 등의 취득

– 당좌자산의 취득 : 단기금융상품, 미수금 등의 취득

– 투자자산의 취득 : 장기금융상품, 장기미수금, 투자부동산, 보증금 등의 취득

– 유형자산의 취득 : 토지, 건물, 기계장치, 차량운반구, 공기구비품 등의 취득

– 무형자산의 취득 : 영업권, 산업재산권 등의 취득

재무 활동으로 인한 현금흐름

재무 활동이란 ■ 부채의 차입과 상환 ■ 신주 발행이나 배당금의 지급 ■ 자기 회사 주식의 취득 ■ 자산의 취득에 따른 부채의 지급

활동 등을 포함하는 개념이다. 일반적으로 대차대조표(재무상태표)에 표시되는 부채 항목 중 영업 활동과 직접 관련이 있는 항목을 제외한 모든 부채와 자본 항목의 변동 거래를 재무 활동으로 분류한다.

재무활동으로 인한 현금 유입액

– 부채의 증가 : 미지급금의 증가, 단기차입금과 장기차입금의 차입, 사채의 발행 등

– 자본의 증가 : 주식의 발행, 자기주식의 처분 등

재무활동으로 인한 현금 유출액

– 부채의 감소 : 미지급금의 감소, 단기차입금과 장기차입금의 상환, 사채의 상환 등

– 자본의 감소 : 배당금의 지급, 유상감자, 자기주식의 취득

간접법에 의한 현금흐름표 예시

현금흐름표를 작성하기 위해서는 당기와 전기의 대차대조표(재무상태표), 포괄손익계산서, 제조원가보고서, 이익잉여금처분(또는 결손금처리)계산서를 준비해야 한다. 현금이란 ▪ 대차대조표(재무상태표)의 현금과 현금등가물 또는 ▪ 현금시재액과 보통예금을 의미한다. 현금흐름표 작성 완료 후 계산되는 현금흐름의 변동 금액이 기말 현금에서 기초 현금을 뺀 금액과 일치해야 한다. 현금흐름에 대한 각 항목별 금액은 건설 중인 자산을 건물로 대체하는 등 현금의 변동이 없는 거래는 제외한다. 다음의 현금흐름표는 발생주의에

의한 당기순이익(손실)으로부터 당기의 현금흐름을 추출하는 간접법 방식으로 작성하는 경우에 해당된다.

현금흐름표

단위 : 백만원

과 목	제41기	제40기	제39기
Ⅰ.영업활동으로인한현금흐름	12,671,949	10,633,298	13,264,315
1.당기순이익(손실)	9,649,487	5,525,904	7,425,016
2.현금의유출이없는비용등의가산	9,695,414	9,919,386	8,519,427
가.감가상각비	7,438,958	7,463,572	6,909,013
나.무형자산상각비	159,122	155,612	147,778
다.퇴직급여	514,314	463,611	516,099
라.대손상각비	56,999	20,108	3,961
마.매출채권처분손실	131,532	234,235	284,204
바.외화환산손실	909,960	629,941	46,048
사.지분법손실	82,826	373,539	262,284
아.유형자산처분손실	64,177	37,064	55,685
자.재고자산폐기손실등	194,553	506,319	247,552
차.기타현금의유출이없는비용등의가산	142,973	35,385	46,803
3.현금의유입이없는수익등의차감	(5,314,923)	(2,378,675)	(2,173,385)
가.외화환산이익	1,190,785	276,191	48,359
나.지분법이익	3,896,153	1,481,624	1,836,752
다.유형자산처분이익	154,847	105,868	101,605
라.매도가능증권처분이익	28,330	93,446	38,511
마.이연법인세자산(부채)으로인한법인세비용의감소	6,756	404,303	118,526
바.기타현금의유입이없는수익등의차감	38,052	17,243	29,632
4.영업활동으로인한자산 · 부채의변동	(1,358,029)	(2,433,317)	(506,743)
가.매출채권의증가	(3,397,604)	(1,600,259)	(215,833)
나.미수금의감소(증가)	(262,931)	(186,308)	56,647
다.선급금의증가	(264,912)	(207,761)	(309,045)
라.선급비용의감소	1,934,722	187,555	161,885
마.재고자산의증가	(64,503)	(986,198)	(365,950)
바.금융리스채권의감소	159,696	115,941	89,840
사.장기선급비용의증가	(4,301,175)	(92,743)	(108,355)

아.매입채무의증가	2,444,706	560,376	61,372
자.미지급금의증가(감소)	(474,395)	658,656	(528,088)
차.선수금의증가(감소)	136,045	(131,635)	25,756
카.예수금의증가	144,891	85,494	23,452
타.미지급비용의증가(감소)	910,136	(482,011)	678,522
파.미지급법인세의증가(감소)	213,530	(703,364)	(22,575)
하.선수수익의증가	117,433	8,173	
거.장기미지급금의증가	1,968,224	152,354	198,197
너.장기미지급비용의증가	399,918	408,444	198,590
더.제품보증충당부채의증가(감소)	(97,764)	26,279	70,710
러.퇴직금의지급	(422,552)	(253,723)	(288,015)
머.국민연금전환금의감소(증가)	1,443	1,203	1,560
버.퇴직급여충당부채의승계	1,087	1,662	1,370
서.퇴직보험예치금의감소(증가)	1,003,288	(138,711)	(228,336)
어.퇴직연금운용자산의증가	(1,162,806)	0	0
저.기타영업활동으로인한자산부채의변동	(284,468)	33,999	(16,620)
II.투자활동으로인한현금흐름	(12,405,422)	(9,289,692)	(9,688,355)
1.투자활동으로인한현금유입액	3,235,247	5,639,538	4,029,562
가.단기금융상품의순감소	0	1,497,692	0
나.단기매도가능증권의처분	2,673,309	3,576,436	3,028,477
다.단기대여금의감소	241,948	98,101	123,352
라.장기매도가능증권의처분	1,920	99,247	21,901
마.보증금의감소	131,593	88,276	92,404
바.유형자산의처분	100,173	256,027	420,187
사.지분법적용투자주식의처분등	48,211	18,914	340,303
아.기타투자활동으로인한현금유입액	38,093	4,845	2,938
2.투자활동으로인한현금유출액	(15,640,669)	(14,929,230)	(13,717,917)
가.단기금융상품의순증가	4,890,524	0	1,527,728
나.단기매도가능증권의취득	3,774,993	3,580,000	1,842,360
다.장기매도가능증권의취득	69,804	12,602	20,755
라.지분법적용투자주식의취득	1,232,710	1,531,455	1,515,318
마.장기대여금의증가	169,592	55,421	76,613
바.보증금의증가	115,453	98,002	74,212
사.유형자산의취득	5,236,814	9,488,552	8,512,340
아.무형자산의취득	150,779	163,198	148,591

Ⅲ.재무활동으로인한현금흐름	(484,497)	(1,010,207)	(2,527,158)
1.재무활동으로인한현금유입액	330,738	165,994	117,347
가.주식매수선택권의행사로인한자기주식의처분	330,738	165,994	117,347
2.재무활동으로인한현금유출액	(815,235)	(1,176,201)	(2,644,505)
가.현금배당금의지급	808,948	1,171,509	819,110
나.자기주식의취득	0	0	1,825,395
다.유동성장기부채의상환	6,287	4,692	0
Ⅳ.현금의증가(감소)	(217,970)	333,399	1,048,802
Ⅴ.기초의현금	2,360,190	2,026,791	977,989
Ⅵ.기말의현금	2,142,220	2,360,190	2,026,791

- 현금흐름표의 주석은 제41기, 제40기, 제39기 감사보고서의 주석사항 참조

과 목	당 기	전 기
1. 영업 활동으로 인한 현금흐름		
1) 당기순이익(손실)		
2) 현금의 유출이 없는 비용의 가산		
유형자산감가상각비		
무형자산감가상각비		
기타자산 상각비		
퇴직급여충당금전입액		
대손상각		
자산처분손실		
자산평가손실		
자산폐기손실		
외화환산손실		
지분법평가손실		
차입금상환손실		
제준비금전입액		
기타		
3) 현금의 유입이 없는 수익의 차감		
퇴직급여충당금환입액		
자산처분이익		
자산평가이익		

외화환산이익		
지분평가이익		
차입금상환이익		
준비금환입액		
채무면제이익		
자산수증이익		
기타		
4) 영업활동으로 인한 자산 부채 변동		
매출채권의 증감		
미수금의 증감		
선급금의 증감		
미수수익의 증감		
선급비용의 증감		
선급법인세의 증감		
선급부가세의 증감		
기타당좌자산의 증감		
재고자산의 증감		
매입채무의 증감		
미지급금의 증감		
미지급비용의 증감		
미지급법인세의 증감		
선수금의 증감		
선수수익의 증감		
기타유동부채의 증감		
제준비금의 사용		
퇴직금의 지급		
전기손익수정이익의 발생		
전기손익수정손실의 발생		
2. 투자 활동으로 인한 현금흐름		
1) 투자 활동으로 인한 현금 유입액		
유가증권의 처분		
투자자산의 처분		
기타자산의 처분		
유형자산의 처분		
무형자산의 처분		

장단기대예금의 회수		
2) 투자 활동으로 인한 현금 유출액		
유가증권의 취득		
투자자산의 취득		
기타자산의 취득		
유형자산의 취득		
무형자산의 취득		
장단기대여금의 증가		
3. 재무 활동으로 인한 현금흐름		
1) 재무 활동으로 인한 현금 유입액		
단기금융상품의 감소		
장기금융상품의 감소		
단기차입금의 증가		
장기차입금의 감소		
외화장기차입금의 감소		
장기미지급금의 증가		
유동성장기부채의 증가		
유상 증자		
법인세등 제세 환급으로 인한 전기손익수정이익 발생		
2) 재무 활동으로 인한 현금 유출액		
단기금융상품의 증가		
장기금융상품의 증가		
단기차입금의 감소		
장기차입금의 감소		
외화장기차입금의 감소		
장기미지급금의 감소		
유동성장기부채의 상환		
유상 감자		
배당금의 지급		
법인세등 제세 추납액으로 인한 전기손익수정손실의 발생		
4. 1 +2 +3		
5. 기초의 현금		
6. 기말의 현금		

〈작성 요령〉

영업 활동으로 인한 현금흐름

※ 당기순이익(손실) : 포괄손익계산서와 대차대조표(재무상태표)의 당기순이익을 입력한다. 당기순손실일 경우에는 숫자 앞에 '–'를 붙여야 한다.

현금의 유출이 없는 비용의 가산

※ 유형자산감가상각비 : 건물, 구축물, 기계장치, 공구기구, 비품, 차량, 시설장치 등 유형자산에 대한 감가상각비로서 판매비와관리비의 감가상각비, 제조경비의 감가상각비를 더하여 입력한다.

※ 무형자산감가상각비 : 영업권, 창업비, 지적재산권에 대한 감가상각비로서 판매비와관리비의 감가상각비, 제조경비의 감가상각비를 더하여 입력한다.

※ 기타자산 상각비 : 선급한 리스 부대비용에 대한 상각액 등 기타자산에 대한 상각 금액을 입력한다.

※ 퇴직급여충당금 전입액 : 당기 퇴직급여충당금 전입액으로서 판매비와관리비의 퇴직급여충당금 전입액, 제조경비의 퇴직급여충당금 전입액을 더하여 입력한다.

※ 대손상각 : 외상매출금, 받을어음, 미수금, 선급금, 부도어음 등의 채권에 대한 당기 대손상각액을 입력한다.

※ 자산처분손실 : 유가증권, 투자유가증권, 재고자산, 유형자산, 무형자산, 기타자산 등의 자산 처분 손실을 모두 더하여 입력한다.

※ 자산평가손실 : 유가증권, 투자유가증권, 재고자산, 유형자산, 무형자산, 기타자산 등의 자산 평가 손실을 모두 더하여 입력한다.

※ 자산폐기손실 : 유가증권, 투자유가증권, 재고자산, 유형자산, 무형자산, 기타자산 등의 자산 폐기 손실을 모두 더하여 입력한다.

※ 외화환산손실 : 외화자산 · 외화부채의 평가에 따른 평가액과 장부가액의 차이 중 환산 손실을 모두 더하여 입력한다.

※ 지분법평가손실 : 관계회사 간의 투자 주식 평가에 따른 지분법 평가 손실을 입력한다.

※ 차입금상환손실 : 사채 등 차입금의 상환에 따른 상환 손실을 입력한다.

※ 제준비금전입액 : 기술개발준비금 등 제준비금의 장부상 비용 또는 손실로 처리된 전입액을 입력한다.

※ 기타 : 이 밖에도 재해 손실 등 현금의 유출이 없는 비용을 모두 더하여 입력한다.

현금의 유입이 없는 수익의 차감

※ 퇴직급여충당금환입액 : 퇴직급여충당금의 당기 환입액을 영업외수익 또는 특별이익을 더하여 입력한다.

※ 자산처분이익 : 유가증권, 투자유가증권, 재고자산, 유형자산, 무형자산, 기타자산 등의 자산 처분 이익을 모두 더하여 입력한다.

※ 자산평가이익 : 유가증권, 투자유가증권, 재고자산, 유형자산, 무형자산, 기타자산 등의 자산 평가 이익을 모두 더하여 입력한다.

※ 외화환산이익 : 외화자산 · 외화부채의 평가에 따른 평가액과

장부가액의 차이 중 환산 이익을 모두 더하여 입력한다.

※ 지분평가이익 : 관계회사 간의 투자 주식 평가에 따른 지분법 평가 이익을 입력한다.

※ 차입금상환이익 : 사채 등 차입금의 상환에 따른 상환 이익을 입력한다.

※ 준비금환입액 : 기술개발준비금 등 제준비금의 장부상 이익으로 처리된 환입 금액을 입력한다.

※ 채무면제이익 : 현금의 유입 없이 채무를 면제받아 발생한 채무 면제 이익을 입력한다.

※ 자산수증이익 : 현금 외 다른 자산을 수증받아 발생한 자산 수증 이익을 입력한다.

※ 기타 : 이 밖에도 보험 차익 등 현금의 유입 없는 이익을 모두 더하여 입력한다.

영업활동으로 인한 자산 부채 변동

기말 금액에서 기초 금액을 뺀 증감액을 입력한다.

※ 매출채권의 증감 : 외상매출금과 받을어음의 증감액을 입력한다(증가일 경우 숫자 앞에 '–'를 입력).

※ 미수금의 증감 : 미수금의 증감액을 입력한다(증가일 경우 숫자 앞에 '–'를 입력).

※ 선급금의 증감 : 선급금의 증감액을 입력한다(증가일 경우 숫자 앞에 '–'를 입력).

※ 미수수익의 증감 : 미수수익의 증감액을 입력한다(증가일 경우

숫자 앞에 '–'를 입력).

※ 선급비용의 증감 : 선급비용의 증감액을 입력한다(증가일 경우 숫자 앞에 '–'를 입력).

※ 선급법인세의 증감 : 선급법인세의 증감액을 입력한다(증가일 경우 숫자 앞에 '–'를 입력).

※ 선급부가세의 증감 : 선급부가세의 증감액을 입력한다(증가일 경우 숫자 앞에 '–' 표시를 입력).

※ 기타당좌자산의 증감 : 위 당좌자산 각 계정과목 이외 기타당좌자산의 증감액을 합계하여 입력한다(증가일 경우 숫자 앞에 '–' 표시를 입력).

※ 재고자산의 증감 : 재고자산의 증감액을 입력한다(증가일 경우 숫자 앞에 '–'를 입력).

※ 매입채무의 증감 : 매입채무의 증감액을 입력한다(감소일 경우 숫자 앞에 '–'를 입력).

※ 미지급금의 증감 : 미지급금의 증감액을 입력한다(감소일 경우 숫자 앞에 '–'를 입력).

※ 미지급비용의 증감 : 미지급비용의 증감액을 입력한다(감소일 경우 숫자 앞에 '–'를 입력).

※ 미지급법인세의 증감 : 미지급법인세의 증감액을 입력한다(감소일 경우 숫자 앞에 '–'를 입력).

※ 선수금의 증감 : 선수금의 증감액을 입력한다(감소일 경우 숫자 앞에 '–'를 입력).

※ 선수수익의 증감 : 선수수익의 증감액을 입력한다(감소일 경우

숫자 앞에 '–'를 입력).

※ 기타유동부채의 증감 : 위 유동부채 각 계정과목 이외 기타유동부채의 증감액을 합계하여 입력한다(감소일 경우 숫자 앞에 '–' 표시를 입력).

※ 제준비금의 사용 : 제준비금의 현금 지출액을 입력한다.

※ 퇴직금의 지급 : 퇴직급여충당금에서 현금 지출된 퇴직금을 입력한다.

※ 전기손익수정이익의 발생 : 현금으로 수입된 전기손익수정이익 금액을 입력한다.

※ 전기손익수정손실의 발생 : 현금으로 지출된 전기손익수정손실 금액을 입력한다.

투자 활동으로 인한 현금흐름

투자 활동으로 인한 현금 유입액

※ 유가증권의 처분 : 유가증권 처분 금액(처분가액)을 입력한다.

※ 투자자산의 처분 : 장기금융상품 또는 장기성예금을 제외한 투자자산 처분 금액(처분가액)을 입력한다.

※ 기타자산의 처분 : 기타자산 처분 금액(처분가액)을 입력한다.

※ 유형자산의 처분 : 유형자산 처분 금액(처분가액)을 입력한다.

※ 무형자산의 처분 : 무형자산 처분 금액(처분가액)을 입력한다.

※ 장단기대여금의 회수 : 장단기대여금의 현금 회수 금액을 입력한다.

투자 활동으로 인한 현금 유출액

※ 유가증권의 취득 : 유가증권의 취득 금액을 입력한다.

※ 투자자산의 취득 : 장기금융상품 또는 장기성예금을 제외한 투자자산의 취득 금액을 입력한다.

※ 기타자산의 취득 : 기타자산의 취득 금액을 입력한다.

※ 유형자산의 취득 : 유형자산의 취득 금액을 입력한다.

※ 무형자산의 취득 : 무형자산의 취득 금액을 입력한다.

※ 장단기대여금의 증가 : 장단기대여금의 증가액을 입력한다.

재무 활동으로 인한 현금흐름

재무 활동으로 인한 현금 유입액

※ 단기금융상품의 감소 : 정기예적금 등 단기금융상품의 감소액을 입력한다.

※ 장기금융상품의 감소 : 장기금융상품 또는 장기성예금의 감소액을 입력한다.

※ 단기차입금의 증가 : 당좌차월과 단기차입금의 증가액을 입력한다.

※ 장기차입금의 증가 : 장기차입금의 증가액을 입력한다.

※ 외화장기차입금의 증가 : 외화장기차입금의 증가액을 입력한다.

※ 장기미지급금의 증가 : 장기미지급금의 증가액을 입력한다.

※ 유동성장기부채의 증가 : 유동성장기부채의 증가액을 입력한다.

※ 유상 증자 : 유상 증자 때 수입된 현금 유입액을 입력한다.

※ 법인세등 제세 환급으로 인한 전기손익수정이익 발생 : 법인세등 제세 환급으로 인한 전기손익수정이익의 발생 금액을 입력한다.

재무 활동으로 인한 현금 유출액

※ 단기금융상품의 증가 : 정기예적금 등 단기금융상품의 증가액을 입력한다.

※ 장기금융상품의 증가 : 장기금융상품 또는 장기성예금의 증가액을 입력한다.

※ 단기차입금의 감소 : 당좌차월과 단기차입금의 감소액을 입력한다.

※ 장기차입금의 감소 : 장기차입금의 감소 또는 상환액을 입력한다.

※ 외화장기차입금의 감소 : 외화장기차입금의 감소 또는 상환액을 입력한다.

※ 장기미지급금의 감소 : 장기미지급금의 감소 또는 상환액을 입력한다.

※ 유동성장기부채의 상환 : 유동성장기부채의 상환액을 입력한다.

※ 유상 감자 : 유상 감자 때 부담한 현금 지출액을 입력한다.

※ 배당금의 지급 : 배당금 현금 지급액을 입력한다.

※ 법인세등 제세 추납액으로 인한 전기손익수정손실의 발생 : 법인세 등 제세 추납으로 인한 전기손익수정손실의 발생 금액을 입력한다.

4. 1 +2 +3 : 영업 활동으로 인한 현금흐름, 투자 활동으로 인한 현금흐름, 재무 활동으로 인한 현금흐름을 합한 현금 증감액.

5. 기초의 현금 : 기초의 현금과 현금등가물(또는 현금과 보통예금) 잔액을 입력한다.

6. 기말의 현금 : 기말의 현금과 현금등가물(또는 현금과 보통예금) 잔액을 입력한다.

위 방법에 따라 진행한 결과 기말 현금에서 기초 현금을 뺀 금액과 현금의 증감액이 일치한다면 현금흐름표가 정확하게 작성된 것이다.

특정 기업의 현금흐름표를 직접 작성하고 싶다면 비즈존(www.biz-zone.co.kr)에서 제공하는 '엔터프라이즈 매니지먼트 컨설팅(EMC)'을 이용할 수 있다. 이 솔루션은 재무제표, 현금흐름표 등 기업 경영에 필수적인 서류 작업을 표준화하여 기업의 현황을 한눈에 파악하기 쉽게 도와 준다. 특정 기업의 대차대조표(재무상태표), 포괄손익계산서, 현금흐름표 등의 자료를 엑셀로 입력받아 이 자료를 기반으로 검토 분석할 수 있기 때문에 기존 시스템에 비해 시간과 경비가 절약된다. 이 밖에 다음과 같은 사이트를 방문하거나 회계법인의 홈페이지를 방문해도 현금흐름표를 작성할 수 있다.

※ (주)기업금융연구원(www.fund.re.kr)

※ 소프트웨어 쇼핑몰 에넥스소프트(www.nexosoft.co.kr)

※ 예스폼(www.yesform.com)

※ 보물닷컴(www.bomul.com)

다. 현금흐름이 적은 회사일수록 분식회계 가능성이 높다

현금흐름은 발생액을 통해 재량적으로 회계 처리할 수 있는 이익과 비교하여 훨씬 왜곡하기 어려운 지표다. 따라서 특정 기업의 재무 상태를 분석할 때는 현금흐름의 비중을 가장 중요하게 취급해야 한다. 현금흐름 비중은 '총자산'에 대한 '영업 활동으로 인한 현금흐름'의 비율이다. 회계감사 때 비적정의견을 받은 기업의 현금흐름 비중은 대체로 마이너스(-5%, -10%)인 반면, 적정의견을 받은 기업은 플러스(5%, 10%)를 나타낸다.

※ 현금흐름 비율 = (영업 활동으로 인한 현금흐름 ÷ 매출액) × 100

LG경제연구원 최수미 연구원이 발표한 논문 '회계 투명성 측정과 제고 방안'과 '회계 투명성도 양극화되고 있다'를 적극 참고하여 간략하게 소개한다.

분식회계 여부를 판단하는 방법으로 ■ '당기순이익'과 '영업 활동으로 인한 현금흐름'의 차이인 '발생액'을 활용할 수 있다. 당기순이익은 조작이 가능해도 현금흐름은 조작이 어렵다. 당기 성과인 이익을 부풀리거나 축소할 경우 당연히 발생액이 커지게 마련이다. 발생액은 이익과 현금흐름의 차이로 계산되기 때문이다.

이익을 인식하는 기준을 ■ 현금 유입 시점으로 볼 것인가 ■ 이익 창출 활동의 발생 시점으로 볼 것인가에 따라 발생액이 달라진다. ■ 현금 유입 시점에 이익을 인식하면 현금주의 ■ 이익 창출 활동의 발생 시점에 이익을 인식하면 발생주의가 된다.

예컨대 외상으로 물건을 판매하고 1개월 뒤 대금을 받았다고 하자. ■ 현금주의에 의하면 대금이 결제된 1개월 후 이익을 인식하고 ■ 발생주의에 의하면 물건이 구매자에게 인도되는 시점에 이익을 인식한다.

분식회계 여부를 발생액으로 측정하는 이유는 ■ 발생주의로 인식한 이익은 경영자의 의도에 따라 매출, 매출채권, 재고자산 등의 조작을 통해 왜곡될 가능성이 높고 ■ 상대적으로 조작이 어려운 현금주의 이익과의 차이를 통해 파악할 수 있기 때문이다.

※ 발생액 = 당기순이익 - 영업 활동으로 인한 현금흐름

위 공식을 적용할 경우 발생액이 크면 이익 조작 가능성이 높다는 것을 의미한다. 발생액이 크다는 것은 분식 가능성이 높고 회계 투명성이 낮다는 점을 웅변한다.

LG경제연구원 최수미 연구원의 조사 분석(1994년 ~ 2002년)에 따르면 발생액 규모가 작은 기업(회계 투명성이 높은 기업)은 발생액 규모가 큰 기업(회계 투명성이 낮은 기업)에 비하여 매출순익률이 높게 나타났다. 다음은 발생액이 작은 기업 하위 그룹과 발생액이 큰 기업 상위 그룹을 대비한 것이다.

※ 발생액이 작은 기업 하위 그룹의 매출순이익률 : 평균 2.4% - 투명성 높음.

※ 발생액이 큰 기업 상위 그룹의 매출순이익률 : 평균 △10.1% - 투명성 낮음.

매출이 부진하고 수익성이 낮을수록 이를 은폐하기 위해 분식회계를 시도할 가능성이 높아진다. 따라서 회계 투명성과 기업 수익성 사이에는 상관관계가 있다. 재무구조 측면에서도 예외가 아니다.

■ 외환위기 이전

※ 발생액이 작은 기업 하위 그룹의 부채비율 : 평균 680% – 투명성 높음.

※ 발생액이 큰 기업 상위 그룹의 부채비율 : 평균 599% – 투명성 낮음.

■ 외환위기 기간

※ 발생액이 작은 기업 하위 그룹의 부채비율 : 평균 365% – 투명성 높음.

※ 발생액이 큰 기업 상위 그룹의 부채비율 : 평균 2,508% – 투명성 낮음.

■ 외환위기 이후

※ 발생액이 작은 기업의 부채비율 : 평균 151% – 투명성 높음.

※ 발생액이 큰 기업의 부채비율 : 평균 1,670% – 투명성 낮음.

외환위기를 거치면서 회계 투명성이 높은 기업과 낮은 기업 간의 재무구조가 양극화 현상을 보인다. 수익성이 악화되고 재무구조가 부실한 기업일수록 분식회계 가능성이 높다는 점을 알 수 있다.

매출액 영업이익률과 매출액 대비 영업 현금흐름의 비율을 비교하면 분식회계 가능성을 어렵지 않게 파악할 수 있다. 영업이익은 물건을 팔아 얼마의 마진을 남겼는지를 나타내고, 영업 현금흐름은 영업 활동을 통해 창출한 현금이다. 영업이익과 영업 현금흐름의 큰 차이는 경영자의 자의적인 판단에 의해 숫자 관리가 가능한가의 여부에서 비롯된다.

예컨대 건물이나 기계의 내용연수를 변경함에 따라 감가상각비와 영업이익이 달라질 수 있다. 하지만 경영자가 감가상각을 어떻게 처리하든 영업 현금흐름의 변화를 초래하지 않는다. 영업이익은 어느 정도 경영자의 조작이 가능하지만, 영업 현금흐름은 경영자의 조작이 상당히 어렵다. 매출액 영업이익률과 매출액 대비 영업 현금흐름 비율의 차이가 크면 클수록 경영자의 이익 조작과 분식회계 가능성이 높다.

분식회계 가능성은 영업 현금흐름 대비 발생주의에 의한 회계조정금액 비율로도 측정이 가능하다. 발생주의에 의한 회계조정금액은 경영자의 자의적 판단이 개입될 수 있는 계정과 관련된 금액이 얼마나 되는가를 나타낸다. 기업이 장부를 관리할 때 흔히 동원되는 계정은 재고자산, 매출채권, 매입채무, 감가상각비, 대손상각비 등이다. 발생주의에 의한 회계조정금액은 영업이익의 변동을 초래하지만 영업 현금흐름에는 아무런 영향을 주지 못하는 것으로서, 발생주의에 의한 회계조정금액이 크면 클수록 기업의 분식회계 가능성은 높다. 발생주의에 의한 회계조정금액은 비화폐성 유동자산에서 비화폐성 유동부채와 감가상각비를 차감하여 계산한다.

※ 회계조정금액 = 비화폐성 유동자산 − (비화폐성 유동부채 +감가상각비)

분식회계 가능성이 높은 경우를 재무관리 측면에서 다시 한 번 정리하자. ■ '매출액' 대비 '영업 활동으로 인한 현금흐름'의 비중인 '현금흐름 비율'이 낮을수록 ■ '영업이익'과 '영업 활동으로 인한 현금흐름'의 차이가 클수록 ■ '당기순이익'과 '영업 활동으로 인한 현금흐름'의 차이인 '발생액'이 크면 클수록 ■ '영업 활동으로 인한 현금흐름' 대비 '회계조정금액'의 차이가 크면 클수록 ■ '매출액 증가'에 비하여 '매출총이익 증가율'이 낮을수록 ■ 매출 증가에 비하여 매출채권 증가율이 높을수록 분식 가능성이 높다. 그만큼 회계 투명성이 낮다는 뜻이 된다.

화폐성 항목과 비화폐성 항목

화폐성 항목이란 기간이 경과하거나 화폐 가치가 변동하더라도 항상 일정액의 화폐 금액으로 표시되는 항목이다. 반면에 비화폐성 항목이란 기간이 경과하거나 화폐 가치가 변동함에 따라 화폐 평가액이 변동하는 항목으로서, 일정액의 화폐 금액으로 확정되어 있지 않은 것을 말한다.

예컨대 대표적인 화폐성 항목은 현금이고 비화폐성 항목은 토지다. 2006년 초에 현금 2억 원 중에서 1억 원을 토지에 투자하여 2006년 말까지 그대로 보유하고 있다. 이 경우에 물가지수가 기초 대비 50% 상승했다고 가정하자. 화폐성 항목인 현금은 기초 금액 그대로 1억 원이지만 비화폐성 항목인 토지는 1억 5천만 원이다. 따라서 화폐성 항목인 현금은 물가지수가 변동하더라도 항상 일정액으로 표시되기 때문에 물가지수가 50% 상승함에 따라 5천만 원만큼의 구매력 손실이 발생하게 된다. 구매력이란 일정 화폐로 구입할 수 있는 재화나 용역의 양을 말한다. 비화폐성 항목인 토지는 취득원가가 1억 원이더라도 물가지수가 변동함에 따라 실질 가치가 변동하기 때문에 구매력 손실이 발생하지 않고 보유 이익 5천만 원이 발생한다.

화폐성 항목과 비화폐성 항목의 분류

재무제표의 모든 항목을 화폐성 항목과 비화폐성 항목으로 정확히 구분하는 것은 어렵지만 일반적으로 다음과 같이 구분한다.

■ 화폐성 항목

자산 : △현금 △현금등가물 △수취 채권과 대손충당금 △고정 계약이 아닌 경우의 선급금 △투자유가증권(채권) △미수수익 △단기 금융상품, 장기 금융상품.

부채 : △매입채무 △차입금 △고정 계약이 아닌 경우의 선수금 △미지급비용 △사채와 사채 발행 차금 △신주인수권부사채.

■ 비화폐성 항목

자산 : △재고자산 △유가증권, 투자유가증권(주식) △유형자산과 감가상각누계액 △무형자산 △고정 계약인 경우의 선급금 △선급비용.

부채 : △고정 계약인 경우의 선수금 △판매보증충당금 등 추정부채 △선수수익 △전환사채.

자본 : △자본금 △자본잉여금.

특히 이익잉여금은 화폐성, 비화폐성 어느 쪽에도 해당되지 않음.

■ 유가증권(주식)

장 · 단기를 불문하고 비화폐성으로 분류한다. 채권(사채)의 경우 단기 투자 목적이라면 가격의 상승을 목적으로 보유하고 있기 때문에 비화폐성 항목으로 분류하고, 장기 투자 목적으로 보유하고 있다면 확정 이자 수익을 얻을 목적으로 보유하고 있기 때문에 화폐성 항목으로 분류한다.

■ 선급비용, 선수수익

미래에 금전 이외의 재화나 용역을 공급받거나 공급할 권리 · 의무인 경우(광고료, 보험료, 임차료 등) 비화폐성 항목으로 분류하고, 그렇지 않은 경우 화폐성 항목(이자 등)으로 분류한다.

■ 판매보증충당금

미래 가격으로 재화나 용역을 제공할 의무인 경우로 비화폐성이다.

■ 전환사채

주식으로 전환 예정인 부채여서 비화폐성이다.

■ 신주인수권부사채

신주인수권이 행사되더라도 만기에 상환해야 하기 때문에 화폐성으로 분류한다.

■ 선급금과 선수금

미래에 재고자산 등을 구입할 수 있는 권리(고정 계약)가 있는 경우 또는 공급해야 하는 의무(고정 계약)가 있는 경우 비화폐성 항목으로 분류하고, 그렇지 않은 경우 화폐성 항목으로 분류한다.

4. 특별이익이 함정일 수 있다

당기순이익이 당초 예상보다 적거나 막대한 손실이 발생했을 때, 적지 않은 기업들이 자산 매각 이익 등을 통해 특별이익을 만든다. 토지, 건물, 투자유가증권, 지식재산권 등을 처분하거나 처분한 것처럼 속이고 그 차익을 당기순이익으로 처리하여 영업 손실을 메운다.

당기순이익에서 특별이익을 빼면 사실상 이익이 없거나 당기 손실로 나타나는 기업의 경우 분식회계 가능성이 높다. 관계회사 또는 특수관계자로 의심되는 사람 등에게 토지, 건물, 투자유가증권, 지식재산권 등을 처분한 때가 결산기말이거나 결산기말에 가까울수록 그 처분 내역과 실현성 여부를 정밀 체크해야 한다.

손익 구분의 최종 단계인 당기순이익은 경상이익에 특별손익을 가감하고 법인세비용을 차감하여 계산한다. 따라서 현금 입금이 수반되지 않는 자산재평가 차익을 재평가적립금으로 계상하여 자본잉여금이 늘어났거나, 현금 지출이 없는 특별손실로 당기순이익이 줄었다면 이 역시 분식회계 가능성이 높다.

특별손익은 경상적이고 반복적인 특성을 지닌 것이 아니어서 기업의 수익가치를 분석할 때는 각별한 주의가 필요하다. 당기순이익에서 특별이익을 제외할 경우 당기순손실로 나타나는 기업이라면, 영업 손실을 감추고 이익을 내기 위해 의도적으로 분식회계를 시도했을 가능성이 매우 높다.

예컨대 공장 용지를 팔거나 자회사를 매각하여 얻은 특별이익이 매년 발생할 것으로 기대하기는 어렵다. 때문에 만년 적자를 기록하던 회사가 흑자로 전환되더라도 그 원인이 영업수지나 재무구조의 개선이 아니고 특별이익의 반영에 의한 것이라면 회사의 수익성이 좋아졌다고 볼 수는 없다. 오히려 고의적인 분식회계를 하지 않았나 의심해야 한다.

자산재평가

전통적인 회계 이론에 따르면 자산을 평가할 때 취득원가주의를 적용하고 있다. 기업 회계는 화폐 가치 불변의 원칙에 의하여 운용되고 있기 때문에 수시로 변동하는 화폐 가치, 즉 물가를 기업의 회계 처리 과정에서 반영할 수 없다.

하지만 화폐 가치 불변의 기준을 고수하게 되면 물가가 크게 오를 경우 기업의 손익 계산은 대부분 명목 이익에 불과할 것이다. 이처럼 명목 이익을 낸 결과 조세와 배당 등으로 과다한 사외 유출이 이루어져 기업의 실질 자본을 유지할 수 없게 된다. 때문에 기업회계

기준은 자산재평가법의 규정에 의거하여 자산재평가를 예외적으로 인정하고 있다.

자산재평가법에 의하지 않고 임의로 자산의 평가 차익을 만드는 행위는 기업 회계에서 용인되지 않는다. 자산재평가법에서는 국내에 소재하는 사업용 자산에 대하여 도매 물가 지수가 25% 이상 상승한 경우 재평가를 할 수 있도록 하고 있으나, 비업무용 자산이나 감가상각 대상이 아닌 자산은 재평가 대상에서 제외한다.

그렇다면 자산재평가가 재무제표에 어떤 영향을 미칠까. 자산재평가를 실시하여 재평가 차액이 발생하면 대차대조표(재무상태표)의 이월결손금을 공제한 잔액을 재평가적립금으로 계상한다. 재평가적립금에서 재평가세를 납부하고 남은 잔액은 자본 전입, 즉 무상증자를 통해 주식을 발행할 수 있다.

이와 같이 자산재평가를 실시하면 재무제표로는 재무구조가 크게 개선된 것처럼 나타난다. 따라서 그 이후 감가상각비가 현실화되고 재평가한 자산을 매각할 때 처분 이익이 감소하는 등 법인세 절감 효과가 있다.

하지만 재평가 차액이 발생하더라도 실제로는 아무런 자금 유입이 없다. 이와 더불어 앞으로는 감가상각비가 증가하기 때문에 회계상 순이익은 감소하게 된다.

지난 1998년 외환위기(IMF) 위기 당시 부채비율을 낮추기 위해 한시적으로 허용했다 폐지한 이후 딱 10여 년 만이다. 2008회계연도부터 기업들에 허용된 유형자산에 대한 재평가는 2000년 말까지만 한시적으로 적용돼 지난 2001년 이후 허용되지 않아왔던 회계기준이다. 그러나 2011년 모든 상장사에 의무적으로 도입된 국제회계기준(IFRS)의 '목적 적합성 원칙'에 따라 자산과 부채를 취득원가 외에 공정가치로 평가할 수 있도록 회계처리 기준을 금융위기에 따른 기업 회계부담 완화 차원에서 조기 도입했다.

자산재평가의 구체적 효과로는 ■ 자기자본비율과 재무구조 개선과 대외신용도 증가 ■ 법인 세 부담 경감 ■ 무상증자 재원 확충 ■ 시가(공정가치) 평가로 자산관리의 효율성 확보 등을 꼽을 수 있다.

하지만 주식투자자들은 자산재평가에 일희일비하지 말아야 한다. 보유 자산의 장부 기재 방식을 변경한다고 기업가치가 달라지는 것은 아니기 때문이다.

특히 최근 자산재평가를 실시하는 기업들은 부채비율이 매우 높은 기업들이 중심이 돼 더욱 주의가 필요하다. 주식시장에서 뉴스에 따라 급등 급락하는 등 이슈에 따른 단발 상승이 많지만 사실상 자산재평가는 기업 펀더멘털(Fundamental, 기초경제여건)에 전혀 영향이 없다. 주식시장에서 퇴출됐어야 할 기업들의 존속 가능성도 높아졌다는 점을 고려할 필요가 있다.

증권시장에서 자산재평가 소문이 나도는 기업의 주가는 대체로 오르는 경향이 있다. 주식투자자들이 자산재평가를 무상 증자와 연계시켜 생각하는 심리적 효과 때문이다.

5. 업종별 재무비율을 비교하자

우리나라 기업의 매출 성장률, 총자본 증가율 등 신장률은 남부럽지 않을 정도로 세계적인 수준이다. 매출액과 총자본(총자산 = 자산총계 = 부채와 자본 총계)이 해마다 대폭 증가하는 것이다. 속이 빈 강정처럼 몸집만 부풀려서 나타난 현상이기도 하겠지만 그보다는 분식회계에서 비롯되었다는 점도 부인하기 어렵다. 매출과 자산을 과대 계상하다 보면 총자본(총자산)이 증가하는 게 당연하기 때문이다. 하지만 나머지 재무비율을 살펴볼 경우 부끄럽기 짝이 없다. 성장률만 높지 안정성과 수익성은 상대적으로 몹시 취약하다.

공표된 재무제표를 면밀히 관찰할 때 분식 여부를 가려내는 것은 별로 어려운 일이 아니다. 동종 업계와 비교하여 부채비율과 재고자산 비율이 높은 회사일수록 분식회계 가능성이 높다. 부채비율은 '[(유동부채 +고정부채) ÷ 자기자본] × 100' 으로 산출한다. 그 동안 남의 돈을 빌리거나 매입채무를 갚지 않는 방법으로 총자산을 늘렸다면 총자산 증가율이 높아지지만 부채비율도 높아져 재무구조가 불안정해진다.

앞에서 몇 차례 언급했듯이 재고자산 비율은 '(매출액 ÷ 재고자산) × 100' 으로 산출한다. 회계 투명성이 의심되는 분식회계 기업의 매출액 대비 재고자산 비율은 대체로 30% ~ 40%, 심지어 50%를 넘어선다. 이와 반대로 정상적인 회계 장부를 유지하는 기업의 재고자산 비율은 20% 내외에 불과하다. 매출액 대비 50% 가량을 재고자산으로 보유하고 있다면 분식회계 가능성이 매우 높다.

매년 한국은행에서 발표하는 '기업경영분석' 통계치를 활용하면 쉽게 재무 관련 정보를 얻을 수 있다. 서점에서 관련 도서를 구입하거나 한국은행 홈페이지(www.bok.or.kr)를 방문하여 '기업경영분석' 을 검색하는 방법이 있다.

전통적 재무비율은 요약하면 다음과 같다. 앞에서도 설명했듯이 유동비율, 당좌비율, 고정장기적합률 등 일부 안정성 비율로 보면 부도난 기업과 분식회계 기업이 오히려 양호한 것으로 나타날 수 있다. 그렇기에 전통적 재무분석 기법으로는 부실기업을 판별하기가 결코 쉽지 않다.

안정성 비율(%)

유동비율 : (유동자산 ÷ 유동부채) × 100

당좌비율 : (당좌자산 ÷ 유동부채) × 100

부채비율 : [(유동부채 +고정부채) ÷ 자기자본] × 100

유동부채비율 : (유동부채 ÷ 자기자본) × 100

고정부채 비율 : (고정부채 ÷ 자기자본) × 100

고정장기적합률 : [(유형자산 +무형자산 +투자자산) ÷ (자기자본 +고정부채)] × 100

수익성 비율(%)

매출액 순이익률 : (순이익 ÷ 매출액) × 100

총자본 경상이익률 : (경상이익 ÷ 매출액) × 100

자기자본 경상이익률 : (경상이익 ÷ 자기자본) × 100

성장성 비율(%)

매출액 증가율 : [(당해 연도 매출액 − 전년도 매출액) ÷ 전년도 매출액] × 100

총자산 증가율 : [(당해 연도 총자산 − 전년도 총자산) ÷ 전년도 총자산] × 100

※ 총자산

'총자본' 이라고도 하며 대차대조표(재무상태표) 차변(왼쪽)의 자산 합계, 대변(왼쪽)의 부채와 자본의 합계를 말한다.

예컨대 한국은행 '기업경영분석' 에 따르면 우리나라 업종별 평균 부채비율과 자기자본비율이 나온다. 이 통계치를 분석 대상 기업의 비율과 비교하면서 부실기업과 분식회계 여부 판정에 활용한다. 다른 재무비율과 다른 업종의 주요 재무비율 정보도 한국은행 홈페이지 검색을 통해 구할 수 있다.

6. 대주주에 대한 대여금 비율을 체크하라

대차대조표(재무상태표)의 자산 항목인 장단기 대여금 명세서를 확인하려면 결산보고서(재무제표)를 검토해야 한다. 이 중에서 대주주에 대한 현금 대여금이 존재할 경우 그 금액이나 비율이 높을수록 분식회계 가능성이 높아진다.

대주주가 적법한 회계 절차를 거쳐 이자를 주고 법인의 자금을 빌려 가는 것을 비난하긴 어렵지만, 진상을 규명해 보면 그게 아닌 사례가 의외로 많다. 부외부채가 존재한다거나 사채와 할인어음 등 부외 차입금에 대한 이자를 처리하기 위해 잠시 대주주 오너 경영자에게 돈을 빌려 준 것처럼 가장하는 사례가 흔하기 때문이다.

이와 다르게 실제로 최대 주주인 경영자가 법인 자금을 빌리기도 한다. 이때 단순히 대주주 명의로 대여금을 빌려 관리하기보다는 임원이나 종업원 이름으로 대여금을 골고루 분산시키는 사례도 적지 않다. 어쨌든 합법적인 장부 반영이 불가능하다는 이유로 시간을 벌면서 방법을 강구하려는 움직임으로 의심해도 무방하다.

L그룹의 C회장은 '주주임원종업원단기대여금' 이라는 이름으로 회사 돈을 차용한 뒤 여러 이사와 간부들 명의로 분산시키기도 했다. 이 과정에서 회사 돈을 빼돌리는 전담 임직원이 등장하기도 한다. 이런 식의 대여금이나 가지급금은 총수 개인의 주식 거래에도 늘 동원되는 회사측 계정이다.

법인 자금을 대여금, 가지급금 등의 형식을 빌려 빼낸 뒤 일정 기간 사채놀이를 하거나 증권 또는 부동산 투기를 하는 사례도 없지 않다. 이렇게 생긴 불법 소득을 대주주가 착복하고 나머지는 비자금으로 별도 관리하는 수도 있다. 어쨌든 대주주, 임원, 종업원, 관계회사, 특수관계자 등의 명의로 된 대여금과 가지급금, 선급금이 많다는 것은 회계 투명성을 저해하는 주요 요인이다.

7. 회전율을 추적하자

매출채권 회전율과 재고자산 회전율을 검토해 보면 회계분식 가능성을 어느 정도 알 수 있다. 매출채권 회전율과 재고자산 회전율을 산출하여 전년도 또는 동종 업계의 평균치와 비교해도 허점이 대강 드러난다.

매출채권 회전율은 매출액을 매출채권(받을어음 +외상매출금)으로 나눈 회전수로서, 기말의 매출채권 잔액이 1년 동안의 영업 활동을 통하여 현금인 매출액으로 회전되는 속도를 의미한다. 매출채권 회전율의 공식은 '매출액 ÷ 매출채권' 이지만 좀 더 정확성을 기하기 위해 '매출액 ÷ [(기초 매출채권 +기말 매출채권) ÷ 2]' 로 산출하기도 한다.

매출채권 회전율이 일반적으로 6회 이상이면 양호하고 2회 이하이면 아주 불량한 것으로 판단한다. 매출채권 회전율이 6회 이상이라는 것은 매출채권이 2개월에 한 번 꼴로 회전한다는 뜻이다. 특히

2회 이하라는 것은 매출채권이 6개월에 한 번 정도도 회전되지 않는 것으로, 자금 압박에 따른 부도 위험성이 높다는 뜻이 되고, 분식회계에 의해 매출채권을 과대 계상한 결과로 추정될 수도 있다.

매출채권 회전율이 높다는 것은 매출채권이 순조롭게 회수되고 있음을 나타낸다. 이와 반대로 매출채권 회전율이 낮을 경우 매출채권의 회수 기간이 길어지기 때문에, 그에 따른 대손 발생의 위험이 증가하고 수익 감소의 원인이 된다.

재고자산 회전율이란 연간 매출액을 평균 재고자산으로 나눈 것이다. 재고자산의 회전 속도, 재고자산이 당좌자산으로 변화하는 속도를 나타낸다. 재고자산 보유 수준의 과부족을 판단하는 데 가장 적합한 지표로서 일정한 표준 비율은 없다. 일반적으로 이 비율이 높을수록 ■ 자본 수익률이 높아지고 ■ 매입채무가 감소되고 ■ 상품의 재고 손실을 막을 수 있고 ■ 보험료와 보관료를 절약할 수 있어 기업 경영에 유리해진다. 하지만 재고자산 회전율이 너무 높을 경우 원재료와 제품 등의 재고 부족으로 계속적인 생산 판매 활동에 지장을 초래할 수도 있다.

재고자산 회전율이 낮을 경우 자금 부담이 악화되어 도산 가능성이 높아진다. 분식회계로 재고자산을 과대 계상해도 재고자산 회전율이 낮아지는 현상을 보일 수도 있다. 이럴 경우 매출액 대비 재고자산의 비중이 높지 않나, 전기와 당기의 수준을 서로 비교해 봐야 한다.

활동성 비율(회)

총자본 회전율 : 매출액 ÷ 총자본

매출채권 회전율 : 매출액 ÷ 매출채권

재고자산 회전율 : 매출액 ÷ 재고자산

유형고정자산 회전율 : 매출액 ÷ 유형고정자산

우리나라 기업의 주요 업종별 회전율을 비교 분석하고 싶다면 매년 발표되는 한국은행 '기업경영분석' 통계를 참조하면 된다.

8. 부외부채 가능성을 체크하라

대차대조표(재무상태표)는 특정 기업의 영업 손익에 대한 보완적 정보를 제공한다. 이와 더불어 기업의 경제적 자원, 재무 유동성, 재무 건전성, 재무 탄력성 등에 관한 기초 정보도 함께 제공한다. 그처럼 유용한 데이터를 제공하는 재무제표인 대차대조표(재무상태표)도 다음과 같은 한계를 지닌다.

■ 대차대조표(재무상태표)는 현재 가치를 실질적으로 반영하지 못한다. 기업회계기준이 규정하는 몇 가지 경우를 제외하고 대부분의 자산이 취득 원가로 평가되기 때문이다.

■ 대차대조표(재무상태표)의 측정치 중 상당 부분이 주관적인 추정 수치에 근거하여 평가된다. 따라서 아무리 일반적인 기업회계기준을 적용하더라도 부정한 의도를 숨기고 싶다면 결코 어려운 일이 아니다.

■ 대차대조표(재무상태표)를 통해 특정 기업의 모든 자산과 부채

를 합리적으로 측정할 수 없다. 그렇기 때문에 상당한 자산 가치가 있는 자산이나 사실상의 부외부채가 누락될 수 있다. 회계 처리 구분의 불확실성을 비롯하여 비용과 효과적인 이익의 균형을 유지해야 하는 한계점이 있어 누락되거나 부정확한 자산과 부채가 있을 수 있다는 뜻이다.

이와 같은 한계에도 불구하고 부외부채를 색출하기 위한 노력을 게을리 하지 말아야 한다. 장부에 반영하지 않은 채무, 장부 밖에 숨겨 둔 부채를 부외부채라고 한다. 우발 채무 또는 숨은 부채라고 부르기도 한다.

부채에 대한 분식회계는 채무 금액을 줄이는 것이다. 부채를 줄이고 회사의 자본(순자산)을 늘리는 것이다. 결국 가공의 자산을 만들어 해당 부채와 상계 처리하는 수법이 가장 일반적이다. 부채만 줄이면 다른 부채 항목이 또 생기기 때문에 어쩔 수 없이 정상적인 자산 항목과 상계 처리해야 한다.

제삼자가 가공의 자산을 정상적인 부채와 상계 처리한 재무제표를 보고 분식회계 사실을 적발하기란 쉽지 않다. 부채 누락 여부를 확인하려면 대차대조표(재무상태표) 항목과 포괄손익계산서 항목의 비율 분석을 통해 부채 규모의 적정성을 검토해야 한다. 특히 차입금 규모와 시중은행 금리 등에 비추어 금융비용이 현실적으로 낮거나 높으면 차입금을 숨긴 것으로 의심해도 좋다.

① 대차대조표(재무상태표)의 단기차입금, 장기차입금 파악.

② 포괄손익계산서의 영업외비용 중에 지급이자와 할인료 등 금

융비용 파악.

③ [금융비용(지급이자, 할인료) ÷ 차입금(단기차입금 +장기차입금)] × 100 = 평균금리 파악.

④ 예컨대 상기 ③항의 평균 금리와 시중은행 일반대출 금리를 비교하여 그 차이가 크든 작든 현격한 차이를 보이면 그 요인을 분석해야 한다. 결산기말에 차입금이 급증(차입)했거나 급감(상환)했을 경우 특별한 요인이 없다면 분식회계 가능성이 매우 높다.

부외부채가 적발된 기업일수록 오랫동안 장부조작을 해온 '상습적인 전과자'로 의심해야 한다. 불가피하게 부외부채로 관리해야 했다면 어딘가에 더 깊은 허점이 숨어 있을 것이고 이를 숨기기 위해 더 많은 장부조작이 필요했을 것이기 때문이다.

예컨대 사채업자의 돈을 빌릴 때마다 마구잡이로 발행한 약속어음을 장부에 반영하지 않는다. 변칙 회계 처리를 하는 과정에서 자금 조달 비용을 다른 경비로 처리해야 한다. 사채 원금으로 입금된 자금을 장부에 반영하기 위해 매출, 영업외수익, 특별이익 등이 발생한 것처럼 가장하기도 한다.

부외부채를 보유한 기업의 재무제표는 겉으로 멀쩡해 보여도 속으론 골병이 들 수밖에 없다. 부실기업일수록 부외부채가 많다는 것도 회계감사를 어렵게 만드는 요인이다. 그처럼 부외부채의 존재를 철저히 숨기다 보니 공인회계사들이 나서서 샅샅이 뒤지기란 쉽지 않다.

부외부채의 존재 가능성

대차대조표(재무상태표)의 구조를 살펴보면 왼쪽에는 자산의 운용 상태를 나타내고 오른쪽은 자본의 원천을 부채(타인자본)와 자본(자기자본)으로 나누어 표시하고 있다. 대차대조표(재무상태표)를 분석할 때는 우선 자산 중에 가공 자산이나 부실 자산이 없는지 살펴보고 다음에는 대차대조표(재무상태표)일 현재 존재하는 모든 채무가 부채로 반영되었는지 확인해야 한다. 모든 채무가 장부상 부채로 반영(계상)되어 있다는 것은 곧 부외부채가 없다는 것을 의미한다.

부외부채는 회계 담당자의 회계 업무에 대한 무지에서 비롯된 것도 없지 않다. 하지만 그보다는 회사의 악화된 재무 상태와 경영 실적을 분식하려는 의도에서 고의로 은폐하는 경우가 많기 때문에 재무제표 정보 이용자들에게 큰 피해를 입힐 가능성이 높다. 도산한 기업들의 사례를 살펴보면 거의 예외 없이 거래처에 대한 외상매입금, 지급어음, 미지급금, 미지급비용, 사채시장에서 빌어다 쓴 할인어음(단기차입금) 등 회사 장부에 반영되지 않은 거액의 부외부채가 발견된다.

감사 의견이 첨부되지 않은 재무제표를 이용하는 경우에는 부외부채의 존재 가능성에 특히 유념해야 한다. 자산 항목에 대하여는 전문가가 아니더라도 회사가 제시하는 결산명세서를 바탕으로 실사나 외부 조회 절차 등을 통해 어느 정도 그 실체를 확인할 수 있지만, 부외부채는 전문 감사인도 적발하기 힘든 경우가 많다. 회사의 장부에 기록되지 않은 채무는 그 존재 여부가 불확실하고 그 금액의 규모도 짐작하기가 어렵기 때문이다. 따라서 특정 회사의 재무제표를 믿고 중요한 의사 결정을 하려면 반드시 공인회계사의 감사 의견을 확인해야 할 것이다.

부외부채는 우발채무와 밀접한 관련이 있다는 점을 기억해야 한다. 부채로 확정될 가능성이 높은 우발채무는 대차대조표(재무상태표)에 부채로 계상하도록 하고 있지만, 우발적 상황에 대한 객관적인 판단이 어렵다는 이유로 이와 같은 기준이 잘 지켜지지 않는다. 실무적으로는 계류중인 소송 사건이나 타사 채무에 대한 지급보증 등 우발채무 항목들이 대부분 '주석사항'을 통해 공시된다.

때문에 '주석사항'과 '특기사항'을 주도면밀하게 관찰해야 한다. 재무제표를 분석할 때 '주석사항'에 공시된 우발채무가 결산기말 이후 확정 채무로 바뀔 가능성이 있고, 이미 부외부채에 해당하는 부분이 있을지도 모른다는 점에 주의를 기울여야 한다.

특히 포괄손익계산서의 영업이익과 경상이익을 집중 분석해야 그 해답이 얻어진다. 예컨대 영업이익을 많이 내도 차입금이 너무 많아 이자비용이 과다하게 지출된다면 경상이익이 크게 줄어든다. 이 같은 추세를 감안할 때 매출액 영업이익률이 높은 데도 불구하고 매출액 경상이익률이 낮다면 차입금이 많다는 증거가 될 수도 있다. 이 점에 유의하여 대차대조표(재무상태표)에 나타난 차입금의 적정 규모 여부를 살펴보아야 한다.

한국은행의 '기업경영분석'에 따르면 전 산업의 매출액 영업이익률과 매출액 경상이익률이 나온다. 이 통계를 적극 활용한다.

우발채무의 회계 처리

일반적으로 부채는 채무 금액과 채권자 등이 확정되어 있다. 하지만 우발채무란 회사가 지급해야 할 금액이나 채권자뿐만 아니라 회사가 지급해야 할 의무 그 자체도 불명확한 부채를 말한다.

우발채무는 확정 부채가 아니라는 점에서 퇴직급여충당금, 수선충당금 등 부채성 충당금과 유사하다고 볼 수 있다. 하지만 부채성 충당금의 경우 결산일 현재 회사가 부담해야 할 의무가 명백히 존재하고 금액을 합리적으로 추정할 수 있다는 점에서 차이가 있다.

이를테면 계류 중인 소송 사건의 패소 가능성이 있다면 우발채무에 속한다. 공인회계사의 회계감사 절차 중 회사의 고문 변호사에게 계류 중인 소송 상황이나 판결 전망 등을 묻는 감사 절차가 있다. 이런 절차는 바로 회사의 우발채무가 재무제표에 적정하게 반영되어 있는지를 확인하기 위한 것이다. 우발채무에 대한 회계 처리는 그 발생 가능성의 정도에 따라 세 가지로 나눈다.

첫째, 특정 상황이 발생하여 회사가 우발 손실을 입게 될 가능성이 매우 높다고 판단되는 경우 손실 금액을 합리적으로 추정할 수 있다면 대차대조표(재무상태표)에 '부채'로 계상한다. 만약 금액을 합리적으로 추정할 수 없다면 '주석사항'으로 공시한다. 예컨대 회사가 피소를 당한 소송 사건에서 고문 변호사의 의견이나 유사한 소송 사건의 판례에 비추어 회사가 패소할 가능성이 높다면, 손실 금액을 추정하여 '부채'로 계상하거나 이러한 사실을 '주석사항'으로 공시해야 한다.

둘째, 특정 상황이 발생하여 회사가 우발 손실을 입게 될 가능성이 그다지 높지 않다고 판단되는 경우 그 사실을 '주석사항'으로 공시하도록 하고 있다. 계류 중인 소송 사건에서 회사의 패소 가능성이 높지 않거나, 회사가 제삼자를 위해 지급보증을 한 경우 등이 이에 해당한다.

넷째, 화재나 전쟁 등의 천재지변이나 노조의 파업 가능성 등 대부분의 회사가 일반적으로 안고 있는 위험처럼 우발 손실이 발생할 가능성이 거의 없다고 판단되는 경우에는 재무제표에 공시를 할 필요가 없다.

우발 손실에 대한 반대 개념으로 우발 이득을 생각할 수 있으나, 우발 이득이 발생하는 상황에 대하여는 재무제표에 나타내지 않도록 하고 있다. 이 같은 추세는 회계의 보수주의 원칙에 근거한 것이라고 볼 수 있다.

가. 매입채무

매입채무란 일반적인 상거래에서 일어나는 외상매입금과 지급어음을 말한다. 외상매입금이란 원재료나 상품을 일정 기간 신용 조건에 의하여 외상으로 매입한 것이다. 지급어음이란 매입 대금을 결제(決濟)하면서 현금 대신 일정한 만기가 있는 약속어음을 발행해 주는 것을 말한다.

외상매입금은 외상매출금과 대비되고 지급어음은 받을어음과 대비된다. 이러한 대조적 성격에 비추어 외상매출금은 증가했으나 외상매입금이 줄고, 받을어음은 증가했으나 지급어음이 줄었다면 이상 징후로 판단해도 좋다. 채권 · 채무는 비슷한 수준으로 증감되는 경우가 많기 때문에 매출채권(외상매출금, 받을어음)만 늘고 매입채무(외상매입금, 지급어음)만 감소하는 추세라면 반드시 그 요인을 살펴야 한다.

※ 4가지 경우인 ■ 당기 검토 ■ 전기 검토 ■ 당기와 전기 검토 ■ 당기와 전기의 평균[(당기 +전기) ÷ 2] 검토 등으로 다음의 ① ② ③ ④를 비교하여 그 요인을 규명한다.

① 외상매출금 > 외상매입금.

② 받을어음 > 지급어음.

③ 매출채권(외상매출금 +받을어음) > 매입채무(외상매입금 +지급어음).

④ 매입채무 증가율 < 매출액 증가율.
< 매출채권 증가율
< 원재료 · 상품 매입액 증가율.

매입채무는 제조원가명세서의 원재료, 포괄손익계산서의 상품매입액과 밀접한 관계가 있다. 따라서 연도별로 매입채무와 원재료 · 상품매입액의 비율 분석을 통해 비정상적인 회계 처리의 가능성을 진단할 수 있다. 매입채무 증감 추세와 포괄손익계산서의 원재료 · 상품 매입액과의 증감 추세 분석을 여러 회계연도에 걸쳐 실시하는 게 무엇보다 중요하다. 여러 해에 걸쳐 매입채무가 감소하거나 비슷

한 규모를 유지하고 있는데도, 여러 해의 원재료 · 상품 매입액이 증가 추세라면 이상 징후라고 볼 수 있다.

매출액과 매입액이 늘어나면 매출채권과 매입채무가 대체적으로 비슷한 증가율을 보인다. 매출액 · 매입액 · 매출채권이 몇 년 사이 대폭 증가하고 있는데, 매입채무 규모가 답보 상태거나 감소했다면 아주 중대한 원인이 없는 한 분식회계 가능성이 농후하다.

나. 단기차입금

단기차입금이란 금융기관으로부터의 당좌차월 금액과 1년 이내에 상환될 차입금을 말한다. 단기차입금 중 당좌차월 금액은 해당 회사와 금융기관 사이의 당좌거래 약정에 의하여 그 금융기관에서 받은 어음과 수표를 사전에 정한 일정한 마이너스 한도(당좌차월 한도)까지 발행할 수 있는 것을 말한다.

다시 말해 은행과 미리 당좌차월 계약(은행 입장에서는 당좌대월 계약)을 체결하여 일정 한도 내에서 예금 잔액을 초과하여 어음이나 수표를 발행하여도 은행이 지급할 수 있도록 하는 것을 당좌차월이라고 한다. 당좌차월은 은행에 대한 회사의 부채이며 이자가 붙어 지급이자가 발생한다. 부채와 관련하여 부외부채의 가능성이 가장 높은 부분이 바로 당좌차월 계정이다.

예컨대 경영진이 회사의 어음이나 수표를 사적 용도로 발행하여 사용한 경우, 결산기가 도래하면 회사의 어음과 수표를 개인에게 빌려준 것으로 회계 처리해야 원칙이다. 어음과 수표를 발행한 금액만큼 기업의 단기차입금 계정에 포함시키고 임원에 대한 채권(임원대여금 등) 계정에도 반영해야 한다. 하지만 이러한 회계 처리를 생략할 경우 중요한 회사의 부채가 누락되는 것이다.

회계감사기준에는 '■ 일반적으로 실시해야 할 감사 절차를 생략해서는 안 되고 ■ 필요하다면 그 밖에 적절한 감사 절차를 수행해야 하고 ■ 감사 의견을 뒷받침할 수 있고 신뢰할 만한 충분한 증거자료를 입수하여 확인해야 한다.' 고 규정한다.

회계감사준칙에 따르면 '■ 부외부채에 대한 감사를 할 때 각종 주요 계약서와 회의록 열람 ■ 비정상적 거래에 대한 검토 또는 변호사 조회를 통해 부외부채나 우발채무의 유무를 확인해야 한다' 고 규정되어 있다.

회계감사준칙에 의하면 어음 수표에 관련된 부외부채를 감사할 때 ■ 어음 수표 용지의 구입과 발행을 확인하고 ■ 미사용 어음 수표 용지의 폐기 또는 견질어음, 견질수표의 관리에 대한 통제 절차를 평가하고 ■ 회사로부터 거래 은행별 어음 수표 수불 명세서를 받아 거래 은행에 조회 대조하고 ■ 사용 · 폐기 · 미사용 · 매수를 확인하며 ■ 어음 수표의 마감 절차를 검토해야 한다고 명시되어 있다.

예컨대 회사가 폐기했다고 주장하는 어음 용지들이 실사를 거치면 대주주나 경영진이 사적 용도를 위해 할인하여 사용한 것으로 밝혀진다. 이 같은 결과는 회계감사기준과 준칙을 성실히 준수했기 때문에 규명된 것이다.

단기차입금과 관련하여 재무제표에 나타나지 않는 중요한 우발채무로서 할인어음과 배서어음이 있다. 할인어음은 판매 대금으로 받은 어음을 만기일 이전에 금융기관을 통해 일정한 이자 비용(할인료)을 부담하고 어음을 할인하여 현금화시키는 것이다. 배서어음은 판매 대금으로 받은 어음을 회사의 매입채무를 결제하기 위해 제삼자에게 지급하는 것을 말한다. 할인어음과 배서어음 모두 최초의 어음 발행자가 만기일에 결제하지 못하고 부도를 낼 경우 어음의 최종 소지자에 대하여 구상(求償)채무가 발생한다.

장래에 일정한 조건이 발생하였을 경우 채무가 되는 우발채무를 불확정채무라고 부르기도 한다. 우발채무에는 어음 배서 의무 · 보증 채무 등이 있다. 예컨대 어음 배서인은 어음 지급인이 당해 채무를 갚지 않을 때는 어음 지급인을 대신하여 그 채무를 상환해야 한다. 이와 같은 우발적 현상의 발생에 따라 비로소 정식 채무가 되는 것을 일반적인 채무와 구별하여 대차대조표(재무상태표)에 '특기사항' 으로 표시한다. 만약의 경우에 대비하여 위험 부담 범위의 금액을 나타내지만 일반적으로 우발채권을 수반하여 발생하는데 회수 가능성이 높지 않다.

우발 상황은 주로 법적 소송중일 때가 많다. 대차대조표(재무상태표)일 현재 순자산이 감소하였음이 확실하고 채무 금액을 합리적으로 추정할 수 있는 경우에는 이 채무를 재무제표에 계상하고 '주석사항' 으로 기재한다. 만약 단일 금액이 아니라 일정한 범위일 경우에는 최소 금액을 기재한다. 추가 발생 가능성이 있을 경우에도 그 내용을 '주석사항' 에 기재해야 한다.

차입금의 경우 포괄손익계산서의 지급이자 비율 분석을 통해 부채 금액의 감소 또는 부외부채 존재 가능성을 진단한다. 지급이자 비율은 '(지급이자 ÷ 대차대조표(재무상태표)의 차입금 잔액) ×

100'으로 산출한다. 시중은행의 일반대출 금리와 비교하여 이자율이 너무 높으면 일단 부외부채가 있거나 사채(私債)를 쓰고 있다고 판단해도 좋다. 이와 반대로 차입금 잔액에 비하여 금융비용이 지나치게 많아도 숨겨진 차입금이 있는 것으로 의심해야 한다.

예전의 한보그룹 분식회계는 공시된 재무제표를 가볍게 살펴봐도 짐작할 수 있었다. 1996년도 상반기 재무제표에 나타난 부채 규모는 4조 2,460억 원이었다. 자본 총계 2,243억 원의 18배가 넘었으니 수조 원의 손실을 숨기고도 부채비율이 1,800%라는 의미였다. 그 시절의 평균 대출 금리 10%만 감안해도 연간 지급이자는 4,000억 원이 넘어야 정상이다. 하지만 포괄손익계산서의 지급이자는 사채이자를 포함해 700억 원에 불과했다. 대충 계산해도 3,000억 원 이상의 금융비용과 각종 경비를 누락시킨 셈이었다.

※ **견질어음**

담보제공용 어음으로 통상 차입 금액의 20 ~ 30% 정도 크게 금액을 설정하는 경우가 많고, 아예 무기명 백지 어음으로 발행하기도 한다. 금융기관이 기업에 대출을 실행할 때 담보를 보강하기 위해 기업으로부터 받는 어음이 견질어음인데, 백지 보충권(補充權)을 위임받은 백지 어음을 받을 때도 많다. 기업이 대출금을 상환하지 못하거나 자금 회수에 의문이 생기면 이를 교환에 회부하여 현금화한다.

다. 미지급금

일반적인 상거래 이외의 분야에서 발생한 채무인 미지급금은 자산 구입 또는 비용 발생에 따라서 생기는 반대급부를 말한다. 예컨대 토지, 건물, 기계장치, 차량, 비품 등 고정자산을 외상으로 구매할 경우 미지급금 계정으로 처리한다. 자산 취득과 관련하여 이미 발생한 경비를 지급하지 않은 경우도 마찬가지다.

고정자산, 투자자산의 증가와 판매비와관리비 또는 제조경비 항목의 변동을 연결하여 재무제표를 분석해야 한다. 예컨대 차입금, 납입 자본금, 이익잉여금이 별로 증가하지 않았거나 오히려 감소했는데 고정자산, 투자자산 등이 급격히 증가했다면 미지급금을 숨겼다고 의심해도 좋다. 특히 유동자산 규모가 작고 현금 동원 능력이 없는 회사의 미지급금이 증가하지 않았다면 고정자산과 투자자산이 현격히 증가하지 않았는지 살펴봐야 한다. 자산 취득은 그대로 노출시키고 이에 따른 부채(미지급금) 발생을 숨겼다는 논리가 성립되기 때문이다.

※ 다음 ① ② ③항의 경우가 겹친다면 미지급금 과소 계상이 우려된다.

① 차입금, 납입자본금, 이익잉여금 등의 감소 또는 정체.

② 고정자산, 투자자산 등의 증가.

③ 미지급금의 감소 또는 정체.

라. 선수금

수주한 공사, 수주한 물품, 수주한 용역, 기타 일반적인 상거래에서 발생한 선수 금액을 말한다. 거래 계약을 체결하며 선금을 받는 성격이다. 선수금을 받은 후에는 반드시 물품과 용역 공급이 이루어지거나 공사 절차가 이행되어야 한다. 따라서 선수금은 이후 매출액과 매출원가의 발생을 동반해야 할 부채의 일종이다.

매출이 증가하면 특별한 이유가 없는 한 매입채무가 증가하거나 계약금 성격의 선수금이 늘어나게 마련이다. 특히 해외 건설에 주력하는 건설업체의 경우 공사 수주 규모가 대형화될수록 이에 비례하여 공사선수금이 늘어난다. 하지만 당기 매출이 적고 적자가 나타날 때는 공사 진행률을 억지로 부풀려서 선수금을 없애 버리기도 한다. 매출을 과대 계상하고 억지 이익을 만들기 위해 부채인 선수금을 없애면서 수익인 매출을 계상하는 것이다.

분식회계를 추적하기 위해서는 선수금의 감소와 포괄손익계산서 매출(매출원가)의 변동 금액을 연결하여 분석해야 한다. 예컨대 매출액과 매출원가가 전년도에 비하여 대폭 증가했는데도 선수금의 변동이 없거나 급격히 줄었다면 선수금을 의도적으로 줄였다고 판단해도 좋다.

※ 다음 ① ②항이 겹친다면 선수금의 과소 계상이 의심된다.

① 연도별 매출액과 매출원가의 대폭 증가.

② 연도별 선수금의 대폭 감소 또는 정체.

해외 시장에 진출했던 예전의 부실 건설 회사들은 매출과 이익을 과대 계상할 목적으로 장부에 잡아야 할 선수금을 거의 없애 버렸다. 아니 선수금만 일부러 없앤 게 아니었다. 공사 진행률을 무리하게 높여 매출액을 부풀리다 보니 자연스레 선수금이 없어지고 매출채권(공사미수금)이 증가할 수밖에 없었다.

예컨대 건설업체 A사가 중동 지역에서 1,000억 원짜리 공사를 수주했다고 하자. 착공하기 무섭게 발주처로부터 자재 구입 자금으로 공사 대금의 20%인 선수금 200억 원을 받았는데 결산기가 다가왔다. 이때 공사 진행률은 10%에 불과하여 매출 100억 원을 선수금 100억 원과 대체하고 나머지 선수금 100억 원은 부채로 남겨 두어야 한다.

하지만 A사 전체적으로 결산을 했더니 막대한 손실이 나고 말았다. 어쩔 수 없이 중동 지역의 공사 진척비율을 25%로 끌어올리는 수법을 쓴다. 공사 진행률을 감안하여 매출 250억 원을 계상하다 보니 이익과 자산(매출채권)이 늘어나고 부채는 없어진다. 공사선수금이라는 부채 200억 원이 감소하고 오히려 공사미수금(외상매출금)이라는 매출채권(자산) 50억 원이 증가한다. 비록 분식회계에 의한 것이지만 매출 150억 원 과대 계상, 부채 100억 원 과소 계상, 자산 50억 원 과대 계상 등을 통해 재무구조가 개선되고 영업 실적이 호전된 것으로 나타난다. 매출을 과대 계상하면 이익도 늘어나는 건 물론이다.

마. 예수금

일반적인 상거래 이외에서 발생한 일시적인 예수금을 말한다. 예수금 중에는 종업원의 급여에서 갑근세, 의료보험료, 국민연금, 고용보험료를 원천 징수하여 일시 보관하고 있다가 추후 해당 기관에 납부하는 종업원예수금, 매출부가세를 공급받는자로부터 받아 추후 부가세 신고 시 납부할 부가세예수금 등이 있다.

종업원예수금의 경우 종업원 급여(판매비와관리비, 제조원가의 노무비)의 규모와 비교 분석한다. 부가세예수금의 경우 연간 매출액의 규모와 연간 매입 금액의 규모를 비교하여 계정 잔액의 적정성 여부를 확인한다. 예컨대 종업원이 늘었음에도 종업원예수금이 줄거나 변동이 없고, 매출액과 매입액이 대폭 늘었어도 여러 가지 예수금이 줄거나 변동이 없다면 분식 가능성이 높다.

바. 미지급비용

이미 발생된 비용이지만 기일이 도래하지 않았거나 사정에 의하여 미처 지급하지 않은 것을 말한다. 예컨대 차입금 발생 이후 결산기말이 도래했지만 이자 지급 시점이 아닌 경우 발생 기준에 의하여 미지급이자를 계상해야 한다. 물론 결산기말 현재 기준으로 지급해야 마땅한 이자를 계산하여 미지급비용으로 처리하면 된다.

이를테면 결산기말이 12월 31일인 회사가 매달 15일에 이자를 불입해야 하는 은행 대출금 100억 원을 빌려 쓰고 있다고 하자. 이 회사는 12월 31일 현재 미지급한 이자(12월 16일 ~ 12월 31일)를 계산하여 부채(미지급비용)로 계상해야 한다.

차 변	대 변
지급이자 25,000,000	미지급비용 25,000,000
(비용의 발생)	(부채의 증가)

임차료나 보험료 등 시간의 경과에 따라 발생되는 비용, 확정된 비용이지만 미지급한 비용 등도 미지급비용으로 회계 처리한다. 미지급비용의 상대 계정과목은 대부분 경비 관련 과목이다. 이 점에

유의하여 최소한 2, 3개 연도의 포괄손익계산서를 통해 상대 비용 과목의 변동 금액을 비교 분석해야 한다. 차입금, 지급이자, 임차료, 보험료 등의 증가율에 비교하여 미지급비용 증가율이 상대적으로 낮거나 감소했다면 분식 가능성을 검토해야 한다.

사. 유동성장기부채

유동성장기부채란 고정부채 중 1년 이내에 상환해야 할 부채를 말한다. 장기차입금 등 장기부채 중 회계연도 말 기준으로 상환 기일이 다음 회계연도 안에 도래하는 장기차입금은 유동성장기부채로 회계 처리한다. 장기차입금의 경우 상환 계획에 따라 매년 유동성장기차입금이 발생했다가 그 다음해에 상환되면 유동성장기차입금은 소멸되고 새로운 유동성장기차입금이 발생하는 과정을 반복한다.

따라서 유동성장기부채는 장기부채 금액의 감소와 밀접하게 관련된다는 점을 유념하고 살펴봐야 한다. 예컨대 전년도에 비하여 고정부채가 증가하거나 별다른 변동이 없음에도 유동성장기부채가 감소했다면 그 이유를 확실히 규명해야 한다.

아. 선수수익

이미 입금 처리되어 장부에 반영되었지만 따지고 보면 다음 회계연도나 그 이후 회계연도에 속하는 수익을 말한다. 아직 이자 발생기간이 경과하지 않았어도 금융기관으로부터 투자자산에 대한 이자를 먼저 받았을 경우 선수수익으로 처리한다.

이를테면 S은행에서 취급하는 예금 상품에 가입하고 3년 만기 10

억 원짜리 개발신탁증서를 받았다고 하자. 실제 들어간 돈은 9억 원이라고 할 때, 나머지 차액 1억 원은 선수수익이 된다. 선수수익 1억 원을 선수수익이란 부채로 계상하지 않고 예금증서 액면 금액 10억 원을 모두 투자자산(장기성예금)으로 처리하고 1억 원을 수입이자로 반영하면, 당기에 1억 원의 자산과 1억 원의 이익이 증가하는 결과가 된다.

※ 원칙

차 변	대 변
투자자산 10억 원	현　　금 9억 원 선수수익 1억 원
(자산의 증가)	(자산의 감소) (부채의 증가)

※ 분식

차 변	대 변
두자자신 10억 원	현　　금 9익 원 수입이자 1억 원
(자산의 증가)	(자산의 감소) (수익의 발생)

선수수익은 상대 계정과목인 수입이자, 임대료 등 포괄손익계산서의 수익 항목과 연결하여 비교 분석해야 한다. 전년도에 비하여 수입이자 규모가 현격히 증가했는데도 선수수익이 줄어들었거나 변동이 없다면 그 이유를 확인할 필요가 있다. 선수수익을 부채에 계

상하지 않고 아예 당기 이익으로 처리하는 것은 분식회계에 해당하기 때문이다.

자. 외화부채

옛날 대우그룹처럼 런던 현지법인을 통해 해외 금융회사로부터 자금을 차입하고도 이를 기재하지 않는 사례가 많다. 대부분의 대기업들은 매출액과 재고자산 부풀리기로 분식을 시작하지만 나중에는 부채 숨기기 수법에 온 신경을 집중한다. 외화를 빌리고도 부채로 기록하지 않고 수익으로 분류하거나, 예상되는 우발채무를 '주석사항'에 기록하지 않으려는 것도 비슷한 수법이다.

SK글로벌도 그룹 차원에서 장부조작을 시작한 것은 지난 1995년부터였고 주로 부채 숨기기 수법을 활용했다. 2002년 1월이 되자 회계법인의 외부 감사에 대비하기 위해 은행 채무(외화외상매입금인 USANCE) 1조 2,000억 원을 아예 없는 것처럼 만들었다. 엄청난 결손 누적으로 고민하던 SK글로벌은 매년 이익을 부풀린 결과 이익잉여금이 턱없이 늘어나기 시작하자 외화부채를 숨길 수밖에 없었다.

외화 부채는 원화 부채로의 환산이 필요하다. 어떤 회사는 외화차입금 규모를 줄이기 어려워지자 외화부채의 기말 평가 때 발생하는 이익을 부풀려 적발되기도 했다. 부채 규모를 줄이거나 외화환산이익을 늘리기 위해 특정 환율을 유리하게 적용했는지 살펴보는 일이 중요한 것도 그 때문이다.

여러 가지 외국 통화로 표시된 외화차입금, 외화매입채무 등 외화부채가 적정하게 반영되었는지 확인하려면 회계연도 말 현재의 환율을 외국 통화에 곱해 봐야 한다. 일반적으로 '기준 환율'을 적용한다.

차. 사채(私債)

여러 가지 이유로 제도권 금융기관 대출이 여의치 않을 때, 비록 차입이 가능해도 여전히 회사의 자금 부족 사태를 해결할 길이 없을 때가 더러 있다. 어쩔 수 없이 최고경영자나 자금 담당 임원이 사채를 조달해 와야 한다.

하지만 약속어음을 할인하는 형식으로 사채 조달에 성공하더라도 회계 처리가 마땅치 않다. 일반적으로 차입금 항목에 사채(社債, 회사채)를 기재하는 회사는 있어도 사채(私債)를 기록하는 회사는 거의 없다. 따라서 지급어음 발행과 사채 차입 사실을 숨기는 방향으로 대책을 세워야 한다.

사채(私債) 원금이야 부외부채로 관리하면 되지만 지급이자 지출은 그 때 그 때 경비로 털어 내야 한다. 결국 경비로 처리하기 전에 불가피하게 그 사채 이자를 장부에 기록해야 하는 경우가 있다. 이를테면 임시방편으로 단기대여금 계정을 활용하여 회계 처리한다. 이와 같은 분식 사례를 짚어보고 싶다면 가장 먼저 대차대조표(재무상태표)를 분석해야 한다. 기업의 자금 사정이 안 좋고 현금 여유가 많지 않은데도 특별한 이유 없이 거액의 대여금이 나타나 있을 경우 사채 상환과 사채 이자에 대한 분식을 의심해도 좋다.

특히 차입금 규모와 지급이자 규모를 서로 비교하여 사채, 할인어음 등의 은폐 여부를 분석할 수도 있다. 지급이자를 차입금 총액으로 나누어 그 비율을 시중은행의 일반대출 평균 금리와 따져볼 수도 있다. 하지만 사채 융통이자를 다른 경비로 떨어내거나 수많은 임직원에게 빌려준 것처럼 대여금으로 처리하면 이 방법도 쉽게 적용하기 곤란하다. 그런 와중에서도 여러 명의 이름으로 분산된 대여금을 합하여 금액이 과다할 경우 그 명확한 이유를 분석할 필요가 있다.

※ 회사채

회사채는 주식회사가 일반인을 대상으로 자금을 집단적, 대중적으로 조달하고 회사가 채무자임을 표시하여 발행하는 채권으로서 3년 만기 회사채가 대부분을 차지한다. 액면가는 대개 10만 원이다. 3개월마다 일정한 이자를 지급하고 만기일에 원금을 상환하는 조건이다. 이자를 3개월마다 나누어 받기 때문에 종합소득세를 낼 때 소득 분산 효과가 있다.

회사채는 금융기관 보증사채와 일반사채(무보증회사채)로 구분된다. 우리나라 회사채의 대부분은 금융기관 보증사채여서 발행 회사의 신용도가 큰 영향을 끼치지는 않는다. 하지만 일반사채는 발행 회사의 신용도에 따라 수익률에 큰 차이가 나기 때문에 투자에 유의해야 한다. 기업은 회사채에 대한 이자를 지급하고 난 후 우선주와 보통주 배당을 지급할 수 있으며, 기업이 도산하여 청산하는 경우에도 채권자들은 주주들에 우선하여 잔여 재산에 대한 청구권을 가진다. 따라서 회사채에 대한 투자 위험은 우선주와 보통주에 비해 낮은 편이다. 그러나 국가가 발행하는 채권인 국채에 비하여는 채무 불이행 가능성이 있기 때문에 위험도가 더 높다.

※ 전환사채

일정 기간이 지난 후 일정 비율의 주식으로 전환 청구가 가능한 사채를 말한다. 주식으로 전환할 것인지 사채를 그대로 보유하고 있을 것인지는 투자자의 자유의사에 의하여 결정된다. 전환사채는 확정이자부채권으로서의 안정성과 주식의 가격 상승으로 인한 자본 소득을 함께 기대할 수도 있다는 것이 장점이다. 그러나 일단 주식으로 전환한 후에는 다시 채권으로 돌려받을 수 없다. 전환사채가 발행되는 이유는 ■ 기업의 입장에서 보면 투자자에게 선택권을 부여함으로써 자금 조달이 쉽고 ■ 투자자의 입장에서는 기업이 신규 사업 등을 착수하여 기업의 수익성이 불투명할 때는 이자를 받을 수 있고 수익성이 좋을 때는 주식으로 전환하여 배당을 받을 수 있는 등의 이점 때문이다.

경영 실적이 좋아 주가가 높은 수준에 있는 회사라면 일부러 전환사채를 발행할 필요가 없다. 따라서 비교적 자금 조달이 어려운 회사가 전환사채를 발행하는 경우가 많다. 전환사채에는 그 주식에의 전환 가격에 따라 액면 전환사채와 시가 전환사채 등 두 가지가 있다.

200억 원대의 부외부채

1981, 1982년 제1차 '장영자 어음 사기사건' 당시 필자는 W건설 재무관리본부에 근무하고 있었다. 그 때 그 사건에 말려들던 초기의 W건설은 장영자에게 약속어음 500억 원을 발행해 주는 대신 250억 원을 무이자로 빌려 썼다. 수사 결과에 관계없이 그 사건 때문에 W건설은 도산의 위험을 극복할 수 있었고 장영자와 정치권력의 '은혜'를 입을 수 있었다. 수사 발표 내용과 다르게 이자를 주고 사채를 빌린 게 아니라, 약속어음을 2배수로 발행해 주고 이자 없는 돈을 빌렸던 것이다.

장영자와의 자금 대차 거래는 어차피 변칙이요 불법 거래였기 때문에 장부상에 제대로 반영할 수가 없었다. 엄연한 부채이자 우발채무인 지급어음 500억 원은 철저히 숨겨졌고 장영자가 빌려준 자금 250억 원을 장부에 반영하기 위해 갖가지 수법을 강구해야 했다.

대주주이자 최고경영자인 S회장은 여러 명의 명의로 250억 원을 명동의 단자회사(그 당시 ㅇㅇ투자금융이라는 이름의 제2금융기관)에 예치하여 자금을 조성한 뒤, 그 자금을 원천으로 난사회사가 대출한 것처럼 위장하라고 지시했다.

이를테면 S회장이 제삼자 명의로 자금을 단자회사에 예치하면 단자회사는 이 자금을 원천으로 W건설에 자금을 대여하는 방식을 활용했다. 약속어음 마구잡이 발행과 명동 사채시장에서의 뒷거래는 편법이자 불법이었지만, 금융기관(단자회사)에서 자금을 차입하는 형식을 빌림으로써 겉으로는 지극히 합법적인 절차를 가장했던 것이다.

장영자가 빌려준 사채의 평균 잔액은 늘 250억 원 이상을 유지했고, 그 동안 W건설이 장영자 앞으로 발행한 약속어음 규모는 1,900억 원대에 육박했다. 그처럼 복잡한 거래에도 불구하고 W건설과 S회장은 대단히 고무(?)적인 결과를 얻었다. 자금난을 견디지 못한 끝에 수백억 원의 약속어음을 발행하고 거액의 사채를 쓰는 입장이면서도 부외부채 거래를 통해 적지 않은 불법 소득을 챙길 수 있었다.

무이자로 얻은 자금을 단자회사에 예치했다가 필요할 때마다 W건설이 차입(어음 할인)하는 절차를 밟다 보니 지급이자보다 수입이자가 많았다. 워낙 사채 금리가 낮거나 무이자였으므로 역금리가 발생하는 바람에 사채를 쓰는 처지에서도 지급이자보다 수입이자가 많은 기현상을 나타냈다. 나중에 국세청 조사반 실사에 의해 밝혀졌지만, W건설과 S회장은 수입이자 33억 원과 지급이자 22억 원을 장부에서 누락시켰던 것이다.

W건설은 이와 같은 과정을 장부 밖에서 관리하다 보니 이중장부와 부외부채(지급어음, 할인어음)를 전담하는 직원을 따로 배치해 두어야 할 정도였다. 그만큼 부외부채와 이중장부 관리가 쉽지 않았다. 1년 동안 250억 원대의 무이자 사채를 얻어 쓰는 대신 1,900억 원대의 어음을 3개월 간격으로 발행했고, 이 사실을 철저히 숨기자니 자금 담당 임직원들로서는 여간 고통스러운 게 아니었다.

하지만 이 같은 분식회계 수법은 1년을 넘기지 못하고 발각되었다. 1982년 장영자 사건이 이 세상에 그 얼굴을 드러내자 W건설은 부외자산 250억 원과 부외부채 450억 원을 장부에 반영했고 외부감사 때 '한정의견'을 받아야 했다. 장영자 사건 이전에 부외부채를 확인하는 등 분식회계를 적발하고도 눈감아 주면서 몇 년 동안 '적정의견'을 피력하던 공인회계사 C씨는 나중에 K대학교 교수가 되었다.

필자는 2011년 3월 1일 MBC 케이블 채널 라이프 '히스토리 후'에 출연해 장영자 사건의 은폐 조작된 진상을 폭로하기도 했다.

카. 리스 금융

회사 안에서 사용하는 물건 중에 기업 소유가 아닌 것들이 의외로 많다. 사무실 내의 컴퓨터 시스템을 비롯해 생산 현장의 여러 기계장치 등 주요 설비에 이르기까지 임차 사용 범위가 날로 확대되고 있다. 이러한 임대차 거래를 장부에 반영할 경우 리스(lease)라고 부른다.

기계장치, 컴퓨터 시스템 등 자산을 직접 구입할 경우 일시에 많은 자금이 투입되지만 임차 사용하면 자금 부담을 분산시킬 수 있기 때문에 리스가 일종의 금융 기법으로 간주될 때도 있다. 이처럼 리스에 관한 회계 처리와 재무 보고의 특수성을 감안하여 '리스 회계처리 기준'이 별도로 마련되어 있다. 우리나라의 리스 회계 처리 기준은 모든 임대차 거래에 대하여 적용하는 것이 아니고, 시설대여산업육성법과 중소기업진흥법에 의한 시설 대여 거래에만 적용한다.

리스는 운용 리스와 금융(자본) 리스로 분류된다. 금융 리스는 ■ 리스 기간 중 리스 이용자에게 실질적인 계약 해지 금지 조건이 부과된 리스로서 ■ 리스 기간 종료 때 리스 물건의 소유권을 리스 이용자에게 이전하기로 약정하였거나 ■ 리스 물건의 염가 구매 권리가 리스 이용자에게 주어진 경우 ■ 또는 리스 기간이 리스 물건의 경제적 내용연수를 초과하는 경우를 말한다. 그 이외에는 모두 운용 리스로 간주한다.

리스 이용자의 회계 처리는 리스 구분에 따라 달라진다. 운용 리스의 경우에는 리스 거래와 관련된 자산과 부채를 대차대조표(재무상태표)에 계상하지 않고, 단지 리스 회사에 지급하는 리스료를 비용으로 처리하면 되기 때문에 회계 처리가 비교적 간단하다.

하지만 금융(자본) 리스의 경우에는 리스 자산과 부채를 대차대조표(재무상태표)에 계상하고, 리스 자산을 소유 자산과 같은 방법으로 감가상각해야 하는 등 회계 처리가 복잡하다. 임차인은 리스회사로부터 자금을 차입하여 리스 자산을 구입한 것처럼 처리해야 한다. 다시 말해 리스 자산을 장부에 반영하여 감가상각을 실시해야 하고, 차입금과 이자를 상환하는 것처럼 회계 처리해야 원칙이다.

재무제표를 분석할 때 이와 같은 리스 회계의 특성을 이해할 필요가 있다. 특히 운용 리스의 경우에는 대차대조표(재무상태표)에 리스 자산과 부채가 나타나지 않으면 부외자산과 부외부채가 존재하는 결과가 되기 때문에 주의를 요한다. 실무적인 입장에서 많은 기업들이 금융 리스보다 운용 리스를 선호하는 경향이 있다. 운용 리스 방식을 선택할 경우 부채가 늘어나지 않고 비용만 나타나서 재무구조가 건실해 보이기 때문이다.

예컨대 자본금 5억 원으로 사업을 시작한 회사가 10억 원짜리 기계 설비를 도입한다고 하자. 금융 리스 방식으로 설비를 들여오면, 대차대조표(재무상태표)에 리스 자산과 부채를 각각 10억 원씩 계상해야 하기 때문에 10억 원을 차입하여 기계를 사오는 것과 동일한 결과가 된다. 이 경우엔 부채를 자기자본으로 나눈 수치인 부채비율은 200%로 나타난다.

하지만 운용 리스 방식으로 기계를 도입하면, 대차대조표(재무상태표)에 리스 자산과 부채가 계상되지 않기 때문에 부채비율은 제로(0)가 된다. 결과적으로 재무구조가 실제보다 좋게 나타난다.

이러한 외형적 효과에 주목한 기업들이 금융 리스 방식으로 설비를 도입하고도 운용 리스로 설비를 임차한 것처럼 가장한다. 차입금에 대한 원리금을 상환할 때마다 단순히 비용(임차료, 리스료)만 지출한 것으로 처리하여 부채와 자산을 숨겨 버리는 것이다. 이와 같은 변칙 회계 처리가 재무구조를 겉으로만 양호하게 만드는 효과가 있기 때문에 임차료 명세서를 정확히 분석해야 한다.

9. 자본금 가장 납입 여부를 분석하라

상장법인이라면 유상 증자 때 주금(株金) 납입이 제대로 성사될 수밖에 없다. 이에 반하여 비상장법인의 경우엔 실질적인 주금 납입을 생략할 수도 있다. 아무리 분식회계를 즐기더라도 납입자본금으로 장난을 친다는 건 거의 불가능하다는 사람이 많다. 하지만 주금 가장 납입이 얼마든지 가능하다. 믿고 싶지 않겠지만 엄연한 현실이다.

일반적으로 법무사의 중개와 사채업자의 주선에 따라 설립자본금 명목의 주금을 일시 차용하여 가장 납입하고, 납입일 다음날 주금을 인출하여 차입금을 변제하는 방법으로 실제 자본금이 없는 명목상 주식회사를 설립하기도 한다. 일시 차입금으로 은행에 회사의 주금을 입금하고 즉석에서 주금납입증명서를 발급받는다. 이어서 지방법원 상업등기과에 주금납입증명서를 제출하여 법인 설립 등기를 마친다. 다음 날 은행에서 자금을 인출하여 차입금을 갚으면 주금 납입 가장 행위가 종료된다.

이미 설립되어 가동 중인 비상장법인이 유상 증자를 실시할 경우, 은행 대출금 또는 사채(私債)를 차입하여 주금을 납입한 뒤 다음날 바로 주식납입금을 인출하여 차입금을 상환하기도 한다. 이 같은 경우를 감안할 때 자본 증자 직전과 직후에 차입금이 증가했거나 감소했다면 자본금 가장 납입을 의심해야 한다.

따라서 증자 직후 또는 차기 결산 연도 초에 차입금을 상환하지 않았는지 살펴보는 것도 가장 납입을 확인하는 데 필수적인 과정이다. 비상장법인의 경우 당기 연도 중에 증가한 납입자본금(유상 증자)과 증가한 차입금을 대비하여 차입금 증감 규모가 더 크다면 일단 자본금 가장 납입을 의심할 수 있다. 금융기관의 일시 차입금이나 사채를 조달하여 자본금을 불입했다가 유상 증자가 끝나기 무섭게 변제하는 사례가 비일비재하기 때문이다.

각종 금융기관, 신용보증기금, 기술신용보증기금 등에서 업체를 평가할 때 최근 1년 이내에 허위 증자한 사실 여부를 밝히는 데 주력한다. 허위 증자 사실이 적발된 경우를 보면 대부분 증자 대납 전문 사채업자로부터 하루 이틀 동안의 단기 자금을 빌려 통장에 넣었다가 인출하는 수법을 쓰고 있다. 재무 구조가 취약한 사업자들일수록 부채 비율을 200% 이내로 무리하게 줄이려고 허위 증자를 결심하는 것이 일반적인 현상이다.

정부 당국과 금융기관 등이 부채 비율의 가이드라인을 제시하니까, 컨설팅 회사의 어설픈 자문을 믿고 허위로 증자 대금을 납입하는 사업자들도 적지 않다. 허위 증자가 발각되어 여신 취급이 1년 뒤에나 가능한 결과가 초래되어야 비로소 후회하곤 한다. 다소 부채비율이 높더라도 솔직하게 재무 상황을 밝혔다면 얼마든지 여신 취급 승인이 떨어질 수 있었기 때문이다.

증자 대금이 입금된 통장의 자금 인출 과정과 흐름을 추적할 때 증자 대금의 사용처와 사용 목적을 입증해야 한다. 이를 입증하지 못한 상황에서 유입 자금이 한두 차례 일시적으로 인출된 사실이 발견되면 허위 증자로 인정될 수밖에 없다. 심지어 일시적인 자금난을 극복하지 못해 허위 증자를 한 뒤 대주주와 최고경영자 등이 며칠 뒤 증자 대금을 투입했더라도 의혹을 벗어나기가 쉽지 않다.

필자가 경험한 자본금 가장 납입

몇 년 전 코스닥시장 등록을 목표로 출범한다던 벤처기업 (주)○○넷 창립 때 필자는 약 2억 원을 투자했었다. 물론 필자의 직접 투자금액은 일부분이었고 친지들의 투자를 알선하거나 필자가 보증인으로 나선 투자가 대부분이었다. 필자를 그 일에 적극 개입시킨 사람은 30년 이상의 지기여서 충분히 신뢰할 만한 분위기였다.

그러나 웬걸, 사실상 사기에 가까운 연극이었다. 막다른 골목에 몰린 40대 부부가 연출한 사기극인 줄 모르고 덤빈 격이었다. 결국 '자본금 가장 납입 사건'에 휘말린 필자가 일부 투자자의 손해를 일부 배상하고 손해배상을 약속하는 선에서 매듭을 지었지만, 곱씹어 볼수록 어처구니없게 당한 일이어서 부끄럽기 짝이 없다.

얼마 전 필자는 금싸라기 같은 돈을 등쳐먹은 (주)○○넷 C사장 부부를 영등포구 당산동 소재 '홈플러스' 정문 앞에서 목격한 적이 있었다. 독실한 신자를 가장한 그 부부는 목사님 일행과 함께 횡단보도를 건너는 중이었다. 그들은 필자를 알아보지 못했지만 필자는 꿈속에서도 나타나던 그들을 쉽게 알아보았다. 필자 '요한 보스코'는 그들의 뒷모습을 향해 진심으로 기도했다. 저 횡단보도를 무사히 건너는 건 물론이고 교통사고를 당하는 일이 없게 해 달라고….

아, 돌이켜보건대 아무리 필자의 과욕과 실수를 인정하더라도 조금 억울했다. 만난 지 얼마 안 되는 상황에서 (주)○○넷 대표이사 C씨와 그의 아내 K씨를 믿을 수 있었던 것은 모 법조인의 적극적인 추천과 독실한 종교인이라는 사실 때문이었다. 더구나 C씨가 대단한 기술력과 특허권(사실은 출원 단계에 불과했지만)을 갖고 있다는데 현혹되지 않을 수 없었다. 필자가 직접 검증도 하기 전에 몇몇 법조인들은 무조건 '믿을 만한 사람들' 이라고 말했다. 부도 위기에 몰리는 바람에 개인적으로 목돈이 필요한 사기꾼 부부가 내세운 납입자본금은 10억 원이었다. 필자는 그들과 협의한 끝에 납입자본금 6억 원으로 목표를 하향 조정했고 온갖 인맥을 동원하여 2억 원을 마련했나. 어찌나 독촉이 심했던지 그들이 원하는 통장에 서둘러 넣었다. 나머지 부족 자본금은 알아서 채우겠다는 호언장담을 전적으로 믿었기 때문에 조금도 의심하지 않았다. 참 즐거운 '베팅' 이었다.

하지만 C씨와 K씨 부부는 필자를 철저히 농락했다. 그들이 (주)○○넷 설립에 직접 투자한 돈은 단 한 푼도 없었다. 필자가 송금한 2억 원이 실제 납입자본금으로 불입 가능한 자금의 전부임이 나중에 밝혀졌던 것이다. 뒤늦게 알아 버린 사실이지만, 특허 출원은 다분히 '쇼' 였고 (주) ○○넷 대표이사 C씨와 그의 아내 K씨는 신용불

량자인 데다가 10억 원대 이상의 빚을 짊어지고 있었다. 사기 행각을 벌이지 않으면 돌파구를 열 방법이 없는 처지였다. 두 사람 모두 명문대학을 나왔다는 말도 다 거짓이었다. 건대 중퇴, 이대 중퇴라는 구차한 변명마저도 거짓말 같았다. 그런 줄도 모르고 주변 사람들은 필자의 등을 떠밀었다. 밥상머리에서 진지하게 기도를 한다는 이유로 쉽게 말려든 사람들이 필자를 C씨 부부의 연극 무대 위로 밀어 올렸던 것이다. 성실하고 진실한 종교인 부부니까 믿어도 좋다는 친구의 순진한 착각이 나를 흔들었던 것이다. 하지만 결정적인 문제는 나중에 드러났다. 법조계 인사 등 20여 명이 크고 작은 자금 2억 원을 투자했어도 (주)○○넷의 대표이사 C씨와 그의 아내 K씨는 그걸로 만족하지 않았다. 신촌 재래시장에서 좌판을 벌이던 다른 투자자들의 코 묻은 돈을 포함하여 납입자본 불입액 6억 원, 아니 10억 원 이상을 모두 빼돌린 것으로 알려졌다. 그 사기꾼 부부는 필자가 낯선 피해자들을 만났을 때 어떻게 구워삶았는지 놀랍게도 가벼운(?) 항의만 빚어질 따름이었다. 필자는 그 가벼운 항의 사태와 가벼운 소요 현장을 몇 차례 목격할 수 있었다. 비로소 확인한 C씨 부부의 사기행각은 너무도 지능적이지 못했다. 아니, 아주 간단했다. (주)○○넷 사장 부부의 개인 빚을 갚는 데 납입자본금 6억 원을 몽땅 사용했고 법무사와 공인회계사의 중개로 납입자본금 6억 원을 하루 사이에 '넣었다가 빼는' 수법으로 유령회사를 만들어 법인 설립 등기를 완료할 수 있었다. 그 사기꾼 부부는 그 이전에도 공항버스와 서울시내 버스 광고를 수주하기 위해 광고회사 등 2개 법인을 차렸는데 그 회사 역시 자본금을 가장 납입한 유령회사였다.

공금 횡령(법인 자금 횡령), 일반 횡령(법인 설립 전) 혐의로 C사장 부부를 고소하는 일은 쉽지 않았다. 납입자본의 가장 불입은 사실상 보편적 관행인 데다 그 사기꾼 부부는 필자가 투자액으로 송금한 2억 원을 분식하기 위해 갖가지 수법으로 장부조작을 시도하거나 자금 지출용 영수증을 만들어 각종 경비로 떨어 먹었기 때문이다. 이에 그치지 않고 실질적으로 2억 원 가량의 급전을 빌려 투입함으로써 부랴부랴 부족 자금을 대충대충 메워 버렸던 것이다.

"반성의 기회를 줍시다. 자본금을 채울 때까지 기다려 봅시다."

(주)○○넷의 부사장 K씨는 필자를 끈질기게 설득했다. K부사장의 인간적 면모에 말려든 필자는 이미 제정신이 아니었다. K부사장의 간절한 만류로 필자의 오기 인생은 뒤로 밀릴 수밖에 없었다.

필자가 장부 실사에 들어갔을 때 분식회계 이후의 횡령 금액은 5,000만 원에 불과했다. 사기에 이골이 난 그들은 그만큼 장부조작에 철저했다. 그뿐이 아니었다. 납입자본금이 6억 원인 회사에서 대표이사 사장이 겨우(?) 공금 5,000만 원을 횡령했을 뿐인데 구속 수사하려고 덤빌 만큼 우리 검찰은 소박하지 않았던 것이다.

오죽 답답하고 억울했으면 필자의 졸작 소설 〈나는 한국에서 왕처럼 살았소〉에 (주)○○넷 C사장 부부의 벤처기업 사기 행위, 자본금 가장 납입 행각을 절절히 소개했을까. 필자처럼 똑똑한 척하는 놈도 어설프게 사기 행각을 벌이는 사람들에게 당하는 형편인데, 세상 물정과 분식회계 내막을 잘 알지 못하는 '개미 군단'들이 놀아나는 것은 어쩌면 당연한 것인지도 모른다. 독자들이여, 앞으로는 제발 멍청하게 당하지 마라. 어리석은 필자처럼….

10. 재무 상태 호전 여부를 파악하라

성장성 지표인 총자산(총자본 = 자산 총계 = 부채와 자본 총계) 증가율은 기업의 재산 규모가 매년 어떻게 증가했는지 나타낸다. 총자산 증가율은 '[(당해 연도 총자산 − 전년도 총자산) ÷ 전년도 총자산] × 100' 으로 산출한다.

물론 총자산 증가율이 높다고 어떤 경우에나 바람직한 것은 아니다. 남의 돈을 빌리거나 부채를 갚지 않고 총자산을 늘렸다면 재무구조가 부실해진다. 영업 활동을 통해 이익을 증가시키고 그 이익을 내부에 적립하는 방법으로 총자산을 늘려야 건실한 기업이다. 유동부채를 확대시키지 않고 자기자본으로 재산을 증가시켜야 기업의 건강 상태가 좋다고 인정할 수 있다.

따라서 총자산 증가율보다는 자기자본 증가율을 검토하는 것이 더 합리적이다. 자기자본 증가율은 '[(당해 연도 자기자본 − 전년도 자기자본) ÷ 전년도 자기자본] × 100' 으로 산출한다.

자기자본이 증가했다면 1년 동안 기업의 재무구조가 더 건강해졌다고 말할 수 있다.

전기 대차대조표(재무상태표)와 당기 대차대조표(재무상태표)를 비교하여 유동자산과 유동부채의 증감 내역을 파악함으로써 재무 상태의 건전성을 판단하기도 한다. 당기순이익 등 이익잉여금이 쌓이고 유동자산이 증가한 반면, 유동부채가 감소해야 재무 상태가 건전해진 것이다. 다시 말해 유보 이익의 증가로 유동자산이 증가하거나 유동부채가 감소된 경우, 유동성과 안정성이 높아졌으니 재무 상태가 지극히 호전된 것으로 볼 수 있다.

하지만 이익잉여금이 증가하지 않고 유상 증자에 의거 납입자본금이 늘어난 상태에서 유동자산이 증가하고 유동부채가 감소한 경우가 있을 수 있다. 또 고정자산의 감소에 의하여 유동자산을 증가시키거나 유동부채를 감소시킨 사례도 있을 것이다. 이처럼 유상 증자나 고정부채의 조달을 통해 유동자산을 늘리거나 유동부채를 상환했다면, 고정자산을 처분하여 유동자산을 늘리거나 유동부채를 상환했다면 재무 상태가 호전된 것으로 본다.

이와 반대로 유보 이익이 줄어들면서 유동자산이 감소하거나 유동부채가 증가한 경우, 유동자산의 감소에 의해 고정자산을 증가시키거나 고정부채를 상환한 경우, 유동부채의 조달로 고정자산을 증가시키거나 고정부채를 상환한 경우라면 재무 상태가 급격히 악화된 것으로 보아야 한다. 예컨대 다음과 같은 사례들이 있을 수 있다.

당기순이익	당기순손실	이익잉여금	납입자본금	유동자산	고정자산	유동부채	고정부채	재무상태
① 증가	–	증가	–	증가	–	감소	–	매우 호전
② 증가	–	증가	–	증가	–	감소	증가	매우 호전
③ –	–	–	증가	증가	–	감소	–	호전
④ –	–	–	증가	증가	감소	감소	증가	매우 호전
⑤ –	–	–	증가	증가	–	감소	증가	호전
⑥ –	–	–	–	증가	감소	감소	증가	호전
⑦ –	증가	감소	–	감소	–	증가	–	매우 악화
⑧ –	증가	감소	–	감소	증가	증가	감소	매우 악화
⑨ –	증가	감소	–	–	증가	증가	감소	매우 악화
⑩ –	증가	감소	–	감소	–	증가	감소	매우 악화
⑪ –	증가	감소	–	–	–	증가	감소	매우 악화
⑫ –	증가	감소	–	감소	감소	증가	증가	매우 악화
⑬ –	증가	감소	–	증가	–	감소	증가	호전

※ – : 증가와 감소가 아닌 정체

필자는 상기 도표와 아래 설명 등을 바탕으로 〈회계투명성 분석 프로그램〉을 개발하는 중이다.

① 당기순이익 등 이익잉여금이 쌓이고 유동자산이 증가한 반면 유동부채가 감소함으로써 수익성은 물론 유동성과 안정성이 높아진 경우.

※ 당기순이익 증가 → 이익잉여금 증가(유보 이익) → 유동자산 증가(취득) → 유동부채 감소(상환) : 재무 상태 매우 호전.

② 당기순이익 발생 등 사내 이익 유보와 장기차입금 조달로 유동자산을 증가시키고 단기차입금을 상환하여 유동성과 안정성이 개선된 경우.

※ 당기순이익 증가 → 이익잉여금 증가(유보 이익) → 유동자산 증가(취득)→ 유동부채 감소(상환) → 고정부채 증가(차입) : 재무 상태 매우 호전.

③ 이익잉여금이 증가하지 않고 유상 증자에 의거 납입자본금이 늘어난 상태에서 유동자산이 증가하고 유동부채가 감소하여 유동성과 안정성이 개선된 경우.

※ 이익잉여금 증가 답보 상태 → 납입자본금 증가(유상 증자) → 유동자산 증가(취득) → 유동부채 감소(상환) : 재무 상태 대체로 호전.

④ 이익잉여금이 증가하지 않고 유상 증자에 의거 납입자본금이 늘어난 상태에서 고정자산의 감소와 고정부채 증가에 의해 유동자산을 증가시키고 유동부채를 감소시킨 경우. 또는 유상 증자, 고정자산 처분, 장기차입금 조달을 통해 단기차입금 등 유동부채를 상환하고 유동자산을 늘린 경우.

※ 이익잉여금 증가 답보 상태 → 납입자본금 증가(유상 증자) → 유동자산 증가(취득) → 고정자산 감소(처분) → 유동부채 감소(상환) → 고정부채 증가(차입) : 재무 상태 매우 호전.

⑤ 당기순이익은 나지 않았으나 유상 증자와 장기차입금 조달을 통해 유동자산을 늘리고 단기차입금을 상환함으로써 유동성과 안정성이 개선된 경우.

※ 이익잉여금 증가 답보 상태 → 납입자본금 증가(유상 증자) → 유동자산 증가(취득) → 유동부채 감소(상환) → 고정부채 증가(차입) : 재무 상태 대체로 호전.

⑥ 당기순이익은 나지 않았으나 고정자산 처분과 장기차입금 조달로 유동자산을 취득하고 유동부채를 상환함으로써 유동성과 안정성이 개선된 경우.

※ 이익잉여금 증가 답보 상태 → 고정자산 감소(처분) → 유동자

산 증가(취득) → 유동부채 감소(상환) → 고정부채 증가(차입) : 재무 상태 대체로 호전.

⑦ 당기순손실이 발생한 데다 유동자산이 감소하고 유동부채가 늘어남으로써 유동성과 안전성이 낮아진 경우.

※ 당기순손실 발생 → 이익잉여금 감소(자기자본 감소) → 유동자산 감소(처분) → 유동부채 증가(차입) : 재무 상태 매우 악화.

⑧ 사내 유보 이익이 줄어들자 유동자산을 처분하고 단기차입금을 조달하여 고정자산을 취득하고 장기차입금을 상환함으로써 유동성과 안정성이 나빠진 경우.

※ 당기순손실 발생 → 이익잉여금 감소(자기자본 감소) → 유동자산 감소(처분) → 고정자산 증가(취득) → 유동부채 증가(차입) → 고정부채 감소(상환) : 재무 상태 매우 악화.

⑨ 사내 유보 이익이 줄어들자 단기차입금을 조달하거나 매입채무를 증가시키는 방법으로 고정자산을 취득하고 고정부채를 상환하여 유동성과 안정성이 낮아진 경우.

※ 당기순손실 발생 → 이익잉여금 감소(자기자본 감소) → 고정자산 증가(취득) → 유동부채 증가(조달) → 고정부채 감소(상환) : 재무 상태 매우 악화.

⑩ 손실에 따른 부족 자금을 메우기 위해 유동자산을 처분하고 단기차입금을 조달하여 장기차입금을 상환함으로써 유동성과 안정성이 낮아진 경우.

※ 당기순손실 발생 → 이익잉여금 감소(자기자본 감소) → 유동자산 감소(처분) → 유동부채 증가(차입) → 고정부채 감소(상환) : 재

무 상태 매우 악화.

⑪ 손실이 발생한 데다 단기차입금 조달로 불가피하게 고정부채가 감소한 경우. 부채 규모는 별 차이가 없으나 장기차입금이 유동성장기부채로 대체된 경우.

※ 당기순손실 발생 → 이익잉여금 감소(자기자본 감소) → 유동부채 증가(차입) → 고정부채 감소(상환) : 재무 상태 매우 악화.

⑫ 손실에 따른 부족 자금을 메우기 위해 고정자산과 유동자산을 처분하고 장단기차입금을 조달했을 경우.

※ 당기순손실 발생 → 이익잉여금 감소(자기자본 감소) → 고정자산 감소(처분) → 유동자산 감소(처분) → 유동부채 증가(차입) → 고정부채 증가(차입) : 재무 상태 매우 악화.

⑬ 손실이 발생하긴 했어도 유동자산이 증가하고 유동부채가 감소하는 등 재무구조 개선 노력이 있었지만 고정부채가 증가한 경우. 자금 부족을 극복하기 위해 장기차입금을 조달하여 유동부채를 상환하고 유동자산을 증가시켰다면 바람직한 일이지만 실제 속사정을 들여다보면 그게 아닐 수도 있다.

※ 당기순손실 발생 → 이익잉여금 감소(자기자본 감소) → 유동자산 증가(취득) → 유동부채 정체 또는 감소(상환) → 고정부채 증가(차입) : 재무 상태 호전.

별다른 동기 없이 재무 상태가 매우 호전되었다면 분식 가능성이 높다. 당기순이익(순손실), 이익잉여금, 유동자산, 고정자산, 유동부채, 고정부채 등의 유기적 관계를 분석해도 어느 정도 부실 회계를 짐작할 수 있다.

예컨대 위 ⑬항의 경우처럼 손실이 발생하여 이익잉여금이 줄고 자산이 증가했는데도 유동부채의 증가 없이 고정부채만 늘어났다면, 회사의 안정성과 유동성을 조작하기 위해 자금의 원천과 자금의 지출을 합리적으로 연결하거나 부채를 숨기지 않았나 의심해야 한다.

11. 수익의 인식 시점을 철저히 따져라

기업은 고객들에게 재화와 용역을 제공함으로써 수익을 창출한다. 이와 같은 기업 활동의 결과가 매출액이라는 계정과목으로 포괄손익계산서에 나타나고, 기간손익의 측정을 중시하는 현대 회계에서는 매출의 수익 인식 기준이 중요한 문제로 대두된다.

기업의 수익 창출 과정을 살펴보면 원부재료 매입, 제품 생산, 광고, 판매, 대금 회수 등 모든 기업 활동이 망라된다. 이처럼 기업의 수익은 모든 수익 창출 과정에서 제품의 가치가 증가함에 따라 점진적으로 발생한다. 하지만 제품 가치의 증가에 따라 순차적으로 수익을 인식하면 계산이 복잡해질 뿐만 아니라, 가치의 증가를 객관적으로 입증하기가 곤란하다는 문제점이 발생한다.

따라서 회계 처리를 할 때 수익 창출 과정이 실질적으로 완료되고 수익 창출 활동에 의한 현금 청구권을 합리적으로 측정할 수 있는 시점에 수익을 인식하도록 하고 있다.

이 기본 입장을 실현주의라고 부른다.

대부분의 기업에서 수익을 인식할 때 판매 시점, 좀 더 구체적으로 말하자면 재화와 용역의 인도 시점에 인식하는 게 일반적이다. 수익의 인식 기준과 관련하여 재무제표 이용자는 다음 사항들을 유념해야 한다.

첫째, 판매 기준이 일반적인 수익의 인식 기준이기는 하지만, 업종과 매출 형태에 따라서 이와 다른 수익의 인식 기준이 적용되기도 한다. 예컨대 장기 예약 매출 할부금의 경우 회수 기일마다 수익을 인식하거나, 도급 공사의 경우 공사 진행 기준을 적용하기도 한다. 이러한 상황을 충분히 감안하여 재무제표를 분석할 때는 '주석사항'으로 공시된 회사의 '수익의 인식 기준'을 확인해야 한다.

둘째, 회사의 수익 인식 기준을 바꾸기 위한 회계 변경이 없었는지 주의 깊게 살펴야 한다. 예컨대 도급 공사의 수익은 공사 진행 기준 또는 공사 완성 기준을 적용할 수 있는데, 어느 방법을 사용하느냐에 따라 기간손익이 크게 달라질 수 있다. 따라서 수익의 인식 기준이 바뀐 경우에는 회사의 손익에 미치는 영향과 어떤 이유로 그러한 결산 정책을 수립했는지 음미해 볼 필요가 있다.

필자가 건설회사에 근무하던 1970년대 말까지 아파트 분양 매출의 경우 한때나마 공사 완성 기준을 적용한 적이 있었다. 그러다 보니 아파트가 준공되기 전에 입금된 계약금, 중도금 등 분양 대금을 모두 '공사선수금'이라는 부채로 회계 처리를 해야 했다. 당연히 매출이 일어나지 않고 재고자산만 증가한 상태여서 부채비율이 높아질 수밖에 없었다.

※ 하지만 국제회계기준이 도입되면서 다시 '아파트 등을 자체 분양하는 경우 완성 인도 시점에서 수익을 인식' 하는 것으로 바뀌었다. 결국 해당 건설사들의 경우 수익(매출)과 순이익이 감소할 수 있다.

셋째, 회계 원칙에 입각하여 실현되지 않은 수익을 재무제표에 반영할 수 없기 때문에 재무제표상의 순이익은 경제학적 의미의 이익 개념과는 부합하지 않는다. 예컨대 건설회사가 수익성 높은 대형 공사를 수주했다고 치자. 그 결과 미래의 현금흐름을 가져올 것이기 때문에 수주 시점에서 기업의 가치가 증가했다고 볼 수 있다. 하지만 회계 처리상으로는 공사가 착공되기 이전까지는 아무런 영향을 미치지 않는다.

어떤 사업을 하건 수익의 인식 기법은 간단하다. 판매와 용역 제공의 완료 시점에 수익으로 인식하여 장부에 기록하면 될 것이다. 하지만 어떤 종류의 사업에는 수익의 인식 기준이 불명확한 경우도 많다. 예컨대 고객의 대금 결제가 여러 해에 걸쳐 이루어진다거나, 건설 공사처럼 장기간에 걸쳐 용역의 공급이 이루어질 때, 어느 시점에 수익으로 인식하느냐에 따라서 현격한 차이가 난다.

가장 먼저 고려할 점은 제품이 배달된 시점에 수익으로 인식하여 회계 처리하는 방법이다. 그럼에도 고객이 미래에 살아남지 못할 수 있는 한계기업이라면 어떻게 할 것인가. 이 같은 경우 수익의 규모를 얼마로 판단할 것인가.

경매 사업이나 입점에 의한 쇼핑몰을 운영하는 경우 ■ 판매 총액을 수익으로 인식하고 물품의 주인이나 입점 업체에 지급하는 금액을 비용으로 인식할 것인지 ■ 아니면 경매업체나 쇼핑몰에 돌아오는 수수료만 수익으로 인식하고 비용은 없는 것으로 인식하는 게 합리적인 회계 처리인지 헷갈린다. 대부분 수수료만 수익으로 인식하고 비용은 없는 것으로 회계 처리를 하지만, 매출 성장률을 중요시하는 일부 대기업들은 판매 총액을 수익으로 인식하기도 한다.

또 한 가지의 사례를 들어 보자. 컴퓨터 업체 A사가 독립된 제조업체 B사로부터 모니터를 구입하여 이를 판매할 경우, 매출액 전체를 매출로 기록하고 구입 원가를 비용으로 처리해야 한다. 하지만 모니터를 A사로 납품하지 않고 제조업체 B가 직접 소비자에게 운반했다면 이때의 회계 처리는 어떻게 해야 할까. A사는 모니터 매출액 전체를 수익으로 인식해야 하는가, 아니면 모니터 판매 때마다 발생한 마진을 수익으로 인식해야 하는가.

이와 같은 애매함 때문에 회계 처리의 변경에 의하여 기업의 수익이 큰 폭으로 수정되는 일이 빈번하게 발생한다. 그리하여 주가 폭락으로 인한 주주들의 손실과 소송이 일어나고 있다. 이 같은 사례를 거울로 삼아서 주식투자자들이 착각과 손실을 반복하지 않도록 다음과 같은 사항을 점검해야 한다.

■ 투자 대상 기업에서는 수익을 어떻게 정의하는가.

■ 수익의 인식 시점은 언제인가.

■ 보고된 수익이 회계기간 동안의 사업에서 창출한 수익을 합리적으로 나타내고 있는가.

■ 수익 처리 방법이 국내외 경쟁 기업의 수익 측정 방법과 일치

하는가.

■ 수익의 인식과 측정 방법이 재무제표의 '주석사항'에 명쾌하게 기술되어 있는가.

■ 수익 측정 방법이 비정상적이거나 새로운 것이라면 이 내용이 공시되어 있는가.

■ 위와 같은 접근 방법에 따른 위험성과 장단점을 종합적으로 고려할 때 채택된 방법은 얼마나 합리적인가.

12. 충당금 조정에 의한 분식 여부를 규명하라

기업은 미래에 발생할 것으로 예상되는 비용에 대하여 그 금액이 크고 기업의 경영 성과에 미치는 영향이 크다고 생각될 때 충당금을 설정해야 한다. 예컨대 재고자산의 진부화에 따른 손실, 부실채권 발생에 대비한 대손충당금, 반품 · 구조조정 비용 · 제품 리콜 등에 따라 예상되는 손실 등 다양한 경우가 있다.

그럼에도 충당금 설정에는 자의적인 요소들이 적지 않을 뿐만 아니라 분식회계 위험성도 그만큼 높다고 할 수 있다. 기업은 충당금을 과대 설정함으로써 미래 어느 시점에 가서는 당기순이익이 과대 계상되게 조작할 수 있다. 때로는 당기에 과소 설정하여 당기의 순이익을 많이 나게 조정할 수도 있다.

충당금 적립을 과소 또는 과대 계상하는 이유는 다분히 고의적일 수도 있다. 하지만 상황 변화의 심각성을 정확하게 인식하지 못한 결과일 수도 있다. 시장 환경이 급변하고 있으나 이에 대한 인식이 부족하다면 이를 간과함으로써 분식회계의 함정에 빠질 수 있다. 예컨대 매출 대금 지급의 지연 건수가 증가하고 있어도 충당금 적립을 의식하지 못할 경우, 의도적이지는 않지만 부적절한 회계 처리로 미래에 발생 가능한 위험을 반영하지 않는다.

비교적 흔한 실수는 구조조정충당금의 과대 계상에서 발생한다. 구조조정 비용을 영업손익과 분리하여 비경상적인 계정으로 처리함으로써 투자자들에게 사업 부문에서 발생하는 경상적이고 정상적인 수익에 대한 정보를 정확하게 제공해야 한다.

일부 기업의 경영자들은 이러한 점을 최대한 악용하여 구조조정 비용의 계상으로 경영 수익을 분식한다. 경영부실을 은폐하고 과대 계상을 통해 미래 손실을 처리함으로써, 차기 회계연도의 경영 성과를 높게 보이도록 하는 전략을 활용한다. 즉 비경상적인 손실에 대한 과대 계상으로 투자자들의 주의를 돌리고, 이를 다음 회계연도의 영업이익에 포함시킴으로써 경상수익이 높은 것으로 포장한다. 미국의 Hienz사는 1997년 구조조정 비용 2500만 달러를 계상한 후 다음해 이를 영업이익으로 환입했지만 이에 대한 공시를 하지 않았다는 이유로 증권거래위원회의 고소를 당했다.

경영자들은 포괄적 이익 부분의 회계 처리 여부를 통해 회계 이익을 조작한다. '포괄적 이익'이란 자본 중에 이익이 확정적이지 않고 미래에 반전이 가능하여 포괄손익계산서에 반영되지 않는 다양한 손익 부문을 말한다. 예컨대 지사와 본사 사이에서 외화 표시 자산의 환산 때 발생하는 손익, 투자유가증권의 미실현 손익 등이 있다. 경영자는 이러한 이익에 대하여 대차대조표(재무상태표)에 포괄적이익으로 반영하여 손익을 차기로 이월시킴으로써 장부상 이익을 조정할 수 있다. 따라서 충당금 조정에 의한 분식회계를 확인하기 위해 체크할 사항은 다음과 같다.

■ 대손충당금, 구조조정충당금 등 불확실한 미래 사건에 대한 추정 금액이 재무제표에 포함되어 있는가.

■ 재무제표가 당기 영업비용과 수익을 적절하게 나타내고 있는가.

■ 위와 관련된 추정이나 회계 처리 방법이 충분하게 '주석사항'으로 공시되어 있는가.

■ 외화환산손익과 투자유가증권손익 등 포괄적 손익이나 '주석사항'에 공시된 손익이 포괄손익계산서의 당기순이익에 포함되는 게 더 적절하지 않은가.

13. 자산 평가의 적정성 여부를 확인하라

자산이란 현금처럼 현재 가치와 내재적 가치를 갖거나 기업이 이를 보유함으로써 미래 수익 창출을 도모할 수 있는 제품·상품 같은 재고자산, 토지·건물 등의 고정자산을 말한다. 자산은 추정된 감모(減耗) 분이나 감가상각을 차감한 역사적 원가로 기록된다. 고정자산은 내용연수에 의해 감가상각 처리한다. 내용연수 결정 때 부여되는 어느 정도의 자율성 때문에 내용연수 추정의 변화를 통한 회계 이익의 조작이 가능해진다.

델타항공은 10년 동안 비행기의 내용연수를 두 차례나 변경하여 막대한 이익을 과대 계상했다. 이와 같은 내용연수 조정이 암시하는 의미가 무엇인지 투자자들은 분명히 읽을 수 있어야 한다.

자산 평가에 의하여 이익을 조정하는 또 한 가지 문제는 연구개발비의 계상 또는 상각이다. 연구개발비의 당기 비용 처리에 따른 당기 손익의 영향을 피하기 위해 당기에 처리하도록 규정된 비용까지 전부 자산화하는 것이다. 미국 엔론사는 연구개발비가 지출되었음에도 이 비용을 협력회사에 투자하여 연구개발을 진행하는 것처럼 회계 처리하여 장부상 이익을 왜곡했다. 따라서 자산 평가에 의한 위험을 막으려면 다음 사항을 체크해야 한다.

■ 유형 · 무형자산의 가치나 감액 손실 등이 당기의 진정한 가치와 가치 변화를 반영하는가. 이러한 가치 조정 내역이 충분히 공시되어 있는가.

■ 그 회사의 회계 처리가 동종 업계 또는 세계적인 경쟁 기업들의 회계 처리 방법에 부합하는가.

■ 만약 위 질문에 부합하지 않는다면 그 차이는 정당화될 수 있는가. 또 그 내용과 이유가 적절히 공시되어 있는가.

14. 파생상품에 대한 위험성을 진단하라

주식 거래를 할 때 주가의 하락과 상승에 따라 손실과 이익이 결정된다.

주식의 가격은 시장 상황이나 경제 상황 등에 의해 직접 정해진다. 예컨대 주식 거래 관련 파생상품을 개발했는데 주가의 하락과 상승을 거래 조건으로 내세웠다고 치자. 이때 파생상품의 가격과 손익은 주가 등락에 의해 결정될 것이다.

파생상품은 주가뿐만 아니라 원유 가격이나 환율 등으로도 거래가 이루어진다. 비록 원유를 직접 보유하지 않더라도 원유 가격으로 파생상품 거래를 하면 유가가 오르고 내림에 따라 손익이 엇갈린다.

일반적으로 파생상품은 대규모 거래에 대한 위험 방지 수단으로 활용된다. 예컨대 환율이 떨어질 경우 큰 손실을 입게 마련인 수출업체는 환율이 떨어지면 이익을 보는 파생상품을 선택하여 거래할 수 있다. 비록 환율이 떨어져도 손익이 상쇄되어 커다란 손해를 입지 않기 때문이다. 이처럼 파생상품은 가치 변동 위험을 회피할 목적으로 출발했다.

파생금융상품

2008년 9월 중순 이후 미국 발(發) 글로벌 금융위기는 부동산 가치의 하락에서 출발했다. 하지만 이를 증폭시키고 여러 금융기관에 걸쳐 광범위한 손실을 끼치게 된 가장 큰 원인 중 하나는 신용파생상품이다.

파생금융상품이란 환률, 금리, 주가 등의 움직임에 따라 변동하게 되는 통화, 채권, 주식 등 기초 금융 자산이나 부채의 미래 가치를 사고파는 거래를 총칭하는 개념이다. 본래는 가치 변동 위험을 회피할 목적으로 출발했으나, 고도의 첨단 금융기법을 바탕으로 가치 변동 위험을 적극 수용함으로써 오히려 수익을 얻을 수 있는 고위험, 고수익 투자 상품으로 발전했다.

기초 상품의 불확실한 미래를 사고파는 과정에서 예측이 맞아떨어지는 쪽은 큰 수익을 얻을 수 있지만, 반대로 예측이 빗나간 쪽은 큰 손실을 입게 된다는 점에서 수익에 대한 기대와 위험이 하나로 묶인 독특한 거래 형태라고 할 수 있다.

파생금융상품 거래는 거래 금액의 일부에 해당하는 계약금 또는 증거금만으로 계약 자산을 확보할 수 있고 통상적으로 차액만 결제되어 대량 거래가 가능하기 때문에 투자 금액에 대한 손익이 커진다. 투자 금액의 수십 배 수백 배에 해당하는 수익을 올리거나 반대로 손실을 입을 때도 그 규모가 엄청나다.

70년대 초반부터 상품이나 서비스의 가격 변동 위험은 기업들에게 값비싼 대가를 치르게 했다. 이에 대한 방지책으로 새롭고 혁신적인 금융상품의 개발을 통해 가격 변동으로부터 기업을 보호하고자 하는 조치들이 취해졌다.

1971년 8월 고정 환율 제도가 변동 환율 제도로 변화되면서 외환시장에서 환율의 변동성이 크게 증가했다. 두 차례의 석유 파동 이후 인플레이션이 세계적으로 만연됨과 동시에 물가불안이 가중되었다. 이에 따라 금융시장에서는 금리의 상승과 더불어 금리의 변동성이 증가했다. 이와 함께 정보통신 기술, 개인용 컴퓨터와 소프트웨어 기술이 급격히 발전했고 금융시장에서 정보 전달 속도가 가속화되는 것은 물론 대량화됨에 따라 환율, 금리, 주가, 상품 가격의 변동성이 더욱 증가되었다. 이러한 금융 환경의 변화에 대응하여 각종 가격 위험을 관리하기 위한 물리적 수단으로 여러 가지 파생상품이 개발되어 위험 회피 수단으로 활용되고 있다. 앞으로도 신규 개발 또는 합성된 파생상품이 계속 출현할 것으로 예상된다.

파생금융상품 거래는 대차대조표(재무상태표)에 계상되는 기초상품과 달리 현재의 자산이나 부채의 변동으로 나타나지 않기 때문에 대차대조표(재무상태표)에 계상되지 않는 부외 거래 계약이 일반적이다.

상품의 가격 변동, 환율 변동, 채무 이자에 대한 위험을 피하기 위한 파생상품은 기업에서 유용하게 채택되어 왔다. 하지만 이와 같은 방법으로 위험을 줄일 수도 있으나 더 큰 위험에 빠뜨릴 수도 있는 동전의 양면과 같은 성격을 가진 게 파생상품이다. 독일의 어떤 회사는 에너지 부문의 위험을 줄이기 위해 헤지 전략을 시도했지만 시장 상황이 반대로 움직이면서 엄청난 손실을 입었다.

파생상품의 유용성과 위험성을 고려하여 기업의 경영자는 위험이 책임 있게 관리되고 있는지, 실현이익과 미실현 이익이 손익에 포함되어 있는지 신중하게 결정해야 한다. 회사에서는 파생상품과 관련된 위험과 회계 처리에 대하여 주주와 투자자에게 명쾌하게 공시해야 한다. 따라서 파생상품에 대한 위험도의 진단을 위해 투자자들은 다음 사항을 체크할 필요가 있다.

■ 파생상품 취급과 관련하여 어떤 헤지 전략이 시행 중인가.

■ 어느 수준까지 파생상품이 활용되는가.

■ 파생상품의 남용을 막기 위한 적절한 보호 수단이 강구되고 있는가.

■ 그 회사의 파생상품을 이용할 때 가능성이 높은 최악의 상황은 어떤 것인가.

■ 파생상품에 대한 회계 처리는 적절하고 기업회계기준에 부합하는가.

■ 회계 기준에 의한 파생상품 처리가 관련된 가치와 위험을 설명하는 데 충분한가.

15. 내부거래의 검은 속살을 들추어라

내부거래란 당해 회사에 의해 지배되거나 당해 회사를 지배하는 관계회사와의 거래를 말한다. 관계회사의 주주 · 임원 · 채권자 · 공급자 · 고객 등과의 거래도 내부거래에 포함된다. 이러한 내부거래의 공시 내용은 기업이 속한 규제 환경이나 기업 정책에 따라 다양해진다. 내부거래를 통해 이익의 임의 조정이 가능하고 기업의 이익을 특정 주주 그룹이나 경영자들에게 이전할 수 있기 때문에 투자자들은 지대한 관심을 갖는다.

음성 인식 소프트웨어를 개발하고 있는 벨기에 Lernout & Hauspie사의 투자자들은 2000년 봄 자신들의 배당이 65달러에서 9달러로 하락했다는 사실에 주목했다. 그 이유를 확인해 보니 Lernout & Hauspie사의 설립자와 관련 있는 벤처 캐피탈에서 출자한 싱가포르의 30여 개 신흥 회사들과의 거래하면서 생긴 손실 때문이었다. 이 같은 이유로 Lernout & Hauspie사는 분식회계를 정상화시키기 위해 이익을 재조정해야 했고 결국 파산에 이르렀다.

내부거래를 통해 기업의 이익을 특정 회사로 이전시킴으로써 일반 투자자들의 이익을 감소시키는 행위는 공시 의무를 소홀히 하는 회사에서 빈번히 발생한다. 영업상 불필요한 자산을 관계사로부터 구입하거나 관계사의 채무 탕감, 시장 가격과 상이한 물품의 거래 등을 통해 이익이 왜곡된다. 내부거래의 위험성을 사전에 파악하기 위한 체크 사항은 다음과 같다.

■ 관련 기업과의 중대한 거래나 계약 내용이 모두 공시되어 있는가.

■ 내부거래의 공시 여부를 결정하고 어느 정도의 세부 사항이 재무제표에 포함될 것인가를 판단하는 정책으로 어떤 것이 있는가.

■ 특정 그룹의 주주에게 손해를 끼치거나 혜택을 줄 수 있는 이해관계의 대립 내역이 충분히 공시되어 있는가.

16. 회계 처리 방법의 분식 가능성을 체크하라

분식회계의 위험성은 전기의 성과, 투자자의 기대, 경쟁 회사를 의식한 경영 실적 발표 등에 매달려 경영 성과의 수치를 조작하는 데 있다. 이러한 문제점들은 소규모의 기업보다는 글로벌 기업에게 더 많이 나타난다.

세계 여러 나라들은 결산 보고서 작성과 관련하여 서로 다른 보고 기준을 가지고 있다. 심지어 같은 업종의 경쟁자들끼리도 동일한 회계 처리를 고집하지 않는다. 일반적인 회계 처리 기준을 적용해도 어느 정도의 기업 자율성이 포함되어 있기 때문에 모든 기업의 회계 처리 방법이 같을 수는 없다. 하지만 투자자들에게는 ■ 전기와 당기 재무제표 비교 ■ 예산과 실적 비교 ■ 국내외 경쟁사끼리의 비교를 용이하게 함으로써 기업의 성과를 제대로 파악할 수 있는 기회를 제공해야 한다. 그러기 위해선 다음과 같은 체크 사항이 필요하다.

■ 채택 중인 회계 처리 방법이 투자자, 증권 애널리스트, 채권자 등 회계 정보 이용자가 당기의 성과를 과소 또는 과대평가하게 할 만한 측면은 없는가.

■ 회사의 재무보고 방법과 경쟁 회사의 재무보고 방법 사이에 공시되어야 할 차이점은 과연 없는 것인가.

17. 감사보고서의 진실성 여부를 관찰하라

분식회계 기업이 부도를 내면 그 기업이나 부실 회계를 묵인한 회계법인이 공동 책임을 져야 한다. 하지만 부도 처리된 부실기업, 사실상 실체가 없어진 법인에게 손해배상을 할 만한 재정적 능력이 있을 리가 없다. 결국 회계법인이 부실 감사를 했다는 이유로 모든 손해배상을 고스란히 떠맡아야 한다. 실정이 그럼에도 과거의 사례로 미루어 보면 부도가 난 대기업들 중에 '적정의견'을 받지 않은 기업이 거의 없었다.

회계법인은 부도 징후를 보이는 기업에 대하여는 감사의견서의 '특기사항'에 의심이 가는 내용을 명확히 언급해야 할 책임이 있다. 예컨대 단기차입금이 갑자기 급증하여 안정성이 악화되거나 몇 년 동안 손실이 누적되어 회사의 '계속성'을 의심할 정도에 이르렀을 경우 이를 기록으로 남겨야 한다. 하지만 과거 회계법인들이 '수석사항'이나 '특기사항'을 성실하게 기록한 사례는 극히 드물었다. 여러 문제점을 정직하게 기재하는 것은 기업에 대한 사형 선고나 마찬가지여서 가능한 한 언급하지 않는 게 관행이었다.

감사보고서가 기업의 재무 상태와 경영 실적을 정확하게 반영하지 못한 이유는 우리나라 기업의 폐쇄적인 경영 풍토 때문이었다. 분식회계를 해야 하는 부실기업일수록 정상적인 회계 장부만을 갖고 있는 기업이 거의 없어 외부 감사가 겉도는 사례가 대부분이었다.

회계사들이 고의로 불법과 비리를 묵인하는 사례, 어떤 대가를 받는 대신 지능적인 분식회계를 지도하는 사례도 적지 않았다. 특히 기업과의 감사 계약이 전문성이 아닌 혈연과 학연 등에 매달려 이루어지는 부정적 관행이 유착 관계를 더욱 조장했다. 회계법인들의 과당 경쟁이 분식회계를 적당히 덮어 주는 감사 관행을 정착시킨 측면도 없지 않았다.

미국에서는 회계감사기준이 엄격히 적용되기 때문에 불성실하게 회계 처리를 하는 기업은 어느 회계법인에게 감사를 받든 거의 같은 감사 의견을 받아 왔다. 하지만 우리나라에서는 회계법인 A로부터 '의견거절' 을 당할 기업이 회계법인 B로부터는 '적정의견' 을 받는 경우가 비일비재했다. 치열한 경쟁을 뚫고 일감을 확보하기 위해 기업이 요구하는 감사보고서를 만들어 주기로 사전 약속한 회계법인들도 제법 많았다.

그럼에도 최근 들어 회계감사보고서가 크게 달라지고 있다. 예전 같았으면 '주석사항' 으로나 달았던 특수관계자와의 거래, 회계 처리 방식, 자산재평가, 소송 관련 내역 등이 감사보고서 본문에 '특기사항' 으로 명시되어 투자자들의 주의를 환기시킨다. 예컨대 다음과 같은 사례들이 있다.

A회계법인은 감사보고서 본문에 '적정의견' 을 표시한 뒤 투자유가증권인 주식에 대하여 '특기사항' 을 달았다. 주권을 발행한 회사의 통신사업권이 취소되어 미국 연방통신위원회와 소송이 진행 중이며 그 회사가 패소할 경우에 대비한 투자 주식 감액 손실 전액을 반영하지 않았다는 내용이다.

B회계법인은 감사보고서에 특수관계자와의 거래, 대여금, 지급보증 현황, 결산일 이후 증자 결과 등을 '특기사항' 으로 달았다. C회계법인은 '적정의견' 을 내면서도 특수관계자와의 거래 규모가 5,000억 원이 넘는다는 사실과 감가상각 내용연수 변경, 일부 공장의 생산 중단 등 기업이 처한 환경을 상세히 기재했다. D회계법인은 감사보고서에서 '계속기업' 에 관한 중대한 불확실성, 기업 개선 약정 사실, 관계회사와의 거래, 투자유가증권 현황, 회계처리기준 변경 등을 '특기사항' 으로 명시했다.

경기 하강 국면이라는 점을 감안하여 대부분의 감사보고서에 '경제적 불확실성' 이란 항목이 '특기사항' 으로 기재된 점도 특징이다. 대상 기업의 영업 활동이 세계 경제 여건 변화에 심각한 영향을 받고 미래의 불확실성에 관한 최종 결과를 산정하지 못했다는 의미의 단서인 셈이다. 이 때문에 재무제표와 주석에 앞서 본문이 여러 장에 달하는 감사보고서도 수두룩하다. 더구나 최근 2개 연도의 감사의견을 감사보고서 본문에 표시하도록 돼 있는 데다 회계법인들이 이용자들에게 투자 위험 요소를 알리기 위해 가급적 감사보고서 본문을 늘리는 경향이 두드러지고 있다.

구태여 이와 같은 추세를 반영하지 않더라도 얼마나 자세한 '특기사항' 과 '주석사항' 이 기록되어 있나 관찰할 필요가 있다. 솔직하고 성실한 내용이 풍부하게 기재되어 있다면 회계법인과 감사 대상 기업의 유착 관계가 없다는 사실과 분식회계 가능성이 낮다는 점을 반증하는 것이 때문이다.

※ 계속기업

기업의 파산은 현실적으로 너무 흔한 일이다. 하지만 아무리 현실이 그렇더라도 회계 처리를 할 때는 기업의 영속적인 존속을 대전제로 한다. 이 같은 전제를 '계속기업의 공준(公準 : 널리 일반에 통용되는 도리처럼 확실하지는 않으나 원리로 인정되어 어떤 이론 전개에 기초가 되는 근본 명제)' 이라고 한다.

기업은 설립 때부터 미리 존속기간을 정하지 않는다. 따라서 많은 이해관계자들이 회사가 청산될 때까지 기다린다는 것은 차마 상상할 수 없다. 기업은 이해관계자들에게 정기적으로 회사의 상황을 알릴 필요가 있기 때문에 기간손익 측정이라는 개념이 회계의 주요 과제가 된다.

재무제표에 나타난 수치는 해당 기업이 도산하지 않고 정상적인 영업 활동을 하는 경우에 한하여 특별한 의미를 갖는다. 현대 회계의 초점은 기간손익의 측정에 맞춰져 있기 때문에 채권자 보호라는 관점에서 본다면 불합리한 측면이 없지 않다. 예컨대 기간손익 계산을 위해 자산으로 분류된 것이 청산 가치를 따지자면 아무런 의미도 없는 경우가 더 많다. 예컨대 새로 취득한 기계설비도 청산 가치가 취득 원가에 크게 못 미치는 게 일반적이다.

때문에 회사가 당장 문을 닫더라도 단순히 대차대조표(재무상태표) 상의 자산 합계에서 부채 합계를 뺀 순자산가액만큼 주주들에게 돌아갈 몫이 남는다고 속단해서는 안 된다. 장부가액이 현실화되지 않은 부동산을 많이 보유한 회사의 경우 장부상 순자산가액보다 청산가치가 더 높을 수도 있겠지만, 대부분 기업의 도산 비용이 크기 때문에 부도난 회사가 청산 절차에 들어가면 투자 금액 반환은커녕 채무조차 상환하기 어렵다.

그런 측면에서 공인회계사의 감사 의견은 회사가 계속 존속함을 보증하는 것이 아니다. 감사인은 회계감사의 각 단계에서 회사가 상당 기간 동안 정상적으로 영업을 수행할 수 있을지 관심과 주의를 기울이지만 미래를 예측하는 데는 한계가 있다. 만약 감사인이 계속기업으로서의 존속에 의문을 가져 이를 감사보고서에 '특기사항' 으로 기재한 경우 부도 가능성이 높다는 것을 의미한다. 기업의 계속성, 계속기업으로서의 존재 가능성을 판단할 때 투자자들의 각별한 주의가 요구되는 대목이다.

18. 기업 내부 감시 체제를 확인하라

우리나라 기업의 유명무실한 내부 감사(監査) 제도 안에는 치명적인 문제점들이 적지 않게 내포되어 있다. 무엇보다 요식 행위에 치우친 '부실 회계 덮어 주기' 내부 감사여서 도저히 믿을 수가 없다. 좀 더 솔직히 말하자. '눈 가리고 아웅 하는' 식이랄까. 필자의 25년 체험으로 미루어보건대 상장법인의 기업 내부 감사라는 절차 그 자체가 존재하지 않았다. 법인등기부 관리를 위해 감사(監事)란 명칭의 기구를 법적 서류에만 형식적으로 만들어 두었을 따름이다.

회계 전문가에게 맡기는 상장법인의 외부 감사마저 신뢰하기 어려운 상황에서 내부 감사를 인정한다는 건 진짜 내키지 않는다. 아무리 뒤집어 생각해도 법인등기부상 감사는 '산지기'에 불과한 '하수인' 그 이상도 그 이하도 아니었다. 재무제표에 관한 기초 상식은커녕 감사라는 위치가 어떤 역할을 해야 하는지도 모르는 사람이 감사로 선임되고 있었다. 등기부상 이사(理事)들이 '거수기' 역할에 만족한다면 등기부상 감사(監事)는 '거수기의 편을 드는 거수기'에 그치고 있었다.

필자의 경험과 여러 전문가들의 연구 결과에 따르면 ■ 이사회에서 최고경영자의 영향력이 클수록 ■ 최고경영자가 설립자인 회사일수록 ■ 내부에 감사위원회가 없는 회사일수록 회계 투명성이 낮은 것으로 나타난다. 결국 우리 투자자들이 지나치게 선량했고 대책 없는 바보였다는 얘기가 된다.

하지만 요즘 들어 사회적 여건이 변해도 너무 변했다. 관련 법규와 처벌 내용도 날로 보강되고 있지만, 투자자들의 의식과 시민 단체들의 대응 노력마저 강경 일변도로 나아가고 있다. 그런 관점에서 기업 경영자와 회계법인들이 예전의 의식 수준으로 안일하게 대처했다가는 큰코다칠 수 있을 것이다.

이제 내부 감사는 형식적인 요식 행위와 사후적인 회계감사의 틀에서 과감히 벗어나야 한다. 회계 기술이 없는 내부 감사 인력이 감사를 진행하는 척하는 비효율적인 일이 있어서도 곤란하다. 보다 적극적으로 일상적인 회계 업무의 적합성, 효율성, 정당성 등을 면밀히 검토하는 내부 감사로 발전되어야 한다.

미국의 감사인 협회에서도 감사 업무의 범위를 단순히 비정상적인 거래 행위를 조사하는 적발 감사, 기업 자산의 보호, 재무제표의 적정성 등을 평가하는 사후적인 감사로 국한하지 않는다. ■ 정보의 신뢰성과 완전성 ■ 관련 법규와 규제에 대한 일치성 ■ 자산의 보호 기능 ■ 자원 분배의 효율성 등을 내부 감사의 중요한 기능으로 규정하고 있다.

바지저고리 감사

기업의 내부 감사는 회계 처리에 관하여 단순히 규정에 부합하는지 여부를 확인하는 게 아니라, 재무 정보가 기업의 경영 성과를 사실적으로 반영할 수 있도록 사전 검증하는 역할을 담당해야 한다. 그런 후 우리 기업은 객관적인 사실 위에서 검증된 내부 감사 결과를 적극적으로 널리 시장에 알려야 한다. 그래야만 기업 경영의 투명성이 널리 인정되어 소비자와 주식투자자들의 환영을 받게 될 것이다.

이미 회계 기준 자체가 그다지 믿을 게 못 된다는 우려가 현실로 나타났다. 국제회계기준이사회(ISAB)에서도 스톡옵션을 비용으로 처리하기로 결의하는 등 회계 기준의 여러 문제점을 보완하려는 움직임을 보이고 있기 때문이다.

실제로 분식회계로 물의를 일으킨 엔론사의 경우에도 회계 기준을 정면으로 위반한 점은 거의 없었다. 그럼에도 불구하고 엔론은 부외부채를 통한 자금 조달, 자회사와의 상품 · 자금 거래, 수익의 인식과 측정 등 경영자의 선택적 회계 처리가 가능한 상황에서 경제적 사실을 제대로 반영하지 않았다. 그보다는 회계 기준이 허용한 범위 내에서 경제적 사실을 숨길 만한 기법을 찾는 데 몰두했던 것이다. 분식회계의 이유와 목적을 불문하고 엔론사처럼 적절한 감시(監視) 절차를 밟지 않는 등 내부 통제 시스템이 허술한 회사는 부도 발생 위험성이 매우 높다.

1년에 한두 차례 정도 제한된 시간 내에 실시하는 기업의 외부 회계감사를 전적으로 신뢰하긴 어렵다. 과거처럼 혈연 · 학연 · 인맥으로 연결된 '바지저고리'가 내부 감사(監事)로 선임되거나 외부 감사용 회계사로 결정되던 풍토가 지속될 때 분식회계를 근절하는 일은 절대 불가능하다.

일상적인 회계감사가 가능한 내부 감사 시스템이 재무제표 등 회계 정보에 대한 신뢰성을 보증한다. 따라서 객관성이 인정되는 전문가 그룹을 중심으로 내부 감사 기능이 채택되어 제대로 운용되는 회사인지 여부를 확인한 뒤 회계의 투명성을 인정하고 투자해야 한다. 그렇지 않고 전통적인 모습의 형식적인 '들러리' 감사를 고집하는 기업에 대하여는 아무리 경영 여건과 투자 조건이 좋아도 적극 외면해야 한다.

내부 감사든 외부 감사든 공정성이 객관적으로 확인되지 않은 기업에 대하여는 모든 투자자와 회계 정보 이용자들이 거국적인 보이콧 움직임을 보여 줘야 한다. 분식회계가 인정되는 비양심적인 기업의 경영자, 그 분식회계를 덮어 준 공인회계사와 회계법인을 상대로 경쟁하듯 고소 고발을 추진해야 한다. 그런 풍토 조성이 가능해질 때 우리나라 기업들은 '투명경영' '투명 회계'의 진면목을 보여 주기 위해 정신 바짝 차리게 될 것이다.

어쨌든 분식회계 기업의 특징으로서 ■ 매출채권의 비중이 높고 ■ 재고자산의 비중이 높고 ■ 비용을 과소 계상하고 ■ 안정성이 낮고 ■ 수익성이 낮고 ■ 매입채무의 규모가 해마다 들쭉날쭉하고 ■ 외국인 주식 지분율이 낮고 ■ 대규모 당기순이익을 앞세우고 ■ 특수관계인과의 거래가 빈번하고 ■ 전기 오류를 대폭 수정하고 ■ 이사진과 감사의 이력이 불투명하고 ■ 대주주가 무배당 결의를 요구하고 ■ 임원진이 자주 바뀌고 ■ 장밋빛 청사진을 제시하고 ■ 금융비용 부담이 크고 ■ 최대 주주의 지분율이 높고 ■ 이사회에서 최고경영자의 영향력이 크고 ■ 최고경영자가 기업의 설립자이고 ■ 내부 감사위원회가 없고 ■ 사외이사 중에 특수관계자가 포함되어 있다는 점에 각별히 유의하여 분식회계 기업에게 뒤통수를 맞는 일이 더 이상 없어야 한다.

7부

개미투자자들의 가치투자 묵시록

1. 복리 수익률이 좋아

워런 버핏은 수많은 개미 투자자들의 벤치마킹 대상이다. 버핏은 사업보고서와 인터뷰를 통해, 주주와의 대화를 통해 자신의 투자 원칙을 공개한다. 하지만 버핏의 가치투자 기준을 실천하는 개미 투자자는 이 세상에 그리 많지 않다. 버핏의 전기를 쓴 작가 '앨리스 슈뢰더' 는 영국 BBC방송의 인터뷰를 통해 '워런 버핏의 역설 10가지' 를 소개했다.

…………………

① 다른 투자자에 비해 욕심을 덜 냄으로써 더 많은 돈을 벌고 있다. 뉴욕 월스트리트의 약아빠진 투자자들은 고수익을 얻기 위해 부채를 사용하지만, 버핏은 부채를 피하고 속도가 느린 복리 수익률에 의존하면서도 이들의 수익률을 멀찌감치 따돌린다.

② 투자 대상을 고를 때 '돈을 잃지 말자'는 보수적 투자 원칙을 고집한다. 하지만 역설적으로 그의 투자 금액의 대부분은 고위험의 사건에 의존하는 보험사에서 조달됐다.

③ 숫자를 활용한 기업 분석, 주식시장의 실시간 변화 등에 무덤덤한 편이다. 그의 가장 큰 자산은 경영자의 개인적 품성과 숫자로 측정 불가능한 명성, 잠재적 비즈니스 파트너 등에 대한 신뢰감이다.

④ 돈에 대해 지나칠 정도로 신중하다. 하지만 마음에 드는 주식이나 기업을 발견하면 화끈하게 베팅할 줄도 안다. 분산투자를 차선책으로 생각하기 때문이다.

⑤ 평생 동안 지구촌 곳곳을 자주 돌아다니지만, 여전히 태어난 곳에서 1~2마일 떨어져 거주하고 있다. 그가 거주하는 집은 여전히 소박하다.

⑥ 천문학적인 규모의 재산을 모았지만 자신을 위해서는 막상 돈 쓸 일이 별로 없어 보인다. 개인 소유의 제트기가 유일한 호사일 따름이다.

⑦ 세계 최고의 부자이지만 박애주의자를 표방한다. 2006년, 그는 재산의 상당 부분을 빌 앤 멜린다 재단을 비롯한 자선단체에 기부하겠다고 발표했다.

⑧ 버크셔 해서웨이를 운영하기 위한 '전략이 없다'고 그는 언제나 말한다. 하지만 실제로는 시장에 대한 자신의 생각을 전달하고 비즈니스를 어떻게 운영할 것인지 많은 시간과 노력을 투입한다.

⑨ 단순한 성격으로 유명하다. 하지만 한때 아주 복잡한 조직인 투자은행 살로먼 브러더스 회장으로 재직했고 골드만삭스에 투자했

다. 때로는 외환과 파생상품에도 베팅한다.

⑩ 세계 최고의 비즈니스맨이다. 하지만 버크셔 해서웨이를 마케팅하거나 홍보하는 데는 별로 도움이 되지 않는다.

※ 경제적 해자(Economic Moats)

해자란 외적의 침입에 대비해 성(城) 주변을 깊이 파서 외적이 성벽(城壁)을 오를 수 없게 하는 구덩이를 말한다. 중세 시대 성 밖의 둘레를 깊게 파서 적의 침입에 대비하기 위해 만든 연못을 해자(垓子, Moat)라고 한다.

경제학에서는 어떤 기업이 영위하는 사업의 진입(進入) 장벽(障壁)이 높아서 다른 기업이 쉽게 뛰어들거나 모방할 수 없는 사업 구조를 갖추었을 때 해자를 구축하고 있다고 말한다. 다른 말로 '프랜차이즈 밸류에이션(가치 평가)이 크다.' 라고 한다.

워런 버핏은 해자를 경제적 개념으로 끌어들여 경제적 해자라는 은유를 만들어냈다. 경제적 해자를 독점적 지위라 말하기도 하며 기업의 경쟁우위로 기업 이익을 지켜나갈 수 있는 힘이 된다.

2. 워런 버핏의 우량 종목 선택 10계명

워런 버핏의 투자 철학에 숨어 있는 기업 선택 기준을 10가지로 요약할 수 있다.

① 자기자본이익률(ROE)이 높아야 한다.

※ 당기순이익 ÷ 자기자본 = ROE

자본 투자 금액, 즉 납입자본금에 이익잉여금과 자본잉여금을 보탠 것이 자기자본이다. 이 자기자본에 대한 이익률이 높을수록 우량 기업이다.

② 투명하게 경영하는 기업이어야 한다.

이익을 아무리 많이 내더라도 최고경영자나 대주주가 분식회계, 횡령, 배임 등으로 물의를 일으키면 투자 대상에서 제외해야 한다. 머잖아 시장에서 소비자들의 외면받을 수 있기 때문이다.

③ 현금화가 가능한 이익을 창출해야 한다.

아무리 높은 이익률과 수익성, 아무리 많은 장부상 이익을 올리더라도 매출채권(외상매출금, 받을어음)이 상대적으로 높거나 증가하면 흑자도산이 우려되기 때문이다.

④ 독점적 사업 분야로 가격 선도자의 입장에 서야 한다.

지금 당장 매출과 이익이 대단하더라도 경쟁 기업이 많거나 기술적 우위를 점령하지 못하면 언젠가 도태되기 때문이다.

⑤ 천재가 아니라도 경영할 수 있는 사업이어야 한다.

기업 경영 활동의 내용이나 기술력 등을 외부에서 쉽게 알 수 없는 기업은 위험할 수도 있다. 그 기업의 고객(소비자) 대부분이 쉽게 알 수 있는 품목이나 서비스가 주종을 이루어야 바람직하다.

⑥ 향후 기업 실적을 예측할 수 있어야 한다.

향후 전망 등을 쉽게 알 수 없는 기업의 미래 역시 불투명하다.

⑦ 정부 규제를 받지 않는 사업이어야 한다.

정부의 통제를 받는 기업이라면 맘대로 가격을 올릴 수도 없고 시장 확대도 쉽지 않다.

⑧ 재고 수준이 낮고 자산 회전율이 높아야 한다.

재고자산 비중이 높고 자금(자산) 회전이 느리면 도산 가능성이 높아지기 때문이다.

- 총자산회전율 = 매출액 ÷ 총자산
- 자기자본회전율 = 매출액 ÷ 자기자본
- 매출채권회전율 = 매출액 ÷ 매출채권
- 재고자산회전율 = 매출액 또는 매출원가 ÷ 재고자산

⑨ 주주 중심으로 경영해야 한다.

주주 이익을 무시한 경영은 시장에서 투자자들의 외면을 받기

십상이다.

⑩ 최고의 사업이란 다른 기업의 매출이 증가했을 때 그 이익을 수입으로 얻는 것이다.

예컨대 잘 나가는 지주회사들은 우량기업에 대한 투자자산으로 주식 투자 차익과 배당금을 챙긴다.

3. 워런 버핏의 투자 대상 6단계

① 시가총액 상위 30% 종목이다.

② 최근 3년 동안 자기자본이익률(ROE) 15% 이상이다.

③ 매출액 대비 순이익률이 해당 업종 평균 이상이다.

④ 주당 잉여현금흐름이 3번까지 통과한 종목 상위 30% 이내다.

⑤ 시가총액 증가율이 자본총계 증가율 이상이다.

⑥ 향후 5년 동안 현금흐름의 합계가 현재 시가총액 이상이다.

워런 버핏 스타일의 비즈니스모델은 세 가지로 분류된다.

① 자신만의 고유한 제품을 판매하는 기업.

- 코카콜라, 펩시콜라, 리글리, 허쉬, 버드와이저, 쿠어스, 크래프트, 워싱턴포스트, 프록터&갬블, 필립모리스 등

② 자신만의 고유한 서비스를 판매하는 기업.

- 무디스, H&R블록, 아메리칸 익스프레스, 서비스마스터, 웰스파고 등

③ 사람들이 지속적으로 필요로 하는 제품이나 서비스를 저가로 구매해 저가에 판매하는 기업.

- 월마트, 코스트코, 네브래스카 가구점, 보르스하임 보석상, 벌링턴 노던 산타페 철도 등

4. 주식시장의 위험한 뇌관

주식시장은 위험한 뇌관(雷管)이다. 그럼에도 그대의 주식투자 성공을 기원한다. 하지만 성공 투자는 의외로 쉽지 않다.

사정이 그러니 결코 간과하지 말라. 주가(株價)를 좇는 시장의 뜨거운 열기로부터 멀리 떨어져 있을수록 안전하다. 그대가 보유한 기업의 주식이 예기치 않게 장기 조정 국면에 머물러 있다면, 리스크로부터 무사히 탈출해 있다고 여겨야 한다.

다른 투자자들이 단기 차익으로 돈을 꽤 잘 번다고 흥분하거나, 애널리스트들의 추천과 주식시장의 소문에 따라서 부화뇌동하는 것은 금물이다.

시간이 지나야 무엇이 옳고 무엇이 틀린지 깨닫게 된다. 욕망과 두려움이 뒤엉킨 혼돈의 와중에서도, 주식시장은 언젠가 반드시 진실을 드러내게 마련이다.

물론 어떤 기업의 주식에 투자하고 있는지도 아주 중요하다. 지금이 순간, 그대가 우량기업과 함께 산책하는 중이라면 비교적 안전한 편이다. 우량기업에 대한 투자, 우량 종목을 소유해야 할 이유가 바로 여기에 있다. 모든 투자자들은 여전히 안전핀을 원하기 때문이다.

우량기업에 대하여 간단하게 정의를 내려 보자. 지속적으로 수익성이 높았고 앞으로도 높을 것으로 예상되는 기업을 우량기업이라고 말한다. 과거와 현재, 미래의 수익이 그 기업의 가치이기 때문이다.

미래를 정확하게 알 수는 없다. 누구나 미래를 장담할 수가 없다. 그래서 더 불안하다. 하지만 특정 산업과 관심 기업의 특징이나 현실을 이해함으로써 고민을 해결할 수도 있다. 기본적인 산업 정보, 특수한 기업 정보 등을 분석하는 능력을 길러야 하는 것도 그 때문이다.

예컨대 기술개발비가 과다하게 소요되지 않는 기업의 주식에 투자하는 것이 필수적이다. 분식회계가 의심되는 종목, 회계투명성이 낮은 기업의 주식, 부실징후가 엿보이는 기업, 장부조작과 비자금과 돈세탁과 탈세 등에서 자유롭지 못한 기업의 주식에 투자하지 말라. 재무분석, 기업분석, 경영분석, 부실징후 분석, 회계투명성 분석 등이 필요한 것도 그 때문이다.

그대가 보유한 기업의 주가(株價)가 하향세로 가면 불안할 것이다. 하지만 그보다 더 위험한 경우가 있다. 주식시장의 분위기에 따라서 급등하는 주식을 추격 매수하거나, 머잖아 오를 것 같은 예감이 드는 주식을 집중 매수하는 건 더더욱 위험한 일이다.

주식시장에선 이 순간에도 심리전(心理戰)을 준비하기 위해 도표와 차트 만들기에 정신이 없다. 저마다 전문가를 자처하면서 매수를 추천하기 바쁘다. 개미 투자자들은 그 예언가들의 말을 믿고 열심히 그 추천 종목들을 사고판다. 그 결과 치명적인 손실을 맛보곤 한다.

하지만 그대는 좀 달라져야 한다. 다른 투자자자들이 모두 환호할 때, 그대는 위험을 감지해야 한다. 모두가 두려워서 주식을 투매(投賣)할 때 그대만큼은 기회를 엿보아야 한다. 물론 우량기업의 주식이 하락한 경우로 한정해야 한다.

워런 버핏은 한국 증시의 주가가 여전히 싼 편이라고 말한다. 그러나 착각하지 말라. 한국의 모든 주식이 싸거나 저평가되었다고 판단하면 정말 오산이다. 버핏의 말을 경직되게 해석하는 사람들은 무모한 투자자에 불과하다.

미국 오마하에 살고 있다는 버핏이 대한민국의 주식시장과 개미 투자자들을 위해 어떤 대책을 세워 줄 것인가. 그가 한국 증시를 위해 할 수 있는 일은 전혀 없다고 말해도 과언이 아니다. 버핏은 그저 한국의 주가(株價)를 띄워서 차익을 실현하려는 투자자일 따름이다.

버핏이 아무리 좋게 평가한다 해도 한국 주식시장은 이 순간에도 위험한 뇌관(雷管)을 품고 있다. 언제가 터질지도 모른다는 얘기다. 그렇다고 주식투자를 포기하란 뜻은 결코 아니다. 아무리 단기 차익이 높아질 것만 같아도 절대로 급등락 종목과 부실기업 주식엔 투자하지 말라는 의미다.

조정기가 올 때마다 서두르지 말라. 그대 나름대로의 매수와 보유에 관한 원칙이 필요하다. 우량 종목의 조정 양상이 답답하도록 느리게 진행되더라도 느긋하게 기다려라. 기다리는 사람에게 기회가 오게 마련이다.

그보다 더 중요한 게 있다. 모든 종목들이 폭등할 시점에서 맞닥뜨릴 위험을 관리하는 일이다. 지구촌 경제, 미국 경제, 중국 경제, 한국 경제의 혼돈 속에서도 나름대로 우량 종목을 분석하고 평가하면서 침착하게 대응해야 한다.

급등락 주식을 사랑하다간 언젠가 반드시 뒤통수를 맞게 된다. 반드시 멍들 날이 온다. 그대는 투기꾼이 아닌 투자자가 돼야 한다. 그래야 성공 투자의 가능성이 높아진다.

5. 주식투자 전 체크포인트

주식투자를 결정하기 전에 다음과 같은 질문을 던져 보자.

– 앞으로 몇 년 동안 주식을 매도하지 못해도 안절부절못하는 경우가 없는 종목일까?

– 투자금액 10% 이상을 베팅해도 좋을 만큼 안전하고 매력적인 주식일까? 이런 질문을 던진 뒤 즐겁게 선택할 수 있는 종목이 20개 이상이라면 좀 곤란하다. 투자금액의 10% 이상 베팅하는 종목이 10개를 넘으면 결코 바람직하지 않다. 스스로 길게 보고 즐길 수 있는 가치투자가 아니라 그 생명을 자르는 칼날이 될 수도 있기 때문이다. 맹목적인 묻지 마 투자, 추천 종목에 의존한 분산투자는 정말 어리석고 위험한 행위다. 최상의 우량기업 주식에 최적의 가격으로 주식을 매수하려는 노력은 가치투자자의 생명이다. 아니 초보자일수록 기업(재무) 분석, 경영(경영진의 도덕성 포함) 분석, 업종(업황) 분석 등에 집중해야 한다.

6. 저평가 종목을 고르는 4가지 방법

'일본 증시 최후의 승부사' 로 불렸던 고레가와 긴조의 '거북이 3원칙' 이 있다. ■ 상승할 만한 주식(저평가 우량 종목)을 바닥에서 매수하여 시세가 날 때까지 차분하게 기다려라. ■ 경제와 시세 동향에서 눈을 떼지 말고 꾸준히 공부하라. ■ 과욕을 버리고 자신의 자금 범위 안에서만 투자하라.

어떤 애널리스트들이 이렇게 말한다. ■ 주가순자산비율(PBR)이 낮으면서 자기자본이익률(ROE)이 높은 종목에 관심을 가질 필요가 있다. ■ 주식투자자들은 내재가치가 높지만 저평가된 주식을 선호한다. 저평가 우량주를 매입해서 장기간 보유함으로써 기업의 수익을 꾸준히 배당 받는 안전노선을 걷는다.

그들은 하나같이 저평가 우량 종목을 예로 든다. 그렇다면 저평가 우량 종목을 어떻게 골라야 할까? 가장 먼저 재무제표 읽는 요령을 터득하라. 재무제표 학습이 끝나면 ROE, PER, PBR, EPS, 매출액 증가율, 영업이익 증가율, 순이익 증가율 등 기본 용어를 공부해야 한다. 그런 다음 증권회사나 전문가들이 추천하는 저평가 우량주들을 살펴라. 무조건 추천에 의존하지 말고 스스로 내공을 쌓아라. 그래야 스스로 정한 기준에 대입하여 분석 평가한 후 투자할 수 있게 된다. 그렇게 되려면 많은 공부와 긴 시간이 필요하다.

....

– 자기자본이익률(ROE : Return on equity) → (총자산수익률 : ROA/Return on assets)

– 주가수익비율(PER : Price earning ratio) → (주당순이익 : EPS)

– 이브이에비타(EV / EBITDA : Enterprise value)

– 주가순자산비율 (PBR : Price book –value ratio)

■ **해석**

① 총자산수익률(ROA)

기업이 이익을 낼 수 있는 힘은 보통 총자산수익률로 나타낸다.

② 자기자본이익률(ROE)

투자한 돈으로 회사가 돈을 얼마나 벌고 있는지 나타내는 지표다. ROE = (당기순이익 ÷ 평균 자기자본) × 100. ROE 수치가 높을수록 좋은 회사다.

③ 주가수익비율(PER)

국제적으로 주가 수준을 가늠하는 가장 대표적인 지표 비율이다.

PER = 주가 ÷ 1주당 예상순이익. 주가수익비율이 낮을수록 더 좋은 회사다.

④ 이브이에비타(EV/EBITDA)

영업으로 돈을 얼마나 벌 수 있는지, 기업의 가치인 현금 창출 능력이 시가총액에 비해 얼마나 평가되고 있는지 나타내는 지표다. PER와 마찬가지로 기간이 짧을수록, 즉 숫자가 낮을수록 저평가되어 있다고 간주된다.

⑤ 주가순자산비율(PBR)

주가를 1주당 자산 가치로 나누어 볼 때 몇 배나 되는지 나타내는 것으로 기업의 청산가치(장부상의 가치)와 시장가치를 비교하는 방법으로 쓰인다. PBR은 낮을수록 주가가 저평가된 것이다.

결론적으로 ROB만 높고 PER, EV/EBITDA, PBR은 낮을수록 좋다. 아래와 같이 다시 한 번 정리해 보자.

....

주당순자산(BPS, Book-value Per Share)

순자산(자산 - 부채 = 자본금과 자본잉여금, 이익잉여금의 합계)을 발행주식수로 나눈 것이다. BPS가 1,000원이라면 회사가 문을 닫고 모든 자산을 처분해도 1주당 1,000원씩 돌려줄 수 있다는 의미다. BPS가 높다는 것은 자기자본의 비중이 높고 실제 투자가치도 높다는 뜻이다. BPS가 높을수록 기업 내용이 충실한 편이다.

주가순자산비율(PBR, Price Book-value Ratio)

주가를 주당순자산가치(BPS)로 나눈 비율이다. 주가가 순자산에 비해 1주당 몇 배로 거래되고 있는지 측정하는 지표다. PBR이 2라면 회사가 도산했을 때 10원을 받을 수 있는 주식이 20원에 거래된다는 의미다. 다시 말해 PBR이 1 미만이라면 주가가 장부상 순자산가치(청산가치)에도 못 미친다는 뜻이다.

PBR가 1이라면 특정 시점의 주가와 기업의 1주당 순자산이 같은 경우다. 이 수치가 낮으면 낮을수록 해당 기업의 자산가치가 증시에서 저평가되고 있다고 볼 수 있다.

PBR은 보통 주가를 최근 결산재무제표에 나타난 주당순자산으로 나눠 배수(倍數)로 표시하므로 주가순자산배율이라고도 한다.

※ PBR = 주가 ÷ 주당순자산가치(BPS)

※ 순자산 : 대차대조표의 총자본 또는 자산에서 부채(유동부채 +고정부채)를 차감한 후의 금액.

주당순이익(EPS, Earning Per Share)

당기순이익을 발행주식수로 나눈 것이다. 1년 동안 장사해서 벌어들인 돈이 한 주당 얼마인지 나타내는 지표다. 1년 순이익 1,000원이고 총 주식수가 100주라면 EPS는 10원이 된다. 따라서 EPS가 높을수록 주식의 투자가치는 높다고 볼 수 있다. EPS가 높다는 것은 그만큼 경영실적이 양호하다는 의미이고 배당 여력도 많아서 주가에 긍정적인 영향을 미친다.

※ EPS = 당기순이익 ÷ 발행주식수(가중평균주식수)

주가수익비율(PER, Price Earning Ratio)

주가를 EPS로 나눈 값이다. 주가를 EPS로 나누면 주식 하나가 1년 동안 벌어들인 돈에 비해 얼마나 높게 팔리는지 나타낸다. PER이 10이라면 주식 한 주가 수익에 비해 10배 비싸게 거래되고 있다는 의미다. 물론 PER 값이 낮을수록 주가가 오를 가능성이 높아진다.

※ PER =주가 ÷ 1주당 예상순이익 = 시가총액 ÷ 당기순이익

매출액이익률

경영분석에 쓰이는 관계 비율 중 하나로 영업활동의 효율을 나타낸다. 이 비율은 어떤 이익 수치를 사용하느냐에 따라 매출액순이익률, 매출액영업이익률, 매출액총이익률 등으로 분류될 수 있다. 순매출액을 분모로, 각종 이익을 분자로 표시하여 산출된다.

※ 매출액 순이익률 = (당기순이익 ÷ 순매출액) × 100

매출액영업이익률

매출액에 대한 영업이익의 관계를 나타내는 비율. 영업이익을 매출액으로 나눈 수치로 얼마나 장사를 잘 했는지 살펴볼 수 있는 지표다. 매출액이 1,000원인 회사가 영업이익을 100원어치 냈다면 영업이익률은 10%가 된다.

영업이익은 매출이익에서 영업비를 공제하여 계산한다. 따라서 영업외활동(재무활동)의 영향을 받지 않고 영업활동만의 성과를 나타내는 것으로 중요시된다.

※ 매출액영업이익률 = 영업이익 ÷ 순매출액 × 100

구 분	2008년	2009년	2010년	2011년
매출액	11,137억	10,696억	11,692억	11,086억
영업이익	1,720억	1,819억	2,099억	1,429억
영업이익률	15.4%	17.0%	18.0%	12.9%

자기자본이익률(ROE, Return On Equity)

수익 관련 대표적 지표다. ROE는 당기순이익을 자기자본으로 나눈 것으로 주주들이 투자한 돈을 얼마나 잘 굴렸는지 나타내는 지표다. 자기자본이 1000원이고 당기순이익이 100원이라면 ROE는 10%가 된다. 쉽게 말해 주주들이 1,000원을 투자한 회사에서 100원을 벌었다는 의미다.

※ ROE = (당기순이익 ÷ 평균 자기자본) × 100

※ 평균 자기자본 = (기초자본 + 기말자본) ÷ 2

총자산이익률(ROA, Return On Assets)

당기순이익을 총자산으로 나눈 수치다. 자산은 자본과 부채를 합한 값이다. 쉽게 말해 주주의 돈과 은행에서 빌린 돈 등을 모두 이용해 얼마나 벌었는지 나타내는 값이다. 주식과 관련된 지표들은 대부분 상대적인 것들이다. 동종 업계나 관련 산업과 비교해야 한다.

※ ROA = 당기순이익 ÷ 총자산 × 100

※ 총자산 = (기초자산 + 기말자본) ÷ 2

7. 우량 종목 선별 과정

– 유동자산(운전자산)의 순환 구조는 '현금 → 재고자산 → 매출채권 → 현금' 이다.

– 현금 및 현금성 자산이 많을수록 좋다. 다만 그 성격을 확인해야 한다. 장기적 경쟁우위로 많은 현금을 벌은 것인지, 사업체나 자산을 매각하거나 막대한 채권이나 주식을 발행해서 확보한 것인지 살핀다. 현금이 많고 부채가 거의 없으며 신규 채권이나 주식 발행도 없고 지속적으로 꾸준한 이익이 발생한 회사다.

– 재고자산의 가치가 떨어지지 않고, 재고자산과 순이익이 함께 증가해야 한다.

– 동일 산업에 속해 있는 회사보다 총매출액 대비 순매출채권(총매출채권 – 부실채권)의 비율이 지속적으로 낮아야 한다.

– 유동비율은(유동자산 ÷ 유동부채) 높은 게 좋지만, 장기적 경쟁우위를 가진 기업에게는 크게 중요하지 않다. 강력한 수익성으로

유동부채를 쉽게 커버할 수 있기 때문이다.

– 유형자산(토지, 건물, 기계장치 등)에 끊임없는 투자가 필요해서는 안 된다. 경쟁 유지를 위해 건물, 기계장치 등을 확장할 때 자금의 내부의 자금으로 커버가 가능해야 한다. 변화가 필요 없는 장기적인 제품 생산이 가능해야 바람직하다.

– 인수가와 장부가의 차액이 영업권이다. 만약 장기적 경쟁우위를 가진 사업체를 장부가 이하로 인수했을 경우 적극적인 투자를 고려하라.

– 산업을 대표하는 브랜드네임 등 눈에 보이지 않는 무형자산을 확인하고 평가한다.

– 장기투자자산은 취득가액과 시장가 중 더 낮은 가격을 장부에 기재한다. 장기적 경쟁우위를 가진 다른 사업체에 투자하고 있는지 확인하기 위해 계열사, 자회사 등을 살핀다.

– 사업에 필요한 자본금 규모는 진입장벽 역할을 한다. 자본금은 클수록, 자산수익률은 높을수록 좋다.

– 단기 자금을 적극적으로 차입하는 회사는 신용시장의 급격한 병동에 휘둘리는 경우가 많다. 유동성 장기부채도 적을수록 좋다. 만약 장기적 경쟁우위를 가진 기업이 일시적이고 해결 가능한 어떤 사건 때문에 어려움을 겪고 있다면, 그 회사가 어려움을 극복하는데 어느 정도의 시간이 걸리니, 그 회사의 부채가 어느 정도인지 확인하라.

– 오랜 기간 비유동부채가 거의 또는 전혀 없는 회사를 선택하라. 3~4년 이내에 비유동부채를 모두 상환할 수 있을 정도로 충분한 수

익성을 가진 회사를 선택하라.

– 자기 주식을 고려한 자본 대비 부채비율이 낮을수록 좋다(0.8 이하).

– 장기적 경쟁우위를 가진 회사에 우선주가 거의 없다. 우선주란 배당금을 먼저 지급해야 하므로 부채와 같은 성격이다.

– 이익잉여금을 늘리지 못하는 기업은 순자산(자본)을 늘리지 못하는 기업이다. 이익잉여금의 증가율이 꾸준히 증가해야 한다. 배당금과 자기 주식 매입 규모를 함께 확인한다.

– 자기 주식을 매입하면 회사의 자본이 감소하고, 자본이 감소하면 회사의 자기자본이익률(ROE)이 높아진다.

자기자본이익률(Reture on Equity)의 성격이 위와 같은 금융공학 기법 때문인지, 그 회사의 우수한 경제성 때문인지, 그 둘의 조합 때문인지 확인하자. 자기 주식을 꾸준히 매입하는 회사가 좋은 회사다.

– 자기자본이익률(당기순이익 ÷ 자기자본)이 높은 회사인지 확인하라. '배당 / 자기주식매입' 등으로 인한 착시 현상도 동시에 확인해야 한다.

※ 매출액이익률 5%, 총자본회전율 200%, 자기자본비율 50%일 경우 자기자본이익률은 얼마일까?

- 매출액이익률 = 당기순이익 ÷ 당기매출액 = 5%
- 총자본회전율 = 당기매출액 ÷ 총자본 = 200%
- 자기자본비율 = 자기자본 ÷ 총자본 = 50%
- 자기자본이익률 = 당기순이익 ÷ 자기자본

위 세 가지 식을 이용하여 이익률을 구할 수 있다.

자기자본이익률은 20%다.

– 이익을 창출하기 위해 많은 레버리지 효과(차입금)를 사용하는 회사는 피하라.

8. 재무제표 알기 쉽게 읽기

연차보고서에서 가장 중요한 것이 대차대조표로 자산 부채 현황이 나타나 있다. 유동자산이라고 표시된 제일 상단을 보면 현금 및 예금, 유가증권이 있다. 두 계정을 합치면 전체 현금보유액이 나온다. 재작년 현금 보유 상황을 오른쪽 난의 작년 현금 보유 상황과 비교하면 현금자산이 점점 증가하는 것을 볼 수 있다. 번영의 징조다.

대차대조표의 다른 쪽을 훑어 내려가다 보면 '장기차입금'이라는 항목이 나온다. 작년 장기차입금은 재작년에 비해 상당히 줄어든 수치다. 부채 감소는 또 다른 번영의 징조다. 부채에 대비한 현금자산의 상대적 증가는 결과적으로 대차대조표를 개선시킬 것이다. 그 반대는 나빠지는 것이다.

현금자산에서 장기차입금을 차감하면 순 현금보유 상황이다. 현금 및 현금성 자산에서 부채를 빼고도 많이 남는다. 현금 보유액이 부채를 초과한다는 것은 아주 매력적이다. 어떤 일이 일어나더라도 파산하지 않을 것이라는 의미다.

다른 자산, 이를테면 재고자산 등이 단기차입금을 상쇄하기에 충분하다면 안심해도 좋다. 가끔 장기차입금이 현금보유액을 초과해 현금은 줄고 부채는 증가함으로써 재무구조가 악화되는 경우가 있다. 대차대조표에서 재무구조의 건전성 여부를 파악하는 요령을 읽혀야 하는 것도 그 때문이다.

'재무상황요약표'를 살펴보자. 현재 발행보유주식 수는 몇 주다. 그 수치는 2년간 연속 감소되었다. 자사주를 꾸준히 매입해왔기 때문이다. 역시 긍정적 신호다. 현금성 자산에서 장기차입금을 차감한 금액에 총 발행주식 수로 나누면 주당 순 현금이다. 그런 측면에서 아래 수치에 대해 주목하자.

① 매출액 비율

관심이 가는 상품 때문에 그 기업에 흥미를 갖게 된다. 그 관심 상품이 그 기업에서 어떤 의미를 지닐까? 그 상품이 전체 매출에서 차지하는 비율이 얼마나 될까? 이런 질문을 던지며 접근해 보자.

② 주가수익률(P/E 비율)

주가수익률은 바로 그 기업의 성장률로 이어진다. 성장률이란 곧 수익성장률이다. 그 기업의 p/e가 15라면 연 15% 정도 성장을 할 것으로 기대된다. p/e 비율이 수익성장률보다 낮다면 저평가된 종목을 찾은 것이다.

연 성장률이 12%이고, 12% 성장 종목으로 알려졌다면 p/e 비율이

6인 종목은 매우 유망한 편이다. 6% 성장률과 p/e 비율이 12를 가진 기업이라면 유망하지 못하고 하락세로 돌아설 것이다.

일반적으로 수익성장률의 절반에 해당하는 p/e 비율은 매우 긍정적인 신호다. 수익성장률의 두 배에 해당하는 p/e 비율은 매우 부정적인 신호다.

좀 더 복잡한 방법은 배당금을 감안해 계산하는 것이다. A 기업의 장기성장률이 12%이고 3% 배당을 하고 p/e 비율이 10이라면 12에 3을 더해 10으로 나누면 1.5가 된다. 1 이하는 불량이고 1.5도 양호하지만 정말 찾고자 하는 종목은 2 이상 되어야 한다. 15% 성장률과 3% 배당과 p/e 비율 6인 기업의 경우 상당히 매력적인 수치 3이 된다.

③ 현금 보유 상황

관심 대상 기업이 현금을 많이 보유하고 있다면 긍정적 신호다. 그 현금을 어떻게 쓰는지 확인하는 것도 중요하다. 배당을 늘이고 자사주 매입에 쓰기도 한다. 그래도 현금이 쌓인다면 기업 인수에 나설 것이다. M&A를 하되 단순한 사업 다각화보다 시너지 효과가 있는 기업이나 업종을 인수해야 한다. 그렇지 않으면 악화 요인이 된다.

④ 부채 요인

부채는 얼마이고 자기자본은 얼마인가? 대차대조표는 크게 두 부분으로 돼 있다. 왼쪽에는 재고, 받을어음, 설비시설과 같은 자산 항목, 오른쪽에는 그 자산들을 어떻게 조달하는지 나타나 있다.

그 기업의 재무적 강점을 파악할 수 있는 간단한 방법은 자산을 대차대조표 오른쪽에 나와 있는 부채와 비교하는 것이다. 부채 대 자본 비율은 파악하기 쉽다.

일반적으로 대차대조표는 75% 자산과 25% 부채로 구성된다. 과도기나 경영난에 봉착한 기업에는 부채 요인에 대해 특별한 관심을 둔다. 위기 상황에서 살아남을지, 파산할지 결정하는 것은 부채다.

위기 상황에서 성공과 실패 가늠하는 것은 부채의 규모만큼이나 그 종류도 다양하다. 부채의 종류로는 은행부채와 고정부채가 있다. 은행부채는 요청에 따라 상환해야 한다. 문제가 발생할 조짐을 보이자마자 상환을 요구할 수 있음을 의미한다. 못 갚으면 부도다.

고정부채는 채무자가 이자를 지급하는 한 중도 상환을 요구받을 일이 없다. 원금은 10년, 20년 후에 갚으면 되는 것이다. 고정부채는 만기가 긴 일반회사채의 형태를 띤다. 아무리 어려워도 고정부채 덕분에 몇 년간 버틸 수 있고 기사회생의 뒷받침이 된다.

⑤ 배당금

배당금 지급 여부보다 배당금 지급과 보류가 시간이 흐름에 따라 그 회사의 가치와 주식 가격에 어떤 영향을 미칠까? 고배당 기업의 경우 주가 하락기에 주가가 덜 떨어진다. 배당을 지급하는 종목을 사려면 그 기업이 불경기나 경영난 속에서도 지급 가능한지 알아봐라. 저성장 종목이 배당금 지급을 거른다면 그 기업은 어려운 상황에 부딪힌 것이다. 20~30년간 고정적으로 배당금을 늘려온 기록을 가진 기업이 가장 확실한 종목이다.

⑥ 장부가치

장부가보다 낮은 가격으로 거래되는 주식에 투자하면 이상적일 수 있다. 하지만 이 논리에 도 오류가 있다. 장부가는 그 기업의 실제 가치와 별다른 연관을 갖지 못한다. 장부가가 큰 차이로 과소평가나 과대평가됐다는 사실 때문이다. 특히 부채를 갚기 위해 재산의 일부를 헐값에 처분할 수도 있다. 완제품에 가까울수록 그 전매 가치는 예측하기가 더욱 힘들어진다. 주당 가치를 아무도 보장하지 못하기 때문이다.

⑦ 숨겨진 자산

장부가치가 과소평가되기도 한다. 자산 가치가 높은 종목을 발굴할 때 주목해야 할 포인트다. 토지, 원목, 석유, 귀금속 등 천연자원을 보유한 기업이라면 장부가를 실체 가치의 몇 분의 1로 올린다. 철도회사의 부동산, 석유회사의 유전, TV 방송국의 영업권, 코카콜라의 프랜차이즈, 제약회사의 특허권. 대기업에 의해 전체 또는 일부가 소유되는 자회사들에도 자산이 숨겨져 있을 수 있다. 특히 다른 우량기업의 지분을 소유한 경우도 잠재적인 자산 가치를 인정받을 수 있다.

⑧ 현금흐름

수많은 투자자들이 개별 주식을 분석하기 위해 현금흐름 수치를 활용한다. 예를 들어 20달러짜리 주식의 연간 현금흐름이 주당 2달러일 때 10대 1의 비율을 갖는다. 이는 표준치다. 10% 현금수익률은 주식 장기보유 시 기대할 수 있는 최소 보상으로서의 10%와 같은 것이다. 주당 4달러의 현금흐름을 지닌 20달러짜리 주식은 20% 현금수익률을 갖게 되고 이는 아주 훌륭한 종목이다. 주당 10달러의 안정적인 현금흐름을 지닌 20달러짜리 주식을 찾게 되면 집을 저당 잡히더라도 그 주식을 살 수 있는 데까지 사 두어라. 이때 현금흐름은 여유현금임을 확실히 알아 두어라.

⑨ 성장률

빠른 성장이 곧 사업 확대는 아니다. 해마다 매출이 감소하지만 수익은 계속 증대되는 기업도 얼마든지 있다. 정말 중요한 것은 이익을 고려한 성장률이다. 고객을 잃지 않으면서 해마다 가격을 올려 나가는 기업을 발견했다면 훌륭한 투자 대상을 찾은 셈이다.

모든 조건이 동일할 때 수익의 20배(주가수익률 20)에서 팔리는 20% 성장 종목이, 수익의 10배에서 팔리는 10% 성장 종목보다 낫다. 해가 갈수록 수익은 점점 벌어진다. 복리의 마법 탓이기도 하다.

⑩ 세후순이익

포괄손익계산서 맨 끝에 나오는 숫자가 세후순이익이다. 연간 매출액에서 감가상각비, 지급이자 등 제반 경비를 모두 차감하고 남은 금액이 세전이익이다. 업종별로 편차가 너무 심한편이어서 세전이익의 비교 평가는 의미가 없다.

그보다는 동종 산업 내 기업들을 비교 분석해야 한다. 높은 이윤폭을 가질 경우 낮은 코스트의 기업이다. 낮은 비용을 유지하는 기업의 경우 경영 여건이 악화되더라도 살아남을 가능성이 높다. 호황기나 불황기를 가리지 않고 장기 보유할 경우 비교적 높은 이윤 폭을 갖는 종목이 바람직하다. 성공적인 사업 전환 종목을 고를 때는 비교적 낮은 이윤 폭을 갖는 기업을 찾아야 한다. 낮은 이윤 폭의 기업은 회복기에 아주 큰 성과를 올릴 수 있기 때문이다.

9. 장기적인 경쟁우위를 가진 기업

벤저민 그레이엄은 주가 수준에 초점을 맞추고 저평가 주식을 매수한 후 일정한 가격이 되면 매도한다. 하지만 워런 버핏은 해당 기업이 지속적이고 장기적인 경쟁우위를 가지고 있는 한 그 주식을 지속적으로 보유한다. 그렇다면 장기적인 경쟁우위를 가진 기업이란 어떤 모습일까?

포괄손익계산서

① 매출총이익률이 40%를 넘어야 한다.

② 매출총이익 대비 판매일반관리비 비중이 30% 미만이어야 한다.

③ 영업이익 대비 이자비용이 15% 미만이어야 한다.

④ 연구개발비와 감가상각비는 없거나 적어야 한다.

⑤ 당기순이익이란 일시적으로 오르내릴 수 있지만, 여러 해를 놓고 봤을 때 당기순이익은 상승 추세여야 한다.

재무상태표(대차대조표)

① 현금 및 현금성 자산이 풍부해야 한다.

② 단기차입금과 유동성 장기부채가 없거나 적어야 한다.

③ 유형자산은 적을수록 좋다.

현금흐름표

① 당기순이익 대비 자본적 지출 비율이 50% 미만이어야 한다.

② 영업활동으로 인한 현금흐름이 많을수록(무조건 플러스일수록) 바람직하다.

....

특히 포괄손익계산서를 보며 아래와 같이 체크해야 한다.

① 기업이 돈을 벌고 있는지, 회사의 이익률은 어떤 성격인지, 경쟁우위를 유지하기 위해 연구개발에 많은 투자를 해야 하는지, 돈을 벌기 위해 많은 차입이 필요한지 등을 살핀다.

② 매출총이익률이 40% 이상을 지속적으로 유지하는지 살핀다. 연초 연말 재고 등을 통해 매출원가 내용을 확인한다.

③ 매출총이익 대비 판매일반관리비의 비율이 30% 미만으로 꾸준히 유지하는지 살핀다. 판관비(판매비와 일반관리비) 비율이 낮을수록 좋으나 업종마다 판관비 비율이 다르기 때문에 적정한 수준의 판관비가 꾸준히 유지되어야 한다.

④ 연구개발비는 되도록 적은 게 좋다. 기술적 우위를 유지하기

위해 지속적으로 많은 자금을 연구개발비에 투자해야 하는 회사는 피한다.

⑤ 매출총이익 대비 감가상각비율이 낮을수록 좋다.

⑥ 영업이익 대비 이자비율은 15% 미만이 적당하다. 동일 업종 내에서 영업이익 대비 이자비율이 가장 낮은 종목을 고른다.

⑦ 자산처분손익과 기타영업외손익은 일회성이므로 가치평가에 포함하지 않는다. 하지만 일회성 손실로 주가가 떨어질 경우 매수 포인트가 될 수는 있다.

⑧ 법인세차감전순이익 : 모든 투자 종목을 비교할 때는 같은 조건, 즉 세전 수입으로 비교하는 것이 쉽다.

⑨ 법인세 : 법인세차감전순이익으로 법인세를 계산하여 맞는지 확인한다.

⑩ 당기순이익이 지속적으로 상승 추세에 있는지 확인하고, 동일 업종 내에서 매출액 대비 당기순이익 비율이 높은 종목을 선택한다. 당기순이익 비율은 10~20% 이상이어야 바람직하다.

⑪ 주당순이익이 일정 수준 이상 지속적인 상승 추세에 있는 종목을 고른다.

※ 주당순이익(EPS, Earning Per Share)
당기순이익을 발행 주식 총수로 나눈 값으로 '당기순이익' 계정과목에 주기(朱記)된다.

10. 현금흐름을 봐야 이유

발생주의 회계로 기록되는 대차대조표와 손익계산서는 투자자를 현혹하기 쉽다. 하지만 보수적인 투자자들일수록 재무(기업) 분석을 할 때 철저히 유동성에 집중한다.

따라서 재고자산이나 고정자산의 자산 가치를 크게 인정하지 않는 투자자도 많다. 최악의 경우 기업을 청산했을 때 과연 진짜 손에 쥐게 되는 돈은 얼마인지가 중요하기 때문이다.

하지만 이 경우에도 함정은 있게 마련이다. 유동자산에는 재고자산도 있지만 매출채권도 포함된다. 기업이 부도날 상황까지 갔을 때 과연 매출채권이 얼마나 회수될 수 있을까?

매출채권과 수취채권에 대해서는 대손충당금이 설정되어 있으나 정상적인 영업 활동이 계속될 때의 일상적 대손 비율을 기반으로 설정된 것이다.

투자할 때는 항상 최악의 상황까지도 상정한 뒤 베팅해야 한다.

이 경우 매출채권은 실제 완전하게 현금화가 힘들 수 있다는 사실을 염두에 둬야 한다.

건설회사의 유동자산을 보자. 가장 유동화가 쉽다는 당좌자산 속에는 '매출채권' 뿐 아니라 '공사미수금' '분양미수금' 등이 매우 큰 비중으로 잡혀 있다.

부동산이 폭락하고 건설업계 전반이 위기에 몰렸을 때 과연 공사미수금을 제대로 받아낼 수 있을까? 분양미수금의 현금화가 용이할까? 유동성에서 최고라는 당좌자산이 이렇다.

포괄손익계산서도 마찬가지다. 매출채권회전율은 업계에 따라 다르겠지만 매출액의 아주 큰 부분이 매출채권의 형태로 존재한다. 그것을 바탕으로 영업이익과 당기순이익이 계산된다. 이 돈들은 실제 현금으로 들어오기 전까지는 어쨌든 장부상의 돈에 불과하다.

신용경색이 일어나고 돈이 돌지 않을 때 급하게 나가야 할 돈은 현금(등가물)의 형태로 존재하는 자금으로 막을 수밖에 없다. 그런데 현금 유입이 원활치 않으면, 장부상으로는 이익일지 몰라도 기업의 계속성에 차질을 빚게 된다. 요즘의 건설업계에서 일어나고 있는 현상이기도 하다.

최소한 분기보고서가 나오는 시점마다 현금흐름을 반드시 확인해야 한다. 분기보고서에 아주 큰 문제는 없어도 몇 달 만에 부도가 나는 사례가 허다하기 때문이다.

그만큼 재무제표 자체를 100% 믿을 수가 없다는 반증이기도 하다. 업황이란 순식간에 나빠질 수도 있다. 그래서 더더욱 경기에 민감한 기업의 주식은 피해야 한다.

항상 분기보고서와 사업보고서를 확인해 영업활동으로 인한 현금흐름이 풍부하게 나오고 있는지, 전 연도와 전 분기에 비해 늘고 있는지, 갑자기 줄지는 않았는지, 줄었다면 왜 줄었는지, 재무활동으로 인한 현금 유입이 큰 폭으로 늘지는 않았는지, 늘었다면 왜 자금을 외부에서 조달해야 했는지, 어떤 자금을 차입한 것인지 반드시 체크해야 한다.

그렇지 않으면 대차대조표(재무상태표)와 포괄손익계산서의 숫자만 믿고 있다가 낭패를 당할 수 있다. 발생주의 회계에서는 숫자 가공이 훨씬 용이하다. 자산 가치나 이익을 부풀리는 것은 실제 현금흐름을 바꾸는 것과 비교할 수 없을 정도로 쉽다.

현금흐름이 좋은 기업에 투자하는 것과 함께 최근의 위기 상황에서 더욱 신경을 써야 할 부분은 부채다. 가급적 빚이 없거나 적은 기업에 투자해야 한다.

훌륭한 비즈니스는 빚을 많이 얻을 필요가 없다. 현금이 자주 들어오고 대규모 자본적 지출은 필요 없어서 현금성 자산 형태로 쌓이는 기업, 그 현금을 높은 리턴이 나오도록 재투자하거나 그렇지 않다면 주주에게 환원하는 기업, 빚이 없어서 이자비용이 아니라 오히려 이자수익이 더 큰 기업, 이런 기업들을 우선적으로 눈여겨봐야 한다.

이런 요소들은 투자 수익을 크게 향상시키는 데 별 영향이 없을지 몰라도, 상황이 나빠졌을 때도 든든하게 견딜 수 있는 안전망이기 때문이다.

일단 안전한 기업을 고르고 그 다음에 수익을 생각하는 것이 순서다. 안전장치는 소홀히 한 채 수익만 쫓다가는 참담한 결과를 맞이할 수 있는 것이 주식시장이다.

결국 위기 상황이건 호경기이건 가장 중요한 것은 결국 항상 돈을 잘 벌 수 있고 쓸데없는 짓 안 하는 기업에 투자해야 한다. 위기 상황이 아니더라도 현금흐름이 좋은 기업, 부채가 거의 없는 기업, 수익 모델이 경기와 상관없이 안정적인 기업이 최고의 투자 대상이다.

실제 주식투자를 할 때는 이런 요소들을 철저히 점검하지 않고 트렌드에 편승하거나 애널리스트와 다른 사람의 의견에 솔깃해서 투자를 단행하는 경우가 드물지 않다.

무엇보다 주식투자의 기본은 잃지 않는 데 있다. 일단 주가가 하락하거나 상장 폐지되지 않을 우량기업을 선별하고 나서 수익을 기대해도 늦지 않다.

11. 상장폐지, 자본잠식 기업 피하는 비법

자본잠식이란 납입자본금이 이익을 내지 못해 형편없이 손상되었다는 뜻이다. 그럴 듯한 법인(주식회사)이 설립되려면 자본금이 필요하다.

보통 자본금의 액면가는 500원, 5000원 두 가지다. 증권거래소 대형주의 경우 액면가가 5천 원이지만, 코스닥 기업 대부분의 액면가는 500원이다.

그렇다면 자본금이 50억 원인 회사의 주식 수는 얼마일까? '50억 ÷ 500원' 을 하면 총 주식수가 나온다. 바로 1,000만 주다.

※ 자본금 ÷ 액면가 = 총 발행주식 수

하지만 일반 투자자들이 액면가 500원을 지급하고 주식을 매수하는 건 현실적으로 사실상 불가능하다. 기업은 성장하고 각종 유무형의 자산을 보유 중이기 때문에 실제 주식시장에서 거래되는 시장 가격은 그 이상인 경우가 많기 때문이다.

....

대차대조표(재무상태표)의 자본금 항목을 보자.

단위 : 억 원

No.	항 목	2008년	2009년	2010년	2011년	2012년	비 고
①	자본금	56.7	56.9	57.0	57.0	57.0	
②	자본잉여금	217.7	223.3	232.9	237.9	243.6	
③	이익잉여금	840.2	858.2	641.4	728.9	852.4	
④	자본총계	1,125.1	1,137.5	898.7	968.6	1,133.8	

① 자본금은 기본적인 납입자본금이다. 액면가 기준으로 발행한 자본을 말한다. 위 기업의 경우 2012년 기준으로 총 주식 수는 얼마일까? 57억 ÷ 500원 = 1,140만 주다.

② 자본잉여금으로 주식의 발행 가격을 추정할 수 있다. 액면가 500원인 주식을 상장시킬 때 프리미엄을 받고 팔았을 것이다. 그 프리미엄이 얼마였는지 알 수 있다. 243.6억 ÷ 57억 = 4.7이다. 4.7배의 프리미엄을 받았다는 뜻이다. 액면가 500원의 4.7배인 2,350원에 주식을 발행했다는 의미다.

때문에 얼마나 많은 자본잉여금을 보유했는지 들여다보는 게 중요하다. 높은 가격으로 주식을 발행할 수 있다면, 여유 있는 운영자금으로 경영활동을 할 수 있기 때문이다.

③ 이익잉여금은 기업 활동을 하면서 벌어들인 수익금을 말한다. 설립 당시부터 누적하면 852억의 순이익을 내고 있는 기업이다. 꽤 우량한 기업 축에 속한다.

④ 자본총계는 기업의 현재 가치를 나타낸다. 자본총계란 자산총계에서 부채총계를 차감하여 산출된다. 현재 이 기업의 시가총액이 660억이라면 자본총계인 1,133억보다 적은 저 PBR 종목이라고 말할 수 있다.

이 기업은 자본금 57억에 자본총계가 1,133억이나 되니 여유가 많은 편이다. 이 두 가지만 알면 유보율을 계산할 수 있다. 유보율은 높을수록 좋다.

유보율 : 자본총계 ÷ 자본금 × 100. 1.133.8억 ÷ 57억 × 100 = 1,989%. 유보율이 1,989%라면 최상위에 들 만큼 안정적인 우량기업이다.

① 자본금 대비 ④ 자본총계를 비교하자. 이 기업처럼 57억의 기초 자본금으로 이루어진 회사가 있다. 자본잉여금과 이익잉여금을 다 날리고 자산총계가 57억보다 작아졌을 때 자본 삼식되었나고 말한다. 일정 기간 일정 비율의 자본잠식이면 상장 폐지된다.

....

자본잠식이란 무엇일까? 아래 대차대조표(재무상태표)의 자본금 항목을 보자.

단위 : 억 원

No.	항 목	2008년	2009년	2010년	2011년	2012년	비 고
①	자본금	60.9	76.0	92.0	92.0	156.0	
②	자본잉여금	216.9	248.0	278.1	278.7	294.2	
③	이익잉여금	-58.2	-56.1	-226.1	-334.2	-341.0	
④	자본총계	209.0	245.9	139.9	32.4	97.6	

① 2011년 이 기업의 자본금과 자본총계는 92억과 32.4억으로 자본잠식 중이다. 이익잉여금에서 -334억의 손실이 났기 때문이다. 경영을 잘못했거나 대주주 횡령 손실로 보인다. 요즘 개미들을 등쳐 먹는 코스닥 부실 테마주들 중 하나인 셈이다.

②를 보면 여전히 자본잠식이 진행 중이다. 자본금 대 자본총계가 156억 : 97.6억이다. 자본잠식 50% 이상은 아니니 상장폐지는 가까스로 모면했다.

하지만 각별히 주의해야 할 부분이 있다. 2011년 자본금은 92억인데, 2012년 자본금은 156억으로 증가했다. 왜 그랬을까? 상장 폐지를 모면하기 위해 대규모 유상증자를 실시했다고 보면 된다.

이런 부실기업이라면 일반인 대상 유상증자보다도 보통 제3자 배정 유상증자를 한 뒤 회사 경영권(대주주 지분)을 처분해 버리기 십상이다.

2011년에는 발행 주식 1,840만 주의 아담한 기업이었다. 하지만 2012년 발행 주식 3,120만 주의 저가 부실 잡주로 전락한다. 이런 경우를 전문 용어로 '주식 가치 희석'이라고 한다. 발행주식 수가 급격히 늘었으니 당연히 주식의 가치가 희석되는 것이다.

저렇게 쑥대밭이 된 기업이 다시 견실한 재무구조를 갖추기 위해서는 얼마나 많은 주주들의 피눈물이 필요할지 예상할 수 있다. 소액주주들의 눈물도 당연히 증가할 것이다.

다음 시나리오는 감자, 제3자 배정 유상증자 순으로 나갈 것이다. 이런 공시가 발표될 때마다 주가는 하락을 거듭할 것이고 주주들의 손실은 점점 커질 것이다.

특히 매년 3월 중순에서 4월이면 자본잠식으로 인해 상장 폐지되는 기업이 줄줄이 발표된다. 분기 보고서에서는 감출 수 있었던 부실이 연말 보고서에서는 다 걸려 나오니, 매년 그 때쯤이면 상장폐지 기업들이 하루에 서너 개씩 발표된다. 물론 예고 없는 공시 발표와 동시 순식간에 거래 정지가 되기 때문에 날고뛴다는 투자자들도 피하기 어렵다.

그러니 미리미리 관심 종목, 보유 종목의 대차대조표를 살펴보고 걸러 낼 기업은 걸러 내는 것이 좋다. 자본잠식 기업 피하는 비법을 다시 요약해 보자.

① 자본금과 자본총계를 체크해야 한다. 자본총계가 자본금보다 크면 클수록 좋다.

② 이익잉여금을 체크해야 한다. 꾸준하게 이익이 발생하는 기업이어야 한다. 일시적으로 마이너스가 발생했다면 그 마이너스 요인을 분석하여 회생 가능할지도 분석해야 한다.

12. 10년간 ROE 15%를 유지한 기업

- ROE가 높은 기업을 주목하라. ROE 15% 이상을 매년 유지할 수 있다면 주요 투자 대상이 될 수 있다.

기업이 가진 자산의 가치를 중시했던 스승 벤저민 그레이엄의 투자법을 충실히 받아들인 워런 버핏은 필립 피셔와 찰리 멍거의 영향을 받으면서 기업이 가진 수익성에 주목한다.

버핏은 특히 주주이익을 강조한다. 주주 이익을 늘리기 위해서는 자기자본이익률(ROE) 15% 이상을 매년 유지하는 기업에 투자해야 한다고 역설한다.

ROE는 기업이 주주의 자본을 활용해서 1년에 만들어낸 순이익을 비율로 나타낸 것이다. ROE가 10%면 주주의 자본 100억을 가지고 10억을 벌었다는 의미다. 따라서 ROE가 높을수록 기업의 수익력이 더 좋다고 할 수 있다.

일반적으로 ROE는 유지하거나 증가시키기 어려운 지표다. 해마다 기업이 이익을 낼수록 자본이 늘어나기 때문에 순이익을 늘리지 못하면 ROE는 오히려 떨어진다.

즉, 버핏이 강조한 15% 이상의 ROE를 매년 유지하는 기업은 늘어나는 자본을 쌓지 않고 계속 투자해 주주의 이익을 빠르게 늘려줄 수 있는 기업이라 할 수 있다.

워런 버핏은 가끔 빌 게이츠와 그의 놀라운 기업, 즉 마이크로소프트를 예로 들며 '투자 적격의 범위' 를 설명한다. 워런 버핏은 '빌 게이츠는 오늘날 가장 똑똑하고 창조적인 경영자이고, 마이크로소프트는 금세기 최고의 기업' 이라고 말한다.

하지만 워런 버핏은 그 회사의 미래 수익을 예측할 수 없고 미래 가치를 계산할 수 없다면 그 기업을 '투자 적격' 의 범위 밖으로 두어 투자 대안으로 고려하지 않는다. 마이크로소프트의 경우도 마찬가지다. 워런 버핏은 스스로 그 기업을 평가할 만큼 잘 알지 못하고 그 기업을 평가할 수 없다면 그 기업에 투자하지 않는다.

....

① 스스로 잘 아는 업종, 내가 잘 아는 기업, 누구보다 잘 아는 사업 내용, 스스로 평가 가능한 주식, 우량주라고 판단이 된 종목에 투자해야 바람직하다.

② 남들이 추천한다고 무조건 믿고 베팅할 것이 아니다. 잘 모르면 철저히 공부하고 분석한 뒤 결정해야 한다.

③ 그래야 스스로 신뢰하기 때문에 시장에 휘둘리지 않고 장기투

자를 할 수 있게 된다.

④ 일시적인 급등 종목, 부실 테마주, 작전세력이 개입된 작전 종목, 세력주 등에 베팅하여 잠시나마 크게 먹을 수는 있다. 하지만 이런 습관이 고착화되면 언젠가 결국 부실주에 깊이 물리게 된다.

13. 벤저민 그레이엄의 투자 방법

유난히 수학을 좋아한 벤저민 그레이엄은 기업의 질적인 면이나 경영자의 특성에 의존하지 않고 재무제표의 숫자만으로 주식 분석을 했다. 자신의 투자 공식에 맞추어 많은 기업에 분산투자함으로써 시장평균수익률보다 높은 수익률을 올렸다.

그의 투자 공식은 주식의 2가지 측면을 고려한다. 하나는 안전성이고 또 하나는 수익성이다. 안전마진으로서의 안전성은 주가가 얼마나 저렴한지 재무제표의 지표에서 나온 청산가치에 비교하여 평가했다.

수익성은 회사채 유통수익률과 비교하여 높은 배당률이나 투자수익률을 가진 주식을 선정했다. 개략적인 방법은 다음과 같다.

① 주가가 주당 순 당좌자산 가치의 2 / 3 이하일 때 매수하라.

회사를 청산했을 때 받을 수 있는 금액보다 주가가 저렴하면 매수하라.

② 주가수익률(PER의 역수)이 신용등급 AAA 채권 수익률의 2배 이상인 주식을 매수하라. 다만 부채가 유형 순자산 가치를 넘어서면 곤란하다.

③ 주식의 배당수익률이 AAA등급 채권 수익률의 2 / 3 이상이면 매수하라. 다만 기업의 부채가 유형 순자산 가치를 능가하면 곤란하다.

④ 위와 같은 방법을 통한 기준으로 선별하여 매수한 기업의 주가가 2~3년이 지난 후에도 시장에서 제대로 된 가치평가를 받지 못하면 무조건 매도하라.

14. 벤저민 그레이엄이 주장한 가치주 선택 기준

워런 버핏의 스승이자 현대적인 증권 분석의 창시자인 벤저민 그레이엄. 그의 역저 [현명한 투자자]는 주식투자자라면 꼭 읽어야 할 책이다. 물론 저자의 투자 이론을 이해하기 위해 그의 제자인 워런 버핏의 투자 이론부터 접근하는 것도 좋다.

워런 버핏은 스승인 벤저민 그레이엄보다 더 뛰어난 성과를 이루었고, 스승의 이론을 바탕으로 '가치투자'와 '저가 매수'의 완성시켰다. 이처럼 버핏의 투자 본질을 이해할 수 있다면 [현명한 투자자]에서 주장하는 진정한 투자도 쉽게 접근 가능하다. 하지만 여러 차례 정독하는 것이 매우 중요하다.

벤저민 그레이엄이 주장한 가치주 선택 기준을 10가지로 정리하면 다음과 같다.

① 주가수익배율(PER)의 역수가 AAA등급의 회사채 시장수익률

의 역수보다 작은 종목.

② 현재의 PER가 과거 5년간 평균 PER의 40% 이하인 종목.

③ 배당수익률이 AAA등급 회사채 수익률의 3분의 2 이상인 종목.

④ 주가순자산 배율(PBR)이 0.35 이하인 종목.

⑤ 주가가 주당 순 유동자산의 2배 이하인 종목.

⑥ 부채비율이 150% 이하인 종목.

⑦ 유동비율이 200% 이상인 종목.

⑧ 부채 ÷ 순 유동자산 비율이 4 이하인 종목.

⑨ 과거 10년간 연평균 주당 순이익(EPS) 증가율이 4% 이상이고 당해 연도 흑자가 예상되는 종목.

⑩ 과거 10년 동안 8번 이상 흑자를 시현하고 당해 연도에도 흑자가 예상되는 종목.

15. 시장 분석보다 기업 분석이 중요

가치투자자가 주식투자를 할 경우 시장분석가, 거시경제학자, 증권분석가 등이 아니라 기업분석가의 입장이 되어야 한다. – 워런 버핏 –

시장분석가나 증권분석가의 시각은 주식의 시장 가격에 맞춰져 있다. 그들의 목적은 시장 가격의 등락을 예측하는 것이다. 결국 뉴욕 월가의 금융 사기꾼들이나 하는 일이다.

워런 버핏은 기업의 시장 가격과 무관하게 기업 자체에 주목하라고 충고한다. 시장분석가나 증권분석가들과 다르게 우량기업의 지분(조각)을 소유하는 것이 투자의 목적이기 때문이다.

테마주와 차트의 상처는 치명적이다. 시장이 유혹하는 테마주와 차트로 높은 시세차익을 올릴 수도 있다. 하지만 길게 보면 테마주 추격 매수와 차트 분석이 빚어낸 상처는 깊고 치명적이다.

가치투자를 실행하며 기업을 연구 분석하는 이들에게 주가의 하락은 재앙이 아니라 축복이다. 위기가 기회이고 우량주 하락은 곧 매수 기회이기 때문이다. 가치투자자들은 그 사실을 체험적으로 증언한다.

– 가치투자는 너무 느리다. 빨리 부자가 되려면 한 방에 뭔가를 해내야 하지 않을까?

그 착각은 결국 투자가 아닌 투기의 영역에 서서 '나는 투자하고 있다!' 고 외치는 것과 같다. 조바심을 버리고 수도승처럼 기다릴 줄 아는 것이 진정한 가치투자다.

16. 주식투자로 돈 버는 사람들 4가지 특징

– 원하는 만큼 다 얻으려고 하지 말라.

반 관영 통신인 중국신문사는 주식투자로 부자가 된 10명을 엄선해 공통점을 조사한 결과 ■ 많은 독서, ■ 과거에 대한 성찰, ■ 물욕에 대한 절제력, ■ 사고의 단순화 등 4가지 특징을 갖고 있었다며 대만의 '상업주간'을 인용 보도했다. 이들 주식의 달인이 공개한 투자의 성공 비결은 투자 교본의 첫 장에 나오는 기본 원칙들이다.

■ 많이 읽고 생각하라.

주식시장에 기업 관련 소문이 돌면 부화뇌동하지 않고 먼저 기업의 사업보고서를 확인하고 주가 수준을 평가한다.

억만장자 투자자 워런 버핏은 항상 사업보고서를 정독하며 하나하나의 숫자들이 가진 의미를 되새겼다. 독일 '주식의 신' 안드레 코스톨라니는 '전업투자자는 95%의 시간을 영업보고서를 보는 데 할

애한다.' 고 말했다.

유명한 주식투자 칼럼니스트 아이작은 많은 사람이 시간상으로 늦은 통계라고 평가한 미국의 2006년 3분기 국내총생산(GDP) 보고서를 자세히 분석, 부동산 업계에 큰 문제가 있다는 사실을 발견했다.

당시 보고서에 나타난 미국 부동산업은 같은 해 2분기 -4.5%로 마이너스 성장을 한 후 3분기 -11%, 4분기 -15.7% 등으로 감소 폭이 확대돼 미국 경제에 큰 충격을 주었고 결국 전 세계적인 금융위기로 연결됐다.

■ 미래를 보지만 과거에 대한 성찰을 더 중요시한다.

시장은 변화가 많기 때문에 미래를 예측할 수 없다는 사실을 인정해야 한다. 이 때문에 미국 뮤추얼펀드의 전설 피터 린치는 '추세가 당신의 친구가 되도록 하라.' 고 말했다.

투자의 달인들이 추세를 읽는 비결은 간단하다. 신문을 정독하고 정부 발표에 귀 기울이며 역사를 공부한다. 한 인사는 '현 세대가 선조보다 현명하다면 왜 역사가 반복되겠는가?' 라며 역사 공부의 중요성을 강조했다.

외환투자로 많은 돈을 번 린광싱은 작년 10월 뉴질랜드와 호주 화폐를 매입해 큰돈을 벌었다. 그는 지난 수십 년간 미국 경제가 쇠퇴기를 맞아 금리를 계속 내렸기 때문에 다른 나라의 화폐 가치는 당연히 올라갈 것으로 생각했다는 것이다.

외환분석사 리친은 은(銀)에 투자해 거액을 챙겼다. 그는 지난 20년간 금과 은의 가격 비율이 1대 45~55배 사이에서 움직였는데, 그

해 갑자기 1대 70배 수준으로 은값이 떨어져 은을 대량 매입했다고 말했다.

■ 적당히 벌자.

투자의 달인들도 일반인들과 마찬가지로 돈을 벌겠다는 목표는 갖고 있다. 하지만 절대로 저점에 매입해 고점에 매도하겠다는 생각을 하지 않는다는 점이 특징이다. 워런 버핏은 '적당히 버는 게 딱 좋다.' 고 말한다. 리친은 '나는 신이 아니라는 사실을 안다.' 고 말한다.

■ 복잡하게 생각하지 말고 단순화한다.

투자의 달인들은 장기투자를 하고 시장의 잡음에 신경을 쓰지 않는다. 일반 투자자들이 단기투자에 나서며 '저점 매수 고점 매도' 를 추구하는 것과 다르다.

결론적으로 볼 때 전문 투자가들에게 모두 각자의 투자법이 있다. 이들은 모든 문제의 답을 찾아야만 만족하지 않고 하나의 문제에서만 답을 얻어도 만족한다.

17. 사상 최고점 종목 투자 반성문

2007년 11월 01일, 2085.45포인트로 증시 역사상 최고점을 돌파하던 날이다. 2년 동안의 주식투자 이론 공부를 끝내고 그 동안 모아두었던 돈을 털어 증권 계좌를 개설하고 과감히 투자를 단행한다.

나도 오마하의 현인이라 불리는 워런 버핏처럼 어느 한 지방 도시의 현인으로 불리길 바라며, 미국 유태계 자본가들의 손아귀에 놀아나는 대한민국의 자본시장을 수호하기 위한 위대한 프로젝트에 첫발을 내딛게 되었던 것이다.

스타키안이란 필명의 저자가 집필한 [주식투자의 정석]과 [주식시장의 황금지도]라는 책에 푹 빠져 있던 나는 책에서 추천한 종목 중 하나를 골라 분할매수 원칙을 따르게 되는데 그 종목이 바로 '대한유화' 다.

당시 중국에 있던 나는 나프타 물량 공세와 중동의 화학 공장 증설로 이익의 감소와 주가의 하락이 어느 정도 예상되었지만, 업계에서도 알아 줄 정도로 자산이 많아 청산가치가 높다는 이유 하나만으로 믿고 투자를 시작했다.

청산가치? 투자란 현재의 소비를 포기하는 대신 미래 기대 수익을 바라는 행위임을 망각했다. 결국 주가 상승을 전제로 투자하는 것이지 처음부터 하락을 바라는 투자자는 아무도 없다는 것이다. 또한 앞서 판단의 근거(중국과 중동의 산업 변화)를 버리고 믿음으로만 투자한 것이 실패 요인이었다.

투자 직후 아래로 사선을 그려내는 차트를 보며 실감했다. 아, 경제학에서 말하는 한계효용 그래프라는 게 이렇게 생긴 거구나. 덩달아 스스로 손맛에 중독되어 계좌엔 감당할 수 없을 정도로 종목 수가 늘어나 있었다. 일반적으로 이런 계좌를 가리켜 '백화점에 쇼핑 나왔다.' 고 말한다.

그래도 분할매수라는 원칙을 지킨답시고 없는 돈 쪼개 가며 흘러내리는 폭포수 밑에서 신나게 물 타기를 하고 있던 나는 또 한 번의 시련을 맞게 된다. 그 동안의 상승세가 너무 높았던 탓일까? 더 이상 떨어질 곳이 없다고 생각한 나의 믿음과 원대했던 프로젝트는 미국발 서브프라임에서 산산이 불타 버리고 말았다.

그제야 내 정체성은 개미였음을 깨우치며 외쳤다. 아, 워런 버핏은 할아버지지 동네 친구가 아니구나! 워런 버핏 할아버지와의 나이 차만큼 투자 안목에 높은 경외심을 깨우쳤던 한 해였다.

그럼에도 불구하고 쉽게 내던지지 못한 채 배당금을 두 해 정도 타먹고 있었다. 위기는 진전되기 시작하여 본래 가치로 회귀하더니 원금 비슷한 수준에서 손절할 수 있었다.

이제는 생각과 경험이 미숙한 탓에 좋은 경험을 했다고 생각한다. 배움은 행동으로 시작되고 증명된다고 자신 있게 말하고 다닌다. 덕분에 가슴 아린 날들을 배움으로 승화시켜 증권 관련 자격증을 3개씩이나 소지하게 되었다.

맹목적인 믿음보다 판단에 근거한 믿음으로, 주식보다 인생에 투자하고 있는 나에겐 잊지 못할 추억의 종목이 되겠다. 물론 주식에 대한 사랑도 영원할 것이고, 자격증을 살려서 관련 분야에 취업 후 재테크 수단으로 자산을 불려 나갈 계획이다.

원문 필자 : 티쿤올롬(네이버 아이디 : tikkunolom)
교정 편집 : 김건

18. 개미 투자자의 주식투자 기법

■ 워런 버핏 기준

① 주가가 오를 것 같아 매수하고 내릴 것 같아 매도하지 말라

주식투자자의 가장 큰 실수란 무얼까? 가치(價値)가 아니라 주가(株價)에 초점을 맞추는 데 있다. 주가가 상승한다고 기업의 가치가 향상된 것이 아니다. 이와 반대로 주가가 하락한다고 기업 가치가 낮아진 것은 아니다.

주식투자에 성공하려면 주가가 상승한다고 주식을 매수하고 주가가 하락한다고 주식을 매도하면 곤란하다. 언제나 주가 대신 기업 가치에 초점을 맞추고 기업 가치가 향상되는 주식을 매수해야 한다.

② 자신이 잘 아는 분야에 투자하라

이 세상 부자들의 경우 수많은 사업을 통해 큰돈을 번 것이 아니다. 하나만 제대로 잘 알아도 큰돈을 벌 수 있다는 사실을 거부들이 입증한다. 주식투자 리스크는 잘 모르는 종목에 투자했기 때문에 발생한다. 다른 사람보다 스스로 확실히 잘 알고 있는 분야의 기업에 투자하는 게 남는 장사다.

③ 10년 동안 주식시장이 문을 닫아도 상관없는 종목에 투자하라

주식을 매입하기 전에 스스로 자문자답해 보자.

– 주식시장이 10년 동안 문을 닫는다면 어떤 느낌일까?

이런 질문에도 '그 주식을 보유 중인 것이 행복하다.' 고 대답할 수 있다면 그 주식을 매수하라. 앞으로 10년 동안 망하지 않을 종목은 제품력, 판매망, 브랜드 등에서 우위를 차지할 가능성이 높은 기업의 주식이다.

④ 시장의 소문에 휩쓸리지 말라

어떤 주식을 매수하고 싶다면 우선 그 이유를 적어 보라.

– 그 기업의 시가총액은 시장에서 1조 원 이상 저평가돼 있다. 동종 업계 A기업의 일시적인 사건사고 때문에 주식이 하락해 있을 뿐이다.

매수 결정은 그것으로 족하다. 다른 사람들의 조언에 가능한 한 귀를 기울이지 않는 게 바람직하다. 투자 정보가 부족할 경우 더 심층적으로 분석하면서 결정을 늦추어도 된다.

⑤ 주가가 폭락할 때가 주식을 싸게 매수할 수 있는 기회다

주가가 폭락하면 평소에 봐 두었던 우량 주식을 살 기회가 생긴다. 워런 버핏은 '나는 1달러짜리를 50센트에 사는 법을 벤저민 그레이엄에게 배웠다. 우량기업의 주가가 폭락하면 나는 즐겁다.' 고 말한다.

■ 필립 피셔 기준

① 스스로 가장 잘 아는 회사에 주목하라

주식시장에 진정으로 우량한 기업은 그다지 많지 않다. 따라서 투자자는 몇 안 되는 우량기업을 선별하여 집중 투자해야 한다. 잘 알지도 못하는 종목, 업종, 기업들에 분산투자하는 것은 오히려 위험만 가중시킬 뿐이다.

피셔의 포트폴리오는 10개 종목 미만으로 구성돼 있다. 그 중 3~4개 종목에 총 투자금액의 75%를 집중 투자하고 있다.

② 회사의 가치를 정확히 평가하라

주식의 시가는 기업의 실제 가치를 반영한다. 따라서 투자자는 기업의 실제 가치의 성장 추이를 치밀하게 관찰해야 한다. 실제 가치가 성장하지 않는다면 주가 역시 상승하지 않는다.

진정한 가치투자란 해당 주식의 가치를 정확하게 평가한 뒤 저평가가 인정될 때 매수하고 시장에서 제대로 평가받을 때까지 인내하고 기다리는 것이다.

③ 종목 매매에 신중을 기하라

새로운 종목으로 바꾸어 탄다는 것은 이미 투자 중인 종목보다 더 나은 종목이 생겼다는 의미다. 예를 들어 가장 유망해 보이는 새로운 종목을 발견했다고 하자. 이 종목의 매수 자금을 마련하기 위해 기존에 보유한 주식 중에서 그나마 성정 전망이 낮은 종목을 일부 처분하려 할 것이다.

하지만 매각하려는 종목은 스스로 잘 알고 있고 또 오랫동안 보유한 주식이다. 새로운 종목에 투자하면 잘못을 범할 위험도 그만큼 크다. 기존 보유 주식을 매도할 때는 정말 신중해야 한다.

④ 장기투자가 기본이다

주식투자로 많은 돈을 벌고 싶다면 우량기업을 찾아내 주식을 매수하라. 그 뒤 그 기업이 착실하게 성장하는 동안 몇 년이고 계속 보유하라. 내 판단이 정말 옳다고 생각될 경우 대부분의 사람들과 다르더라도 소신을 지킬 수 있는 용기가 필요하다.

⑤ 경영자의 자질 등 회사의 내부를 깊이 분석하라

투자자 스스로 기업의 가치를 평가하고 베팅을 결정해야 한다. 필립 피셔는 특히 경영자의 자질을 매우 중요하게 생각한다.

19. 우량종목, 우량기업 선별 4가지 방법

우량기업이란 어떤 기업일까. 투자의 귀재 워런 버핏은 이해하기 쉬운 기업이 투자 대상이라고 설파한다. 그렇다면 '이해하기 쉬운 기업' 이란 무엇일까.

간단하게 말하자. 실적과 수익, 장래성에 대하여 어느 정도 예측 가능한 기업이다. 수익 예측이 가능할 경우 기업의 가치를 계산할 수 있기 때문에 저평가 여부 판단에 결정적으로 노움이 되기 때문이다.

주식의 매수 목적이 단순 주식 거래가 아니라 성장하는 기업의 일부를 보유하기 위해서라면 꾸준한 매출 실적과 수익의 성장이 가능한 기업이어야 한다. 성장하는 기업이란 과거에 안정적 성장을 해왔고 미래에도 인간에게 꼭 필요한 제품을 생산하거나 서비스를 제공하는 기업이다.

과거의 기업 실적, 즉 매출과 수익이 불투명하거나 불안정할 경우

기업의 미래도 불안정할 가능성이 높기 때문에 장기 보유하기에는 부적합한 기업이다.

주식투자자가 해야 할 일이란 아주 간단하다. 비록 과거의 역사와 실적은 보잘 것 없지만 앞으로 보석이 될 만한 기업을 찾기 위해 난해한 작업을 하는 게 아니다.

과거에도 기업을 원만히 경영해 왔고 미래에도 경영을 잘 할 수 있는 기업들 중에서, 시장참여자들의 기업 관련 기대 수치가 낮아지면서 주가가 저평가 시점이 되었을 때 다량의 주식을 매수하여 보유하는 것이다.

기업 선별의 핵심 조건은 수익으로 남겨 보유할 만한 기업인지 여부다. 그 선별 순서를 간략하게 정리해 보자.

① 산업 분석을 통해 발전 가능한 산업인지 평가한다.

② 성장 가능 산업이라면 그 산업(업종) 안에서도 최고의 기업을 발굴한다.

③ 과거의 ROE를 검토하여 투자해도 좋은 기업인지 확인한다.

④ 우량기업이라고 판단되면 저평가 시점에서 분할 매수한다.

기업을 선별하기 전에 특정 해당 산업을 연구하는 이유란 뭘까? 아무리 훌륭한 기업일지라도 특정 산업(업종)의 성장이 정체된다면, 그 산업(업종)에 속한 특정 기업의 성장은 동종 업계의 성장과 궤를 같이 하기 때문이다.

특정 산업 내에서 독점 기업을 찾는 작업은 해자(垓字)처럼 적군들이 쉽게 접근하기 어려운 경쟁우위를 확인하는 것이다. 해당 산업이

성장할 경우 투자 대상 기업은 해당 산업의 성장률 이상으로 발전(성장)이 가능하다.

과거의 ROE를 기준으로 독점력을 가진 기업이더라도 과거에 안정적 성장을 유지하지 못했다면 미래에도 그럴 가능성이 높다. 반대로 안정적 성장을 지속했다면 미래에도 과거 ROE만큼의 성장이 가능할 것이다.

좋은 기업, 우량기업은 비밀에 휩싸여서 전문가들만 발굴할 수 있는 성격이 아니다. 꾸준히 공부하라. 재무제표 학습, 기업 분석, 재무 분석, 경영 분석, 투자지표 분석 기법 등을 학습하며 내공을 쌓아라. 내공이 쌓였다면 긴 시간을 들이지 않아도 우량 종목을 쉽게 발굴할 수 있을 것이다.

20. 일상생활 속에서 우량기업 찾아보기

슈퍼마켓이나 백화점 등지에서 만나는 상품들 중에 보석 같은 주식들이 숨어 있을 수 있다. 일상생활 속에서 우량기업을 찾는 방법은 얼마든지 있다. 그런 관점에서 이렇게 시도해 보자.

① 우연히 발견한 우량기업이 있으면 그 기업의 연간 보고서를 입수해 읽는다. 물론 연간 보고서와 재무제표 등을 해석하는 능력을 기르는 것이 우선이다.

② 관심 대상 기업 관련 자료집과 기사들을 찾아본다. 인터넷 검색이 아주 요긴하게 활용될 수 있다.

③ 경쟁 기업들을 찾아본다. 역시 인터넷 검색이 아주 요긴하게 활용될 수 있다.

④ 그 기업들의 과거 재무 관련 수치를 찾아본다. 인터넷과 금융감독원의 전자공시시스템을 적절히 활용해야 한다.

⑤ 자료를 통해 기업의 특성을 파악한다. 예컨대 생활필수품 생산

기업인지, 소비자 독점력이 있는 기업인지 알아본다.

⑥ 괜찮은 기업인 것으로 판단되면 자기자본수익률과 지난 8~10년간의 이익성장률을 계산해 본다. 물론 투자 지표, 재무 지표 등을 먼저 익혀야 한다.

⑦ 관심 기업과 경쟁 관계인 기업이나 그 기업의 고객에게 전화해 그 기업에 대해 질문 조사한다.

⑧ 특정 산업 분야에 풍부한 경험과 지식이 있는 사람에게 자문을 구한다.

⑨ 스스로 다시 한 번 다각적으로 심층 분석을 시도한다.

그럼에도 각별히 주의해야 할 점이 한 가지 더 있다. 다음 항목은 워런 버핏의 투자 전제 조건 중 하나다.

⑩ 그 기업이 어떤 제품을 만드는지, 그 제품이 시장에서 어떻게 활용되는지 알아야 한다. 그 이유란 명백하다. 기술의 진보성 때문에 상품성을 잃는 제품에 관심을 기울일 수도 있다. 특히 잘 모르는 분야인 하이테크 제품에 대해 전혀 엉뚱하게 분석할 수도 있다. 막연히 좋을 것이라는 선입관으로부터 잘못된 판단이 나올 수도 있다는 의미다. 버핏은 이런 불안감이 증폭될 경우 아예 근처에도 가지 않는다.

21. 개미투자자 등치는 증권 사이트 3,000개

연간 300% 수익률을 보장한다는 주식투자 관련 사이트가 있다. 이런 카페나 사이트에 가입하여 돈을 내면 반드시 망하게 마련이다. 아래는 어떤 주식투자 카페에 오른 글을 정리한 것이다.

■ 단타 매매를 포기한 이유

현재 투자 금액은 3000만 원이다. 주식투자를 시작한 지 한 달이다. 단타 치기는 정말 너무 위험한 것을 뼈저리게 느꼈다. 거의 다 날렸다. 테마주에 한번 데어 보고 난 뒤부터 언론매체의 빤작 테마주, 전문가들이 추천하는 테마주에는 이제 눈길조차 안 주게 되었다.

물론 단타도 나쁘지 않을 때가 더러 있기는 있다. 장기투자로 끌고 가더라도 단타 매매로 접근할 시기도 오기는 온다. 나도 훈련 삼아 조금씩 건강에 해가 되지 않는 선에서 단타 매매를 하긴 하겠다.

하지만 앞으로는 나만의 방식으로 수익률을 올리려고 한다. 우량

주만 골라서 분산투자를 했더니 3천만 원 잃고 난 뒤 이제 15~36%의 이익이 난다. 얼마나 다행인지 모르겠다. 앞으로는 유료 사이트나 유료 증권 카페에 가입하지 않고 나 혼자 우직하게 갈 것이다.

....

– 1년에 몇 배 수익, 최대 300%까지 수익을 올려 드립니다.

이처럼 1년 안에 원금의 몇 배 수익도 가능하다고 현혹하는 이메일과 쪽지들이 홍수를 이룬다. 그러나 알고 보면 정보이용료나 받아 챙기는 주식 사이트들이 대부분이다. 과거에 수백 %의 수익을 남긴 유명 주식 전문가만 모인 인터넷 카페이니, 몇 십만 원 입금하면 무조건 몇 배의 수익이 날 것처럼 홍보한다. 하지만 이를 믿고 투자한 개미들은 하나같이 물을 먹는다.

– 1개월에 최소 20% 이상 수익을 책임지겠습니다.

이런 유혹을 믿고 퇴직금을 포함해 5000만 원을 베팅한다. 하지만 이 주식 사이트에서 추천한 주식 종목을 샀다가 두 달 만에 1000만 원 가까이 손해를 본다. 카페 운영진이 최소 한 달 안에 10% 이상 수익이 날 종목이라며 5개 종목을 추천한다. 그러더니 열흘도 안 돼 슬그머니 2개 종목을 삭제한다. 주식이 너무 하락하는 바람에 손절했다는 것이 그 이유다. 아니나 다를까, 추천 종목을 매수했더니 사자마자 떨어진다.

인터넷 카페를 개설해 놓고 유료 가입한 회원들에게 '매월 20만 원만 투자하면 1년 안에 수백 %도 가능하다' 는 쪽지를 남겨 꼬드긴다. 아르바이트를 동원하여 무차별적으로 이메일과 쪽지를 날린다.

요즘 주식 관련 인터넷 유료 카페만 1,000여 개가 넘는 것으로 추정된다. 30초당 2,000원을 내야 하는 '060 전화' 정보를 포함하면 수천 개가 넘는다. 이를 믿고 투자한 대부분의 투자자들의 경우 수익보다 손실이 많다. 그럼에도 유료 주식 사이트와 카페들이 성행하는 이유가 뭘까? 리스크 가능성이 높은 줄 알면서도 단기간에 많은 돈을 벌 수 있다는 환상 때문이다.

당한 사람들의 댓글을 읽으면 더 실감이 날 것이다.

– 대부분 알겠지만 개미들을 등쳐먹고 사는 고수(?)들이 많다.

– 누구나 욕심 버리는 것은 힘들다. 하지만 대박을 좇다 보면 항상 벼랑 끝으로 몰린다는 사실을 알아야 한다.

– 누가 먼저 개미를 핥느냐? 관련 기사 밑에 바로 유료 사이트 광고가 나온다. 먹고살기 힘들면 유료 사이트에 가 봐라! 개미 퍼먹어! 개미핥기! 그 개그가 생각난다.

– 참, 더럽다. 너무 쉽게 돈 벌려는 개미들이나 그걸 이용해서 먹으려는 사람이나 피장파장이다. 그런 광고를 믿고 피 같은 돈을 상납하는 개미들이 참 불쌍하다.

....

얼마 전 묻지 마 주식투자로 수십억 원을 탕진한 농협 간부 출신 사기꾼이 그런 식으로 카페를 열어 왕창 해먹고 증발했다. 10만 원씩 걷는 수법도 비슷하다.

다음은 대표적인 이메일 초대장 중 하나다. 이런 초대장이 날아오면 믿어야 할까? 신세 고치려다가 신세를 조지지 않으면 다행이지 싶다. 왜 이런 대박 기회를 남들에게 베풀려고 하는지 그 검은 속셈을 읽어야 한다. 주식투자로 쪽박을 찬 사람들이 입에 풀칠을 하려고 사기를 친다고 생각해야 한다.

....

- 매월 50% ~ 100% 수익 내는 카페!

개인들이 승리하는 카페, 레슨비 왕창 왕창 버리면서 주식시장에서 16년 동안 공부하여 승리한 제가 '주식시장의 ○○○○' 카페를 열었습니다. 화려하게 꾸미지도 않았고 시골티 나게 단순한 카페, 그러나 개인들이 매월 50%~100% 이익을 남기는 카페!

원금의 50% 이상 날린 분, 주식은 절대 하지 않는다고 다짐하는 분, 종합주가지수 올랐다고 뉴스에 나오면 듣기 싫은 분을 초대합니다.

10만 원 투자해서 이익 남기기 연습을 거듭하세요, 그러다 재미있으면 많이 투자하십시오. 남들은 원자폭탄을 쏘는데 임께서는 총으로 대항해서 되겠습니까? 주식시장은 전쟁터입니다. 1년에 0.5세씩 증가, 90세 시대에 인간답게 살려면 50억 있어야 한다는데 대안 있으세요? 우리 다 함께 승리합시다.

부 록

1. 허수와 쓰레기 정보에 놀아나는 개미들

정직하게 말하자. 개인투자자들은 두 눈 부릅뜨고 움직이지 않는다. 그저 여론에 따라 시장에 휩쓸린다. 그런 특성을 믿고 각종 투자 정보들이 쓰레기처럼 쏟아진다. 이른바 전문가들이 제공하는 분석 기법, 종목 추천, 채권투자 권유 등이 난무한다.

하지만 믿지 말라. 그 전문가들은 기업의 경영관리 현장에 종사한 적이 없는 학자적, 기자적 수준의 책상물림이거나 개인과 조직의 이해관계를 위해 목메는 사람일 뿐이다. 실정이 그러니 스스로 공부하며 기업을 분석 평가하라. 재무제표 보는 기법, 기업의 검은 속살을 꿰뚫어보는 요령, 공시와 뉴스 뒷면을 헤아리는 지혜도 익혀라. 알고 보면 어렵지 않다. 특정 기업에서 재무관리, 경영관리 등 중책을 맡을 게 아니라면 전문성이 필요 없다. 대충 기본기의 틀만 익혀도 된다.

신용평가회사의 레이팅 버블

한국기업평가에 따르면 2009년 말 현재 신용등급이 부여된 기업 344개 중 'BB' 이하의 투기등급으로 분류된 기업이 60개사로 전체의 17%에 불과하다. 반면 최상위인 'AAA-AA' 등급 비중은 49%로 절반에 육박한다. 투기등급 비중이 감소한 것은 부실기업이 시장에서 사라졌기 때문이지만, 신용평가사들이 신용등급을 너무 가볍게 상향 조정한 것도 주요 원인이다.

필자는 법정관리 중인 기업 3개의 M&A에 참여한 적이 있는데 감사의견은 모두 적정의견이었다. 따라서 금호그룹과 최근 대한해운 법정관리 사태 등을 목격하며 회계법인의 회계감사, 신용평가사의 투자적격 등급 판정, 증권사의 리포트 등을 확인하고 묻지 마 투자를 하면 개인투자자가 피해를 볼 수도 있다. 2000년 IT버블, 2003년 카드채 버블 붕괴보다 몇 배 더 큰 충격을 초래할 가능성이 높다. 이제는 부동산 버블만 아니라 신용평가, 종목 추천, 채권투자 등의 버블이 개인투자자들을 위협하고 있다는 얘기다.

현명한 투자자의 역발상

최근 법정관리에 착수한 대한해운의 경우, 몇 달 전부터 증권사 보고서의 투자의견은 '중립' 이었다. 대부분의 연구원들은 유동성 위험과 자금 경색 등을 전혀 예상하지 못했다. 심지어 영업이익의 흑자 전환을 아주 소박하게 예상한 전문가들도 있었다. 그래서 강조한다. 투자의견 '중립' 은 사실상 '매도' 의견이라고 보자. 많은 전문가들도 그렇게 인식한다. 하지만 증권사와 해당 기업 간의 이해관계(영업) 때문에 매도 의견을 내는 게 쉽지 않다. 결국 투자기관(LP)들은 기관과 개인의 정보력 격차를 만들어 불완전 경쟁을 조장할 따름이다.

솔직히 말하자. 신용평가사들의 등급은 애당초 믿을 게 못 된다. 회계법인과 공인회계사들의 의견에 접근한 담합 성격일 뿐이다. 다시 말해 증권사들이 개인들에게 판매하는 채권과 ABCP는 '기관이 소화하지 않은 상품' 이란 뜻이다.

법정관리 신청 전날까지 대한해운의 신용등급 전망은 '긍정적 '이었다. 그래서 현명한 부자들일수록 재무구조와 현금흐름이 안정적임에도 비교적 등급이 낮았던 회사의 채권이라면 높은 금리로 산다. 하지만 자금 흐름이 안 좋고 시장 정보와 재무제표 등으로 파악 가능한 부실 회사채라면 아무리 등급이 높아도 베팅하지 않는다.

채권투자의 경우 단순히 예금금리보다 2% 높다고 일을 저지르지 말라. 7%를 내세운다고 '기대 수익률' 이 7%란 뜻은 정말 아니다. 디폴트 확률이 1%이더라도 실질수익률은 5% 내외에 불과할 뿐더러 전액 상환되지 못하는 최악의 상황까지 감안해야 한다.

필자는 약 4반세기 동안 5개 초우량 상장사에서 경리회계, 자금관리, 주식관리를 담당했다. 그 중 4개사는 상장폐지, 1개사는 영원히 사라졌다. 근무 당시 그 회사들은 누가 봐도 최우량 기업이었고 업종과 사업목적은 물론 은행, 보험, 증권, 저축은행, 건설, 종합무역상사, 건설 등 계열사 문어발 확장에 열을 올렸다. 하지만 분식회계로 버티던 극적 상황임을 이제야 고백한다. 잘 아는 친구들이 자문을 구할 때마다 '우리 회사 주식이나 회사채에 베팅하지 말라.' 고 속삭였다. 그러던 중 망하기 직전에 슬며시 빠져나오곤 했다.

채권투자를 하려면 정확하게 기업을 분석할 수 있는 '정량적' 인 기본기 못지않게 기업에 대한 정보도 누릴 수 있는 '인적 네트워크' 도 마련해야 한다. 인터넷 카페, 증권사, 기업 등의 설득과 유혹을 믿어서는 안 된다. 어떤 증권 카페와 증권사의 보고서는 기막히다.

대한해운의 차트를 올려놓고 후행, 선행 지표를 들먹이며 '보합권에서 방향을 잡고 시그널 매수신호가 발생하면서 기술적 반등을 보이고 있다' 고 언어의 유희를 자랑한다. 물론 재무구조와 현금흐름을 보고 판단한 결과가 아니다. 이 같은 분석보고서는 초중고 학생들에게 약간만 교육시켜도 얼마든지 가능하다.

현금흐름을 분석하라

현금흐름표는 포괄손익계산서와 재무상태표를 통해 분석하기 곤란한 문제점들을 명쾌하게 드러낸다. 지급이자, 법인세, 감가상각비 등을 차감하기 전 순이익이 아무리 증가하더라도 영업활동에 어울리는 현금이 줄어들면 도산 가능성이 높아진다. 장부상 가공이익만 대단한 규모일 뿐 현금흐름이 원활하지 못한 회사일수록 분식회계로 근근이 버텨야 한다. 기업이 부도 위기에 몰리면 들어오는 현금보다 나가는 현금이 많아진다. 영업활동 현금흐름의 공백을 메우기 위해 단기차입금을 늘리고, 여러 성격의 계열사 지원을 받고, 보유 중인 자산을 매각할 수밖에 없다.

■ 영업활동으로 인한 현금흐름은 플러스, ■ 투자활동으로 인한 현금흐름은 마이너스, ■ 재무활동으로 인한 현금흐름도 마이너스이면 이상적인 구조다. 다시 말해 영업활동을 통해서 현금을 벌어들여서(+), 미래 투자를 위해 돈을 지출했고(−), 금융기관에서 빌린 돈을 갚았다(−)는 뜻이다. 기업이 손익계산서에는 순이익을 기록하고

있지만 현금을 너무 적게 보유함으로써 자금 운용 문제에 부닥치거나 부채를 제때 상환하지 못해 어려움을 겪고 있는지 확인해야 한다.

분식회계 기업의 특징을 알아 두자

■ 매출액 대비 매출채권과 재고자산의 비중이 높다. ■ 안정성과 수익성이 낮다. ■ 매입채무, 매출채권의 규모가 해마다 들쭉날쭉하다. ■ 외국인 주식 지분율이 낮다. ■ 대규모 영업이익과 당기순이익을 앞세운다. ■ 특수관계인, 계열기업과의 거래(매출, 자금, 보증, 담보 제공 등)가 빈번하다. ■ 전기 오류를 대폭 수정한다. ■ 이사진과 감사의 이력이 불투명하다. ■ 대주주가 무배당 결의를 요구한다. ■ 임원(경영)진이 자주 바뀐다. ■ 장밋빛 청사진을 제시하며 인터넷 언론에 자주 등장한다. ■ 계열사와 그룹 전체 신용위험을 초래하는 방만한 확장 경영과 M&A를 즐긴다.

피해야 할 기업을 알아 두자

■ 뭔 사업을 하는지 헷갈릴 정도로 정보 투명성이 낮고, 시류와 정부 정책에 어울리는 부실 테마를 앞세우거나 사업목적을 수시로 추가한다. ■ 관계회사나 자회사가 왠지 불투명하고 부실하다. ■ 경영권이 자주 바뀌거나 대주주와 특수관계인(자)의 지분이 적다. ■ 루머나 소문이 많다. ■ 단순하고 화려한 인수합병이 스시로 벌어진다. ■ 세계 최초의 신제품이나 신기술 등을 홍보한다. ■ 독자

적 브랜드나 기술력 없이 가격 덤핑으로 경쟁하는 기초소재 업체다. ■ 끊임없는 시설투자와 보수비용이 필요한 장치산업과 기술 변화가 너무 빠른 첨단기술주다. ■ 벌어들이는 이익보다 부채가 큰 기업 등이다. ■ 어떤 방법으로건 유상증자가 빈번하다.

신용위험 파악과 채권 발행사 기초 정보

금융감독원 전자공시시스템(http://dart.fss.or.kr)을 적극 활용하자. 가장 중점적으로 봐야 할 사항은 사업보고서, 분기보고서, 반기보고서 등이다. 사업보고서에서 특히 중요한 항목은 '지배구조 및 관계회사 등의 현황' 이다. 관계회사를 보면 자회사의 핵심자산과 부실자산 존재 여부를 알 수 있다. 관계회사나 자회사의 이익은 지분법평가이익으로 잡혀 기업 전체에 유익하지만, 왠지 불투명하고 부실하다면 모기업을 한순간에 몰락시킬 수 있다.

재무상태 호전 여부를 파악하라

성장성 지표인 총자산 증가율은 기업의 재산 규모가 매년 어떻게 증가했는지 나타낸다. 물론 총자산 증가율이 높다고 어떤 경우에나 바람직한 것은 아니다. 남의 돈을 빌리거나 부채를 갚지 않고 총자산을 늘렸다면 재무구조가 부실해진다. 영업활동을 통해 이익을 증가시키고 그 이익을 내부에 적립하는 방법으로 총자산을 늘려야 건실한 기업이다. 유동부채를 확대시키지 않고 자기자본으로 재산을 증가시켜야 기업의 건강 상태가 좋다고 인정할 수 있다. 따라서 총자산 증가율보다는 자기자본 증가율을 검토하는 것이 더 합리적이다. 자기자본이 증가했다면 1년 동안 기업의 재무구조가 더 건강해졌다고 말할 수 있다.

전기 대차대조표와 당기 대차대조표를 비교하여 유동자산과 유동부채의 증감 내역을 파악함으로써 재무상태의 건전성을 판단하기도 한다. 당기순이익 등 이익잉여금이 쌓이고 유동자산이 증가한 반면, 유동부채가 감소해야 재무상태가 건전해진 것이다. 다시 말해 유보이익의 증가로 유동자산이 증가하거나 유동부채가 감소된 경우, 유동성과 안정성이 높아졌으니 재무상태가 지극히 호전된 것으로 볼 수 있다.

하지만 이익잉여금이 증가하지 않고 유상증자에 의거 납입자본금이 늘어난 상태에서 유동자산이 증가하고 유동부채가 감소한 경우가 있을 수 있다. 또 고정자산의 감소에 의하여 유동자산을 증가시키거나 유동부채를 감소시킨 사례도 있을 것이다. 이처럼 유상증자나 고정부채의 조달을 통해 유동자산을 늘리거나 유동부채를 상환했다면, 고정자산을 처분하여 유동자산을 늘리거나 유동부채를 상환했다면 재무상태가 호전된 것으로 본다.

이와 반대로 유보이익이 줄어들면서 유동자산이 감소하거나 유동부채가 증가한 경우, 유동자산의 감소에 의해 고정자산을 증가시키거나 고정부채를 상환한 경우, 유동부채의 조달로 고정자산을 증가시키거나 고정부채를 상환한 경우라면 재무상태가 급격히 악화된 것으로 보아야 한다.

2. 명쾌한 현금흐름표 분석

현금흐름표 판단

구 분	영업활동 현금흐름	투자활동 현금흐름	재무활동 현금흐름
초우량 (A)	+	−△	−△
우량 (B)	+	−△	+
구조조정 대상 (C)	+	+	−△
재활 대상 (D)	−△	−△	+
위험 기업 (E)	−△	+	−△
도산 직전 (F)	−△	−△	−△

■ 포괄손익계산서와 재무상태표는 얼마든지 분식회계가 가능하다는 전제 하에 가능한 한 2년 이상의 데이터로 분석한다.

■ 영업활동 : 영업활동을 잘 해서 이익이 났다면 당연히 플러스(+) 요인이다.

■ 투자활동 : 금융상품(정기예금), 유가증권(주식, 채권), 시설투자(건물, 기계장치, 비품) 등 관련 부분에 대한 현금의 유입과 유출을 말하는 것으로 당연히 마이너스(−)가 되어야 정상이다. 회사의 여유자금 활용과 미래 성장을 위한 시설투자에 현금이 지출되는 것이 정상적이기 때문이다.

■ 재무활동 : 금융거래를 말한다. 마이너스(−)란 돈을 갚았다는 의미이고, 플러스(+)란 돈을 차입한다는 의미여서 마이너스(−)가 정상이다. 이익을 지속적으로 내는 기업이라면 차입금을 갚기 때문이다.

■ 종합 판단 : 영업활동은 본업과 관련된 활동을 의미하므로 일

시적으로 마이너스(-)가 발생할 수는 있다. 하지만 연간 기준으로 마이너스(-)가 2년 이상 지속되거나 갑자기 큰 폭의 마이너스(-)가 발생한다면 문제가 있다.

| 부록 2. 분식회계와 비자금, 내부고발 체험적 사례 |

1. 천문학적 규모의 사기행각

장외법인(비상장법인)이자 사실상 유령회사나 다름없는 주식회사 N. 그 회사의 대주주이자 대표이사인 L사장이 벌인 분식회계, 주가조작, 배임, 횡령, 주식 이중 발행, 주식 장외거래, 엉터리 특허 출원, 과장된 언론플레이 등 사기행각은 결국 사회적 파장을 일으켰나.

수십 배, 수백 배의 상장 차익에 눈이 먼 개미투자자들은 경쟁하듯 비상장법인의 주식에 베팅했고, 유명 언론사 기자들도 덩달아 춤을 추며 눈부신 조역으로 활약했다.

마침내 L사장이 잠적했을 때 수천억 원을 날린 개미들이 피해자 모임과 인터넷 동호회(카페)를 개설했지만 무망한 일이었다. 영등포경찰서에 수사본부를 만들기도 했으나 피라미 공범들만 체포하는데 그쳤고, 지명수배자 L사장이 체포되거나 자수하지 않는 이상 사건의 전모가 밝혀지는 건 사실상 불가능했다.

엉터리 재무제표와 특허권, 언론플레이에 매료된 서민들이 (주)N의 주식을 액면가의 몇 배로 매수하고 있을 당시, 함부로 판단해서는 곤란하다는 글을 인터넷 카페에 올리던 필자는 뜻밖의 이메일 한 통을 받았다. 수많은 주주들의 항의와 비난을 한 몸에 받던 필자는 격려와 공감을 표시한 글을 읽으며 감동했다.

며칠 뒤 전화번호를 주고받고 나서 그 이메일을 보낸 30대 초반의 여성을 만났다. K씨는 (주)N에서 약 2년 동안 경리를 보던 과정을 필자에게 상세히 설명했다. 세무 당국에 분식회계와 탈세 관련 제보를 하기 위해 준비 중인데 필자의 도움이 필요하다는 말도 곁들였다. 필자는 그녀의 부탁을 받고 약 보름 동안 분식회계 등 사기사건 분석과 함께 탈세 제보 서류 작성에 매달렸다.

하지만 어느 날 갑자기 불쑥 나타난 K씨가 협박과 회유에 시달렸는지 두려움에 떨며 그 파일을 회수해 갔다. 필자는 참 허망했다. 그 뒤로 연락이 두절되는가 싶더니 사실상 잠적해 버렸다.

그리고 얼마 뒤 L사장의 사기행각이 빙산의 일각이나마 드러나기 시작했다. 인터넷 주식 카페와 장외주식 관련 사이트를 시작으로 매스컴을 타기 시작했다. 그런데 웬걸, L사장 일당의 항의와 협박을 받았는지, 어느 날 인터넷에서 피해를 호소하거나 수사를 진행 중이라는 기사들이 삭제되기도 했다.

아직 지명수배자 L사장은 잡히지 않았으나 그 사건의 공범(종범)들은 형사 재판을 받고 있으니, 이제 그 사건의 내막을 털어놔도 될 때가 된 것 같다.

다음에 발췌 소개하는 내용은 내부 제보자 K씨의 증언을 토대로 작성한 것이다. 물론 직접적인 증거들도 대부분 확인했고 보충 설명도 들었다. 그녀의 증언이 없더라도 재무제표를 보는 순간, 너무도 명백한 분식회계 결과를 포착할 수 있었다.

제보자가 제법 두툼한 서류 파일 4권을 필자에게 건넸으니 더할 나위없는 기회였다. 그 파일 안에는 허위 매입장, 허위 매출장, 허위 세금계산서, 허위 거래를 사실로 위장하기 위한 예금통장, 위장 거래처(자료상과 세금계산서 매출 매입 업체) 명단과 연락처, 페이퍼 컴퍼니 명단과 연락처, 수사기관과 세무당국의 출석요구서 등이 복사되어 가지런히 집철(輯綴)되어 있었다.

아래 글은 그녀의 제보와 재무제표, 증거물을 바탕으로 알기 쉽게 요약한 것이다.

....

(주)N은 2000년 2월 방송 통신 관련 상비의 개발과 서비스를 주요 사업으로 한다면서 출발한다. (주)N의 L사장은 코스닥 상장과 특허권 등을 내세움으로써 수많은 주주들을 끌어 모으기 시작한다.

수십 명의 하수인과 아르바이트생들을 동원해 각종 인터넷 투자 카페와 장외주식 거래 사이트 등에 홍보 글을 올린다. 주금 납입이 없는 가짜 주식을 시중에 유통시켜 부외(장부 밖) 비자금을 조달한다. 오프라인은 물론 온라인 언론 매체 10여 군데에 로비를 벌여 홍보용 기사를 터뜨리거나 각종 상패와 표창장을 받아 낸다. 회사 홈페이지에 수십 건의 기사 소개를 비롯해 18개의 상장과 상패 사진, 수상 장면 등으로 도배를 하며 자기과시를 완성시킨다.

하지만 아무리 몸부림쳐도 코스닥 상장이 어려워지자 코스닥 상장사의 경영권을 인수하는 방법으로 우회상장을 추진한다. 코스닥 상장사 D사의 주식을 인수하기 위해 120억 원을 투자할 예정이라고 언론 홍보에 열을 올린다.

그러던 중 (주)N의 대표이사 사장이자 대주주(실질적 주식 지분 80%, 외부에 알려진 것은 30%)인 L씨는 코스닥시장 상장을 내세워 거액의 주금을 모집하면서 회사의 매출을 과대 계상하기 위해 자료상으로부터 매출세금계산서를 매입하기 시작한다.

일반적으로 대표 본인이 잘 알고 있는 업체들로부터 자료를 매입하거나 영업팀장 직함을 달고 있는 김○○와 얼마 전까지 회계팀장으로 있던 김○○이 간여한다.

회계 담당 김 팀장은 서울 용산 전자상가에서 잔뼈가 굵은 사람이다. 주로 용산에 있는 업체들로부터 세금계산서를 매입(매입세금계산서 발행)하거나 매출(매출세금계산서 발행)한다. 예컨대 [K전자]와 [P아이피] 업체로부터 매출세금계산서를 매입했는데 두 업체의 대표는 모두 같은 사람이다.

이것이 진성거래라면 어떻게 같은 대표의 다른 업체에게 매출할 수 있겠는가? 더욱이 K전자와 P아이피는 세금 탈루를 위해 상호 세금계산서를 주고받는다. 자료상과 세금계산서를 거래할 때마다 수수료는 3~5% 정도 되는데, 이 수수료는 전액 (주)N 대표이사 L씨의 통장으로 입금된다.

(주)N의 주주는 대략 3,000명이 넘는다. 그 동안 코스닥 상장을 미끼로 삼아서 수차례 주주들을 대상으로 신주인수청약을 실시한다. 하지만 청약대금은 제대로 입금되기는커녕 법인등기부와 주주명부에 등재조차 되지 않는다. 따라서 많은 주주들에게 보여주는 시각적 효과를 위해서라도 매출 신장은 필수적이다.

자료상으로부터 매출세금계산서를 사들이고 부족한 부분은 (주)P사이트라는 법인체로 보충한다. (주)P사이트는 2003년 등기된 법인으로 얼마 전까지만 해도 L사장의 친구인 김○○이 바지사장이었으나 (주)P사이트의 해당 세무서로부터 끊임없는 자료상 혐의 조사와 세무조사에 부담을 느낀 나머지 시한부 인생을 선고받은 말기 암 환자를 구하여 대표이사로 조작(교체)한다. 이 사람(바지사장)은 얼마 전 사망했다.

이렇게 매출을 발생시키면 당연히 부가가치세와 법인세의 부담이 높아지기 때문에 매입세금계산서 또한 자료상으로부터 사들인다.

일반적으로 매출세금계산서에 비해 매입세금계산서는 그 업체들이 적어서 물색하기가 힘들다. 그래서 (주)E텍이란 업체를 통해 나머지 부분을 채운다. (주)E텍이란 법인 역시 2003년경 설립 등기되었고 설립 당시 대표이사는 임○○이었는데 이 사람 역시 L사장의 친구다. 그러나 L사장과의 개인적 갈등으로 E텍에서 손을 떼고, 다른 사람으로 바지사장인 대표이사가 교체된다.

다시 말해 (주)P사이트나 (주)E텍은 결국 L사장이 세운 허울뿐인 페이퍼컴퍼니다. 이 두 유령회사를 통해 매출과 매입 금액을 일정 수준에 맞춤으로써 부가가치세 부담을 경감한다.

(주)N의 매입 매출은 크게 두 기간으로 분류할 수 있다. 2002 ~ 2003년까지는 그 업체 수도 매우 적고 거래 방식도 아주 단순하다. 그러나 2004년부터는 위장 매입 매출 관련 업체 수도 상당히 늘어날 뿐만 아니라 거래금액도 크게 증가한다. 2005년이 되면서 허위 매출이 절정에 이르고 2006년에는 2005년의 수준을 유지한다.

우선 2002년의 매입 매출을 살펴보자. 매입은 크게 K텔레콤(대표이사 : 김○○) 4억 원, S시스템(대표이사 : 이○○) 2억 5천만 원, (주)S코리아 (대표이사 : 신○○) 9억 9천만 원으로 분류된다.

K텔레콤 김○○사장은 전형적인 바지사장으로 2002년부터 2005년까지 대표이사 등기에 협조한 대가로 (주)N의 주식 1억 원(액면가 기준)을 받는다.

S시스템의 대표이사 이○○씨는 (주)N의 대표이사 L씨의 외사촌으로서 현재는 (주)N○○공장에서 근무하고 있다. 그러나 N의 직원으로 등록되어 있지는 않다. S시스템이 폐업하면서 세금을 내지 않아 개인적으로 압류가 걸린 상태라서 직원 등록이 곤란하기 때문이다. 그러나 건강보험료나 국민연금 등 이유로 L사장의 처인 이○○씨가 N사의 직원으로 등재되어 있다.

(주)S코리아의 경우 현재까지 계속 (주)N과 긴밀한 관계를 유지하고 있는 업체다. 대표이사는 신○○으로 되어 있으나 실질적인 업무는 박○○이사라는 사람이 모두 총괄하고 있다. (주)S코리아의 경우 매입과 매출이 모두 발생하게 된다. 그 이유는 (주)N이 자금사정 해결을 이유로 박○○의 친구인 사채업자로부터 어음을 할인하게 되는데, 이때 할인된 금액을 N사의 법인 통장으로 보내주었기 때문

이다. 통장을 보면 입금과 출금 내역에 S코리아가 함께 등장한다. 이런 과정을 설명하기 위해 세금계산서가 양쪽 회사로 끊긴 것이다.

가공 매출을 개괄적으로 설명하자. 위에서 언급한 (주)S코리아 5천만 원, S시스템 2억 원, D미디어텍 4억 9천만 원이다. D미디어텍의 대표이사는 (주)N L사장의 고등학교 동창으로 그저 바지사장 역할만을 했을 뿐 실질적인 의사결정은 모두 L사장이 했다.

2003년의 매입을 살펴보면, D미디어텍 1억 7천만 원, S시스템 27억 원, (주)S코리아 19억 원이고 매출은 D미디어텍 13억 원이다.

2002~ 2003년까지는 매입과 매출이 같은 업체에서 일어나는 것을 확인할 수 있다. 초기에 아무 계획 없이 그저 매출 발생과 발생된 매출에 따른 세금 회피의 목적으로 가공 세금계산서를 마구잡이 발행하면서 생긴 결과물이다.

2004년부터는 매입처와 매출처의 수가 급격히 증가한다. 매출액 또한 크게 증가한다. (주)N이 본격적으로 허위 세금계산서를 발행하고 자료상과 세금계산서를 거래했기 때문이다. 이때부터는 한 업체에서만 대량으로 세금계산서를 발행하는 것이 아니라, 여러 업체들로 잘게 쪼개어 발행하게 된다.

크게 보면 2003년과 마찬가지로 매입처인 S시스템 66억 원, (주)S코리아 18억 원, C전자 6억 7천만 원이다. 매출은 D미디어텍으로부터 18억 원, (주)E텍 7억 원 발생시켰다.

(주)D미디어텍은 자료상 혐의와 허위 거래 사실 혐의로 인해 검찰에까지 고소 고발되어 검찰 조사까지 받았다. 하지만 허위로 자료를 꾸미고, 관계자들로부터 거짓 진술을 하게 하여 자료 불충분으로 조

사가 사실상 중단된 상태다.

그러나 D미디어텍의 대표이사를 비롯해 주변 참고인들의 내력을 살펴보면 모두 L사장과 고교 동창이거나 지인들이라는 것을 확인할 수 있다. 제출된 증거자료들도 모두 허위로 작성된 것이다.

S시스템은 해당 세무서로부터 계속적인 조사를 피하기 위해 폐업했다. 폐업할 당시 상당 금액의 세금을 체납한 사실이 있고, 대표이사인 이○○개인 재산까지 압류가 걸린 상태라서 현재 실질적인 경제활동을 하고 있음에도 자료상 근거는 존재하지 않는다.

개인사업체 C전자의 경우 대표가 김○○인데 김○○은 개인사업체 C전자와 법인사업체 (주)P사이트 등 두 업체의 바지사장이었다.

C전자와 P사이트 역시 문제가 되자 C전자는 폐업했고, P사이트는 시한부 인생 판정을 받은 사람(박○○)을 대신 대표이사 자리에 앉히고 이○○의 서류상 흔적을 없앴다. 이때 L사장은 이 시한부 판정을 받은 사람에게 3억 원을 주었다.

혹여 문제가 될 것에 대비하여 자료상 거래와 위장 거래에 관련된 모든 책임은 자신에게 있으며 모두 자신이 주관했다는 거짓 자술서(自述書)까지 받아 놓았다.

2005년과 2006년의 경우를 봐도 (주)K전자 등 40여 개 회사를 상대로 가공 매출세금계산서(자료)를 약 125억 원(부가세 12억 5천만 원 포함)어치 발행했다.

위장 거래처가 필요했기 때문에 L사장은 6 ~ 7개의 페이퍼 컴퍼니를 설립했고 바지사장들을 내세웠다. (주)D시스템, (주)S시스템, (주)S코리아, (주)P사이트, (주)E텍, C전자(개인사업자), (주)D젠 등

6개 위장 기업은 하나같이 (주)N하고만 거래 실적이 있을 따름이었다. 용의주도하게 예금통장을 통해 자금까지 이동하는 방법으로 그 가짜 세금계산서의 유통 경로를 아주 간단하게 소개하자.

이중장부는 회계 장부에 그치지 않는다. 주주명부도 이중으로 만든다. 이중장부와 이중 주주명부는 중국 페이퍼 컴퍼니에 파견된 직원 두 명이 관리하고 기록한다.

이 직원들은 철저한 보안 속에서 메일 대신 사이버 공간으로 이중 주주명부 등의 서류를 만들어 보내거나 연락한다. 주주명부에 등재되지 않고 법인등기부상에 유상증자로 처리하지 않은 채 빼돌린 주금 납입액은 수백억 원으로 추정된다.

유상증자 실시와 관련해 절차상으로 상법 등의 규정을 위반한 사례도 많았다. 2006년 9월 21일 열린 2005년 결산 보고 주주 간담회에서 L사장은 위법 사실을 일부 시인했다. 2006년 9월 20일 현재 실제 자본금은 미등기를 포함해 78억임을 밝히고 미등기 증자 금액을 1년 이내에 모두 증자 등기하겠다고 약속하기도 했다.

L사장의 이중 주주명부 관리 기법은 간단하다. 예컨대 100억 원을 유상증자를 했을 때 60억 원은 사장 개인 소유 예금통장으로 입금되고 나머지 40억 원만 법인으로 입금된다.

주금을 납입했지만 법적 주주가 아닌 사람에게 주식보관증과 주주명부를 제시하기 때문에 걸릴 염려가 없다. 물론 이 가공 주식은 장외시장에서 거래되고 있다. 이중 주주명부 관리 사실이 들통 날 것이 두려웠던 (주)N의 L사장은 제삼자를 동원하여 장외시장에서 (주)N의 가공 주식을 사들인다.

(주)N의 입장에서 기업 운영자금이 부족하기 때문에 대표이사가 회사에 빌려준 대표이사 가수금은 거의 100억 원대 이상을 유지한다. 이 자금의 출처 대부분은 법적 주주가 아닌 주주들이 납입한 주금으로 보면 무리가 없다.

직원이 단 두 명뿐인 중국 현지법인의 하수인들은 중국산 CPU 제품을 본사로 반입하는 역할도 담당한다. 이 조악한 덤핑 제품은 서울 용산 전자상가에 다시 덤핑 매출하여 기본 매출을 만든다. 이 중국산 제품 수입 판매는 전체 매출의 약 20%를 차지한다. 나머지 약 80%는 자료상과 6개 위장 법인을 통해 조작된 것은 물론이다.

2005년 253억 원, 2006년 215억 원, 2007년 188억 원 등의 연간 매출도 이런 식으로 만들어진 것에 불과하다. 3년 동안의 연간 매출이 656억 원이니 그 중 약 500억 원 이상이 허위 매출인 셈이다. 구체적으로 2005년과 2006년의 경우를 봐도 (주)K전자 등 40여 개 회사를 상대로 가공 매출세금계산서(자료)를 약 125억 원(부가세 12억 5천만 원 포함)어치나 발행했던 것이다.

사후 문제가 생길 우발적 상황에 대비한 관리도 빈틈이 없는 편이다. 허위 매출을 진성 매출로 위장하기 위해 자금 수수와 결제를 정상적인 거래처럼 만든다. 다시 말해 위장 거래처 명의의 예금통장을 반드시 경유토록 함으로써 완벽을 기한다. 입금과 출금, 매입과 매출이 서로 일치하게 조작하다 보니, 그런 대로 너무 치밀한 통장(장부) 처리여서 지극히 작위적인 냄새가 풍길 지경이다.

그렇다고 중국 제품 덤핑 수입 판매, 6개 위장 거래처와 자료상(페이퍼 컴퍼니) 등 두 가지 방법으로만 매출을 올리지 않는다. 경기도 용인에 작은 공장을 하나 만들었고 이곳에서 D전자에 소량의 납품 실적을 만든다. 상품 포장(包裝)만 할 수 있는 생산(포장) 공정을 만든 뒤, 간단하게 포장만 거친 제품(?)을 마진 없이 D전자에 납품하는 수법이다. 연간 제품매출 7억~ 10억이 대부분 이런 식으로 만들어진 것이다.

L사장은 사기행각이 드러나지 않도록 하기 위해 인맥 관리도 철저한 편이다. 그래서 그랬던지 경찰서의 [조세범처벌법 위반 피의사건 출석요구서], 세무서의 [세금계산서 발행 경위 조사], 지방국세청의 [자료상 혐의자 조사를 위한 거래 사실 조사] 등 수십 건의 조사에서도 그물망을 어렵지 않게 빠져나갈 수 있었다. 물론 하수인들이 참고인으로 나서서 L사장의 결백을 주장하거나 대신 뒤집어쓴 것도 노움이 되었다.

사정이 그렇다면 이 회사의 재무제표 중에서 우선 대차대조표를 보자. 주요 항목과 계정과목만 제시했기 때문에 합계가 일치하지 않을 수 있으나 모두 공표된 수치를 요약한 것이다.

대차대조표(재무상태표)

항 목	2007년	2006년
유동자산	222억	69억
※ 매출채권	220억	160억
– 대손충당금(▲)	(131억)	(120억)
※ 선급금	55억	63억
– 대손충당금(▲)	(41억)	(63억)
※ 재고자산	14억	3억
비유동(고정)자산	59억	45억
투자자산	9억	10억
유형자산	49억	35억
※ 토지	5억	5억
※ 기계장치	–	–
※ 차량운반구	2억	2억
※ 비품	3억	2억
※ 시설장치	–	–
※ 건설 중인 자산	42억	29억
무형자산(산업재산권)	–	–
기타비유동(고정)자산	1억	1억
※ 임차보증금	1억	1억
자산총계	281억 원	114억 원
유동부채	151억	125억
※ 매입채무	88억	42억
※ 단기차입금	24억	53억
※ 유동성장기부채	2억	2억
※ 미지급금	4억	4억
※ 선수금	34억	27억
비유동(고정)부채	5억	5억
※ 퇴직급여충당부채	1억	1억
※ 장기차입금	4억	4억
부채총계	157억 원	130억 원
자본금	236억	133억
※ 보통주자본금	120억	67억
※ 신주청약증거금	116억	66억

자본잉여금	27억	10억
※ 주식발행초과금	27억	10억
이익잉여금(결손▲)	▲ 137억	▲ 159억
※ 미처리결손금	▲ 137억	▲ 159억
자본총계	125억	▲ 16억
부채와자본총계	281억	114억

얼핏 판단해도 이 회사는 껍데기에 불과한 유령회사다. 생산과 판매, 시험 연구에 필요한 시설 투자와 기술 개발 등이 거의 이루어지지 않은 상태에서 주주들의 돈으로 때깔 좋은 잔치를 벌이고 있다. 세계적인 특허권(정부 산하기관에 평가한 가치가 2조 원이라나?)을 보유한 유명 벤처기업이라면서 2007년 연구개발비는 2억 원이 안 된다. 매출액의 1%에도 미치지 않는 수치다.

그뿐이 아니다. 한 해 매출액이 150억 원대에 불과한 기업의 매출채권이 220억 원이다. 매출채권 220억 원에 대한 대손충당금은 130억 원이다. 사실상 1년 매출의 대부분을 외상으로 판매하고 그 외상매출이 대부분 회수 불가능하다는 뜻이 된다.

유형자산 49억 원 중에 건설 중인 자산이 42억 원이다. 하지만 이 건설 중인 자산의 내용과 취득원가 구성은 지극히 불투명하다. 오죽하면 외부 감사인이 감사보고서를 통해 [회계감사기준에서 요구하는 감사 절차를 취하지 못했다]고 실토했을까.

공사 하청을 받은 건설회사가 망하는 바람에 세금계산서 42억을 수취하지 못했다는 게 N사 직원의 주장이다. 이런 허위 주장을 믿을 수 있는 공인회계사나 주주가 과연 몇 명이나 있을까. 아마 없을 것이다. 영수증 등 증빙 한 장 없이 거액을 지출했다니 벌어진 입을 다물 길이 없다.

자, 이제는 객관적인 이야기 좀 하자. 인터넷에서 이런 글도 발견된다.

> (주)N은 2007년 10월 24일로 주식수가 2400만 주입니다. 2006년 결산보고서의 자본금 67억이 현재 120억으로 2배 증가되었습니다. 올해 들어서 1000만 주 가량 주식이 늘었는데 이는 기존에 미등기 주식 물량이라고 합니다. 미등기 주식이란 말은 (주)N에서 처음 들었네요.
>
> (주)N의 재무제표를 보면 고정자산 항목인 매도가능증권 8억, 건설 중인 자산 28억, 토지 5억, 즉 고정자산 45억의 93%에 해당되는 자산이 110억입니다. 이 중 절반에 해당되는 금액에 대한 회계감사가 이루어지지 않았다는 것입니다.
>
> 또한 미등기 주식이 있었으니 당연히 자본금도 감사를 안 받았을 것이고 부외부채에 대해서도 마찬가지랍니다. 자산, 자본, 부채. 그 어느 것 하나 제대로 감사한 게 없답니다.
>
> 자본총계가 마이너스인 상태에서 엄청난 계약을 했다고 하는데 정말 진행되는지도 의심스럽네요. 러시아의 N그룹도 실제로 존재하는지 모르겠습니다. 구글 검색해 보니 쿠웨이트 은행이라고 나오던데요. 아무튼 투자의 판단은 본인 책임이니 신중하게 선택하기 바랍니다.

특히 이 회사에서는 세계적인 특허권을 보유했고 로열티 수입만으로도 천문학적인 수익이 예상된다고 홍보한다. 하지만 산업재산권(무형자산) 계정과목에 잡힌 금액은 100만 원 미만이라는 점에 주목해야 한다.

대주주이자 대표이사 사장인 L씨가 전체 주식 지분의 30%를 점유하고 있다. 1주의 금액은 500원, 발행한 주식의 총수는 2천 4백만 주, 자본금은 120억 원이다. 신주청약증거금 116억 원을 합칠 경우 2007년 12월 31일 현재 납입자본금은 사실상 236억 원이다.

하지만 결손이 누적되어 100억 원 이상을 까먹는 바람에 자본 총계는 125억 원에 불과하다. 결산 직전에 입금된 신주청약증거금 116억 원과 주식발행초과금 27억 원 등 143억 원을 감안할 경우, 2007년 신주 청약 전까지 사실상 전액 자본 잠식 상태였다.

대손충당금을 살펴보면 더 기가 막힌다. 매출채권 220억에 대한 대손충당금이 130억, 단기대여금 4억에 대한 대손충당금이 1억, 미수금 9억에 대한 대손충당금이 3억, 선급금 55억에 대한 대손충당금이 41억 등 대손충당금 합계가 175억으로 주요 채권 288억의 절반을 훌쩍 뛰어넘는다. 매출채권의 59.1%, 선급금의 74.5%, 전체 채권의 60.7%를 대손충당금으로 설정한 것이다.

그만큼 가짜 매출과 가공 세금계산서로 전체 매출의 80%가 뒤엉켜 있는 셈이다. 자료 제시와 증빙자료 등이 불충분하면 외부 감사도 사실상 불가능하다. 결국 외부에서 회계감사를 진행한 공인회계사가 한정의견, 의견거절 등을 표명할 수밖에 없는 이유가 된다. 얼마나 문제가 있는 부실기업이고 허위 매출 등 분식회계로 겨우겨우 버티는지 알게 된다.

(주)N은 비록 비상상사이지만 외부감사 대상 업체다. 회계 투명성에 워낙 문제가 많다 보니 공인회계사들이 적정의견을 낸 적이 없

다. 2004년 한정의견, 2005년 의견거절, 2006년 부분한정의견, 2007년 의견거절을 받았다. 다음의 감사보고서를 보자.

외부감사인의 감사보고서

주식회사 N
주주 및 이사회 귀중 2008년 3월 12일

본 감사인은 첨부된 주식회사 N의 2007년 12월 31일과 2006년 12월 31일 현재의 대차대조표와 동일로 종료되는 양 회계연도의 손익계산서, 결손금처리계산서, 현금흐름표 및 2007년 12월 31일로 종료되는 회계연도의 자본변동표를 감사하였습니다.
이 재무제표를 작성할 책임은 회사 경영자에게 있으며 본 감사인의 책임은 동 재무제표에 대하여 감사를 실시하고 이를 근거로 이 재무제표에 대하여 의견을 표명하는 데 있습니다.
- 중략-
본 감사인은 회사에 의한 감사 범위의 제한 때문에 2007년 12월 31일자 건설중인 자산, 자본금과 부외부채 및 2006년 12월 31일자 매도가능증권, 건설 중인 자산, 가수금, 자본금과 부외부채에 대하여 회계감사기준에서 요구하는 감사절차를 취하지 못하였습니다. 또한 대체적인 방법에 의해서도 동 계정에 대해 만족할 만한 결과를 얻지 못하였습니다.
위의 사항 및 기중 거래의 감사 범위의 제한으로 인한 2007년 12월 31일과 2006년 12월 31일로 종료하는 양 회계연도의 회사의 경영 성과에 미치는 영향의 중대성 때문에 본 감사인은 양 회계연도의 경영 성과, 결손금과 현금흐름의 내용의 변동 및 2007년 12월 31일로 종료되는 자본의 변동에 대해 의견을 표명할 입장에 있지 않으며 따라서 의견을 표명하지 아니합니다.
- 생략-
외부감사인이 만든 주요 경영지표
- 생략-
회사의 재무제표에 대한 감사의견이 감사 범위 제한의 사유로 인하여 한정의견(또는 의견거절)이므로 주식회사의 외부감사에 관한 법률 제8조에 따라 참고 자료로 첨부하도록 한 주요 경영지표를 첨부하지 아니합니다.

2006년 9월 21일 열린 2005년 결산 보고 주주 간담회에서 L사장은 2006년 반기 결산 회계감사 의견이 [의견거절]로 된 이유를 구체적으로 열거했다. 연구개발비의 자산성 문제, 어음과 수표 분실, 현금성 경비의 지출 과다, 차입금 관련 부외부채 존재 가능성, 선급금과 기타유동자산의 실제 존재 문제, 건설 중인 자산에 대한 증빙 미비 등을 들었다.

다음의 손익계산서와 현금흐름표는 (주)N이 사실상 유령회사이고 가공 매출을 일으키면서 직원(연간 급여 6억 ~ 10억)도 없이 주주들의 돈으로 빗잔치를 벌여온 사실을 명약관화하게 드러낼 따름이다.

벤처기업이라면서 제품 매출은 거의 없고 상품 매출로 실적으로 올릴 뿐이다. 그나마도 매출채권의 60% 이상을 대손 처리하고 있다. 일반적으로 기업의 대손충당금 비율이 5%에도 미치지 않는 걸 감안하면 심각한 수준이다.

손 익 계 산 서

과　목	2007년	2008년
1. 매출액	188억	215억
2. 매출원가	144억	212억
3. 매출총이익	44억	2억
4. 판매비와관리비	30억	21억
5. 영업이익(손실▲)	13억	▲ 19억
6. 영업외수익	1억	2억
7. 영업외비용	4억	5억
8. 법인세비용차감전순이익(손실▲)	11억	▲ 21억
9. 법인세 등		
10. 당기순이익(손실▲)	11억	▲ 22억

2006년 9월 21일 열린 2005년 결산 보고 주주 간담회에서 L사장은 2006년 예상 매출 500억, 당기순이익 50억, 2007년 매출 예상 1500억, 당기순이익 예상 150억 등을 제시한 바 있다.

하지만 2006년 매출은 215억에 머물렀고, 2007년 매출은 오히려 줄어들어 1500억은커녕 188억을 기록했다. 3년 전인 2005년 매출은 253억이었다.

그나마 매출액 대부분은 허위(가공)였기 때문에 현금흐름을 분석하면 기가 막힌다. 연간 수백억 원의 매출을 올린다는데 영업활동으로 돈이 들어오지 않고 그저 나갈 뿐이니 유상증자와 납입되지 않은 가짜 주식 매도(유통)로 버티어야 한다. 투자자들이 이 정도만 파악했어도 결코 사기를 당하지 않았을 것이다. 그래서 공부하지 않고 종목 추천에만 의존하면 망한다는 얘기가 된다.

현금흐름표

과 목	2007년	2006년
1. 영업활동으로 인한 현금흐름	3억	▲ 80억
※ 당기순이익(손실▲)	11억	▲ 22억
※ 현금의 유입이 없는 수익 등의 차감	▲ 1억	▲ 2억
※ 영업활동으로 인한 자산 부채의 변동	▲ 12억	▲ 71억
※ 매출채권의 증가	▲ 59억	▲ 8억
※ 매입채무의 증가(감소▲)	46억	▲ 75억
2. 투자활동으로 인한 현금흐름	▲ 17억	▲ 8억
※ 투자활동으로 인한 현금유출액	▲ 32억	▲ 16억
– 건설 중인 자산의 취득	14억	5억
3. 재무활동으로 인한 현금흐름	90억	83억
※ 재무활동으로 인한 현금유입액	135억	140억

− 단기차입금의 차입	14억	12억
− 장기차입금의 차입	1억	3억
− 유상증자	120억	17억
※ 재무활동으로 인한 현금유출액	▲ 44억	▲ 57억
− 단기차입금의 상환	43억	56억
4. 현금의 증가(감소▲)	77억	▲ 5억
5. 기초의 현금	12억	17억
6. 기말의 현금	89억	12억

2. 모 재벌기업 계열사의 분식회계와 비자금, 탈세신고 사례

사건과 증빙에 대한 설명과 첨부한 서류들 때문에 페이지가 의외로 많다. 하지만 간략하게 발췌하여 소개하니 참고하기 바란다.

1. 비자금 조성 업체 : D사와 D건설에서 조성하여 D기업에 전달
2. 비자금 조성 추정 금액 : ○○억 원
3. 조성 기간 : 2009년 7월 ~ 12월(약 6개월)
4. 조성 방법 : 토공사 협력업체를 통한 허위 추가 계약에 의한 조성

세부 사례

1) 토공사 계약(최초) ▷ 일자 : 2009년 7월 12일

(업체 명 : B건설㈜) ▷계약 금액 : ○○억 원 (사옥 지하 굴착, 지하 연속 벽 공사)

2) 토공사 지반 현황 (사업 개시 전 점검보고서 참조)

• 굴착 깊이

GL – 17.55M (지하 17.55M까지 터파기를 하는 작업)

• 지층 구성

현장 시추에 의해 분포도 파악(사업 개시 전 점검보고서 발췌)

– 매립도 : GL부터 평균 6M 깊이까지 분포(지반 – 6M)

– 실트질 모래층 : 매립토 이후부터 평균 10M 깊이까지 분포(6M – 16M)

– 모래질 자갈층 : 실트질모래층 이후부터 평균 9M 깊이까지 분포(16M – 25M)

상기와 같이 토공사 때 암(岩) 발견으로 인한 무진동발공법을 적용할 지질이 아닌 상황.

◎ 터파기 물량은 바닥 면적 × 굴착 깊이로 산정(단위 M3 : 모암 상태의 물량으로 산정 – 견적 기준)

A = 33.7M × 23.2M = 781.84 M2 × 17.55M(굴착 깊이 = H) = 13.721.29 M3 (단수 정리)

변경 계약 (1차) ▷ 일자 : 2009년 8 ~ 9월경

▷계약 금액 : ㅇㅇ억 원(비자금 ㅇㅇ억 원 토공사에서 변경하여 조성)

– 토공사 지반 현황 변경된 사항 없음(입증 자료 별첨)

1) 사업 개시 전 점검보고서 : 2개소 시추한 지질주상도 결과 모래, 자갈층으로 형성되었음.

2) 일반적으로 무진동 공법은 경암 이상에서 시행.

3) 만약 무진동 공법을 써야 했다면 SLURRY WALL공사에서 지

질에 따른 변경이 있어야 함.

4) 토공사 변경 내역 중 무진동 공접, 연속 벽 요철 깨기(SLURRY WALL공사 벽면 정리에 같은 내용 있음), 잔토 처리 물량 30% UP 한 사항은 현장 시공과 무관한 사항).

5) 현장 공정회의록에 지하터파기 때 변경 관련 협의 사항 없음(공정회의록 참조)

이상과 같은 ITEM으로 변경하여 허위 추가 물량 삽입한 뒤 공사비 증액.

▷ 나머지 사항은(총 변경 계약금액 ○○억 원 중 ○○억 원 제외)은 실질 변경.

변경계약 (2차) ▷ 일자 : 2010년 3월경

▷계약 금액 : ○○억 원 (○○억 원 변경 사항 – 실시공 사항 변경)

종합 의견

상기와 같이 D사 사옥은 토질 분포가 모래, 자갈층으로 구성되어 있으나 터파기 때 무진동공법이라는 방법 적용과 물량을 증가하는 수법으로 공사비를 부풀려서 비자금 조성. 뒷면 첨부 자료 참고

첨부 자료

1) 현장 조감도

2) 현장 위치도

3) 공사 개요

4) 초기 공사 추진 현황(주변에 토공사로 인한 큰 민원 예상 건물

없음)

5) 토공사 현황(현황 보고에서도 토질, 토공사 물량 변화 없음)

6) 사업 개시 전 점검보고서(D엔지니어링)

7) 공종회의록 사본(토공사 터파기 기간의 공정회의록 : 특이 사항 없음)

8) 공종별 정기안전점검보고서(토공사 완료 후 작성 : 특이 사항 없음)

9) 변경 관련 내역서 1부.

10) 토공사 협력업체 명단 1부.

철근 자재 협력업체(철근 대리점)를 이용한 비자금 조성

1) 비자금 조성 업체 : D사, D건설에서 조성(사용처는 D그룹으로 추정)

2) 비자금 조성 금액 : 20억 원 이상

3) 조성 시기 : 2002년 ~ 2008년 사이(당초 2000년 이전에도 조성)

4) 조성 방법 : 철근 대리점을 통한 허위(가공) 매입세금계산서 발행 후 돌려받는 방법

세부 사례 설명

철근 대리점을 통해 허위 매입 자료 조성

- 흐름도

비자금 조성 추적

– 철근 구매에 의한 자금 조성은 외주구매팀(현 경영관리팀)에서 자재담당 팀장이 전적으로 취급. 현 경영관리팀 팀장인 C부장과 담

당 임원(당시)이 주도하여 시행

- 본사에서 현장 상의 없이 현장 원가 투입
- 현장에서 발견 시 원가 투입 사유를 다른 내용으로 전달하며 무마

자료 추적 방법

철근은 APT 현장에서 현장 규모와 공사 시기(골조공사 진행)에 따라 소요량이 일정하게 투입된다. 갑자기 물량 소요가 급격히 늘어나지는 않는다.

1) 2002년부터 2008년 사이 현장별 철근 투입 내역 부분을 먼저 조사한다.

2) 현장별 월별 철근 투입원가 현황을 파악한다.(현장별 철근대리점별 현황 파악)

3) 당시 현장별 골조공사 기간을 먼저 점검한다.(현장별 철근 투입 시기, 물량 파악 가능)

4) 일예로 APT 현장에서 한 달에 시공할 수 있는 시공 량이 정해져 있다. 과다하게 현장에 적치하지도 않고 현장 여건상 적치할 공간도 그리 넓지 않다.

5) 철근 투입원가가 과다 투입된 현장과 발생한 월(月)을 파악하여 투입한 대리점을 조사한다.

상기와 같이 현장별, 업체별 이상 징후 발견되면 철근대리점 업체의 자금 흐름을 조사하면 자금이 D사/건설로 들어온 시점, 금액이 발견될 것임. 조성된 비자금은 모두 C부장이 회수하여 전달(일부분은 본인 통장으로 받은 사실도 있음)

첨부

1) 철근대리점업체 명단

2) 허위 매입 세금계산서 사본

3) 진성 매입 세금계산서 사본

– 이하 생략 –

3. 탈세 제보와 포상금 Q & A

Q. 이번에 탈세(포탈)를 제보하려고 합니다. 물론 내부자 고발입니다. 하지만 대한민국에서 비밀 보장이 확실하지가 않은 거 같아서 타인 명의로 신고하려고 합니다. 저의 바람은 제 신분이 노출되지 않고 진행되는 것입니다. 제가 말씀드린 위 증거로도 충분한 정황이 될는지요. 좋은 말씀 부탁드리겠습니다.

정황은 이러 합니다. 일명 거래 내역을 A건 B건으로 나누어 보죠. A건은 정상적인 자료 B건은 비정상적인 자료입니다. 한 마디로 세금을 탈세하는 거래 내역입니다.

거래 송장을 작성할 때도 A건은 사업자등록이나 상호가 기재되어 있는 송장, B건은 사업자등록이나 상호가 기재되지 않은 송장으로 거래 내역을 작성합니다. 그리고 타 정품이 아닌 스톡 거래할 때는 차명 계좌로 송금을 받아 현금화하는 방식으로 탈세하고 있습니다.

물론 회사의 거래 내역이나 수불원장 같은 공식적인 회계장부에는 B건에 대한 기록은 전혀 남아 있지 않습니다. 다른 이중장부에 거래 내역과 거래금액을 남겨놓죠. 그 거래에 따른 수입은 법인 계좌가 아닌 차명 계좌나 현금과 어음으로 직접 수령하거나 차명 계좌로 송금을 받습니다.

2009년 1월 ~ 7월까지의 금액만 해도 B건 거래(탈세 거래) 내역은 ○○억 원이 넘고, 따로 차명계좌로 받은 거래 내역과 타 거래 내역까지 합친다면 족히 ○○억 원은 될 겁니다.

이런 식으로 매출을 축소하여 탈세하고 있습니다. 직원들의 급여 또한 3 / 2는 법인 계좌로 지급하나 3 / 1 정도는 차명 계좌(B건 계좌)로 지급합니다.

탈세의 모든 증거로 차명 계좌를 제시할 수 있습니다. 이중장부의 복사본 일부도 보내겠습니다. 원본의 위치는 알고는 있으나 빼낼 수 없어 국세청 포상 지급 기준에 있는 장부의 위치는 알려줄 수가 있습니다.

A. 무조건 차명(제삼자)에 의한 탈세 제보는 안 됩니다. 내부고발자의 직접 추진이어야 하고 제삼자에 의한 제보의 경우 포상금 지급에 문제가 생깁니다.

비록 ○○억 원이라지만 실제 조사하면 탈세액과 포상금이 더 많이 나오게 돼 있습니다. 제보자가 파악한 탈세액은 단기간의 것이고 불성실가산세 등 추징세액의 비율이 무려 40% 이상에 이를 수 있기 때문입니다.

비밀 보장은 철저히 지켜지고 누설한 공무원이 다칠 수도 있습니다. 포상금의 경우 탈세한 사람이 추징 세액 등을 납부해야 지급이

가능합니다. 그 대신 완벽한 분석을 거친 뒤 누가 봐도 빠져 나갈 길이 없도록 제본(製本)하여 제출해야 합니다. 한 마디로 한 입에 털어 넣을 수 있는 정보여야 합니다.

■ 증빙 서류 ■ 통장 번호 ■ 전표 사본 ■ 통장 사본 ■ 소상한 탈세 흐름(과정을 그린 도표) ■ 수기(手記) 장부와 메모지의 사본 ■ 관련자의 은닉 재산과 명의 신탁 부동산 상황 ■ 사건 관련자의 주민등록번호와 인적사항 ■ 거래처와 자료상 명단 ■ 세금계산서 사본 ■ 매출 명세서와 매입 명세서 ■ 각종 수불대장과 내역서 등을 치밀하게 작성하거나 첨부할 경우 내부고발자의 성공 확률은 99%입니다.

탈세 제보란 특정 개인이나 법인의 탈세 사실을 뒷받침할 수 있는 구체적인 내용과 정확한 증빙을 고발자의 인적사항, 연락처, 서면, 인터넷, 전화 등의 방법으로 과세당국에 제출하는 것을 말합니다. 탈세 제보는 아래와 같은 방법으로 접수하면 됩니다.

• 인터넷 : 국세청 홈페이지(http;//nts.go.kr) → 전자민원 → 탈세신고센터에서 신고내용별 제보

서면 접수 : 국세청, 탈세혐의자 관할 지방국세청이나 세무서

• 전화 : 국세청 126 세미래 콜센터(국번 없이 126)에서는 녹음전화로 접수

• 기타 세금과 관련되어 궁금한 사항이 있으면 세미래 콜센터(국번 없이 126번)나 국세청 홈페이지(http;//nts.go.kr)를 이용하면 도움을 받을 수 있습니다.

탈세 제보를 통해 [중요한 자료]를 제출한 경우 아래 요건에 해당되면 각 법령에 의한 탈세정보 포상금을 지급합니다.

조세범처벌절차법	조세 범칙 조사	조세범으로 처벌되어 벌금 · 형량이 확정된 경우
국세기본법 일반 세무조사	일반 세무조사	탈세제보에 의해 1억 원 이상 추징되어 납부한 경우

포상금 지급 대상이 되는 [중요한 자료] 유형

조세포탈이나 탈루를 입증할 수 있는 거래처, 품목, 수량, 금액 등 구체적 사실이 기재된 자료나 소재에 관한 정보 · 회계부정 등 비밀자료, 부동산 투기거래, 상속 · 증여세 포탈 등 관련 정보 · 밀수, 마약 등 반사회적인 행위로서 조세포탈 등 관련 자료 · 기타 포탈 등 수법, 규모, 정황 등으로 보아 중요한 자료로 인정되는 자료.

포상금 지급액

조세범처벌절차법	조세 범칙 조사	포탈세액 등의 5~15%(1억 원 한도)
국세기본법	일반 세무조사	탈루세액 등의 2~5%(1억 원 한도)

포상금이 지급되지 않는 경우

■ 가명이나 제3자 명의로 자료를 제공한 경우 ■ 공무원이 직무와 관련하여 자료를 제공한 경우 ■ 무분별한 추측성 탈세 제보, ■

보도된 내용, ■ 제공한 정보가 부도, 폐업, 파산 등으로 과세실익 없거나 조사가 진행 중인 납세자에 대한 자료 등.

....

다음은 주식회사 N의 분식회계와 탈세 제보 때 첨부한 각종 증빙입니다. 이 정도 수준은 아니더라도 그만큼 철저해야 한다는 의미로 소개합니다.

■ 예금 통장 증빙

– 국민은행 무역센터지점 보통예금

– 국민은행 스타타워기 보통예금

– 우리은행 서교중앙지점 기업자유예금

– 우리은행 삼성역지점 기업자유예금

– 조흥은행 역상남지점 기업자유예금 등

■ 문서 증빙

– 관련자(임직원, 기업 대표자, 바지사장, 자료상 등)들의 주민등록번호 등 인적사항

– 팩시밀리 사본

– 예금통장 사본

– 매출장, 매입장

– 법인인감증명서, 법인등기부등본

- 친필 메모(업무 지시와 보고, 위장거래 유형, 내부고발자 메모 등)
- 거래내용확인서, 과세내용통지서
- 세금계산서 전산 대사자료 일람표 소명 안내문
- 출석요구서(경찰서)
- 금융거래정보 제공사실 통보서(국민은행)
- 거래 내용에 대한 소명 안내문(서울지방국세청)
- 장부, 서류 등 관련 자료 제출 요구서(세무서)
- 거래 사실 조회(지방국세청)
- 자료상 혐의자 조사를 위한 거래 사실 조회(지방국세청)
- 세금계산서 발행 경위 조회(세무서)
- 세금계산서 발행 경위 확인서(세무서)
- 세금계산서 수취 경위 조회(세무서)
- 세금계산서 수취 경위 확인서(세무서)
- 세무 중단 통지서(세무서)
- 조사 범위 확대 통지서(세무서)]
- 세무조사 통지서
- 2002년 - 2005년 이미 고발조치당한 업체 명단(11개사)
- 조세범 처벌법 위반 피의자 추석 요구서(경찰서)
- 재무제표
- 일반과세자 부가가치세 신고서
- 매출처별 세금계산서 합계표
- 매입처별 세금계산서 합계표
- 매입 세금계산서 사본

– 매출 세금계산서 사본

– 가공 매입 세금계산서 발행 업체 명단

– 가공 매출 세금계산서 발행 업체 명단

– 페이퍼 컴퍼니 명단

– 자료상 명단

– 이중 회계장부

– 이중 주주명부 등.

※ 건전 투명 경제 구현을 위한 탈세 제보, 보상금 타기 위한 비자금(분식회계) 고발을 원하면 필자에게 이메일 주셔도 좋습니다. 보다 상세한 컨설팅이 가능할 것입니다.
copy5243@naver.com

※ 이 원고의 주요 내용을 기초로 비즈니스모델특허 〈투명경영과 회계 투명성을 측정하기 위한 프로그램〉과 컴퓨터 프로그램 저작권을 출원 등록했습니다.

| 부록 3 |

사례별 계정과목 해설 (IFRS)

사 례	계정과목
ㄱ	
가계수표	현금 및 현금성자산
가로등	구축물
가맹비(돌려받을 수 없는 경우)	영업권
가맹비(돌려받을 수 있는 경우)	보증금
가산금	잡손실
가산세	잡손실(세금과 공과)
가설교량	가설재
가설목재 (합판, 패널, 각재, 기와)	가설재
가설사무실	가설재
가설울타리	가설재
가설재	가설재
가설전기공급시설	가설재
가설철재(강관비계, 철삽보드, PSPH-BEAM)	가설재
가수금	기타유동부채
가수금 면제	채무면제이익
가스대금	수도광열비
가스설비	건물
가스충전비용	차량유지비
가습기	비품
가전제품	비품
가족수당	급여
가지급금 인정이자	미수수익
간부수련회 비용	교육훈련비
간식비(직원)	복리후생비
간주임대료(임대인부담)	세금과공과
간주임대료에 대한 부가가치세(임차인 부담)	지급수수료
간판	비품
간판제작비	광고선전비
감가상각비	감가상각비
감가상각비(전기분누락)	전기오류수정손실
감독자급여	급여
감리비	감리비(공사원가)
감자차익	감자차익
감정수수료	지급수수료
갑근세(근로소득세)대납액	급여(가지급금)
갑근세(근로소득세)예수	예수금
갑근세(근로소득세)(환급받을 근로소득세, 연말정산 환급액 등)	미수금
강사료(내부 임직원)	급여
강사료(외부)	지급수수료
강의참여비	교육훈련비
개발부담금	토지
개발비	개발비
개발비상각비	무형자산감가상각비
개발비의 회수가능액이 장부가액에 미달할 때	개발비감액손실
개발신탁수익증권	기타금융상품
개발활동과 관련해 발생되고 배부된 간접비(자산성 없음)	경상개발비
개발활동과 관련해 발생되고 배부된 간접비(자산성 있음)	개발비(무형자산)
개발활동에 사용된 유형, 무형자산에 대한 감가상각비(자산성 없음)	경상개발비
개발활동에 사용된 유형, 무형자산에 대한 감가상각비(자산성 있음)	개발비(무형자산)
개발활동에 사용된 재료비, 용역비 등	경상개발비
개발활동에 사용된 재료비, 용역비 등(자산성 있음)	개발비
개발활동에 직접 참여한 인원에 대한 인건비(자산성 있음)	개발비
개발활동에 직접참여 한 인원에 대한 인건비	경상개발비
개업전 급여	급여
개인정보보호위반과태료	세금과 공과
개인회사 사장의 출자액	출자금
갱도	구축물
거래명세서 용지대	소모품비
거래보증금	보증금
거래수량이나 거래금액에 따른 판매장려금	매출에누리
거래처 선물	접대비
거래처에 지출한 경조사비	접대비

거래처에 지출한 선물비용	접대비
거래처에 지출한 주대	접대비
거래처 체육대회 격려금	접대비
거푸집	가설재
건강검진미수금	의료미수금
건강보험미수금	의료미수금
건강보험료 직원부담금	예수금
건강보험료 회사부담분	복리후생비
건강보험료환급액	미수금
건강진단비	복리후생비
건물 부속설비	건물
건물	건물
건물수선비	수선비
건물철거비용	잡손실
건물 취득시 내부 실내장치비용	건물
건물 취득시 내부 칸막이 비용	건물
건물 취득시에 전사용자에게 지급하는 퇴거비용	건물
건물 취득에 따른 명도비용	건물
건물(건설업, 부동산매매업)	상품
건물(공장, 사옥 등) 상량식 비용	건설 중인 자산
건물(공장, 사옥 등)설립허가비용	건설 중인 자산
건물(공장, 사옥 등) 신축에 따른 설계비	건설 중인 자산
건물(공장, 사옥 등) 신축에 따른 토지측량비	건설 중인 자산
건물의 간단한 수리비용	수선비
건물의 도색비용	수선비
건물의 리모델링	건물
건물증여 받음	자산수증이익
건물화재보험료	보험료
건설공제조합배당금	배당금 수익
건설공제조합출자금	출자금
건설근로자퇴직공제증지	급여
건설목적지출경비	건설 중인 자산
건설목적지출노무비	건설 중인 자산
건설목적지출외주비	건설 중인 자산
건설목적지출자재비	건설 중인 자산
건설목적 토지	용지
건설용장비	건설용장비
건설용지	용지
건설자금이자	건물
건설자금이자 (자본화한 것은 제외)	이자비용
건전지	소모품비
건축물의 용도변경, 개량, 확장 및 증설을 위한 철거	건물
건축 중인 건물	건설 중인 자산
검사공구	공구와 기구
검사비	지급수수료
검사비(수입시)	상품
검사비(수출시)	수출제비용
게이지	공구와 기구
견본비	견본비
견본비(수출시)	수출제비용
견본품 수취	잡이익
견인료	차량유지비
견학비	교육훈련비
결산공고	광고선전비
결산시 주식배당결의	미교부주식배당금
결산이자	이자수익
경로잔치 지원금	기부금
경미한 도난손실	잡손실
경미한 상하수도 수리공사	수선비
경미한 정화조공사	수선비
경상경비 충당 후 발생한 부족액 보전을 위해 정상적으로 추가부과 한 회비	세금과 공과
경상연구개발비	경상연구개발비
경비용역비	지급수수료
경조사비(직원)	복리후생비
경조사비(거래처)	접대비
경상개발비	경상개발비
경유(차량) 비용	차량유지비
경품	광고선전비
계산기	비품(공구와 기구)
계산서 용지대	소모품비
계산서합계표미제출(불성실)가산세	세금과 공과
계약금 몰수	잡손실
계약금 지급	선급금
계약위반배상금(지급액)	잡손실

계약위반배상금(수입액)	잡이익
계약파기 후 반환받지 못한 계약금	미수금
고무인	소모품비
고문료	지급수수료
고사비용	잡손실
고속도로 통행료, 고속도로 통행카드 구입, 고속도로 통행카드 충전료	여비교통비 또는 차량유지비
고속버스요금	여비교통비
고속절단기	공구와 기구
고용보험료의 기간미경과분	선급비용
고용보험료 직원부담분	예수금
고용보험료 회사부담분	복리후생비
고용유지지원금	국고보조금
고용촉진장려금	국고보조금
고장 등으로 인한 견인료	차량유지비
고정자산(기계장치, 건물 등) 매각대금 중 미회수액	미수금
고정자산(기계장치, 건물 등)매입 선지급액	선급금
고철매각대	잡이익
골동품	비품
골재	원재료(자재)
공구와 기구	공구와 기구
공기구수선비	수선비
공기정화기(공기청정기)	비품
공사대금 미수금	공사미수금
공사대금 선수금	공사선수금
공사대금 선지급	공사선급금
공사부담금	공사부담금
공사설계 인쇄비	도서인쇄비
공사수입	매출
공사수입금	공사수입금
공사현장운영비	전도금
공인인증서 발급수수료	지급수수료
공작기기	기계장치
공장 운영비	전도금
공장	건물
공장 견학자들에게 제공하는 견본품비	광고선전비

공장부지	토지
공장상량식비용	건설 중인 자산
공장설립허가비용	건설 중인 자산
공장신축에 따른 설계비	건설 중인 자산
공장신축에 따른 토지 측량비	건설 중인 자산
공장임차료	지급임차료
공장토지 취득시 하수종말처리장 설치부담금	토지
공중전화기	비품
공중전화보증금(가입비)	보증금
공중전화설치비	지급수수료
공증료	세금과 공과
공장임차료	임차료
공채매입비용 (단기자금운용목적)	단기매매 금융자산
공탁금	보증금
과대포장 과태료	세금과 공과
과료	세금과 공과
과태료	세금과 공과
관계회사에 대한 일시 대여금	단기대여금
관계회사에 대한 일시 차입금	단기차입금
관리자 급여	급여
관보구독료	도서인쇄비
관세(수입시)	상품 또는 원재료
관세환급금	관세환급금
관청의무보고 위반시 과태료	세금과 공과
광고물 구입비	광고선전비
광고료 기간미경과분	선급비용
광고물 구입비	광고선전비
광고물 미지급액	미지급비용
광고물 배포비	광고선전비
광고사진촬영비	광고선전비
광고선전비	광고선전비
광고선전용 견본품	광고선전비
광고선전용 달력	광고선전비
광고선전용 부채	광고선전비
광고선전용 수첩	광고선전비
광고선전용 컵	광고선전비

광고용 네온탑	구축물
광고용 부착물 비용	광고선전비
광고용 쇼케이스	비품
광고용품	저장품
광고제작 의뢰비	광고선전비
광업권	광업권
교량	구축물
교육시 식대, 숙박비, 교통비 등	교육훈련비
교육용책자와 매뉴얼 인쇄비	교육훈련비
교육장임차료 등	교육훈련비
교육훈련비	교육훈련비
교통비	여비교통비
교통사고배상금	잡손실
교통유발부담금	세금과 공과
교통위반 벌금, 과료, 과태료	세금과 공과
구인구직광고료	광고선전비
구축물	구축물
국공채 (단기자금운용목적)	단기매매 금융자산
국공채이자 미수	미수수익
국공채처분이익 (단기자금운용목적)	단기매매금융 자산처분 이익
국공채평가이익 (단기자금운용목적)	단기매매금융 자산평가 이익
국내출장여비	어비교통비
국립대학병원에 지출한 시설비 교육비 또는 연구비	기부금
국립암센터에 지출한 시설비 교육비 또는 연구비 기부금	기부금
국민신탁법인에 지출하는 기부금	기부금
국민건강보험료 직원부담분	예수금
국민건강보험료 회사부담분	복리후생비
국립대학병원에 지출한 시설비 교육비 또는 연구비	기부금
국립암센터에 지출한 시설비 교육비 또는 연구비	기부금
국민신탁법인에 지출하는 기부금	기부금
국민연금 직원부담분	예수금

국민연금 중 퇴직전환금	국민연금전환금
국민연금 회사부담분	세금과 공과
국민체육진흥기금	기부금
국방헌금, 국군장병 위문금품	기부금
국제운송업체 파손품 보상액	잡이익
국제전화선불카드	통신비
국제특급운편 (EMS), DHL, UPS, Fedex	운반비
국채, 공채 매입대금 및 수수료(단기자금운용목적)	단기매매 금융자산
국채, 공채 이자수입	이자수익
국채, 공채 처분손실 (단기자금운용목적)	단기매매금융 자산처분손실
국채, 공채 처분이익 (단기자금운용목적)	단기매매금융 자산처분이익
국채, 공채의 보유로 인한 기간경과 이자	미수수익
국채, 공채평가손실 (단기자금운용목적)	단기매매금융 자산평가손실
국채, 공채평가이익 (단기자금운용목적)	단기매매금융 자산평가이익
균등분 지방소득세	세금과 공과
굴뚝	구축물
굴삭기	건설용장비
권리금	영업권
궤도	구축물
그레이더(Grader)	건설용장비
근로소득세 원천징수액(종업원분)	예수금
근속수당	급여
금고	비품
금융리스이자	이자비용
금융수수료(송금수수료, 인터넷뱅킹수수료, 모바일뱅킹수수료, 텔레뱅킹수수료, 자동이체수수료, 수표발행수수료, 신용조사수수료, 제증명발급수수료, 예금잔고증명수수료, 급여이체시 수수료)	지급수수료
금융어음 교부	단기차입금
금전신탁	단기금융상품
금형	공구와 기구
급배수 설비	건물
급여	급여

급여가불	선급급여
급여반납시	자산수증이익
급여의 미지급액	미지급비용
급여 이체시 수수료	지급수수료
기금에 지출하는 분담금	세금과 공과
기계수선비	수선비
기계식 주차장 관리시스템	기계장치
기계장치	기계장치
기계장치 운용리스료	지급임차료
기계장치 임차료	임차료
기계장치 철거비용	운반비
기금에서 지출하는 분담금	세금과 공과
기능대학에 지출한 시설비, 교육비, 장학금, 연구비	기부금
기름값	수도광열비
기본급	급여
기부금	기부금
기숙사	건물
기숙사 운영비	복리후생비
기술개발준비금전입	기술개발준비금전입
기술자문료	지급수수료
기업어음(CP)	단기금융상품
기업합리화 적립금	기업합리화 적립금
기중기	건설용 장비
기차	차량운반구
기타 법정적립금	기타 법정적립금
기타소득세 원천징수액	예수금
기타의 대손상각비	기타의 대손상각비
기타 의료수익미수금	의료미수금
기타자본잉여금	기타자본잉여금

ㄴ

난로 구입비용	비품
난방설비	건물
난방용 가스료, 유류대	수도광열비
냉장고	비품
너트	가설재
네온사인	비품
노동조합 기부금	기부금
노트	소모품비
노트북 컴퓨터	비품
녹차	복리후생비

ㄷ

다과비	복리후생비
다듬질용 공구	공구와 기구
다리	구축물
다이어리 인쇄(구입)비용	도서인쇄비
단기금융상품(MMF)	단기금융상품
단기대여금	단기대여금
단기대여금 이자	이자수익
단기자유금융상품(MMF)	단기금융상품
단기차입금	단기차입금
단기차입금 이자	이자비용
단수차이에 따른 납부이익	잡이익
단체퇴직급여설정액(비용)	단체퇴직급여
당기순손익	당기순손익
당좌개설 보증금	장기금융상품
당좌수표 결제 (당좌차월약정이 없는 경우)	당좌예금
당좌수표 결제 (당좌차월약정이 있는 경우)	당좌차월
당좌예금	현금 및 현금성자산
당좌차월	단기차입금
당좌차월이자	이자비용
당직비	급여
대리운전비용(거래처 접대 관련)	접대비
대리운전비용(출장관련, 비영업용소형승용차 제외)	여비교통비
대리점 운영비	전도금
대손상각비	대손상각비
대손채권의 회수	대손충당금
대여금이자	이자수익
대지	토지
대체료	지급수수료
대체저금환급증서	현금
대출금 연체이자	이자비용
대출이자	이자비용
대표이사 가수금	가수금(단기차입금)
대표이사 가수금 이자	이자비용
대표이사 가지급금 이자	이자수익
대표이사 동창회비	임원급여

대표이사의 대여금	가지급금(단기대여금)
대한적십자사회비	세금과 공과
대한적십자사가 운영하는 병원에 지출한 시설비 교육비 또는 연구비	기부금
덤프카	건설용 장비
덤프트럭(dump truck)	건설용 장비
도난 손실	잡손실
도로	구축물
도로반사경	공사원가
도로불법점용 과태료	세금과 공과
도로수익자부담금	토지
도메인 등록수수료(소액의 경우)	지급수수료
도메인등록비용(금액이 큰 경우)	산업재산권
도서 구입대금	도서인쇄비
도서구입비용	도서인쇄비
도시계획세	세금과 공과
도시가스료	수도광열비
도시가스설치비용	지급수수료
도자기	비품
도장	소모품비
독립기념관기부금	기부금
동업자조합에 내는 입회금	영업권
동창회기부금	기부금
드릴	공구와 기구
등기속날료	통신비
등기반송수수료	통신비
등기부등본 발급수수료	지급수수료
등기우편료	통신비
등기지연과태료	세금과 공과
등록세(건물 구입시)	건물
등록세(토지 구입시)	토지

ㄹ

라니오	비품
라디오광고료	광고선전비
랜카드 구입	소모품비
레미콘	원재료(자재)
레미콘트럭	건설용 장비
레크리에이션비용	복리후생비
렌치	공구와 기구
렌터카 대여비용	여비교통비
렌탈료 미지급	미지급금
렌트차량수리비(영업과정에서 발생한 것)	차량유지비
로고제작비(상표권으로 등록하지 않는 경우)	광고선전비
로열티(기술도입비용)	지급수수료
로우더(Loader)	건설용 장비
리머	공구와 기구
리서치(설문조사)비용	지급수수료
리어카	차량운반구
리프트카	가설재

ㅁ

마네킹	비품
마우스 구입비용	소모품비
마이크로미터	공구와 기구
마일리지	광고선전비(판매촉진비)
마일리지(포인트) 적립액 사용	잡이익
만기도래 공사채이자표	현금
만기도래 선일자수표	현금
만기보유금융자산	만기보유금융자산
만기수익자가 회사인 보장성 보험의 만기환급금	잡이익
망년회(직원)	복리후생비
망치	소모품비
매립비	토지
매도가능금융자산	매도가능금융자산
매수자가 부담하는 양도소득세	토지
매입부분품	원재료
매입상품 반품	매입환출
매출대금을 어음으로 지급받음	받을어음
매출상품 반품	매출환입
매출액	매출액
매출원가	매출원가
매출채권	매출채권
멀티탭	소모품비
무상수리(보증기간 내)	매출원가
무인경비시스템 이용료	지급수수료

문구용품비용	소모품비
메뉴얼제작비	도서인쇄비
면책금	수선비(차량유지비)
면허공구(레벨, 트랜시트, 광파측정기)	가설재
면허세	세금과 공과
명찰	소모품비
명함인쇄비용	도서인쇄비
명함집	소모품비
문화예술진흥기금	기부금
미교부주식배당금	미교부주식배당금
미성공사	미성공사
미수금	미수금
미수수익	미수수익
미지급급여	미지급급여
미지급농어촌특별세	미지급법인세
미지급배당금	미지급배당금
미지급법인세	미지급법인세
미지급금 면제	미지급비용
미지급급료	미지급비용
미지급보험료	미지급비용
미지급사채이자	미지급비용
미지급수수료	미지급비용
미지급이자	미지급비용
미지급임차료	미지급비용
미지급전력료	미지급비용
미지급지방소득세	미지급비용
미착원재료	원재료
미착품	상품
민사예납금	기타보증금
밀링커터	공구와 기구

ㅂ

바이스	공구와 기구
바이트	공구와 기구
바인더	판매촉진비
박물관자료 또는 미술관 자료로 지출하는 기부금	기부금
박스 비용	포장비
반제품	반제품
반제품 외부가공 의뢰비용	외주비
받을어음	매출채권
받을어음 만기나 할인	보통예금
시 보통구좌 입금	
받을어음 할인료	매출채권처분손실
발기인의 보수	급여
발전기	기계장치
방문고객 주차요금	접대비
방범비	잡비
방석	비품
방송광고용차량	광고선전비
방송협찬비용	광고선전비
방위성금	기부금
방화관리용역비	잡비
버티칼	비품(소모품비)
배달비	운반비
배당건설이자	배당건설이자
배당금 중 미지급한 배당금	미지급배당금
배당금수익	배당금수익
배당소득세 원천징수액	선납세금
배당이 결정된 배당금통지서	현금
배터리 팩	공구와 기구
밸브의 대체비용	수선비
버니어 캘리퍼스	공구와 기구
버스승차권	여비교통비
버스요금	여비교통비
번역 · 통역료	지급수수료
벌금	세금과 공과
범칙금	세금과 공과
법률회계자문수수료 (법률자문료, 법률수수료, 법무사자문료, 변호사자문료, 소송제비용, 등기제비용, 공증수수료)	지급수수료
법률자문비	지급수수료
법무사 등기수수료(건물취득관련)	건물
법무사 등기수수료(토지취득관련)	토지
법인결산공고료	광고선전비
법인세중간예납액	선납세금
법인세할 농어촌 특별세	법인세비용 (법인세 등)
법인세비용	법인세비용
법인세분 지방소득세	법인세비용 (법인세 등)
법인세추납액	법인세추납액
법인세환급액	법인세환급액
벽의 페인트공사	수선비

변리사수수료(상표권 관련)	상표권
변리사수수료(실용신안권 관련)	실용신안권
변리사수수료(특허권관련)	특허권
별단예금	기타 제예금
병원비(직원)	복리후생비
보관료	보관료
보관수수료(수출시)	수출제비용
보너스	급여 또는 상여금
보상금 수입	잡이익
보상금 지불	잡손실
보일러설비	건물
보조재료	저장품
보증금	보증금
보증금 기간미경과분	선급비용
보증보험료	보험료
보통예금	현금 및 현금성자산
보통예금 이자	이자수익
보호막	가설재
보험료 기간미경과분	선급비용
보험료	보험료
복리후생비	복리후생비
복사기	비품
복사기 부품 교체비	소모품비
복사기 유지관리 수수료	지급수수료
복사기팩스 임차료	임차료
복사대금	도서인쇄비
복사용지대	소모품비
복합기	비품
본봉	급여
볼트	가설재
볼펜곶이	소모품비
봉투	통신비
부가가치세 간주임대료	세금과 공과
부가가치세 경정청구시 추가환급	부가가치세 대급금
부가가치세 기타공제 매입세액	잡이익
부가가치세대급금(매입자 부가가치세)	부가가치세대급금
부가가치세 수정신고시 추가납부	부가가치세예수금
부가가치세예수금(판매자 부가가치세)	부가가치세예수금
부가가치세환급액	미수금
부교	구축물
부도어음	받을어음
부동산중개수수료(구입시)	건물 또는 토지 원가
부동산중개수수료(임차시)	지급수수료
부분품	반제품
부산물	제품
부산물 판매수익	잡이익
부서 운영비	가지급금
부스 설치비용	광고선전비
부임여비	여비교통비
부탄가스구입비용	소모품비
분리수거위반 과태료	세금과 공과
분쇄기에 투입되는 강구(Steel Ball)	수선비
분양미수금	분양미수금
분양권(투자목적)	기타 투자자산
분양대행수수료	지급수수료
불도저	건설용 장비
불법 주정차위반시 과태료	세금과 공과
불우이웃돕기 성금	기부금
불특정다수 고객에게 사은품제공	광고선전비
브라인드	비품(소모품비)
비계	가설재
비계의 설치해체비용	가설비
비누	소모품비
비누곽	소모품비
비디오	비품(소모품비)
비상구 장애시 과태료	세금과 공과
비업무용으로 보유하고 있는 건물	투자부동산
비업무용으로 보유하고 있는 부동산	투자부동산
비업무용으로 보유하고 있는 토지	투자부동산
비영리교육재단에 지출한 시설비, 교육비, 장학금, 연구비	기부금
비품	비품
비품수선비	수선비

비품의 유지보수료	수선비

ㅅ

항목	계정과목
사내써클활동비 보조금	복리후생비
사내강사료	교육훈련비
사내교육(현장체험실습경비, 견학비, OJT교육비, ACT교육비, 교육용책자와 매뉴얼 인쇄비, 교육장임차료 등)	교육훈련비
사내근로복지기금	기부금
사내식당운영비	복리후생비
사내운송	운반비
사립학교가 운영하는 병원에 지출한 시설비 교육비 또는 연구비	기부금
사립학교에 지출한 시설비, 교육비, 장학금, 연구비	기부금
사무소부지	토지
사무소운영비	전도금
사무실 부지	토지
사무실 실내화	소모품비
사무실 운영비	전도금
사무실 임차료	임차료
사무실 직원컵	소모품비
사무용 집기	비품
사무용품 미사용액	저장품
사보제작비	도서인쇄비(광고선전비)
사복구입비용	복리후생비
사설 영어학원비 보조액	교육훈련비(복리후생비)
사업보고서 인쇄비	도서인쇄비
사업부제지침인쇄비	도서인쇄비
사업소득세 원천징수액	예수금
지방소득세	세금과 공과
사업장 운영비	전도금
사용이 제한되어 있는 예금	장기금융상품
사원연수비	교육훈련비
사원채용경비(사원채용모집공고료, 신입사원연수비, 연수원임차료, 사원채용신체검사료, 교육용책자와 매뉴얼 인쇄비, 교육시 식대, 숙박비, 교통비 등)	교육훈련비

항목	계정과목
사원채용모집공고료	교육훈련비
사원채용신체검사료	교육훈련비
시음회	광고선전비
사전구입비용	도서인쇄비
사진현상대금	도서인쇄비
사진현상대금(광고선전목적)	광고선전비
사진현상대금(제품 카달로그 제작목적)	제품
사채	사채
사채상환손실	사채상환손실
사채상환이익	사채상환이익
사채이자 미수	미수수익
사채이자	이자비용
사택	건물
사택부지	토지
사택임차료	임차료
사회복지공동모금회에 지출하는 기부금	기부금
사회복지시설 기부금	기부금
산업재산권	산업재산권
산재보험료	보험료
산재보험료 기간 미경과분	선급비용
산재보험료 추가납부액	보험료
산재보험미수금	의료미수금
산학협력단에 지출한 시설비, 교육비, 장학금, 연구비	기부금
상공회의소회비	세금과 공과
상여금	급여
상표 등록비	상표권
상표 출원비	상표권
상표권	상표권
상표권 상각	무형자산상각비
상품	상품
상품·제품 가치하락	재고자산평가손실
상품·제품 부패	재고자산감모손실
상품·제품 수량부족	재고자산감모손실
상품·제품 파손	재고자산감모손실
상품·제품 폐기	재고자산감모손실
상품·제품 품질저하	재고자산평가손실
상품권 선물비용(거래처)	접대비

항목	계정과목
상품권 선물비용(임직원)	복리후생비
상하수도	구축물
상하수도요금	수도광열비
상 · 하차비(수출비)	수출제비용
상 · 하차비(판매비)	운반비
상해보험	보험료
상호부금	단기금융상품
새마을금고에 지출하는 기부금	기부금
샘플 무환통관시의 관세	견본비
샘플 제작비	견본비
생명보험료	복리후생비
생수구입	복리후생비
생산품	제품
생수	복리후생비
서류봉투 인쇄비용	도서인쇄비
서류봉투 구입비용	소모품비
서류함 구입비용	소모품비
서버 컴퓨터 구입비용	비품
서버 호스팅비용	지급수수료
석유구입	수도광열비
선거	구축물
선급공사비	선급공사비
선급금	선급금
선급비용	선급비용
선납세금	선납세금
선물비(거래처)	접대비
선물비(임직원)	복리후생비
선박	선박
선박운임	여비교통비
선수수익	선수수익
선수이자	선수이자
선수임대료	선수수익
선일자수표 발행 (상거래아닌 경우)	미지급금
선일자수표 발행(상거래)	지급어음
선일자수표 수령 (상거래아닌 경우)	미수금
선일자수표 수령(상거래)	받을어음
선임	여비교통비
선적비(수입시)	상품
선적비(수입시)	원재료
선적비(수입시)	미착품

항목	계정과목
선적비(수출)	수출제비용
선풍기	비품
설립등기비용	세금과 공과
설립시 주식발행비	주식할인발행차금
설립시의 자본금 불입	자본금
세금계산서 용지대	소모품비
세금계산서합계표미 제출 가산세	세금과 공과
세금과 공과	세금과 공과
세금선납 할인액	잡이익
세면대설비	건물
세무기장료	지급수수료
세미나 개최비용	회의비
세미나 참가비용	교육훈련비
세차비	차량유지비
세척기	비품(소모품비)
세탁기	비품(소모품비)
세탁비	잡비
세콤이용료	지급수수료
소개비 수취액	용역매출
소개비 지불액	지급수수료
소득세	인출금
소득할 농어촌 특별세	인출금
소득분 지방소득세	인출금
소득세 중간예납액	선납세금
소모공구기구비품	저장품
소모품 미사용액	저장품
소모품비	소모품비
소모품비(회의시)	회의비
소파	비품(소모품비)
소포비	통신비
소프트웨어	컴퓨터소프트웨어
소프트웨어의 구입비 (금액이 적음)	소모품비
소화기	비품
속도계	공구와 기구
손해보험료	보험료
송금수수료	지급수수료
송금시 수수료를 차감 하고 받는 경우	매출에누리
송금시 수수료를 차감 하고 준 경우	매입에누리

항목	계정과목
송금환	현금 및 현금성자산
송년회(직원)	복리후생비
쇼케이스	비품
쇼파	비품
쇼핑백 구입비	소모품비
쇼핑봉투 구입비용	잡비
수강료	교육훈련비
수도광열비	수도광열비
수도료	수도광열비
수선비	수선비
수신료	잡비
수선용 부분품 미사용액	저장품
수익증권	단기매매금융자산
수입관련수수료(L/C발급수수료, 수입부담금, graceday charge, 전신료, 입항료, H/C, 하역료, 파출검사수수료, 통관수수료 등 각종 수입부대비용)	지급수수료
수입대금지급시 환이익	외환차익
수입대금지급시 환차손	외환차손
수입부담금	선급금
수입시 운반료	운반비
수입이자와 할인료	이자비용
수입인지	세금과 공과
수입증지	세금과 공과(지급수수료)
수재의연금	기부금
수족관	비품(소모품비)
수출관련수수료(L/C발급수수료, B/L발행료, Less Charge, 영사수수료, 지연료 등 수출부대비용)	지급수수료
수출시의 검사료	수출제비용
수출시의 보관료	수출제비용
수출시의 선적비	수출제비용
수출시의 운반비	수출제비용
수출시의 통관비	수출제비용
수출시의 포장비	수출제비용
수출시의 해상보험료	수출제비용
수출시의 해상운임	수출제비용
수출제비용	수출제비용
수표	현금 및 현금성자산
수표발행수수료	지급수수료
숙박료	여비교통비
숙직비	급여

항목	계정과목
스카이라이프 디지털 위성방송 설치비	지급수수료
스카이라이프 디지털 위성방송 수신기	소모품비
스카이라이프 디지털 위성방송 시청료	잡비
스크레이퍼	공구와 기구
스크레이퍼(Scraper)	건설용 장비
스피커 구입비용	비품(소모품비)
승강기설비	건물
승강기설비(건설회사)	외주비
승선권	여비교통비
승용자동차	차량운반구
승합차	차량운반구
시계	비품
시멘트	원재료(자재)
시방서	판매촉진비
시설물환경개선부담금	세금과 공과
시용매출	매출
시음회	광고선전비
시제품 출품비용	광고선전비
식사대(임직원)	복리후생비
식사대(거래처)	접대비
신문광고료	광고선전비
신문구독료	도서인쇄비
신용카드 결제수수료	지급수수료
신용카드 구입액	미지급금
신용카드 매출	매출채권
신용카드 연회비	지급수수료
신용카드 조회단말기	비품
신용카드 체크기	비품
신용카드 현금서비스	단기차입금
신용조회수수료	지급수수료
신용협동조합에 지출하는 기부금	기부금
신입사원연수비	교육훈련비
신제품 발표비용	광고선전비
신종기업어음(CP)	단기금융상품
신주발행비	신주발행비
신주발행 수수료	주식할인발행차금
신주발행시 등록세	주식할인발행차금
신주발행시 주권인	주식할인발행차금

쇄비(가쇄비)	
신주발행시 주식발행가액에서 신주발행비를 차감한 것이 액면가액 이하일 때 발생(액면발행이나 할인발행시)	주식할인발행차금
신주인수권부사채	사채
신주인수권 조정계정 상각액	이자비용
신주인수권 처분손실	단기매매금융자산처분손실
신주인수권 처분이익	단기매매금융자산처분이익
신주인수권부사채의 권리행사로 인한 자본금 증가	자본금
신주청약증거금	신주청약증거금
신호장치	구축물
실용신안 등록비	실용신안권
실용신안 출원비	실용신안권
실용신안권	실용신안권
실용신안권 상각	무형자산상각비
실용신안권	산업재산권
실험기	공구와 기구
써클활동비	복리후생비
쓰레기봉투	사무용품비
쓰레기봉투	소모품비

ㅇ

아르바이트생 급여	잡급
안벽	구축물
안전검사비(전기점검수수료, 가스점검수수료, 소방설비점검수수료, 계량기정기점검 및 검사비)	지급수수료
안전장구	안전관리비, 소모품비
안전협회비	세금과 공과
액자	소모품비
야유회 경비	복리후생비
야외옥탑광고	광고선전비
약값	복리후생비
양건예금	현금
양도성 예금증서	단기금융상품

양식지 구입비용	소모품비
어업권	어업권
어음 · 수표 추심수수료, 어음할인수수료, 어음책대, 수표책대	지급수수료
어음관리구좌(CMA)	단기금융상품
어업 단기차입금	단기차입금
어음 장기차입금	장기차입금
어음 추심수수료	지급수수료
업무관련 교제비	접대비
업무관련 기밀비	접대비
업무관련 사례금	접대비
업무관련 접대비	접대비
업무무관 경비의 지출	가지급금
에스원 이용료	지급수수료
에어컨	비품
에어컨 이전설치비	지급수수료
여관비	여비교통비
여권 · 비자발급수수료	지급수수료
여행사대행수수료, 비자발급대행수수료	여비교통비
여행자수표	현금
연구 · 감사 · 자문용역비(경영컨설팅자문료, 공인노무사자문료, 공인회계사자문료, 관세사자문료, 변리사자문료, 세무사자문료, 감정평가사자문료, 세무조정수수료, 기장수수료, 감정평가수수료(부동산 등), 신용평가수수료)	지급수수료
연구시설의 감가상각비	연구비
연구원의 인건비	연구비
연구재료비	연구비
연구활동 용역비	연구비
연료	저장품
연료료	수도광열비
연말정산환급액	미수금
연삭기	공구와 기구
연삭숫돌자	공구와 기구
연수원임차료	교육훈련비
연소장치	기계장치
연장근무수당	급여
연차수당	급여
연체료	잡손실

열쇠 구입비	소모품비
엽서	통신비
영수증 용지대	소모품비
영업권	영업권
영업권감가상각	무형자산상각비
영업보증금	보증금
영업·양수·양도시 순자산가액 초과지분액	영업권
영업자단체(상공회의소 등) 특별회비	기부금
영업자조직 단체(법인, 주무관청등록조합, 협회 등)의 일반회비	세금과 공과
예금잔고 증명수수료	지급수수료
예금이자수익	이자수익
예금적금이자 미수	미수수익
오물 수거료	잡비
오폐수처리비	잡비
온도계	공구와 기구
옥외광고물	구축물
온풍기	비품
완성건물(주택)	완성건물(주택)
외부강사료	교육훈련비
외상매입금	외상매입금
외상매출금	외상매출금
외상매출금 어음회수	받을어음
외주가공비	외주비
외주비	외주비
외주용역비	외주비
외주포장비	포장비
외화예금	외화예금(기타제예금)
외화환산손실	외화환산손실
외화환산이익	외화환산이익
외환 결제로 인한 이익	외환차익
외환차손	외환차손
외환차익	외환차익
외환평가로 인한 이익	외화환산이익
용달비	운반비
용수설비	구축물
용역계약이 체결되지 않은 청소비	잡비
용역수입	매출액

용접기	공구와 기구
우리사주조합의 운영비	복리후생비
우편요금 및 사설전기	통신비
우편등기반송수수료	통신비
우편환	현금 및 현금성자산
우표	통신비
운동장	토지
운반비	운반비
운반비(수출시)	수출제비용
운송보험	보험료
워크샵 비용(경영전략 수립을 위한 경우)	회의비
워크샵 비용(신입사원이나 기타 직원의 교육목적인 경우)	교육훈련비
원격대학형태의 평생교육 시에 지출한 시설비, 교육비, 장학금, 연구비	기부금
원료	원재료
원인불명 자금의 입금	가수금
원인불명 현금시제의 부족액	잡손실
원인불명의 현금시제 과잉액	잡이익
원재료	원재료
원재료 가치하락	재고자산평가손실
원재료 부패	재고자산감모손실
원재료 수량부족	재고자산감모손실
원재료 파손	재고자산감모손실
원재료 폐기, 원재료수량부족	재고자산감모손실
원재료 품질저하	재고자산평가손실
원재료대금 선지급	선급금
원천징수 된 국세	선납세금
원천징수 된 지방소득세	선납세금
원천징수이행불성실가산세	세금과 공과
월차수당	급여
웹하드 이용료	임차료
웹호스팅비용	지급수수료
위로금	복리후생비
위생시설	건물
위약금	잡손실
위탁교육훈련비	교육훈련비

유가증권이자	이자수익
유로폼	가설재
유류대	수도광열비
유지보수료	수선비
유형자산처분손실	유형자산처분손실
유형자산처분이익	유형자산처분이익
육상운반구	차량운반구
음료수구입비용	복리후생비
의료급여미수금	의료미수금
의무실유지비	복리후생비
의약품 구입비	복리후생비
의자	비품(소모품비)
의장권	산업재산권
의장(디자인) 등록비	브랜드명
의장(디자인) 출원비	브랜드명
의장(디자인)권	브랜드명
의장권 상각	무형자산상각비
의제매입세액 원재료 차감분	원재료
이동전화요금	통신비
이벤트행사비	광고선전비
이사비용	지급수수료
이사비용(건물 등의 신축시)	건물
이익준비금	이익준비금
이자비용	이자비용
이자소득세 원천징수 당한 금액	선납세금
이자소득세 원천징수액	예수금
이자수익	이자수익
인센티브(성과급)	급여
인쇄대금	도서인쇄비
인장 구입비	소모품비
인지세	세금과 공과
인터넷 사용료	통신비
인터넷 정보이용료	도서인쇄비
인터넷 전용선 이용료	통신비
인터넷 홈페이지 관리 비용	지급수수료
인터넷 홈페이지 제작비용	개발비 또는 비품
인테리어(임차인이 부담시)	장기선급비용
인테리어(건물과 별도 인테리어)	구축물
인테리어 원상복구비용	지급수수료
일반사채	사채
일반환자미수금	의료미수금

일시적인 주차료	여비교통비
일 · 숙직비	복리후생비
일용근로자급여	잡급
임대료 미수	미수수익
임대계약금 선수액	선수금
임대료 수입	임대료
임야	토지
임의 개인단체, 비등록 단체의 회비	접대비
임의적립금	임의적립금
임직원의 복리후생을 위해서 지출한 비용	복리후생비
임직원 포상금	복리후생비
임차료 기간미경과분	선급비용
임차 계약금	선급금
임차료	임차료
임차보증금	보증금
임차자산 도시 가스설치 비용	선급비용 처리 후 임차기간동안 안분해서 임차료
입금표 용지대	소모품비
입장권	여비교통비
입찰보증금	보증금
잉크	소모품비

ㅈ

자가건물 인테리어 비용(간막이 공사 등) : 금액이 크고 중요한 경우	구축물
자가건물 인테리어비용 : 100만원 이하	소모품비
자가운전보조수당	복리후생비(또는 급여)
자격수당	급여
자기발행당좌수표	당좌수표
자기앞수표	현금
자기주식 처분으로 생긴 이익	자기주식 처분이익
자기주식 취득 · 소각 · 처분시	자기주식
자동납부할인액	잡이익
자동차 등록이나 검사 미필시 과태료	세금과 공과

자동차보험	보험료
자동차세	세금과 공과
자동판매기	비품(소모품비)
자본금	자본금
자재대 선지급	선급금
작업기계	기계장치
작업폐기물 매각대	잡이익
작업복	복리후생비
잔교	구축물
잡손실	잡손실
잡이익	잡이익
잡종지	토지
잡지 광고비용	광고선전비
잡지 구독료	도서인쇄비
장기거래에서 발생하는 명목가액과 현재가치의 차이가 중요할 때	현재가치 할인차금
장부서식대	소모품비
장비임차료(일반기업)	임차료
장부서식대(건설업)	장비사용료
장비임차료	지급수수료
장치료	통신비
장학재단기부금	기부금
재고자산 가치하락	재고자산평가손실
재고자산 부패, 상품·제품 폐기	재고자산감모손실
재고자산 수량부족	재고자산감모손실
재고자산 품질저하	재고자산평가손실
재료	원재료
재산세	세금과 공과
재원미수금	의료미수금
재해 입은 자산의 외장 복구, 도장 및 유리의 삽입	수선비
저녁식대(직원)	복리후생비
저수지	구축물
저탄장	구축물
적송품	상품
적십자사회비	세금과 공과
전구 구입비	소모품비
전근여비	여비교통비
전기요금	수도광열비
전기요금 연체료	잡손실

전기줄	소모품비
전답	토지
전도금	전도금
전력비(료)	수도광열비(전력비)
전력기금	수도광열비(세금과 공과)
전보료	통신비
전선	원재료(자재)
전세권	보증금
전시회 출품비용	광고선전비
전신전화가입권	보증금
전자계산기	비품
전표용지대	소모품비
전자입찰수수료	지급수수료
전파사용료	세금과 공과
전화기	비품
전화가입보증금	보증금(또는 전신전화가입권)
전화가입보증금 환입액	(-)보증금
전화가입시 수수료 또는 설치비	지급수수료
전화기	비품(소모품비)
전화료	통신비
전화연체시	미지급비용
전화료 자동이체 할인료	잡이익((-)통신비)
전환사채	사채
절삭공구	공구와 기구
점포	건물
정관작성비용	지급수수료
정기 간행물 구독료	도서인쇄비
정기 건강진단비용	복리후생비
정기승차권	여비교통비
정기예금	단기금융상품
정기예금 기간경과로 발생한 이자	미수수익
정기예금(단기)의 예입, 중도해약, 만기인출	정기예금
정기예금, 정기적금이자	이자수익
정기적금	단기금융상품
정기적금 기간이자로 발생한 이자	미수수익
정기적금(단기)의 예입, 중도해약, 만기인출	정기적금

정기주차료	차량유지비
정수기	비품(소모품비)
정수기 할부구입시	미지급금
정원	구축물
정지비	토지
정치자금기부금	기부금
정화조 청소비용	지급수수료
제방	구축물
제본비	도서인쇄비
제수당	급여
제습기	비품(소모품비)
제품	제품
조경공사비	구축물
조명시설	건물
조의금(거래처)	접대비
조의금(임직원)	복리후생비
조합비	세금과 공과
조합의 출자액	출자금
종교단체기부금	기부금
종업원 가수금	가수금
종이컵 구입비용	소모품비
종합보험료	보험료
종합소득세 회사 대신 납부액(개인회사)	인출금
종합소득세 회사 대신 납부액(법인)	급여
주방시설구입비	비품
주시	단기매매금융자산
주식모집비	주식발행초과금
주식매입대금 및 수수료(단기자금운용목적)	단기매매 금융자산
주식발행비	주식발행초과금
주식발행초과금	주식발행초과금
주식배당	배당금수익
주식처분이익 (단기자금운용 목적)	단기매매금융 자산처분이익
주식평가이익 (단기자금운용 목적)	단기매매금융 자산처분이익
주주임원종업원의 장기차입금	장기차입금
주주임원종업원의 단기대여금	단기대여금
주차료	여비교통비

주차위반 벌금, 과료, 과태료	세금과 공과
주차장	구축물
주차장 부지	토지
주차장임차료	임차료
주택보조금	복리후생비
주택자금단기융자	단기대여금
주휴수당	급여
중간예납시 납부한 소득세	선납세금
중간제품	반제품
증권거래세	세금과 공과
증지대	세금과 공과
지게차	건설용 장비
지게차 사용료	장비사용료(공사원가)
지급수수료	지급수수료
지급이자 기간미경과분	선급비용
지도구입비	도서인쇄비
지방소득세예수금	예수금
지연이자수입	이자수익
지체상금 지급	잡손실
지하도관	구축물
지하수	구축물
지하철 부착광고	광고선전비
지하철 회수권	여비교통비
지하철 회수권 광고	광고선전비
지하철요금	여비교통비
직무수당	급여
직원식당 운영비	복리후생비
직원에 대한 대여금	단기대여금
직장보육시설운영비	복리후생비
직장연예비	복리후생비
직장체육비	복리후생비
직책수당	급여

ㅊ

차고	건물
차기이월결손금	차기이월결손금
차기이월이익잉여금	차기이월이익 잉여금
차대(거래처)	접대비
차대(임직원)	복리후생비
차대(회의시)	회의비

차량검사비	차량유지비
차량구입비	차량운반구
차량 렌트비	임차료
차량 리스비용	리스료
차량수선비	차량유지비
차량 안전협회비	차량유지비
차량 엔진오일 교체비용	차량유지비
차량운반구	차량운반구
차량 타이어 교체비용	차량운반구
차량할부금 미지급액	미지급금
차량할부금 연체료	이자비용
차지권	차지권
창고	건물
창고보관료	보관료
창고임차료	임차료
창립총회비	회의비 등 당기비용
책꽂이	소모품비(비품)
책구입비	도서인쇄비
책상	비품
책임보험료	보험료
철근	원재료(자재)
철도비즈니스카드 (철도할인카드)	여비교통비
철도운임	여비교통비
철도차량	차량운반구
철사	가설재
철탑	구축물
청소원급여	잡급
청소용역비(용역회사)	지급수수료
청소용품 구입비	소모품비
체력단련비보조액	복리후생비
체육대회(직장)	복리후생비
체크단말기 수수료	통신비
초청강사료	교육훈련비
추심수수료	지급수수료
축의금(거래처)	접대비
축의금(임직원)	복리후생비
출입국 관리비용	여비교통비
출납수당	급여
출자액(개인사업자의 출자액)	출자금
출장시 숙박료	여비교통비
출장시 식사대	여비교통비

출장시 일당	여비교통비
출장시 출입국절차비용	여비교통비
취득세(건물구입시)	건물
취득세(토지구입시)	토지
측량	가설재
측정공구	공구와 기구
칠판구입비	비품(소모품비)
침전지	구축물

ㅋ

칸막이	비품
칸막이 설치비용	구축물
캐비닛	비품
캘린더 제작비	광고선전비
캠코더 구입비용	비품
커튼	비품
커피	복리후생비
컨베이어	기계장치
키폰	비품
커피잔	소모품비
컴퓨터	비품
컴퓨터유지보수비	지급수수료
콤비락	비품
케이블설치수수료	지급수수료
퀵서비스 비용	운반비
크레인	건설용 장비
키보드 구입비용	소모품비

ㅌ

타이어 교체비용	차량유지비
타인이 발행한 당좌수표	현금 및 현금성자산
탁상용 달력구입비	도서인쇄비
택배비용	운반비
택시요금	여비교통비
텔레비전 시청료	잡비
탭	공구와 기구
토목설비	구축물
토지	토지
통관료(수입시)	상품(원재료)
통관료(수출시)	수출제비용
통근수당	급여

통신비	통신비
통역비	지급수수료
통풍설비	건물
통행료	여비교통비
퇴직금	퇴직급여
퇴직급여	퇴직급여
퇴원미수금	의료비수금
퇴직보험예치금	기타의 투자자산
퇴직위로금(정리해고시)	퇴직급여
퇴직위로금(퇴직금 지급 규정이 있는 경우)	퇴직급여
퇴직위로금(퇴직금 지급 규정이 없는 경우)	급여
트럭	차량운반구
특근수당	급여
트럭믹서	건설용 장비
특별상여	급여
특별소비세 예수	예수금
특허권 등록비	특허권
특허권 출원비	특허권
특허권	특허권
특허권 사용료	지급수수료
특허권 상각	무형자산상각비

ㅍ

파렛트	비품(소모품비)
파손된 유리 대체	수선비
파지매각대	잡이익
판넬	가설재
판매보증금 납부액	보증금
판매수수료	판매수수료
팜플렛 인쇄대금	도서인쇄비
팩스	비품
팩스 부품교체비	소모품비
팩스사용료	통신비
팩스용지	소모품비
팩스유지보수비	지급수수료
팩스임차료	임차료
편지봉투 구입비용	소모품비
폐기물배출부담금	세금과 공과
폐기물처리비용(건설폐기물)	건물
폐기물처리비용(기타)	잡비
포장박스 구입비용	포장비
포장백 구입비용	포장비
포장비	포장비
포장비(수출비)	수출제비용
포장비닐 구입비용	포장비
포장재료 미사용분	저장품
포장지 구입비용	포장비
품질인증수수료	지급수수료
프로그램 구입비용	비품(컴퓨터소프트웨어)
프린터	비품
프린터 부품 교체비	소모품비
피복비	복리후생비
필기구비	소모품비

ㅎ

하역비(수출시)	수출제비용
하자보증금	보증금
학자금	복리후생비
학원비	교육훈련비
학회 학술대회 참가비	교육훈련비
할부판매채권	매출채권
항공료	여비교통비
항공보험	보험료
항공운임	여비교통비
해고예고수당	퇴직급여
해상보험료(수출시)	수출제비용
해상운임(수출시)	수출제비용
해외연수비용	교육훈련비
해외출장여비	여비교통비
핸드폰	비품
현금 및 현금성자산	현금 및 현금성자산
현금배당	배당금수익
협회비	세금과 공과
호이스트	기계장치
후원금	기부금
화단	구축물
화장지 구입비용	소모품비
화재보험료	보험료
환가료	이자비용

환급받을 근로소득세 등	미수금
환급받을 부가가치세	미수금
화환대(임직원)	복리후생비
화환대(거래처)	접대비
환경개선부담금	세금과 공과
환매체	단기금융상품
협찬비	광고선전비
회계자문수수료	지급수수료
회식비	복리후생비
회의비	회의비

기타

CD구입비	소모품비
CD케이스 구입비	소모품비
CAPS이용료	지급수수료
CCTV 구입액	비품(소모품비)
CPS 설치비용	차량유지비
ISO인증비용 및 갱신 비용	지급수수료
KT텔레캅 이용료	지급수수료
PG사 결제대행수수료	지급수수료
TV	비품
TV시청료	잡비